Paris
1881

Demay, Germain

Inventaire des sceaux de la Normandie

INVENTAIRE

DES

SCEAUX DE LA NORMANDIE

RECUEILLIS DANS LES DÉPÔTS D'ARCHIVES

MUSÉES ET COLLECTIONS PARTICULIÈRES

DES DÉPARTEMENTS DE LA SEINE-INFÉRIEURE, DU CALVADOS, DE L'EURE, DE LA MANCHE ET DE L'ORNE

AVEC UNE INTRODUCTION

SUR LA PALÉOGRAPHIE DES SCEAUX

ET SEIZE PLANCHES PHOTOGLYPTIQUES

PAR G. DEMAY

SOUS-CHEF DE LA SECTION HISTORIQUE AUX ARCHIVES NATIONALES

PARIS

IMPRIMÉ PAR ORDRE DU GOUVERNEMENT

À L'IMPRIMERIE NATIONALE

M DCCC LXXX

INVENTAIRE

DES

SCEAUX DE LA NORMANDIE

INVENTAIRE

DES

SCEAUX DE LA NORMANDIE

RECUEILLIS DANS LES DÉPÔTS D'ARCHIVES

MUSÉES ET COLLECTIONS PARTICULIÈRES

DES DÉPARTEMENTS DE LA SEINE-INFÉRIEURE, DU CALVADOS, DE L'EURE, DE LA MANCHE ET DE L'ORNE

AVEC UNE INTRODUCTION

SUR LA PALÉOGRAPHIE DES SCEAUX

ET SEIZE PLANCHES PHOTOGLYPTIQUES

PAR G. DEMAY

SOUS-CHEF DE LA SECTION HISTORIQUE AUX ARCHIVES NATIONALES

PARIS

IMPRIMÉ PAR ORDRE DU GOUVERNEMENT

À L'IMPRIMERIE NATIONALE

M DCCC LXXXI

À

MONSIEUR LÉOPOLD DELISLE

MEMBRE DE L'INSTITUT

ADMINISTRATEUR GÉNÉRAL DE LA BIBLIOTHÈQUE NATIONALE

TÉMOIGNAGE DE LA PLUS AFFECTUEUSE RECONNAISSANCE

INTRODUCTION.

L'exploration sigillographique dont j'avais été chargé, il y a vingt ans, comprenait la Flandre, l'Artois, la Picardie et la Normandie.

Des inventaires déjà publiés ont fait connaître le résultat de mes recherches dans les trois premières de ces provinces. Aujourd'hui, je mets sous les yeux du public érudit la description des sceaux recueillis dans les cinq départements normands.

Ce livre a été exécuté sur le plan adopté pour les précédents volumes. Les éléments qui le composent sont puisés aux archives départementales, communales et hospitalières de la Seine-Inférieure, du Calvados, de l'Eure, de la Manche et de l'Orne. Le dépouillement embrasse en outre la bibliothèque et le musée d'antiquités de Rouen, le musée des antiquaires de Normandie, la collection de l'évêché d'Évreux, l'hospice de Vernon, le musée de Saint-Lô.

D'un autre côté, la gracieuse libéralité des collectionneurs normands m'a permis d'ajouter un notable supplément aux sceaux fournis par les établissements publics. M. Lormier, de Rouen, a bien voulu me communiquer ses matrices; M. de Farcy, à Bayeux; le Dr Pépin, à Saint-Pierre-sur-Dives; M. Minot, à Caen; MM. l'abbé Jouen, Raymond Bordeaux et Izarn, à Évreux; M. Canel, à Pont-Audemer; M. Jacques Geffroi, dans la Manche; M. de Pontaumont, à Cherbourg, ont aussi mis à ma disposition leurs richesses sigillographiques.

C'est ainsi que j'ai pu réunir et présenter au lecteur 3,187 types inédits.

La science des sceaux constitue, de nos jours, une branche importante de l'archéologie. Mais il convient, pour qu'elle porte des fruits, que son étude embrasse de grandes séries. Un ensemble nombreux permet seul de saisir les caractères particuliers aux différents pays.

Les formes sigillographiques, l'écriture des légendes, les conventions héraldiques, varient avec les provinces, et cette variation se fait surtout sentir en Normandie. Ainsi, sous le titre d'hommes francs, paysans, manants et vavasseurs, figure, dans ce livre, une curieuse suite de personnages qu'on chercherait vainement ailleurs. Ces personnages, qui s'intitulent simplement habitants de paroisses et disposent librement de leurs biens sans aucune intervention seigneuriale, n'observent plus les règles qui assignent au sceau de chaque sexe une forme spéciale. Les femmes se servent fréquemment de sceaux ronds, les hommes usent de sceaux en ogive. De plus, le sceau d'une femme, par suite du texte impersonnel de la légende, ne peut bien souvent donner l'authenticité que lorsqu'il accompagne le sceau du mari.

Les pièces héraldiques, ainsi que nous l'avons dit, s'écartent des formes généralement admises.

Aussi les termes de blason ne répondent-ils pas, la plupart du temps, d'une manière exacte, aux emblèmes figurés sur les sceaux; bien des fois ils ne peuvent être qu'approximatifs. Du reste, les Normands du moyen âge ne paraissent attacher aux titres de noblesse qu'une importance tout à fait secondaire. On rencontre fréquemment des actes où des chevaliers reconnus ne prennent aucune qualification, et l'on trouve des types offrant le mot *miles* à la légende et dont l'imagerie convient plutôt au sceau d'un simple paysan. D'ordinaire, le chef de la famille porte seul des armoiries; les autres membres se contentent de la représentation assez barbare de rameaux, d'étoiles, de croix et de sautoirs en branchages plus ou moins fleurdelysés. Cette absence de signes héraldiques, qui empêche de reconnaître la qualité et la famille des personnages, a probablement causé quelques erreurs dans mon classement.

Dans les inscriptions gravées sur les sceaux, la forme des lettres ne suit pas non plus les changements chronologiques généralement observés. L'alphabet des légendes éprouve, à ce sujet, un retard d'une soixantaine d'années. Des C et des E ouverts, des A à la traverse brisée sont encore en usage dans la deuxième moitié du XIIIe siècle. En 1221, on rencontre des caractères carrés tels que le C; le type de Philippe Galeran offre un H en 1263.

La gravure des sceaux elle-même n'est plus ici ni l'art des pays limitrophes, ni celui de nos contrées méridionales. Lorsqu'on parcourt du regard les types de cette nouvelle collection, on ne saurait se défendre de penser que ceux qui les ont employés, ces Normands, dont les libertés et les franchises datent au moins du XIe siècle, dont l'esprit avait dû acquérir, par l'absence de servitude, plus de délicatesse et d'élévation, n'étaient guère sensibles aux jouissances de l'art. On est souvent tenté de croire que le talent du fèvre de l'endroit suffisait à leur goût.

Nous venons de voir que les titres et les blasons ne les enorgueillissaient pas davantage. Leur caractère froid et calculateur recherchait, en ce temps-là, d'autres satisfactions. De bonnes terres, des rentes solidement assises, une vigne du côté de Vernon, voilà la grande préoccupation. Je me borne à signaler ces particularités. Pour les considérations de détail, je renvoie au présent inventaire et aux planches qui l'accompagnent.

Je terminerai cette courte introduction par quelques notions sommaires sur la paléographie des sceaux en général.

Qu'il me soit permis, avant d'aborder ce sujet, d'exprimer aux archivistes des départements que j'ai visités ma gratitude pour leur concours à la fois si actif et si dévoué. Je dois aussi des remerciements aux collectionneurs qui ont bien voulu me permettre de reproduire les types se rattachant à l'étude qui m'était confiée. M. Maury, Directeur général des Archives nationales, voudra bien surtout agréer l'expression particulière de ma reconnaissance pour le bienveillant appui qu'il m'a toujours prêté.

On reconnaîtra certainement, dans les soins apportés à l'exécution typographique de ce livre, l'habileté traditionnelle de l'Imprimerie nationale.

PALÉOGRAPHIE DES SCEAUX.

Les ouvrages de paléographie ont assurément rendu de grands services; nous pensons toutefois, avec les érudits modernes, qu'un exposé de la science offrirait des avantages plus pratiques, des résultats encore plus certains, s'il se composait de petits traités séparés, s'appliquant chacun à une même catégorie de textes.

Par l'importance qu'elle a acquise de nos jours, la sigillographie nous a paru devoir être l'objet d'un de ces traités spéciaux. Nous le donnons ici.

Bien qu'il porte sur une quantité considérable de types, et qu'il soit extrait de la plus nombreuse collection de sceaux qui ait été formée, ce travail n'a pas la prétention d'être complet; il est même loin d'avoir épuisé la matière; mais il offre du moins un cadre où chacun pourra faire entrer ses propres observations, inscrire ses découvertes.

Dans l'épigraphie des légendes, nous examinerons successivement l'écriture, la ponctuation, les différentes espèces d'abréviations, la disposition des inscriptions, la langue dans laquelle elles sont écrites. Cet aperçu sera suivi d'un tableau de mots abrégés relevés dans le riche dépôt sigillographique des Archives nationales.

ÉCRITURE DES SCEAUX.

L'écriture majuscule a été généralement employée dans les inscriptions des sceaux. On la rencontre à toutes les époques où l'on a scellé des actes. Au temps de la plus grande vogue de la minuscule gothique, dès la seconde moitié du XIVe siècle et durant tout le XVe, la majuscule n'a jamais été abandonnée.

Écriture mérovingienne. — A l'époque mérovingienne, cette majuscule a été la capitale romaine barbare, où l'on trouve des C et des O carrés, ⊏ ◇, des D d'origine grecque, Δ.

FAC-SIMILÉ DE LÉGENDES MÉROVINGIENNES.

ΔAGOBERTVSREXFRANCORVM	....REXFRACORVM
Dagobertus, rex Francorum.	*Childebertus, rex Francorum.*

Écriture carolingienne. — La capitale continue sous les Carolingiens, mais en s'épurant, en prenant de la régularité, de la symétrie. Même lorsqu'elle emploie des lettres grecques, telles que le ⳩ et le ⳁ, pour exprimer le mot *Christe*, comme dans les types de Charlemagne, de Louis le Débonnaire, de Pépin Ier et de Lothaire Ier, la capitale carolingienne conserve son ordonnance. Le fait le plus remarquable est qu'on voit intervenir dans la composition des mots des lettres appartenant à l'écriture onciale, sorte de majuscule à contours arrondis. Ainsi, dès 774, deux G et un E, ϭ ϵ, pris dans l'alphabet oncial se remarquent au sceau de Charlemagne. Dans les légendes carolingiennes, comme sur les sceaux de la première race, les mots ne sont pas séparés les uns des autres.

FAC-SIMILÉ DE LA LÉGENDE DU SCEAU DE CHARLEMAGNE.

+XPEPROTEGECAROLVMREGEFRANCR

Christe, protege Carolum, regem Francorum.

Écriture capétienne. — L'introduction de l'onciale dans la capitale romaine se fait encore plus sentir sur les sceaux des Capétiens.

On trouve des ϭ et des ϵ dans le type du roi Robert, en 997.

La légende de Philippe Ier, en 1082, contient un ɱ.

Des ū ont été employés sur les sceaux de Foulques, évêque de Beauvais, en 1089-1095; d'Étienne, évêque d'Autun, en 1112-1140.

Les inscriptions figurées sur les sceaux de Henri le Sanglier, archevêque de Sens, en 1125: d'Alain, évêque de Rennes, en 1153; d'Eudes de Ham, en 1179, présentent le ꝺ.

Le sceau d'Étienne de Senlis, évêque de Paris, offre la lettre ƕ, en 1127.

En 1141, des ʀ figurent dans le type de Louis le Jeune.

Des ᴍ se voient aux sceaux de Thibaud, évêque de Paris, en 1144; de l'abbaye de Vicogne, en 1149; de l'abbaye de Saint-Victor, vers 1150.

On remarque un ꞇ dans la légende de Hugues III, évêque d'Auxerre, vers 1144.

Un type de l'abbaye d'Anchin fournit, en 1166, un exemple de l'ϵ fermé.

Des H ainsi tournés vers la gauche, ʜ, ont été intercalés parmi les capitales au sceau de Richard Cœur de lion, en 1195.

A la date de 1176, le contre-sceau de Louis le Jeune offre des ϰ.

Un autre X d'une forme différente, ⳩, se voit au sceau de Philippe-Auguste, en 1180.

L'onciale ɴ ne se montre que vers le commencement du XIIIe siècle, chez Raoul, évêque d'Arras, et Pierre, abbé du Câteau, en 1204; chez saint Louis, en 1240. Notons cependant qu'on en trouve un dans le type d'Étienne de Beaugé, évêque d'Autun, avant 1140.

Les lettres carrées, dont j'ai signalé la présence dans les légendes mérovingiennes, se retrouvent encore, bien rarement il est vrai, mêlées à la capitale et à l'onciale des sceaux jusqu'à la fin du XIIIe siècle. Ainsi le ⊏ de Clovis III, de Childebert III, de Chilpéric II, persiste sur les sceaux de Henri Ier, roi de France, en 1035; de Guillaume le Conquérant, en 1069; d'Achard, évêque d'Avranches, en 1161-1170; du prieuré de Bath, au XIIe siècle. Ce même prieuré de Bath offre également un G carré, ⊐.

L'O carré, ◇, de Dagobert Ier, de Clovis III, continue dans le type de Guillaume le Conquérant, en 1069.

Des P carrés et ouverts, ꟼ, figurent encore à la date de 1263 sur le sceau normand de Philippe Galeran.

Vers la fin du XIe siècle, quelques caractères minuscules concourent parfois à la formation des mots. — Un q est employé, dès 1088, dans la légende de Richard, archevêque de Bourges. — Le type d'Audebert d'Uzès, évêque de Nîmes, en 1174, offre un b. — On rencontre un d sur le sceau de Gautier de Bousies, en 1181. — La légende de Richard des Portes présente un f, en 1255.

FAC-SIMILÉ DE LA LÉGENDE DU SCEAU ET DU CONTRE-SCEAU DE LOUIS VII.

LVDOVICVSDIGRAFRANCORVMREX

Ludovicus, Dei gratia Francorum rex

ET DVX AQVITANORVM

et dux Aquitanorum.

Nous placerons successivement sous les yeux du lecteur les divers alphabets sigillographiques employés à l'Imprimerie nationale, en l'avertissant toutefois que les exigences de la typographie ont voulu que ces caractères soient ramenés à l'uniformité de dimension. Il n'en est pas de même dans la réalité, où chaque type a pour ainsi dire son alphabet individuel, et où la proportion des lettres dépend surtout de l'espace à remplir et du calcul exact qu'en a fait le graveur. On comprend, après cette dernière observation, la difficulté, pour ne pas dire l'impossibilité, d'assigner des règles fixes à la forme chronologique de chaque variété de lettre. Sur le sceau de Louis VII dont nous venons de donner le fac-similé, la face et le revers, tout en présentant la même surface, ne doivent pas contenir une légende de même longueur; de là une notable différence dans la figure des caractères à la même date. Dans le type de l'abbaye de Boheries, en 1168, un côté de l'ogive contient : SIGILLVꝫ ABBATIS, *sigillum abbatis;* l'autre côté, ne portant que DE BOHERIS, *de Boheris*, présente des lettres beaucoup plus larges et beaucoup plus espacées. Il en est de même sur le sceau de l'abbaye de Saint-Pierre de Loos, en 1164, etc.

ALPHABET MAJUSCULE DES XIe, XIIe ET XIIIe SIÈCLES.

a A A A b B c C C C d D D D D e E E E f F g G G G h H H H i, j I k R l L m M M M M M M M M

n N N N o O p P P q Q r R R s S t T T u, v V V V V x X X X X y Y Y Y z Z Z · : ; – ~ ✱

Majuscule gothique. — La majuscule dite *gothique* apparaît sur les sceaux bien plus tard et avec des différences bien moins sensibles que dans les manuscrits. Ce n'est que dans le deuxième type de Philippe le Hardi, en 1272, qu'elle commence à se manifester distinctement. Plus caractérisée sur le sceau de régence de ce même souverain, elle s'accuse définitivement sur le sceau de Philippe le Bel.

en 1286. On la rencontre sur les sceaux d'un abbé de Dœst, en 1295; d'un abbé de Hasnon, en 1296. Son avènement général dans l'écriture des légendes doit être reporté aux premières années du XIVe siècle.

ALPHABET MAJUSCULE GOTHIQUE.

a b c d e f g h i j k l m n o
A A A A B C C D E F E G H H I K K L L M M M N N O

p q r s t u v w x y z
P Q R S T T U U V U V W X X Y Y Z · : — ~ ✱

Minuscule gothique. — Vers le milieu du XIVe siècle, survient la minuscule gothique. Le sceau de Jeanne de Bourgogne, première femme de Philippe de Valois, en 1344, offre un des plus anciens exemples de la nouvelle écriture, dont l'usage s'accroît à mesure qu'on approche de la fin du XIVe siècle, pour devenir presque général au XVe, et rester très fréquent pendant le siècle suivant.

Le passage de la capitale à la minuscule offre des transitions assez curieuses. Sur le contour du sceau de Pierre de la Forêt, chancelier du duc de Normandie, en 1348, on lit : *Secretum Petri*, en majuscule, et, dans le champ, sur deux lignes, *de Foresta*, en minuscule gothique : ✱ SECRETVM PETRI de : foResta; le R de *Foresta* est resté majuscule.

Ajoutons que les légendes en minuscule gothique commencent bien souvent par une majuscule. Quelquefois même, la première lettre de chaque mot est empruntée à ce dernier alphabet. On pourrait citer des exemples où la capitale et la minuscule se trouvent mélangées au hasard, comme dans le type de la vicomté de Bayeux, en 1556,... OACIONS de LA VICONTé de BAI..., *seel des obligacions de la viconté de Baieux.*

ALPHABET MINUSCULE GOTHIQUE DES XIVe ET XVe SIÈCLES.

a b c d e f g h i k l m n o
p q r s ſ t u v x y z : ·

ALPHABET MINUSCULE GOTHIQUE DES XVe ET XVIe SIÈCLES.

a b c d e e f g h i j k l m n o p
q r r s ſ t u v x y z ꝛ ꝯ - : ·

Capitale de la Renaissance. — Nous avons dit que la minuscule gothique était restée fréquente au XVIe siècle, sans être d'un emploi aussi général qu'au siècle précédent. On voit en effet apparaître, vers la fin du XVe, une nouvelle capitale, qu'on a nommée capitale de la Renaissance. C'est un retour à l'ancienne capitale romaine, mélangée de majuscule et de minuscule gothique, le tout ramené à un style maigre et bâtard, à lettres étroites, sans grâce ni souplesse. Cet alphabet, en vigueur sous Charles VIII et Louis XII, n'a eu qu'une durée passagère. Il n'est déjà plus en usage sous Henri II. Il disparaît alors, cédant la place à un système de caractères plus corrects, plus amples et plus nobles, dont l'épigraphie du temps de Louis XIV conserve encore l'aspect et la forme.

CAPITALE DE LA RENAISSANCE.

a b c d e f g h i k
A A A B b C C D D E E E F G G G H h I K

l m n o p q r s t u, v w x z
L M A H N O O P Q R S S T V W X Z

Écriture numérale. — Dès les premières années du XIIIe siècle, certains sceaux portent la date de leur fabrication ou de leur renouvellement. Nous examinerons brièvement, d'après ces types spéciaux, les divers genres de signes numéraux employés en sigillographie. Les sceaux présentent d'abord le système romain bien connu, qui consiste à exprimer les nombres par les sept lettres de l'alphabet : I, V, X, L, C, D, M. Ces lettres ont suivi les phases de l'écriture des légendes.

Au XIIIe siècle, ce sont des capitales romaines mêlées d'onciales. Ainsi, dans un des plus anciens types datés que nous connaissions, le type d'Adam, seigneur de Beaumont, en 1211, on lit au contre-sceau :

✱ ACTVM · MILO · CC · X · I · ·

Le contre-sceau d'Archambaud d'Argy, sire de Palluau, porte dans le champ et autour de l'écu la date 1255 :

ANO DNI M CC L V

On remarquera dans cet exemple l'emploi de la petite lettre supérieure °, dont nous parlerons à l'article des abréviations.

A la capitale mêlée d'onciale succède également, pour représenter les chiffres, la majuscule dite *gothique*, comme on peut le voir sur un des contre-sceaux de l'officialité de Paris, en 1410 :

✱ S : CURIE : PAR : FCUM : ANO M CCCC X

Le sceau de la Grande-Chartreuse établit en outre qu'à la date de 1404, on exprimait encore le nombre 4 par un I répété quatre fois : M · CCCC · IIII ·.

La minuscule gothique remplace, à son tour, la majuscule pour le tracé des chiffres, mais avec cette réserve qu'elle ne sert à cet usage spécial que vers le premier tiers du XVe siècle. Parmi les plus anciens spécimens de la minuscule numérale, nous citerons : les contre-sceaux de l'officialité de Térouane en 1432, 1440, 1462; le sceau de Guillaume, duc de Saxe et landgrave de Thuringe, en 1457.

Voici la légende de l'officialité de Térouane, en 1440; une fleurette sépare chaque mot.

S ✱ anno ✱ dñi ✱ m° ✱ cccc° ✱ xl° ✱

Au commencement du XVIe siècle, bien que les légendes soient encore écrites en lettres gothiques, on emploie les chiffres arabes. La légende gothique de Philippe de Clèves, seigneur de Ravenstein, se termine par la date en chiffres arabes, 1503. La légende de Denis, abbé de Loos, porte 1511; celle de Georges, duc de Saxe, 1515.

Dans la capitale de la Renaissance, l'usage des mêmes chiffres arabes continue et persiste avec la belle majuscule qui lui succède.

PONCTUATION DES LÉGENDES.

On doit entendre ici, par le mot ponctuation, les signes servant à déterminer le commencement et la fin de la légende, ou séparant les mots.

La croix grecque ✠ indique l'endroit où l'inscription commence. On constate déjà sa présence sur les sceaux des derniers rois mérovingiens. Sa figure est alors légèrement pattée. A mesure que les différents alphabets se succèdent, les extrémités de la croix s'élargissent, s'alourdissent. On l'a quelquefois remplacée par une fleur de lys, comme on le voit au contre-sceau de la ville de Meulan, en 1195. Au XVe siècle, on lui substitue fréquemment une étoile ou une rose.

L'usage du signe initial est général, sans toutefois être absolu. Il manque d'ordinaire lorsqu'un édicule, un dais ou la tête du personnage débordant le champ prennent la place qu'il doit occuper. Cette place se trouve à la partie supérieure du type.

Dans les légendes qui suivent le contour extérieur du sceau, le signe indiquant le commencement d'une légende en marque également la fin. Cependant, un double emploi, peu fréquent il est vrai, se remarque sur certains sceaux dès les premières années du XIIe siècle; dans les types de Josseran, évêque de Langres, en 1123, du chapitre de Saint-Amé de Douai, vers la même date, l'inscription, commençant par une croix, se termine par un point; il en est de même à la légende de Hugues, abbé de Saint-Amand, en 1166. On peut signaler encore un point à la fin des légendes des papes Pascal II, en 1103; Honorius II, en 1125; mais ici, l'inscription étant horizontale, la présence du point se trouve justement motivée. Ajoutons que la ponctuation finale consiste parfois en deux points, comme au sceau de Henri, évêque de Bayeux, en 1164-1205. Un peu plus tard, c'est une feuille, une fleurette, un rameau, qui remplacent la marque terminale et qui laissent en même temps supposer l'intention de garnir une place dont le vide offrirait à l'œil un aspect désagréable. Dès 1157, un signe de remplissage se voit à la fin de la légende d'Étienne de la Rochefoucauld, évêque de Rennes.

Vers le dernier quart du XIe siècle, on commence à distinguer, dans certaines inscriptions, des points destinés à isoler les mots. Leur emploi devient plus fréquent au XIIe siècle; aux siècles suivants, il est habituel. Les premiers signes de séparation consistent en un point ou en trois points superposés. Les deux points l'un sur l'autre ne sont usités que plus tard, au début du XIIIe siècle. Je citerai quelques exemples relevés sur les plus anciens types ponctués.

Un point seul · entre les mots se voit aux sceaux de Helgot, évêque de Soissons, en 1085; d'Étienne de Senlis, évêque de Paris, en 1127 et 1138; de Gosselin de Vierzy, évêque de Soissons, en 1149; du pape Anastase IV, en 1153; de Nicolas, évêque de Cambrai, en 1156, etc.

Trois points superposés ⁝ séparent les mots aux sceaux de Richard, archevêque de Bourges, en 1089; d'Étienne de Baugé, évêque d'Autun, avant 1140; de Pierre Lombard, évêque de Paris, en 1159; de Henri de Carinthie, évêque de Troyes, en 1167; de Thibaud, évêque d'Amiens, en 1172, etc.

Les deux points : apparaissent sous Philippe-Auguste avec les sceaux du chapitre de Saint-Pierre de Douai, en 1203; de Pierre, abbé de Saint-André du Câteau, en 1204; d'Arnaud, abbé de Cercamp, en 1207; de Renaud, abbé de Saint-Crépin-le-Grand de Soissons, en 1209; de Robert, prévôt du chapitre de Saint-Amé de Douai, en 1211, etc.

Quelquefois la même légende participe de deux ponctuations. Ainsi, l'on remarque un point et trois points dans le type de Gérard, abbé de Longpont, en 1153. Un point et deux points se voient au sceau de l'abbaye de ce nom, en 1160, et, dans ce dernier exemple, les deux points devancent l'époque où ils paraissent seuls dans les légendes. On doit dire encore qu'il existe des inscriptions où la ponctuation de séparation n'existe pas entre chaque mot. Sur le sceau de l'évêque de Nîmes, Audebert d'Uzès, en 1174, la légende présente seulement un point après le premier mot et un point à la fin. Bien que l'on rencontre les trois points dans un type de Philippe le Hardi, en 1270, le point et les deux points ont seuls persisté, les deux points surtout.

Les points ont été souvent remplacés, sur les sceaux des souverains ou des grands, par des étoiles, des annelets, de petits sautoirs, des quintefeuilles, des croisettes. — Une étoile à six rais sépare les mots dans la légende de Philippe-Auguste, en 1180, et c'est la première fois que l'on distingue des traces de ponctuation sur les sceaux royaux. — Deux annelets séparent les mots sur les sceaux de Philippe le Hardi, en 1272, et de Philippe le Bel, en 1286. — Dans les types de Louis X, en 1315, la ponctuation consiste en deux petits sautoirs. Ces petits sautoirs figurent également dans les légendes de Charles le Bel, en 1322; de Philippe de Valois, en 1330; de Charles V, en 1365. — Au lieu de deux points, on voit deux quintefeuilles aux sceaux de Philippe V, en 1317; de Charles le Bel, en 1321; de Philippe de Valois, en 1343. — Sur le sceau delphinal de Charles V, en 1376, sur celui de Charles VI, en 1392, deux croisettes isolent les mots.

Dans la minuscule gothique, la ponctuation entre les mots consiste d'ordinaire en deux croisettes. Cependant, la légende de Jeanne de Bourgogne, en 1344, offre deux petits sautoirs. On distingue également deux petits sautoirs au sceau de Louis II, comte de Flandre, en 1382.

Indépendamment des signes que je viens de mentionner, il n'est pas très rare de rencontrer des légendes en minuscule gothique accompagnées de fleurettes, de palmes ou de rameaux intercalaires. Nous avons déjà mentionné, à ce sujet, la légende de l'officialité de Térouane, en 1440. Le type de Gilbert de Bourbon, comte de Montpensier et dauphin d'Auvergne, en 1480, offre une légende interrompue à son milieu par une tigelle fleurie. Le sceau d'Anne de Bretagne, à la même date, présente, entre chaque mot, deux croisettes suivies d'un rameau. Une fleurette ou une quintefeuille indique la séparation des mots au sceau du vicariat général d'Étienne Blosset, évêque de Lisieux, en 1492. Sur le sceau de Louis, dauphin de Viennois, en 1410, le dernier mot de la légende se trouve compris entre deux rameaux. Dans le type de Pierre, fils du roi de Navarre, en 1404, l'e final de Pierre se termine en une tige fleurie : PIERRE Enfin, chez Pierre, comte d'Alençon, en 1391, chez le bâtard d'Orléans, comte de Dunois, en 1444, une longue palme remplit l'espace resté libre à la fin de l'inscription.

Si nous étudions maintenant la séparation des mots dans l'écriture capitale de la Renaissance, nous remarquons des spécimens de tous les signes précédents : points, croisettes, sautoirs, sextefeuilles, annelets, etc. — Deux croisettes, au sceau de Louis, duc d'Orléans, en 1485. — Une étoile, au sceau de Charles VIII, en 1494. — Deux sextefeuilles, dans le type du même roi, en 1495. — Une croisette, dans celui de Louis XII, en 1498. — Deux annelets, sur un autre sceau de Louis XII, à la même date. — Deux sautoirs, au sceau de Marie de Luxembourg, duchesse de Vendômois, en 1522. — Un point, à celui de Pierre de Verchin, sénéchal de Hainaut, en 1529.

ABRÉVIATIONS.

Les mêmes raisons qui ont motivé l'emploi constant des abréviations dans les chartes et les manuscrits les ont rendues encore plus indispensables dans les inscriptions des sceaux. La nécessité de faire contenir plusieurs mots dans un espace aussi restreint que le contour d'un sceau a donné lieu aux abréviations que présentent les légendes. Les contre-sceaux, bien plus petits d'ordinaire que le type principal, offrent, par cette même raison, plus d'abréviations que ce dernier. Il s'en trouve même quelquefois qui resteraient inintelligibles sans le secours du sceau; telle est, par exemple, la légende : 9A · SCI · IT · AG, *contra sigillum Jamet Aleaume.*

La première forme d'abréviation a été le sigle simple, c'est-à-dire le remplacement d'un mot par son initiale. Cet emploi du sigle porte souvent sur le nom du possesseur du sceau. De là une difficulté de lecture qui devient insurmontable si l'on ne peut recourir à la charte, dont la suscription contient d'ordinaire le nom et les titres inscrits dans la légende. Ainsi, le sigle G' peut signifier *Galcheri, Garsias, Gaufridi, Gerardi, Gregorii, Guichardi, Guillelmi*, etc. — L'initiale seule sert également à exprimer un titre ou une qualité, un mot d'un usage fréquent : indépendamment des noms propres qu'elle représente, la lettre M peut signifier *magistri, martiris, milicie, militis, mulieris;* de même, P s'emploie indifféremment pour *pape, prepositi, presbiteri, prioris.* — Une initiale répétée sert à marquer le pluriel comme FF pour *fratrum.* — Quelquefois plusieurs mots qui se suivent sont abrégés par une succession de sigles : B M, *Beate Marie;* H D' F, *Henrici de Ferrariis;* S G R, *sancte ecclesie romane.*

Une autre sorte d'abréviation consiste à remplacer un mot par son initiale jointe à sa finale : DS, *Deus;* MA, *mea;* SM, *sigillum.* Cette abréviation est dite abréviation par contraction. La contraction s'applique de plusieurs autres manières. Il y a la contraction par consonnes, dans laquelle la légende reproduit seulement les principales consonnes d'un mot en comprenant la terminale : CHR, CHLR, *chevalier;* FCM, *factum;* MGR, *magister.* La contraction la plus ordinaire est celle qui supprime des lettres et même une ou plusieurs syllabes dans le corps du mot : APCI, *apostolici*

Dans l'abréviation dite par suspension, on néglige les lettres finales du mot. En voici des exemples : CONSTAN, CONSTANC̄, CONSTANCIEN̄, *Constanciensis;* RAYM, *Raymundus.* De toutes les abréviations, la suspension est la plus fréquente; elle présente aussi moins de difficultés au lecteur, qui se trouve guidé par le sens et l'accord grammatical. Il se peut cependant que la suspension se complique de contraction, comme dans ABB'VILE, *Abbatisvilla;* PET̄G', *Petragoricensis;* l'énigme est un peu plus difficile à deviner dans BD, *Bernardus;* CR', pour *Cameracensis.*

Certaines légendes présentent des mots abrégés par un système de petites lettres placées au-dessus des majuscules, soit qu'il y ait en même temps contraction, comme dans CISI, *Croisi.* PETNIL, *Petronille,* où la lettre R manque, soit qu'on ait voulu simplement diminuer l'espace occupé par la syllabe, tout en la laissant subsister dans son entier, comme dans Ñ de G'MAÑ, *Germano*. — Le G, le T, reçoivent également des petites lettres supérieures, comme G, T. — On s'est également servi de petites lettres supérieures pour écrire les nombres figurés quelquefois sur les sceaux. Elles expriment alors la voyelle terminale : M veut dire *millesimo*; C, *centesimo*.

Il arrive encore que l'on abrège en enclavant des petites lettres dans les majuscules. Ainsi *Loiac* s'est écrit LIAC; *Philipus*, PHILIPVS; *sigillum*, SIGIBVO et SGLL. On rencontre aussi :

ci cv la pi quo vv

Par un autre système d'abréviation, les capitales ont été liées ensemble, souvent par deux, quelquefois par trois, comme le montre le tableau ci-dessous. On rencontre même des ligatures reliant toutes les lettres ensemble, de façon à former ce qu'on appelle un monogramme. Le système d'abréviation par ligatures est en usage dans tous les alphabets sigillographiques.

ab ac ad ae af ah al am an ane ap ar au br ch co cr cu de dr

ea el em en ep er es et ex fh gr he la le ll lp lu

ma mb md me mf mp mu mbr na nb nc nd ne nn nr nt on or

ph pp pr te th tl to tr va ub ue, ve ul um ur w

—

ab ac an ar ch de en er ur

—

ae ch co de en ep ex

—

ac be bo bor da de do ha he oe ve or pe po pp

SIGNES ABRÉVIATIFS.

Les abréviations dont nous venons de parler sont, la plupart du temps, signalées au lecteur à l'aide de certaines marques spéciales. Parmi les différents signes employés, les uns surmontent les lettres, d'autres les coupent ou les traversent, ou les suivent. Il y a des signes abréviatifs commençant ou finissant un mot, ceux qui remplacent la conjonction *et*, *que*, etc.

Les signes abréviatifs placés au-dessus des lettres sont le trait horizontal ‾ et l'accent circonflexe grec ~.

Le plus ancien exemple du trait horizontal que nous connaissions se voit au sceau de Liébert, évêque de Cambrai, en 1075 : DĪ remplace le mot *Dei*; la même abréviation figure dans les légendes de Philippe Ier, roi de France, en 1082, de Lambert, évêque d'Arras, en 1097. Une bulle de Pascal II offre, en 1003, P̄P̄, qui signifie *papa*. Sur le sceau de Samson Mauvoisin, archevêque de Reims, en 1145, on lit SIGILLV̄ DĪ GRĀ, pour *sigillum Dei gratia*. Il se présente cependant quelques cas où le trait horizontal n'est pas posé tout à fait au-dessus des lettres. Deux d'entre elles semblent alors s'éloigner pour le contenir dans leur écartement. Sur le sceau de Gerbert, évêque de Paris, en 1122, on remarque EP-I, pour *episcopi*. Le type de Henri le Sanglier, archevêque de Sens, présente, en 1138, ARCHIEP-I, *archiepiscopi*. Quelquefois on a diminué la hauteur de la lettre de telle façon que le trait abréviatif qui la surmonte ne dépasse pas l'alignement général. Dans le type de Philippe-Auguste, en 1180, *Dei* est écrit DI.

L'abréviation par l'accent circonflexe grec, beaucoup plus rare que la précédente, commence à se montrer sur le sceau de Jean Renaud, archevêque de Reims, en 1133, au mot SIGILLV̂, *sigillum*. On le trouve dans la légende du pape Anastase IV, en 1153, surmontant les deux P̂P̂ du mot *papa*. Son emploi continue, de loin en loin, dans les siècles suivants, pour reprendre un peu de faveur à la Renaissance.

Nous ne quitterons pas les traits abréviatifs supérieurs sans avertir le lecteur que ces traits ne sont pas toujours à la place qu'ils devraient occuper régulièrement. Dans COIL̄II, pour *consilii*, la véritable place du trait est sur l'O; dans M̄ITACO, *Mitriaco*, il aurait dû surmonter le T. Cette irrégularité tient à ce que parfois les signes indiquent seulement une abréviation dans le mot.

Les lettres sont coupées par des traits abréviatifs droits ou recourbés.

Un trait droit traverse la queue du P dans le mot EPS, *episcopus*, au sceau d'Helgot, évêque de Soissons, en 1085.

En 1133, on remarque un C coupé par un trait droit dans la légende de l'abbaye de Saint-Germain d'Auxerre, SCI, *sancti*.

Un V présente son montant de droite coupé par un trait, au sceau de l'abbé de Vauluisant, en 1159, SIGILLV, *sigillum*.

On rencontre un G dont un trait droit coupe le crochet supérieur au mot *sigillum* du sceau de Guillaume Louvel, en 1168.

Sigillum est écrit par le sigle S, un S coupé de biais entre les deux panses, dans le type de Manassès, comte de Bar-sur-Seine, en 1168.

Le mot *Aldebertus* offre un b minuscule à la haste traversée, dans le type d'Audebert, évêque de Nîmes, en 1174.

Sur le sceau de Manassès, abbé de Chocques, vers 1180, le mot *sigillum* s'écrit SIG, le crochet inférieur du G traversé obliquement.

Dans la légende d'Arthur, duc de Bretagne, en 1199, figure un G traversé de biais complètement.

Si nous considérons également, dans leur ordre d'ancienneté, les lettres coupées par des traits abréviatifs recourbés, nous placerons en tête le T de Lambert, évêque d'Arras, en 1097, LAMBERT, *Lambertus*.

On rencontre un N chez Manassès, évêque de Meaux, en 1157, MELDEN, *Meldensis*.

En 1161-1170, le type d'Achard, évêque d'Avranches, présente un R, GR, *gratia*.

Un ꝑ se voit à la légende de Gautier, évêque de Laon, en 1163, Dꝑ pour *Dei*.

Sur le sceau de l'abbaye d'Anchin, en 1166, un S traversé d'un trait courbe entre les deux panses signifie *sigillum*.

La même abbaye, en 1172, donne la lettre E dans ECLE, *ecclesie*.

SIGILLV' représente *sigillum* dans le type de Robert IV, comte d'Auvergne, en 1182.

La lettre B' coupée par un trait semblable figure au sceau de Robert de Wavrin, sénéchal de Flandre, en 1193, ROB'TI, *Roberti*.

Un s minuscule se voit au sceau du chapitre de Pamiers, en 1226.

La légende du sceau de l'église de Guitry, en 1285, offre la lettre Q, dont la queue est traversée par un trait courbe.

Par le signe abréviatif qui suit les lettres, nous entendons surtout une sorte d'apostrophe ' telle qu'elle est figurée dans la lettre S', sans en faire partie intégrale, exprimant *sigillum* dans les types de Gui, chantre de Cambrai, en 1210; de Gérard, archidiacre de Valenciennes, en 1215, et de Jeanne de Garlande, en 1230, etc. La lettre S ne comporte pas seule l'apostrophe abréviative; ce signe accompagne d'autres caractères, des B', des C', des N', des Q'. La légende de Pierre, fils de Robert II, comte de Dreux, en 1212, fournit un exemple de l'emploi simultané des trois premiers : ....ROB'TI DROC' ⁊ BRAN'.... *Roberti Drocensis et Brane.*

Les inscriptions des sceaux présentent fréquemment un signe en forme de 9 qui se met au rang des lettres et s'emploie au commencement ou à la fin des mots. Il exprime *com, cum, cons, cont, contra*, lorsqu'il est placé à la tête du mot, et signifie *us* lorsqu'il se trouve à la fin. Le signe 9 abrégeant le commencement du mot paraît assez tard sur les sceaux. Nous le remarquons pour la première fois dans la légende de la ville de Ham, en 1223, 9MVNIE HAMENSIS, *communie Hamensis*. Le prieuré de Saint-Christophe-en-Halate, en 1240, offre le mot *conventus* ainsi écrit : 9VENT. Au contre-sceau de Jean de Sours, en 1260, on lit 9 SIG', pour *contra sigillum*. L'abréviation 9 figure deux fois sur le sceau du gardien des Franciscains de Condom, en 1266 : S' GARDIĀI 9VET FRŌ MINOR' S' F D' 9DOM, *sigillum gardiani conventus fratrum minorum sancti Francisci de Condomio*. Cette abréviation initiale, encore rare au XIIIe siècle, devient plus fréquente aux siècles suivants. L'usage de la terminaison 9, *us*, date de bien plus loin. On la trouve, dès 1035, au sceau de Henri Ier, roi de France, HEINRIC9, *Heinricus*; de Philippe Ier, en 1068, PHILIP9, *Philipus*; d'Achard, évêque d'Avranches, en 1161-1171, ACHARD9, *Achardus*. Nous n'avons rencontré que fort rarement l'abréviation 9, signifiant *con*, au milieu du mot VI9TE, *viconte*. De même nous ne connaissons que peu d'exemples de la terminaison *us* exprimée par une sorte de ʒ; il s'en trouve un dans la légende d'Agnès, femme de Jean de Bois-Jérôme, en 1280, au mot DOMIBʒ, *domibus*.

Divers signes remplacent la conjonction *et*. Nous signalerons d'abord le plus ancien. Il figure sur le sceau d'Arthur Ier, duc de Bretagne, en 1199. Sa forme est celle du chiffre 7, ou plutôt d'un Z dont on aurait retranché la barre horizontale inférieure : 7. En 1212, dans la légende de Pierre, fils de Robert II, comte de Dreux, la même conjonction est représentée par le signe ⁊; c'est le précédent à angles arrondis. Au XIVe siècle, le sigle majuscule *et* consiste en une sorte de Ꝫ, comme dans le type de Philippe de Valois et d'Anjou en 1319, ou bien en un Z coupé par une traverse horizontale Ƶ, que l'on rencontre dans le type delphinal de Charles V, en 1376. Dans la minuscule gothique, il présente tantôt la figure d'un *t* écrit et orné à la façon gothique ⁊, comme au sceau de Jean, duc de Berry, en 1379; tantôt il rappelle la forme majuscule précédente z, comme au sceau de Louis II, duc de Bourbon, en 1394. Il sert de plus, en le faisant suivre d'un c, à figurer les *et cetera*, ꝛc, dont le sceau de René d'Anjou, en 1436, offre un exemple. La majuscule de la Renaissance emploie également la figure z pour exprimer *et* ou *et cetera*. Le type de majesté de Maximilien, en 1513, en fournit des spécimens.

Un signe particulier a remplacé quelquefois la conjonction *que*. Au XIVe siècle, on a employé la minuscule *q* liée à une sorte de signe dérivé du point et virgule, q;. Le sceau de Jean, dauphin de Viennois, en 1310, permet de s'en assurer. La minuscule gothique a suivi les mêmes errements. La légende de Charles d'Orléans et de Valois, en 1444, reproduit ainsi le mot *que*, q;. La capitale de la Renaissance le représente encore formé des mêmes éléments, Q;, comme on peut le voir sur le sceau de Louis, duc d'Orléans, de Milan et de Valois, en 1485.

Nous donnerons quelques exemples de l'emploi des signes abréviatifs, selon qu'ils marquent une lettre placée au commencement ou dans le corps du mot. Nous ne dirons rien de ceux qui se trouvent à la fin, le sens venant en aide au lecteur. Pour ceux-ci, comme pour les exceptions, nous renvoyons à la liste des mots abrégés placée à la fin de la présente introduction. Il est bien entendu que nous n'avons pas la prétention d'établir des règles; nous ne consignons ici que nos propres observations.

Faisons remarquer, avant d'aborder les détails, qu'en sigillographie la plupart des signes abréviatifs n'ont pas une attribution spéciale à chacun d'eux. Leur effet est surtout général, quelles que soient leur figure et leur place. Différentes abréviations peuvent répondre à une même syllabe ou à un même mot, et la même abréviation peut s'appliquer à des syllabes ou à des mots différents. Ainsi *per* s'écrit indifféremment P̄, ꝑ, P'. Pour signifier *par*, tout aussi bien que *pel*, *per* et *pro*, on emploie le ꝑ à la queue barrée; il sert même bien souvent dans *episcopus*, qu'on écrit EꝑS.

A, au commencement et dans le corps du mot, exprime *am*, *an* : ĀBIAÑ, *Ambianensis;* ĀDEG', *Andegavensis;* CĀPAÑ, *Campanie;* FRĀCOR', *Francorum;* et, par inversion, *ma*, *na* : ROĀNCR, *Romanorum;* MOĀCHI, *monachi*.

B̄, B', B, au commencement du mot, *ber*, *bru* : B̄RNART, *Bernart;* B'GEN, *Bergensis;* B̄XELENSIS, *Bruxelensis;* dans le corps du mot, *ber* : AVB̄BI, *Auberti;* par inversion, *bre* : OB̄CICT, *Obrecicort*. Il redouble quelquefois seulement la lettre : AB̄ATIS, *abbatis*.

C̄, C', au commencement, *ce*, *con*, *cra* : C̄VALERS, *cevalers;* C̄TE, *conte;* C'MEL, *Cramellis;* au milieu, *cer*, *cre*, *cri*, *cum* : SAC'DOS, *sacerdos;* SEC̄TV, *secretum;* SC̄BENTIS, *scribentis;* LOC̄TEN, *locumtenentis*.

D̄, D', au commencement, *de*, *do* : D'CANI, *decani;* D̄MIORVM, *dominorum;* au milieu, *de*, *der*, *din*, *dre* : AD'CVESIS, *Andecavensis;* DESID̄II, *Desiderii;* ORD'IS, *ordinis;* FLAD̄S, *Flandres*. Il redouble la lettre dans RVD'ERE, *ruddere*.

Ē, E', au commencement, *en* : ĒGOL, *Engolismensis;* au milieu, *em*, *en*, *er*, *ere*, *es* : SĒꝑ, *semper;* BERĒGARII, *Berengarii;* FLAMĒMO.. *Flamermont;* HĒDIS, *heredis;* PRĒBITERI, *presbiteri;* par inversion, *nc* : CIĒIO, *Cincio*.

F, au commencement, *fer*, *fre* ou *fri* : F̄RARIA, *Ferraria;* F̄DICI, *Frederici*.

Ḡ, G', au commencement, *gen*, *ger*, *gra* : ḠERALIS, *generalis;* ḠMANI, *Germani;* ḠCE, *gracie;*

au milieu, *ger, gist, gu, gra* : GAVĒICI, *Gaugerici*; MAG'R, *magister*; MAĒO, *magno*; NIĒOVRTE, *Nigracurte*.

Ħ, au commencement, *hen, her, hu* : ĦRICI, *Henrici*; ĦBTI, *Herberti*; ĦG, *Hugonis*; au milieu, *ha, han, he, her* : CĦNNI, *Channi*; IOĦIS, *Johannis*; MATĦI, *Mathei*; TĦSAVRII, *thesaurarii*; GĦRDI, *Gherardi*.

Ī, au commencement et au milieu, *im*, et surtout *in* : SĪPĦORIANVS, *Simphorianus*; ĪSVLA, *Insula*; CANTĪPRE, *Cantimpré*; ꝒVĪCIE, *Provincie*; et, par inversion, *mi, ni* : COĪTIS, *comitis*; CANOĪCI, *canonici*. On rencontre aussi *eri, ri* : BVXĪA, *Buxeria*; DOCTOĪS, *doctoris*.

K', au commencement, *ka, ker* : K'ROLI, *Karoli*; K'COVE, *Kercove*; au milieu, *ker* : DVNK'KE, *Dunkerke*.

Ł, Ƚ, au commencement, *le, les* : ŁCT, *lector*; ŁPICIERE, *l'Espiciere*; au milieu, *le, ler, les, los* : EŁTI, *electi*; CŁICI, *clerici*; ECCŁIE, *ecclesie*; TĦOŁA, *Tholosa*; par inversion, *il, ul* : MŁITIS, *militis*; CAPITŁI, *capituli*. Redoublement : VAŁIS, *Vallis*.

ŁŁ, au milieu, *lla, llan, llar, lle, llel* ou *ller, llis* : VIŁŁGENART, *Villagenart*; CAMBEŁŁI, *Cambellani*; NIGEŁŁN, *Nigellensis*; WIŁŁMVS, *Willelmus* ou *Willermus*; TOŁŁS, *tollis*; par inversion, *ell, ill* : MARCŁŁI, *Marcelli*; WŁŁ, *Willelmus*.

M̄, M', au commencement, *ma, mar, mel* ou *mer* : M̄GR, *magister*; M̄TINI, *Martini*; M'LOTO, *Melloto* ou *Merloto*; au milieu, *man, mar, men, mer, mur* : NORM̄DIE, *Normandie*; IAKEM̄T, *Jakemart*; REM̄SIS, *Remensis*; TEMM'MAN, *Temmerman*; NAM̄CI, *Namurci*. Redoublement : GEM̄E, *gemme*.

N̄, N', au commencement, *nos* : N̄RI, *nostri*; au milieu, *nen, no* : LAVDVN̄SIS, *Laudunensis*; ĦON̄COVRTE, *Honocourte*; et aussi *ener, ran* : GN̄ALIS, *generalis*; GN̄C', *Grancia*. Redoublement : VAREN̄ES, *Varennes*.

Ō. Nous ne connaissons pas d'O marqué d'un signe abréviatif au commencement d'un mot. Au milieu, *om, omi, on, ou* : PŌPONE, *Pompone*; DŌNI, *domini*; CŌSVLV̄, *consulum*; CŌD̄, *Coudun*; par inversion, *io, no* : MISERATŌE, *miseratione*; MIŌR, *minorum*.

P̄, P', Ꝑ, au commencement, *par, pe, per, pr, pra, pre, pres, pri, pro* : ꝐIENS, *Parisiensis*; ꝐRONA, *Perona*; ꝐITI, *periti*; P̄IORIS, *prioris*; P̄TIS, *pratis*; P̄POI, *prepositi*; P̄BRI, *presbiteri*; P̄MOGEITI, *primogeniti*; ꝐPE, *prope*; au milieu, *par, pel, per, pro* : PELLIꝐII, *pelliparii*; CAꝐLE, *capelle*; AꝐTOS, *apertos*; LEꝐSOR, *leprosorum*. On le trouve employé comme lettre grecque P dans XPS, *Christus*; XP̄IANI, *Christiani*.

Q̄, Q, Q', au commencement, *que, qui, quo* : Q̄VILLI, *Quevilli*; QꝈTERI, *Quiteri*; Q̄NDAM, *quondam*; au milieu, *qua, que, qui* : SEQ'AM, *Sequanum*; PESQ'LOQVE, *Pesquerloque*; GAVQ̄LINI, *Gauquelini*; ESQ̄ER, *esquier*.

R̄, R', R', au commencement, *re* : R'NIER, *Renier*; R̄GIS, *regis*; au milieu, *ra, re, ron* : FR'TRIS, *fratris*; SECR̄TV̄, *secretum*; ĦAIR'VAL, *Haironval*; par inversion, *er* : TĦEODR̄ICI, *Theoderici*. Redoublement : TER̄A, *terra*.

S', S̄, au commencement, *san, ser* : S̄CE, *sancte*; S'VV̄, *servum*; S'GEN, *sergent*; au milieu, *ser* : MIS'ATOE, *miseratione*. Redoublement : RAS̄E, *Rasse*.

T̄, T', T, au commencement, *tar, ter, tra, tre, tri, tur* : T̄DIF, *Tardif*; T̄VAN, *Tervanensis*; T̄SIGNIES, *Trasignies*; T̄CEN̄, *Trecensis*; T̄NIT̄, *Trinitatis*; T̄RE, *Turre*; au milieu, *tar, ter, tra, tre, tri*.

tro, tur, ture : **NECTI**, *Nectari*; **LICTARV**, *Licterarum*; **STTIS**, *stratis*; **BETMIEV**, *Betremieu*; **VTVSQ**, *utriusque*; **PETNIE**, *Petronille*; **CATCN**, *Caturcensis*.

V, **V**, **V'**, au commencement, *un*, *ver*, *vi*, *vir* : **VIVSITATIS**, *universitatis*; **VVIN**, *Vervin*; **V'DVE**, *vidue*; **VGULTO**, *virgulto*; au milieu, *um*, *un*, *uo*, *ver*, *vern* : **COLVBN**, *Columbensis*; **BRVVILER**, *Brunviler*; **QVD**, *quod*; **NIVN**, *Nivernensis*; **ALVNA**, *Alvernia*.

W', au commencement, *Willel*, *Wir* : **W'MVS**, *Willelmus*; **W'TON**, *Wirton*.

X, au commencement, employé comme lettre grecque dans **XPE** et **XANI**, *Christe* et *Christiani*.

Y et **Z** n'ont pas, croyons-nous, reçu de signes abréviatifs.

DISPOSITION MATÉRIELLE DES LÉGENDES.

Les légendes suivent d'ordinaire le contour extérieur du sceau. Elles sont par conséquent, selon la forme des types, circulaires, ogivales, ovalaires, triangulaires, carrées, en losange, polygonales, festonnées, etc. En général, elles occupent une seule ligne. Lorsque cette seule ligne est insuffisante, elles envahissent le champ. On en rencontre même sur deux lignes, principalement dans les types circulaires.

Il est, croyons-nous, inutile de montrer des spécimens de légendes simples contenues dans la bordure du sceau; mais nous dirons quelques mots de celles qui, n'ayant pu trouver une place suffisante sur le contour du type, finissent dans le champ, et parfois même, ce qui est plus rare, y commencent. Sur le sceau aux causes de l'abbaye de Marchiennes, en 1311, l'inscription finit dans le champ par quatre lignes horizontales :

AD
CA
SV
AS

Ad causas.

La légende de Raoul, fils de Barthélemy Le Bret, en 1227, se termine dans le champ en trois lignes :

MEI
LE BR
ET

[*Bartholo*]*mei Le Bret.*

Dans le type du chapitre de Saint-Pierre d'Anderlecht, en 1195, la fin de la légende se trouve transportée sur une banderole que tient le saint patron. On lit autour du sceau : **SIGILVM ANDARLECTENSIS ECLE BEATI**, *sigillum Andarlectensis ecclesie beati*, et sur la banderole : **PETRI**, *Petri*.

Un exemple de légende commençant dans le champ se voit au deuxième contre-sceau de l'officialité de Meaux, en 1254. Au milieu est écrit **CVRIA**, *curia*, et autour **MELDENSIS**, *Meldensis*. Le même fait, mais plus curieux, se présente dans le type de Garnier, doyen de Sarcelles, en 1219.

Le nom du doyen est ainsi gravé en monogramme dans le champ :  *Garnerius;* la suite de l'inscription, DECANVS · DE · CORCELLA, *decanus de Cercella*, occupe la place habituelle sur le contour du sceau.

Un monogramme se trouve également dans le champ, au sceau d'Hervé de Montmorency, doyen de Notre-Dame de Paris, en 1192 : seulement, ici, il est indépendant de la légende. Le type offre cette particularité que l'inscription, en ogive comme le sceau, s'interrompt à sa moitié après le mot *Hervei*, continue dans un cercle qui renferme le monogramme et reprend ensuite la seconde moitié de l'ogive, où elle finit. En voici la disposition :

Au centre, le monogramme : *Herveus*. A droite, le commencement de la légende : *sigillum Hervei*. La suite, dans l'inscription circulaire qui entoure le monogramme : *de Monte Morentiaco*. A gauche, sa fin : *Parisiensis decani*.

Le sceau du chapitre de Notre-Dame de Paris, en 1216, offre au centre un autre monogramme au nom de Marie : *Ave Maria*, et porte sur son contour la date de son renouvellement.

L'inscription complète de la légende proprement dite à sa place ordinaire n'exclut donc pas la présence d'autres textes dans le champ. Il n'est pas rare, en effet, d'y rencontrer des caractères tantôt symboliques, comme A et ω, *alpha* et *oméga*, tantôt désignant le personnage figuré. Les lettres grecques A et ω accostent la Vierge, dans le type du chapitre d'Évreux, au XIIe siècle. — une fleur de lys, au contre-sceau de Geoffroi de Tressi, évêque de Meaux, en 1209. En 1151-1161, l'image de l'évêque d'Auxerre, Alain, est accompagnée des lettres ALA NVS, composant son nom, *Alanus*. De même, aux côtés de la figure de Guillaume, évêque d'Avranches, en 1198-1210, on lit : PT OL, *Ptolemeus*, son surnom. Dans le type de l'abbaye de Cysoing, le saint patron est accosté des mots S. CALIXTVS, *sanctus Calixtus*.

Des inscriptions dans le champ reproduisent encore des textes liturgiques, une maxime, une sentence que s'est appropriée le possesseur, ou même sa devise. C'est ainsi que dans le type de Jean, abbé de Saint-Augustin de Térouane, en 1381, on remarque sur les genoux de l'évêque d'Hippone, une inscription portant **SVRSVM CORDA HABEMVS**..., *sursum corda habemus*..., et l'abbé tient une banderole avec ces mots : **REGE GREGEM TVVM**, *rege gregem tuum*. L'invocation **DA PACE DONE**, *da pacem, Domine*, se lit dans le champ au sceau de Nicaise Cuvelier, procureur d'Artois au bailliage de Saint-Omer, en 1365. La bannière de Jean de Ligne, sire de Bailleul et chambellan du roi, en 1406, porte sa devise : **faire le doy**, *Faire le doy*.

D'autres sceaux désignent le monument ou l'objet figurés. En effet, au type de l'officialité de Soissons, en 1343, le mot *Suessio*, en deux lignes, se trouve gravé sous le monument représenté :

SVES
SIO

Au bas du sceau du chapitre de Cantorbéry, on remarque l'inscription. *muri metropolis isti*. Le bras du martyr, reproduit sur le sceau du chapitre de Saint-Mammès de Langres, est accosté de ces mots : *brachium beati Mammetis*.

Certaines inscriptions dans le champ expliquent l'action qui s'y passe. Le sceau de Conon de Béthune, en 1202, représente un hommage et porte le mot **MERCI**, *merci*. Le mot **IVRA**, *jura*, se lit au-dessus d'un personnage qui fait prêter un serment, dans le type de l'officialité de Cahors, en 1209.

Quelques-unes énoncent la date de la fabrication du sceau, comme dans le type du chapitre de Notre-Dame de Paris, où la date 1222 est ainsi désignée :

M
C·C
XXII·

Le chapitre de Saint-Outrille de Bourges, en 1236, représente le saint accosté de **A D' M C·C — X·X IX**, *anno Domini 1229*, sur deux lignes verticales.

Nous avons dit qu'il existait des légendes doubles, surtout dans les types circulaires. Les inscriptions concentriques ont été employées lorsqu'une ligne ne pouvait renfermer le nom, les titres et les qualités du personnage, comme c'est le cas, par exemple, sur les grands sceaux de Philippe le Bon, de Charles le Téméraire et de sa fille Marie. D'autres fois, dans ces sortes de légendes, une ligne est consacrée au nom et à la qualité du possesseur, tandis que l'autre contient une sentence pieuse, une invocation. Au sceau ogival de Pierre de Colmieu, prévôt du chapitre de Saint-Omer, en 1236, on lit à la ligne extérieure : **NOTAM FAC MICHI DOMINE VIÃ IN QVAM AMBVLEM**, *notam fac michi, Domine, viam in quam ambulem*, et à la ligne intérieure : **S' PETRI DE COLE MEO PREPOĨ S' AVDOM**, *sigillum Petri de Collemedio, prepositi Sancti Audomari*. Il est des cas spéciaux où l'une des deux lignes traduit en un autre idiome la ligne qu'elle accompagne. Le type de Philippe, fils de Baudouin, empereur de Constantinople, porte deux légendes concentriques. L'extérieure est en langue latine ; l'intérieure, en grec, donne la traduction de l'inscription latine :

S PHILĨPI FIL..... IMPERA..... HEREDIS IPII

Sigillum Philippi, filii ..... imperatoris .... heredis imperii.

СФР' ФIL ПОРФVR.....

Σφραγὶς Φιλίππου ..... Πορφυρογεννήτου .....

On rencontre certains sceaux portant leur légende entière écrite dans le champ en lignes horizontales. Ces inscriptions transversales se remarquent sur les bulles papales. Le revers du type ogival de Hugues II, archevêque d'Arles, en 1214, présente une légende ainsi figurée :

Sigillum sancti Trophimi, Ihesu Christi discipuli.

Des inscriptions verticales se voient aux bulles des papes dans les mots

S
P
E
T

et

S
P
A
V

Sanctus Petrus. *Sanctus Paulus.*

Dans le type du chapitre de Saint-Mammès de Langres, en 1307, le bras du martyr est encore accosté d'une inscription verticale, mais les lettres sont posées dans le sens transversal, et les deux côtés de l'inscription se font vis-à-vis :

BI MĀMETIS

BRACHIV.

Brachium beati Mammetis.

Citons encore, comme une exception des plus rares, une légende gravée sur la tranche d'un sceau. Le fragment du type de saint Thomas de Cantorbéry, en 1263, conservé aux Archives nationales, porte sur la tranche une inscription dont il ne subsiste malheureusement que les lettres GRA répétées deux fois.

Il nous reste à mentionner, en terminant, une disposition des légendes toute particulière. Nous voulons parler des inscriptions placées sur un ruban ou phylactère enroulé à ses extrémités, et qui suit d'abord assez régulièrement le contour du sceau; mais, à mesure qu'on avance dans le XVIe siècle, l'espèce de banderole qui porte les caractères se mouvemente, se replie sur elle-même, décrivant des festons, des guirlandes tordues, les circuits les plus capricieux. On conçoit les difficultés de lecture qui en résultent.

Lorsque nous avons traité de la ponctuation, l'endroit où commence la légende a été déterminé. Son point de départ se trouve à la partie supérieure du sceau. Il en est généralement ainsi, sauf quelques exceptions, que nous ne devons point passer sous silence. Dans le type de Thierri III, en 688-691, la légende commence en bas. Il en est de même au sceau de Charles le Simple, en 921. Cette irrégularité, que l'on remarque de loin en loin à toutes les époques, devient plus fréquente à la Renaissance. Les sceaux de Jean l'Entailleur, abbé d'Anchin, en 1564, d'Arnoul Gantois, abbé de Marchiennes, en 1565, présentent des inscriptions débutant à la partie inférieure. Pour les légendes à circuits accidentés, il n'existe pas de règle fixe; le point de départ est même quelquefois difficile à découvrir.

La lecture doit donc en général commencer par la partie supérieure à droite, en suivant le contour, pour se terminer à la partie supérieure gauche. Les lettres ayant leur base dirigée en dedans, vers le centre du sceau, la légende offre la même direction que les lignes d'un livre.

C'est par un accident des plus rares qu'une légende se trouve disposée pour être lue extérieurement. Les lettres ont alors leur sommet dirigé vers le champ du sceau, comme dans le type du chapitre de Saint-André d'Avranches, en 1163.

✠ ZIGILLVM : ABRINCENSIS : ÆCLÆ

Sigillum Abrincensis ecclesie.

D'autres irrégularités sont à signaler dans les inscriptions des sceaux, irrégularités dues au caprice ou plutôt à l'imprévoyance du graveur. La plus ordinaire consiste dans des lettres tournées à gauche, comme Z, dans ZIGILLVM, *sigillum*, au sceau de Simon de Montfort, en 1195, et dans MAHIVZ, *Mahius*, au sceau de Mahieu de Buires, en 1220. Ce n'est pas la première fois qu'on rencontre des S tournés en sens contraire. Les types des rois mérovingiens, Dagobert, Childéric, Childebert, en offrent des exemples dans leurs légendes. Les N onciales dans INSVLN, *Insulensis*, et PERONEN, *Peronensis*, au type de Jean, châtelain de Lille et de Péronne, en 1237, présentent une anomalie semblable. Quelquefois la même irrégularité atteint la légende entière. Sur le sceau de Jean d'Acy, en 1223, l'inscription porte ...AO • SƎNNAOI • MV⅃..., qui doit se lire ...LVM • IOANNES DA.., *sigillum Johannes d'Aci*... Le graveur a écrit sur la matrice la légende telle qu'elle doit être lue, de sorte que sur la cire elle se trouve reproduite en sens contraire.

Il peut arriver encore que, par l'incurie du graveur, la légende soit figurée de droite à gauche, sans que les lettres suivent toutes la même direction, comme au sceau de Nicolas de Champagnes, en 1269, ..INAPAD : SƎD : ALLOCIN : Sᵌ, qu'il faut lire : S' NICOLLA : DES : CAPANI... *scel Nicolla des Campanies*. Les lettres C, LL, E, P ne participent pas à la disposition générale.

Parfois c'est un mot entier dont les caractères sont intervertis de telle sorte que la lettre qui devrait être la dernière devient la première, l'avant-dernière la seconde, et ainsi de suite jusqu'à la dernière place : IPX figure pour XPI, *Christi*, dans le type du chapitre de Saint-Quentin, en 1178.

On remarque aussi quelques lettres couchées, surtout des S. Au revers du type de Raimond Roger, comte de Foix, en 1215, trois S sont ainsi figurés ∞. ...COMITI∞ : FVX∞EN∞... ...*comitis Fuxensis*. En 1251, sur le sceau d'un clerc du Languedoc, nommé Raimond Capellier, on lit : ∞ MAGI∞TRI... *sigillum magistri*..... Un Z couché, N, se voit au sceau de Jean de Baizi, au XIVᵉ siècle, BAINI.

Certaines légendes présentent encore des lettres gravées la tête en bas, soit isolées, soit constituant un mot et quelquefois la légende entière. Le sceau de Renaud de la Baste, chevalier, offre, en 1243, un M ainsi retourné W : S' REGINALDI • DE • WERROLES, *sigillum Reginaldi de Merroles*. Dans le type de Chilpéric II, en 716, le mot *Francorum* est écrit ƎNARꟻ, pour FRANC. Sur le sceau de Gui le Forestier, après 1150, le graveur a retourné toutes les lettres de la légende : SIITTO) GAIDONIS ꟻOREƧTARII, pour SILLO) GVIDONIS FORESTARII, *sigillum Guidonis Forestarii*. Cette inscription paraît en effet sens dessus dessous; les têtes des lettres regardent l'intérieur du type, contrairement à leur disposition habituelle. Elle se compose simplement de caractères tournés à gauche, si on la lit en dehors en commençant par la droite.

LANGUE DES LÉGENDES.

Il n'est pas indifférent pour le lecteur de connaître l'idiome employé dans une légende. C'est à ce titre que nous dirons quelques mots de la langue à laquelle appartiennent les inscriptions des sceaux, bien qu'un tel sujet n'entre pas d'ordinaire dans le cadre d'une paléographie.

L'emploi du latin a été le plus ancien et est demeuré le plus fréquent; la langue latine n'a jamais cessé d'être en usage.

Des légendes en langue vulgaire se rencontrent dès 1210. Au contre-sceau de Blanche de Navarre, femme de Thibaud III, comte de Champagne, on lit à cette date : PASSAVANT LE MEILLOR, *Passavant le meillor*. En 1218, Grégoire, chanoine de Paris, fait graver sur son sceau : OISEAV VA MI A MON AMI, *oiseau va mi à mon ami*. L'inscription du sceau de Thibaud du Déluge, chevalier, en 1237 porte ..IBAVT DOV DELOVGE, ..*ibaut dou Delouge*. A la date de 1239, la légende de Philippe, femme de Hugues d'Antoing, s'exprime ainsi : S' PHELIPE DE HAINES DAME DANTOĨG, *seel Phelipe de Haines, dame d'Antoing*. Nous rappellerons que, dès 1202, le mot français MERCI, *merci*, figure en exergue dans le type de Conon de Béthune, frère de l'avoué d'Arras. Ajoutons, toutefois, que la légende circulaire de ce type appartient à la forme latine.

Le passage du latin à la langue vulgaire ne s'est pas opéré brusquement, sans transition. On voit apparaître des légendes mixtes, latines-françaises, vers la fin du règne de Louis le Jeune. En 1177, nous lisons sur le sceau d'Adam de Walincourt : SIGILLVM ADE DE WALLENCVRT, *sigillum Ade de Wallencurt;* en 1179, sur le sceau d'Eudes de Ham : SIGILL' DOMINI ODONIS DE HAM, *sigillum domini Odonis de Ham;* et ainsi de suite, en 1180 : Ꝋ HEDEVE DE MONCI, *sigillum Hedeve de Monci;* en 1181 : SIGILLVM WALTERO DE BOZIES, *sigillum Waltero de Bozies.* Il serait facile de multiplier les citations. Nous ferons seulement remarquer que c'est le nom de la seigneurie, le nom géographique du fief, que les légendes ont commencé de désigner en langue vulgaire.

Les prénoms en français ne se rencontrent que plus tard, comme par exemple au sceau de Guillaume de Cayeux, sire de Carency, en 1226, sur lequel on lit : SIGILLM GVILLEVME DE CAVES, *sigillum Guilleume de Caues.*

Au delà des Pyrénées, les seigneurs emploient souvent des légendes en langue vulgaire. Dans le type d'un alcade de Tolède, en 1347, l'inscription porte, en suivant le contour festonné du sceau : SELLO DE DIEGO ARELA DE TOLEDO, *sello de Diego Arela de Toledo.* Au sceau de don Alvarez de Luna, en 1435, on lit : sello de don alvar de luna condestable de castilla conde de sant estevan, *sello de don Alvar de Luna, condestable de Castille, conde de Sant Estevan.* La légende espagnole de Rodrigo Diaz de los Canberos, en 1223-1226, commence par le mot latin *sigillum :* SIGILLVM RODRIGO DIAZ DE LOS CANBEROS.

Une inscription dans un vieux dialecte allemand se voit au sceau des boulangers de Cologne, en 1396 : segel der becker tzo colen, *Segel der Becker tzo Colen.* D'autres types, appartenant à des seigneurs lorrains, tels que Gérard d'Esche, Henri et Jacques de Fenestrange, en 1425, offrent des légendes en allemand. Sur le sceau d'Ulric, seigneur de Fenestrange, en 1363, l'inscription en allemand présente à son commencement le mot latin *sigillum.*

Il n'est pas rare de rencontrer, dans les types du nord de la France ou des Pays-Bas, des inscriptions en flamand. Le sceau des ceinturiers de Bruges, en 1407, porte : ✱ DITS : DIE · ZEGHEL · VÃ · DER · RIEMAKER · VÃ · BRVGH, *Dits die zeghel van der riemaker van Brughe.*

Deux bulles de Baudouin, empereur de Constantinople, portent à leur revers, en 1247 et 1268, l'inscription grecque :

ΒΑΛΔΟΙΝΟϹ·ΔΕϹΠΟΤΗϹ·ΠΟΡΦΙΡΟΓΕΝΝΗΤΟϹΟΦΛΑΝΔΡΑϹ

Βαλδοῦινος δεσπότης Πορφιρογέννητος ὁ Φλάνδρας.

Sur le sceau de Philippe, fils de ce même empereur, on trouve, à la date de 1263, deux légendes concentriques, l'extérieure en latin, l'intérieure en langue grecque, traduisant la légende latine.

Nous ne connaissons qu'une seule légende hébraïque inscrite sur un sceau appendu à un acte.

Elle figure au bas d'une pierre byzantine gravée dont se servait le prieur de la Charité-sur-Loire, en 1270, et se traduit par *Immânoû-el*, « avec nous Dieu ». M. de Longpérier et, tout récemment, M. Saige ont publié plusieurs inscriptions juives. Toutes sont empruntées à des matrices de sceaux conservées dans différents musées ou chez des collectionneurs.

On peut voir aux Archives nationales le cachet du sultan Mustapha III, en 1762 : c'est un chiffre en caractères arabes entrelacés.

Des réparations exécutées à la cathédrale de Séez, il y a quelques années, ont amené la découverte d'une matrice de sceau ayant appartenu à l'un des patriarches d'Arménie du nom de Constantin. Sa légende est écrite dans la langue du pays.

Nous arrêtons ici cette énumération. Est-ce à dire qu'il n'existe pas d'inscriptions en d'autres idiomes ? Nous ne parlons que des monuments qui nous sont passés sous les yeux.

LISTE ALPHABÉTIQUE DES MOTS ABRÉGÉS.

A, *Ade, Alfonsi, Andree, Arnaldi, Aymarus.*

AB'. ABĀTIS, *abbatis.*

AB̄ATISSE, *abbatisse.*

ABB'. ABB. abbá. abbais. ABBAT. abbaf. ABBATĒ. ABBATISS. ABB'E. ABBI. *abbatis, abbatisse.*

ABBĪE, *abbatie.*

ABB'IS, ABB̄IS. abbis. *abbatis.*

ABB'ISSE. ABBĪSSE. *abbatisse.*

ABB̄ISVILL. ABB'ISVILLE. *Abbatisvilla, Abbatisville.*

ABB'S, *abbas.*

ABBTIS. abbtis. *abbatis.*

ABBVILL. ABB'VILLA. *Abbatisvilla.*

ABEVILL, *Abeville.*

ĀBIAÑ. ĀBIAN'S. *Ambianensis.*

AB̄IS, *abbatis.*

ĀBOCHT, *ambochte.*

ABRIN. ABRINC. ABRINCEÑ. ABRINCENCI. ABRINCENS'. *Abrincensis.*

ABSĒTIA. *absentia.*

ab'tis. *abbatis.*

ĀBVLĒ, *ambulem.*

ACAD, *academie.*

ĀCHAGEL, *archangeli.*

acheol, *Acheoli.*

ACHID', *archidiaconi.*

āchin, *Auchin.*

acquitaie, *Acquitanie.*

ADA, *Adam.*

ADECAVESIS, *Andecavensis.*

ĀDEG. *Andegavensis.*

ADMI, ADMINISTRAT. *administratoris.*

ADMONIAL, *admonialium.*

ADRIĀ, *Adrianu.*

ĀDRIE. *Andrie.*

ADVOC̄. ADVOCAT̄. *advocati.*

AE, *Aleaume.*

ÆCCLÆ. ÆCCLIE ÆCLE. *ecclesie, ecclesie.*

AEL. *Aelidis.*

AGATH, *Agathe.*

AGATHN. *Agathensis.*

ĀGELIACEÑ. *Angeliacensis.*

AGEN'. *Agenensis.*

ĀGIACI. *Angiaci.*

ágietes, *Angietes.*

ĀGLIACÑ, *Angeliacensis.*

ĀGLICANĖ. *Anglicane.*

AGN', *Agnetis.*

AGREMŌ, *Agremont.*

AGS, *Augustus.*

AL. *Alluye.*

ALB'. *Alberti.*

ALBAÑ, ALBANEÑ. *Albanensis.*

ALBIEN. *Albiensis.*

ALBIN, *Albiniaco.*

ALBOMŌTE. *Albomonte.*

ALBOÑ. *Albonensis.*

ALBŌNOCO. *Albornoco.*

ALB̄TI. ALB'TI. ALBTI. *Alberti.*

ALCH. ALCHIACEN'. *Alchiacensis.*

ALDBT[9]. *Aldebertus.*

ALDEGHON', *Aldeghonde.*

ALECON. ALENŌ. *Alenconii.*

ALĒSON. *Alenson.*

alexādri. *Alexandri.*

ALG. *Algie.*

alixādri. *Alixandri.*

ALMAR'. *Almarici.*

ALOM *Alerme.*

ALN', ALNET. *Alneto.*

ALN, *Alnensis.*

alneten, *Alnetensis.*

ALSAC, *Alsacie.*

ALT, ALTISIODOR', *Altissiodorensis.*

ALTIVIL, *Altivillaris.*

ALVIA, *Alvernia.*

ALVNIE, *Alvernie.*

am, *Amiens.*

AMĀDO, *Amando.*

AMAVR', *Amaurici.*

AMB'. amb, AMBIA', AMBIAN̄SIS, AMBIAN̄, ambian, AMBIANE, AMBIANEN̄, ambianen, AMBIAÑSIS, *Ambianis, Ambianensis.*

AMBOSI, *Amberosi.*

AMEL, *Ameline.*

amiēs, AMS', *Amiens.*

ANATO, *Anatolii.*

AND', *Andree.*

ANDECEYAR', *Andeceyarum.*

ANDEḠ, andēg, ANDEGAVEN, ANDEGAVOR', ANDGAVIS, *Andegavensis, Andegavorum, Andegavis.*

ANDIG, *Andigavensis.*

AND'LIACV̄, *Andeliacum.*

ANDR', *Andrieu.*

ANFREVILL, *Anfrevilla.*

ANGEL, *Angelus.*

ANGELIACEN, *Angeliacensis.*

ANGL, angl', ANGLE, *Anglie.*

ANGLI, *Angeli.*

anglorū, *Anglorum.*

ANICIEN, *Aniciensis.*

ANIS̄, *Anisiensis.*

ANNEVIL, *Anneville.*

āno, *anno.*

ANTHŌE, *Anthoine.*

ANTOĪG, *Antoing.*

ANTON, *Antonius.*

ANTWERP̄, *Antwerpiensis.*

APAMIĒ, *Apamiensis.*

APOI, *apostolici.*

APD', *apud.*

APLI, *apostoli.*

AP̄LICE, apl'ice, *apostolice.*

APL̄ICI, *apostolici.*

APLORV̄, *apostolorum.*

APPAMIEN', *Appamiensis.*

APTOS, *apertos.*

AQ̄, *aquis.*

AQ'NCIO, *Aquincio.*

AQ̄M, *aquam.*

AQVĒSIS, *Aquensis.*

AQVICINCTEN̄, *Aquicinctensis.*

AQVIT̄, aquitan, AQVITANOR', *Aquitanorum.*

AR', *archidiaconi.*

ARAḠ, *Aragonie.*

ARB, *Arbert.*

ARBAZIĒS, *Arbaziensis.*

ARC, ARCH, arch', *archidiaconi.*

ARCH, *archidux.*

ARCHI, ARCHID', *archidiaconi.*

archid‾, *archiducis, archiducisse.*

ARCHIDI, ARCHIDIA, ARCHIDIAC, ARCHIDIACH, ARCHIDIACO, ARCHIDIACOI, archidiacōi, *archidiaconi.*

ARCHIDIACON9, *archidiaconus.*

ARCHIDVC, *archiducis.*

ARCHIDVCV̄, archiducū, *archiducum.*

ARCHIEP, ARCHIEPC, ARCHIEPĪ, archiepi, ARCHIEPIS', ARCHIEPISCP, ARCHIEPS, *archiepiscopi, archiepiscopus.*

ARCHIPBI, ARCHIP̄B̄RI, ARCHIPRESBR'I, ARCHIPSBITERI, *archipresbiteri.*

ARCHL, *archangelus.*

ARD, *Arduini.*

ARELAT, ARELATEN, ARELATĒSIS, ARELATN, *Arelatensis.*

ARENTIER, *Arentières.*

AREP, *archiepiscopi.*

AREVELS, *Arevels.*

ARG', *Argentoni.*

ARGĒCIIS, *Argenciis.*

ARGENT, argentin, *Argentinensis.*

argēthan, *Argenthan.*

ARIEN̄, *Ariensis.*

ARIEPI, *archiepiscopi.*

ARIESIS, *Ariensis.*

ARIET, *Arjenton.*

ARLOÑ, *Arlonis.*

ARM̄, *Armaniaci.*

ARMĀDI, *Armandi.*

ARMGR̄, ARMIG, ARMIGĪ, ARMIGRI, *armigeri.*

ARNLI, ARNVLP̄, ARNVLPH, *Arnulphi.*

ARP̄IS, *archiepiscopus.*

ARQ'RII, *Arquerii.*

ARTH, *Artehe.*

arthes', *Arthesii.*

ARTIS', *Artisien.*

ARTVR9, *Arturus.*

ARVERNOꝝ, *Arvernorum.*

ARVNIE, *Arvernie.*

ĀSAIL, *Ansaviler.*

ASTEÑ, asteñ, *Astensis.*

atbū, *Attrebatensis.*

ATH, *Athoyson.*

ĀTHON, ĀTHONIO, *Anthonio.*

ATQ, *atque.*

ATRABATĒN, *Atrabatensis.*

ATRABTE, *Austraberte.*

ATREB̄, ATREBAT̄, ATREBATEN̄, ATREBATENS̄, *Atrebatensis.*

ATT̄, ATT̄B, ATTBATEÑ, attbateñ, ATT̄BATN̄, *Attrebatensis.*

ATT̄BATV̄, *Atrebatum.*

ATTRABAT̄, *Attrabatensis.*

ATTREB', ATTREBAT̄, ATTREBATEÑ, attrebateñ, ATREBATN̄, ATTREBATSĪ, ATREBN', *Attrebato, Attrebatensis.*

AV, *Aurelianensis.*

AVĀ, *aquam.*

AVB'. Aubert.
AVBTI, AVBTI, Auberti.
AVD', aud'. Audoeni, Audomari, auditoris.
AVDBERT. Audbertus.
AVDEGŌDE, AVDEGVDE, Audegonde, Audegunde.
AVDI, auditoris, AVDITOR', auditor', auditoris.
AVDO, AVDOM, AVDOMAR, Audomari, Audomaro, Audomarum.
AVDON, Audoeni.
audori, Audomari.
avēdale, Avendale.
AVĒN', Avenensis.
AVESN, Avesnis.
AVG, AVG' AVG, Augri, Augustini, Augustus.
aūgne, Auvergne.
AVG'S, Augustus.
AVG'VN, Augerum.
AVGVSB. AVGVST9, Augustus.
AVIER', Aujeron.
AVIN, AVINIONEN, Avinionis, Avinionensis.
AVR', Aurelianensis.
AVRAICĒSIS, Auraicensis.
avrēches, Avrenches.
AVREL, AVRELIAN, AVRELIANENS, Aurelianensis.
avrenc, Avrenches.
AVREV, aureum.
AVS, Austrie.
AVSAL, Ausalonis.
AVST, austē, AVSTR', austr, Austria, Austrie.
AVSTREG, Austregesili.
AVT, AVTI, AVTIS, AVTISIOD', AVTISS', AVTISSIOD', AVTISSIODOR', AVTISSIODOREN, Autissiodorensis, Autissiodori.
AVX, AVXITANEN, Auxitanensis.
AYMOIS, Aymonis.

B, barounie, Bernardus, Bertrand.
B, bastari.
B M, Beate Marie.
B T, Beati Thome.
BABAINVILL, Babainvilla.
BACVL, baculo.
BAD, BADEN, baden, BADĒSIS, Badensis.
BADW, Badweiler.
BAILL, Bailliolo, Bailleul.
baill, bailliage.
BAIOC', BAIOCEN', Bajocensis.
BAIVNVILL, BAIVVILL, Baiunvilla.
BALD', baldui, Balduini.
bālieue, banlieue.
BALL, ballie.
BALLI, ballivi.
BALLIE, ballivie.
BALLIV', ballivi.
BALMEN, Balmensis.
bambergēn, Bambergensis.
BAP, Baptiste.
BAPALM, BAPALMĒSIS, Bapalmarum, Bapalmensis.
BAPM, Bapaume.
BAPT, Baptiste.
BAR', Barri.
BARBĒCHON, Barbenchon.
BARC, Barcelone.
BARCH, BARCHĒ, BARCHI, BARCHN, Barchinone, Barchinonensis.
BARD', Bardonay.
BARO, baron.
baroñ, baronis.
BARR, BAR', barrēn, Barrensis, Barris.
BARTH, BARTHOL, BARTHOLOM, Bartholomei.
BAS, Basilensis.
BASIL, Basilensis, basilice.
B'ATE, beate.
BATHON, Bathoniensis.

bavarā, Bavaria.
BAVAR', bavar, Bavaria, Bavarie.
BAVD', BAVDVI, Bauduin.
BAVG, Baugerium.
BAVGENC, Baugenciaci.
BAVQ'ERCIO, Bauquercoio.
BAVVLE, Bauville.
bazil, Basiliensis.
B'CEVRE, Breceure.
bch, Binchio.
B'CHARD, Berchardi.
BĒ, beate, Benigni, Brie.
BEAN, Beania.
BEARN, Bearni.
BEAVMO LEROG, Beaumont-Le-Roger.
BEAVMŌT, Beaumont.
BEGINALI, Beginalium.
BE IOCO, Bellojoco.
BELIVALL, Bellivallis.
BELL, Bellicadri.
BELLAMAR', Bellamara.
belli, Bellimontis.
BELLI I, Bellijoci.
BELLIMONTĒS, Bellimontensis.
BELLO MAN, Bello Manso.
BELLOMON, BELLOMŌTE, Bellomonte.
BELLONT, Bellofonte.
BELLO VIDE', Bellovidere.
BELMARE, Bellemare.
BELV, BELVA, BELVAC, belvacē, BELVACEN, BELVACEN', BELVACN, Belvacensis, Belvacum.
BENĒ, benedicta.
bencd', BENEDCI, benedicti.
BENEDICTV, benedictum.
BEQV, Bèque.
BER, Bernardi.
BERĒGARII, Berengarii.
BERENGER', Berengerii.
BERFRIDV, berfridum.
BERG', Bergis.
BERGĒSIS, Bergensis.

BERNA, *Bernardi.*
BERNAYENSIV', *Bernayensium.*
bernens', *Bernensis.*
BERT, *Bertrand, Bertrandi.*
BERTh, *Bertholomei.*
BERTRĀDI, *Bertrandi.*
BET, *Betunie.*
bete, *beate.*
BETH, *Bethuniensis.*
BETHĒCOVRT, *Bethencourt.*
bethic, BETHVN, *Bethunie.*
bet'mieu, *Betremieu.*
BETVNI', *Betunia.*
BEVMŌT, *Beaumont.*
BEVNA, *Beverna.*
BEV'NE, *Beverne.*
BEVVQVĒ, *Beuverquen.*
beyēn, *Beyeren.*
B'GEN, *Bergensis.*
B'GhEN, *Berghen.*
B'GIS, *Bergis.*
B'GN, *Bergensis.*
bGŌIE, *Burgorie.*
B'hLOMI', *Bartholomei.*
BI, B'I, *beati, Bituricensis.*
BIALMO'T, *Bialmont.*
BIAVF, *Biaufort.*
BIAVMŌT, *Biaumont.*
BIERRĒGIER, *Bierrengier.*
BIS', *Bisuntinensis.*
BISŌCIO, *Bisoncio.*
BISVNT, BISVT, *Bisuntini, Bisuntinensis.*
BISVTE, BISVTINE, *Bisuntine.*
BITER, BITERREN, *Biterrensis.*
bitholio, *Britholio.*
BITVR, BITVRIC, BITVRICEN, *Bituricensis.*
BLĀGIE, *Blangie.*
BLAKEB'GhE, *Blankenberghe.*
BLAKEM', *Blakeman.*
blaīmt, *Berlaimont.*
BLAN, *Blankemberg.*
BLE, *Blesis.*

BLEBREBĀT, *Blebrebant.*
BLES, bles', BLESEN, BLESIS, BLESN, *Blesensis.*
BELOMĀSO, *Bellomanso.*
BELOMOTE, *Bellomonte.*
BLODE, *Blonde.*
BLŌDEL, *Blondel.*
bNAIO, *Bernaio.*
BNART, *Bernart.*
B'NAY, *Bernay.*
BNDICTVM, *benedictum.*
B'NERII, *Bernerii.*
BNOT, *Burnot.*
BOCONVILE, *Boconviller.*
BŌDEVILE, *Bondevile.*
BOEM, bohē, *Boemie, Bohemie.*
BOLOG', *Bologne.*
BOLON, BOLONIĒ, *Bolonie, Boloniensis.*
BŌN, BŌN, *Bononia, Bononiensis.*
BONAVALE, *Bonavalle.*
BONE, *bonne.*
BONEBOS, *Bonebosc.*
BONEH, *Bonehem.*
BŌNEVAL, BONEWALE, *Bonneval, Bonewallis.*
BŌNIER', *Bonnières.*
BONONIESIS, *Bononiensis.*
BONV, *bonum.*
borboneu, *Borbonensis.*
BORDEINVIL, *Bordeinvilla.*
BORELI', *Borelier.*
BORGN, BORG'N, *Borgne, Borguignon.*
BORV, *beatorum.*
BOSQVILEO, *Bosquillon.*
BOS'ROB'TI, *Boscoroberti.*
BOTEL, *Boteler.*
BOVCOVILE, *Bouconvilla.*
BOVDINGhĒ, *Boudinghem.*
BOVLENG', *Boulengier.*
bourbonn, *Bourbonnii.*
bourgue, *Bourgoigne.*
bourguignō, *Bourguignon.*

B'R, *Berengarii.*
BRA, BRAB, brab, brabacie, BRABAN', braban, BRABAN', BRABANT, brabāt, BRABĀTIA, *Brabant, Brabantia, Brabantie, Brabancie.*
BRAD, brādeburgēn, brādemburgens', *Brandemburgi, Brandemburgensis.*
BRAN', *Brano.*
BRĀTULIS, *Brantulis.*
brd, *Bernardus.*
B'RDAL, *Berdal.*
brebā, *Brebant.*
BRITAN, BRITNI, *Britannia, Britannie.*
BRIVATEN, *Brivatensis.*
BRIXIEN, *Brixiensis.*
BRT, *Bertrandi.*
BRTEVILE, *Bretevilla.*
BRVERIENS, *Brueriensis.*
BRVG, BRVG', brug', BRVGENS', BRVGĒ, BRVGGH, BRVGh, *Brugensis, Brugis, Brugghe.*
BRVVILER, *Brunviler.*
bruxel', BRVXELLEN, BRVXELLN, *Bruxellensis.*
B'SEGAVT, *Brisegaut.*
B'TAVT, *Bertaut.*
B'TELE, *Bretele.*
B'TELOT, *Bertelot.*
B'ThOLO, *Bertholomei.*
BTI, *beati.*
BTINI, *Bertini.*
B'TNDI, *Bertrandi.*
B'TOLDI, *Bertoldi.*
B'TRA, bTRĀDI, B'TRANDI, *Bertran, Bertrandi.*
BTRANNI, *Bertranni.*
bucigāt, *Bucigant.*
BVCIL, *Bucillis.*
BVEVILE, *Buevilla.*
buk', *Bukingham.*
BVR, BVR', *Burgundie, Bures.*
BVRDEGALEN, *Burdegalensis.*

burdigaleñ, *Burdigalensis.*

BVRG', *Burgensium.*

BVRG. burg. burg^{die}, *Burgundie.*

BVRG NOVV, *Burgum Novum.*

BURGEÑ, *Burgensis.*

BVRGENS', burgensiū, BVRGĒSIV̄, *burgensium.*

burgod, burgōdia, BVRGŌDIE, *Burgondia, Burgondie.*

BVRGV̄DIE, burgūdie, BVRGVN^{e}, *Burgundie.*

BVRGV̄ NOVV̄, *Burgum Novum.*

BVTEL, *Butelier, Boutelier.*

BVXĪA, *Buxeria.*

B̄XELENSIS, *Bruxelensis.*

C, *clerc, comes.*

C S', *contra sigillum.*

CĀ, *Cameracensis, canonici, causas, cavalieri.*

CĀBELLANI. CABELLI, *cambellani.*

cābrrone, *Camberone.*

CĀBIIS, *Cambiis.*

CABIL, CABILON, CABILONEÑ, *Cabilonensis.*

CABVLON, *Cabulonis.*

CĀCELLARII, *cancellarii.*

cad, CAD', *Cadomensis, Cadomi, cardinalis.*

cādavaine, *Candavaine.*

CĀDELIER, *Candelier.*

CADOM, cadomeñ, *Cadomensis.*

calabr̄. CALABR', *Calabrie.*

CALNIATV̄, *Calniatum.*

CALVIMOÑ. CALVIMONTÑ, CALVIMŌTIS, *Calvimontensis, Calvimontis.*

CALVOM' CALVOMOT, CALVOMŌTE, *Calvomonte.*

CAM̄, *Cameracensis.*

CAM'A, *camera.*

CAMAC', camac̄, CAMĀCEÑ, cam'acensis, *Cameracensis.*

CAMĀCESIO, *Cameracesio.*

camacēsis, *Cameracensis.*

CAMAR, camar, *camerarii.*

camariat⁹, *camerariatus.*

CAMEC', CAMER', CAMERĀ, camera, CAMERAC', CAMERACĒIS, CAMERACEN', cameraceñ, CAMERACENS, CAMERACĒSIS, CAMERAĈSIS, *Cameracensis.*

CAMERARI9, *camerarius.*

CAMERC, *Cameracensis.*

CAMIL, *Camilliaco.*

CAMP̄, *Campis.*

CAMPELLEN, *Campellensis.*

CAMR', *Cameracensis.*

CAN, CAÑ, cañ, *canonici, Canpis.*

CANCEL, CANCELII, *cancellarii.*

CANDEL, *Candelis.*

CANI, CANIC̄, CANŌ, CANOI, CANOĪCI, *canonici.*

canōicoru, *canonicorum.*

CANŌN, CANONĪ, canoni, *canonici.*

CANONICOR', *canonicorum.*

cantebrugens, *Cantebrugensis.*

CANTĪ, *Cantin.*

CANTĪPRE, *Cantimpre.*

CANTOR', *cantoris.*

CANTVRIEN, *Canturiensis.*

CANVIL, *Canville.*

CAOI, *canonici.*

CAP, *capellani, capituli.*

CĀPAÑ, *Campanie.*

CAPC̄, *capicerii.*

CAPD, *caput.*

CAPDAVENE, *Campdavène.*

CAPEL, *capella, capellarii.*

capellai, CAPELI, *capellani.*

CĀPELLIS, *Campellis.*

CAP'I, *capituli.*

CĀPIS, *Campis.*

CAPIT, *capitum.*

CAPITLI, CAPITVL, CAPL, *capituli.*

CAPLE, *capelle.*

CAPEĪ, CAPLĪ, caplī, *capellani, capituli.*

CAPLL, CAPLLI, *capellani.*

CĀPS, *Canapes.*

CAPSIE, *Caprosie.*

CAPT̄, CAPTICV, CAPTIVC, CAPTIVORV̄, captōr, *captivorum.*

CAR, car', *cardinalis, Carcassonensis, caritatis, causarum.*

CARC̄, CARCASSENSIS, CARCASO, CARCASSON, *Carcassona, Carcassonensis.*

carcē, *carcere.*

CARD', card, CARDIÑ, CARDINAL, cardinal', *cardinalis.*

CARE, *Carentoniensis.*

CARĒCHI, CARĒCI, *Carenchi, Carenci.*

CARĪOLE, *Carniole.*

CARMEL, carmelitār, *Carmelitarum.*

CARN', *Carnotensis.*

carniol', *Carniole.*

CARNOĪS, CARNOT̄, CARNOTEN, CARNOTĒSIS, CARNOTÑ, CARNOTS', *Carnotensis.*

CARŌ, *Caron.*

CAROL, *Carolus.*

CARPENT, CARPĒTER, carpētier, CARPRT', CARPĒTIER, *carpentarii, carpenter, carpentier.*

CARSTIAC', *Carstiaen.*

CARTVS', cartus', CARTVSIEN', *Cartusie, Cartusiensis.*

CĀS, cās, *causas.*

CASLETEN, *Casletensis.*

CASS', *Cassel.*

CAST, CAST̄, *castelain, castellani, castri, castro.*

CASTĒ, CASTEL, castel, CASTELAI, castelē, CASTELEI', CASTELL, *castelain, castelein, castellani, castellanie.*

CASTEL, *Castelle, Castellion.*

castellac̄, *castellanie.*

CASTELLAI, CASTELLAN̄, *castellani.*

CASTELLE, *castellane.*

CASTELLIO, *Castellione.*

CASTĪ, *Castris.*

CASTLE, CASTL̄L, *Castelle, Castille.*

CASTLLI, *castellani.*

CASTNOVI, *Castrinovi.*

CASTREN, *Castrensis.*

CASTRI NANT, castrinanton, *Castrinantonis.*

CASTRO BIENCII, *Castro Briencii.*

CASTRO GONT, *Castro Gonteri.*

CASTROR', *castrorum.*

CASTRV, *castrum.*

CĀTAĪ, CĀTAING, *Cantaingr.*

CATCEN̄, *Caturcensis.*

CATH̄, cathalanen, CATHALAVN, CATHALAVNEN, CATHALAVIENS, *Cathalaunensis.*

CĀTOR', CĀTORIS, CAER, *cantor, cantoris.*

CATRO, *castro.*

CATVRCEN, *Caturcensis.*

CATZE, *Catzenellenbogen.*

cañ. CAV̄, *causarum, causas.*

CAVILLICEN, *Cavillicensis.*

CAVS', *causas.*

CAVSAR', CAVSARV, *causarum.*

CECIL, *Cecilie.*

CECORV̄, *cecorum.*

CELESTINOR', CELESTINORV̄, CELESTĪOR, *Celestinorum.*

CELSONEN, *Celsonensis.*

CEN, CENO, CENOM, CENOMAÑ, CENOMANCIS, CENOMANEN̄, CENOMIE, *Cenomanensis, Cenomanie.*

CEOCSES', *Ceocsensis.*

cercîais, *Ceretanis.*

CERITAN, *Ceritanie.*

CERTV̄, *certum.*

CES, *Cesaris Burgi.*

CĒSIERS, *censiers.*

CESTR', *Cestrie.*

cet'ra, *cetera.*

CEVAL, CEVALĪR, *cevalier.*

CH, *chevalier.*

CHAB', *chambre.*

CHĀBELĀ, *Chambellan.*

CHĀBIER, *Chambier.*

CHAB'LAN, CHAB'LANC, *chambellan, chamberlanc.*

CHĀBLEIAR', *Chableiarum.*

CHĀBLI, *Chambli.*

CHALŌ, *Chalun.*

CHANTRĀS, *Chantrans.*

CHAPAINE, *Champaigne.*

CHAR, *chevalier.*

CHASTELAĪ, chastell', *chastellain.*

CHASTELE, chastellie, *chastellenie, chastellerie.*

chastelneuf, *Chastelneuf.*

chatelleř, *châtellerie.*

CHATE', *châtelain.*

CHAVET, *chavetier.*

CHAVSET̄, *chausetier.*

CHE, CHELI, chelř, *chevalier.*

CHERL, CHEVĀ, CHEVAL, CHEVALIR', CHEVALL, CHEVALER, CHI, *chevalier, chevallier.*

CHIÑ, *Chininco.*

CHIVAL, *chivaler.*

CHL̄R, chlř, *chevalier.*

CHNNI, *Channi.*

CHOISELL, *Choiselli.*

CHR, CHR, *chevalier.*

CHRISTOPH, *Christophori.*

CHRO, *Chroatie.*

chť, *Chamont.*

CHVALIER, *chevalier.*

CI, *clerici.*

CICIL, *Cicilie.*

cinco, *Cincio.*

CIR', *chevalier.*

cismont', *Cismontanorum.*

CISOÑ, CISONIEÑ, CISONIENS, *Cisonio, Cisoniensis.*

CIVITAT̄, *civitatis.*

CIVIV, *civium.*

CL, CL, *clavis, clerc, clerici.*

CLAR, *Claromontis.*

CLAREMV̄DI, *Claremundi.*

CLAREVALL, *Clarevallis.*

CLARIACĒSIS, *Clariacensis.*

CLARIMONT, *Clarimontis.*

CLAROMON, CLAROMONTEÑ, *Claromontensis.*

CLAV, CLAVS, *clavis.*

CLC, CLCI, CLĒ, CLEI, *clerc, clerici.*

CLEMCIE, *Clemencie.*

CLEMĒTIS, CLEM̄TS, *Clementis.*

CLĒNTIE, *Clementie.*

CLERMOT, clermōt, *Clermont.*

CLI, CLIC, CLICI, *clerici.*

CLICOR, *clericorum.*

CLIVEÑ, CLIVIN, *Clivensis, Clivinsis.*

CLVN, CLVNIACĒN, *Cluniacensis.*

C'MEL, *Cramellis.*

CM̄R, *Cameracensis.*

CÑ, *canonici.*

CNDO, *commendo, confido?*

C̄NTRA S', *contra sigillum.*

CŌ, cō, *comitatus, comitis, con pour qu'on.*

Ċ, *centesimo.*

CŌBALONG, *Combalonga.*

CŌBREVS, *Combreus.*

CŌBVRGENSIV̄, *comburgensium.*

CŌCH, cōches, *Conches.*

CŌD̄, *Coudun.*

CODEVIL, *Codevilla.*

COE, *commune.*

coebkelber', *Coekkelberg.*

cōfirmati, *confirmati.*

COIL̄II, *consilii.*

COĪS, *comitis.*

ĊISI, *Croisi.*

COĪSSE, *comitisse.*

CŌIT, coit', *comitis.*

COĪTAT, coitat, *communitatis.*

coitatib. comitatibus.
COITATIS, coitatis, communitatis.
COITIS, coitis, comitis.
COITISSE, comitisse.
cōitut', constitutum.
COLI, Colin.
COLLMED', Collemedio.
COLVBN, COLVEN, COLVMB', COLVMBEN, COLVMBN, Columbensis.
COM, cōm, comes, comitis.
COM PALA, comitis palatini.
comāe, Comanie.
COMB'G'ENCIVM, comburgencium.
COMDE, commende.
COMI, COMIT, comit', comitis.
COMIT̄V, comitū, comitum.
COMTIS, comitis.
COMVE, commune.
CONCHEN', Conchensis.
concordien', Concordiensis.
CONDATEN, CONDATN, Condatensis.
CONDOMIEN', Condomiensis.
CONESTABVL, conestabularii.
CONFIRM, confirma.
CONMIN', Comminensis.
CONPĒDIEN, Conpendiensium.
CONPĒDII, Conpendii.
CONS', contrasigillum.
CONST, CONSTA, Constantiensis.
CONSTABL. CONSTABVLAR', constabularii.
CONSTAN, CONSTANC, CONSTANCIEN, CONSTANTIEN, CONSTĀTIEN, Constanciensis, Constantiensis.
CONSTĀTIN, Constantinopolis.
CONSTITVT, constitutum.
CONSV, consulum.
CONT', CONT̄, conte, contra.
CONT S', contra sigillum.
CONTCTVVM, CONTRACTVV, contractuum.
CONTRADICT, contradictorum.

CONTRAT', contractus.
CONVENT, CONVENT9, CONVĒT, CONVĒT9, CONVĒTVS, conventus.
CŌPENS, Compens.
9, con pour qu'on.
9 SIG', contra sigillum.
9A SCI, contra sigillum.
9datens', Condatensis.
9DE, commende.
9DOM, Condomio.
9ESTABLE, conestable.
9MVNE, commune.
9MVNIE, communie.
9T̄, contra.
9TESSE, contesse.
9TITVTV, constitutum.
9TRACT9, 9TRACTVS, contractus.
9TRAS, contrasigillum.
9TRASIGILLŪ, contrasigillum.
9TRES', 9tres, contreseel.
9TS', 9TSIGILL, contrasigillum.
9VENT, 9VĒT, 9VET, 9vet', 9vēt9, 9VĒTVS, conventus.
CORB', CORBIENS', Corbeie, Corbiensis.
CORBOILL, CORBOL, Corboilliensis, Corbolium.
CORDWĀ, Corduan.
corisopiten, Corisopitensis.
CORMERIAC, Cormeriacensis.
CORONATOR, coronatorum.
CORSIC, Corsice.
CŌS, comes.
COSERAN, COSERANEN, Coseranensis.
CŌSILIO, consilio.
COSTĀ, Constantinopolitani.
costaces, CŌSTANCES, Constances.
COSTE, Costentin.
CŌSTITVTVM, constitutum.
CŌSVLV, consulum.
CŌT S', cōt' s', contra sigillum.
cōte, conte.
CO'TES, Contes.

cōtesse, contesse.
CŌTRA S', COTRA SIG', contra sigillum.
CŌTRACTVS, cōtractus, cōtract9, contractus.
COVDRI, Coudrei.
COVENAR', Convenarum.
CŌVENT, covent', CŌVENTVS, cōventus, conventus.
covēs, convens.
CŌVET, CŌVĒTVS, conventus.
COVLLEG', Coullegis.
COVMPĀS, Coumpans.
COVRCELL, Courcellis.
COVRT', COVRTI, Courtrai.
COVRTRACENS', Courtracensis.
COVSTĀCES, constan, Constances.
CR, Cameracensis.
CRASSEN, Crassensis.
CREVECL, Crevequer.
CRISP', Crispini.
croāc, Croacie.
CROHEN, Crohensis.
CRVC, crucis.
CRVNIG'EN, Cruningen.
CTE, conte.
CV, Curillers.
ŌVALERS, cevalers.
CVLĒTO, Calento.
CVPS, Cupersani.
CVR', CVR, curati, curie.
CVRAT, curati.
CVRTC', CVRTRACĒSIV, Curtracensis, Curtracensium.
CVSTOD', custodis.
cuvillō, Cuvillon.
CYSTERCIEN, Cysterciensis.

D, D̄, D', d', de, Dei, der, dit, domini, dominus, Durand.
D G', Dei gracia.
DA, dame.
DAF, Danfront.
DALM, dalmac, Dalmacie.

DALPH. DALPHI. dalphie. *Dalphini, Dalphine.*
DĀMACIE. *Dalmacie.*
DANF'. *Danfront.*
DANIEL. *Danielis.*
DĀPERRE. *Damperre.*
DAPETRA. *Dampetra.*
DĀPFRŌT. *Dampfront.*
DĀPIERRE. *Dampierre.*
DAPMARTI. *Dampmartin.*
daulphi. *daulphin.*
DCAN. D'CANI. *decani.*
DCI. *dicti.*
dē. *den.*
DEBITOR'. *debitorum.*
DEC̄. DECA. DECAĪ. DECAN. DECAN9. *decani, decanus.*
DECANAT'. *decanatus.*
DECRET̄. DECRETCR. decretorū. decto̅r. *decretorum.*
DEFĒSOR. DEFS. *defensor.*
delmēhorst. *Delmenhorst.*
derb. *Derbie, Derbiensis.*
DERVEN̄. *Dervensis.*
DESID'. DESIDII. DESID̄IO. *Desiderii, Desiderio.*
dēterghee. *Dentergheem.*
DEVREN. *Devrene.*
DĪ. *Dei, Domini.*
DIĀ. *Diaz, divina.*
DIAC̄. DIACOI. DIACON'. *diaconi.*
DICASSMVDĒSIV̄. *Dicasmudensium.*
DIOC̄. *diocesis.*
DISCAL. *discalceatorum.*
diviō. DIVION. *Divionensis.*
DIXEM̄. *Dixemuda.*
DIXMVDĒSIS. *Dixmudensis.*
D'L. *del.*
DM. *domus.*
D̄MIORVM. *dominorum.*
DN. *dominus.*
DNE. *domine.*
DN̄I. dn̄i. *domini.*
DNIO. *dominio.*

DN̄M. *domini.*
DNOR'. dnōr. *dominorum.*
DN̄Q. *Dominique.*
DNS. *dominus.*
DŌ. *domini, don.*
DOCT̄. doctois. DOCTOR'. doctor'. *doctoris.*
DOĪ. DŌICELE. *domicelli.*
DOL. DOLE. DOLEN. DOLENS'. *Dolensis.*
DOM̄. *dominus, domus.*
domesēt. *Domessent.*
domi. *domini.*
DOMIC'. DOMICELL. *domicelle.*
DOMIN'. *dominus.*
DOM9. *domus.*
DŌNI. *domini.*
DŌNOMR. *Domnomartino.*
DONONIEN̄. *Dononiensis.*
donziacen̄. *Donziacensis.*
'DŌPNI. *dompni.*
DOTAS'. *dotavit.*
DOVBE'. *Doubel.*
donvri. *Douvrin.*
DROC'. DROCAR'. DROCEN'. *Drocarum, Drocensis.*
D̄S. *Deus.*
D'SERTIS. *Desertis.*
dn. *ducis.*
DVAC̄. DVACEN̄. DVACEN'. DVACENS'. DVACN'. *Duacensis.*
DVACV̄. *Duacum.*
DVBLINĒSIS. *Dublinensis.*
DVC̄. duc'. duc̄. *ducis.*
DVCAT9. DVCATV'. *ducatus.*
DVCS. *ducis.*
DVCTE. *ducite.*
DVCV̄. ducū. *ducum.*
dullēdii. *Dullendii.*
dunblanen̄. *Dunblanensis.*
DVNEN̄. *Dunensis.*
DVNK'KE. *Dunkerke.*
DVROFORT̄. *Duroforte.*
DYOC̄. dyoce. *dyocesis.*
DYON'. DYONISI9. *Dyonisius.*

Ē. E. E'. *en.*
EBERST. *Eberstein.*
eboracē. *Eboracensis.*
EBR. *Ebroniensis.*
EBRARTD'. *Ebrartdi.*
EBREDVN. EBREDVNEN̄. *Ebredunensis.*
EBROIC̄. EBROYCEN'. *Ebroicensis, Ebroycensis.*
ebronen. *Ebronensis.*
EC̄. ECC'. ECC̄A. EC'CE. ECCĒ. eccē. ecclē. ECCL. eccl'a. ecclā. ECCLE. eccl'e. ECCLIAR. ECCLIE. ecclie. ECL. ECLE. ECLIE. *ecclesia, ecclesie, ecclesiarum.*
EDVEN. edueñ. *Eduensis.*
EDW'. EDWARD9. *Edaardus.*
EGELBTI. *Engelberti.*
ĒGERRANDI. *Engerrandi.*
EGID'. EGIDIV'. *Egidii, Egidius.*
EGMONT. *Egmontensis.*
ĒGOL. *Engolismensium.*
EGREMŌT. *Egremont.*
EI'. *ejus.*
ĒIORRĀS. *Enjorrans.*
EIV. *ejus.*
EIVSDE. *ejusdem.*
EL. ELC̄I. ELCTI. ELEC. ELECT. *electi, electus.*
ELECTEN'. *Electensis.*
ELISAB'. *Elisabeth.*
elōris. *electoris.*
el'ti. *electi.*
EMMEL. *Emmeline.*
ēn. *ende.*
ENG9. *Engolismensium.*
engherāt. *Engherant.*
ENGOL. ENGOLISM̄. ENGOLISMEN̄. *Engolismensis.*
EP̄. EPC. EPI. EPI. epi. EPIS. EPISC. EPISCOP. EPISCOP9. EPPI. EP̄S. EPS. ep̄s. *episcopi, episcopus.*
ERDI'. *Ernaudi.*

EREBORG', Erembergis.
ESC', escuier.
ESCHĀL, eschevinal.
ESCR, ESCV, ESCVI, ESCVIE', ESCVR, escuier.
ESKER', Eskekier.
ESNIEVTREVILE, Esnieutreville.
ESPNŌ, Espernon.
ESQER, esquier.
ESSEX, Essexie.
ESSEXE, Essexesterre.
EST, Estienne.
ESTAIBŌG, Estaimbourg.
ESTAIDAL, Estaindale.
estāpes, Estampes.
ESTEELĀT, Esteclant.
estienñ, Estienne.
estievēe, Estievene.
7, ?, Z, Z, z, et.
z, zc, ZC', et cef', et cetera.
EVANGELTA, Evangelista.
everghē, Everghem.
EVSTACH, Eustachii.
EWS, ejus.
EVX' euxoris.
EXAQVIEN, Exaquiensis.
EXOLDĪ, Exoldini.
EXONIĒ, EXONIEN, Exoniensis.
EXVPII, Exuperii.

F, F', f, Ferrariis, filius, filii, François, Francouis, frater, fratris.
FA', Falesie.
FACT9, factus.
FACVLTA, FACVLTAT, facultatis.
FAGERNŌ, Fagernon.
FAL, Falesie.
FALCO, FALCOBĒ, FALCOB'GHA, Falcoberghu, Falcobergensis.
FAMAGVSTĀI, Famagustani.
FANARIEN', Fanariensis.
FAVREBERGVE, fauquebergbe, Faukembergue, Fauquembergbe.
FĒCI, FCIM, factum.
FDICI, Friderici.

FEEKOÑOIT, Feekonnoit.
FER, Fernando.
FERDINĀDI, Ferdinandi.
FERNĀ, Fernan.
FERRIC', Ferrici.
fescāp, Fescamp.
FEXEN, Fexenciaci.
FF, fratrum.
FIDEMEÑ, Fidemensis.
FIDI, fidei.
FIL, filii, filius.
FILG', FILGER', Filgeriis, Filgeriarum.
FIL', filii.
FISCMEÑ, Fiscanensis.
FISCANN, Fiscanni.
FITATIB', Feritatibus.
FLACINIACEN, Flaciniacensis.
FLĀ'D, FLĀD', FLADE, FLĀDR', FLADRA, FLĀDRES, flādria, FLĀDRIE, flādrie, Flandria, Flandres, Flandrie.
FLAŌS, Flandres.
FLAMĒC, Flameue.
FLAMĒGERIE, Flamengerie.
FLAMĒMO..., Flamermont.
FLAMĒS, Flamens.
FLAÑ, FLAND', flañd', flandē, FLANDR', Flandrie.
FLANDREÑ, FLANDRENSIV, Flandrensis, Flandrensium.
FLEVVILE, Fleurille.
FLIN, Ferlin.
flois, flor, Floris.
FLOR', FLOREFFIES', Floreffiensis.
FLORENTIÑ, Florentinensis.
FLORĒTIA, Florentia.
FLORĒTII, Florentii.
FLORĒTIÑ, Florentinensis.
FLORĒTINI, Florentini.
floriacēn, FLORIAĈN, Floriacensis.
FOGERAN, Fogeran.
FOINŌ, Foinon.
FOLCALQVER', Folcalquerii.
FOLEVE, Foleville.

FOR', Forestensis.
FCRC, Forcalquerii.
FOREÑ, foreñ, Forensis.
FOREST MOĀST, Foresti Monasterii.
FORESTEN', Forestensis.
FOSSAT, FOSSATEÑ, Fossatensis.
fōtaines, Fontaines.
FŌTIS COĪS, Fontis Comitis.
FOVILE, Focille.
FR, frater.
FRACE, frāce, France.
FRĀCHOIS, Franchois.
FRĀCIE, frācie, Francie.
FRĀCISCI, Francisci.
FRĀCISCVS, Franciscus.
FRĀCOR', frācor', FRĀCORV, Francorum.
FRĀE, Francie.
FRAKE, frāke, franke.
FRANĈ, Francie, Francisci, Francorum.
FRANCORV, Francorum.
FRANCQVEVIL, francq̄vills, Francqueville.
FRANCR, Francorum.
FRARIA, Ferraria.
FRĀSV, Fransu.
FRATĪS, fratris.
FRĀTR, FRAT'R', fratrum.
FRATS, FRATS, fratres.
FRĒ, Francie.
FREAVILE, Freaville.
FREDERIC9, Fredericus.
FREEVVILE, FREEVE, Freeveville.
FREIAVVILE, Freiauville.
FREMĪ, Fremin.
FRID, FRI'DERIC9, Fridericus.
FRIGIDIMONT, FRIGID MŌT, Frigidimontis.
frigidomōte, Frigidomonte.
FRĪS, fris', fratris, Frisie.
FR'M, FRM, frm, fratrum.
FRS, FR'TRIS, fratres.
FŪDAŪI, fundavit.

FULCOÑ, *Fulconis.*
FVR', FVRNEÑ, *Furnis, Furnensis.*
FV̄TENEI, *Funtenei.*
FVXEENS, *Fuxensis.*

G', *Galcheri, Garsias, Gaufridi, Gerardi, Gerlac, Gregorii, Guichardi, Guillelmi.*
GA. *Gausberti.*
GĀD', GĀDAVO, *Gandensis, Gandavo.*
GALCHI, *Galcheri.*
GALER', *Galeran.*
GALICI, *Galerici.*
GALL, GALL, *Gaillon, Gallic.*
GALLĒ, *Gallicie.*
GALLIACEN, *Galliacensis.*
GALLV̄, *Gallum.*
GALT̄I, *Galteri.*
GAND', *Gandensis, Gandavum.*
GANDA, *gañada.*
gandavū, *Gandavum.*
GANDEÑ, GANDENSIV̄, gandēsiū, GANDÑ, *Gandensis, Gandensium.*
GARENCIER', *Garencières.*
GARL, *Garlanda.*
GARN, GARNEĪ, *Garneri, Garnerii.*
GAST, *Gastina.*
GASTIG', *Gastigny.*
GASTOIS, *Gastonis.*
GAVF', *Gaufridi.*
GAVg̃, GAVḠ, GAVḠCI, GAVGER', GAVGERI', GAVGĪCI, *Gaugerici.*
GAVK', GAVQ̄LIN..., GAVQVEL, *Gaukelini, Gauquelini.*
ḠC, GCE, *gracia, grace.*
GEBEÑ, *Gebenensis.*
GĒGVLFI, *Gengulfi.*
GĒI PONTIS, *Gemini Pontis.*
GELD̃, *Geldrie.*
gelr'. gelrēn, *Gelrie, Gelrensis.*
GEM' *Gemeticis.*
GEMBLACEÑ, *Gemblacensis.*
GEME, *Gemme.*

GEMEL, GEMELL, *Gemellis.*
GEMETEN', *Gemetensis.*
GEMETICEÑ, *Gemeticensis.*
GE'MOD̄I, *Germondi.*
GENEVIL, *Genevillc.*
GENOVEF', *Genovefe.*
GER̃, GERĀDI, *Gerardi.*
GERALDIMŌTE, *Geraldimonte.*
GERALIS, *generalis.*
GERVA, GERVASI9, *Gervasius.*
GERV̄DÑ, GERVNDEÑ, GERVNDĒSIS, *Gerundensis.*
GEVTEVILL, *Geuteville.*
GHARDI, *Gherardi.*
ghel, GHELREÑ, GHELRĒS', *Ghelrie, Ghelrensis.*
ghiseghē, *Ghiseghem.*
GHISTEL, GHISTELL, *Ghistella.*
ghorriū, *Ghorrinchem.*
GHOSVĪ, *Ghosuin.*
GIEF', *Gieffroi.*
GIL, *Gilon.*
GILLB'T, GILLB'TI, GILLEB'TI, *Gillebert, Gilleberti.*
GIRARD', *Girardi.*
GISOCIO, *Gisorcio.*
GLASTOÑ, *Glastoniensis.*
GLEI, GLLĪ, *Guillelmi.*
GLOSA, *gloriosa.*
G'MAĪ, ḠMANI, *Germani.*
GNAL, gn'al', GÑALIS, *generalis.*
GÑA', G'NCIA, *Grancia.*
GNDA, *Granada.*
GN̄T, *grant.*
gobt, *Gobert.*
GODEF', *Godefroi.*
GOETSĒHOVE, *Goetsenhove.*
GOMERIFŌTE, *Gomerifonte.*
GONNOVILL, GONOVILL, *Gonnovilla.*
GORDO, *Gordonio.*
GOSAINVILL, *Gosainvilla.*
gottor, *Gottorum.*
GOV̄TRVEL, *Gountruel.*
GOZENḠ, *Gozengres.*

GR, GRA, grā, *gratia, generalis.*
GRĀDICVR, *Grandicuria.*
GRĀDIPVTEO, *Grandiputeo.*
grādis prati, *Grandis Prati.*
GRADIS SILV, *Grandis Silve.*
GRAĪBOS, *Grainbos.*
GRĀM, *gratiam.*
GRANDIS CAN, *Grandis Campi.*
GRANTMOLI, *Grantmolin.*
GRĀS, *gratias.*
grāt, *grant.*
GRAVAR, *Gravaria.*
GRD'MON', *Grandimontis.*
GRĪBERḠ, GRIMB'GIS, *Grimbergis.*
GROÑOP, *Gratianopolitani.*
GROZO', *Grozon.*
g'tia, *gratia.*
gvais, *Gervais.*
GVARNĪI, *Guarnerii.*
G'VASII, *Gervasii.*
gubernat', GVB̄NAT', *gubernatoris.*
GVID', GVIDON, *Guidonis.*
GVILEBELI, *Guilebelin.*
GVILI, GVILL, GVILLE, guillē, *Guillaume, Guillelmi.*
GVILLEB', *Guillebert.*
GVILLI, GVILLMES, GVILLMI, *Guillaumes, Guillelmi.*
GVIÑ, GVINEÑ, *Guinensis.*
GVISL, *Guislani.*
ḠVND', *Gerundensis.*
GVSIEN', *Gusiensis.*

H, h, h, H, *Henrici, hoc, Hugonis, Hanoniensis.*
HABSBGEÑ, *Habsburgensis.*
HACHB, *Hachbergensis.*
HĀGEST, *Hangest.*
haimstc, *Haimstede.*
HAIÑ, haiū, HAINA', HAINOĒNSIS, HAINOIE, *Hainaut, Hainonensis, Hainonie.*
HAIR'VAL, *Haironval.*
HALB, *Halberstad.*

halewī, *Halewin.*

HAMĒSIS, *Hamensis.*

hañ, HAN', *Hanonie.*

HANGH, *Hanghewart.*

hanñ, HANOĪE, hanoie, HANON', HAOÑ, *Hannonia, Hannonie.*

harac, *Haracurte.*

HĀRI, *Hanri.*

HARICVR, *Haricuria.*

HASNONIEN', HASNONIĒSIS, *Hasnoniensis.*

hāst, HAST, *Hamstede, Haston.*

HAVESKĒ, HAVESKERQV̄, HAVESSQRQVE, hauwerq', *Haveskerke, Havesquerque, Hauwerquerke.*

HAYÑ, HAYNÑ, HAYNOĪE, *Haynonie.*

HBTI, *Herberti.*

HE'BER', *Hensberg.*

HECEL, *Hecelini.*

HĒD, HĒDIS, *heredis.*

HEDITAG', HĒDITAGIOR, *hereditagiorum.*

heer̄, *heere.*

heidē, *Heiden.*

HELL, *Hellini.*

heneḡ, *Henegouwe.*

HENR', HENR', HENRIC9, HER', *Henricus, Henrici.*

HERB'CHEVRON, *Herberchevron.*

HEREDITAGIOR, *hereditagiorum.*

herford. *Herfordie.*

HĒRICI, *Henrici.*

HERMER9, *Hermerus.*

hēs, *heren.*

HESDA', *Hesdain.*

HEVDOUVILL, *Heudouville.*

HEVERĪGHE, *Heveringhe.*

HG, *Hugonis.*

HIB', hib'e, HIBNIC. HIB̄NIE, *Hibernie, Hibernice.*

HĪGETTES, *Hingettes.*

HILD'VT, *Hildeverti.*

HIN', *Hinniacensis.*

HISDIÑ, *Hisdinii.*

HISP. HISPĀ. HISPANIAR. *Hispanie, Hispaniarum.*

HMENGART. *Hermengart.*

HMERIAR, *Hermeriarum.*

HÑI, *Henrici.*

HNSBG', *Heinsberg.*

HO, *homo.*

HOG'VILE, *Hogervile.*

HOĪS, *Hainonensis.*

HOL̄L, holl', hollād. HOLLĀDIA. HOLLAN, HOLLAND', holland. hollē, hollie. hollā. *Hollandia, Hollandie.*

HOME, *homme.*

HOÑCOVRTE, *Honocourte.*

HOND, *hourada.*

HOSD', *Hosdain.*

HOSP̄, hosp̄, HOSPIT, HOSPIT̄, HOSPITAL, *hospitalis.*

HOSTIEÑ, *Hostiensis.*

HOVGARDENLAND', *Hougardenlande.*

HRICI, *Henrici.*

HSV, *Jhesu.*

htoginne, *hertoginne.*

HV̄, *Humberti.*

HVEI, *Hervei.*

HVFAL, *Hufalize.*

HVG', *Hugonis.*

hūgaie, HVGAR', hūgar, HV̄GARIE, *Hungarie.*

HVGOĪS, HVGOÑ, HVGŌNS, *Hugonis.*

HVĪLITAT̄, *humilitatis.*

HVNG', *Hungarie.*

HVNOC̄, HVNOCVRTES'. *Hunocurti, Hunocurtensis.*

HVO', *Huon.*

HYNIACEN', *Hyniacensis.*

Ī, ī, *in, Jehan, Jehanne, Johannis.*

IA, *Jacobi.*

IABB', *Jabbeke.*

iac, *Iacop.*

IAKEMŌ, *Jakemon.*

IAKEM̄T. *Jakemart.*

IANIVILL, *Janivilla.*

IAQ. iaq', IAQS, iaq̄s. *Jaques.*

IAZ'. *Jasca.*

ĪCLVSAR'. *inclusarum.*

IEH. IEH̄. ieh. IEHA' IEHĀ. iehā. IEHĀS. *Jehan, Jehans.*

IEHE, *Jehanne.*

IERLEM, IER̄LM, IERLM. IEROS. IER̄SM. *Jerosolimitani, Jerosolimitanus, Jerusalem.*

IFĀTIS, *infantis.*

ĪFERIOR, *inferior.*

IGENOVT, *Ingenout.*

IHE, *Jeanne, Johanne.*

ihelm. IHERLM, *Jherusalem.*

IHIS, IH̄OIS, *Johannis.*

IH̄N, *Jehan.*

IHRLM, *Jherusalem.*

IHS̄, *Johannis.*

IH̄V, *Jhesu.*

IHV X. *Jhesu Christi.*

ILLVST̄, ILLVSTS, *illustris.*

IMB', *Imbert.*

IP, IMP, IMPATOR. *imperator, imperii.*

IMPATRICIS, *imperatricis.*

impē, IMPER', IMPII. *imperialis, imperii.*

IMPR, *imperator.*

IMPR̄ATORIS, IMP̄RIS. *imperatoris.*

indulgentiarū, *indulgentiarum.*

infiori. infioris. *inferiori. inferioris.*

INFIRMOR. *infirmorum.*

inghelrā. *Inghelran.*

INMENS̄, *innensis.*

INSVL, INSVLEÑ. INSVLN. *Insulensis.*

INT. *inter.*

IO. iō. io'. IOH. IOHA. iohāis. *Johanne, Johannis.*

IOHE. IOHEM. IOHIS. *Johanne, Johannem, Johannis.*

IOINVIE, *Joinville.*
IOSAPHT, *Josaphat.*
IPATE, *imperatrice.*
IPERATOR, *imperator.*
IPII, *imperii.*
IPOLIT, *Ipolito.*
IPX, *Christi.*
IRATICIS, *imperatricis.*
IS, *Isnardi.*
ISABE, ISABELE, ISABLE, *Isabelle, Isabellis.*
ISEBVRCH, *Isemburch.*
ISLA ADE, *Insula Ade.*
ISLEN, *Islensis.*
ISPA', ISPAN, *Ispanorum, Ispaniarum.*
ISVL, *Insulensis, Insulis.*
ISVLA, *Insula.*
ISVLEN, ISVLN, *Insulensis.*
IT, *Jamet.*
IVDEOR, *Judeorum.*
iudicu, *judicum.*
IVERNEL, *Ivernellis.*
IVGLRES, *Juglerosse.*
iul', IVLIA, iuliac, IVLIACEN, IVLIACESIS, *Juliaci, Juliacensis.*
IVLLI, *Julliani.*
IVMELL, *Jumellis.*
IVNIOR, *junioris.*
IVR', *juris.*
IVRATOR', *juratorum.*
iuridicio̅is, *juridicionis.*
IVRISPTI, IVRPTI, *jurisperiti.*
IVST, IVST9, *justus.*
IVX, IVX, iux, *juxta.*

J, JH, *Jehan.*

K, *Karoli.*
KAR', KARENTON', *Karentonii.*
KARROFF, *Karroffensis.*
KATH, KATHINE, *Katherine.*
K'COVE, *Kercove.*
kestia, *Krestian.*
KIBGI, *Kiburgi.*
KIRBG', *Kirberg.*
KRI, K'ROLI, *Karoli.*
kulēborch, *Kulemborch.*

L, *Ludovici, Lugdunensis.*
L, *le.*
LABERTI, *Lamberti.*
LABOR'TOR, *laboratorum.*
LABRVILE, *Lambervile.*
LACASTRE, *Lancastre.*
lāce, *lancee.*
LACTOREN, *Lactorensis.*
LACV, *Lacum.*
LADAS, LADASTO, *Landas, Landasto.*
LALAIG, LALANG, *Lalaing.*
LAMBERT, lambt, lamb'tus, *Lambertus.*
LAMBERVILL, *Lamberville.*
LAMB'TIVILL, *Lambertivilla.*
LAMTATO, *lamentatio.*
LANB'TO, *Lanberto.*
LANB'VILL, *Lanberville.*
lanc, *Lancastrie.*
LANDERTV, *Landertun.*
LANDG', *landgravius.*
LA'NOY, lanoy, *Lannoy.*
LANTGRAVY, *lantgravius.*
LAQTILE, *L'Anquetile.*
LA'RME, *lacrime.*
LARTIS', *L'Artisien.*
lātgravy, lātgrvisse, *lantgravy, lantgravisse.*
LATILL, *Latilliaco.*
LAVALL, *Lavalle.*
LAVD', LAVDVN, laudunen, LAVDVNENS', LAVDVNESIS, LAVDVNS', LAVDVNSIS, *Laudunensis.*
LAVDVNV, *Laudunum.*
LAVN, *Laudunensis.*
LAVR', *Laurentius.*
LAVRECII, *Laurencii.*
LAY, *Laya.*
LCT, *lectoris.*
LEB'ETI, *Leberti.*
LEESS', *Leesses.*
LEG, *Legionis, legum.*
LEGAT, *legatus.*
LEGATONV, *legationum.*
LEGION, *Legionis.*
legu, *legum.*
leidus, *Leidensis.*
LEIVILL, *Leiville.*
LEM, LEMO, LEMOVIC, LEMOVICN, *Lemovicensis.*
LENDELI, *Lendelin.*
LENNEN', *Lennensium.*
LENSEN, *Lensensis.*
LEOD', *Leodegarii, Leodiensis.*
LEODEGAR', *Leodegarii.*
LEODIEN', leodieu, *Leodiensis.*
LEOM, *Leomanie.*
LEPOR', *Leporarii.*
LEPSOR, LEPROSOR, *leprosorum.*
LESIGN', *Lesigniaci.*
LEVDEL, *Leudelinsis.*
LEX, LEXO, LEXOVIEN, lexovieu, LEXOVIENS', *Lexoviensis.*
leyc, *Leycestrie, Leycestriensis.*
liburg', *Limburgie.*
LICE, *licenciati.*
lichf veld, *Lichterveld.*
LICI, *Licerii.*
LICTARV, *licterarum.*
LIDDESIS, *Liddensis.*
LIESSIEN, *Liessiensis.*
LIG, *Ligerii.*
LIGIM, *Ligerim.*
LIGON', *Lingonensis.*
LILERIEN, *Liliensis.*
LILIV', *lilium.*
LIMB, *Limburgie.*
LINAG, *Linange.*
linc, *Lincolnensis, Lincolnie.*
LIDEBO, *Lindebo.*
LING, LINGON, LINGONEN, *Lingonensis.*
LISA, *Lisam.*
LISMOREN, *Lismorensis.*

LITT'. *litterarum.*

LOCHAR'. *Locharum.*

LOCTEN. locnuten. locnte. locteñtis. *locumtenentis.*

LOD'. *Lodovici.*

LÕG. LÕGAVILLA. *Longueville, Longavilla.*

LOKERV̄. *Lokerun.*

lonchãp. *Lonchamp.*

LONGAVILLE. *Longavilla.*

LOO'. *Loon.*

LOQ̄T. *Loquet.*

LOQVENTI'. *loquentis.*

LOR'. *Lorans.*

LOSSEN. lossen. *Lossensis.*

LOTH'. LOTH̄. lothãr. loth'ar. lotharigie. LOTHOR'. lothõr. lothor'. LOTHR'. *Lotharingie, Lothoringie.*

LOVÃ. LOVAÑ. lovañ. LOVANIEN'. *Lovaniensis.*

LOVCHRT. *Louchart.*

LÕVES. *Louves.*

LPICIERE. *L'Espicière.*

LRES. *lettres.*

LS. *Lens.*

LVC̄. *lucentis.*

LVC'. lucceb̄g. luccebḡe. LVCCEMB'. LVCCEMBVRG'. LVCEBÕG. LVCEBORGEN. luceb̄urḡ. luceburgens'. LVCEBVRGHO. LVCELBVRGEN'. LVCEMBG'. *Luccemburgis, Lucemborgensis, Lucelburgensis, Lucemburgie.*

LVCEN. *Lucensis.*

lucionen. *Lucionensis.*

LVDIEN. *Lugdunensis.*

LV̄DS. *Lundris.*

LVDVNEÑ. *Ludunensis.*

LVG. luḡ. LVGD'. LVGDVI. LVGDVN. LVGDVNEN. *Lugdunensis, Lugduni.*

LVNEBVRGEN. *Luneburgensis.*

lupˢ. *Lupara.*

LVSARC'. *Lusarchis.*

LVXEB. luxeburgo. LVXEMB. *Luxemburgie, Luxemburgo.*

LVXOVIEÑ. *Luxoviensis.*

lymb. LYMBG'. LYMBGIE. lymburc. LYMBVRG'. lymburḡ. *Lymburgie, Lymburci.*

M. M̄. M. M. M̄. m. *magistri, Manassès, Marcelli, Margarete, Marie, martiris, Mauricii, milicie, militis, Milon, mulieris.*

MA. *Maria, mea.*

machlie. machlna. MACHLIN. MACHLINEÑ. *Machlinie, Machlinia, Machlinensis.*

MACIS. *Maceriis.*

madñe. *Madalene.*

MAE'. *Marie.*

MAG'. *magistri.*

MAGALIS. magalon. MAGALONEN'. *Magalonensis.*

MAGD. *Magdeburgi.*

MAGDAL. MAGDALEN. MAGDLEN. *Magdalene.*

MAGIST̄. MAGISTRO. *magister, magistri, magistrorum.*

MAGN'. *magnus.*

MAḠO. *magno.*

MAGOLE. *Magalonensis.*

MAGLOR'. *Maglorius.*

MAGNEVILE. *Magnéville.*

maguñ. *magnum.*

MAG'. MAGRI. magri. *magister, magistri.*

maguntin. *Maguntinensis.*

MAHL. *Mahlberg.*

MAHT. *Mahiet.*

MAIOR'. MAIOR'. *majoris.*

MAIORIC. MAIORICAR'. *Majoricarum.*

maisť. *maistre.*

MAI9. *majus.*

MAR̄ET. *Markete.*

MAL LEPOR'. *Mali Leporarii.*

MALAĪ. *Malain.*

MALD'. *Maldeghem.*

MALE'. *Malen.*

MALIL. *Malileporarii.*

MALLA'. *Malliart.*

MALOPORAR. *Maloporario.*

MANGÑ. *Mangnier.*

MANTOÑ. *Mantone.*

MAQ'REL. *Maquerel.*

MAQ'T̄. *Marquette.*

MAR'. MAR'. *magistri, marescalli, Marie, Martini, mare, maris.*

MARCH. march'. marchiõ. MARCHIOĪS. marchiois. MARCHION. marchioñ. marchionñ. *Marchionis, Marchionisse, Marchionum.*

MARCH RAD'. *Marchusii Radulfi.*

MARCIAL. *Marcialis.*

MARCIANEÑ. *Marcianensis.*

MARCLLI. *Marcelli.*

MARCOI'. *Marcoing.*

MARESCAL. *marescalli.*

MARḠ. MARGAR. *Margarete, Marguerite.*

MARGICOVR̄. *Margicourt.*

MARIVALIB'. *Marivalibus.*

MARL VILLA. *Marliaco Villa.*

MARQ'. MARQ̄S. *marquionis, marquis.*

MARQ̄TA. *Marquetta.*

MART'. *martiris.*

MART̄. MARTĪ. *Martini, Martin, Martinus.*

MARTIGL. *Martin-Église.*

MARTIN'. *Martinus.*

MARTIR'. MARTR̄M. *martirum.*

MASCLĪE. *Masclinie.*

masmũsť. *Masmunster.*

MASSIL. *Massiliensis.*

MASTIC̄. *Masticonensis.*

MATEFELÕ. *Matefelon.*

MATH. MATHI. *Mathei.*

MATHILD'. MATIL. MATILD'. *Mathildis, Matildis.*

MATISCENSIS. MATISCOÑ MATISCONEN. *Matisconensis.*

MATRĪGEHEN. *Matringehen*

MATRO, *Matrolio.*
MĀTS, *martiris.*
mattois, *Mattonis.*
MAVLENGHEHĒ, *Maulenghehem.*
MAVLĪGHEM, *Maulinghem.*
MAVR̄, *Mauricii.*
MAVRIACEN, *Mauriacensis.*
MAVREGĀT, *Mauregart.*
MAVRIT̄, *Mauritania.*
MAX, *maximi.*
MAX̄, MAXIMIL, MAXIᴺ, *Maximilianus, Maximiliani.*
MCHR, *Merchier.*
MĒ, *Marie.*
MECHLĪE, *Mechlinie.*
MECINᴺSIS, *Mecinensis.*
MECV̄, *mecum.*
MEDANT, *Medantensis.*
MEDERIC, *Mederici.*
MEDŌTA, *Medontu.*
MEL, *Mellento.*
MELD', meld, MELDEN, MELDENS', MELDN, MELD'S', *Meldensis.*
MELDVN, *Meldunensis.*
melēbais, *Melembais.*
MELED, MELEDVN, MELEDVNEN̄, *Meledunensis, Meleduno.*
MELĒTO, *Mellento.*
MELEV̄, *Meleun.*
MELL, MELLETO, *Mellento, Melledani.*
mellētois, *Mellentois.*
MELNICEN̄, *Melnicensis.*
MENAG', *Ménages.*
MERCATOꝝ, *Mercatoris.*
MERCH, *Merchier.*
MET, met, METĒN, meten, METENS, *Metensis.*
MEH, *Metheren.*
METN', METEN̄, *Metensis, Mettensis.*
MEV̄, *Meun.*
MEVLĒT, *Meulent.*
MEVTIN̄EI, *Meutignei.*
M̄GARETE, *Margarete.*

MGR', *magistri.*
MḠTER, *magister.*
MI, *michi.*
MICH, MICHAEL, MICHL, michlis, *Michaelis.*
MICIACEN̄, *Miciacensis.*
MIDDELBG, *Middelburg.*
MIK', *Mikiel.*
MIL, milt, *militis.*
MILIC̄, *milicie.*
MILIS, MILĪS, MILIT, MILIT̄, *militis.*
MILLIAC', MILLIAC̄, *Milliacensis, Milliaco.*
MILT̄IS, milt̄is, *militis.*
MIN̄, *Minorum.*
MINIST, MINIST̄, *ministri.*
MINOR', MINORV̄, minorū, *Minoris, Minorum.*
min9, *minus.*
MĪOR, MIOR', miōr, *Minorum.*
MIRAPIC̄, *Mirapice.*
miraumōt, *Miraumont.*
MIS'ATOĒ, *miseratione.*
MISERACEN̄, *Miseracensis.*
MISERATŌE, MISERAT̄ONE, MISERATŌNE, *miseratione.*
MĪST̄, *ministri.*
MISTIOR, *ministeriorum.*
mistri, *ministri.*
M̄ITACO, *Mitriaco.*
M'KADE, *Merkade.*
ML, MLITIS, *militis.*
M'LOTO, *Melloto.*
MLS, *militis.*
MNRONT, *Montront.*
M̄, *millesimo.*
MOĀCHI, *monachi.*
MOĀST, mōast'ii, *monasterii.*
MŌBELIART, *Monbéliart.*
MOCELL, *Moncellis.*
MŌCIACO, *Monciaco.*
MODIC9, *modicus.*
MŌFARANT, *Monfarant.*
MŌFERRANT, *Monferrant.*

MOG, MOGVNT, *Moguntinensis.*
MOL, *Molismensis.*
MOLARII, *Molinarii.*
MON̄, *monasterii.*
MONACH, *monachi.*
MONASTER' VILLAR', *Monasterii Villaris.*
MONAST̄II, *monasterii.*
MONDAVLL, *Mondavilla.*
MONL̄R, *Montaur.*
MONSEGN̄, *monsegneur.*
MONTAN, *Montanarum.*
MONT̄ BILIGARDI, *Montis Biligardi.*
MONTEMOREN', *Montemorenciaco.*
MONTEN̄, MONTEN', *Montensis, Montensium.*
MONT̄ FORT, *Montisfortis.*
MONTIB', *Montibus.*
MONTIS BASON̄, *Montisbasonis.*
MONTIS BELIG, *Montisbeligardi.*
MONTISBVRG' *Montisburgi.*
MONTISFORT̄, montisfort', *Montisfortis.*
MONTISP, MONTIS PLANI, MONTIS PESSVL, *Montis Pessulani.*
montmorēcy, *Montmorency.*
MONSPLI *Montis pessulani.*
MOR', *Morinensis.*
moravieū, *Moraviensis.*
morēsi, *Morinensi.*
MORIN̄, MORINE', MORINEN, MORINĒS', MORINĒSIS, MORINOR', MORINORV̄, *Morinensis, Morinorum.*
MORIT, *Moritane.*
MORT̄, mortaie, MORTAING'. *Mortaigne, Mortaingne.*
MORV̄VAL, *Morunval.*
MŌSEGNEVR, MŌSEGNIEVR, *monsegneur, monsegnieur.*
MOSOMEN, *Mosomensis.*
most', *monasterii.*
mōstenl, *Monstreuil.*
MŌSTRVEL, *Monstruel.*

MOSTVRIOL, *Mosteriolo.*
MÕS, *Moni.*
MÕTAGVT, *Montagut.*
MÕTALBAN, *Montisalbani.*
MÕTANEA. *Montanea.*
MOTARAGO, *Montis Aragonis.*
MÕTAVT, *Montaut.*
MÕTBILIGARD, *Montebiligardo.*
MÕTCHEVREL, *Montchevrel.*
MÕTCORNET, *Montcornet.*
MÕTEALT, *Montealto.*
MÕTEBRVSÕNS, *Montebrusonis.*
MÕTECORNVTO, *Montecornuto.*
MÕTE FLASCON, *Monte Flasconis*
MÕTE GE'MODI, *Montegermondi.*
MÕTEGNI, *Montegni.*
MÕTEMER, *Mortemer.*
MÕTEMORẼCIACO, *Montemorenciaco.*
MÕTEP. *Montepessulano.*
MÕTGASCO, *Montgascon.*
MÕTGERMÕT, *Montgermont.*
MOTHONEN, *Mothonensis.*
MÕTIFER, *Montisferrandi.*
mõtigni, *Montigni.*
MÕTILII, MÕTILIO, *Montilii, Montilio.*
MÕTINEIO, *Montineio.*
MÕTIS PACII, *Montis Pacerii.*
mõtis, *montis.*
MÕTISCALVI, *Montiscalvi.*
MÕTISFORT, motisfortis, *Montisfortis.*
MÕTISMIR, *Montismirabilis.*
MÕTIS PLI, *Montis Pessulani.*
MÕTISREGALIS, *Montisregalis.*
MÕTISSROLII, *Montissrolii.*
MÕTMRTR, *Montis Martirum.*
MÕTONER, *Montoner.*
MOVSTOLO, *Mousterolo.*
MOYSIACEN, *Moysiacensis.*
MR, *martir.*
MRE, *Marie, maistre.*
MRI, MRĪ, *magistri.*

MRIS, *martiris.*
MT, *Metensis.*
MTIN, MTINI, *Martin, Martini.*
MVDI, *mundi.*
MVFAVCV, *Mumfaucon.*
MVNDEVILE, *Mundevilla.*
MVRC, *Murcie.*

na^n, *Namurci.*
nacois, *nacionis.*
NÃGIS, *Nangis.*
NAM, nam, NAMCEN, nam'cen, NAMCI, namr, NAMVCEN, NAMVCENSIS, NAMVCI, namuci, NAMVCN, NAMVRCEN, NAMVRCN, *Namur, Namurcensis, Namurci.*
NANGS, *Nangis.*
narbõ, NARBON, NARBONEN, *Narbonensis.*
NÃTHOLIO, *Nantholio.*
NATIVITATI, NATIVITI, *Nativitatis.*
NÃTOLIO, *Nantolio.*
NEAPL, *Neapoli.*
NECTI, *Nectari.*
NEFC, *Noefchastel.*
NEMAVS, NEMAVSEN, *Nemausensis.*
NEMOR, *Nemore.*
NEVERN, *Nevernensis.*
NEVILE, *Neville.*
NICH, *Nichasii, Nicholai.*
NICHI, NICHOL, NICHOLI, *Nicholai.*
NICL, NICOL, *Nicolai.*
NIEWẼHOVE, *Niewenhove.*
NIGCVRTE, *Nigracurte.*
NIGELLN, *Nigellensis.*
NIGLA, NIGLL, *Nigella.*
NITRIEN, *Nitriensis.*
NIV, *Nivernis.*
NIVELLEN, nivellen, *Nivellensis.*
NIVELON, *Nivelonis.*

NIVERN, NIVERN, NIVERNEN, NIVERNEN, NIVN, NIVNEN, niũnẽ, *Nivernensis.*
NOB', *nobis.*
NOBIL, *nobilis.*
NOBL, *noble.*
NOERIOR, *Noeriorum.*
NOG, nogẽto, *Nogento.*
NOGẼTO ROTDI, *Nogento Rotroldi.*
NOM, *nomen.*
NORF', *Norfolkie.*
norhamptoñ, *Northamptonie.*
NORMÃIE, *Normanie.*
NORMANNOR, NORMANOR, *Normannorum.*
NORMAVNVILL, *Normaunvilla.*
NORMDIE, *Normandie.*
NOT, *notarii, notulas.*
NOTINGHA, *Notinghum.*
NOTV, *notum.*
NOTVLAR, NOTVLARV, *notularum.*
NOVI CAST, *Novi Castri.*
NOVIOI, NOVIOM, NOVIOMEN, NOVIOMENS, NOVIOMENSIV, NOVIOMẼSIVM, NOVIONSIS, *Novioni, Noviomensis, Noviomensium.*
ñre, *notre.*
NRI, nri, *nostri.*
nurẽbg', *Nuremberge.*

OBCICT, OBECICOT, *Obrecicort.*
OBEDIENCIAR, *obedienciarii.*
OBL, oblig, OBLIG, OBLIGA, obligactonũ, obligacios, OBLIGACÕES, obligaion, obligaios, OBLIGATOM, *obligaciones, obligaciones, obligacionum, obligationum.*
obsequi', *obsequium.*
obseruañ, obs'uañ, *observancia.*
OCTAV, OCTAVS, *octavus.*
ODÑS, ODÕ, ODON, *Odonis.*
OESTBÕ, *Oostburch.*
OESTẼDE, *Oestende.*
OFFC, *officialis.*
OFFENS, *offensis.*

OFFICI, offis, *officialis*.
oldēborch, *Oldenborch*.
OMINV̄, *ominum*.
OPIDANOR. OPIDANORV̄. *opidanorum*.
opprobriū, *opprobrium*.
ORCH, *Orchies*.
ORD'. ord'. *ordinis*.
ORDEM, *Ordemonte*.
ORDIE, *ordine*.
ordighē, *Ordinghem*.
ORDINATV̄. ordinatū. *ordinatum*.
ORDĪS, ORDIS. ordis. *ordinis*.
orls, *Orléans*.
ORNĀS, *Ornans*.
ORVILL, *Orrilla*.
OS̄, *omnes*.
OS̄B, *Osberti*.
OSTIEN̄, *Ostiensis*.
OSTREVANNĒN. OSTREVAN̄SIS, OSTREVĀT, *Ostrevannensis*. *Ostrevant*.
OTHON̄, OTHONIEN̄, *Othoniensis*.
OVDENB̄G, OVDENBORGĒ. *Oudenborg*, *Oudenborgensium*.
OVNAĪG, *Ounaing*.
OVRNĀS, *Ournans*.
OXOMEN̄, *Oxomensis*.

P. *pape*, *Paulo*, *Petri*, *plena*, *Poncii*, *prepositi*, *presbiteri*.
P', *par*, *per*.
p̄. P̄, *pratis*, *prioris*.
ꝑ, *par*, *Peronensis*, *Petri*, *pour*, *principis*, *pro*.
ꝓ, *pro*.
P P, *pater patriæ*.
PA, *Paulus*.
PABVL, *Pabula*.
PALA. PALAꝰ, *palatini*. *palatinus*.
PALATĪ. palati, *palatii*, *palatini*.
palatiē, *palatine*.
palatiū, *palatinorum*.
PALATN̄I. *Palatini*.
PAL̄TI, *palatii*.

PAMPILON̄, *Pampilonensium*.
PANISPŌTIS, *Panispontis*.
PAR̄. *Parisiensis*, *Parisius*.
PARACLITV̄, *Paraclitum*.
PARĒT. *Parent*.
PARIS'. PARISꝰ. PARISIE. PARISIEN, PARISIE'S', *Parisiensis*, *Parisius*.
PARVV̄. PARW. *parvum*.
PASTOꝝ, *pastoris*.
pālti, *palatii*.
PATRCHE. PATRIARCH, *patriarche*.
paul̄, *Pauli*.
P̄BENDAS, *prebendas*.
PB'I, pbiri, P̄BITE, ꝑBITRI. *presbiteri*.
ꝓBORV̄, *proborum*.
PBR', pbr, P̄BRI, PBR̄I, pbri. *presbiteri*, *prebstre*.
ꝓC̄, *procuratoris*.
ꝓC̄ACIOIES, *procuraciones*.
PCCORI, *peccatori*.
P̄CEPTA, *precepta*.
p̄ceptoꝝ, *preceptoris*.
pche, *Perche*.
ꝑCHE PĒDVE, *Perche Pendue*.
ꝓCVR, *procurationes*.
ꝓCVRATOR̄, ꝓCVRATORIS, *procuratoris*.
ꝑD', P̄DIC', P̄DICATOꝝ, *Predicatorum*.
p̄dictis, *predictis*.
ꝓDOM, *Prodom*.
ꝑDREL. ꝑDRIEL. *Perdrel*. *Perdriel*.
PE, *Petrus*.
PECA, *peccata*.
PĒCHEVAL, *Percheval*.
pedemon, *Pedemontium*.
PEĪTENTIARII. *penitentiarii*.
PELET̄, *Peletier*.
PELLIꝑII, *Pellipari*.
penbroc̄. *Penbrochie*.
PEPĪ, *Pepin*.

PĒR. *presbiter*.
PERICLO, *periculo*.
PERO. PERON̄. *Peronensis*, *Peronam*.
perpetuū, *perpetuum*.
PESQLOQVE, *Pesqueloque*.
PET̄, *Petri*, *prestre*.
PET̄G', *Petragoricensis*.
PET', *Petlingia*.
PET̄NIL. PET'ONILLE, PETRONILL, *Petronille*.
PETRAGŌ. PETRAGOR'. PETRAGORIC. PETRAGORICEN, *Petragoricensis*.
PETR9. *Petrus*.
p̄euse, *prieuse*.
ꝓFESS', PFESSOR', *professoris*.
p̄geīti, p̄geniti, *primogeniti*.
Ph, PHE, PHI, PHĪ. phi. PHLE. phle. phs. *Philippe*, *Philippi*, *Philippus*.
PIC̄, *Pictavensis*.
PĪCERNE, *Pincerne*.
PĪCON̄, PĪCONII, *Pinconii*.
PICT. PICTAV, pictaveīs. PICTAVEN, PICTAVENS, *Pictavensis*.
ꝑIDANT, *Paridant*.
PIĒ. *Pierre*.
PIECTI, *Projecti*.
p̄iens, *Parisiensis*.
PIERŌ, *Pieron*.
PIERR', *Pierre*.
PINQIGNI, *Pinquegny*.
p̄oris, PIORIS, *prioris*.
piquiḡi, *Piquigny*.
PIS', pis', *Parisius*. *Parisiensis*.
PISCI, *Prisci*.
PISCRNE, *Piscerne*.
pisiēsis, *Parisiensis*.
ꝑISIVS, *Parisius*.
PISS'. PISSIAC̄. PISSIACN̄. *Pissiacensis*, *Pissiaci*.
PITĀCIARIE. *pitanciarie*.
p̄iti. *periti*.

ꝑIZ, *Peris.*
PEA, PLĀ, *plena.*
PLA'Ch.., *Planchai.*
PLĒ, PLĒA, PLEN', *plena, plenus.*
plement, *parlement.*
PLI, *Pessulani.*
p̄lii, *palatii.*
PMA, *prima.*
P̄MĀT, *primatis.*
P'ME, *prime.*
ꝑMET', *Parmentier.*
P̄MISSIOŇ, ꝑMISSIONE, *permissione.*
P̄MOGĒITI, P'MOGENITI, *primogeniti.*
P̄NCIPATꝰ, *principatus.*
p'nceps, *princeps.*
ꝑNCIPIS, *principis.*
P̄NE, PNĒ, p̄nia, P̄NIĒ, *penitentie, penitentia.*
PŌCARDI, *Poncardi.*
PŌCHI, *Pouchin.*
PŌCII, *Poncii.*
PODEMNĀ, *Podemnaco.*
p̄ogit, *primogeniti.*
pōerante, *Pomeranie.*
POĪCIGNŌ, *Poincignon.*
POE, *Poligny.*
POMERAN, *Pomeranie.*
PONT̄, pont', *pontificalis, pontificis, Pontisarensis, Pontivi, Ponthieu.*
PONT̄ ARTK, *Pontis Artche.*
PONT̄ AVD', *Pontis Audomari.*
PONTHISSAR, *Ponthissarensis.*
PONTIB', *Pontibus.*
PONTIS', PONTISARCSIŨ, PONTISAREN, *Pontisarensis, Pontisarcsium.*
Pontisaudom, *Pontisaudomari.*
PONTISMON, *Pontismontionis.*
PONTISSAR', *Pontissarensis.*
PONTIVEN̄, *Pontivensis.*
PŌPLONA, *Pomplona.*
PŌPONE, *Pompone.*
P̄OR', *prioris.*
P̄ORATS, PŌRATꝰ, pōratus, *prioratus.*
PORCh, *Porcher.*
pore, *priore.*
ꝑORIS, PŌRIS, *prioris.*
P̄ORISSE, *priorisse.*
PORTVEŇ, *Portuensis.*
POS, *Pons.*
PŌT AVDOM̄, *Pontis Audomari.*
POT̄E, *Ponte.*
PŌTELVN, *Pontelungo.*
PŌTESIV̄, *Pontensium.*
PŌTI, pōtieu, *Pontieu.*
PŌTISAR', *Pontisarensis.*
PŌTIS CAST̄, *Pontis Castri.*
pōtisorni, *Pontisorni.*
PŌTIVI, *Pontivi.*
P̄P̄ PP̄, pp, PPE, *papa, pape.*
ꝑPE, p̄pe, *prope.*
ꝑPETVI, *perpetui.*
P̄POĪ, P̄PŌITI, *prepositi.*
ꝑPOITVRE, PPOITVRE, *prepositure.*
ꝑPOS, ꝑPOSIT̄, *prepositi, prepositus.*
ꝑPOSITŌ, *prepositure.*
ꝑPOSITI, P̄POSITI, *prepositi.*
p̄positus, *prepositus.*
p̄poti, PPTI, *prepositi.*
PR, PR', *presbiter, presbiteri.*
pratorū, *Pratorum.*
PRAXEĎ, *Praxedis.*
PR̄DIĈ, *Predicatorum.*
PRE, p̄re, *Pierre, prepositi.*
PRĒBITERI, PREBITI, PRĒBITRI, PREBRI, PREBRƷI, *Presbiteri.*
PREDIĈ, PREDICATOꝝ, *Predicatorum.*
PREMONSTR'. PREMONSTR, PREMONSTRAT, PREMONSTRATEN, *Premonstratensis.*
preōst, *prevost.*
PREPOĪ, PREPOS', *prepositi.*
PRES, PRESBIRI, presbit'ri, *presbiteri.*
prestr, *prestre.*
PRESVL, *presulis.*
PRETR', *prêtre.*
PREVDŌE, *Preudome.*
p̄ri, PRI, *presbiteri, principis.*
PRIA, *patria.*
priātis, *primatis.*
PRĪCIPIS, *principis.*
P̄RIGNA, *Perigna.*
PRIMAT̄, *primatis.*
PRIMOGĒITI, PRIMOGENIT̄, *primogeniti, primogenitus.*
PRINC, PRINCIP, *principis.*
PRINCIPAT', *principatus.*
PRIOR', *prioris.*
PRIORAT̄, PRIORATꝰ, *prioratus.*
PRM, *primatis.*
PRO, *profunda.*
PROBOR̄, *proborum.*
PROCVR̄, *procuratoris.*
PROFESS, *professoris.*
ꝑRONA, *Perona.*
PROP, *prope.*
PROTASIꝰ, *Protasius.*
PROVĪCIALIS, *provincialis.*
PRVLIACENS̄, *Pruliacensis.*
PRVVIŇ, *Pruvinensis.*
P̄S, P̄SBR'I, psbr̄i, *presbiteri.*
ꝑSOE, ꝑSON, ꝑSONE, *persone.*
PST', *prebstre.*
ꝑT, *parte.*
P̄TELL, P̄TELLIS, *Pratellis.*
ꝑTENAI, *Partenai.*
ꝑTK, *Partheniaci.*
ꝑTHASIꝰ, ꝑTHASIVS, *Prothasius.*
ꝑTHONO, *prothonotarii.*
ꝑTIACI, *Pertiaci.*
ꝑTICO, *Pertico.*
ꝑTIE, *partie.*
ꝑTIS, P̄TIS, *Pratis.*
ꝑTŇ, *Partheniaci.*
PVBL, *publici.*
PVDĒTIANE, *Pudentiane.*
ꝑVICIE, ꝑVIE, ꝑVINČ, *Provence.*

pvīncia, *Provincia.*
PVINCIAL, *provincialis.*
PUINCIE, P'VINCIE, *provincie.*
PVLT, PVLTERIEÑ, *Pulteriensis.*
PVOST, PVOST, *prevost.*
pvostė, *prevosté.*
PVSIÑ, *Perusinum.*
PW, *parvum.*

Q, Q, Q, QD, *que, quod.*
QING', *Qingey.*
QNDAM, *quondam.*
QNTINI, *Quintini.*
QTERI, *Quiteri.*
QÑA, *quam.*
QÑD, *quod.*
QVEÑOI, *Quesnoi.*
QVĪCHI, *Quinchy.*
QVICQ, *quicquid.*
Q̃VILLI, *Quevilli.*
QVINTIÑ, *Quintinus.*
QVĪTINI, *Quintini.*
QVOND', QVORDĀ, *quondam.*

R, R', *Raimundus, Reginardi, Renaldi, Ricardi, Rigaldi, roi, Rouen, Roberti.*
R D, *reverendi domini.*
RAD, RAD', *Radulphi.*
RADI'G'IĒ, *Radingiem.*
RADVL, *Radulfus.*
RĀG, *Raginaldi.*
RAIM, RAIMŌDI, *Raimundi.*
RASē, *Rasse.*
RASEGhē, *Raseghem.*
RASOÑ, rassōis, *Rasonis, Rassonis.*
RAYM, raymūdi, *Raymundi.*
RD', *Reud.*
r̃dep', *redemptionis.*
receptor, *receptoris.*
RECLĪATORII, *Reclinatorii.*
RECOGN', *recognitiones.*
REDON', REDONEN, *Redonensis.*
REḠ, REG', *regis, regem, regium, regine, Reginaldi, regalis.*

REGIN, *Reginaldi.*
REGISTEST', REGITESTEÑ, registestū, REGISTHEST, REGITHEST, REGITHESTEÑ, *Registestensis, Regithestensis.*
REḠS, *regis.*
REGV̄, regū, *regum.*
regularū, *regularium.*
REIFF, *Reifin.*
REL, RELICT', *relicte.*
REÑ, REMEN', REÑSIS, *Remensis.*
REN, *Renaldi.*
RENERVIL, *Renervilla.*
RENOVAT, RENOVATV̄, *renovatum.*
requestarū, *requestarum.*
RETEN', *Retestensis.*
REVĒNDI, *reverendi.*
R'GINA, *regina.*
R̃GIS, *regis.*
RGIV, *regium.*
RIBOD', RIBODIMOT', *Ribodimontem, Ribodimontis.*
RIC', RICR, *Ricardi.*
RICHEMŌD', RICHEMVDI, *Richemundi.*
RICHMONTIS, *Richemontis.*
ridd', RIDĒRE, *riddere.*
RIPELL, *Ripellis.*
RIPIA, *Riperia.*
RIPPIE, *Ripparie.*
R'NIER, *Renier.*
ROÑNOÑ, *Romanorum.*
ROB', ROBERT', ROBETI, *Roberti, Robertus.*
ROB'GE, *Roberge.*
ROBT, ROB'T, ROB'TI, *Robert, Roberti.*
ROG', ROG'I, *Rogier, Rogeri.*
ROHL, *Rochelle.*
ROM, ROMAN, ROMANOZ, ROMANORV̄, romaōr, *Romani, Romanorum.*
RŌN, *romane.*
RONC', *Roncarollis.*

ROSCH, *Roscha.*
ROSCHILDEÑ, *Roschildensis.*
ROSETEÑ, *Rosetensis.*
ROSILL, *Rosillione.*
ROSNACEN', *Rosnacensis.*
ROSSIL, ROSSILI', ROSSILIŌIS, *Rossilione, Rossilionis.*
ROT, *Roteln.*
ROT̄DI, *Rotroldi.*
ROTH, *Rothomagensis.*
ROTHI, *Rothomagi.*
ROTHNAC̄, rothnacēn, *Rothnacensis.*
ROTHOÑ, ROTHOMAG, rothomaḡ, ROTHOMAGEÑ, rothomageñ, ROTHOMAḠESIS, *Rothomagensis.*
ROTHOMAGĒSIV̄, *Rothomagensium.*
ROTOMAḠ, *Rotomagensis.*
ROTV̄DA, *rotunda.*
rotundū, *rotundum.*
ROQVA, *Roqua.*
RVD'ERE, *ruddere.*
RVELL, *Ruelle.*
RVFIÑ, *Rufine.*
RVPEÑ, *Rupensis.*
RVPTI, *Ruperti.*
RVREMVND', *Ruremunde.*
RVT, RVTH, RVTHEN, RVTHENEN, *Ruthenensis.*

S, S', S, S, S, *saint, sancti, sancte, sanctus, Sanche, Sancii, seigneur, sire, sergent, sigillum, Stephanus, sur.*
S A, *semper augusti.*
S' B', *Sancti Bertini.*
S' F, *Sancti Francisci.*
S M, *Sancte Marie.*
S P }, *sanctus Paulus, sanctus Petrus.*
S PA, *sanctus Paulus.*
S P A V }, *sanctus Paulus.*
S PE, *sanctus Petrus.*

S P E T, sanctus Petrus.
S R, sancte romane.
S R E, sancte romane ecclesie.
SAB, SABAVD', sabaud', Sabaudie.
SABINEN, SABN, Sabinensis.
SABRA, Sabram.
SAC, sac, sacri.
SAC IMP, sacri imperii,
SAC'D', SACDOTIS, SACERDOT, sacerdotis.
SANCHIZ, Sanchiz.
SANCII, Sancii.
SACTI, sancti.
SAGLOIS, Sagalonis.
SAI, saint.
SAILIZ, Sainliz.
SAIT, sait, saint.
SAL, SAL, Salinensis, Salomonis.
salemoe, Salemone.
SALIA, saliarū, Salinarum.
SALINESIS, Salinensis.
SALIS, Salins.
SALM', Salmensis.
SALMVR, Salmurum.
SALMVRIEN, Salmuriensis.
SALV', SALVAT, SALVATOR'. Salvatoris.
salubrien, Salubriensis.
SALVM, salvum.
SANCT', SANCT9, sanctus.
SANDOVVILL, Sandouville.
SANDR'T, Sandrart.
SANS', Sanson.
SAPAR, Sapara.
SARDIN, Sardinie.
SARLATEN', SARLATN, Sarlatensis.
sarnen, Sarnensis.
SAVIGNEN, Savignensis.
SAVIGNYACEN, Savignyacensis.
SAVREVIL, Saukeville.
SAVS, Sausemberg.
sauve, Sauveur.
saxoie, Saxonie.
SC, sanctus.
SCAB, SCABI, scabini, scabinorum.
SCABINAT9, scabinatus.
SCABINOR', scabinor, SCABINORV, SCABIOR', scabor. scabinorum.
SCE, sancte.
SCRBENTIS, scribentis.
SCBIS, scribis.
SCBO, scribo.
SCI, sancti.
SCO, sancto.
SCO P, sancto Paulo.
SCOL, SCOLAR', SCOLARIV', scolastici, scolarium.
SCOLAST', SCOLASTIC', scolastici.
SCOR, sanctorum.
SCPTORIS, scriptoris.
SCS, sanctus.
scto, sancto.
SCTVM, secretum, scutum.
SEC, secret.
SECRET', secret, SECRETV, SECRTV, secrū, SECS, secretum.
SECTI, secreti.
SECTV, sectū, sectūm, secretum.
secund9, secundus.
SED', sed', sedis.
SEDELOCEN, Sedelocensis.
SEG, segretum.
SEGHI, Senghin.
SEGN, segū, segne', segneur.
SEGVTINI, Seguntini.
SEIG, seig, seigūr, seigr, seigneur.
SEMILL, Semilli.
SEMP, SEMP, semper.
SEN, senesch, senescallie, seneschaussée.
SENGHI, Senghin.
SENIOR', senioris.
SENON, SENON', Senonensis, Senonis.
SEP, semper.
SEPRA, Sepram.
SEPTEN FONTIB', Septen Fontibus.
SEPVLC, SEPVLCH, sepulchri.
SEQ'AM, Sequanam.
SESCALLI, senescalli.
SESELL, Senselles.
sesell', SEZELLES, Senzelles.
S'GEN, sergen.
S'GET', sergenterie.
S, SI, si, sigillum, sancti.
SICIL, Sicilie.
SICLIN, SICLINIE, SICLINIEN, Siclinienis.
sig', signeur.
SIG', SIGI', SIGILL, SIGILLO, SIGILLV, SIGILLVM, SIGL, SIGLLVO, sigillum.
SIGN, sign, signeur, signo.
signer, signeur.
SIGNV, signū, signeur, signum.
SIG'R, signeur.
sil, sigillum.
SIL, SILVAN, SILVANECT, SILVANECTEN, SILVANECTESIS, SILVANETE, SILVANETEN, Silvanectensis.
SILVEST', Silvestris.
SILVRI, Silvestri.
SIMO', SIMOIS, SIMON, Simon, Simonis.
SIPHORIANVS, Simphorianus.
slavor, Slavorum.
slesvicen', Slesvicensis.
S'LL, SLL, sigillum.
S·L·V·A, Silvanectum.
SM, sigillum.
SMAT, sermant.
SN VIC, Sancti Vincentii.
SNT, saint.
soiso, Soissons.
SONEGIEN', Sonegiensis.

SOROR', SOROR̄, SORORV̄, sororum.
SOTIGH, Sotinghien.
SOVCHET, Soucheto.
SOVPLIC', Souplicourt.
SP, Spanheim.
SPAGNAC, Spagnac.
SPANHEI, Spanheim.
SPA'RII, speciarii.
SP̄C SCI, Spiritus Sancti.
SPIREN, Spirensis.
SP̄NONE, Sparnone.
SP̄S, spiritus.
SR̄, super.
SS̄, Suessionensis.
st, saint.
ST, STE, Stephanus.
steēbeke, Steenbeke.
STEHANI, STEPH, STEPHAN, STEPHE, STEPHI, STEPHNI, STEPHS, STEPHVS, Stephani, Stephane, Stephanus.
STETI, Stetin.
STIR', Stirie.
stor̄, sanctorum.
strie, Strien.
STRVMENS', Strumensis.
ST̄TIS, Stratis.
ST'VLE, Stavle.
SV̄, sum.
SVBDEC̄, subdecani.
SVBDIACON', subdiaconi.
SVBPRIOR', subprioris.
SVESS', SVESSI, SVESSIŌ, SVESSION̄, SVESSION', SVESSIONE, SVESSIONEN̄, SVESSIONĒSIS, SVESSIONS', Suessionensis.
s'vie, Suevie.
SVLĒ, Sulensis, pour Insulensis.
SVP, super.
SVPIOR, superior.
SVPMV, SVPREMV̄, supremum.
SVSĀNE, Susanne.
sutphan̄, Sutphanie.

S'VV, servum.
SWESTER', Swesterentium.
symō, SYMŌIS, Symon, Symonis.
synō, Syneio.
s̄r, seigneur.

TABELL, TABELLIŌIS, tabellionis.
Tabellionat, tabellionatus.
TAC, Taconis.
TĀCARVILE, Tancaroile.
TAILLEB', TALLB, Tailleburgi.
TACARVIL, Tancarville.
TANTV̄, tantum.
TARDECHIĒ, Tardechien.
TĀTVM, tantum.
TAV̄NI, Taverni.
T̄CEN̄, Trecensis.
TC̄II, tcii, tercii.
T'DIF, Tardif.
TEB'GE, Teberge.
TEC̄, tecum.
TECKH, Teckhensis.
TECV̄, tecum.
TEESAVRAR, teesaurarius.
TEMM'MAN, Temmerman.
tenq', Tenques.
TENREMOND', TENREMONDENTIV̄, Tenremondi, Tenremondentium.
TER̄A, terra.
TERR', Terrici.
TERRACINEN̄, Terracinensis.
tesārarius, tesaurarius.
TEST̄ PĒ, teste Petro.
TH, Theoderici, Thome, Thorota.
THENOLIEN̄, Thenoliensis.
THEOD', THEODR̄ICI, Theoderici.
thes, THESAVR̄, THESAVRAR', thesaurarii.
THEVTONICOR', Theutonicorum.
Th̄I, Thibaud.
THIDER', Thiderici.
THM, Thomas.
THOĒ, Tholose.

THOL, THOLA, Tholosa.
THŌLĀNI, THOLOSAN', Tholosani, Tholosanorum.
THOM', Thome.
THŌO, Thomeriarum.
thonlōion, Thoulonjeon.
THSAVRA, Thesaurarii.
TIBĀ, Tibaut.
TIBODIVILL, Tibodivilla.
TIB'TIS, Tibertis.
T̄IECTĒN, T̄IECTĒSIS, Trajectensis.
TIHNEN̄, Tihernensis.
T̄INITIS', Trinitatis.
tirol̄, Tirolis.
TIT', tit, TITVL, tituli.
T̄NIĪ, T̄NITAT', T̄NITATIS, t'nitatis, Trinitatis.
TNV, Ternu.
TOCI', tocius.
TOLETAN̄, Toletani.
TOLL, TOLLS, tollis.
TOLTAN̄, Toletanensis.
TOLTI, Toleti.
TON̄, Taronensis.
TONEL, tonelier.
TORCH, Torchi.
TORLAVIL, Torlaville.
TORN̄, TORNAC, tornace, TORNACEN', tornacen̄, TORNACENS̄, TORNACN̄, tornasen. Tornacensis, Tornasensis.
TORNODOR, Tornodorensis.
TORVILL, Torvilla.
TPHI, Tephani.
TRA, terra.
TRAIECTEN̄, traiectūsis, Trajectensis.
TRĀLEAVS, Tranleaus.
TR'CĒ, Trecensis.
T̄RE, Terre.
TRECEN, trecen̄, TRECN̄, Trecensis.
TREV', TREVERĒN, Treviris, Treverensis.

TRĪTAT', *Trinitatis.*
troli, *Trolii.*
T̄SIGNIES, *Trasignies.*
TT̄, *tituli.*
T̄VAN, *Tervanensis.*
TVD', *Tudiniensis.*
TVLE, *Tullia.*
TVLL̄, TVLLEÑ, TVLLN, *Tullensis, Tullensium.*
TVMEÑL, *Tuménil.*
TVR̄, *Turonis.*
turigie, *Turingie.*
TVRON, TVRONEN, *Turonensis.*
TUTEL̄, *Tutelensis.*
TVTT̄IS, *tutricis.*
TVV̄, *tuum.*
TYNYGHĀ, *Tynygham.*
TYR, *Tyrolis.*

V̄, *van.*
V I, *utroque jure.*
VĀ, *van.*
VACĀTE, UACĀTIS, *vacante, vacantis.*
vādē, *vanden.*
VAL, *Vallibus.*
VAL, *Valesii.*
VAL, VALĒCHÑS, VALĒCIENES, *Valencenis, Valenchiennes, Valenciennes.*
VALE, *Valerie.*
VALĒGEVIAR, *Valengeujar.*
VALEMV̄, *Valemunt.*
VALEÑ, VALEN, VALENĈ, VALENCEN, VALENCENEÑ, VALENCEÑESIS, *Valencenas, Valencenensis.*
VALENCĶ, VALENCHENENS', VALENCHENĒSIS, VALENCĶS, *Valenchenas, Valenchenensis.*
VALENT, *Valentinensis.*
UALES', *Valesie.*
VALĒTIN, *Valentinensis.*
VALIE, *Valerie.*
VALIS, *Vallis.*

VALRB', *Valkemburg.*
VALL, VALLIBȜ, *Vallis, Vallibus.*
VALLECOVRT, *Valleneourt.*
VALLENBŌ, *Vallenbon.*
VALLIBȜ, *Vallibus.*
VALLIS LVC, *Vallis Lucentis.*
VALL PRO, *Vallis Profunde.*
VALL VIRID', *Vallis Viridis.*
VALÑ, *Valentinensis.*
UALNC, *Valencie.*
UALON', VALON, *Valoniensis.*
vand', *vander.*
VR̄, *Varneston.*
VAREÑES, *Varennes.*
VASCON', *Vasconie.*
VASIONEÑ, *Vasionensis.*
VASS', *Vassalliaco.*
VASSALL, *Vassallis.*
vaucell', *Vaucelles.*
vaulupsāt, *Vauluysant.*
VBTIS, *Ubertis.*
vĉar grā, *vicarius generalis.*
V'DVE, *vidue.*
VDVN, *Virdunensis.*
VECVTE, *vecunte.*
VEŌ, *Vedasti.*
VĒDOLIO, *Vendolio.*
VĒDOVGIES, *Vendougies.*
UE'IT, *venit.*
UELLETREÑ, VELLETRĒIS, *Veltetrensis.*
VELV̄ AVREV̄, *Velum aureum.*
VEÑ, *Vennetensium.*
VENĀTIO, *Venantio.*
VENETIR', *Venetiarum.*
UENTADOREN', *Ventadorensis.*
VERNOÑ, *Vernonensis.*
VETI, *veteri.*
V̄GO, *Virgo.*
VGOĪBVS, *Ugonibus.*
V̄GVLTO, *Virgulto.*
VIĀ, *vium.*
VIANEÑ, *Vianensis.*
VĪC, *Vincentii.*

VIC', *vicecomitis, vicecomitatus, vicomté.*
VICAR̄, vicar, VICARIOR', *vicarii, vicarie, vicariorum.*
VICECŌITATVS, *vicecomitatus.*
VICECOĪTIS, *vicecomitis.*
VICECOM̄, VICECOMIT̄, *vicecomitatus, vicecomitis.*
VICEDÑI, *vicedomini.*
VĪCENT, *Vincent.*
vico, *viconte.*
VICONTȜ, *vicontés.*
UICŌTE, vicōte, VIȜTE, vicle, *viconte, viconté.*
VICTOR, *Victoris.*
VIEÑ, vieñ, VIENÑ, vienneñ, VIENNENS', *Vienna, Viennensis.*
VIGES', *vigesimo.*
UĪGULTO, *Virgulto.*
VILLRIB', *Villaribus.*
VILLCI, *villici.*
VILLELVP̄, *Villelupensis.*
VILLGENRT, *Villagenart.*
VILNOVA, *Villanova.*
VILPEĪTE, *Vilepeinte.*
VILS, *Vilers.*
UINCENARV̄, *Vincenarum.*
VINSTĪNGEN, *Vinstringen.*
VIR, *Virginis.*
virdū, virdunceñ, *Virdunensis.*
VIRḠ, *Virginis.*
VIRID', *viridis.*
VIROM̄, VIROMĀDIA, VIROMANDAN, VIROMEN, *Viromandensis, Viromendensis, Viromandia.*
VIRZILIACEÑ, *Virziliacensis.*
VIVARIEN, *Vivariensis.*
VIVIĀI, *Viviani.*
V̄IV̄SITATIS, *universitatis.*
VLMELL, *Ulmellis.*
VL, *Ville.*
VLTRA AVĀ, *Ultra Aquam.*
VMB, *Umberti.*
vn', *van.*
VN', *Vernone.*

VNIVSITAT̄, uniūsitatis, *universitatis.*
V̄NOLII, *Vernolii.*
VNOLIO, *Vernolio.*
V̄NVELG, *Vernuely.*
vō, *von.*
VOLVENT', *Volventi.*
UOTV̄, *votum.*
vriesl̄, *Vrieslant.*
vroñ, *vrouwe.*
VRSICĀPI, *Ursicampi.*
VRSINP, *Ursinis.*
V̇SO, *Vierson.*
VTICEN, VTICĒSIS, *Uticensis.*
VTR, VTVSQ, *utriusque.*
V̄VIN, *Vercin.*
VX̄, VXŌ, VXOR̄, *uxoris.*

W, *Willelmi.*
WAASS', *Waasseur.*
WAL̄ANNI, *Waleranni.*
WALENCĀP, *Valencamp.*
walhū, *Walhain.*
WALIQIERVILL, *Waliqierville.*
WALLECVRIEN̄, *Wallecuriensis.*
WALLIAC', *Walliaco.*
WALT', WALTER̄, WALT̄I, WALTII, *Walteri, Walterii.*
WANDREG', *Wandregisilii.*
WARĪ, *Warin.*
WARINGIERVILL, *Waringierville.*
WARR, *Warwick.*
WASTIN', *Wastinensis.*
WAT̄, *Watier.*

WATEN', WATENEN, WATENĒSIS, *Watenensis.*
WATINEN', *Watinensis.*
WAVB'COVRT, *Waubercourt.*
WAULAĪCOUR', *Waulaincourt.*
WAVQVELI, *Wauquelin.*
WAVRĀS, *Wavrans.*
WAVRECHĪ, *Wavrechin.*
WAVRĪG, *Wavring.*
WAVT̄, *Wautier.*
WEISSENB, *Weissenburgensis.*
WELL, *Wellensis.*
WENZESL, *Wenzeslaus.*
WAYS', *Weysefordio.*
WĪ, *Willaume, Wiart.*
WILE, *Willaume.*
will̄, WILH, *Wilhelmi.*
WILL, WILL̄, *Willelmus, Willaume.*
WILLAM, *William.*
willī, WILLOM, *Willelmi.*
WILLMVS, *Willelmus.*
WINTONIĒN, *Wintoniensis.*
WIS, *Wistace.*
WISQ, *Wisques.*
WLE, *Willaume.*
WLFR', *Vulframni.*
WLI, WLL, WLLI, WLLMI, *Willelmi.*
WMVS, *Willelmus.*
WORMERĀG', *Wormerange.*
WOVT̄, WOVTĒ, *Wouters.*
W'TON, *Wirton.*

XANCT', XANCTON, *Xanctonensis.*
X̄ANI, *christiani.*
XANIT̄, *christianitatis.*
XANTONEN̄, *Xantonensis.*
XPE, *Christe.*
XP̄I, *Christi.*
XPIAN', XP̄IANI, XPIANIT̄, XPIANITĀ, *christiani, christianitatis.*
XPIANOR', *christianorum.*
XP̄INE, *Christine.*
XPINITATIS, XPRISTIANITAT̄, XPIT̄, *christianitatis.*
XP'OPHORI, *Christophori.*
XP'S, *Christus.*
XSTIANI, *christiani.*

YOLAND', *Yolandis.*
YOLET̄, *Yolent.*
YPREN̄, ypreñ, *Yprensis.*
YVODIEN', *Yvodiensis.*

ZAEL, *Zaelandie.*
zamor, ZAMOREN̄, *Zamorensis.*
zeel, zeell', zeellie, *Zeellandie.*
zeel̄t, *Zeelant.*
zel', zelād, ZELAND' ZELL̄, zelādie, *Zelandie, Zellandie.*
ZEVĒCOTE, *Zevencote.*
zevenbḡhen, *Zevenberghen.*
ZOVTELĀDE, *Zoutelande.*
ZVTPH̄, zutphañ, ZVTPHANIEN̄, *Zutphanie.*
zuytbāl, *Zuytbovelant.*
zyerixeñ, *Zyerixensis.*

INVENTAIRE

DES

SCEAUX DE LA NORMANDIE.

SCEAUX LAÏQUES.

PREMIÈRE SÉRIE. — SCEAUX DES SOUVERAINS.

SOUVERAINS DE FRANCE.

1 **PHILIPPE AUGUSTE.**

1190.

Contre-sceau rond, de 30 mill. — Arch. de la Seine-Inférieure : abbaye de Saint-Ouen.

Une aigle essorant. — Sans légende.

Annulation de la vente des biens de l'abbaye de Saint-Ouen, situés à «Icou». — Décembre 1190. «Illo anno quo iter arripuimus Jero«solimitanum.»

2 **BLANCHE DE CASTILLE,**

Femme de Louis VIII, mère de saint Louis. — Vers 1238.

Sceau ogival, de 86 mill. — Collection de M. de Farcy, à Bayeux.

La reine debout, couronnée, en surcot orné d'un fermail et en manteau, tenant un fleuron, accostée de cinq fleurs de lys, deux à sa dextre et trois à sénestre.

SIGILLV BLAChE DEI GRATIA FRANCORVM REGINE

(Sigillum Blanche, Dei gratia Francorum regine.)

Cire originale détachée.

SOUVERAINS D'ALLEMAGNE.

3 **MATHILDE,**

Veuve de Henri V, empereur d'Allemagne. — 1125-1166.

Sceau rond, de 65 mill. — Arch. de la Seine-Inférieure : prieuré de Bonne-Nouvelle.

Type de majesté, fruste et incomplet. — Légende détruite.

«Rodulfus Porcellus, hostiarius regis,» donne aux religieux de Bonne-Nouvelle la terre d'Ermentreville, auj. Saint-Sever, et ses prés de Saint-Étienne... «in presentia Mathildis, imperatricis, concessit «et sigillo domine imperatricis corroboravit.» — Sans date.

4 **MARIE-THÉRÈSE.**

Impératrice d'Allemagne. — 1745-1780.

Sceau rond, de 120 mill. — Collection de M. de Farcy, à Bayeux.

L'impératrice en robe ajustée relevée de pierreries et à manches courtes, revêtue du manteau impérial, tenant le sceptre et un monde crucifère, assise sur un trône à degrés surmonté d'un baldaquin. Au-dessus du dossier, deux anges tiennent une couronne. À gauche du trône, la Justice ; à droite, la Paix, et plus bas, deux écus couronnés : celui de gauche aux armes de l'Empire, celui de droite aux armes de Hongrie.

MARIA THERESIA : D : G : ROM : IMPERATRIX : REG : GERM : HVNG : BOH : &c : ARCH : A : DVX : BVRG : BRAB : &c : COM : FLAND :

Contre-sceau : L'aigle de l'Empire éployée, nimbée, couronnée, portant en cœur un écusson couronné coupé de deux traits : au 1, écartelé de Castille, de Léon, d'Aragon et de Sicile, Hongrie moderne parti de Hongrie ancien, Bohême, un lion couronné écartelé d'un autre lion couronné, d'Autriche parti de Carinthie et de Tyrol ; au 2, deux rangées de rocs sous un chef à l'aigle naissante, entre le soleil et la lune, parti d'un lion couronné...... Carniole, Gorice ; au 3, Lorraine, Médicis, Barrois. Sur le tout, Autriche parti de Bourgogne ancien. — La légende de la face.

Sceau détaché.

5 **JOSEPH II,**

Empereur d'Allemagne. — 1765-1790.

Sceau rond, de 125 mill. — Collection de M. de Farcy, à Bayeux.

L'empereur en costume de guerre, revêtu du manteau impérial, portant le collier de la Toison d'or, couronné, tenant de la main droite une épée et de la gauche le sceptre et un monde crucifère, assis sur un trône à degrés surmonté d'un baldaquin. Sur le dossier, une aigle tient à son bec une couronne. De chaque côté du trône, cinq écussons couronnés aux armes du contre-sceau.

IOSEPHUS II · D · G · E · ROM · IMP · S · A · GERM · HIER · HUNG · BOH · REX · &a ARCH · AUS · DUX · BURG · LOTH · BRAB · LIMB · LUC · GEL · M · D · HET · M · P · TRANS · COM · HAB · FLAN · TYR · &a

Contre-sceau : L'aigle de l'Empire éployée, nimbée, couronnée, tenant à la serre droite le sceptre et une épée, et à la gauche un monde crucifère, portant en cœur un écu surmonté de deux couronnes coupé de deux traits : au 1, Hongrie moderne parti de Hongrie ancien, Castille écartelé de Léon, d'Aragon et de Sicile, Bohême ; au 2, Brabant écartelé de Limbourg, de Flandre et de Hainaut ?, Luxembourg écartelé de Gueldre, de fleurs de lys au lambel, d'un lion à la bande brochant ; au 3, le marquisat du Saint-Empire, Malines. Sur le tout, un écusson couronné d'Autriche parti de Lorraine, parti de Bourgogne ancien. L'écu entouré de colliers dont le plus extérieur est celui de la Toison d'or. La légende de la face.

Sceau détaché.

IIe SÉRIE. — SCEAUX DES GRANDS DIGNITAIRES.

6 **HENRI DE MEZ,**

Seigneur de Say, chevalier, maréchal de France. — 1260.

Sceau rond, de 66 mill. — Arch. du Calvados ; abbaye de Saint-André-en-Gouffern.

Type équestre ; le bouclier et la housse portant une croix ancrée au bâton brochant.

✱ S' · HENRICI : MARE...... FRANC.. : DÑI : DE : SAI.

(Sigillum Henrici, marescalli Francie, domini de Sai...)

Donation d'une rente sur la prévôté d'Argentan. — Décembre 1260.

7 **JEAN DE GREZ ET JEAN DE BEAUMONT.**

Maréchaux de France. — 1315.

Sceau rond, de 20 mill. — Arch. de la Seine-Inférieure ; abbaye de Jumièges.

Type armorial collectif. Écu au dragon ailé (Grez), parti d'un gironné de douze pièces (Beaumont), dans un encadrement à six lobes. — Légende détruite.

Montre de six hommes d'armes fournis par l'abbaye de Jumièges. — Juillet 1315.

8 **GUILLAUME MARTEL,**

Sire de Saint-Vigor, chambellan du roi. — 1394.

Sceau rond, de 24 mill. — Arch. de la Seine-Inférieure ; archevêché de Rouen.

Écu portant trois marteaux, à la bordure, penché, timbré d'un heaume cimé d'une tête de lion ? dans un vol, supporté par deux lions.

...lme MARTEL

(Seel Guillaume Martel.)

Compromis au sujet d'héritages acquis par la forfaiture de Guillaume le Chambellan, écuyer, supplicié à Rouen pour ses démérites. — Mai 1394.

9 **PIERRE LE BÈGUE,**

Sire de Villaines, d'Yvetot et de Tourny, chevalier, chambellan du roi. — 1406.

Sceau rond, de 29 mill. — Arch. de la Seine-Inférieure ; archevêché de Rouen.

Écu écartelé : au 1 et au 4, un contre-écartelé indistinct ; au 2 et 3, un lion ; penché, timbré d'un heaume cimé d'un lion assis, supporté par deux aigles.

. . . RRG D' BILLA . . . S CÕTG D' R . . . . .

(Seel Pierre de Villaines, conte de Ribadieu ?)

Compromis au sujet du patronage de l'église de Tourny. — Avril 1406.

---

10 **JEAN DE SEMILLY,**

Sire d'Aunoy et d'Esquay, chambellan du roi. — 1452.

Sceau rond, de 37 mill. — Arch. du Calvados ; abbaye d'Aunay.

Écu à l'écusson en cœur accompagné de six fermaux en orle, penché, timbré d'un heaume cimé d'une hure, supporté par deux lévriers, sur un champ orné de rameaux.

S : ie. . . . . de semilly

(Seel Jehan. . . . . de Semilly.)

Accord au sujet d'un fossé, à Aunay. — Août 1452.

---

11 **CHARLES DE LORRAINE,**

Grand écuyer de France. — 1739.

Cachet ovale, de 25 mill. — Collection de M. de Farcy, à Bayeux.

Écu aux huit quartiers de Lorraine et à l'écusson aux trois alérions sur le tout, couronné, entouré du collier des ordres, supporté par deux aigles portant la croix de Lorraine sur la poitrine. Au bas, deux épées. — Sans légende.

Ordre de payement. — Paris, 21 mai 1739.

---

12 **PIERRE DE MEULAN.**

Échanson du roi. — 1261.

Sceau rond, de 26 mill. — Arch. de la Seine-Inférieure ; archevêché de Rouen.

Buste de moine de profil, accompagné à droite d'une fleur de lys et d'une église ou d'un château.

✠ S' PETRI DÕI MONAChI DE MELLĒTO

(Sigillum Petri, dicti Monachi de Mellento.)

Vente de biens situés à Pinterville. — Juillet 1261.

13 **SAUVAGE DE JEUCOURT,**

Premier peutier du roi. — 1394.

Sceau rond, de 22 mill. — Arch. de la Seine-Inférieure ; archevêché de Rouen.

Écu à la croix cantonnée de quatre lions et chargée d'un écusson en cœur, penché, timbré d'un heaume cimé d'une tête de dogue dans un vol, supporté par deux griffons.

SAVVAIG D' IEVCOVRT

(Sauvaje de Jeucourt.)

Voyez le n° 8.

---

14 **RICHARD DU HOMMET,**

Connétable du roi d'Angleterre en Normandie. — XII° siècle.

Sceau rond, de 72 mill. — Arch. du Calvados ; abbaye d'Aunay.

Type équestre : heaume conique, haubert quadrillé, bouclier vu en dedans, la couverture de la selle découpée en larges pendants. — Légende détruite.

Confirmation d'une cession de terres, à Airel et à la Ferrière-Duval. — Sans date.

---

15 **GUILLAUME DU HOMMET.**

Connétable du roi d'Angleterre en Normandie. — 1190

Sceau rond, de 72 mill. — Arch. du Calvados ; abbaye d'Aunay.

Type équestre tout à fait semblable au précédent.

✠ SIGILLVM WILLELMI . . . .

(Sigillum Willelmi. . . . .)

Donation de la terre de Langrune. — 1190.

---

16 **JEAN BLOSSET,**

Seigneur de Saint-Pierre et de Carrouges, chevalier, grand sénéchal de Normandie. — 1479.

Sceau rond, de 50 mill. — Arch. de la Seine-Inférieure ; abbaye de Saint-Wandrille.

Fragment d'écu portant des pals sous un chef vivré, penché, cimé, supporté par deux lions ? — Légende détruite.

Ordre d'ajournement. — Juin 1479.

---

17 **JEAN CRESPIN.**

Baron du Bec-Crespin, maître des Eaux et Forêts et maréchal de Normandie. — 1451.

Sceau rond, de 42 mill. — Arch. du Calvados ; abbaye d'Ardenne.

Écu portant trois rangs de fusées en fasce, penché, timbré d'un heaume cimé d'un buste de licorne, supporté par deux lions. — Sans légende.

Sentence au sujet du bois de Livry. — Juin 1451.

IIIe SÉRIE. — SCEAUX DES GRANDS FEUDATAIRES.

ALENÇON.

18 PIERRE II.

Comte d'Alençon. — 1374.

Sceau rond, de 30 mill. — Arch. de l'Orne ; abbaye de Saint-Évroult.

Homme d'armes à mi-corps, tenant un écu semé de France à la bordure besantée, accosté de deux P tenus chacun par un lion couronné assis ; dans un quadrilobe. — Sans légende.

Quittance au sujet d'acquisitions faites par l'abbaye de Saint-Évroult dans les terres et les forêts du comte. — Mars 1374.

19 JEAN IV,

Duc d'Alençon et comte du Perche. — 1452.

Sceau rond, de 98 mill. — Arch. de l'Orne ; abbaye de Silly.

Type équestre : pourpoint à grandes manches, bassinet cimé d'une aigle, éperon à molette rayonnante ; l'écu et la housse aux armes : trois fleurs de lys à la bordure.

sigillum magnum....nnis ducis aleuconii co......vice comitis bellimontis et parys francie

(Sigillum magnum Johannis, ducis Aleneonii, comitis Pertici, vice comitis Bellimontis et paris Francie.)

Contre-sceau : Écu portant trois fleurs de lys à la bordure, supporté par deux lions.

contra sigillum.....johannis ducis aleuconii

(Contra sigillum..... Johannis, ducis Aleneonii.)

Confirmation de biens acquis par l'abbaye de Silly. — Mai 1452.

ANJOU.

20 GEOFFROI PLANTAGENET,

Comte d'Anjou, duc de Normandie. — 1149.

Sceau rond, de 82 mill. — Musée de Rouen.

Type équestre : haubert, casque conique à nasal, bouclier vu en dedans, gonfanon. — Légende détruite.

Revers : Type équestre. L'épée au lieu du gonfanon. — Légende détruite.

Donation des trois prébendes de Bures, au profit de l'abbaye du Bec. — 1149.

ARUNDEL.

21 JEAN,

Comte d'Arundel, seigneur de Maltravers, capitaine de Verneuil. — 1432.

Sceau rond, de 58 mill. — Bibl. de la ville de Rouen ; fonds Leber.

Écu au lion écartelé d'un fretté, penché, timbré d'un heaume cimé, supporté par deux chevaux. — Il ne reste plus de la légende que ...is....: arun... Johannis Arundel ?

Gages de la garnison de Verneuil. — Octobre 1432.

AUTRICHE.

22 MAXIMILIEN ET MARIE,

Archiducs d'Autriche. — 1481.

Sceau rond, de 112 mill. — Bibl. de la ville de Rouen ; fonds Leber.

Maximilien et Marie, à côté l'un de l'autre, montés sur des chevaux houssés et bridés comme pour un tournoi, galopant sur une terrasse fleurie. L'archiduc, armé de toutes pièces, couronné, brandit son épée ; l'archiduchesse, coiffée d'une couronne et d'un voile flottant par derrière, porte un faucon sur son poing ganté. Au-dessus de leurs têtes, deux écus aux armes d'Autriche, partis de Bourgogne.

.....iliani z Marie dei gr'a Archiducū austrie ducū burgūdie loth brab' Stirie karint' Carniol' lim.........fládrie Tyrolis, arthes' burgundie palatin hann hollandie Zeell' Namurci z Zutph Sacri Imp ma.......or' q f.. ......

(Sigillum Maximiliani et Marie, Dei gracia archiducum Austrie, ducum Burgundie, Lotharingie, Brabancie, Stirie, Karinthie, Carniole, Limburgi..... Flandrie, Tyrolis, Arthesii, Burgundie palatinorum, Hannonie, Hollandie, Zeellandie, Namurci et Zutphanie, Sacri Imperii marchionum, dominorumque Frisie.....)

Prolongation de trêves marchandes avec la France. — Mai 1481.

BAR.

23 YOLANDE DE FLANDRE,

Comtesse de Bar, dame de Cassel. — 1341.

Sceau rond, de 30 mill. — Bibl. de la ville de Rouen; fonds Leber.

Écu semé de croisettes au pied fiché à deux bars adossés, soutenu par un ange et supporté par deux autres, dans un quadrilobe orné des figures emblématiques des quatre évangélistes.

..OLENT DE FLÃDRES CÕTESSE DE BAR DAME DE C.. ..

(Seel Yolent de Flandres, contesse de Bar, dame de Cassel.)

Promesse de restituer à Jeanne de Bretagne, sa mère, deux couronnes d'or qu'elle lui avait empruntées pour la cérémonie de son mariage. — Décembre 1341.

24 YOLANDE DE FLANDRE,

Comtesse de Bar, dame de Cassel. — 1361.

Sceau rond, de 72 mill. — Bibl. de la ville de Rouen; fonds Leber.

Sous un dais d'architecture, Yolande debout, coiffée en nattes, vêtue d'une robe déceinte à manches pendantes, les mains posées sur deux écus soutenus chacun en pointe par un homme sauvage. L'écu de dextre, supporté à dextre par une dame, est écartelé: au 1 et 4, de Navarre; au 2 et 3, de France à la bande componée; au lambel sur le tout. L'écu de sénestre, supporté à sénestre par une dame, est parti: au 1, de Navarre coupé de France à la bande componée et au lambel sur le tout; au 2, d'un lion à la bordure engrêlée. Dans le champ, une tenture quadrillée de bars, de losanges et de lions, et maintenue par deux dames, est enfermée dans une bordure festonnée ornée de griffons à l'extérieur. Un masque cornu, accosté de deux lions, supporte la terrasse.

S. YOLEN. .. ..ES : CÕTESSE : DE : BA. .. ..GVEVILLE : Z : DAME DE CASSEL

(Seel Yolent de Flandres, contesse de Bar et de Longueville et dame de Cassel.)

Don et amortissement de terres au profit de la chapelle de Saint-Christophe, à Morbecque. — Février 1361.

BEAUMONT.

25 RICHARD,

Vicomte de Beaumont. — XIIe siècle.

Sceau rond, de 66 mill. — Arch. du Calvados; abbaye de Saint-André-en-Gouffern.

Type équestre fruste et incomplet. — Légende détruite.

Confirmation de biens, à Beaumont. — Sans date.

BOURGOGNE.

26 HUGUES III,

Duc de Bourgogne. — 1183.

Sceau rond, de 67 mill. — Arch. de la Seine-Inférieure; chapitre de Rouen.

Type équestre: heaume conique, large épée, éperon à pointe pyramidale; cheval marchant au pas.

..GILLVM H...... DVCIS BVRGVNDIE

(Sigillum Hugonis, ducis Burgundie.)

Hugues III atteste que Henri, fils aîné de Henri II, roi d'Angleterre, a choisi la cathédrale de Rouen pour le lieu de sa sépulture. — Sans date.

BRETAGNE.

27 EUDON,

Duc de Bretagne. — 1155.

Sceau rond, de 83 mill. — Arch. de la Manche; abbaye de Savigny.

Type équestre. Le duc entièrement vêtu de mailles, coiffé du heaume conique, armé d'une lance à gonfanon, couvert d'un bouclier vu en dedans. Éperon à pyramide, étrier circulaire.

....LLV. ..ONIS BRITANNIE DV. .

(Sigillum Eudonis, Britannie ducis.)

Sceau détaché.

28 GEOFFROI,

Fils de Henri II d'Angleterre, duc de Bretagne et comte de Richemond. — 1185.

Sceau rond, de 86 mill. — Arch. de la Manche; abbaye de Savigny.

Le duc à cheval, vêtu du haubert, coiffé d'un heaume à timbre arrondi; lance au gonfanon.

✠ GAVFRIDVS HENRICI REGIS FILIVS DVX BRI......

(Gaufridus, Henrici regis filius, dux Britannie.)

Revers: Le duc à cheval, couvert d'un immense bouclier, brandissant son épée.

✠ GAVFRIDVS HENRICI REGIS FILIVS COMES RICHEMVNDIE

(Gaufridus, Henrici regis filius, comes Richemundie.)

Confirmation d'une acquisition de rente, à la Vernaye. — 1185.

29 CONSTANCE,

Femme de Geoffroi, fils de Henri II d'Angleterre. — 1185.

Sceau ogival, de 95 mill. — Musée de Rouen.

Dame debout, coiffée en tresses, revêtue d'un surcot ajusté du corsage, des hanches et des bras, et recouvert d'une chape, un faucon sur le poing, un fleuron dans la main droite.

✠ CONSTANCIA DVCISS............ITISSA RICh...DIE

(Constancia, ducissa Britannie, comitissa Richemundie.)

Confirmation d'une donation faite par son mari en faveur du chapitre de Rouen. — Sans date.

BUCKINGHAM.

---

30 **GAUTIER GIFFARD,**

Comte de Buckingham. — XIIe siècle.

Sceau rond, de 70 mill. — Arch. de la Seine-Inférieure; prieuré de Longueville.

Type équestre fruste. Cavalier au gonfanon, coiffé d'un casque conique d'où flotte un volet des plus grands. — Légende détruite.

Donation du domaine de Neuville et des bois de Longueville. — Sans date.

CHÂTELLERAULT.

---

31 **JEAN,**

Comte d'Harcourt, vicomte de Châtellerault. — 1341.

Sceau rond, de 25 mill. — Arch. de la Manche; abbaye de Saint-Sauveur-le-Vicomte.

Écu à deux fasces, penché, timbré d'un heaume de face à volet et cimé d'une touffe; sur champ fretté. — Légende détruite.

Patronage de Notre-Dame de Ravenoville. — Février 1341.

---

32 **JEANNE D'HARCOURT.**

Vicomtesse de Châtellerault. — 1291.

Sceau ogival, de 70 mill. — Arch. du Calvados; abbaye de Saint-André-en-Gouffern.

Dame debout, coiffée d'un voile sous un chapeau, vêtue d'une robe déceinte et d'une chape doublée de vair, un faucon sur le poing; accostée à dextre d'un écu à deux fasces, et à sénestre d'un écu portant un lion à la bordure besantée.

..IOhAN.. CAST.......E D' hAR.....

(Sigillum Johanne, Castri Airaudi vicecomitisse, domine de Haricuria?)

CONTRE-SCEAU : Écu portant un lion à la bordure besantée, parti de deux fasces, dans une rose gothique.

✠ SECRETV · IOhANE · DNE · D.....CVR'

(Secretum Johanne, domine de Haricuria.)

Confirmation de dons et d'acquisitions. — Juin 1291.

CLERMONT-EN-BEAUVOISIS.

---

33 **RAOUL,**

Comte de Clermont-en-Beauvoisis. — 1162.

Sceau rond, de 55 mill. — Arch. de la Seine-Inférieure; abbaye de Jumièges.

Cavalier au gonfanon, paraissant coiffé d'un chapeau de fer.

✠ SIGILLVM .... COMITIS · CLAREMVDI

(Sigillum Radulphi, comitis Claremundi.)

Confirmation des dîmes de Montataire et de Crécy. — 1162.

DAMMARTIN.

---

34 **YOLANDE DE DREUX,**

Comtesse de Dammartin. — 1280.

Sceau ogival, de 61 mill. — Arch. de la Seine-Inférieure; archevêché de Rouen.

Dame debout, en robe déceinte et en chape, coiffée d'un couvre-chef, tenant un fleuron.

✠ S' YOLANDIS DE DROCIS ...ITISSE DOMNIMARTINI

(Sigillum Yolendis de Drocis, comitisse Domnimartini.)

CONTRE-SCEAU : Écu fascé de six pièces, à la bordure?

✠ S' YOLENDIS COITISSE D' DONOMR?

(Secretum Yolendis, comitisse de Domnomartino.)

Vente de l'usage des bois situés entre Saint-Aubin et Aliermont, par les hommes de Saint-Aubin; confirmation. — Octobre 1280.

EU.

---

35 **HENRI,**

Comte d'Eu. — 1183.

Sceau rond, de 70 mill. — Arch. de la Seine-Inférieure; abbaye de Foucarmont.

Type équestre incomplet. Sous le ventre du cheval, les lettres L V. — Légende détruite.

Donation de la dîme du métier de Foucarmont et d'une terre, à la Belloye. — 1183.

---

36 **RAOUL,**

Comte d'Eu. — 1191.

Sceau rond, de 61 mill. — Arch. de la Seine-Inférieure; abbaye du Treport.

Écu burelé de huit pièces, au lambel de cinq pendants. — Légende détruite.

Dons, franchises, privilèges accordés aux religieux du Treport. — 1191.

37 **JEAN,**

Comte d'Eu. — XIIe siècle.

Sceau rond, de 75 mill. — Arch. de la Seine-Inférieure; abbaye de Foucarmont.

Type équestre fruste. — Légende détruite.

Confirmation de la donation d'une terre, à Campneuseville. — Sans date.

---

38 **HENRI,**

Comte d'Eu, fils du comte Jean. — XIIe siècle.

Sceau rond, de 65 mill. — Arch. de la Seine-Inférieure; abbaye de Foucarmont.

Type équestre incomplet.

✠ SIG.....................TIS AVGI

(*Sigillum..... comitis Augi.*)

Donation de terres à la Belloye et à Bustaquet, pour la fondation de son anniversaire. — Sans date.

---

39 **JEAN,**

Duc de Brabant, de Lothier, comte de Nevers, d'Eu, pair de France. — 1483.

Sceau rond, de 67 mill. — Arch. de la Seine-Inférieure; archevêché de Rouen.

Écu de France à la bordure componée, penché, timbré d'un heaume à lambrequins cimé d'une fleur de lys double, supporté par deux anges agenouillés.

sectũ iohis cõit' niv'neñ Regitesteñ.........
.....donziaceñ ac dñi de dordeno

(Secretum Johannis, comitis Nivernensis, Regitestensis..... Donziacensis ac domini de Dordeno.)

Collation de la cure de Saint-Martin-le-Gaillard. — Avril 1483.

LA GARENNE.

---

40 **GUILLAUME,**

Comte de la Garenne. — XIIe siècle.

Sceau rond, de 60 mill. — Arch. de la Seine-Inférieure; prieuré de Longueville.

Type équestre fruste. — Légende détruite.

Donation d'un hôte, au Dun. — Sans date.

HAINAUT.

---

41 **JEAN D'AVESNES.**

Comte de Hainaut. — Vers 1288.

Contre-sceau rond, de 37 mill. — Collection de M. de Farcy, à Bayeux.

Écu au lion, timbré d'une aigle.

CLAVIS SIGILLI COMITIS HAYONIE PPETVI

(Clavis sigilli comitis Haynonie perpetu...)

Cire originale détachée.

---

42 **BEALMONT (JEAN, SEIGNEUR DE).**

Fils du comte de Hainaut, frère de Guillaume-le-Bon. — Vers 1337.

Sceau rond, de 80 mill. — Collection de M. de Farcy, à Bayeux.

Jean à cheval, en costume de guerre. Le bouclier, l'ailette et la housse portant les quatre lions de Hainaut au lambel; le heaume et le chanfrein cimés d'un lion. Épée à pommeau trilobé, retenue par une chaîne.

S' · IOHIS : DÑI : DE : B.......TE : FILII :
COMITIS : HANONIE : AC : HOLLANDIE :

(Sigillum Johannis, domini de Bellomonte, filii comitis Hanonie ac Hollandie.)

Sceau détaché.

HARCOURT.

---

43 **BRÛLART DE GENLIS**

(MARIE-ANNE-CLAUDE).

Maréchale-duchesse d'Harcourt. — 1748.

Cachet ovale, de 25 mill. — Arch. de la Seine-Inférieure; archevêché de Rouen.

Deux écus géminés. Celui de dextre aux deux fasces d'Harcourt. L'écu de *sénestre à partitions indistinctes*, avec un écusson à la bande chargée des barillets de Brûlart sur le tout? Les deux écus surmontés d'une couronne ducale et posés devant un manteau de pair. — Sans légende.

Présentation à la cure de Saint-Georges-de-Gravenchon. — Mai 1748.

---

44 **ANNE-PIERRE.**

Duc d'Harcourt, comte de Lillebonne, etc., fils de Marie-Anne-Claude Brûlart de Genlis. — 1772.

Cachet ovale, de 34 mill. — Arch. de la Seine-Inférieure; archevêché de Rouen.

Écu aux deux fasces d'Harcourt, entouré des colliers des ordres, surmonté d'une couronne ducale, devant le manteau de pair, supporté par deux lions. — Sans légende.

Présentation à la cure de Notre-Dame-de-Gravenchon. — Février 1772.

MANTES.

---

45 **AMAURI,**

Vicomte de Mantes. — 1190.

Sceau rond, de 60 mill. — Arch. de la Seine-Inférieure; abbaye de Jumièges.

Type équestre : bouclier à umbo.

✱ SIGILLVM ALMAVRICI ...ECOMITIS

(Sigillum Almaurici, vicecomitis.)

Don d'une portion de pressoir, à Mézy. — 1190.

MEULAN.

46 MAHAUT,

Femme de Robert, comte de Meulan. — XIIe siècle.

Sceau ogival, de 60 mill. — Arch. de la Seine-Inférieure; abbaye du Valasse.

Type incomplet de dame debout. — Légende fruste.

Donation d'une vigne, confirmée par la contesse Mahaut « cum dominus meus Robertus Yhrosolimis moraretur. » — Sans date.

MODÈNE.

47 FRANÇOIS D'ESTE,

Duc de Modène, Reggio et Correggio, — Avant 1658.

Sceau rond, de 40 mill. — Collection de M. Lormier, à Rouen.

Dans un cartouche, écu écartelé : au 1 et 4, une aigle éployée couronnée ; au 2 et 3, de France à la bordure endentée (Ferrare) ; l'écartelure divisée par le pal du gonfalonier de l'Église, qui est chargé de deux clefs en sautoir surmontées d'une tiare à l'écusson chargé d'une aigle (Este) sur le tout ; l'écu timbré de l'aigle d'Este surmontée d'une couronne.

FRANCISCUS·ESTENSIS·D·MVT·REG·ET·C·

Matrice.

MORTAIN.

48 JEAN,

Comte de Mortain. — Vers 1189.

Sceau rond, de 83 mill. — Musée de Rouen.

Type équestre : casque à nasal à timbre arrondi, bouclier portant deux lions ? passant, étrivière en chaînette.

✱ SIGILLVM : IOHANNIS : FILII : REGIS : ANGLIE : DOMINI : HIBNIE

(Sigillum Johannis, filii regis Anglie, domini Hibernie.)

Contre-sceau : Intaille représentant une tête de nymphe ? à gauche.

✱ SECRETVM IOHANNIS

(Secretum Johannis.)

Donation de la chapellenie de Blyc. — Sans date.

ORLÉANS.

49 MARIE,

Duchesse d'Orléans, de Milan et de Valois, comtesse de Blois, de Pavie et de Beaumont. — 1469-1470.

Sceau rond, de 73 mill. — Arch. de la Manche.

Écu écartelé : au 1, de France au lambel ; au 2, d'un rais d'escarboucle parti de France à la bordure ; au 3, de la guivre de Milan ; au 4, d'un bandé de six pièces à la bordure parti d'une fasce échiquetée. L'écu accosté à sénestre des lettres au ?, posé sur un champ de larmes, embrassé par deux rameaux fleuris.

...marie · aurel · mediol' z val ducisse.....

(Sigillum Marie, Aurelianensis, Mediolani et Valesie ducisse.....)

Contre-sceau : Écu aux armes de la face, accosté de larmes et surmonté de fleurs. — Sans légende.

Sceau détaché.

50 LOUIS-PHILIPPE,

Duc d'Orléans. — 1770.

Cachet ovale, de 49 mill. — Bibl. de la ville de Rouen ; fonds Leber.

Écu de France au lambel, couronné et entouré du collier des ordres ; dans un cartouche. — Sans légende.

Nomination au canonicat de Reffuveille, à Mortain. — Octobre 1770.

PERCHE.

51 GEOFFROI III,

Comte du Perche. — 1194.

Sceau rond, de 63 mill. — Arch. de l'Orne : prieuré du Vieux-Bellême.

Type équestre incomplet. Le bouclier portant deux chevrons.

.......DI COMI... PTI..

(Sigillum Gaufridi, comitis Pertici ?)

Confirmation de biens situés à Saint-Martin du Vieux-Bellême. — 1194.

52 THOMAS,

Comte du Perche. — 1214.

Sceau rond, de 80 ? mill. — Arch. de l'Orne ; prieuré du Vieux-Bellême.

Type équestre incomplet. La housse portant trois chevrons et découpée à pendants dans toute sa longueur. — Légende détruite.

Contre-sceau : Écu à trois chevrons.

.... MEVM M....

(Secretum meum michi.)

Déclaration du comte fixant dans quelles circonstances les chevaliers de son château de Bellême et leurs hommes devront la taille : 1° à sa première guerre ; 2° pour sa première rançon ; 3° quand son fils aîné recevra la chevalerie ; 4° à l'occasion du mariage de sa fille aînée. — Février 1214.

PONTHIEU.

53 ROBERT,

Fils de Jean, comte de Ponthieu. — Commencement du XIII° siècle.

Sceau rond, de 70 mill. — Arch. du Calvados ; abbaye de Saint-André-en-Gouffern.

Type équestre.

✱ SIGILLVM ROB........NIS

(Sigillum Roberti.....nis.)

Donation d'un fief, à Montgaroult. — Sans date.

SOISSONS.

54 YOLANDE,

Femme de Raoul, comte de Soissons. — 1207.

Sceau ogival, de 62 mill. — Arch. de la Seine-Inférieure ; abbaye de Saint-Ouen.

Dame debout, en robe et en chape, les deux mains ramenées devant la poitrine.

..GILE · YOLENT · C......SE · SVES....

(Sigillum Yolent, comitisse Suessionensis.)

Droit de construire un moulin à Condé-sur-Aisne, accordé à l'abbaye de Saint-Ouen. — 1207.

THURINGE.

55 HENRI,

Landgrave de Thuringe, comte de Saxe. — 1247-1288.

Sceau rond, de 78 mill. — Collection de M. de Farcy, à Bayeux.

Le comte à cheval, couvert d'un écu au lion, coiffé d'un heaume cylindrique à timbre plat, tenant un gonfanon.

✱ HENRI... ..RĀ . LANTḠ THVR̄ · PĀ · COM̄ · SAX̄

(Henricus, Dei gratia, lantgravius Thuringie, palatinus comes Saxonie.)

Sceau détaché.

WINCHESTER.

56 MARGUERITE DE QUINCY,

Comtesse de Winchester. — 1233.

Sceau ogival, de 82 mill. — Arch. de l'Orne ; abbaye de Saint-Evroult.

Dame debout, en robe armoriée de macles et en chape doublée de vair, coiffée d'un chapeau sur des tresses pendantes, tenant un fleuron ; sous un arceau crénelé dont le support gauche est remplacé par un arbre chargé de deux écus : l'écu supérieur porte sept macles, 3, 3 et 1 ; l'inférieur porte une fasce accompagnée de deux chevrons, l'un en chef et l'autre en pointe.

...ILE MARGARETE ....NCI COMITISSE ....EN..

(Sigillum Margarete de Quenci, comitisse Wintoniensis.)

Contre-sceau : Intaille représentant une trirème.

✱ A <> G <> L <> A <>

Donation d'une rente sur un tènement, à Ware. — Novembre 1233.

IVᵉ SÉRIE. — DIGNITAIRES DES GRANDS FEUDATAIRES.

57 GAUTIER DE COURCELLES,

Connétable du Vexin. — 1186.

Sceau rond, de 50 mill. — Arch. de la Seine-Inférieure; abbaye de Jumièges.

Type équestre.

✱ SIGILLVM .... ERII DE CORCELLIS

(Sigillum Galterii de Corcellis.)

Partage de la forêt de Genainville. — Août 1186.

58 HUGUES DE MAUDÉTOUR.

Connétable du Vexin. — 1193.

Sceau rond, de 60 mill. — Arch. de la Seine-Inférieure; abbaye de Jumièges.

Type équestre: grand haubert, heaume à timbre arrondi, bouclier avec l'umbo; la couverture de la selle très ample et bordée d'une broderie.

....OÑ DE MA....TOR CONSTABE WILCAS..

(Sigillum Hugonis de Maudestor, conestabularii Wilcassini.)

Accord entre les religieux de Jumièges et le seigneur de «Buquesnoion». — 1193.

59 PHILIPPE DE FLORIGNY,

Chevalier, chambellan du duc d'Orléans. — 1392.

Sceau rond, de 31 mill. — Arch. de l'Eure; famille d'Orléans.

Écu au chef chargé d'un écusson au canton dextre, penché, timbré d'un heaume cimé d'une roue de moulin, supporté par deux lions.

PHILIPPE DE FLORIGNY

(Philippe de Florigny.)

Pouvoirs pour la prise de possession des comtés de Valois et de Beaumont. — Février 1392.

Vᵉ SÉRIE. — SEIGNEURS.

60 ACIGNÉ (ALAIN D'),

Chevalier. — 1294.

Sceau rond, de 25 mill. — Arch. de la Manche: abbaye du Mont-Saint-Michel.

Écu d'hermines à la fasce; dans un quadrilobe.

✱ S' ALANI · DE · ACCINEIO · MIL...S

(Sigillum Alani de Accineio, militis.)

Vente d'un manoir, à Ardevon. — Janvier 1294.

61 AGNEAUX (GAUTIER D').

Commencement du XIIIᵉ siècle.

Sceau rond, de 60 mill. — Arch. du Calvados; abbaye de Barberie.

Deux agneaux passant à sénestre, l'un sur l'autre.

.......M WALT.....

(Sigillum Walteri.....)

Contre-sceau: Un agneau passant à dextre.

.... GALTERI DAG.....

(Secretum Galteri d'Ag.....)

Donation d'une terre, à Saint-Contest. — Sans date.

62 AGNEAUX (HERBERT D').

Chevalier. — 1234.

Sceau rond, de 50 mill. — Arch. de la Manche; abbaye de Saint-Sauveur-le-Vicomte.

Écu portant trois agneaux, les deux en chef affrontés. — Légende détruite.

Donation de deux champs en la paroisse de Tocqueville. — 1234.

63 AGUILLON (GEOFFROI).

Chevalier. — 1257.

Sceau rond, de 33 mill. — Arch. du Calvados: abbaye d'Aunay.

Écu à la fleur de lys.

✻ S' GAVFRIDI AGVILLON

(Sigillum Gaufridi Aguillon.)

Confirmation de dons en la paroisse de Bougy. — Juin 1257.

64 AILLY (ROBERT D'),

Chevalier. — 1253.

Sceau rond, de 30 mill. — Arch. du Calvados; abbaye de Villers-Canivet.

Écu portant un losangé sous un chef.

✻ S. ROBERTI ...LLI

(Sigillum Roberti de Alli?)

Donation d'une rente sur le moulin d'Ailly. — Mars 1253.

65 ALBEMARLE (RENAUD D'),

Seigneur de Woodbury, chevalier. — XIIIe siècle.

Sceau rond, de 29 mill. — Arch. de la Manche; abbaye du Mont-Saint-Michel.

Écu à la fasce accompagnée de trois croissants ou de trois huchets?

✻ S' REGNALDI DE ALBEMARLA

(Sigillum Regnaldi de Albemarla.)

Donation d'une terre, à Blackdown. — Sans date.

66 ALBON (CAMILLE-ÉLÉONOR D'),

Prince d'Yvetot. — 1728.

Cachet ovale, de 21 mill. — Arch. de la Seine-Inférieure; archevêché de Rouen.

Écu à la croix, écartelé d'un dauphin, timbré d'une couronne radiée, supporté par deux lions. — Sans légende.

Présentation au canonicat d'Yvetot. — Octobre 1728.

67 ALISAY (GUILLAUME D'),

Écuyer. — 1264.

Sceau rond, de 28 mill. — Arch. de la Seine-Inférieure; chapitre de Rouen.

Un personnage en chaperon, portant sur son dos un enfant également en chaperon, marchant appuyé sur un bâton. — Dans ce qui reste du champ, deux marteaux?

.........DE · ALISI ...

(.....de Alisi....)

Cession de droits sur une masure. — Avril 1264.

68 AMBOURVILLE (ROBERT D'),

1183.

Sceau rond, de 48 mill. — Arch. de la Seine-Inférieure; prieuré de Bonne-Nouvelle.

Un lion à queue tréflée, passant à sénestre.

............ERTI DE BVRVILL.

(Sigillum Roberti de Burvilla.)

Donation de trois hommes, d'un pré et d'une rente annuelle consistant en une pelisse et des bottes. — 1183.

69 AMBOURVILLE (ROBERT D'),

Fin du XIIe siècle.

Sceau rond, de 36 mill. — Arch. de la Seine-Inférieure; prieuré de Bonne-Nouvelle.

Un lion passant à sénestre.

✻ SIGILL' : ROBERTI DOBERVILLA

(Sigillum Roberti d'Obervilla.)

Donation d'un pré, d'oseraies et d'une terre, à Berville. — Sans date.

70 ANCTOVILLE (RAOUL D'),

Chevalier. — 1372.

Sceau rond, de 25 mill. — Arch. de la Manche; abbaye du Mont-Saint-Michel.

Écu au lion, penché, timbré d'un heaume cimé, supporté par deux lions. — Légende détruite.

Lettres de non-préjudice au sujet d'une chasse, au Bois-du-Prail. — Janvier 1372.

71 ARGENCES (GUILLAUME D'),

Chevalier. — 1230.

Sceau rond, de 36 mill. — Arch. hospitalières d'Évreux.

Écu portant deux lambels de quatre pendants, l'un sur l'autre.

✻ S' WLLI · DE · ARGENCES

(Sigillum Willermi de Argences.)

Fieffe de trois acres de vigne, à Gravigny. — Avril 1230.

72 ARGENCES (JEAN D'),

Écuyer. — 1322.

Sceau rond, de 21 mill. — Arch. du Calvados; abbaye de Troarn.

Écu portant trois fermaux, au lambel, dans un quadrilobe double.

S' IEHAN DARGANCES ESCVIER

(Seel Jehan d'Argances, escuier.)

Échange de biens, à Pierreville. — Avril 1322.

73 ARGOUGES (JEAN, SIRE D')

et de la Champagne. — 1470.

Sceau rond, de 40 mill. — Arch. de la Manche; abbaye du Mont-Saint-Michel.

Écu écartelé à trois quintefeuilles sur le tout, posées 2 et 1, penché, timbré d'un heaume à lambrequins cimé d'une fée à mi-corps tenant une banderole sur laquelle on lit : **argonges a la face** (Argouges à la face), supporté par deux quadrupèdes indistincts. — Légende détruite.

Contre-sceau : Écu en targe, aux armes de la face.

argonges a la face

(Argouges à la face.)

Aveu du fief du Bois-du-Prail, à Saint-Pair-sur-Mer. — Janvier 1470.

---

74 ARSIZ (PIERRE D').

XIII° siècle.

Sceau rond, de 39 mill. — Arch. de la Manche ; abbaye de Montmorel.

Une fleur à six pétales séparés chacun par un fleuron.

✠ · S' · PETRI · DE · ARSICCIO ·

(Sigillum Petri de Arsiccio.)

Donation d'un fief, à Saint-Aubin-de-Terregatte. — Sans date.

---

75 ARSIZ (PIERRE D'),

Chevalier. — 1262.

Sceau rond, de 38 mill. — Arch. de la Manche ; abbaye de Montmorel.

Une fleur à six pétales séparés chacun par un fleuron.

. PETR............LITIS

(Sigillum Petri de Arsiccio militis ?)

Masure, à Saint-Aubin-de-Terregatte, donnée à l'abbaye de Montmorel en garantie du payement d'un cheval. — Avril 1242.

---

76 ATELLES (GUILLAUME DES),

Écuyer. — 1299.

Sceau rond, de 26 mill. — Arch. de l'Orne ; abbaye de Saint-Évroult.

Écu portant trois molettes ?

. GVILE.....TELLIS AR......

(Sigillum Guillermi de Astellis ? armigeri.)

Vente de bois faisant partie des Bois-Baudry, à Notre-Dame-du-Bois. — Mars 1299.

---

77 ATELLES

(JEANNE, FEMME DE GUILLAUME DES).

1299.

Sceau rond, de 23 mill. — Arch. de l'Orne ; abbaye de Saint-Évroult.

Dans le champ, deux objets en forme de C opposés par la panse ?

S' IOHE DNE DE ASTELL?

(Sigillum Johanne, domine de Astellis.)

Voyez le numéro précédent.

78 ATHIES (MARGUERITE D').

XV° siècle.

Sceau rond, de 38 mill. — Collection de M. de Farcy, à Bayeux.

Écu à la croix cantonnée de douze maillets, parti d'un fascé de dix pièces à la bande brochant et au lambel, soutenu par un ange.

s marguerite dathies.....

(Seel Marguerite d'Athies.....)

Sceau détaché.

---

79 AUFFAY (RICHARD D').

Commencement du XIII° siècle.

Sceau rond, de 60 mill. — Arch. de la Seine-Inférieure ; abbaye de Saint-Wandrille.

Type équestre : heaume à timbre arrondi et à nasal, bouclier muni de l'umbo, longue épée.

✠ SIGILLVM RICAR.. .. AVFAIO

(Sigillum Ricardi de Aufaio.)

Donation d'une masure située à Grainville-la-Teinturière. — Sans date.

---

80 AUMALE (GEOFFROI D'),

Chevalier. — 1285.

Sceau rond, de 35 mill. — Arch. de la Seine-Inférieure ; abbaye d'Aucby-les-Aumale.

Écu vairé au lambel de cinq pendants.

✠ S' GVEFRO.........CHRS

(Seel Guefroi..... chevaliers.)

Donation de terres situées sur le chemin de Beaucamp et à Dessous-les-Monts. — Juin 1285.

---

81 AUNAY (FOULQUES D'),

Chevalier. — 1266.

Sceau rond, de 46 mill. — Arch. du Calvados ; abbaye de Saint-André-en-Gouffern.

Écu à la fasce accompagnée de quatre aiglettes.

. . .LCONIS : DÑI : DE ALNETO : MIL

(Sigillum Fulconis, domini de Alneto, militis.)

Contre-sceau : Écu aux armes de la face.

✠ CONTRA : S' : DÑI · DE · ALNET

(Contra sigillum domini de Alneto.)

Confirmation des dîmes et du patronage de Saint-Aubin-de-Bonneval. — Décembre 1266.

---

82 AUNOU (FOULQUES D').

Fin du XII° siècle.

Sceau rond, de 58 mill. — Arch. du Calvados ; abbaye de Saint-André-en-Gouffern.

Type équestre au gonfanon en arrêt.

.... FVLCONIS DE ALNOV

(Sigillum Fulconis de Alnou.)

Donation de la terre de Chaumont. — Sans date.

83 AUNOU (FOULQUES D').

Fin du XII° siècle.

Sceau rond, de 55 mill. — Arch. de l'Orne; abbaye de Silly.

Type équestre incomplet : bouclier à umbo. — Légende détruite.

Donation à l'abbaye de Gouffern de l'église du Repos, et confirmation en faveur de la même abbaye de donations de terres sises à Sainte-Eugénie. — Sans date.

84 AUTEUIL (GILBERT D').

Commencement du XIII° siècle.

Sceau rond, de 60 mill. — Arch. de la Seine-Inférieure; abbaye de Jumièges.

Type équestre fruste.

SIGILLVM GILEBERTI DE ....EL

(Sigillum Gileberti de Autuel?)

Donation d'une rente, à Reuilly. — Sans date.

85 AUTHIEUX (PHILIPPE DES).

XII° siècle.

Sceau rond, de 52 mill. — Arch. de la Seine-Inférieure; abbaye de Jumièges.

Deux autels sous deux arceaux.

✱ SIGILL : PHILIPPI : DE ALTARIBVS

(Sigillum Philippi de Altaribus.)

Donation de tous ses biens, à Longueville. — Sans date.

86 AUTHIEUX (HENRI DES),

Chevalier. — 1217.

Sceau rond, de 54 mill. — Arch. de la Seine-Inférieure; abbaye de Jumièges.

Type équestre : heaume à timbre arrondi et à nasal.

✱ SIGILLVM ....E ALTARIBVS

(Sigillum Henrici de Altaribus.)

Contre-sceau : Un autel ?

✱ SECRETVM HENRICI :

(Secretum Henrici.)

Donation d'une rente de vin sur la chaussée du port de Duclair. — Avril 1217.

87 AUX-ÉPAULES (JUDITH),

Dame de Pontcherron, veuve d'Arthur, sire de Magnéville, de la Haye-du-Puits, etc. — 1605.

Sceau en losange, de 28 mill. — Collection de M. de Farcy, à Bayeux.

Écu en losange à l'aigle couronnée, parti d'une fleur de lys. — Sans légende.

Présentation à la cure de Geffosses. — Au château de la Haye-du-Puits, 22 décembre 1605.

88 AVENEL (ROLAND),

Chevalier. — XIII° siècle.

Sceau rond, de 48 mill. — Arch. de la Manche; abbaye de Montmorel.

Écu portant trois aiglettes. — Légende détruite.

Donation du patronage de l'église des Chéris. — Sans date.

89 BACON (GUILLAUME).

1295.

Sceau ogival, de 26 mill. — Arch. du Calvados; abbaye d'Aunay.

Une croix pattée.

✱ GVILLERMI BACON

(Guillermi Bacon.)

Accord au sujet du patronage de l'église de Maisoncelles-Pelvey. — Juin 1295.

90 BACON (GUILLAUME)

De Molay. — XIII° siècle.

Sceau rond, de 41 mill. — Arch. du Calvados; abbaye d'Ardenne.

Écu portant six roses : 3, 2 et 1.

✱ SIGILL..VVLLI BACON

(Sigillum Willermi Bacon.)

Donation d'une terre en la paroisse du Breuil. — Sans date.

91 BACON (GUILLAUME)

De Reviers. — 1261.

Sceau rond, de 35 mill. — Arch. de la Manche; abbaye de Montebourg.

Écu portant six roses : 3, 2 et 1, au lambel.

✱ SIGILLVM GVILLELMI BACON

(Sigillum Guillelmi Bacon.)

Donation de rentes, à Fontenay-en-Bessin. — Janvier 1261.

92 BACON (RICHARD)

De Formigny, chevalier. — 1237.

Sceau rond, de 30 mill. — Arch. du Calvados; abbaye d'Aunay.

Écu portant quatre fasces, au franc canton sénestre.

✱ S..... RICARDI : BACVM :

(Sigillum Ricardi Bacum.)

Acceptation du fieffe d'un tènement, à Formigny. — 1237.

93 BAYONVILLE (GUILLAUME DE).

Commencement du XIII° siècle.

Sceau ogival, de 34 mill. — Arch. du Calvados; abbaye d'Aunay.

Une croix pommetée? au pied fiché, cantonnée de deux soleils? en chef et de deux étoiles? en pointe.

✱ SIGILL WILLI DE BAIVNVILL

(Sigillum Willelmi de Baiunvilla.)

Guillaume de Bayonville confirme la donation faite par Robert, son père, du fief de Borthéleny, à Bayonville. — Sans date.

94 BAZEMONT (JEAN DE).

1227.

Sceau rond, de 34 mill. — Arch. de la Seine-Inférieure ; abbaye de Jumiéges.

Écu portant deux chevrons abaissés, au lambel de cinq pendants.

✱ ...OHANNIS DE BASEMONTE

(Sigillum Johannis de Basemonte.)

Confirmation d'un achat de vignes. — Avril 1227.

95 BEAUFORT (ALAIN DE),

Chevalier. — 1225.

Sceau rond, de 60 mill. — Arch. de la Manche ; abbaye du Mont-Saint-Michel.

Type équestre à gauche : bouclier chargé de trois écussons. — Légende détruite.

Revers : Écu aux armes de la face. — Légende détruite.

Accord au sujet de la délimitation d'un pré, à Mont-Rouault. — Avril 1225.

96 BEAUMAIS (MARGUERITE DE).

XIIIe siècle.

Sceau rond, de 40 mill. — Arch. de la Manche ; abbaye de Savigny.

Une fleur de lys au pied fourcheté.

✱ S. MARGERIE · D' BIAVMEIS ·

(Seel Margerie de Biaumeis.)

Sceau détaché.

97 BEAUMAIS (MATTHIEU DE).

Commencement du XIIIe siècle.

Sceau rond, de 45 mill. — Arch. du Calvados ; abbaye de Saint-André-en-Gouffern.

Écu chevronné de huit pièces.

. SIGILL : MASEI : DE B......

(Sigillum Masei de Biaumeis ?)

Donation d'une portion de dîme, à Beaumais. — Sans date.

98 BEAUMAIS (RAOUL DE),

Fils de Matthieu de Beaumais. — Commencement du XIIIe siècle.

Sceau rond, de 44 mill. — Arch. du Calvados : abbaye de Saint-André-en-Gouffern.

Type équestre.

✱ SIGILL RADVLFI DE BAVMVIST

(Sigillum Radulfi de Baumuist.)

Cession de droits de pâture, à Beaumais. — Sans date.

99 BEAUNAY (ROBERT DE),

Chevalier. — 1225.

Sceau rond, de 33 mill. — Arch. de la Seine-Inférieure ; abbaye de Jumiéges.

Une fleur de lys.

✱ SIGILL ROBER.. ...ELNAIO

(Sigillum Roberti de Belnaio.)

Confirmation de ventes et dons faits par Guillaume de Varvannes. — Mars 1225.

100 BEAUSERRÉ

(PERRONNELLE, DAME DE)

et de Fourneaux. — 1320.

Sceau ogival, de 40 mill. — Arch. de la Manche ; abbaye du Mont-Saint-Michel.

Dame debout, coiffée d'un couvre-chef, en robe et en chape doublée de vair, un faucon sur le poing, accostée de deux écus portant chacun six besants sous un chef.

. PERRONNELE · ... DE · LIN.....RE

(Seel Perronnèle, ... de Lin.....re.)

Présentation à l'église de Fourneaux-sur-Vire. — Mai 1320.

101 BEC (NICOLAS DU),

Chevalier. — 1272.

Sceau rond, de 35 mill. — Arch. de la Seine-Inférieure ; abbaye de Valmont

Écu portant une fleur de lys.

✱ S' NIC....AI · DE BECCO · MILITIS

(Sigillum Nicholai de Becco, militis.)

Accord au sujet de rentes, à Montivilliers et à Épouville. — Janvier 1272.

102 BEDART (PHILIPPE),

Écuyer. — 1257.

Sceau rond, de 31 mill. — Arch. du Calvados ; abbaye d'Aunay.

Un lion rampant, contourné.

✱ S' PHILIPI SCI GERMANI

(Sigillum Philipi Sancti Germani.)

Confirmation de la donation d'une dîme, à Vassy. — 1257.

103 BEDART (ROLAND),

Écuyer, frère de Philippe Bedart. — 1257.

Sceau ogival, de 27 mill. — Arch. du Calvados ; abbaye d'Aunay.

Une fleur de lys.

✠ S' ROVLANDI BEDART

(Sigillum Roulandi Bedart.)

Voyez le numéro précédent.

---

104 BELLEMARE (ANDRÉ DE),

Fils de Pierre de Bellemare. — 1222.

Sceau rond, de 35 mill. — Arch. de la Seine-Inférieure; abbaye de Jumièges.

Une fleur de lys fleuronnée.

✠ S' ANDREI DE BELEMARE

(Sigillum Andrei de Belemare.)

Vente de la terre dite le Champ-Baudry, à Hauville. — Juin 1222.

---

105 BELLEMARE (ANDRÉ DE).

1230.

Sceau rond, de 38 mill. — Arch. de la Seine-Inférieure; abbaye de Jumièges.

Une fleur à huit pétales distants l'un de l'autre.

✠ S' ANDREE · DE · BELLAMAR'

(Sigillum Andree de Bellamara.)

Vente d'une rente, à Hauville. — 1230.

---

106 BELLEMARE (ÉTIENNE DE).

1235.

Sceau rond, de 39 mill. — Arch. de la Seine-Inférieure; abbaye de Jumièges.

Une fleur de lys.

✠ S' STEPHANI DE BELEMARE

(Sigillum Stephani de Belemare.)

Vente d'une terre, à Hauville. — Juin 1235.

---

107 BELLEMARE (GUILLAUME DE).

1236.

Sceau rond, de 38 mill. — Arch. de la Seine-Inférieure; abbaye de Jumièges.

Une fleur de lys fleuronnée.

✠ S WLLI DE BELEMARE

(Sigillum Willelmi de Belemare.)

Vente d'une rente sur le fief du Tot, à Hauville. — Avril 1236.

---

108 BELLEMARE (PIERRE DE).

1222.

Sceau rond, de 37 mill. — Arch. de la Seine-Inférieure; abbaye de Jumièges.

Type équestre.

✠ S' PETRI DE BELEMARE

(Sigillum Petri de Belemare.)

Voyez le n° 104.

109 BELLEMARE (RAOUL DE).

1235.

Sceau rond, de 38 mill. — Arch. de la Seine-Inférieure; abbaye de Jumièges.

Une fleur à huit pétales distants l'un de l'autre.

✠ S' RADVLFI DE BELEMARE

(Sigillum Radulfi de Belemare.)

Voyez le n° 106.

---

110 BÉROLLES (MURIEL, DAME DE).

Veuve de Gui de Taillebois. — 1288.

Sceau rond, de 33 mill. — Arch. du Calvados; abbaye de Longues.

Un oiseau ressemblant à un canard. La légende sur deux rangées.

✠ · S' · M. . . . . IES · LADEE ·

ERPIE . . . . . E TALEBOY

et dans le champ . . . . . OCI

(Seel M . . . . ies la Degerpie . . . . . de Taleboy . . . oci.)

Donation de la terre de la Grimaudière, à Longraye. — Mai 1288.

---

111 BERVILLE (ROGER DE).

XIIIe siècle.

Sceau rond, de 40 mill. — Arch. de l'Eure.

Écu à la fasce accompagnée de trois étoiles en chef.

. S. ROIERI DE BERWILLA

(Sigillum Rojeri de Berwilla.)

Sceau détaché.

---

112 BEUZEVILLE (GUILLAUME DE).

Chevalier. — 1282.

Sceau rond, de 37 mill. — Arch. de la Seine-Inférieure; abbaye du Valasse.

Écu à la fasce accompagnée de trois quintefeuilles, deux en chef et une en pointe.

✠ S. WILLI DE BVESEVILE

(Sigillum Willelmi de Buesevile.)

Vente d'une rente sur son tènement dans les paroisses de Saint-Eustache-la-Forêt et Saint-Michel-de-Bolbec. — Mars 1282.

---

113 BIERVILLE (RAOUL DE).

Chevalier. — 1284.

Sceau rond, de 22 mill. — Arch. de la Seine-Inférieure; prieuré du Saint-Lô, à Rouen.

Une aigle, la tête contournée.

S RA. . . DE BIERVILLE DER?

(Seel Raoul de Bierville, chevalier.)

Vente d'une rente sur une masure, à Bierville. — Novembre 1284.

114 **BLANCHE (RICHARD).**

XIIIe siècle.

Sceau rond, de 30 mill. — Arch. de la Manche; abbaye d'Aunay.

Une fleur à quatre pétales séparés chacun par un fleuron.

✱ S' RICARDI BLANCHE

(Sigillum Ricardi Blanche.)

Confirmation au sujet de l'écluse du moulin de la Boulaye, à Condé sur-Vire. — Sans date.

115 **BLEMERCOURT (PIERRE DE),**

Chevalier. — 1265.

Sceau rond, de 31 mill. — Arch. de la Seine-Inférieure; archevêché de Rouen.

Écu portant un croissant accompagné de trois merlettes en chef et de trois merlettes en pointe, au lambel.

.....RI · DE BLEMECORT : MILITIS

(Sigillum Petri de Blemecort, militis.)

Exécution du testament de Catherine, femme de Gautier de Courcelles. — Mars 1265.

116 **BOIS (JEAN DU),**

Chevalier. — 1237.

Sceau rond, de 35 mill. — Arch. de la Seine-Inférieure; abbaye de Jumièges.

Écu au chef chargé d'une étoile au canton sénestre.

✱ S' IOHANNIS.....CO

(Sigillum Johannis de Bosco.)

Echange de masures, à Jumièges. — Juillet 1237.

117 **BOIS**

(PÉTRONILLE DE LA MAILLERAYE, FEMME DE JEAN DU).

1237.

Sceau ogival, de 42 mill. — Arch. de la Seine-Inférieure; abbaye de Jumièges.

Une fleur de lys de fantaisie, fleuronnée.

✱ S' PETRONI...DE LA MESLEREIE

(Seel Pétronille de la Meslereie.)

Voyez le numéro précédent.

118 **BOIS-ROBERT**

(RAOUL RECUCHON DU),

Chevalier. — 1222.

Sceau ovale, de 45 mill. — Arch. de la Seine-Inférieure; abbaye de Jumièges.

Intaille représentant Caracalla imberbe; buste à droite avec le paludamentum.

✱ SI..LLVM RAD' R...CHON DE BOS'ROBTI

(Sigillum Radulfi Recuchon de Boscoroberti.)

Abandon de droits sur un tènement, à Neuvillette. — Juin 1222.

119 **BOISSAY**

(ALAIN LE LAY, SEIGNEUR DE)

et de Critot, chevalier. — 1419.

Sceau rond, de 27 mill. — Arch. de la Seine-Inférieure; abbaye de Saint-Wandrille.

Écu écartelé: au 1 et 4, une fasce accompagnée de trois étoiles; au 2 et 3, un billeté au lion; penché, timbré d'un heaume, supporté par une dame et un lion.

.......segne' de boissay?

(..... segneur de Boissay.)

Présentation à la cure de Critot. — Décembre 1419.

120 **BOISSAY (LAURENT, SEIGNEUR DE).**

Baron de Mesnières, seigneur de la Chapelle. — 1468.

Sceau rond, de 24 mill. — Arch. de la Seine-Inférieure; abbaye de Saint-Wandrille.

Écu billeté au lion couronné, penché, timbré d'un heaume à lambrequins, cimé d'une tête de more.

s laurens .. boisse

(Seel Laurens de Boissé.)

Présentation à la cure de Critot. — Mai 1468.

121 **BONDEVILLE (GILLES, SIRE DE).**

Chevalier. — 1281.

Sceau rond, de 30 mill. — Arch. de la Seine-Inférieure; abbaye de Bondeville.

Écu à la fasce accompagnée de trois étoiles: 2 en chef et 1 en pointe. — Légende détruite.

Fieffe d'une terre située à Bondeville. — Juin 1281.

122 **BONDEVILLE (GILLES DE),**

Chevalier. — 1293.

Sceau rond, de 24 mill. — Arch. de la Seine-Inférieure; abbaye de Bondeville.

Écu à la fasce accompagnée de trois étoiles: 2 en chef et 1 en pointe.

✱ S GILLES DE BÕDEVILE?

(Seel Gilles de Bondevile.)

Transport de rente. — Juillet 1293.

123 **BONNEBOSQ (GUILLAUME DE).**

1212.

Sceau rond, de 53 mill. — Arch. de la Seine-Inférieure; archevêché de Rouen.

Type équestre: haubert, cotte d'armes.

✠ SIGILLVM : WILL DE BONEBOS

(Sigillum Willelmi de Bonebosc.)

Donation du patronage de l'église de Manneville-sur-Risle, au profit du chapitre de Saint-Antoine de Gaillon. — Décembre 1212.

---

124 BONNEBOSQ (ROBERT DE).

1171-1178.

Sceau rond, de 65 mill. — Arch. de la Seine-Inférieure; abbaye de Jumiéges.

Type équestre : *casque conique à nasal, bouclier muni d'un umbo, épée à large lame.*

✠ SIGILL.. ROBERTI DE BONESBOZ

(Sigillum Roberti de Bonesboz.)

Droit de mouture, à Hauville, accordé à Robert de Bonnebosq par l'abbaye de Jumiéges. — Sans date.

---

125 BONNEBOSQ (ROBERT DE).

1235.

Sceau rond, de 32 mill. — Arch. de la Seine-Inférieure; archevêché de Rouen.

Une fleur de lys.

✠ · S' ROB' DE BONESBOS

(Seel Robert de Bonesbosc.)

Confirmation d'une donation faite par son père au chapitre de Gaillon. — 1235.

---

126 BONNEVAL (NICOLAS DE).

Chevalier. — 1237.

Sceau rond, de 27 mill. — Arch. du Calvados; abbaye de Saint-André-en-Gouffern.

Écu au lion contourné.

S' NICHOL DE BŌNEVAL.....

(Sigillum Nicholai de Bonneval.....)

Augmentation de la dot de sa fille Isabeau. — 1237.

---

127 BORDEL (YVES DE),

Chevalier. — 1224.

Sceau rond, de 42 mill. — Arch. de l'Orne; abbaye de Belle-Étoile.

Un rameau à trois tiges. — Il ne reste plus de la légende que

✠ S' ....DEL

(Sigillum ..... Bordel.)

Cession d'un tènement, à Cerisy, en échange d'un autre tènement situé à Bordel. — 1224.

---

128 BOSC (HUGUES DU).

Écuyer. — 1270.

Sceau rond, de 32 mill. — Arch. de la Seine-Inférieure; archevêché de Rouen.

Une molette à six branches.

✠ S' HVE DV BOSC

(Seel Hue du Bosc.)

Abandon de ses droits au patronage de l'église de Nesle-Normandeuse. — Avril 1270.

---

129 BOSC (HUGUES DU),

Écuyer. — 1304.

Sceau rond, de 24 mill. — Arch. de la Seine-Inférieure; archevêché de Rouen.

Une molette à six branches.

S' HVGONS DV BOS?

(Seel Hugues du Bos.)

Abandon de ses droits au patronage de l'église de Nesle-Normandeuse. — Juillet 1304.

---

130 BOSC (JEAN DU),

Sire de Montjavoult, chevalier. — 1283.

Sceau rond, de 35 mill. — Arch. de la Seine-Inférieure; archevêché de Rouen.

Écu portant deux doloires adossées en pal.

✠ S' IOHIS · DE · BOSCO · D. MŌTE IOVIS MILITIS

(Sigillum Johannis de Bosco de Monte Jovis, militis.)

Vente de ses droits sur ce qu'il possédait à Louviers. — Novembre 1283.

---

131 BOSC (RENAUD DU),

Chevalier. — 1212.

Sceau rond, de 37 mill. — Arch. de la Seine-Inférieure; abbaye de Saint-Ouen.

Écu portant une aigle.

✠ SIGILL REGINALDI DE BOSCO

(Sigillum Reginaldi de Bosco.)

Traité au sujet de droits en la Forêt-Verte. — 1212.

---

132 BOSC (RENAUD DU).

Commencement du XIIIe siècle.

Sceau rond, de 28 mill. — Arch. de la Seine-Inférieure; prieuré de Longueville.

Écu portant une aigle.

✠ S' RENAVDI DE BOSCO

(Sigillum Renaudi de Bosco.)

Amortissement d'une donation, au Mesnil-Bernard. — Sans date.

---

133 BOSC

(MAHAUT DE CAILLY, FEMME DE RENAUD DU).

Commencement du XIIIe siècle.

Sceau ogival, de 66 mill. — Arch. de la Seine-Inférieure; prieuré de Longueville.

Dame debout, coiffée en tresses, tenant un fleuron.

3

✱ SIGILLVM MAHECVDE DE CALLI

(Sigillum Mahecude de Calli.)

Voyez le numéro précédent.

134 BOSHION (JEAN DU),

Chevalier. — 1235.

Sceau rond, de 29 mill. — Arch. hospitalières d'Évreux.

Écu portant une fasce.

✱ S' IOHIS · DE · BOSCO · HVŌN?

(Sigillum Johannis de Bosco Huonis.)

Donation du patronage de l'église du Boshion. — Juin 1235.

135 BOUELLES (ROBERT DE).

Chevalier. — 1211.

Sceau rond, de 44 mill. — Arch. de la Seine-Inférieure; abbaye de Saint-Wandrille.

Un lion passant.

✱ S' ROBERTI D. . . . . LES

(Sigillum Roberti de Bouelles.)

Confirmation des donations faites par Guillaume de Bouelles, son père. — 1211.

136 BOUFEI (ROBERT),

Chevalier. — 1212.

Sceau rond, de 41 mill. — Arch. de la Seine-Inférieure; abbaye de Jumièges.

Écu d'hermines, au lambel de neuf pendants, chargé d'un écusson en abîme.

✱ S R.BERT · BOVFEI

(Seel Robert Boufei.)

Donation du tiers de la dîme de Piseux avec la moitié du patronat de l'église. — Juillet 1212.

137 BOURDAINVILLE (ROBERT DE).

1212.

Sceau rond, de 37 mill. — Arch. de la Seine-Inférieure: abbaye de Jumièges.

Type équestre.

✱ .RO..RTI . . . .RDEIHVIL

(Sigillum Roberti de Bordeinvilla.)

Confirmation d'un échange de terres, à Varengeville. — Avril 1212.

138 BOUSIES (GAUTIER, SEIGNEUR DE).

Vers 1332.

Sceau rond, de 29 mill. — Collection de M. de Farcy, à Bayeux.

Type équestre: haubert, cotte d'armes, casque ovoïde, épée retenue par une chaîne; l'écu et la housse portant une croix.

SECRETV. . . . . .I DE BOVZIE

(Secretum Wolteri de Bouzie.)

Cire originale détachée.

139 BOUTEILLER (HAMON LE).

XIIe siècle.

Sceau rond, de 30 mill. — Arch. de la Manche; abbaye de Savigny.

Intaille représentant Proserpine Coré ou peut-être Ariadne. Buste à droite.

✱ SIGILLV. . .MONIS : PICERNE :

(Sigillum Hamonis Pincerne.)

Donation d'une terre, à Asnières «super Burum». — Sans date.

140 BOUTIGNY (HUGUES DE),

Chevalier. — 1227.

Sceau rond, de 55 mill. — Arch. de la Seine-Inférieure; abbaye de Jumièges.

Une crosse accompagnée en pointe de cinq tourteaux? rangés en sautoir.

✱ S . . . . DE BOTIGNI

(Sigillum Hugonis de Botigni.)

Contre-sceau: Écu aux armes de la face. — Sans légende.

Confirmation d'un achat de vignes. — Avril 1227.

141 BRÉE (GUILLAUME DE),

Frère de Robert de Brée. — 1255.

Sceau rond, de 33 mill. — Arch. du Calvados; abbaye d'Aunay.

Une fleur à huit pétales séparés à leur extrémité par un point.

✱ S' . . .ELI : DE : BRAE

(Sigillum Willelmi de Brae.)

Confirmation d'une dîme, à Vassy. — 1255.

142 BRÉE (ROBERT DE),

Chevalier. — 1255.

Sceau rond, de 36 mill. — Arch. du Calvados; abbaye d'Aunay.

Écu au chef chargé d'un lion passant.

✱ S' : ROBERTI · DE : BREE · MILITIS :

(Sigillum Roberti de Bree, militis.)

Voyez le numéro précédent.

143 BREUILLY (RAOUL DE),

1198.

Sceau rond, de 56 mill. — Arch. de la Manche; abbaye d'Aunay.

Écu écartelé indistinct, supporté en pointe par une fleur de lys.

✱ SIGILL' : RADVLFI.......

(Sigillum Radulfi.....)

Cession de droits sur les églises de Notre-Dame et de Saint-Martin-de-Cenilly. — 1198.

144 BRICQUEBEC (SILVESTRE DE).

Fin du XIIe siècle.

Sceau rond, de 42 mill. — Arch. de la Manche : abbaye de Saint-Sauveur-le-Vicomte.

Un sanglier.....

✱ SI...........BRIKEBEC

(Sigillum..... Brikebec.)

Donation de l'église de Sortosville, près Valognes. — Sans date.

145 BRICQUEVILLE (GABRIEL DE),

Chevalier, seigneur de Coulombières. — 1645.

Cachet ovale, de 34 mill. — Collection de M. de Farcy, à Bayeux.

Écu palé de six pièces, timbré d'un heaume, entouré du collier de Saint-Michel. — Sans légende.

Présentation à la cure de Bricqueville. — 28 mars 1645.

146 BROSTIN (PAYEN).

1196.

Sceau rond, de 50 mill. — Arch. de la Seine-Inférieure : abbaye de Jumièges.

Type équestre.

✱ SIGILLVM · PAGANI · BROSTINI ·

(Sigillum Pagani Brostini.)

Restitution de terres, à Genainville. — 1196.

147 BRUCOURT (GEOFFROI DE),

Seigneur de Fervacques, chevalier. — 1260.

Sceau rond, de 34 mill. — Arch. du Calvados : évêché de Lisieux.

Écu portant trois fleurs de lys, au lambel de cinq pendants.

✱ S' GAVFRIDI · DE BRVCORT : MILITIS

(Sigillum Gaufridi de Brucort, militis.)

Vente d'une maison, à Fervacques. — Mai 1260.

148 BRUCOURT (GUILLAUME DE),

Seigneur de Cauchy, écuyer. — 1300.

Sceau hexagone, de 20 mill. — Arch. de la Manche ; abbaye de Montebourg.

Écu fascé de six pièces, semé de fleurs de lys de l'un en l'autre, au lambel.

S' GVILE DE BRV.......

(Seel Guillaume de Brucourt.....)

Fondation de son anniversaire. — Octobre 1300.

149 BRUCOURT (JEAN DE),

Chevalier. — 1235.

Sceau rond, de 35 mill. — Arch. du Calvados ; abbaye d'Aunay.

Écu fascé de six pièces, semé de fleurs de lys de l'un en l'autre.

..IOHIS : DE : BRVECO..

(Sigillum Johannis de Bruecort.)

Donation d'une terre, à Langrune. — 1235.

150 BRUCOURT (ROBERT DE),

Chevalier. — XIIe siècle.

Sceau rond, de 52 mill. — Arch. de l'Orne ; abbaye de Silly.

Une fleur de lys fleuronnée.

✱ SIGILLVM ROBERTI DE BRVECORT

(Sigillum Roberti de Bruecort.)

Donation du patronage de l'église de Chagny. — Sans date.

151 BRUN (JEAN LE),

Sire d'Aveny, chevalier. — 1398.

Sceau rond, de 21 mill. — Arch. de la Seine-Inférieure ; archevêché de Rouen.

Écu à la fasce accompagnée en chef d'une fleur de lys au pied coupé, penché, timbré d'un heaume cimé d'une tête d'aigle.

S' IEH LE BRVN

(Seel Jehan le Brun.)

Compromis au sujet du patronage de l'église de Doumênil. — Avril 1398.

152 BUFFART (RAOUL).

Chevalier. — XIIIe siècle.

Sceau rond, de 42 mill. — Arch. du Calvados ; abbaye de Saint-André-en-Gouffern.

Un lion passant.

✱ S' · RADVL.. ..LFART

(Sigillum Radulfi Bulfart.)

Donation d'une terre en la paroisse de Fresney-le-Buffart. — Sans date.

153 BURNEL (GEOFFROI).

1222.

Sceau rond, de 38 mill. — Arch. de la Seine-Inférieure : abbaye de Jumièges.

Une aigle.

S' GAV.......HORMA...

(Sigillum Gaufridi..... Norma...)

Abandon de droits sur un tènement, à Neuvillette. — Juin 1222.

134 BURNEL (NICOLAS).

1222.

Sceau ogival, de 65 mill. — Arch. de la Seine-Inférieure ; abbaye de Jumièges.

Personnage debout, coiffé d'un bonnet, revêtu de deux tuniques, celle de dessous, la cotte, plissée et plus longue que la supérieure, le surcot, ceint d'une épée.

✠ SIGILLV.......NORMA...

(Sigillum..... Norma...)

Fieffe d'un ténement, à Neuvillette. — 1222.

Ce type ressemble bien plus à un sceau de commune qu'à un sceau de seigneur.

---

135 BURON (GUILLAUME DE),

Écuyer. — 1260.

Sceau rond, de 22 mill. — Arch. du Calvados ; abbaye d'Aunay.

Une fleur de lys portant deux oiseaux affrontés, perchés.

✠ S' GVILLAME DE BVRON

(Seel Guillame de Buron.)

Donation d'une terre et de rentes en la paroisse de Monts. — Août 1260.

---

136 CALIGNY (GEOFFROI DE),

Écuyer. — 1328.

Sceau rond, de 21 mill. — Arch. du Calvados ; abbaye d'Ardenne.

Écu portant trois aiglettes.

✠ S' DÑI DE CAALLEGNIACO

(Sigillum domini de Caallegniaco.)

Confirmation des biens donnés par ses prédécesseurs. — Février 1328.

---

137 CALIGNY (GUI DE),

Chevalier. — 1290.

Sceau rond, de 27 mill. — Arch. de l'Orne ; abbaye de Belle-Étoile.

Écu portant trois aiglettes.

.......CALIGIE MIL....

(Sigillum..... Caligie, militis.)

Confirmation de dîmes dans ses fiefs de Caligny et de Montilly. — Mai 1290.

---

138 CAMPEAUX (GUILLAUME SARRASIN DE).

Chevalier. — 1221.

Sceau rond, de 40 mill. — Arch. du Calvados ; Jésuites de Caen.

Écu fretté, portant cinq pals au bâton brochant.

✠ S' .....I DE CANPEAVS

(Sigillum Willelmi de Campeaus.)

Confirmation du patronage de l'église de Coulmer. — 1221.

159 CAMPION (MACÉ),

Sire du Bois-Hérouit, chevalier. — 1338.

Sceau rond, de 22 mill. — Arch. de la Seine-Inférieure ; archevêché de Rouen.

Écu au lion, dans un quadrilobe.

✠ S' MACY CHAMPION ESCVIER

(Seel Macy Champion, escuier.)

Sentence au sujet de la seigneurie du Moulin-Jourdain, à Louviers. — Décembre 1338.

---

160 CANVILLE (RICHARD DE).

1171.

Sceau rond, de 65 mill. — Arch. de la Seine-Inférieure ; abbaye de Jumièges.

Un chien passant à sénestre, la tête contournée à dextre.

✠ SIGILLVM RICARDI DE CAMVILLA

(Sigillum Ricardi de Camvilla.)

Donation du dernier tiers de la dîme de Hautot-Saint-Sulpice. — 1171.

---

161 CARTERET (PHILIPPE DE).

1167.

Sceau rond, de 65 mill. — Arch. de la Manche ; abbaye du Mont-Saint-Michel.

Type équestre : casque conique à nasal, bouclier à umbo.

✠ SIGILLVM PHILIPPI DE CARTRET

(Sigillum Philippi de Cartret.)

Donation de l'église de Saint-Ouen et de la chapelle de Sainte-Marie, à Jersey. — Janvier 1167.

---

162 CAULE (JEAN DU),

Écuyer. — 1291.

Sceau rond, de 31 mill. — Arch. de la Seine-Inférieure ; abbaye de Foucarmont.

Écu semé de croisettes à la croix ancrée.

..IEHAN D. CAVLE ESCVIE.

(Seel Jean du Caule, escuier.)

Vente de ses droits sur un fief, à Campneuseville. — Avril 1291.

---

163 CERISIER (ROBERT),

Écuyer. — 1263.

Sceau rond, de 32 mill. — Arch. de la Seine-Inférieure ; archevêché de Rouen

Un arbre.

S' ROBERT CHERISIER

(Seel Robert Cherisier.)

Renonciation au patronage de l'église d'Annouville. — Octobre 1263.

164 CERVELLE OU SERVELLE (GUILLAUME DE LA).

1367.

Sceau rond, de 19 mill. — Arch. de la Manche ; abbaye du Mont-Saint-Michel.

Écu portant trois losanges accompagnés d'une étoile en cœur, dans un encadrement à six lobes.

S' GVILLAVME DE LA SERVELLE ?

(Seel Guillaume de la Servelle.)

Quittance d'une rente. — Octobre 1367.

165 CHAENEY (GUILLAUME DE),

Chevalier. — 1253.

Sceau rond, de 28 mill. — Arch. de la Manche ; abbaye du Mont-Saint-Michel.

Écu portant quatre fusées en fasce.

✱ SIGI....WILLI DE CHANE

(Sigillum Willelmi de Chané.)

Accord au sujet de la garde des biens de Robert de Ver, à Guernesey. — Avril 1253.

166 CHAENEY (GUILLAUME DE),

Chevalier. — 1267.

Sceau rond, de 29 mill. — Arch. de la Seine-Inférieure : chapitre de Rouen.

Écu portant quatre fusées en fasce.

✱ SIGILLVM WILLI DE ..ANE

(Sigillum Willelmi de Chané.)

Bail du manoir de « Oteri » en Angleterre. — Juin 1267.

167 CHAENEY (FÉLICIE DE GREY, FEMME DE GUILLAUME DE).

1267.

Sceau ogival, de 35 mill. — Arch. de la Seine-Inférieure ; chapitre de Rouen.

Dame debout, coiffée d'un chapeau, un faucon sur le poing, tenant devant sa poitrine un écu illisible.

✱ S' DAMNA FILIPPE DE GREY

(Sigillum damna Filippe de Grey.)

Voyez le numéro précédent.

168 CHAMPEAUX (GUILLAUME DES).

XIIIe siècle.

Sceau rond, de 37 mill. — Arch. de l'Orne ; abbaye de Silly.

Écu burelé de douze pièces, à trois croissants brochant. — Légende détruite.

Vente d'une terre sise à Sainte Eugénie. — Sans date.

169 CHAMPION (GUILLAUME).

Chevalier. — 1249.

Sceau rond, de 33 mill. — Arch. de l'Orne ; abbaye de Saint-Évroult.

Écu au chef chargé de trois pals ?

✱ S' WILLI CHAMPION

(Sigillum Willermi Champion.)

Donation de prés, à Touquettes et à Noireau. — Février 1249.

170 CHAMPION (GUILLAUME).

Chevalier. — 1253.

Sceau rond, de 30 mill. — Arch. de l'Orne : abbaye de Saint-Évroult.

Écu au chef chargé de trois pals ? — Il ne reste plus de la légende que

CHAN....

(Champion.)

Donation de prés, à Touquettes et à Noireau. — Novembre 1253.

171 CHANTELOUP (AMICIE, DAME DE).

XIIIe siècle.

Sceau ogival, de 35 mill. — Arch. de l'Eure.

Dame debout, de profil, en robe déceinte, lisant. Sous le livre, un écu au chef chargé d'un franc canton dextre.

..AMISE.........ANTELOV.

(Sigillum Amisie, domine de Canteloup.)

Sceau détaché.

172 CHAPELLE (ROBERT DE LA),

XIIIe siècle.

Sceau rond, de 48 mill. — Arch. de la Manche : abbaye de Savigny.

Écu burelé, au lambel de huit pendants.

✱ S' R..ERTI · DE · CAPELLA

(Sigillum Roberti de Capella.)

Sceau détaché.

173 CHAPELLE (ROBERT DE LA),

Sire de la Vaupalière, chevalier. — 1351.

Sceau rond, de 53 mill. — Arch. de la Seine-Inférieure ; abbaye de Saint-Wandrille.

Écu à la bande coticée, penché, timbré d'un heaume à volet, cimé d'une aigrette en éventail, dans un quadrilobe.

.....ROBERT SIRE DE L.....

(Seel Robert de la Chapelle, sire de la Vaupalière ?)

Présentation à la cure de Saint-Martin de Critot. — Septembre 1351.

174 CHAPELLE (ROLAND DE LA),

Chevalier. — 1244.

Sceau rond, de 41 mill. — Bibl. de la ville de Rouen; fonds Leber.

Écu burelé au lambel.

..ROLA... .Є CA. .LLA MILITIS •

(Sigillum Rolandi de Capella, militis.)

Confirmation en faveur de l'abbaye de Savigny, du fief d'Aubigné, près Fougerolles-du-Plessis. — 1244.

175 CHASSEGUEY (ÉTIENNE DE).

1238.

Sceau rond, de 30 mill. — Arch. de la Manche; abbaye de Montmorel.

Une fleur de lys. — Il ne reste plus de la légende que

..ЄPhANI

(Stephani.)

Transport d'une rente sur une terre, à Montmorel. — 1238.

176 CHAUMIGNY (HUGUES DE).

XIIIe siècle.

Sceau rond, de 38 mill. — Arch. de l'Eure.

Écu à la fasce.

✱ SIGILL hVGONIS DЄ ChAVMINI

(Sigillum Hugonis de Chaumini.)

Sceau détaché.

177 CHATEAUBRIAND (JEAN DE),

Seigneur de Léon, chevalier. — 1306.

Sceau en losange, de 40 mill. — Arch. de la Manche; abbaye du Mont-Saint-Michel.

Écu fleurdelysé. — Légende détruite.

Contre-sceau : Écu en losange, fleurdelysé.

CONTRA S'

(Contra sigillum.)

Fieffe d'une maison sise au Mont-Saint-Michel. — Septembre 1306.

178 CHÂTEAUGIRON (HUGUES DE).

XIIe siècle.

Sceau rond, de 46 mill. — Arch. de la Manche; abbaye de Savigny.

Type équestre.

✱ SIGILLVM HVGO FILIVS GIRVNDI

(Sigillum Hugo, filius Girundi.)

Ratification de donations sur les dîmes de Vaux et de Moschon. — Sans date.

179 CHÈVRE (RICHARD).

1244.

Sceau ogival, de 30 mill. — Arch. du Calvados; abbaye de Barberie.

Une chèvre passant à sénestre.

S' RICAR. ChAPRA

(Seel Ricart Chapre.)

Confirmation d'une donation, à Gouvix, faite par Geoffroi Chèvre, chevalier, son oncle. — Mars 1244.

180 CHEVREUIL (GILBERT)

Du Vogent-le-Sec. — 1220.

Sceau rond, de 45 mill. — Arch. de l'Eure; abbaye de la Noe.

Un chevreuil passant.

✱ S. GILLЄBЄRTI • CAPRЄOLI

(Sigillum Gilleberti Capreoli.)

Confirmation de donations faites par ses prédécesseurs et par lui-même. — Mai 1220.

181 CLÈRES (JEAN DE),

Chevalier. — 1284.

Sceau rond, de 24 mill. — Arch. de la Seine-Inférieure; prieuré de Bonne-Nouvelle.

Écu à la fasce.

S' IOhIS DЄ CLARA MILITIS

(Sigillum Johannis de Claro, militis.)

Donation de rentes, à Ambourville. — Novembre 1284.

182 CLÈRES (PHILIPPE, SIRE DE),

Chevalier. — 1324.

Sceau rond, de 46 mill. — Arch. de la Seine-Inférieure; archevêché de Rouen.

Type équestre; le bouclier, l'ailette et la housse portant une fasce diaprée. — Légende détruite.

Reconnaissance des droits de l'archevêque de Rouen au patronage de l'église de Saint-Martin d'Anglesqueville. — Avril 1324.

183 COHARDONS (GUILLAUME DES).

Chevalier. — 1254.

Sceau rond, de 48 mill. — Arch. de l'Orne; abbaye de Saint-Évroult.

Écu portant sept annelets : 3, 3 et 1. — Légende détruite.

Fieffe d'une vigne dans la paroisse de Piacé. — Juin 1254.

184 COISNIÈRES (GUILLAUME DE),

Chevalier. — 1273.

Sceau rond, de 40 mill. — Arch. du Calvados; abbaye d'Aunay.

Écu semé de croisettes au dextrochère.

✠ S'. WI....E COI..EIRES.....S

(Sigillum Willelmi de Coisnoires, militis.)

Confirmation de tous les acquêts ou dons obtenus de ses prédécesseurs. — Mai 1273.

---

185 COISNIÈRES (GUILLAUME DE).

XIIIe siècle.

Sceau rond, de 46 mill. — Arch. du Calvados; abbaye d'Aunay.

Un dextrochère tenant un fleuron, sur un champ d'étoiles.

✠ SIGI............ COSNERIS

(Sigillum Willelmi de Cosneris.)

Donation à l'abbaye du Val-Richer d'une terre sise à Carcagny. — Sans date.

---

186 COISNIÈRES (THOMAS DE).

Chevalier. — XIIIe siècle.

Sceau rond, de 47 mill. — Arch. du Calvados; abbaye d'Aunay.

Un dextrochère accompagné de quatre croisettes recroisetées.

✠ SIGILL TOME DE COINEIRS

(Sigillum Tome de Coineirs.)

Donation d'une terre, à Carcagny, et confirmation de biens, à Lion-sur-Mer. — Sans date.

---

187 COISPEL (RICHARD).

Chevalier. — XIIIe siècle.

Sceau rond, de 39 mill. — Arch. de la Manche.

Écu portant à dextre un lion accompagné de trois tourteaux rangés en pal à sénestre.

✠ S' RICARDI COISPEL MILITIS

(Sigillum Ricardi Coispel, militis.)

Sceau détaché.

---

188 COKELAERE (WATIER DE).

Chevalier. — 1286.

Sceau rond, de 60 mill. — Bibl. de la ville de Rouen; fonds Leber.

Écu portant trois tourteaux.

✠ S'. W. DE. COKELARE. MILITIS.

(Sigillum Walteri de Cokelare, militis.)

Gui de Namur reçoit du comte de Flandre, son père, la terre de Peteghem. — 1286.

---

189 COMBRAY (GEOFFROI DE).

1208.

Sceau ogival, de 30 mill. — Arch. du Calvados; abbaye d'Aunay.

Intaille représentant une Fortune debout, tenant une corne d'abondance.

✠ SIGILLVM GEFRID... .OMBRAI

(Sigillum Gefridi de Combrai.)

Confirmation d'une donation de rentes, à Maizet, faite par son frère Nicolas de Combray. — 1208.

---

190 COMBRAY (NICOLAS DE).

Chevalier. — 1256.

Sceau rond, de 32 mill. — Arch. du Calvados; abbaye d'Aunay.

Une fleur de lys fleuronnée.

✠ SIGILL NICHOLAI D' COMBRAI

(Sigillum Nicholai de Combrai.)

Confirmation de dons et d'acquisitions dans sa seigneurie, à Bretteville, Maizet, Troismonts et Esquay. — 1256.

---

191 COMBRAY (NICOLAS DE).

Chevalier. — 1270.

Sceau rond, de 26 mill. — Arch. du Calvados; abbaye d'Aunay.

Une fleur de lys fleuronnée.

✠ S' NICHOLAI D' COMBRAI MILIT

(Sigillum Nicholai de Combrai, militis.)

Donation d'une rente d'orge sur le moulin de Maizet. — Janvier 1270.

---

192 COMBRAY (RAOUL DE).

1200.

Sceau rond, de 60 mill. — Arch. du Calvados; abbaye d'Aunay.

Centaure tirant de l'arc, à droite. — Il ne reste plus de la légende que

OVMBRA.

(Combrai.)

Transport de rentes, à Maizet. — 1200.

---

193 COMIN (BERNARD).

1226.

Sceau rond, de 40 mill. — Arch. de la Seine-Inférieure; archevêché de Rouen.

Écu à la croix fleuronnée.

✠ S'. B..N.RDI:.....

(Sigillum Bernardi.....)

Cession de ses droits sur le moulin de Carville. — Octobre 1226.

---

194 COMMANDAL (FOULQUES DE).

Chevalier. — 1230.

Sceau rond, de 31 mill. — Arch. de la Manche, abbaye de Cherbourg.

Un croissant.

✠ S' FOVCONI. ... .ANDAL?

(Sigillum Fouconis de Commandal.)

Confirmation d'une terre, à Saint-Martin-d'Audouville. — 1230.

195 CORBET (GUILLAUME),

Écuyer. — 1260.

Sceau rond, de 30 mill. — Arch. hospitalières d'Évreux.

Une fleur de lys accostée d'un corbeau à sénestre.

✱ S' GVILE CORBET

(Seel Guillaume Corbet.)

Confirmation d'un transport de rente, à Croisy. — Avril 1260.

196 CORBET (ROBERT).

Commencement du XIII° siècle.

Sceau rond, de 57 mill. — Arch. du Calvados; abbaye de Saint-André-en-Gouffern.

Type équestre : heaume conique à nasal.

...ILLVM ROBERTI CORBEL

(Sigillum Roberti Corbel.)

Contre-sceau : Deux corbeaux posés vis-à-vis l'un de l'autre, becquetant dans un vase.

✱ OAMOS.......?

Donation d'un pré, à Crocy. — Sans date.

197 CORMOLAIN (ROBERT DE),

Chevalier. — 1218.

Sceau rond, de 43 mill. — Arch. du Calvados; abbaye de la Sainte-Trinité de Caen.

Une fleur de lys.

✱ ...ILE ROBERTI DE CORMVLAN

(Sigillum Roberti de Cormulan.)

Confirmation de la donation d'un pré, à Vaux-sur-Seulles. — Septembre 1218.

198 CORNART (GUILLAUME),

Écuyer. — 1270.

Sceau rond, de 30 mill. — Arch. du Calvados; abbaye d'Aunay.

Un oiseau.

✱ S' WILLI CORNART ARMIGI

(Sigillum Willermi Cornart, armigeri.)

Confirmation de trois vergées de terre, à Vendes. — 1270.

199 COSTART (JEAN).

1416.

Sceau rond, de 20 mill. — Arch. de la Manche; abbaye du Mont-Saint-Michel.

Écu au sautoir, penché, timbré d'un heaume ciné, supporté par deux lions.

S' IEHAN. COTART

(Seel Jehan Cotart.)

Aveu d'un fief situé à Longueville et relevant de la baronnie de Saint-Pair-sur-Mer. — Janvier 1416.

200 COUDEVILLE (ROBERT DE),

Écuyer. — 1297.

Sceau rond, de 17 mill. — Arch. de la Manche; abbaye du Mont-Saint-Michel.

Une rose gothique.

✱ S' ROBERTI DE CODEVIL

(Sigillum Roberti de Codevilla.)

Sentence au sujet de l'usage du bois du Prail, à Saint-Planchers. — Mai 1297.

201 COUPESARTE (GUILLAUME DE),

Chevalier. — 1207.

Sceau rond, de 29 mill. — Arch. du Calvados; Hôtel-Dieu de Lisieux.

Une fleur de lys composée de trois marguerites.

✱ S' WLLI · DE · CORBESARTE

(Sigillum Willermi de Corbesarte.)

Donation du patronage de Saint-Cyr de Coupesarte. — 1207.

202 COUR (ROBERT DE LA).

Commencement du XIII° siècle.

Sceau rond, de 42 mill. — Arch. de la Manche.

Écu portant trois cœurs.

✱ S' .OBERTI DE CVRIA

(Sigillum Roberti de Curia.)

Sceau détaché.

203 COURCELLES (GAUTIER DE),

Chevalier. — 1265.

Sceau rond, de 36 mill. — Arch. de la Seine-Inférieure; archevêché de Rouen.

Écu au croissant accompagné de six merlettes : trois en chef et trois en pointe.

✱ S' GALTERI DE ..RCELES .....IS

(Sigillum Galteri de Corceles, militis.)

Approbation de l'exécution du testament de Catherine, sa femme. — Mars 1265.

204 COURCELLES (JEAN, SIRE DE),

Écuyer. — 1292.

Sceau rond, de 24 mill. — Arch. de la Seine-Inférieure; archevêché de Rouen.

Écu au croissant accompagné de six merlettes : trois en chef et trois en pointe.

✱ S' IEHAN DE COVRCELES ESCVIER

(Seel Jehan de Courceles, escuier.)

Amortissement de la dîme de «Joiel» au profit de la chapelle de Monneville. — Août 1292.

205 COURCELLES (JEAN DE),

Chevalier. — 1436.

Sceau rond, de 31 mill. — Arch. de la Seine-Inférieure; archevêché de Rouen.

Écu portant trois croissants sur un champ de rinceaux, penché, timbré d'un heaume cimé d'un croissant dans un vol, supporté par deux lions.

s jehan de courceles

(Seel Jehan de Courceles.)

Aveu du manoir de Courcelles et de treize masures en la même ville. — Septembre 1436.

206 COURCELLES (PIERRE DE),

Chevalier. — 1452.

Sceau rond, de 36 mill. — Arch. de la Seine-Inférieure; archevêché de Rouen.

Écu portant trois croissants, penché, timbré d'un heaume cimé d'un croissant dans un vol, supporté par deux lions.

s pierre .. ....celles

(Seel Pierre de Courcelles.)

Aveu d'un quart de fief de haubert en la paroisse de Courcelles. — Septembre 1452.

207 COURCERIERS (GARIN DE),

Chevalier. — XIII

Sceau rond, de 50 mill. — Arch. de la Manche; abbaye de Savigny.

Écu à trois quintefeuilles, parti d'un émanché de quatre pièces mouvant du flanc dextre.

✠ S. GARIN : DE : CORCESIERS : MILITIS

(Sigillum Garin de Corcesiers, militis.)

Contre-sceau : Écu portant une quintefeuille.

✠ S. SECRETVM

(Sigillum secretum.)

Sceau détaché.

208 COURCY (ALIX DE),

Femme de Garin de Courcy. — XIII

Sceau ogival, de 46 mill. — Arch. du Calvados : abbaye de Saint-André-en-Gouffern.

Une aigle.

SIGILL.. SECRE..

(Sigillum secreti.)

Confirmation de la dîme de Villy. — Sans date.

209 COURCY (PHILIPPE DE).

XIII

Sceau rond, de 38 mill. — Arch. de la Manche; abbaye de Montmorel.

Une fleur de lys de fantaisie.

✠ S' PH...... .. CORCEI

(Sigillum Philippi de Corcei.)

Confirmation de la donation d'une terre en la paroisse de Saint-Martin-de-Poilley. — Sans date.

210 COURCY (RICHARD DE).

Chevalier. — 1256.

Sceau rond, de 49 mill. — Arch. du Calvados : abbaye d'Ardenne.

Écu portant six billettes?

✠ SIGILL : RICHART : DE : CORCI

(Sigillum Richart de Corci.)

Confirmation de dîmes, à Ouistreham, Saint-Aubin-sur-Mer, etc. 1256.

211 COURCY (ROBERT, SEIGNEUR DE).

1219.

Sceau rond, de 52 mill. — Arch. du Calvados : abbaye de Saint-André-en-Gouffern.

Type équestre. — Il ne reste plus de la légende que CIO (de Corceio).

Contre-sceau : Écu fruste.

✠ SIGILLVM SECRETI

(Sigillum secreti.)

Échange de prés, au Goulet. — 1219.

212 COURSEULLES (HERVÉ DE).

XIII

Sceau rond, de 34 mill. — Arch. de la Manche : abbaye de Montmorel.

Une église.

✠ .....E CORCEVLE

(Sigillum Hervei de Correule.)

Confirmation du patronage de Courseulles. — Sans date.

213 COURTENAY (PIERRE DE),

Chevalier. — XV

Sceau rond, de 29 mill. — Arch. de la Manche ; abbaye du Mont-Saint-Michel.

Écu portant trois tourteaux au lambel, suspendu à un arbre, dans un encadrement gothique.

sigill' petri de courtenay

(Sigillum Petri de Courtenay.)

Bail des revenus du prieuré d'Otriton (Angleterre). — Sans date.

214 CRESPIN (GUILLAUME),

Chevalier. — 1237.

Sceau rond, de 68 mill. — Arch. de la Seine-Inférieure ; archevêché de Rouen.

Type équestre : l'écu et la housse fuselés en fasce.

✻ SIGILL̄ GVILLERMI CRESPIN

(Sigillum Guillermi Crespin.)

CONTRE-SCEAU : Écu fuselé en fasce.

✻ · CVSTOS SECRETI ·

(Custos secreti.)

Confirmation d'une donation en faveur des religieuses de Gomerfontaine. — Août 1237.

---

215 CRESPIN (GUILLAUME),

Le jeune, seigneur du Bec-de-Mortagne, chevalier. — 1299.

Sceau rond, de 60 mill. — Arch. de la Seine-Inférieure; abbaye de Montivilliers.

Type équestre ; le bouclier et la housse fuselés en fasce, au lambel de quatre pendants.

...............MI · CR.....MILITI.

(Sigillum Guillermi Crespin, militis.)

CONTRE-SCEAU : Écu fuselé en fasce, au lambel.

✻ 9TRA SIGILLVM

(Contra sigillum.)

Reconnaissance du droit des religieuses de Montivilliers au patronage d'Octeville. — Septembre 1299.

---

216 CRESPIN

(JEANNE, DAME DU BEC-DE-MORTAGNE, FEMME DE GUILLAUME).

1259.

Sceau ogival, de 48 mill. — Arch. de la Seine-Inférieure; abbaye du Valasse.

Dame debout, en chape doublée de vair, un faucon sur le poing; à ses pieds et à droite, un chien debout.

...NE IOĦE VXORIS DÑI GVILL̄I CRESPI.

(Sigillum domine Johanne, uxoris domini Guillermi Crespin.)

CONTRE-SCEAU : Écu fuselé, parti d'un fascé de six pièces chargé de fleurs de lys de l'un en l'autre.

✻ SIGILL̄ SECRETI MEI

(Sigillum secreti mei.)

Fondation de son anniversaire. — Juin 1259.

---

217 CRESSY (RAOUL DE).

Fin du XIIe siècle.

Sceau rond, de 60 mill. — Arch. de la Seine-Inférieure; prieuré de Longueville.

Un lion passant à sénestre.

✻ SI.........DE · CRISSEIO

(Sigillum Radulfi de Crisseio.)

Donation de trois hommes, à Omonville, à l'occasion de la prise d'habit de Richard, son fils. — Sans date.

218 CREULLET (GUILLAUME DE),

Fils de Nicolas de Creullet. — XIIIe siècle.

Sceau rond, de 31 mill. — Arch. du Calvados; abbaye d'Aunay.

Une sorte de fleur de lys.

✻ S'. WILLERMI · DE · CROILET

(Sigillum Willermi de Croilet.)

Confirmation de biens situés à Manneville, au terroir de Lantheuil. — Sans date.

---

219 CREULLY (NICOLAS DE),

Chevalier. — XIIIe siècle.

Sceau rond, de 39 mill. — Arch. du Calvados; abbaye d'Aunay.

Une fleur de lys à pétales multiples.

✻ SIGILLVM NICOLAI .. CROLEIO

(Sigillum Nicolai de Croleio.)

Donation de terres situées à Lantheuil, à l'occasion de sa prise d'habit. — Sans date.

---

220 CREULLY (RICHARD, SEIGNEUR DE),

Chevalier. — 1234.

Sceau rond, de 36 mill. — Arch. du Calvados; abbaye d'Aunay.

Un chien courant à droite; la queue est d'un lion.

✻ S' RICAR.. .. CREILI

(Sigillum Ricardi de Croili.)

Confirmation d'une donation de terres relevant de la seigneurie de Creully. — 1234.

---

221 CROISY (PIERRE DE),

Écuyer. — 1261.

Sceau rond, de 36 mill. — Arch. hospitalières d'Évreux.

Écu portant une aigle contournée.

✻ S' PETRI DE CROSEIO ARMIGERI

(Sigillum Petri de Croseio, armigeri.)

Confirmation d'un transport de rente, à Croisy. — Mai 1261.

---

222 CROIXMARE (GUILLAUME DE),

Chevalier. — 1222.

Sceau rond, de 48 mill. — Arch. de la Seine-Inférieure; abbaye de Jumièges.

Type équestre; l'écu plain.

.........WILLERMI DE CROIMARE

(Sigillum Willermi de Croimare.)

Donation de rentes, à Fréville. — Décembre 1222.

---

223 CULEY (ROBERT DE).

XIIIe siècle.

Sceau rond, de 44 mill. — Arch. du Calvados; abbaye de Saint-André-en-Gouffern.

Une aigle contournée.

✱ S' ROBERTI : FIL : ROBERTI : DE : CVELEIO

(Sigillum Roberti, filii Roberti de Cueleio.)

Confirmation de rentes sur le moulin de Culey. — Sans date.

224 CULLY (JEAN DE).

XIIIe siècle.

Sceau ovale, de 30 mill. — Arch. du Calvados; abbaye d'Aunay.

Camée représentant un oiseau, un courlis, les ailes élevées.

....LLVM IOHANNIS DE CVRLI

(Sigillum Johannis de Curli.)

Donation d'une terre, à Cully. — Sans date.

225 DAMIEN (ROGER).

Écuyer. — 1268.

Sceau rond, de 24 mill. — Arch. de la Seine-Inférieure; archevêché de Rouen.

Une plante fleurie.

S' ROGERI DAMIEN

(Sigillum Rogeri Damien.)

Vente d'une rente sur son moulin du Vieux-Andely. — Juin 1268.

226 DANCÉ (HERVÉ DE).

Chevalier. — 1233.

Sceau rond, de 37 mill. — Arch. de l'Orne; prieuré du Vieux-Bellême.

Écu portant quatre étoiles : 1, 2 et 1, au franc canton chargé d'un croissant.

. HE..EI · DE DANCE..

(Sigillum Hervei de Danceio?)

Accord au sujet de la clef du coffre à mouture du moulin de Dancé. — 1233.

227 DASTINEL (GUILLAUME).

Chevalier. — Commencement du XIIIe siècle.

Sceau rond, de 24 mill. — Arch. de la Manche; abbaye de Montmorel.

Fragment d'intaille représentant un cheval ou peut-être un centaure au galop; dans le champ, des sigles indistincts.

...LE DASTINEL

(Sigillum Willermi Dastinel.)

Donation d'une masure en la p... se de Lolif. — Sans date.

228 DAUBEUF (PIERRE DE).

Écuyer. — 1264.

Sceau rond, de 39 mill. — Arch. de la Seine-Inférieure; archevêché de Rouen.

Écu plain.

✱ S' PIERRES · DE DAVBEV

(Seel Pierres de Daubeu.)

Vente d'une rente de blé en la paroisse de Fontaine et sur le moulin Achard, au Vieux-Andely. — Septembre 1264.

229 DINAN (ALAIN DE).

XIIe siècle.

Sceau rond, de 62 mill. — Arch. de la Manche; abbaye de Savigny.

Type équestre : heaume à timbre arrondi et à nasal, bouclier muni d'un umbo radié, épée à lame longue et étroite.

✱ SIGILLVM ALANI DE DINANNO

(Sigillum Alani de Dinanno.)

Contre-sceau : Intaille représentant Jupiter assis sur un trône, de face, tenant un sceptre; à ses pieds et à droite, l'aigle.

✱ SIGILLVM ALANI

(Sigillum Alani.)

Accord au sujet de la terre de Vaux. — Sans date.

230 DOL (JEAN DE).

Seigneur de Combourg. — 1230.

Sceau rond, de 57 mill. — Arch. de la Manche; abbaye de Montmorel.

Écu écartelé. — Légende détruite.

Donation à l'abbaye de Montmorel d'autant «d'herbus» qu'elle pourra enclore et défendre de la mer auprès de Paluel. — 1230.

231 DUCEY (NÉEL, SEIGNEUR DE).

XIIe siècle.

Sceau rond, de 58 mill. — Arch. de la Manche; abbaye de Savigny.

Type équestre.

✱ SIGILLVM NIGELL: .... DOMINI DE DVSSE

(Sigillum Nigelli..... domini de Dusse.)

Sceau détaché.

232 DU GUESCLIN (PIERRE).

Seigneur du Plessis-Bertrand. — 1364.

Sceau rond, de 18 mill. — Arch. de la Manche; abbaye du Mont-Saint-Michel.

Écu à l'aigle éployée, dans un encadrement gothique. — Légende détruite.

Autorisation de chasser dans les îles de Chausey, donnée à Pierre Du Guesclin par l'abbé du Mont-Saint-Michel. — Juin 1364.

233 ÉCLAIBES (GÉRARD D').

Seigneur de la Flamengrie, chevalier. — 1486.

Sceau rond, de 50 mill. — Bibl. de la ville de Rouen; fonds Leber.

Écu portant trois lions.

✱ S' GERARDI : DE LE FLAMEGERIE MILITIS DNI · DE · SOLERBES

(Sigillum Gerardi de le Flemengerie, militis, domini de Selerbes.)

Voyez le n° 188.

234 ÉCLUSE

(GUILLAUME, SEIGNEUR DE L'),

Chevalier. — 1267.

Sceau rond, de 48 mill. — Bibl. de la ville de Rouen ; fonds Leber.

Écu au sautoir engrêlé. — Légende fruste.

Contre-sceau : Écu au lion.

✱ S. GVILLI DE LESCLVSE MIL

(Secretum Guillelmi de l'Escluse, militis.)

Confirmation de biens, dans la paroisse de Fougerolles, en faveur de l'abbaye de Savigny. — Février 1267.

235 ÉCLUSE (GUILLAUME DE L'),

Chevalier. — XIIIe siècle.

Sceau rond, de 50 mill. — Arch. de la Manche ; abbaye de Savigny.

Écu au sautoir engrêlé.

✱ S' : GVILLERMI DE LESCLVISE MILITIS

(Sigillum Guillermi de l'Escluise, militis.)

Contre-sceau : Écu au lion.

✱ S' GVILLI DE LESCLVSE MILES

(Secretum Guillermi de l'Escluse, miles.)

Sceau détaché.

236 ÉPINAY (PIERRE D'),

Chevalier. — 1208.

Sceau rond, de 29 mill. — Arch. de la Seine-Inférieure ; abbaye de Jumièges.

Une aigle.

✱ S' PETRI · DESPINEI

(Sigillum Petri d'Espinei.)

Donation d'un masage, à Sainte-Marguerite-sur-Duclair. — Février 1208.

237 ÉPINAY (THOMAS DE L'),

Chevalier. — 1253.

Sceau rond, de 40 mill. — Arch. de la Seine-Inférieure ; archevêché de Rouen.

Écu portant neuf objets ressemblant à des poissons la tête en bas, posés : 4, 3 et 2, au lambel de cinq pendants.

✱ S' THOM. DE LESPINEI MILITIS

(Sigillum Thome de l'Espinei, militis.)

Vente de tous les biens qu'il possédait à Louviers. — Novembre 1253.

238 ESTOUTEVILLE (ESTOUT D'),

Seigneur de Torcy, chevalier. — 1303.

Sceau rond, de 27 mill. — Arch. de la Seine-Inférieure ; archevêché de Rouen.

Écu burelé au lion.

✱ S' ESTOVT DESTOVTEVIL..

(Seel Estout d'Estouteville.)

Accord au sujet du patronage de la cure de Richemont. — Avril 1303.

239 ESTOUTEVILLE (ROBERT D'),

Chevalier. — 1259.

Sceau rond, de 56 mill. — Arch. de la Seine-Inférieure ; abbaye de Valmont.

Type équestre ; l'écu et la housse burelés au lion. — Légende détruite.

Contre-sceau : Écu aux armes de la face.

✱ SI.......SECRETI ·

(Sigillum secreti.)

Confirmation des donations faites par ses prédécesseurs. — 1259.

240 ÉTELAN (LE SIRE D'),

Chevalier. — 1415.

Sceau rond, de 33 mill. — Arch. de la Seine-Inférieure ; archevêché de Rouen.

Écu semé de petites roses? portant trois étoiles, penché, timbré d'un heaume cimé, supporté par deux lions. — Il ne reste plus de la légende que :

..tellant

(Estellant.)

Accord au sujet du patronage de l'église de Merville. — Décembre 1415.

241 ÉVRECY (GRAVERAND D').

XIIe siècle.

Sceau rond, de 49 mill. — Arch. du Calvados ; abbaye d'Aunay.

Une aigle essorant.

.....LVM GRAVERENC DEVERCI ·

(Sigillum Graverenc d'Evreci.)

Donation de terres, à Évrecy. — Sans date.

242 ÉVRECY

(JEANNE DE LONGNI, DAME DE PERSAY, FEMME DE PIERRE D').

1297.

Sceau ogival, de 40 mill. — Arch. de l'Orne ; abbaye de Saint-Évroult.

Un arbre où sont suspendus deux écus : celui de droite, portant un chevronné de six pièces ; celui de gauche, à l'émanché de trois pièces mouvant du chef.

✠ S' IOHE DE LOIGNIACO .OMINE DE PERCEIO

(Sigillum Johannis de Loigniaco, domine de Perceio.)

Abandon de droits sur les hommes de Moulicent. — Janvier 1297.

243 ÉVRECY (PIERRE D'),

Écuyer. — 1297.

Sceau rond, de 23 mill. — Arch. de l'Orne; abbaye de Saint-Évroult.

Écu plain.

✠ S PIERE DE I.....SCVIER

(Seel Piere de I..... escuier.)

Voyez le numéro précédent.

244 ÉVRECY (THOMAS D').

Chevalier. — 1222.

Sceau ovale, de 27 mill. — Arch. du Calvados; abbaye d'Aunay.

Intaille représentant Mercure debout, coiffé du pétase, la chlamyde sur l'épaule, tenant le caducée et une bourse.

✠ ....EVRECIE

(Sigillum Thome d'Evrecie?)

Donation de terres, à Évrecy, à Gavrus et à Bougy. — 1222.

245 FARSI (RICHARD),

Chevalier. — 1245.

Sceau rond, de 43 mill. — Arch. de la Manche; abbaye de Montmorel.

Écu portant un fretté sous un chef.

S' RICARDI FARSI MILIT..

(Sigillum Ricardi Farsi, militis.)

Confirmation des dîmes de Sedouy et de Chantepie, à Guilberville. — Septembre 1245.

246 FAULQ (MATTHIEU DU).

1231.

Sceau rond, de 34 mill. — Arch. du Calvados; prieuré de Sainte-Barbe-en-Auge.

Une fleur de lys.

✠ S' MATHEI D. FAVC

(Sigillum Mathei de Fauc.)

Donation d'un tènement, à Bonneville-la-Louvet. — 1231.

247 FAUVILLE (ROBERT, SIRE DE).

Écuyer. — 1275.

Sceau rond, de 34 mill. — Arch. hospitalières d'Évreux.

Une fleur à quatre pétales séparés par quatre pétales plus petits et cantonnés de quatre étoiles.

S' ROB'TI D.....ARMIGERI

(Sigillum Roberti de ..... armigeri.)

Abandon de droits sur des terres relevant de la seigneurie de Fauville. — Janvier 1275.

248 FAY (BOURGONDE DU),

Dame de Harier. — 1220.

Sceau ogival, de 48 mill. — Arch. du Calvados; abbaye de Saint-André-en-Gouffern.

Dame debout, en bliaud, tenant un fleuron.

✠ S D.M...DE FAI

(Sigillum domine ? de Fai.)

Cession d'une terre, à Piroy. — 1220.

249 FÉCAMP (GUILLAUME DE).

XIIe siècle.

Sceau rond, de 52 mill. — Arch. de la Seine-Inférieure; abbaye de Valmont.

Écu ondé en fasce, au lambel de cinq pendants, accosté de deux rameaux.

✠ SIGILL...I WILLI DE FISCAMPO

(Sigillum domini Willelmi de Fiscampo.)

Donation de la moitié des dîmes de l'église de Doudeville, etc. — Sans date.

250 FERRIÈRE (MARGUERITE DE LA).

Dame d'Asse, de la Ferrière et de Vauterte. — 1351.

Sceau rond, de 32 mill. — Bibl. de la ville de Rouen; fonds Leber

Écu en losange, portant un émanché de trois pièces mouvant du flanc sénestre, parti de six fers de cheval posés 1, 2, 2 et 1, soutenu par un ange.

s' marguerite .. la feriere dame dasse

(Seel Marguerite de la Férière, dame d'Asse.)

Quittance de rachat de la terre de Primaudon, fournie à l'abbaye de Savigny. — Septembre 1351.

251 FERRIÈRE (ROBERT DE LA).

Seigneur de Saint-Hilaire-du-Harcouet. — 1400.

Sceau rond, de 25 mill. — Arch. de la Manche; abbaye de Montmorel.

Écu incomplet portant des fers de cheval, penché, timbré d'un heaume, cimé d'une tête de griffon, supporté par deux griffons.

...BERT DE LA .ERRIERE

(Seel Robert de la Ferrière.)

Renouvellement de la donation d'une rente sur la prévôté de Saint-Hilaire. — Mai 1400.

252 FERRIÈRES (JEAN DE),

Chevalier. — 1234.

Sceau rond, de 50 mill. — Arch. hospitalières d'Évreux.

Écu au chevron accompagné de trois étoiles.

✱ S. DOM............ARIS

(Sigillum domini Johannis de Ferrariis.)

Donation d'une rente, à Bérengeville. — 1234.

253 FERRIÈRES (JEAN DE),

Chevalier. — XIIIe siècle.

Sceau rond, de 32 mill. — Arch. de l'Eure.

Écu portant trois chevrons.

✱ S' IOHAN DE FERIERES CHEVALIER

(Seel Johan de Férières, chevalier.)

Sceau détaché.

254 FEUARDENT (RAOUL).

XIIIe siècle.

Sceau rond, de 38 mill. — Arch. de la Manche.

Une aigle.

✱ S' RADVLFI FEVARDENT

(Sigillum Radulfi Feuardent.)

Sceau détaché.

255 FEUGUEROLLES-SUR-SEULLES

(JEAN, SIRE DE),

Chevalier. — 1298.

Sceau rond, de 24 mill. — Arch. du Calvados; abbaye d'Aunay.

Écu portant six quintefeuilles : 3, 2 et 1.

S' IOHAN : DE FEVGVEROLES CHLR

(Seel Johan de Feugueroles, chevalier.)

Confirmation des biens acquis dans le fief de Feuguerolles. — Mai 1298.

256 FÈVRE (JULIENNE LE),

Fille de Henri le Fèvre. — Commencement du XIIIe siècle.

Sceau ogival, de 58 mill. — Arch. de l'Orne : abbaye de Saint-Évroult.

Dame debout, tenant un fleuron.

✱ SIGILLVM .....E HENRICI FABRI

(Sigillum ..... filie Henrici Fabri.)

Vente d'une terre et de maisons situées sur le vieux marché, à Warwick. — Sans date.

257 FIERVILLE (RAOUL DE).

XIIe siècle.

Sceau rond, de 66 mill. — Arch. de la Manche; abbaye de Savigny.

Type équestre : casque conique à nasal.

✱ SIGILLVM RADVLFI DE FEREVILA

(Sigillum Radulfi de Ferevila.)

Confirmation de biens, à Villiers-Fossart. — Sans date.

258 FITZ-ERNEIS (ROBERT).

XIIe siècle.

Sceau rond, de 65 mill. — Arch. de la Manche; abbaye de Savigny.

Type équestre : casque conique à nasal, bouclier vu en dedans.

✱ SIG.........EIS

(Sigillum ..... Erneis.)

Donation des peaux des moutons consommés dans sa cuisine et de seize acres de terre, à Basenville. — Sans date.

259 FITZ-ERNEIS

(ÉLA, VEUVE DE ROBERT).

Commencement du XIIIe siècle.

Sceau ogival, de 58 mill. — Arch. du Calvados ; abbaye de Villers-Canivet.

Dame debout, coiffée d'un chapeau, un faucon sur le poing.

✱ SIGILL.........COM.....ECH

(Sigillum ..... com..... ech...)

Contre-sceau : Fragment d'intaille.

✱ SECRE... ....NECH

(Secretum ..... nech...)

Confirmation d'une rente, à Soignolles. — Sans date.

260 FLAGÈRE (ROGER DE LA),

Écuyer. — 1284.

Sceau rond, de 25 mill. — Arch. du Calvados ; évêché et chapitre de Bayeux.

Une fleur de lys.

✱ S' ROGERI · DE FLAGARIA

(Sigillum Rogeri de Flagaria.)

Transport d'une rente sur les dîmes de Ducy. — Septembre 1284.

261 FONTENAY (ROBERT DE),

Chevalier. — 1222.

Sceau rond, de 45 mill. — Arch. du Calvados ; abbaye d'Aunay.

Écu fruste paraissant fascé de six pièces. — Il ne reste plus de la légende que

..BERTI

(Roberti .....)

Don d'une terre, à Vassy. — 1222.

262 FONTENAY

(MAHAUT DE VASSY, VEUVE DE ROBERT DE).

Après 1222.

Sceau rond, de 36 mill. — Arch. du Calvados; abbaye d'Aunay.

Une fleur de lys fleuronnée.

✠ S' MAT...IS DE VASCI

(Sigillum Matildis de Vacei.)

Confirmation d'une dîme, à Vassy. — Sans date.

263 FONTENAY-LE-MARMION

(AGNÈS, FILLE DE MICHEL DE).

1231.

Sceau rond, de 40 mill. — Arch. du Calvados; abbaye de Barberie.

Un léopard? surmonté d'une tête de loup.

. AGNNETIS FILI..............

(Sigillum Agnetis, filie .....)

Donation d'une terre, à la Grande-Hogue, près Fontenay-le-Marmion. — 1231.

264 FONTENAY-LE-MARMION (JEAN DE).

1239.

Sceau rond, de 27 mill. — Arch. du Calvados; abbaye de Barberie.

Un oiseau passant à droite.

✠ S'. GARINI · DE · FONTENETO

(Sigillum Gorini de Fonteneto.)

Donation d'une masure, à Fontenay-le-Marmion. — 1239.

265 FORESTIER (ROBERT LE),

Écuyer. — 1326.

Sceau rond, de 20 mill. — Arch. de la Manche; abbaye du Mont-Saint-Michel.

Écu à un quadrupède? rampant. — Il ne reste plus de la légende que

.........IER ESC....

(Forestier, escuier.)

Lettres de non-préjudice au sujet de la permission qui lui a été donnée de chasser une fois dans les bois de Préaux et de Brion. — Janvier 1324.

266 FOUGÈRES

(GEOFFROI, SEIGNEUR DE).

Commencement du XIIIe siècle.

Sceau rond, de 40 mill. — Bibl. de la ville de Rouen; fonds Leber.

Une fleur de lys fleuronnée.

✠ SIGILLVM GAVFRIDI DE FILG'

(Sigillum Gaufridi de Filgeriis.)

Donation en faveur de l'abbaye de Savigny: de Rorgone avec sa bourgeoisie, d'un jardin à Valenes, etc. — Sans date.

267 FOUGÈRES

(ISABELLE, FEMME DE RAOUL DE).

1253.

Sceau ogival, de 60 mill. — Arch. de la Manche; abbaye de Savigny.

Dame debout, en surcot et en chape vairée, coiffée d'un chapeau, un oiseau sur le poing.

✠ SIGILLVM : ISABE.... DNE : DE : FOGERIIS

(Sigillum Isabellis, domine de Fogeriis.)

CONTRE-SCEAU : Écu losangé.

✠ SOI LESCV MVN PERE SVT MI SCRE

(Soi l'escu mun père, sunt mi secre.)

Jeanne de Fougeres, fille unique d'Isabelle, choisit l'abbaye de Savigny pour le lieu de sa sépulture. — Juillet 1253.

268 FOUGÈRES (RAOUL, SEIGNEUR DE).

Vers 1160.

Sceau rond, de 80 mill. — Bibl. de la ville de Rouen; fonds Leber.

Type équestre: haubert quadrillé, casque conique à nasal, bouclier vu en dedans.

✠ SIGILLVM RADVLFI FILGERIENSIS DOMINI

(Sigillum Radulfi, Filgeriensis domini.)

Donation de biens, à Mondaigny, confirmée à l'abbaye de Savigny. — Sans date.

269 FOUGÈRES (RAOUL, SEIGNEUR DE).

1163.

Sceau rond, de 70 mill. — Arch. de la Manche; abbaye de Savigny.

Type équestre: haubert et chausses quadrillés, casque conique à nasal, bouclier vu en dedans, étrivière en chaînette, tige de l'éperon en pyramide.

✠ SIGILLVM RADVLFI FILGERIENSIS DOMINI

(Sigillum Radulfi, Filgeriensis domini.)

Confirmation de biens situés à Savigny. — 1163.

270 FOURNET

(AVOISE, VEUVE DE RICHARD DU),

Chevalier. 1260.

Sceau ogival, de 44 mill. — Arch. de la Seine-Inférieure: archevêché de Rouen.

Dame debout, tenant un fleuron, sous une arcade gothique.

..GILLVM AVICIE : DE FOVRNE..

(Sigillum Avicie de Fourneto.)

Transport de rentes, à Andely. Décembre 1260.

271 FRÉAUVILLE (ROBERT DE),

Écuyer. — 1312.

Sceau rond, de 26 mill. — Arch. de la Seine-Inférieure ; prieuré de Longueville.

Écu portant un chef, au lion sur le tout.

✱ S' ROB'T DE FREIAVVILE ESC'

(Seel Robert de Freiauville, escuier.)

Reconnaissance de droits sur une terre, à Saint-Martin-le-Blanc. — Juin 1312.

---

272 FRESNAY (ROGER DE),

Chevalier. — 1218.

Sceau rond, de 29 mill. — Arch. du Calvados ; abbaye d'Aunay.

Écu au lambel et à la bordure.

..GILL ROGERI DE FRESN..

(Sigillum Rogeri de Fresnai.)

Confirmation de biens, à la Lande-Bastel. — Janvier 1218.

---

273 FRESNAYE (JEAN DE LA),

Écuyer. — 1266.

Sceau rond, de 22 mill. — Arch. du Calvados ; abbaye d'Aunay.

Un oiseau passant à droite, tenant un rameau.

S' IOHANNIS DE LA FRANEIE

(Sigillum Johannis de la Franeie.)

Donation d'une terre, à Vendes. — Février 1265.

---

274 FRESNES (ROBERT DE).

1217.

Sceau rond, de 48 mill. — Arch. du Calvados ; Hôtel-Dieu de Lisieux.

Écu portant trois frênes.

✱ S'. R.....I DE FRE..ES

(Sigillum Roberti de Fresnes.)

Donation d'un ténement. — Juillet 1217.

---

275 GAILLONNEL (ADAM, SEIGNEUR DE).

1249.

Sceau rond, de 50 mill. — Arch. de la Seine-Inférieure ; abbaye de Jumièges.

Une quintefeuille.

✱ S' · A · D.......LLONNEL

(Sigillum Ade, domini de Gaillonnel.)

Autorisation donnée à l'abbaye de Jumièges d'acquérir des vignes dans les fiefs relevant de Gaillonnel. — Octobre 1249.

---

276 GALOEL

(ALIX, FEMME DE RAOUL DU).

1266.

Sceau rond, de 26 mill. — Arch. de la Seine-Inférieure ; archevêché de Rouen.

Quatre rameaux en croix.

✱ S' AALIS DV GALEEL

(Seel Aalis du Galeel.)

Transport d'une rente sur le fief de l'archevêque de Rouen, à Déville. — 1266.

---

277 GALOEL (RAOUL DU),

Écuyer. — 1266.

Sceau rond, de 30 mill. — Arch. de la Seine-Inférieure ; archevêché de Rouen.

Écu à la bordure.

..RAL DV GALEEL

(Seel Ral du Galeel.)

Voyez le numéro précédent.

---

278 GAMACHES (MATTHIEU DE),

Chevalier. — XIII° siècle.

Sceau rond, de 52 mill. — Arch. de la Seine-Inférieure ; archevêché de Rouen.

Type équestre.

✱ SIGILLVM MATHEI ·:· DE GAMACHES

(Sigillum Mathei de Gamaches.)

Déclaration au sujet de deux rentes sur la terre et le moulin de Fontaine commis à sa garde. — Sans date.

---

279 GAPRÉE (JEAN DE),

Écuyer. — 1313.

Sceau rond, de 21 mill. — Arch. du Calvados ; abbaye de Jumièges.

Une étoile.

✱ S' IOHAN DE GASPREE

(Seel Johan de Gasprée.)

Transport d'une rente, à Oisy. — Novembre 1313.

---

280 GARIN (HUGUES),

Chevalier. — XIII° siècle.

Sceau rond, de 41 mill. — Arch. du Calvados ; abbaye de Saint-André-en-Gouffern.

Écu portant une bande, à l'orle de coquilles.

✱ SI..... ..GONI.....GARINI

(Sigillum Hugonis... Garini.)

Confirmation de la donation d'une terre, à Cauvicourt. — Sans date.

281 GASTINES (HENRI DE),

Chevalier. — 1235.

Sceau rond, de 30 mill. — Arch. de la Manche; abbaye du Mont-Saint-Michel.

Écu portant une fasce à la bordure.

✱ S· ҺЄ.R.......NES

(Sigillum Henrici de Gastines.)

Donation de revenus, à la Dorée. — 1235.

282 GAULIÈRES (JEAN DE),

dit Compagnon, écuyer. — 1415.

Sceau rond, de 24 mill. — Arch. de la Seine-Inférieure; archevêché de Rouen.

Écu à la fasce accompagnée de merlettes en orle, penché, timbré d'un heaume cimé d'une tête de loup, supporté par deux aigles.

seel . . . . . de gollieres

(Seel Jehan de Gollieres.)

Accord au sujet du patronage de la chapelle de Mirville. — Décembre 1415.

283 GERNET (ROGER).

1207.

Sceau rond, de 29 mill. — Arch. de la Seine-Inférieure; abbaye de Fécamp.

Type équestre.

✱ S' . . Ᏽ.RI ᏵЄR.ЄᏆ

(Sigillum Rogeri Gernet.)

Reconnaissance des droits de l'abbaye de Jumièges sur le bois de Hogues. — Février 1207.

284 GERPONVILLE (GUILLAUME DE).

Commencement du XIIIe siècle.

Sceau rond, de 58 mill. — Arch. de la Seine-Inférieure; abbaye de Saint-Georges-de-Boscherville.

Type équestre.

SIGI........ELMI DE GE.....ILLA

(Sigillum Willelmi de Gerpunvilla.)

Contre-sceau : Un lion passant.

✱ S· WILE DE GERPVNWILA

(Secretum Willelmi de Gerpunwila.)

Donation de gerbes sur les fiefs de Saint-Laurent, Brèvedent et Oherville. — Sans date.

285 GIBERVILLE (RAOUL DE).

Fin du XIIe siècle.

Sceau rond, de 58 mill. — Arch. du Calvados; abbaye de Saint-André-en-Gouffern.

Type équestre : casque conique à nasal, bouclier avec l'umbo.

✱ SIGILLVM RADVLFI DE GOSBERVILLA

(Sigillum Radulfi de Gosbervilla.)

Donation de biens, à Airan, Renémesnil, etc. — Sans date.

286 GIBERVILLE (RAOUL DE).

1203.

Sceau rond, de 34 mill. — Arch. du Calvados; abbaye de Barberie.

Écu portant un vol ou peut-être un peigne.

✱ SIGILL RADV.......BERVILE

(Sigillum Radulfi de Gibervile.)

Donation de la dîme du vin, à Airan. — Octobre 1203.

287 GLOS (ROBERT DE).

1220.

Sceau rond, de 40 mill. — Arch. du Calvados; Hôtel-Dieu de Lisieux.

Une fleur de lys formée de trois marguerites?

✱ S' ROBTI .. GLOZ

(Sigillum Roberti de Gloz.)

Donation d'une rente en la paroisse de Glos. — Janvier 1220.

288 GOMBERT (PHILIPPE DE).

XIIIe siècle.

Sceau rond, de 35 mill. — Communiqué par M. Dubosc, archiviste de la Manche.

Écu portant trois besants? au lambel.

✱ S' PҺILIPPI DE GOMBERT

(Sigillum Philippi de Gombert.)

Surmoulage.

289 GORRAN (ROBERT DE),

Seigneur de la Taonnière, chevalier. — 1235.

Sceau rond, de 47 mill. — Arch. de la Manche; abbaye du Mont-Saint-Michel.

Écu portant trois lions.

✱ S' ROBERTTI DE GORAN

(Sigillum Robertti de Goran.)

Donation d'hôtes avec leur ténement, à la Dorée. — 1235.

290 GOUGEUL (JEAN),

Sire de Rouville, près Pont-de-l'Arche, chevalier. — 1358.

Sceau ovale, de 23 mill. — Arch. de la Seine-Inférieure; archevêché de Rouen.

Intaille représentant Vénus nue, de dos, ajustant sa ceinture. — Légende détruite.

Donation du patronage de l'église d'Alisy. — Avril 1358.

291 GOURNAY (GAUTIER DE).

1207.

Sceau rond, de 45 mill. — Arch. de la Seine-Inférieure : abbaye de Jumièges.

Type équestre.

✱ SIGILLVM GAVTERII DE GORNAI

(Sigillum Gauterii de Gornai.)

Confirmation des donations faites par son père Garin de Gournay, au Vieux-Verneuil. — Mars 1207.

292 GOURNAY (RICHARD DE).

1217.

Sceau rond, de 44 mill. — Arch. hospitalières d'Évreux.

Écu portant un râteau au manche accosté de deux étoiles.

✱ S. RICARDIEI · DE GORNAIO

(Sigillum Ricardiei de Gornaio.)

Ratification de la vente d'un tènement situé aux Barils. — Décembre 1217.

293 GOURNAY (RICHARD DE).

1233.

Sceau rond, de 46 mill. — Arch. hospitalières d'Évreux.

Écu portant un râteau au manche accosté de deux étoiles.

✱ S. RICARDI DE GORNAIO

(Sigillum Ricardi de Gornaio.)

Vente d'une terre située aux Barils. — Avril 1233.

294 GOUVIX (RAOUL DE),

Frère de Robert de Gouvix, chevalier. — Commencement du XIIIe siècle.

Sceau rond, de 47 mill. — Arch. du Calvados : Jésuites de Caen.

Type équestre.

✱ SIGILL RADVLFI DE GOVIEX

(Sigillum Radulfi de Goviex.)

Confirmation du patronage des églises de Gouvix, Baron et Tilly. — Sans date.

295 GOUVIX (ROBERT DE).

Chevalier. — Commencement du XIIIe siècle.

Sceau rond, de 49 mill. — Arch. du Calvados : Jésuites de Caen.

Type équestre.

✱ SIG..... ..BERT. DE GOVIX

(Sigillum Roberti de Govix.)

Donation de la moitié du patronage de Notre-Dame de Baron. — Sans date.

296 GOUVIX (ROBERT DE).

1217-1226.

Sceau rond, de 60 mill. — Arch. du Calvados ; abbayes de Barberie et de Saint-André-en-Gouffern.

Écu vairé, au bâton brochant et à la bordure.

✱ SIGILLVM R............OVIZ

(Sigillum Roberti de Goviz.)

Premier contre-sceau : Un lion passant à droite.

✱ SIGILL · SECRETVM · R

(Sigillum secretum Roberti.)

Deuxième contre-sceau : Un lion passant à droite.

✱ S. SECRETI :

(Sigillum secreti.)

Échange de biens, à May, et confirmation d'une donation de terre, à Courcourt. — 1217-1226.

297 GRAS (GUILLAUME LE).

XIIIe siècle.

Sceau rond, de 50 mill. — Arch. de l'Orne ; abbaye de Saint-Évroult.

Écu au lion.

✱ SIGILLVM WILLERMI CRASSI

(Sigillum Willermi Crassi.)

Convention au sujet du fief de Solengy. — Sans date.

298 GRENTE (HÉLIE),

Sire de Bavent. — 1591.

Sceau en écu, de 18 mill. — Collection de M. de Farcy, à Bayeux.

Écu portant deux fasces, à la croix ancrée chargée d'un croissant en cœur brochant. — Sans légende.

Présentation à la chapelle de la Madeleine de Bavent. — 22 juin 1591.

299 GRIMAUT (ROBERT).

Chevalier. — 1289.

Sceau rond, de 36 mill. — Arch. de la Manche : abbaye de Montmorel.

Écu au lion couronné. — Il ne reste plus de la légende que

.....M ROBER..

(Sigillum Roberti.)

Donation d'une rente, à Ménil-Ozenne. — Septembre 1289.

300 GUÉ (GUILLAUME DU).

Chevalier. — 1211.

Sceau rond, de 46 mill. — Arch. de la Seine-Inférieure : abbaye de Jumièges.

Type équestre : écu plain.

✱ SIGILLVM WILLERM.......

(Sigillum Willermi.....)

Donation d'une rente sur un ténement, à Duclair. — Août 1211.

---

301 GUÉ (GUILLAUME DU).

1235.

Sceau rond, de 43 mill. — Arch. de la Seine-Inférieure; abbaye de Jumiéges.

Type équestre à gauche.

✱ S' WILLELMI .. .VE

(Sigillum Willelmi du Gué.)

Abandon de droits sur une terre, à Duclair. — Septembre 1235.

---

302 GUERQUESALLES (HUGUES DE).

Commencement du XIIIe siècle.

Sceau rond, de 60 mill. — Arch. du Calvados; abbaye de Saint-André-en-Gouffern.

Type équestre. — Légende détruite.

Donation d'une vigne par Hugues de «Gargasala». — Sans date.

---

303 GUEUTTEVILLE (HUGUES DE).

XIIIe siècle.

Sceau rond, de 33 mill. — Arch. de la Seine-Inférieure; prieuré de Longueville.

Un Agnus Dei.

✱ S' HVGONIS DE G.VTEVILL

(Sigillum Hugonis de Geutevilla.)

Donation du moulin de Saint-Jouin-sur-Mer. — Sans date.

---

304 GUICHARD (JEAN).

XIIIe siècle.

Sceau rond, de 28 mill. — Arch. de l'Eure.

Écu chevronné de six pièces.

✱ S' IOHANNIS GVICHAR.......

(Sigillum Johannis Guichar.....)

Sceau détaché.

---

305 GUICHE (BERNARD DE LA).

Chevalier, comte de Saint-Géran et de la Palisse, seigneur de Cabourg et du Quesne. — 1671.

Cachet ovale, de 15 mill. — Collection de M. de Farcy, à Bayeux.

Écu au sautoir, couronné, embrassé par deux palmes. — Sans légende.

Présentation à la cure du Quesne. — 24 juillet 1671.

---

306 HACHET (GUILLAUME).

Commencement du XIIIe siècle.

Sceau rond, de 56 mill. — Arch. de la Seine-Inférieure; prieuré de Longueville.

Type équestre.

.............ILLERMI HA...

(Sigillum Willermi Hachet?)

Donation de l'église de Mesnil-Rury. — Sans date.

---

307 HARCOURT (JEAN, SIRE D'),

Écuyer. — 1303.

Sceau rond, de 23 mill. — Arch. de la Seine-Inférieure; abbaye du Valasse.

Écu portant deux fasces, au lambel de cinq pendants.

S' IE.......CVIE.

(Seel Jehan..... escuier.)

Promesse de sceller un accord passé entre son père et l'abbaye du Valasse. — Mai 1303.

---

308 HARCOURT (ROBERT D').

Seigneur de Saint-Sauveur-le-Vicomte. — 1290.

Sceau rond, de 31 mill. — Arch. de la Manche; abbaye de Saint-Sauveur-le-Vicomte.

Écu portant deux fasces.

..ROBERT D.....

(Seel Robert d.....)

Autorisation au sujet du transport des bois provenant d'Hérique. — Janvier 1290.

---

309 HARCOURT (ROBERT D').

Seigneur de Beaumesnil et d'Échauffour. — 1301.

Sceau rond, de 38 mill. — Arch. de l'Orne; abbaye de Saint-Évroult.

Écu portant deux fasces d'hermine.

✱ S' ROBERT · DE · HERECOVRT CHEVALIER

(Seel Robert de Herecourt, chevalier.)

CONTRE-SCEAU: Écu portant deux fasces, dans une couronne de feuillage.

S'.......SIRE D' BIAVMENIL?

(Seel..... sire de Biauménil.)

Confirmation de biens à Échauffour, Montreuil, etc. — Février 1301.

---

310 HARCOURT

(JEANNE DE SAINT-CÉNERI, FEMME DE ROBERT D').

1301.

Sceau ogival, de 38 mill. — Arch. de l'Orne; abbaye de Saint-Évroult.

La Vierge, debout, portant l'enfant Jésus, tenant un fleuron. Sous ses pieds, un écu à deux fasces. Champ fretté.

S' IEHANE D' S' SELERI DAME D' BIAVMENIL

(Seel Jehane de Saint-Séleri, dame de Biaumenil.)

Voyez le numéro précédent.

---

311 HAUTOT (GUILLAUME DE),

Sire d'Anglesqueville-la-Mauconduit, chevalier. — 1293.

Sceau rond, de 28 mill. — Arch. de la Seine-Inférieure; archevêché de Rouen.

Écu portant un chef, au lion sur le tout, au lambel de quatre pendants.

✠ S' GVILLAME DE HOTOT CHEVALIER

(Seel Guillame de Hotot, chevalier.)

Reconnaissance des droits de l'archevêque de Rouen sur la haute justice d'Épinay, près Dieppe. — Mars 1293.

---

312 HAUTOT

(JEANNE, FEMME DE PIERRE DE).

1261.

Sceau rond, de 36 mill. — Arch. de la Seine-Inférieure : abbaye de Valmont.

Dame debout, un oiseau sur le poing.

✠ S' M............E DE ...OT

(Seel madame Jehane de Hotot?)

Voyez le n° 316.

---

313 HAUTOT (PIERRE DE).

Fin du XII° siècle.

Sceau rond, de 45 mill. — Arch. de la Seine-Inférieure ; abbaye de Valmont.

Type équestre. — Légende détruite.

Donation du moulin de Cany. — Sans date.

---

314 HAUTOT (PIERRE DE).

Fin du XII° siècle.

Sceau rond, de 35 mill. — Arch. de la Seine-Inférieure ; prieuré de Longueville.

Type équestre.

✠ SIGILL PETRI DE HO...

(Sigillum Petri de Hotot.)

Donation de la dîme des villains de Hautot, des dîmes d'Omonville et de Saint-Ouen-sur-Éaulne, d'un homme à Bacqueville, etc. — Sans date.

---

315 HAUTOT (PIERRE DE),

Chevalier. — 1219

Sceau rond, de 60 mill. — Arch. de l'Hôtel-Dieu de Rouen.

Type équestre.

✠ SI.IL.V. ..TR. . . ...OT

(Sigillum Petri de Hotot.)

Contre-sceau : Intaille représentant une adoration. Dans un temple élevé sur des gradins, la divinité. A droite, un adorant.

✠ SECRETVM · PETRI · DE · HOTOT

(Secretum Petri de Hotot.)

Donation de l'église de Fauville, au profit de l'hôpital de la Madeleine. — 1219.

---

316 HAUTOT (PIERRE DE),

Chevalier. — 1261.

Sceau rond, de 36 mill. — Arch. de la Seine-Inférieure ; abbaye de Valmont.

Écu au lion contourné, brisé d'un lambel de cinq pendants.

✠ S' P.............MILE...

(Sigillum Petri .....mile...)

Donation de rentes en la paroisse de Montivilliers. — 1261.

---

317 HAUTOT-SUR-DIEPPE

(NICOLAS, SIRE DE).

1253.

Sceau rond, de 43 mill. — Arch. de la Seine-Inférieure ; abbaye de Valmont.

Écu semé de quartefeuilles, au lion à queue fourchée. — Il ne reste plus de la légende que

✠ S' DN.

(Sigillum domini.)

Donation d'une rente sur le moulin de Cantepie, en la paroisse du Hanouard. — 1253.

---

318 HERMANVILLE (GUILLAUME D'),

Écuyer. — 1286.

Sceau rond, de 23 mill. — Arch. du Calvados ; évêché et chapitre de Bayeux.

Un buste de femme de face.

S' WLL DE HERM.......

(Sigillum Willermi de Hermanville.)

Accord au sujet de la dîme de Ducy. — Septembre 1286.

---

319 HERMANVILLE (JEAN D').

XV° siècle.

Sceau rond, de 24 mill. — Collection de M. de Farcy, à Bayeux.

Écu à deux fasces, écartelé de trois aiglettes, soutenu par un cygne.

seel : iehan : de hermanville ·

(Seel Jehan de Hermanville.)

Sceau détaché.

320 HÉROUVILLE (ROBERT D').

1234.

Sceau rond, de 40 mill. — Arch. du Calvados; abbaye d'Aunay.

Une plante à rameaux parallèles.

✱ S' ROBERTI DE HESROWILLA

(Sigillum Roberti de Hesrouvilla.)

Donation de tènements, à Saint-Georges, près Aunay. — 1234.

321 HEUSE (JEAN DE LA).

1267.

Sceau rond, de 34 mill. — Arch. du Calvados; abbaye de Barberie.

Un houseau.

✱ S' IOHA'NIS D.......

(Sigillum Johannis de .....)

Donation d'une dîme, à Rouvres. — Octobre 1267.

322 HEUSE (JEAN DE LA).

XIII° siècle.

Sceau rond, de 41 mill. — Arch. du Calvados; abbaye de Saint-André-en-Gouffern.

Un houseau.

✱ SIGILLVM IOHIS D..........

(Sigillum Johannis d.....)

Contre-sceau : Écu au chevron?

✱ SECRETVM.......

(Secretum .....)

Donation d'une terre, à Sassy. — Sans date.

323 HIDEUX DE SAINT-MARTIN (SIMON).

XIV° siècle.

Sceau rond, de 36 mill. — Collection de M. Lormier, à Rouen.

Écu portant une croix recercelée, à la bande chargée de trois losanges brochant.

✱ S' SIMON HIDEVS DE S' MARTIN

(Seel Simon Hideus de Saint-Martin.)

Matrice.

324 HOMMET (ENGUERRAN DU).

Fils de Guillaume du Hommet. — 1204.

Sceau rond, de 40 mill. — Arch. du Calvados; abbaye d'Aunay.

Écu portant trois fasces.

✱ SIGILLVM ...GRANNI .....

(Sigillum Ingeranni .....)

Confirmation de dons et de priviléges accordés par ses prédécesseurs. 1204.

325 HOMMET (GUILLAUME DU).

Fin du XII° siècle.

Sceau rond, de 72 mill. — Arch. de la Seine-Inférieure; prieuré de Longueville.

Type équestre : heaume conique à nasal, bouclier vu en dedans.

✱ .....LVM WI....... ..VLMETIS

(Sigillum Willermi de Ulmetis.)

Donation de l'église de Saint-Pierre d'Auppegard : confirmation. — Sans date.

326 HOMMET (JOURDAIN DU).

Commencement du XIII° siècle.

Sceau rond, de 57 mill. — Arch. du Calvados; abbaye d'Aunay.

Type équestre. — Il ne reste plus de la légende que

.....ETO :

(De Ulmeto.)

Donation d'une rente sur une terre, à Guéron : confirmation. — Sans date.

327 HOMMET (THOMAS DU).

Fils de Guillaume du Hommet. — 1204.

Sceau rond, de 46 mill. — Arch. du Calvados; abbaye d'Aunay.

Écu burelé, à l'orle de tourteaux ou de besants? à la bande sur le tout.

✱ SI.......VMETO

(Sigillum .....ulmeto.)

Voyez le n° 324.

328 HOTOT-EN-AUGE (THOMAS DE).

Chevalier. — 1309.

Sceau rond, de 37 mill. — Arch. du Calvados; abbaye d'Aunay.

Type équestre; la housse aux armes du contre-sceau.

...OVMAS : DE HOT.......

(Seel Thoumas de Hotot.....)

Contre-sceau : Écu à la fasce accompagnée de quatre aiglettes, deux en chef et deux en pointe.

..HOVMAS DE HOTOT CHE.....

(Seel Thoumas de Hotot, chevalier.)

Confirmation des biens relevant de la seigneurie de Hotot. — Avril 1309.

329 HOUDETOT (RICHARD D').

Chevalier. — 1285.

Sceau rond, de 25 mill. — Arch. de la Seine-Inférieure; abbaye de Fécamp.

Écu portant une bande, au lambel de quatre pendants.

..........DI DE HOVDETOT CHE.

(.....di de Houdetot, chevalier.)

Reconnaissance de droits sur le «dangerium» d'un fief, à Ermenouville. — Novembre 1285.

---

330 HUSSON (GUI DE),

Seigneur des Essars, chevalier. — 1341.

Sceau rond, de 21 mill. — Arch. de la Manche; abbaye du Mont-Saint-Michel.

Écu portant six annelets à la bordure, dans un quadrilobe.

S' GVY DE HVSON ESCVIER?

(Seel Guy de Huson, escuier.)

Droits de l'abbaye du Mont-Saint-Michel au fief et au patronage du Mesnil-Drey. — Août 1341.

---

331 ÎLE (MARIE DE L').

1216.

Sceau ogival, de 60 mill. — Arch. de la Seine-Inférieure; archevêché de Rouen.

La Vierge assise, nimbée, tenant l'enfant Jésus.

..IGILLVM MARIE DE INS...

(Sigillum Marie de Insula.)

Donation en faveur des religieuses de Gomerfontaine; confirmation. — 1216.

---

332 IMONVILLE (RAOUL D').

Commencement du XIIIe siècle.

Sceau rond, de 57 mill. — Arch. de la Seine-Inférieure; abbaye du Valasse.

Type équestre. — Légende fruste.

Donation d'une masure, à Étretat. — Sans date.

---

333 ISIGNY-PAIN-D'AVOINE (RANULPHE D'),

Chevalier. — 1220.

Sceau rond, de 30 mill. — Arch. de la Manche; abbaye de Montmorel.

Écu à deux fasces accompagnées de six merlettes en orle.

✱ SI..... RANDVLFI DE ISIGN.IO

(Sigillum Randulfi de Isignaio.)

Donation d'une rente en la paroisse de Landelles. — 1220.

---

334 IVRY (SIMON L'ASNIER D').

Chevalier. — 1292.

Sceau rond, de 23 mill. — Arch. de la Seine-Inférieure; archevêché de Rouen.

Écu à la fasce chargée de trois coquilles et accompagnée de sept merlettes en orle.

✱ S' SIMON DIVRI CHEVALIER

(Seel Simon d'Ivri, chevalier.)

Amortissement de la dîme de «Joiet» au profit de la chapelle de Monneville. — Août 1292.

---

335 JUVIGNY (HUGUES DE),

Écuyer. — 1318.

Sceau rond, de 19 mill. — Arch. du Calvados; abbaye d'Aunay.

Écu portant une croix ancrée, à la bande brochant.

✱ S' HVE DE IVVIGNIE ESCVIER

(Seel Hue de Juvignié, escuier.)

Donation d'une rente sur un ménage, au marché d'Évrecy. — Mai 1318.

---

336 KLABRE OU CALABRE (ROBERT),

Chevalier. — 1264.

Sceau rond, de 48 mill. — Arch. de l'Orne; prieuré du Vieux-Bellême.

Écu d'hermines sous un chef.

✱ S. ROBERTI CHALABRE MILITIS

(Sigillum Roberti Chalabre, militis.)

Vente d'un pré et d'une terre sis au gué de Sise. — Juillet 1264.

---

337 LAMBERVILLE (GUILLAUME DE),

Chevalier. — XIIIe siècle.

Sceau rond, de 42 mill. — Arch. du Calvados; Hôtel-Dieu de Lisieux.

Écu portant trois lions contournés. — Légende détruite.

Donation du fief de Castillon. — Sans date.

---

338 LAMBERVILLE (PHILIPPE DE),

Frère de Guillaume de Lamberville. — XIIIe siècle.

Sceau rond, de 36 mill. — Arch. du Calvados; Hôtel-Dieu de Lisieux.

Six fleurs nouées ensemble.

✱ S' P.....RICARDI DE LAMBTIVILE

(Sigillum Philippi Ricardi de Lambertivilla.)

Voyez le numéro précédent.

---

339 LAMBERVILLE (ROBERT DE),

Frère de Guillaume et de Philippe de Lamberville. — XIIIe siècle.

Sceau rond, de 35 mill. — Arch. du Calvados; Hôtel-Dieu de Lisieux.

Cinq fleurs nouées ensemble.

✱ S' ROBERT. DE LAMBE......

(Sigillum Roberti de Lambertivilla.)

Voyez le n° 337.

340 LANDE-PATRY (MAHAUT DE LA).

Vers 1260.

Sceau ogival, de 52 mill. — Arch. du Calvados, abbaye de Fontenay.

Dame debout, tenant un rameau.

.......O MA.....DG....

(Sigillum Ma..... de .....)

Attestation de l'authenticité du sceau de Mahout de la Lande-Patry. — Sans date.

341 LANDIVY (JEAN DE),

Seigneur de Montjean, de Viré, chevalier. — 1400.

Sceau rond, de 29 mill. — Bibl. de la ville de Rouen; fonds Leber.

Écu fascé de douze pièces, penché, timbré d'un heaume cimé d'une tête de lion dans un vol, supporté par deux griffons.

iehan de.....

(Jehan de .....)

Donation du fief de Primaudon en faveur de l'abbaye de Savigny. — Août 1400.

342 LANDIVY

(MARGUERITE DE LA MACHEFERRIÈRE, FEMME DE JEAN DE).

1400.

Sceau rond, de 27 mill. — Bibl. de la ville de Rouen; fonds Leber.

Écu fascé de douze pièces, parti de deux fers de cheval coupé d'un lion, dans un trilobe.

MARGVERITE D' LA MACHEFRIERE

(Marguerite de la Machefrière.)

Voyez le numéro précédent.

343 L'ANGEVIN (ROBERT).

1202.

Sceau rond, de 35 mill. — Arch. du Calvados; abbaye d'Aunay.

Écu au lion contourné.

✱ SIGILL ..BO.TI L.NGEVIN

(Sigillum Lamberti Laugevin.)

Donation d'une terre sise à Montorlain, en la paroisse de Saint-Georges d'Aunay. — 1202.

344 LARRÉ (OLIVIER DE),

Chevalier. — XIIIe siècle.

Sceau rond, de 48 mill. — Arch. du Calvados; abbaye de Saint-André-en-Gouffern.

Écu losangé, au lambel de cinq pendants. — Il ne reste plus de la légende que

: LARG

(Laré.)

Donation de biens, à Giberville; confirmation. — Sans date.

345 LAVAL (GUI, SEIGNEUR DE).

XIIe siècle.

Sceau rond, de 58 mill. — Arch. de la Manche; abbaye de Savigny.

Type équestre: casque conique à nasal, broigne couverte d'anneaux de métal, épée à arête médiane.

✱ SIGILLVM .....E • VALLE •

(Sigillum Guidonis de Valle.)

Revers: Type équestre.

✱ ANTISIGILLVM G..... DE VALLE

(Antisigillum Guidonis de Valle.)

Donation d'une terre; confirmation. — Sans date.

346 LESCHAN (RENAUD),

Écuyer. — 1359-1374.

Sceau rond, de 20 mill. — Arch. de la Seine-Inférieure; archevêché de Rouen.

Écu à la croix cantonnée de douze merlettes, dans un trilobe.

S' RENAVT LESCHAN

(Seel Renaut Leschan.)

Donation d'une rente sur le moulin Jourdain, à Louviers. — Sans date.

347 LIFREMONT (GUILLAUME DE),

Chevalier. — 1258.

Sceau rond, de 32 mill. — Arch. de la Seine-Inférieure: abbaye de Bondeville.

Écu vairé?

✱ S' WILLI ...IFREIMONT MILITIS

(Sigillum Willermi de Lifreimont, militis.)

Ratification de la vente d'une rente, au Houlme. — Avril 1258.

348 LINTOT (DREUX DE),

Chevalier. — 1283.

Sceau rond, de 28 mill. — Arch. de la Seine-Inférieure: abbaye du Valasse.

Écu ondé en pal.

..... LINTOT CHEVALLIER

(..... Lintot, chevallier.)

Confirmation de biens, à Lintot. — Juin 1283.

349 LINTOT (RICHARD DE).

Fils de Dreux de Lintot. — 1283.

Sceau rond, de 27 mill. — Arch. de la Seine-Inférieure: abbaye du Valasse.

Une étoile à neuf rais.

✱ S' RICARDI DE ...... AR...

(Sigillum Ricardi de Lintot, armigeri ?)

Voyez le numéro précédent.

330 LOIN (JEAN),

Chevalier. — 1301.

Sceau rond, de 25 mill. — Arch. de l'Orne : abbaye de Saint-Évroult.

Écu portant une quintefeuille, à la bordure.

S' IH.. LOIN MILITIS

(Sigillum Johannis Loin, militis.)

Reconnaissance de franchises, à Échauffour. — Mars 1301.

331 LONDE (NICOLAS DE LA).

Avant 1220.

Sceau ovale, de 41 mill. — Arch. de la Seine-Inférieure ; abbaye de Jumièges.

Intaille représentant un cavalier galopant à droite.

✱ SIGILLVM : NICOLAI : DE LVNDA

(Sigillum Nicolai de Lunda.)

Fieffe d'un tènement, à Neuvillette. — Sous date.

332 LONGCHAMP (GUILLAUME DE).

1222.

Sceau rond, de 34 mill. — Arch. de l'Eure ; abbaye de Mortemer.

Un croissant surmonté d'un soleil.

✱ S' WILL : CLERICI : DE LONGOCAMPO

(Sigillum Willelmi Clerici de Longocampo.)

Donation du droit de mouture dans le fief des Crèches. — 1222.

333 LONGCHAMP (HENRI DE).

XIIIe siècle.

Sceau en écu, de 42 mill. — Arch. de la Seine-Inférieure ; abbaye de Jumièges.

Écu portant trois croissants, chaque croissant chargé d'une rose ?

✱ S..... DE .....MPO

(Sigillum Henrici de Longocampo.)

Accord au sujet des hommes de Quillebœuf et du Marais-Vernier. — Sans date.

334 LONGESSARD (HUGUES DE).

Chevalier. — 1231.

Sceau rond, de 42 mill. — Arch. de la Seine-Inférieure : abbaye de Jumièges.

Une étoile à huit rais.

✱ S' HVGON.. DE LONCESSART

(Sigillum Hugonis de Loncessart.)

Confirmation de biens, au Vieux-Verneuil. — 1231.

335 LONGNY (GACE, SIRE DE),

Chevalier. — 1297.

Sceau rond, de 26 mill. — Arch. de l'Orne ; abbaye de Saint-Évroult.

Écu chevronné de six pièces.

✱ SIGILL' GACE D' LOIGNE CH

(Sigillum Gace de Loigne, chevalier.)

Abandon de droits sur les hommes de Moulicent. — Janvier 1297.

336 LONGRAIS (GUILLAUME DE),

Chevalier. — 1212.

Sceau rond, de 58 mill. — Arch. de l'Orne ; prieuré du Vieux-Bellême.

Type équestre : bouclier au chef chargé d'une croix ancrée au canton dextre. — Il ne reste plus de la légende que

.......RAIS

(Longrais.)

Accord au sujet des fours de Bellême et du bois appelé le Val-aux-Clercs. — 1212.

337 LONGUEVILLE (PHILIPPE DE).

1204.

Sceau rond, de 37 mill. — Arch. du Calvados ; abbaye d'Aunay.

Un chien ? passant à droite.

..ILIPPI DE LONGVILL.?

(Sigillum Philippi de Longgvilla.)

Donation d'une terre, à Vaussieux, à l'occasion de la prise d'habit de son père Pierre de Longueville. — 1204.

338 LONGUEVILLE (PIERRE DE).

Fin du XIIe siècle.

Sceau ovale, de 27 mill. — Arch. de la Seine-Inférieure ; abbaye de Jumièges.

Intaille représentant un cavalier galopant à gauche. — Les lettres de la légende tournées en dehors.

SIGILLVM PETRI DE LONGAVILLA

(Sigillum Petri de Longavilla.)

Donation d'une terre, à Varengeville ; confirmation. — Sans date.

339 LOUVEL (COLIN),

Seigneur de Valencé, écuyer. — 1419.

Sceau rond, de 20 mill. — Arch. de la Manche ; abbaye du Mont-Saint-Michel.

Écu portant un vol ? et surmonté d'un loup. — Légende détruite.

Lettres de non-préjudice fournies à l'abbé du Mont-Saint-Michel, qui lui avait permis de chasser dans le bois du Prail. — 1419.

360 LOUVEL (GUILLAUME),

Sire de Normanville, chevalier. — 1321.

Sceau rond, de 21 mill. — Arch. de la Seine-Inférieure : archevêché de Rouen.

Écu chevronné de six pièces, dans une rose gothique.

✠ S' GVILLI LOVVEL MILITIS

(Sigillum Guillelmi Louvel, militis.)

Reconnaissance du droit de l'archevêque de Rouen au patronage de la chapelle Notre-Dame des Devises, en la paroisse de Cliponville. — Mars 1321.

361 LOUVEL (HENRI),

Chevalier. — 1210.

Sceau rond, de 48 mill. — Arch. du Calvados ; abbaye de Saint-André-en-Gouffern.

Une fleur de lys fleuronnée.

✠ SIGILL HENRICI : LOVVEL :

(Sigillum Henrici Louvel.)

Confirmation de biens « apud Mesnil Tiher ». — 1210.

362 LOUVEL (JEAN),

Écuyer. — 1459.

Sceau rond, de 23 mill. — Arch. de la Seine-Inférieure ; archevêché de Rouen.

Écu au sautoir engrêlé cantonné de quatre têtes de loup.

iehan louvel

(Jehan Louvel.)

Aveu d'un quart de fief relevant de la seigneurie de Louviers, aux Bigaux. — Mai 1459.

363 LOUVET (JEAN),

Seigneur de Fontaine-le-Louvet, écuyer. — 1292.

Sceau rond, de 30 mill. — Arch. du Calvados ; évêché de Lisieux.

Un loup emportant un mouton et saisi par un chien. Dans le champ, des arbrisseaux.

SEL IEHA. ....ET

(Sel Jehan Louvet.)

Confirmation de droits sur une masure, à Fontaine-le-Louvet. Juillet 1292.

364 LUDHAM (GAUTIER DE),

Chevalier. — 1261.

Sceau ovale, de 22 mill. — Arch. de la Seine-Inférieure : chapitre de Rouen.

Intaille représentant une Fortune debout, tenant une corne d'abondance et un gouvernail?

✠ S' W.....I DE LOVDHAM

(Sigillum Walteri de Loudham.)

Caution du bail de la ferme de Kilton, en Angleterre. — Février 1261.

365 LYEN (GUILLAUME),

Écuyer. — 1368.

Sceau rond, de 21 mill. — Arch. de la Seine-Inférieure ; abbaye du Valasse.

Écu au lion, dans un quadrilobe.

S' GVILLE · LIEN ESCR

(Seel Guillaume Lien, escuier.)

Quittance de tout ce que l'abbaye du Valasse pouvait lui devoir. — Janvier 1368.

366 MAGNEVILLE (RICHARD DE),

XIIIe siècle.

Sceau rond, de 25 mill. — Musée des antiquaires de Normandie, à Caen.

Écu à l'aigle éployée.

✠ S' RIC' DE MAGNEVILL

(Seel Ricard de Magneville.)

Surmoulage.

367 MAHET (RAOUL DE),

1261.

Sceau rond, de 37 mill. — Arch. du Calvados ; abbaye de Saint-André-en-Gouffern.

Écu portant un oiseau passant à sénestre.

✠ S' RADVLP.. DE MA.AIO

(Sigillum Radulfi de Mahaio.)

Confirmation d'un transport de rente sur une masure, à Montgommery. — 1261.

368 MAIGNENS (GUILLAUME DES),

Écuyer. — 1311.

Sceau rond, de 23 mill. — Arch. de la Seine-Inférieure ; abbaye de Jumièges.

Un faucon liant un oiseau.

✠ S' GVI... DES MAIGNENS ESCVIER

(Seel Guillaume des Maignens, escuier.)

Transport d'une rente, à Vimoutiers. — Avril 1311.

369 MAILLECHAT (GEOFFROI DE),

1324.

Sceau rond, de 20 mill. — Arch. de la Manche ; abbaye du Mont-Saint-Michel.

Écu à la bande, dans une rose gothique.

...EFREY D' ...LLECHAT

(Seel Giefrey de Maillechat.)

Quittance d'une rente sur l'abbaye du Mont-Saint-Michel. — Avril 1324.

370 MAINEMARES (GUILLAUME DE),

Chevalier. — 1295.

Sceau en écu, de 35 mill. — Arch. de la Seine-Inférieure; abbaye de Saint-Wandrille.

Écu portant trois fasces. — Il ne reste plus de la légende que

...MARES

(Mainemares.)

Confirmation d'une vente de terre, à Fontaine-en-Bray. — Avril 1295.

371 MAISONS (EUSTACHE DE),

1264.

Sceau rond, de 24 mill. — Arch. de la Manche; abbaye de Cherbourg.

Une aigle éployée.

✱ S'.........VNS

(Sigillum ..... de Maisuns.)

Confirmation de biens, à Sainte-Croix-Hogue. — Décembre 1264.

372 MALESMAINS (FRÉLIN).

XIII° siècle.

Sceau rond, de 50 mill. — Arch. de la Manche; abbaye de Montmorel.

Écu portant une main appaumée. — Légende détruite.

Donation d'une rente sur la prévôté de Saint-Hilaire-du-Harcouet. — Sans date.

373 MALESMAINS (NICOLAS),

Sire de Bénesville, chevalier. — 1367.

Sceau rond, de 27 mill. — Arch. de la Seine-Inférieure; abbaye du Valasse.

Écu portant trois mains appaumées, penché, tenu par un homme d'armes à mi-corps, sur champ fretté.

S' COLART : MALLE..INS : CHER

(Seel Colart Mallemains, chevalier.)

Confirmation d'un amortissement de biens, à Veauville. — Mai 1367.

374 MALET (JEAN),

Seigneur de Graville, chevalier. — 1293.

Sceau rond, de 65 mill. — Arch. du Calvados: abbaye de Saint-André-en-Gouffern.

Type équestre; le bouclier et la housse portant trois fermaux. — Légende détruite.

Contre-sceau : Écu portant trois fermaux.

✱ CÕTRA · S' DÑI · IOҺIS · MALET

(Contra sigillum domini Johannis Malet.)

Confirmation de dons et acquisitions. — Juillet 1293.

375 MALHERBE (GUILLAUME),

Chevalier. — 1280.

Sceau rond, de 26 mill. — Arch. de l'Orne; abbaye de Belle-Étoile.

Fragment d'écu où l'on voit seulement une fasce accompagnée de trois coquilles en chef; la pointe manque.

✱ S' GV.....PDOM

(Seel Guillaume..... Prodom.)

Cession de la dîme de Maltot. — Octobre 1280.

376 MALHERBE (HUGUES),

Chevalier. — 1236.

Sceau rond, de 37 mill. — Arch. du Calvados; abbaye d'Aunay.

Un chien passant à dextre, la tête contournée.

✱ SIGILL HVGONIS MALEERBE

(Sigillum Hugonis Maleerbe.)

Confirmation au sujet d'un tènement, à Longvillers, donné par Hugues de Malherbe, son aïeul. — 1236.

377 MALHERBE (RENOUF),

Chevalier. — 1254.

Sceau rond, de 24 mill. — Arch. du Calvados; abbaye d'Aunay.

Écu portant six quintefeuilles, à la bordure.

✱ S' RANVLPҺI MALERBE

(Sigillum Ranulphi Malerbe.)

Échange de rentes, à Pont-la-Capelle, près Longvillers. — 1254.

378 MALMAISON (ROBERT DE LA),

XIII° siècle.

Sceau rond, de 48 mill. — Collection de M. de Farcy, à Bayeux.

Écu à la fasce accompagnée de six merlettes en orle.

✱ S' ROBERT DE LA MALEMESON

(Seel Robert de la Malemeson.)

Sceau détaché.

379 MALVOU (GUILLAUME DE),

Chevalier. — 1227.

Sceau rond, de 33 mill. — Arch. de l'Orne: abbaye de Silly.

Écu à la barre.

✱ S' WI... D.....

(Sigillum Willermi de .....)

Donation de rentes sur le fief de Heurtevent, à Guerquesalles. — 1227.

380 MANOIR (GUI DU),

Chevalier. — 1223.

Sceau rond, de 48 mill. — Arch. du Calvados; abbaye de la Sainte-Trinité de Caen.

Écu au chevron.

✱ S' GVIDONIS : DE : MANERGIO

(Sigillum Guidonis de Manereio.)

Acte de dessaisine d'une vavassorie, à Beuville. — 1223.

381 MANOIR (RICHARD DU).

1197.

Sceau rond, de 69 mill. — Arch. du Calvados; abbaye d'Aunay.

Une rose à six feuilles, faite au compas.

✱ S...LLVM RICARD.. MANERIO

(Sigillum Ricardi de Manerio.)

Donation de la couture de «Fossariel», située au Manoir, en échange de la dîme des moulins de «Bretecovilla». — 1197.

382 MANSIGNY (ALAIN DE).

Sire du Thil en Vexin, chevalier. — 1309.

Sceau rond, de 38 mill. — Arch. de la Seine-Inférieure; abbaye de Saint-Wandrille.

Écu à la croix accompagnée de douze merlettes en orle, sur champ de fleurs, dans un quadrilobe.

✱ S' ALAIN DE MANSEIGNI CHEVAL'

(Seel Alain de Manseigni, chevalier.)

Présentation à la cure de Saint-Martin-de-Critot. — Juillet 1309.

383 MANSIGNY (ROBERT DE).

Écuyer. — 1266.

Sceau rond, de 32 mill. — Arch. de la Seine-Inférieure: chapitre de Rouen.

Écu à la croix cantonnée de dix merlettes affrontées par canton, six en chef et quatre en pointe.

✱ S' ROBERT DE MAVN..NEI

(Seel Robert de Maunsignei?)

Don d'une acre de terre au profit de la prébende du Thil. — Juillet 1266.

384 MARE (RICHARD DE LA),

Chevalier. — 1238.

Sceau rond, de 30 mill. — Arch. de la Seine-Inférieure; abbaye de Jumiéges.

Un poisson dans les ondes, accosté de la lune et du soleil.

✱ S'. RICARDI : DE LA MARE

(Sigillum Ricardi de la Mare.)

Échange de terres, à Sainte-Opportune. — Octobre 1238.

385 MARÉCHAL (HENRI LE),

Seigneur de Say, écuyer. — 1278.

Sceau rond, de 38 mill. — Arch. du Calvados; abbaye de Saint-André-en-Gouffern.

Écu à la croix ancrée, brisé d'un bâton en bande.

✱ : S' H.......ARESC.... .RMIGER'

(Sigillum Henrici Marescalli, armigeri.)

Confirmation des donations faites par son père. — Juillet 1278.

386 MARÉCHAL (RICHARD LE).

1212.

Sceau rond, de 38 mill. — Arch. de la Seine-Inférieure: abbaye de Jumiéges.

Type équestre; l'homme d'armes tenant un rameau au lieu d'une épée.

✱ S' RIC.RDI LE MAR..CAL

(Sigillum Ricardi le Marescal.)

Donation de dîmes situées à Jumiéges. — Décembre 1212.

387 MARIGNY (JEAN DE).

Chevalier. — 1241.

Sceau rond, de 55 mill. — Arch. de l'Eure; abbaye de Mortemer.

Écu portant un sautoir cantonné de quatre merlettes, au lambel de cinq pendants.

✱ SIGILL........MARE.....

(Sigillum Johannis de Marginiaco?)

Ratification d'une acquisition de terres, à Bremule et à Écouis. — Octobre 1241.

388 MARLY (MAHAUT, DAME DE).

1258.

Sceau ogival, de 60 mill. — Arch. de l'Eure; abbaye de Mortemer.

Dame debout coiffée en tresses, tenant un fleuron.

✱ S' MATILDIS D..INE MARLIACI

(Sigillum Matildis, domine Marliaci.)

Donation d'une maison en la paroisse Saint-Séverin, à Paris. — Mai 1258.

389 MARLY (THIBAUD, SEIGNEUR DE).

Fin du XIIe siècle.

Sceau rond, de 65 mill. — Arch. de la Seine-Inférieure; abbaye de Saint-Wandrille.

Type équestre: broigne, casque conique à nasal.

✱ SIGILLVM .HEO........

(Sigillum Theobaldi.....)

Droits respectifs de l'abbaye de Saint-Wandrille et de Thibaud de Marly, au Perq. — Sans date.

390 **MARMION (ROBERT),**

Chevalier. — Commencement du XIIIe siècle.

Sceau rond, de 43 mill. — Arch. du Calvados ; abbaye de Barberie.

Type équestre, à droite.

✠ SIGILL · ROBERTI · M.....N

(Sigillum Roberti Marmiun ?)

CONTRE-SCEAU : Intaille représentant une Victoire ailée debout ayant à ses pieds un bouclier.

✠ S' ROBERTI : MARMIVM

(Secretum Roberti Marmium.)

Échange de biens, à Fontenay-le-Marmion. — Sans date.

391 **MARTEL (YON),**

Seigneur du Bec-aux-Cauchois, chevalier. — 1250.

Sceau rond, de 30 mill. — Arch. de la Seine-Inférieure : abbaye de Valmont.

Écu fruste, accosté de deux rameaux.

✠ .....S MARTEL MILITIS

(Sigillum Eudonis Martel, militis.)

Donation d'une terre «in Valle Gersseville», à Thierceville. — Février 1250.

392 **MARTINVAST (RICHARD DE).**

XIIe siècle.

Sceau rond, de 71 mill. — Communiqué par M. Dubosc, archiviste de la Manche.

Type équestre : broigne quadrillée, heaume conique, écu vu en dedans.

✠ SIGILLVM RICARDI DE MARTINVAST

(Sigillum Ricardi de Martinvast.)

Surmoulage.

393 **MARY (ROBERT DE),**

Écuyer. — 1457.

Sceau rond, de 24 mill. — Arch. de la Manche ; abbaye du Mont-Saint-Michel.

Écu à la fasce accompagnée en chef de trois roses ou de trois tourteaux, penché, timbré d'un heaume.

....bert de mary

(Seel Robert de Mary.)

Aveu du fief de Longueville, relevant de la baronnie de Saint-Pair-sur-Mer. — Février 1457.

394 **MAUCONDUIT (MICHEL),**

Chevalier. — 1257.

Sceau rond, de 31 mill. — Arch. de la Seine-Inférieure ; abbaye de Valmont.

Écu portant trois molettes, au lambel de quatre pendants.

✠ ..ICHAELIS : MAVCOND.IT

(Sigillum Michaelis Mauconduit.)

Donation d'une rente, à Sassetot. — Décembre 1257.

395 **MAUNY (GUI DE).**

XIVe siècle.

Sceau rond, de 22 mill. — Musée de Saint-Lô.

Écu portant un croissant au lambel, penché, timbré d'un heaume au volet d'hermines cimé d'un croissant.

S' GVION DE MAVRI

(Seel Guion de Mouni.)

Matrice originale en argent.

396 **MAYENNE (ÉLISABETH DE).**

Commencement du XIIIe siècle.

Sceau ogival, de 44 mill. — Arch. de la Manche ; abbaye de Savigny.

Dame debout, un oiseau sur le poing.

.. ELISABET : DE ⁘ MEDVANA

(Sigillum Elisabet de Meduana.)

Sceau détaché.

397 **MAYENNE (ISABEAU, DAME DE).**

1248.

Sceau ogival, de 65 mill. — Arch. de la Manche ; abbaye de Savigny.

Dame debout, en surcot et en chape vairée, coiffée d'un chapeau, les mains ramenées devant la poitrine.

..IGILLVM · YSABELLIS : DOMINE : MEDVAN.

(Sigillum Ysabellis, domine Meduane.)

CONTRE-SCEAU : Écu chargé de six écussons.

✠ SECRETV̄ Y DN̄E MEDVANE

(Secretum Ysabellis, domine Meduane.)

Donation du manoir du Fay, en la paroisse de Saint-Baudelle. — Mars 1248.

398 **MÉHEUDIN (GUILLAUME DE),**

Chevalier. — 1246.

Sceau rond, de 32 mill. — Arch. du Calvados ; abbaye d'Aunay.

Écu au chevron chargé de trois étoiles, l'une au sommet, les deux autres à chaque extrémité.

S'. WILLI · DE · MEHEVDINC · MILITIS

(Sigillum Willermi de Meheudinc, militis.)

Donation d'une rente sur un moulin à foulon situé sur l'Oudon, en la paroisse de Saint-Georges d'Aunay. — Août 1246.

399 MENIN (JEAN DE).

1280.

Sceau rond, de 19 mill. — Bibl. de la ville de Rouen; fonds Leber.

Écu plain, surmonté d'une croisette, dans un quadrilobe.

✱ IOHANNES EST NOMEN EIVS

(Johannes est nomen ejus.)

Voyez le n° 188.

400 MEREY (GUILLAUME DE).

XIIIe siècle.

Sceau rond, de 37 mill. — Arch. de l'Eure.

Écu plain.

✱ S. WILLERMI · DE · MERE

(Sigillum Willermi de Meré.)

Sceau détaché.

401 MESNIL

(MARGUERITE, FEMME DE JOURDAIN DU).

Chevalier. — 1245.

Sceau rond, de 35 mill. — Arch. du Calvados; abbaye de Barberie.

Une fleur de lys fleuronnée.

✱ S' MA...... WILLI PINEL

(Sigillum Margarete ..... Willermi Pinel.)

Donation d'une rente sur un moulin, à Laize. — 1245.

402 MESNIL (RAOUL DU).

Écuyer. — 1277.

Sceau rond, de 25 mill. — Arch. du Calvados; abbaye d'Ardenne.

Un oiseau passant à droite.

✱ S' RAVAL DV MASNIL

(Seel Raual du Mesnil.)

Transport d'une rente sur un masnage, à Caen. — Avril 1277.

403 MESNIL-ADELÉE (GUILLAUME DU).

XIVe siècle.

Sceau rond, de 25 mill. — Communiqué par M. Dubosc, archiviste de la Manche.

Écu portant trois chevrons, accosté de deux croissants.

✱ S' GVILM DE MESNIL ADELEE

(Seel Guillaume de Mesnil Adelée.)

Surmoulage.

404 MESNIL-DOT (LOUIS DU).

1462.

Sceau rond, de 22 mill. — Arch. de la Manche.

Écu au chevron accompagné de trois étoiles.

loys du menidot. 1462

(Loys du Méni Dot. 1462.)

Surmoulage.

405 MESNIL-FUGUET? (GUILLAUME DU).

Commencement du XIIIe siècle.

Sceau rond, de 59 mill. — Arch. de la Seine-Inférieure; abbaye de Jumièges.

Type équestre.

✱ SIGILLVM · GVILLMI · DE · MESNIL

(Sigillum Guillermi de Mesnil.)

Donation du pré d'Auselme, près Fontaine-sous-Jouy. — Sans date.

406 MESNIL-JOURDAIN (ÉTIENNE DU).

Chevalier. — 1216.

Sceau rond, de 60 mill. — Arch. de la Seine-Inférieure; archevêché de Rouen.

Type équestre.

✱ SIGI.....PHANI DE MAISNIL

(Sigillum Stephani de Maisnil.)

Vente du moulin Jourdain, à Louviers. — Octobre 1216.

407 MESNIL-VASSE (RAOUL DU).

XIIIe siècle.

Sceau rond, de 38 mill. — Arch. de la Seine-Inférieure; abbaye de Jumièges.

Type équestre.

✱ S' RADV..... MENIL WACE

(Sigillum Radulfi de Menil Wace.)

Abandon de rentes dues par l'abbaye de Jumièges. — Sans date.

408 MEULAN (RAOUL DE).

Sire de Courseulles, chevalier. — 1272.

Sceau rond, de 62 mill. — Arch. de la Seine-Inférieure; abbaye de Saint-Ouen.

Type équestre à gauche; l'écu échiqueté.

✱ S'. RADV.......EVLENT

(Sigillum Radulphi de Meulent.)

CONTRE-SCEAU : Écu échiqueté.

✱ COT S' RADVLPHI DE MELLETO MILITIS

(Contra sigillum Radulphi de Melleto, militis.)

Confirmation de la donation d'une rente sur le fief de Lyons. — Avril 1272.

409 MILLY (AGNÈS, DAME DE).

XIIIe siècle.

Sceau ogival, de 70 mill. — Musée de Rouen.

Dame debout; en surcot orné d'une afiche et en chape, une aumônière à la ceinture, tenant un fleuron.

✠ S' : DOMINE : AGNETIS : DE : MILLI ·

(Sigillum domine Agnetis de Milli.)

Matrice.

410 MONCEL (PHILIPPE DU).

XIIIe siècle.

Sceau rond, de 38 mill. — Arch. de la Manche.

Écu portant trois losanges.

✠ SIGILL PHILIPPI DE MVNCELLO

(Sigillum Philippi de Muncello.)

Sceau détaché.

411 MONDEVILLE (ROBERT DE).

Commencement du XIIIe siècle.

Sceau rond, de 48 mill. — Arch. du Calvados; Jésuites de Caen.

Intaille représentant un cavalier frappant le dragon de sa lance.

✠ SIGILLVM ..BERTI DE MVNDEVILE

(Sigillum Roberti de Mundevile.)

Donation de la dîme de Poussy avec les deux parts de la dîme de Cauvicourt. — Sans date.

412 MONTBRAY (NIEL DE).

Commencement du XIIIe siècle.

Sceau rond, de 66 mill. — Arch. du Calvados; abbaye de Saint-André-en-Gouffern.

Type équestre; le bouclier muni de l'umbo, les quartiers de la selle frettés.

✠ SIGI.... NIGELLI : DE : MO.....

(Sigillum Nigelli de Moubrai?)

Donation de la dîme des moulins à foulon de Beslon «quo omnes panni honoris de Moibraio, ex debito, fullantur». — Sans date.

413 MONTBRAY (ROGER DE).

Fin du XIIe siècle.

Sceau rond, de 75 mill. — Arch. du Calvados; abbaye de Saint-André-en-Gouffern.

Type équestre: écu semé de fleurs de lys et muni d'un umbo proéminent; la broigne et le bliaud également semés de fleurs de lys, ce dernier à jupe très longue; l'épée à lame sans gorge, garnie de croisillons recourbés vers la pointe. — Il ne reste plus de la légende que

· MOLBRAI

(Molbrai.)

Donation des dîmes de Montbray, Bedon, etc. — Sans date.

414 MONTFORT

(BÉATRIX, FEMME DE PHILIPPE DE).

1318.

Sceau ogival, de 30 mill. — Arch. de la Manche; abbaye de Savigny.

Dame debout, en surcot déceint, coiffée d'un couvrechef, un oiseau sur le poing.

✠ S' DOMIC' · BIATRICIE D' BAVQUECEIO

(Sigillum domicelle Biatricie de Bouquerceio.)

Sceau détaché.

415 MONTFORT (PHILIPPE DE).

1318.

Sceau rond, de 24 mill. — Arch. de la Manche; abbaye de Savigny.

Écu portant un sautoir au lambel.

S' PHELIPE DE MONFORT

(Seel Phelipe de Monfort.)

Sceau détaché.

416 MONTFORT (RAOUL DE).

1212.

Sceau rond, de 60 mill. — Bibl. de la ville de Rouen; fonds Leber.

Écu portant trois fleurs de lys. — Il ne reste plus de la légende que

..NTEFORT.

(De Monteforti.)

Donation, en faveur de l'abbaye de Savigny, d'une portion de dîme à Cretteville. — 1212.

417 MONTIGNY (GUILLAUME DE),

Chevalier. — 1240.

Sceau rond, de 47 mill. — Arch. de la Manche; abbaye de Cherbourg.

Type équestre: bouclier à umbo.

✠ SIGILLVM.....ONTINI

(Sigillum Willermi de Montini?)

Donation de deux acres de terre, à Anneville-en-Saire. — 1240.

418 MONTIGNY

(MAHAUT, FEMME DE GUILLAUME DE).

1240.

Sceau ogival, de 60 mill. — Arch. de la Manche; abbaye de Cherbourg.

Une fleur de lys fleuronnée au pied répété.

✠ S' : MATILLIDIS : DE ANEVIE

(Sigillum Matillidis de Anneville.)

Voyez le numéro précédent.

419 MORIN (JACQUES),

Seigneur de Loudon. — XVIe siècle.

Sceau rond, de 38 mill. — Collection de M. Lormier, à Rouen.

Écu portant trois fasces, écartelé d'un échiqueté à la bordure, penché, timbré d'un heaume cimé d'une hure dans un vol, supporté par deux léopards.

IAC · MORIN · SEIGNEVR · DE · LOVDON ·

Matrice.

420 MORIN (RAOUL).

XIIIe siècle.

Sceau rond, de 30 mill. — Arch. de la Manche.

Une croix engrêlée, fleuronnée.

✠ S' RADVLFI MORIN

(Sigillum Radulfi Morin.)

Sceau détaché.

421 MORTAGNE (GUILLAUME DE).

Chevalier. — 1280.

Sceau rond, de 56 mill. — Bibl. de la ville de Rouen ; fonds Leber.

Écu à la croix chargée de cinq coquilles.

✠ S'. WILLAVME · DE · MORTAGNE · CEVALIER · SIGNEVR · DE · RVMEIS ·

(Seel Willaume de Mortagne, cevalier, signeur de Rumeis.)

Voyez le n° 188.

422 MORTEMER (GUILLAUME DE),

Chevalier. — 1234.

Sceau ovale, de 41 mill. — Arch. de la Seine-Inférieure ; abbaye de Jumièges.

Intaille représentant Hercule étouffant le lion de Némée ; à gauche, la massue.

✠ SIGILLVM ..... DE MORTEMER

(Sigillum Willelmi de Mortemer.)

Donation d'une rente «in Becco Wauquelin» en faveur de l'abbaye de Saint-Léonard-des-Chaumes. — Août 1234.

423 MORVILLE (GUILLAUME DE).

XIIIe siècle.

Sceau rond, de 31 mill. — Arch. de la Manche : abbaye de Montebourg.

Type équestre. — Il ne reste plus de la légende que

MORTVILLA

(Morevilla.)

CONTRE-SCEAU : Fragment d'intaille.

... ECRETV .....

(Secretum .....)

Donation de la chapelle de Bradepole (en Angleterre). — Sans date.

424 MOTTE (FOUQUET DE LA),

Écuyer. — 1303.

Sceau rond, de 22 mill. — Arch. du Calvados ; abbaye des Vignats.

Un bras tenant une palme ou une plume accostée d'une fleur de lys. — Il ne reste plus de la légende que

FOV....

(Fouquet ?)

Confirmation des donations faites par ses prédécesseurs. — Novembre 1303.

425 MOUCHE (GUILLAUME DE LA).

Chevalier. — 1263.

Sceau rond, de 34 mill. — Arch. de la Manche ; abbaye de la Luzerne.

Écu portant trois mains.

✠ S'. GVILLERMI · DE · MVSCA · MILITIS

(Sigillum Guillermi de Musca, militis.)

Donation de la dîme de Pumont en la paroisse de Saint-Jean-des-Champs. — 1263.

426 MOUCHE (JEAN DE LA),

Chevalier. — 1219.

Sceau en écu, de 51 mill. — Arch. de la Manche ; abbaye du Mont-Saint-Michel.

Écu au lion passant à sénestre, accompagné de croissants en orle. — Il ne reste plus de la légende que

... IS DE ...

(Johannis de ...)

CONTRE-SCEAU : Un lion passant à sénestre.

..... I · DE · PVONT ·

(Sigillum ..... i de Puont.)

Accord au sujet du patronage de Saint-Léger et du Mesnil-Drey. — 1219.

Ce Roger du Pont au contre-sceau doit être un suzerain de Jean de la Mouche, confirmant l'accord.

427 MOUCHE (JEANNE, DAME DE LA

et de Plânes. — 1366.

Sceau rond, de 25 mill. — Arch. de la Manche : abbaye du Mont-Saint-Michel.

Écu portant trois fermaux au lambel, parti de troismains, soutenu par une damoiselle, accosté à dextre d'un écu à trois lions, et à sénestre d'un écu à la fasce accompagnée de sept merlettes en orle, le tout dans un quadrilobe. — Légende détruite.

Hommage pour le fief de la Sauguinière, à Saint-Pair-sur-Mer. Mai 1366.

428 MOULINES (GUILLAUME DE).

XIIIe siècle.

Sceau rond, de 38 mill. — Arch. du Calvados; abbaye de Barberie.

Écu portant une croix ancrée en cœur.

✠ SIGILL WILL DE MOL..ES

(Sigillum Willelmi de Molines.)

Donation d'une terre et confirmation d'une masure, à Moulines. — Sans date.

429 MUCHEDENT (JEAN DE).

Chevalier. — 1285.

Sceau rond, de 26 mill. — Arch. de la Seine-Inférieure; prieuré de Longueville.

Écu à la barre accompagnée de trois annelets en chef.

..IEHAN DE MVCHED...

(Seel Jehan de Muchedent.)

Vente d'un pré, à Torcy-le-Grand. — Juillet 1285.

430 MUSSEGROS

(MATTHIEU, SEIGNEUR DE).

Chevalier. — 1234.

Sceau rond, de 47 mill. — Arch. de l'Eure; abbaye de Mortemer.

Écu au lambel de cinq pendants.

✠ S' DOMINI MATHEI DE MVCHEGROS

(Sigillum domini Mathei de Muchegros.)

Confirmation d'une acquisition de terres, à Mussegros. — Novembre 1234.

431 NÉAUVILLE (EUSTACHE DE).

Commencement du XIIIe siècle.

Sceau rond, de 36 mill. — Arch. du Calvados; abbaye d'Aunay.

Un animal chimérique, à droite.

.......VSTACHII DE NEAVILLA

(Sigillum Eustachii de Neavilla.)

Donation d'une terre en la paroisse de Lion-sur-Mer. — Sans date.

432 NERS (ROBERT DE).

Seigneur de Ners, chevalier. — XIIIe siècle.

Sceau rond, de 31 mill. — Arch. du Calvados; abbaye de Saint-André-en-Gouffern.

Écu d'hermines à deux barres.

✠ S' ROBERTI DE NEIRS

(Sigillum Roberti de Neirs.)

Confirmation d'un ténement, à Ners. — Sans date.

433 NEUVILLETTE (RICHARD DE).

1260.

Sceau rond, de 32 mill. — Arch. de la Seine-Inférieure; archevêché de Rouen.

Une croix potencée, cantonnée de quatre points?

✠ S' · RIC' · DE · NOVILETE · MIL · ?

(Sigillum Ricardi de Novilete, militis.)

Acquisition d'une rente par le chapelain du Bosc-Roger. — Janvier 1260.

434 NEUVILLETTE

(TIPHAINE, FEMME DE RICHARD DE).

1260.

Sceau rond, de 30 mill. — Arch. de la Seine-Inférieure; archevêché de Rouen.

Un arbuste.

✠ S' TIFAIGNE · DE · NOVILETE

(Seel Tifaigne de Novilete.)

Voyez le numéro précédent.

435 NÉVILLE (JEAN, SIRE DE).

XIIIe siècle.

Sceau rond, de 40 mill. — Arch. de la Seine-Inférieure; archevêché de Rouen.

Écu portant cinq pals réunis en pointe? sous un chef chargé de trois coquilles.

✠ SIGILLVM IOHANNIS DE NEVILE

(Sigillum Johannis de Nevile.)

Abandon du patronage de l'église de Névile. — Sans date.

436 NORMANVILLE (ROBERT DE).

Chevalier. — 1242.

Sceau rond, de 34 mill. — Arch. de la Seine-Inférieure; abbaye de Valmont.

Écu d'hermines? sous un chef, à trois merlettes sur le tout.

✠ S' ROBERTI : DE : NORMANVILLA

(Sigillum Roberti de Normanvilla.)

Donation d'une rente sur le moulin de Grainville. — 1242.

437 NORMANVILLE (ROBERT DE).

Chevalier. — 1257.

Sceau rond, de 33 mill. — Arch. de la Seine-Inférieure; abbaye de Valmont.

Écu à la fasce accompagnée de trois merlettes.

✱ S' ROBTI DE NORMAVNVILE

(Sigillum Roberti de Normanvilla.)

Donation d'une rente sur le moulin d'Héricourt. — 1257.

438 ORTHE (HUGUES D').

Chevalier. — 1238.

Sceau rond, de 43 mill. — Bibl. de la ville de Rouen; fonds Leber.

Écu au sautoir.

✱ S' hVGONIS : DE : ORTA

(Sigillum Hugonis de Orta.)

Contre-sceau : Une aigle éployée. — Sans légende.

Ratification d'un achat de terre au profit de l'abbaye de Savigny. — Septembre 1238.

439 OSBERN (RAOUL)

de Oudon. — Commencement du XIIIe siècle.

Sceau rond, de 32 mill. — Arch. du Calvados; abbaye d'Aunay.

Une croix ancrée.

✱ S' RADVLFI : DE : OVDOM

(Sigillum Radulfi de Oudom.)

Confirmation de biens situés à Aunay. — Sans date.

440 OUAINVILLE (GUI D'),

Chevalier. — 1239.

Sceau rond, de 43 mill. — Arch. de la Seine-Inférieure; archevêché de Rouen.

Écu portant un lambel de cinq pendants et un lambel de quatre pendants, l'un sur l'autre.

✱ S' GVI DOINVILE

(Seel Gui d'Oinvile.)

Ratification d'une donation au profit des religieuses de Gomerfontaine. — Juillet 1239.

441 OUDALLE (JEANNE, DAME D').

XIIIe siècle.

Sceau ogival, de 48 mill. — Musée de Rouen.

Dame debout, tenant un rameau.

✱ S' IEhANE DAME DOVVEDALE

(Seel Jehane, dame d'Ouvedale.)

Matrice.

442 OUFFIÈRES (ROBERT D').

Chevalier. — XIIIe siècle.

Sceau rond, de 45 mill. — Arch. du Calvados; abbaye de Barberie.

Une plante en forme de palmette.

...OBERTI DVFERES

(Sigillum Roberti d'Uferes.)

Renonciation à ses droits sur les patronages de Saint-Germain-du-Chemin et de Fontenay-le-Marmion. — Sans date.

443 OUILLY (RICHARD D').

Fin du XIIe siècle.

Sceau rond, de 50 mill. — Arch. de la Manche; abbaye de Savigny.

Type équestre : bouclier à umbo.

✱ SIGILLVM RICARDI DE : OLLEIO

(Sigillum Ricardi de Olleio.)

Contre-sceau : Une fleur de lys.

✱ SIGILL : RICARDI : DE : OLLEIO

(Sigillum Ricardi de Olleio.)

Sceau détaché.

444 OURVILLE (JEAN D').

1186.

Sceau rond, de 45 mill. — Arch. de la Manche; abbaye de Savigny.

Type équestre de chasse : le cavalier en bliaud, tête nue, un faucon sur le poing.

✱ SIGILLVM : IOhANNIS : DE : OREVILLA :

(Sigillum Johannis de Orevilla.)

Donation de biens, à Saint-Martin-sur-Mer. — Mai 1186.

445 PANTOUL (GUILLAUME).

XIIe siècle.

Sceau rond, de 55 mill. — Arch. de la Manche.

Écu portant quatre croissants : 2 et 2; sous chaque paire de croissants, un trait ou une fasce.

✱ SIGILL GVILERMI PANTOVL

(Sigillum Guilermi Pantoul.)

Surmoulage d'une matrice en plomb trouvée dans un cercueil, à Coutances. — Sans date.

446 PAVIOT (HENRI).

Sire de Bléville, chevalier. — 1272.

Sceau rond, de 42 mill. — Arch. de la Seine-Inférieure; abbaye de Montivilliers.

Écu portant une aigle, au lambel de cinq pendants.

✱ S' ENR. .AVIOT ChEVALIER

(Seel Enri Paviot, chevalier.)

Fondation d'une chapellenie dans l'église de Montivilliers. — Juin 1272.

447 PAYNEL (FOULQUES),

Seigneur de Hambie et de Bricquebec, écuyer. — 1410.

Sceau rond, de 49 mill. — Arch. de la Manche; abbaye du Mont-Saint-Michel.

Écu portant deux fasces à l'orle de merlettes, penché, timbré d'un heaume couronné à volet aux armes et cimé d'une tête d'aigle dans un vol, supporté par deux lions.

s' fouques paynel seig . . . . . . hambie

(Seel Fouques Paynel, seigneur de Hambie.)

Hommage du fief de Moidrey. — Mai 1410.

448 PAYNEL (GUILLAUME),

Seigneur de Hambie, chevalier. — 1393.

Sceau rond, de 30 mill. — Arch. de la Manche; abbaye du Mont-Saint-Michel.

Dans le champ, une devise trop incomplète pour être lue.

. . . . l SIRE DE HA . . .

(. . . . . Paisnel, sire de Hambie.)

Quittance du treizième de la terre de Bricqueville-sur-Mer. — Novembre 1393.

449 PEGNES (MATTHIEU DE).

1205.

Sceau rond, de 42 mill. — Arch. de la Seine-Inférieure; abbaye de Saint-Amand.

Un griffon passant à gauche.

✱ SIGILL : MATEI : DE PENES :

(Sigillum Matei de Penes.)

Vente d'un homme avec son tènement, à Boos. — 1205.

450 PEGNES

(HÉLUIS D'OGERVILLE, FEMME DE MATTHIEU DE).

1205.

Sceau ogival, de 50 mill. — Arch. de la Seine-Inférieure; abbaye de Saint-Amand.

Dame debout, tenant un fleuron.

✱ S' HELVIS DOGERVILE

(Seel Heluis d'Ogervile.)

Voyez le numéro précédent.

451 PELLEVÉ (RAOUL).

XIIIe siècle.

Sceau rond, de 32 mill. — Arch. du Calvados; abbaye d'Aunay.

Une fleur de lys fleuronnée.

SIG' WILLI PEIL . . . .

(Sigillum Willermi Peillevé.)

Ratification d'un échange de terres, à Quéry. — Sans date.

452 PELLEVÉ (RAOUL).

1253.

Sceau rond, de 32 mill. — Arch. du Calvados; abbaye d'Aunay.

Buste de profil à droite, les cheveux hérissés.

✱ S' RADVLFI : PELLEVE

(Sigillum Radulfi Pellevé.)

Vente de la dîme du Repentir, située dans les paroisses de Saint-Georges et de Jurques. — 1253.

453 PELLEVÉ (RAOUL),

Écuyer. — 1260.

Sceau rond, de 33 mill. — Arch. du Calvados; abbaye d'Aunay.

Buste de face, les cheveux hérissés.

✱ S'. RADVLFI · PEILLEVE :

(Sigillum Radulfi Peillevé.)

Confirmation au sujet de terres relevant de sa seigneurie, à Saint-Martin-de-Villers. — 1260.

454 PELLEVÉ (RICHARD).

1191?

Sceau rond, de 52 mill. — Arch. du Calvados; abbaye d'Aunay.

Le champ relevé en bossette et formant une fleur radiée à seize pétales.

✱ SIGI . . . . LLEVE

(Sigillum Ricardi Pellevé?)

Donation de la terre de Quéry, en la paroisse de Jurques. — Sans date.

455 PELLEVÉ (ROBERT).

Écuyer, fils de Richard Pellevé. — 1317.

Sceau rond, de 17 mill. — Arch. du Calvados; abbaye d'Aunay.

Buste de profil à droite, accosté de six points.

✱ S' ROB'T PELLEVE ESC'

(Seel Robert Pellevé, escuier.)

Confirmation d'une rente sur une masure, en la paroisse de Villers-Bocage. — Juin 1317.

456 PELLEVÉ (SIMON).

1201.

Sceau rond, de 54 mill. — Arch. du Calvados; abbaye d'Aunay.

Type équestre : heaume conique à nasal, le bouclier muni d'un umbo.

✱ SIGILLVM : SIMONIS · PELLEVE

(Sigillum Simonis Pellevé.)

Donation sur la dîme de Saint-Georges de Maisoncelles, près Villers-Bocage. — 1201.

---

457 PELLEVÉ (SIMON).

1227.

Sceau rond, de 51 mill. — Arch. du Calvados : abbaye d'Aunay.

Une fleur de lys.

✱ S' SIMONIS PEILLEVE

(Sigillum Simonis Peillevé.)

Confirmation des donations faites par Richard Pellevé, son père. — 1227.

---

458 PERTHEVILLE (GUILLAUME DE).

Chevalier. — Commencement du XIIIe siècle.

Sceau rond, de 58 mill. — Arch. du Calvados : abbaye de Saint-André-en-Gouffern.

Type équestre : casque conique à nasal.

✱ S' VVILLERM. DE PERDVE VILE

(Sigillum Willermi de Perdue Vile.)

Donation d'une terre, au Maizeret. — Sans date.

---

459 PIERRECOURT (JEAN DE),

Sire de Saint-Beuf et de Nesle-Normandeuse, chevalier. — 1359.

Sceau rond, de 22 mill. — Arch. de la Seine-Inférieure : archevêché de Rouen.

Écu portant trois fasces.

IOH DE PIE . . ESCOVRS CH

(Johan de Pierrescourt, chevalier.)

Reconnaissance de droits au patronage de l'église de Nesle-Normandeuse. — Novembre 1359.

---

460 PIN (DURAND DU).

Chevalier. — 1222.

Sceau rond, de 50 mill. — Arch. de la Seine-Inférieure : abbaye de Saint-Ouen.

Type équestre : casque conique à nasal.

✱ SIGILLVM : DVRAN . . . E : PINV

(Sigillum Duran . . . de Pinu.)

Vente de rentes, à Escanville. — Janvier 1222.

---

461 PISSY (GUILLAUME DE),

Chevalier. — 1249.

Sceau rond, de 53 mill. — Arch. de la Seine-Inférieure : abbaye de Saint-Ouen.

Type équestre ; l'écu et la housse portant six annelets. — Il ne reste plus de la légende que

. . . LLI DE

(Guillermi de.)

Contre-sceau : Écu portant six annelets.

✱ S' DÑI · GVILLI · DE PISSIACO

(Secretum domini Guillermi de Pissiaco.)

Confirmation d'une acquisition de terres, à Écalles. — Avril 1249.

---

462 PISSY (HENRI DE).

Chevalier. — 1243.

Sceau rond, de 54 mill. — Arch. de la Seine-Inférieure ; abbaye de Jumièges.

Type équestre : le bouclier portant six annelets, au lambel.

✱ S . . . . . . M HEN . ICI DE . . . SI

(Sigillum Henrici de Pissi.)

Contre-sceau : Écu portant six annelets, au lambel de cinq pendants.

S' H . . RIC. DE PESSI ?

(Secretum Henrici de Pessi.)

Accord au sujet de droits dans le bois de Cresne, près Jouy. Avril 1243.

---

463 PLASNES (ROGER DE).

1204.

Sceau rond, de 45 mill. — Arch. du Calvados : abbaye d'Aunay.

Écu vairé, au bâton brochant.

✱ S' R . . . RI . . . ANES

(Sigillum Rogeri de Planes ?)

Confirmation des biens donnés par Richard Malherbe, père de sa femme. — 1204.

---

464 PLÉNIER (GUILLAUME).

Commencement du XIIIe siècle.

Sceau rond, de 45 mill. — Arch. du Calvados : abbaye de Saint-André-en-Gouffern.

Type équestre.

✱ SIGILL . . . LL PLENERI

(Sigillum Willermi Pleneri.)

Confirmation de donations, à Mortagne et à la Galerie. — Sans date.

---

465 PLESSIS (GUILLAUME DU).

Seigneur de Damgny, chevalier. — 1308.

Sceau rond, de 30 mill. — Arch. du Calvados : abbaye d'Ardenne.

Écu palé de six pièces sous un chef.

✱ S' GVILL DEV PL . . . . . CHEVAL

(Seel Guillaume deu Plessis, chevalier.)

Contre-sceau : Écu aux armes de la face, dans un quadrilobe. — Sans légende.

Échange de rentes, à Caen. — 1308.

466 PLESSIS (HUGUES DU),

Chevalier. — 1265.

Sceau rond, de 31 mill. — Arch. de la Seine-Inférieure : archevêché de Rouen.

Écu à la barre chargée de trois besants ou de trois tourteaux.

. S hVE DV PLE...S ChEVALIE.

(Seel Hue du Plessis, chevalier.)

Exécution du testament de Catherine, femme de Gautier de Courcelles. — Mars 1265.

467 PLESSIS (ROBERT DU),

Chevalier. — 1222.

Sceau rond, de 48 mill. — Arch. de la Seine-Inférieure ; archevêché de Rouen.

Type équestre : chapeau de fer, cimé.

✱ SIGILL ROBERTI DE PLESSEIZ

(Sigillum Roberti de Plesseiz.)

Donation d'une rente sur la grange de Dangu, au profit des religieuses de Gomerfontaine. — Juin 1222.

468 PLESSIS (ROBERT DU),

Chevalier. — 1237.

Sceau rond, de 52 mill. — Arch. de la Seine-Inférieure ; archevêché de Rouen.

Type équestre.

✱ : S' ROBERTI DV P..SSEIS

(Sigillum Roberti du Plesseis.)

Donation d'une rente sur la terre de Dangu, au profit des religieuses de Gomerfontaine. — Août 1237.

469 POILLEY (ARTUS DE),

Écuyer, seigneur de Garnetot. — 1477.

Sceau rond, de 38 mill. — Collection de M. de Farcy, à Bayeux.

Écu au lion passant couronné, penché, timbré d'un heaume *cimé d'une* tête de lion dans un vol, supporté par deux lions. — Légende détruite.

Présentation à la cure de Cauquigny. — 12 mars 1477.

470 POILLEY (PIERRE DE),

Chevalier. — Commencement du XIIIe siècle.

Sceau rond, de 47 mill. — Arch. de la Manche ; abbaye de Savigny.

Type équestre.

✱ SIGILLVM · PE.. .E · POEIO ·

(Sigillum Petri de Poeio.)

Donation de biens, à Boisgelin. — Sans date.

471 POISSY (GACE DE),

Chevalier. — 1241.

Sceau rond, de 37 mill. — Arch. de l'Eure ; prieuré de Sausseuse.

Écu portant sept merlettes en orle, au lambel de cinq pendants.

✱ S' GACE DE P..SI

(Seel Gace de Poisi.)

Donation d'une rente sur des prés «in Merderel ante Falesiam». — Octobre 1241.

472 POISSY

(PERRENELLE, FEMME DE GACE DE).

1241.

Sceau rond, de 47 mill. — Arch. de l'Eure ; prieuré de Sausseuse.

Dame debout, un oiseau sur le poing ; dans le champ, à droite, un petit chien?

✱ S' PETRONI........ROGERI .....

(Sigillum Petronille..... Rogeri.....)

Voyez le numéro précédent.

473 PONT (EUDES, SEIGNEUR DU),

1128.

Sceau rond, de 60 mill. — Arch. de la Manche ; abbaye de Savigny.

Écu *portant trois croissants sous un* chef chargé d'un écusson à l'orle de six tourteaux ou six besants.

✱ SIGILL ....PŌTIS

(Sigillum..... Pontis.)

Contre-sceau : Écu à l'orle de tourteaux ou de besants, chargé en chef d'un écusson à trois croissants sous un chef. — Sans légende.

Donation d'un pré salin, à Guérande. — 1128.

474 PONT (JEAN DU),

Fils de Nicole du Pont. — 1264.

Sceau rond, de 28 mill. — Arch. de l'Orne ; abbaye de Saint-Évroult.

Une fleur radiée.

✱ S : IO..NNIS : DE : PONTE

(Sigillum Johannis de Ponte.)

Confirmation d'un échange de rentes entre sa mère et Guérin du Pont, son frère. — Février 1264.

475 PONT (NICOLE DU),

Fille d'Artur du Doust, chevalier. — 1264.

Sceau rond, de 37 mill. — Arch. de l'Orne; abbaye de Saint-Évroult.

Une croix fleuronnée, cantonnée de quatre fleurons.

✱ S NICOLE..............

(Seel Nicole.....)

Échange de rentes avec Guérin, l'un de ses fils. — Février 1264.

476 PONT (RICHARD DU),

Fils de Nicole du Pont. — 1264.

Sceau rond, de 37 mill. — Arch. de l'Orne; abbaye de Saint-Évroult.

Huit rameaux disposés en étoile.

✱ S' RICH... DE PONT

(Seel Richart de Pont.)

Voyez le n° 475.

477 PONTÉCOULANT (ROBERT DE),

Chevalier. — XIIIe siècle.

Sceau rond, de 44 mill. — Arch. du Calvados; abbaye d'Aunay.

Sous une arche de pont, trois poissons en pal sur un quatrième en fasce.

✱ SIGILLVM. ROB............TO

(Sigillum Roberti.....to.)

Donation d'une terre, à Maizet. — Sans date.

478 PORC (GUERMOND LE),

Sire de Saint-Saire, chevalier. — 1256.

Sceau rond, de 30 mill. — Arch. de la Seine-Inférieure: abbaye de Foucarmont.

Écu au sanglier passant.

✱ S' WERMONDI PORCI MILITIS

(Sigillum Wermondi Porci, militis.)

Fieffe d'une terre, à Foucarmont. — Novembre 1256.

479 PORTE (ÈVE DE LA),

Femme de Geoffroi Gorion. — 1227.

Sceau ogival, de 43 mill. — Arch. de la Seine-Inférieure; abbaye de Saint-Ouen.

Une fleur de lys fleuronnée.

✱ S' DOMINE ... E PORTA

(Sigillum Domine ... de Porta.)

Vente du droit de champart et de la dîme de Guernes, de la Chapelle, de Dancourt, etc. — Mars 1227.

480 PORTE (HERBERT DE LA),

1205.

Sceau rond, de 35 mill. — Arch. du Calvados; abbaye de Saint-André-en-Gouffern.

Écu fascé de six pièces.

✱ S' HERBERTI DE PORTA

(Sigillum Herberti de Porta.)

Donation d'une vigne et confirmation de rentes en la paroisse de la Ferté. — 1205.

481 PORTE (HERBERT DE LA),

Chevalier. — 1223.

Sceau rond, de 53 mill. — Arch. du Calvados; abbaye de Saint-André-en-Gouffern.

Écu fascé de six pièces.

...ERBERT E LA .O...

(Seel Herbert de la Porte.)

Donation de rentes sur ses vignes "de Freteio". — 1223.

482 POTEREL (HENRI DE),

Chevalier. — Commencement du XIIIe siècle.

Sceau rond, de 52 mill. — Arch. de la Manche; abbaye de la Luzerne.

Écu au lion rampant contourné et accosté de deux tourteaux à dextre.

✱ SIGILL HENRI...........

(Sigillum Henrici.....)

Donation d'une rente sur le moulin de Lingreville. — Sans date.

483 PRÉAUX (PIERRE DE),

Chevalier. — 1203.

Sceau rond, de 44 mill. — Musée de Rouen.

Type équestre; le bouclier et la housse portant une aigle.

S' ✱ PET.. DÑI · DE · PRATELLIS · MILITIS

(Sigillum Petri, domini de Pratellis, militis.)

Contre-sceau : Intaille représentant une aigle, les ailes déployées.

✱ S' IOHIS .. PREAVS

(Secretum Johannis de Préaus.)

Sceau détaché.

484 QUÉBRIAC (OLIVIER DE),

Chevalier. — 1267.

Sceau rond, de 34 mill. — Arch. de la Seine-Inférieure; chapitre de Rouen.

Écu portant six fleurs de lys, chargées chacune de ?

✱ : SIGILL.......DE REBRIAC :

(Sigillum Oliveri de Kebriac.)

Caution fournie pour le bail du manoir d'Othery, en Angleterre. — Juin 1267.

485 QUENONVILLE (PIERRE DE),

Chevalier. — 1251.

Sceau rond, de 38 mill. — Arch. de la Seine-Inférieure ; abbaye de Valmont.

Écu portant trois molettes.

✱ S' PETRI DE RENO VILLA

(Sigillum Petri de Kenovilla.)

Échange de rentes, à Vittefleur. — 1251.

486 QUESNAY (JEAN DU),

Écuyer. — 1262.

Sceau rond, de 23 mill. — Arch. du Calvados : abbaye de Troarn.

Un tonneau.

. IOhANN.. .. ...INA.

(Sigillum Johannis de Queinai?)

Échange de biens, à Anguerny. — Mars 1262.

487 QUESNAY (LUCIE, DAME DU).

1238.

Sceau ogival, de 46 mill. — Arch. de la Manche ; abbaye de Cherbourg.

Un arbuste.

....LE • L...E • .. R.....

(Sigillum Lucie de Kesnai.)

Cession d'une rente sur un manoir, à Valognes. — 1238.

488 QUESNAY (ROBERT L'ABBÉ DU),

Chevalier. — 1238.

Sceau rond, de 35 mill. — Arch. de la Seine-Inférieure : abbaye de Jumièges.

Un chien passant à droite.

✱ S. ABBATIS DE KESNEI

(Sigillum Abbatis de Kesnei.)

Donation de terres, à Bourgachard. — Juillet 1238.

489 RENAUD (BONAVENTURE).

XIIIe siècle.

Sceau en ecu, de 40 mill. — Collection de M. Lormier, à Rouen.

Un croissant parti de quatre fasces.

✱ S' BONAVEGVRE RAINALDI

(Sigillum Bonavegure Rainaldi.)

Matrice.

490 REVIERS (GUILLAUME DE).

1286.

Sceau rond, de 40 mill. — Arch. de la Manche ; abbaye de Saint-Sauveur-le-Vicomte.

Écu portant six losanges.

✱ S' WILLELMI DE REVERIIS

(Sigillum Willelmi de Reveriis.)

Vente de terres situées près la haie de Denneville. — Avril 1286.

491 REVIERS (JEAN DE).

XIVe siècle.

Sceau rond, de 21 mill. — Musée des Antiquaires de Normandie, à Caen.

Écu portant six losanges, entouré de petits sautoirs.

✱ S' • IhOhAN : DE REVIERS

(Seel Jhohan de Reviers.)

Matrice.

492 REVIERS (RICHARD DE),

Chevalier. — 1257.

Sceau rond, de 34 mill. — Arch. du Calvados ; abbaye de Cordillon.

Écu portant six losanges, au lambel de quatre pendants. — Légende détruite.

Donation du patronage de Manvieux. — 1257.

493 RIVIÈRE (GUILLAUME DE LA).

1248.

Sceau ogival, de 31 mill. — Arch. du Calvados ; abbaye d'Aunay.

Un bélier sautant à droite, entre deux rameaux.

✱ SIGILL WILLI DE RIPARIA

(Sigillum Willelmi de Riparia.)

Donation de rentes, à Maisoncelles. — 1248.

494 RIVIÈRE (PHILIPPE DE LA).

Fin du XIIe siècle.

Sceau rond, de 60 mill. — Arch. de la Seine-Inférieure ; abbaye de Saint-Georges de Boscherville.

Type équestre.

✱ SIGILLVM .... DE RI.ARIA

(Sigillum Philippi de Riparia.)

Cession de droits sur l'église de Saint-Pierre de Manneville. — Sans date.

495 RIVIÈRE (PIERRE DE LA).

Chevalier. — 1247.

Sceau rond, de 57 mill. — Arch. hospitalières d'Évreux

Écu d'hermines à deux fasces? accosté de deux fleurs de lys.

✱ S' PE... DE RIPARIA : MILITIS

(Sigillum Petri de Riparia, militis.)

Donation d'un manoir et d'une terre en la paroisse des Barils. — Mars 1247.

496 ROCHELLE (ROBERT DE LA),

Chevalier. — 1300.

Sceau rond, de 25 mill. — Arch. de l'Orne ; abbaye de Belle-Étoile.

Écu au chien passant à sénestre, accompagné en pointe de deux jumelles en fasce.

..OBE.. DE ...OCH......

(Seel Robert de la Roch.....)

Confirmation des biens possédés, dans l'étendue de ses fiefs, par l'abbaye de Belle-Étoile. — Août 1300.

497 ROI (GILLETTE LE),

XVe siècle.

Sceau ogival, de 68 mill. — Arch. de la Manche.

Dans une niche gothique, la Vierge debout, couronnée, tenant l'enfant Jésus, sur champ d'étoiles, les pieds sur un écu portant quatre aigles : 2 et 2.

Gillete le Roy

(Gillete le Roy.)

Surmoulage de matrice.

498 ROSEBEKE (LAMBERT DE),

Chevalier. — 1286.

Sceau rond, de 53 mill. — Bibl. de la ville de Rouen ; fonds Leber.

Écu à la croix vairée.

✱ S' LANBIERT DE ROSEBIERE CEVALIER :

(Seel Lanbiert de Rosebieke, cevalier.)

Voyez le n° 188.

499 ROUAULT (LOUIS),

Seigneur de la Haye. — 1557.

Signet rond, de 18 mill. — Arch. de la Manche ; abbaye du Mont-Saint-Michel.

Écu vairé, écartelé d'un lion, à l'écusson chargé d'une aigle sur le tout. — Sans légende.

Aveu du fief de la Haye, à Bacilly. — Novembre 1557.

500 ROUVRAY (JEAN DE),

Chevalier. — 1244.

Sceau rond, de 45 mill. — Arch. de la Seine-Inférieure ; abbaye de Saint-Ouen.

Type équestre ; le bouclier portant une croix chargée de cinq coquilles. — Légende détruite.

Contre-sceau : Écu à la croix chargée de cinq coquilles.

✱ SECRE.........

(Secretum.....)

Confirmation d'une acquisition de terres, à Écalles. — Août 1244.

501 ROUVRAY (JEAN DE),

Seigneur de Grandville, chevalier. — 1280.

Sceau rond, de 57 mill. — Arch. de la Seine-Inférieure ; abbaye de Saint-Wandrille.

Type équestre ; le bouclier et la housse burelés au lion.

..IOHIS DE ROVVERAE DNI..........

(Sigillum Johannis de Rouverae, domini.....)

Contre-sceau : Écu burelé au lion.

✱ 9TRAS' IOHIS DE ROVVERAE MILITIS

(Contrasigillum Johannis de Rouverae, militis.)

Confirmation d'une donation de terres, à Valliquerville. — Mai 1280.

502 ROUVRES (OLIVIER DE),

Chevalier. — 1241.

Sceau rond, de 35 mill. — Arch. de la Seine-Inférieure ; abbaye de Bondeville.

Écu à la fasce accompagnée de trois étoiles.

✱ S' OLIVIER DE ROVVES

(Seel Olivier de Rouves.)

Fieffe d'une terre, à Bondeville. — Septembre 1241.

503 ROYE (DREUX DE),

Sire d'Aunoy, chevalier. — 1287.

Sceau rond, de 44 mill. — Arch. hospitalières d'Évreux.

Écu à la bande d'hermines.

✱ S' DROCON ....LITIS

(Sigillum Droconis..... militis.)

Confirmation de l'acquisition d'un héritage, à Saint-Germain-lez-Évreux. — Novembre 1287.

504 RYES (HUGUES DE),

1253.

Sceau rond, de 34 mill. — Arch. du Calvados ; abbaye de Saint-André-en-Gouffern.

Une croix recercelée. — Il ne reste plus de la légende que

..IS DE...

(Hugonis de....)

Confirmation d'une rente sur le moulin de Ryes. — Septembre 1253.

505 RYES (ROBERT DE).

XIIᵉ siècle.

Sceau rond, de 40 mill. — Arch. du Calvados; abbaye de Saint-André-en-Gouffern.

Une aigle.

SIGILL ROBERT.......

(Sigillum Roberti.....)

Cession du patronage des églises de Ryes et de Pierrelitte. — Sans date.

506 SAANE (ROBERT DE),

Chevalier. — 1410.

Sceau rond, de 43 mill. — Arch. de la Seine-Inférieure: archevêché de Rouen.

Écu gironné de quatorze pièces, penché, timbré d'un heaume cimé d'un vol, sur champ festonné.

ROBERT DE SAANE CHLR

(Robert de Saane, chevalier.)

Appointement au sujet du patronage de l'église de Tocqueville-en-Caux. — Mars 1410.

507 SABLÉ (MARGUERITE, DAME DE).

1226.

Sceau ogival, de 65 mill. — Arch. du Calvados; abbaye d'Aunay.

Dame debout.

.....LVM MARGV........

(Sigillum Marguarete.....)

Contre-sceau: Écu portant une aigle, la tête contournée.

...........SVNT MI SEC

(.....sunt mi secrés.)

Franchise de droits de vinage accordée à l'abbaye d'Aunay. — 1226.

508 SAINT-BERTHEVIN (GUÉRIN, LE JEUNE DE).

Fin du XIIᵉ siècle.

Sceau rond, de 55 mill. — Arch. de la Manche; abbaye de Savigny.

Champ semé de croisettes recroisetées, chaque rangée séparée par un trait en fasce.

✠ SIGI.... ....NI IVVENIS DE SCO BERTIVINO

(Sigillum Garini, juvenis de Sancto Bertivino.)

Sceau detaché.

509 SAINT-BRICE (GUILLAUME DE).

1206.

Sceau rond, de 45 mill. — Bibl. de la ville de Rouen; fonds Lebar.

Écu portant deux pals. — On ne lit plus de la légende que

✠ SIGILL.

(Sigillum.)

Confirmation de donations faites par son aïeul à l'abbaye de Savigny, en la paroisse de Coutrières. — 1206.

510 SAINT-CLAIR (GUILLAUME DE).

1140.

Sceau rond, de 49 mill. — Arch. de la Manche; abbaye de Savigny.

Type équestre au gonfanon, très primitif. Le cou du cheval semble habillé de mailles.

✠ SIGILLVM WILELMI DE SCO CLARO

(Sigillum Wilelmi de Sancto Claro.)

Donation des terres de Thaon et de Villers. — 1140.

511 SAINT-DENIS (HENRI DE),

Sire du lieu et de Saint-Pierre-Langers, chevalier. — 1394.

Sceau rond, de 24 mill. — Arch. de la Manche; abbaye du Mont-Saint-Michel.

Écu portant deux jumelles en fasce sous un lion passant, au lambel; penché, timbré d'un heaume, supporté par deux hommes sauvages. — Légende détruite.

Lettres de non-préjudice au sujet d'une chasse aux sangliers dans le bois du Prail. — Janvier 1394.

512 SAINT-DENIS (JEAN DE),

Seigneur de Saint-Pierre-Langers. 1394.

Sceau rond, de 24 mill. — Arch. de la Manche; abbaye du Mont-Saint-Michel.

Écu portant deux jumelles en fasce sous un lion passant, à la bande sur le tout.

S' IOHANNI DE ......BR

(Sigillum Johanni de .....br.)

Lettres de non-préjudice au sujet de la chasse aux sangliers dans les bois de Saint-Pair-sur-Mer. — Juin 1394.

513 SAINT-ÉTIENNE (JEAN DE),

Écuyer. — 1289.

Sceau rond, de 26 mill. — Arch. de la Seine-Inférieure; abbaye de Saint-Ouen.

Écu à la bande endentée.

...HA · D' · S' ..TIENE · ESCVIER

(Seel Jehan de Saint Estiene, escuier.)

Vente d'une livraison de huit pains que lui donnait chaque semaine l'abbaye de Saint-Ouen. — Mars 1289.

514 SAINT-GERMAIN (RAOUL DE).

Commencement du XIIIe siècle.

Sceau rond, de 46 mill. — Arch. de la Manche; abbaye de Montebourg.

Écu portant trois tourteaux, au lambel.

✱ S' RADVLFI DE SCO GERMANO

(Sigillum Radulfi de Sancto Germano.)

Concession viagère de la dîme d'Urville, près Valognes. — Sans date.

515 SAINT-GERMAIN (SAMSON DE).

1232.

Sceau rond, de 41 mill. — Arch. du Calvados; abbaye d'Aunay.

Une fleur de lys fleuronnée.

✱ S' SANSO... .. SCO G'MANO

(Sigillum Sansonis de Sancto Germano.)

Donation d'une terre, à Vassy. — 1232.

516 SAINT-GERMAIN-DU-CHEMIN (GUILLAUME DE).

1227.

Sceau rond, de 39 mill. — Arch. du Calvados; abbaye de Barberie.

Écu portant trois tourteaux.

✱ S' WILL DE SCO GERMANO

(Sigillum Willelmi de Sancto Germano.)

Donation d'un champ, à Fontenay-le-Marmion. — 1227.

517 SAINT-GERMAIN-LANGOT (NICOLAS DE).

Chevalier. — 1227.

Sceau rond, de 40 mill. — Arch. du Calvados; abbaye de Villers-Canivet.

Écu portant deux lambels? l'un sur l'autre, celui du chef à cinq pendants, le lambel en pointe à trois pendants.

✱ S' NI..OLAI DE S.....N

(Sigillum Nicholai de Sancto Germano.)

Abandon de ses prétentions sur le patronage de Saint-Germain-Langot. — 1227.

518 SAINT-HILAIRE (PIERRE DE).

XIIe siècle.

Sceau rond, de 57 mill. — Arch. de la Manche; abbaye de Savigny.

Type équestre : heaume conique à nasal, bouclier vu en dedans.

✱ SIGILLVM PETRI DE SANCTO HYLARIO

(Sigillum Petri de Sancto Hylario.)

Sceau détaché.

519 SAINT-HILAIRE (PIERRE DE),

Seigneur de Boucey. — 1194.

Sceau rond, de 38 mill. — Arch. de la Manche; abbaye du Mont-Saint-Michel.

Écu portant trois étoiles. — Légende détruite.

Confirmation du patronage de l'église de Boucey. — 1194.

520 SAINT-HIPPOLYTE (HUGUES DE).

XIIe siècle.

Sceau rond, de 30 mill. — Arch. du Calvados; abbaye de Saint-André-en-Gouffern.

Une fleur de lys.

✱ SIGILLVM .....IS : D SCO IPOLIT

(Sigillum Hugonis de Sancto Ipolito.)

Donation d'une terre en la paroisse de Moulins. — Sans date.

521 SAINT-JEAN (EUDES DE),

Chevalier. — XIIe siècle.

Sceau rond, de 39 mill. — Arch. de la Manche; abbaye de Montmorel.

Écu portant un chien ou un loup rampant contourné.

............DE SCO IOHE

(Sigillum Odonis de Sancto Johanne.)

Confirmation des biens donnés par Jean de la Bouloue. — Sans date.

522 SAINT-MARTIN (RAOUL DE).

Commencement du XIIIe siècle.

Sceau rond, de 55 mill. — Arch. de la Manche; abbaye de Cherbourg.

Type équestre.

..IGILL RADVL...........

(Sigillum Radulfi.....)

Abandon de droits sur le patronage de Nacqueville. — Sans date.

523 SAINT-MARTIN-LE-GAILLARD (JEAN, SIRE DE).

Chevalier. — 1283.

Sceau rond, de 40 mill. — Arch. de la Seine-Inférieure; archevêché de Rouen.

Écu portant dix billettes : 4, 3, 2 et 1.

✱ S' : IOHAN : DE SEI.. MARTIN : CHEVALIER

(Seel Johan de Seint Martin, chevalier.)

Accord au sujet du patronage de l'église de Saint-Martin-le-Gaillard. Octobre 1283.

524 SAINT-MARTIN-LE-GAILLARD

(JEAN DE),

Fils de Jean de Saint-Martin-le-Gaillard, chevalier. — 1283.

Sceau rond, de 23 mill. — Arch. de la Seine-Inférieure; archevêché de Rouen.

Écu portant dix billettes, à la bande brochant.

✠ S' IEHS DE S' MARTĪ CHR

(Seel Jehans de Saint Martin, chevalier.)

Voyez le numéro précédent.

525 SAINT-MARTIN-LE-GAILLARD

(JEAN, SIRE DE).

1338.

Sceau rond, de 43 mill. — Arch. de la Seine-Inférieure; archevêché de Rouen.

Type équestre; le bouclier et la housse portant dix billettes, champ fretté. — Légende détruite.

Fondation d'une chapellenie, à Saint-Martin-le-Gaillard. — Mars 1338.

526 SAINT-MARTIN-LE-GAILLARD

(JEAN, SIRE DE),

Chevalier. — 1344.

Sceau rond, de 20 mill. — Arch. de la Seine-Inférieure; archevêché de Rouen.

Écu portant dix billettes.

✠ S' IEH.... S' MAR..........

(Seel Jehan de Saint-Martin.....)

Présentation à la cure de Saint-Martin-le-Gaillard. — Avril 1344.

527 SAINT-MARTIN-LE-GAILLARD

(JEANNE, FEMME DE JEAN DE).

1283.

Sceau ogival, de 38 mill. — Arch. de la Seine-Inférieure; archevêché de Rouen.

Dame debout, en surcot armorié de fleurs de lys et parti de châteaux, tenant une fleur de lys à la main droite, un oiseau de vol sur le poing gauche.

✠ S' DÑE · IOHE · DE · SCO MARTINO · LE GALLART

(Sigillum domine Johanne de Sancto Martino le Gallart.)

Voyez le n° 523.

Une matrice de ce type se trouve au musée de Rouen.

528 SAINT-PIERRE-LANGERS

(NICOLAS DE),

Chevalier. — 1278.

Sceau rond, de 28 mill. — Arch. de la Manche; abbaye de la Luzerne.

Écu portant deux fasces accompagnées de neuf merlettes posées: 4, 3 et 2.

✠ S' NICHOLAI DE SCO P.... MILITIS

(Sigillum Nicholai de Sancto Petro, militis.)

Confirmation de biens en la paroisse de Saint-Pierre-Langers. Janvier 1278.

529 SAINT-PLANCHERS

(JEANNE, DAME DE).

1268.

Sceau ogival, de 55 mill. — Arch. de la Manche; abbaye du Mont-Saint-Michel.

Un fermail.

✠ S' IOHANNE . DE · ....NCHAIS

(Sigillum Joanne de Saint-Planchais.)

Donation du patronage de Lingreville. — Novembre 1268.

530 SAINT-SAIRE (ROGER DE),

Chevalier. — 1217.

Sceau rond, de 45 mill. — Arch. de la Seine-Inférieure; abbaye de Jumièges.

Type équestre.

S' : ROGERI : DE · SEISARII

(Sigillum Rogeri de Seisarii.)

Donation de rentes sises à Duclair. — Juin 1217.

531 SAINTE-MARIE (PHILIPPE DE).

1198?

Sceau rond, de 36 mill. — Arch. de la Manche.

Écu portant un écartelé plain. — Légende détruite.

Sceau détaché.

532 SAINTE-MARIE (ROGER DE).

Vers 1260.

Sceau rond, de 50 mill. — Arch. de la Manche.

Écu portant un écartelé plain.

✠ SIGIL ROG'I DE SCA MARIA

(Sigillum Rogeri de Sancta Maria.)

Sceau détaché.

533 SALLENELLES (GUILLAUME DE),

Chevalier. — 1221.

Sceau rond, de 30 mill. — Arch. du Calvados; abbaye de la Sainte-Trinité de Caen.

Écu portant un émanché de quatre pointes mouvant du chef.

✠ S' WILLERMI DE SA..NEL.

(Sigillum Willermi de Sa..nel...)

Vente d'une vavassorie et d'un tènement, à Guernesey. — 1221.

534 SAMAY (MAHAUT DE).

1224.

Sceau ogival, de 60 mill. — Arch. du Calvados; abbaye d'Aunay.

Une fleur de lys.

✠ SIGILL · MATILD' DE SAMAI

(Sigillum Matildis de Samai.)

Donation d'une terre, à Vassy. — 1225.

535 SAUQUEVILLE (GUILLAUME DE).

Fin du XIIe siècle.

Sceau rond, de 57 mill. — Arch. de la Seine-Inférieure; prieuré de Longueville.

Un arbre.

............WILLELMI DE SA......

(Sigillum Willelmi de Saucheville?)

Donation du moulin de Longueville, de biens, à Roquemont, à Val-Gontier et à Écrémesnil. — Sans date.

536 SAUQUEVILLE (JOURDAIN DE).

Commencement du XIIIe siècle.

Sceau rond, de 60 mill. — Arch. de la Seine-Inférieure; abbaye de Saint-Wandrille.

Type équestre; le bouclier muni d'un umbo.

✠ SIGILLVM IORDANIS DE SAVCHEVILLA

(Sigillum Jordanis de Saucheville.)

Contre-sceau: Intaille représentant un Esculape debout, s'appuyant sur le bâton autour duquel s'enroule le serpent. Derrière le dieu, une colonne.

SECRET SAVQVEVILE

(Secretum Sauqueville.)

Abandon de droits sur une terre. — Sans date.

537 SELHAM (RAOUL DE).

Fin du XIIe siècle.

Sceau rond, de 62 mill. — Arch. du Calvados; abbaye de Troarn.

Type équestre.

..........FI DE SELEHAM

(Sigillum Radulfi de Selehom.)

Donation de la terre de Sennerville. — Sans date.

538 SEMILLY (GUILLAUME DE).

1199.

Sceau rond, de 53 mill. — Arch. du Calvados; abbaye d'Aunay.

Type équestre: casque conique à nasal, bouclier à umbo.

SIGI.. ....ELMI DE SIMILI

(Sigillum Willelmi de Simili.)

Donation d'une terre en la paroisse de Saint-Samson d'Aunay. — 1199.

539 SEMILLY (GUILLAUME DE).

Commencement du XIIIe siècle.

Sceau rond, de 56 mill. — Arch. du Calvados; abbaye d'Aunay.

Type équestre: bouclier à umbo.

✠ SIGILLVM GWILLERMI DE SIMILLI

(Sigillum Guuillermi de Similli.)

Donation d'une terre, à Aunay. — Sans date.

540 SEMILLY (HENRI DE),

Seigneur d'Aunay, chevalier. — 1261.

Sceau rond, de 27 mill. — Arch. du Calvados; abbaye d'Aunay.

Écu à l'orle de six fermaux, chargé d'un écusson plain en abîme.

✠ S' HENRICI DE SIMILI MILITIS

(Sigillum Henrici de Simili, militis.)

Donation de la dîme du moulin de Balleroy. — Février 1261.

541 SERAN (GUILLAUME DE).

Commencement du XIIIe siècle.

Sceau rond, de 50 mill. — Arch. de la Manche; abbaye de Savigny.

Type équestre.

✠ SIGILLVM WILLELMI DE SERANS

(Sigillum Willelmi de Serans.)

Donation d'une terre en la paroisse de Thaon. — Sans date.

542 SILVAIN (ADAM).

Chevalier. — 1236.

Sceau rond, de 35 mill. — Arch. du Calvados; Hôtel-Dieu de Lisieux.

Écu à la bande de vair accompagnée de coquilles en orle.

.....LVM ADE SILV...

(Sigillum Ade Silvain?)

Contre-sceau : Intaille représentant un cheval marin à gauche. — Sans légende.

Donation d'une rente, à Manerbe, au profit des Trinitaires de Lisieux. — 1236.

543 SOTEREL (GUILLAUME LE),

Seigneur des Chéris, écuyer. — 1405.

Sceau rond, de 26 mill. — Arch. de la Manche ; abbaye du Mont-Saint-Michel.

Écu portant trois aigles, penché, timbré d'un heaume cimé d'une tête d'aigle, supporté par deux griffons.

GVILLE LE ...EREL

(Guillaume le Soterel.)

Aveu de la seigneurie du Mesnil-Adelée. — Novembre 1405.

544 SOUVRÉ (JEAN DE).

1208.

Sceau rond, de 38 mill. — Arch. de la Manche ; abbaye du Mont-Saint-Michel.

Écu barré de huit pièces. — Il ne reste plus de la légende que

S' IO...

(Sigillum Johannis.)

Donation d'une terre, sous la fontaine de Souvré. — 1208.

545 SUBLIGNY (AMAURI DE).

Fin du XIIe siècle.

Sceau rond, de 60 mill. — Arch. du Calvados ; abbaye de Saint-André-en-Gouffern.

Type équestre : casque conique à nasal. — Légende écrite en dehors.

✠ SIGILLVM · AMAVRI DE SABL...O

(Sigillum Amaurici de Sabl...o.)

Confirmation de droits d'usage, à Gacé. — Sans date.

546 TAILLEPIED (GUILLAUME DE).

1252.

Sceau rond, de 30 mill. — Arch. de la Manche ; abbaye de Saint-Sauveur-le-Vicomte.

Écu au croissant accompagné de trois étoiles.

✠ SIGILL WILLMI DE TAILLEPIE

(Sigillum Willelmi de Taillepié.)

Donation de rentes, à Neuville-en-Beaumont. — Décembre 1252.

547 TAISSON (JOURDAIN).

XIIe siècle.

Sceau rond, de 65 mill. — Arch. de la Manche ; abbaye de Savigny.

Type équestre : gonfanon, casque conique à nasal garni d'un immense volet orné de houppes, bouclier à umbo.

....LLVM IORDANNI TEISONIS

(Sigillum Jordanni Teisonis.)

Sceau détaché.

548 TAISSON

(LIESSE, FEMME DE JOURDAIN),

Dame de Saint-Sauveur-le-Vicomte. — Avant 1178.

Sceau rond, de 53 mill. — Communiqué par M. de Pontaumont.

Un oiseau planant, vu en dessous, entouré de rinceaux.

✠ SIGILLVM LETICIE DE SA.... ....ATORE

(Sigillum Leticie de Sancto Salvatore.)

Donation de Raoul du Parc, avec tout son tènement, en faveur de l'abbaye de Saint-Sauveur. — Sans date.

549 TAISSON (RAOUL),

Seigneur de Saint-Vaast et d'Ondefontaine, chevalier. — 1297.

Sceau rond, de 32 mill. — Arch. du Calvados ; abbaye de Barberie.

Écu fascé de diapré et d'hermines de six pièces? au lambel de quatre pendants.

✠ S' R...LFI .A...N .....R

(Sigillum Radulfi Taison...r.)

Confirmation de biens, à Saint-Contest et à Amfreville. — Mai 1297.

550 TANCARVILLE

(AUDE D'AUFFAY, DAME DE),

Veuve de Guillaume le Chambellan de Normandie. — 1273.

Sceau ogival, de 72 mill. — Arch. de la Seine-Inférieure ; couvent des Emmurées.

Dame debout, en surcot déceint, coiffée d'un couvrechef, tenant un fleuron et un livre, accostée de deux chimères.

...GILLVM : AVDE : D..........NQVARVI...

(Sigillum Aude, d..... de Tanquarvilla.)

Contre-sceau : Écu à l'orle de huit étoiles, chargé d'un écusson plain en abîme.

✠ : SIGILLVM SECRETI MEI

(Sigillum secreti mei.)

Donation d'une rente sur les moulins d'Auffay. — Mai 1273.

551 TANCARVILLE

(GUILLAUME LE CHAMBELLAN DE),

Écuyer. — 1283.

Sceau rond, de 38 mill. — Arch. de la Seine-Inférieure; couvent des Emmurées.

Écu à l'orle de huit étoiles, chargé d'un écusson plain en abîme, accosté de deux chimères.

✱ S' GVILEI · ChĀBLANC · SIRE : D · TĀCRVILLE : ESQ̄R :

(Sigillum Guillermi Chamberlanc, sire de Tancarville, esquier.)

Confirmation des donations faites par ses prédécesseurs, à Villers-Chambellan et à « Roufay ». — Juillet 1283.

552 TESSEL (ROBERT DE),

Chevalier. — 1253.

Sceau ogival, de 38 mill. — Arch. du Calvados; abbaye d'Aunay.

Écu portant deux lions passant contournés, l'un sur l'autre.

.. ROBERTI : DE : TAISEL

(Sigillum Roberti de Taisel.)

Donation d'une rente de froment, à Tessel. — 1253.

553 THAON (RAOUL DE).

XIIIe siècle.

Sceau rond, de 34 mill. — Arch. de la Manche; abbaye de Savigny.

Écu portant trois écussons.

✱ SIGLL RADVLFI DE TAVN

(Sigillum Radulfi de Taun.)

Sceau détaché.

554 THÉSARD (HÉBERT),

Seigneur de Fourneaux. — 1521.

Sceau rond, de 26 mill. — Arch. de la Manche; abbaye du Mont-Saint-Michel.

Écu à la fasce, penché, timbré d'un heaume cimé d'une tête de cerf, supporté par deux oiseaux.

hebert thesart

(Hébert Thésart.)

Nomination à la cure de Fourneaux-sur-Vire. — Septembre 1521.

555 THÉSARD (LOUIS),

Sire des Essars, écuyer. - 1491.

Sceau employé par Marguerite de Vassy, sa veuve.

Sceau rond, de 25 mill. — Arch. de la Manche; abbaye du Mont-Saint-Michel.

Écu à la fasce, penché, timbré d'un heaume cimé de. .. supporté par deux oiseaux.

. . . . thesart

(. . . . Thésart.)

Nomination à la cure de Fourneaux-sur-Vire. — Avril 1491.

556 THIBOUVILLE

(AGNÈS, FEMME DE ROBERT DE),

Écuyer. — 1293.

Sceau rond, de 34 mill. — Arch. de l'Orne; abbaye de Saint-Évroult.

Une étoile à huit rais.

✱ S' AGNETIS · DAVNOV?

(Sigillum Agnetis d'Aunou.)

Reconnaissance du droit d'acquisition dans le fief de Saint-Céneri. — Novembre 1293.

557 THIESMENIL (GUILLAUME DE).

1228.

Sceau rond, de 33 mill. — Arch. du Calvados; abbaye de Barberie.

Un chien passant à droite, la tête contournée.

. . . .LLVM GVILLEI DE TIE. . . . . .

(Sigillum Guillermi de Tiesmesnil.)

Confirmation d'une varassorie, à Thiesmenil. — 1228.

558 THIVERVAL (ALIX DE).

1227.

Sceau rond, de 40 mill. — Arch. de la Seine-Inférieure; abbaye de Jumièges.

Une fleur de lys fleuronnée.

✱ S. . . . . . .S · DE · TIVERVAL

(Sigillum Aelidis? de Tiverval.)

Confirmation d'un achat de vignes. — Avril 1227.

559 THORNCOMBE (GUILLAUME).

1410.

Signet rond, de 11 mill. — Arch. de la Manche; abbaye de Montebourg.

Dans le champ, sur deux lignes, les initiales G ✱ ThO?

Abandon de droits sur des biens, à Exmouth et à « Brock », en faveur du prieuré de Loders, en Angleterre. — Août 1410.

560 TILLIÈRES

(JACQUES, SEIGNEUR DE).

1231.

Sceau rond, de 60 mill. — Arch. hospitalières d'Évreux.

Type équestre : écu illisible.

✱ SIGI. . . . . .M

(Sigillum . . . . .m.)

Donation du patronage de Notre-Dame des Barils, au profit de l'Hôtel-Dieu d'Évreux. — Février 1231.

561 TOLLEVAST (THOMAS DE),

Chevalier. — 1242.

Sceau rond, de 38 mill. — Arch. de la Manche; abbaye de Saint-Sauveur-le-Vicomte.

Écu losangé, au lambel.

✱ S. T.......OLEWASTO

(Sigillum T..... de Tolewasto.)

Assignation d'une rente sur le moulin de Teurthéville-Hague, en faveur du prieuré de la Luthumière. — 1242.

562 TOSART (GUILLAUME),

Chevalier. — 1265.

Sceau rond, de 30 mill. — Arch. du Calvados; abbaye de Barberie.

Écu à la barre.

✱ S'. WILLI TOSART :

(Sigillum Willermi Tosart.)

Donation d'une rente, à Quilly. — 1265.

563 TÔT (ROBERT DU).

Écuyer. — 1292.

Sceau rond, de 20 mill. — Arch. de la Seine-Inférieure; abbaye de Fécamp.

Un lion rampant contourné, accompagné d'un dragon rampant à sénestre.

S' ROBT · DV · TOT · ESCVIER :

(Seel Robert du Tôt, escuier.)

Rachat d'une rente. — Juillet 1292.

564 TOUCHET (PHILIPPE DU).

Écuyer. — 1291.

Sceau rond, de 23 mill. — Arch. du Calvados; abbaye de Troarn.

Une main gantée, portant un oiseau de vol.

..HILIPI DE TOVCHE.

(Sigillum Philipi de Touche..)

Donation d'une pêcherie, à l'usage du manoir de Robehomme. — Septembre 1291.

565 TOURELLE (GUI DE LA).

1245.

Sceau rond, de 40 mill. — Arch. de la Seine-Inférieure; abbaye de Saint-Wandrille.

Trois tourelles sur des ondes.

✱ S' GWIOT DE .. .OVR...E

(Seel Guiot de la Tour...e.)

Vente d'une rente, à Fontaine-en-Bray. — Novembre 1245.

566 TOURNELLE (ROBERT DE LA),

Chevalier. — 1218.

Sceau rond, de 60 mill. — Arch. de la Seine-Inférieure; abbaye de Jumièges.

Type équestre : bouclier portant cinq tournelles.

✱ SIG..LVM ROBERTI DE T....CVLA

(Sigillum Roberti de Turriculo.)

Contre-sceau : Écu portant cinq tournelles. — Sans légende.

Abandon de droits de pêche dans les eaux de la «Thère», probablement le Thérain. — Octobre 1218.

567 TROUVILLE (GUILLAUME DE),

Chevalier. — 1227.

Sceau rond, de 35 mill. — Arch. de la Seine-Inférieure; abbaye de Jumièges.

Écu à la fasce chargée de quatre croisettes, accompagnée de six merlettes en orle.

✱ ....MI · DE TORVILLE ·

(Sigillum Willelmi de Torville.)

Accord au sujet du patronage de Saint-Martin de Trouville. — Février 1227.

568 TRUBLEVILLE (HENRI DE),

Seigneur des Îles. — 1238.

Sceau rond, de 70 mill. — Arch. de la Manche; abbaye du Mont-Saint-Michel.

Type équestre incomplet; le bouclier aux armes du contre-sceau. — Légende détruite.

Contre-sceau : Écu semé d'étoiles portant un lion passant, une quintefeuille en chef et une quintefeuille en pointe. — Légende détruite.

Confirmation des biens du prieuré de Val, à Guernesey, etc. — Juin 1238.

569 VAC (RAOUL).

Commencement du XIIIe siècle.

Sceau rond, de 67 mill. — Arch. de la Manche : abbaye de Saint-Sauveur-le-Vicomte.

Type équestre.

✱ SIGI...............WAC

(Sigillum..... Wac.)

Donation d'une terre sur la route des Ponts et d'une rente d'anguilles, au profit d'Alexandre de Liéville. — Sans date.

570 VAINS (ROBERT DE).

XIIIe siècle.

Sceau rond, de 30 mill. — Arch. de la Manche : abbaye de Montmorel.

Une étoile à cinq branches.

✱ SIGILLVM ROBERTI DE VEN...

(Sigillum Roberti de Ven...)

Donation d'une terre en la paroisse du Bois-Baudouin. — Sans date.

571 VAL-DE-COURGEON (JEAN DE),

Écuyer. — 1263.

Sceau rond, de 26 mill. — Arch. de l'Orne : abbaye de Saint-Évroult.

Une fleur de lys.

✱ S' IOVEN DE VALDOCOVR...

(Seel Jouen de Valdocourjon.)

Compromis au sujet d'un partage d'héritages, à Douet-Artus. — 1263.

572 VALLIQUERVILLE (JEAN DE),

Chevalier. — 1298.

Sceau rond, de 28 mill. — Arch. de la Seine-Inférieure : archevêché de Rouen.

Écu portant un émanché de quatre pièces mouvant du flanc dextre, écartelé d'une croix, penché, timbré d'un heaume cimé d'un cou de cygne.

........valiquerville

(Seel Jehan de Valiquierville.)

Accord au sujet du patronage de l'église de Valliquerville. — Mai 1298.

573 VALLIQUERVILLE (JOURDAIN DE),

Chevalier. — 1246.

Sceau rond, de 37 mill. — Arch. de la Seine-Inférieure ; archevêché de Rouen.

Écu portant un émanché de cinq pointes mouvant du flanc sénestre, au lambel de cinq pendants.

✱ S' GOVRDEIN DE VVALIKIER.........

...ITIS

(Sigillum Gourdein de Walikier..... militis.)

Accord au sujet du patronage de l'église de Valliquerville. — Avril 1246.

574 VARVANNES (GUILLAUME DE).

1226.

Sceau rond, de 33 mill. — Arch. de la Seine-Inférieure ; abbaye de Jumièges.

Une fleur de lys.

✱ S' GVLERMI DE WARWENA

(Sigillum Gulermi de Warwena.)

Donation de rentes et confirmation de biens, à Beaunay. — Janvier 1226.

575 VARVANNES (GUILLAUME DE),

Chevalier. — 1247.

Sceau rond, de 32 mill. — Arch. de la Seine-Inférieure ; abbaye de Jumièges.

Écu portant trois étoiles.

✱ S' : WILLI : DE VARVENE : MILITIS

(Sigillum Willelmi de Varvene, militis.)

Cession de droits sur le moulin de Saint-Mards, près Beaunay. Avril 1247.

576 VARVANNES

(JEANNE D'OUTRELEAU, FILLE DE GUILLAUME DE),

Chevalier. — 1301.

Sceau rond, de 29 mill. — Arch. de la Seine-Inférieure ; abbaye de Jumièges.

Une croix deux fois recroisetée.

✱ S' IOHE DOVTRELIAVE

(Sigillum Johanne d'Outreliaue.)

Vente d'une terre, à Saint-Mards, près Beaunay. — Décembre 1301.

577 VASSY (AUVRAY DE).

Commencement du XIIIe siècle.

Sceau rond, de 45 mill. — Arch. du Calvados ; abbaye d'Aunay.

Un oiseau chimérique.

....LLVM AVVERE DE VAAEI

(Sigillum Auveré de Vasei.)

Donation d'une rente sur le moulin de Vassy. — Sans date.

578 VAUX (GUILLAUME DE),

Chevalier. — 1251.

Sceau rond, de 37 mill. — Arch. du Calvados : abbaye d'Aunay.

Écu d'hermines portant trois étoiles.

✱ SIGIL... ...LERMI · DE VAL

(Sigillum Willermi de Vallibus?)

Donation d'une masure, à Évrecy. — 1251.

579 VAUX-SUR-SEULLES

(GUILLAUME DE).

1218.

Sceau rond, de 33 mill. — Arch. du Calvados : abbaye de la Sainte-Trinité de Caen.

Écu plain.

✱ S. WILLERMI : DE : VAVLIBVS

(Sigillum Willermi de Vaulibus.)

Donation d'un pré, à Vaux-sur-Seulles. — Septembre 1218.

380 VER (GUILLAUME DE),

Chevalier. — 1291.

Sceau rond, de 29 mill. — Arch. de la Manche; abbaye du Mont-Saint-Michel.

Écu portant trois étoiles.

S' DÑI GVILLI..........

(Sigillum domini Guillermi.....)

Donation d'une terre, au profit du curé de Saint-Planchers. — Janvier 1291.

381 VERNEI (ROGER).

Commencement du XIIIe siècle.

Sceau rond, de 37 mill. — Arch. du Calvados; abbaye d'Aunay.

Écu plain.

✱ SIGILL ROG... ..RNGI DG BRTGVILL:

(Sigillum Rogeri Vernei de Breteville.)

Donation d'une terre, à Noyers. — Sans date.

382 VERNON (RICHARD DE).

1196.

Sceau rond, de 56 mill. — Arch. de la Manche; abbaye de Montebourg.

Type équestre : casque conique à nasal, bouclier au sautoir.

✱ SIGIL... RICARDI DG VGRNONG

(Sigillum Ricardi de Vernone.)

Donation du lieu dit Saint-Magloire, dans l'île de Serk. — 1196.

383 VERRON (LE SEIGNEUR DE).

XVIe siècle.

Sceau rond, de 32 mill. — Collection de M. Lormier, à Rouen.

Écu écartelé : au 1, une aigle; au 2, un lion; au 3, trois fleurs de lys; au 4, trois doloires.

✱ SEL DV SEIGNEVR DE VERRON IDC

Matrice.

384 VIERVILLE (GUILLAUME DE),

Seigneur du lieu, chevalier. — 1318.

Sceau rond, de 25 mill. — Arch. de la Manche; abbaye de Cherbourg.

Écu fascé de six pièces, au bâton brochant, dans un quadrilobe.

..........VILLG GSCV...

(..... de Vierville, esculer.)

Donation d'un marais et de bois, à Valcanville. — Mars 1318.

385 VIEUX (HERBERT DE).

1204.

Sceau rond, de 45 mill. — Arch. du Calvados; abbaye d'Aunay.

Une aigle.

✱ SIGILLVM HERBERTVS DE VEIVX

(Sigillum Herbertus de Veiux.)

Donation d'une terre, à Langrune. — 1204.

386 VIEUX-PONT (IVES DE),

Seigneur de Cuverville, chevalier. — 1227.

Sceau rond, de 60 mill. — Arch. du Calvados; Hôtel-Dieu de Lisieux.

Type équestre; le bouclier couvert d'annelets.

S' IVONIS : DG VGTG.....

(Sigillum Ivonis de Veteri Ponte, militis?)

Contre-sceau : Écu chargé d'annelets.

✱ ....GTVM · MGVM

(Secretum meum.)

Confirmation du patronage de Saint-Cyr de Coupesarte et du tènement de Lamberville. — 1227.

387 VIEUX-PONT

(MARIE, DAME DE CUVERVILLE, VEUVE DE ROBERT DE)

XIIIe siècle.

Sceau ogival, de 55 mill. — Arch. du Calvados; Hôtel-Dieu de Lisieux

Dame debout, coiffée d'un chapeau, un oiseau sur le poing. — Légende détruite.

Contre-sceau : Écu incomplet, chargé d'annelets. — Sans légende.

Confirmation d'un tènement, à Vieux-Pont. — Sans date.

388 VIÉVILLE (ROBERT DE LA).

XVIIe siècle.

Cachet ovale, de 31 mill. — Collection de M. Lormier, à Rouen.

Écu portant cinq feuilles de houx, 3 et 2, timbré d'un heaume cimé d'une hure, supporté par deux hommes sauvages.

ROBERT DE LA VIEVVILLE

Matrice.

389 VILLERS (SIMON DE).

Fin du XIIe siècle.

Sceau rond, de 60 mill. — Arch. hospitalières d'Évreux.

Type équestre : broigne quadrillée.

✠ SIGI.... SIMONIS DE VILERS

(Sigillum Simonis de Vilers.)

Donation du patronage de Saint-Germain des Angles. — Sans date.

590 VILLERS-BOCAGE (GILBERT DE).

1201.

Sceau rond, de 34 mill. — Arch. du Calvados ; abbaye d'Aunay.

Écu portant deux jumelles coupées par un trait en pal, accompagnées d'un lion passant à sénestre en chef.

✠ SIGILLVM : GILEBERTI : DE : VILERS

(Sigillum Gileberti de Vilers.)

Donation du patronage de Saint-Georges de Maisoncelles et de divers biens situés dans cette paroisse. — 1201.

591 VILLERS-BOCAGE (ROBERT DE),

Fils de Nicolas de Villers-Bocage. — 1238.

Sceau rond, de 35 mill. — Arch. du Calvados : abbaye d'Aunay.

Écu portant deux jumelles, au lion passant à sénestre en chef.

✠ SIGILL ROBERTI DE VILLERS

(Sigillum Roberti de Villers.)

Rachat de la dîme du marché et de la foire de Villers. — 1238.

592 VILLERS-BOCAGE (ROBERT DE),

Chevalier. — 1253.

Sceau rond, de 46 mill. — Arch. du Calvados ; abbaye d'Aunay.

Écu portant deux jumelles, au léopard en chef.

✠ S' ROBERTI : DE : VILLERS : MILITIS

(Sigillum Roberti de Villers, militis.)

Contre-sceau : Un lion passant à sénestre. — Sans légende.

Donation d'une terre et de rentes, à Villers-Bocage. — Août 1253.

593 VILLERS-BOCAGE (ROBERT DE),

Chevalier. — 1270.

Sceau rond, de 52 mill. — Arch. du Calvados ; abbaye d'Aunay.

Écu portant deux jumelles, au léopard en chef.

..OBERTI DE VILLARIBVS : MILITIS

(Sigillum Roberti de Villaribus, militis.)

Contre-sceau : Un léopard.

✠ SECRETVM MEVM

(Secretum meum.)

Échange de biens, à Maisoncelles. — Septembre 1270.

594 VILLIERS (RENAUD DE),

Écuyer. — 1412.

Signet rond, de 13 mill. — Arch. de la Seine-Inférieure ; archevêché de Rouen.

Écu à la bande, penché, timbré d'un heaume cimé d'une tête de loup ? et accosté de deux rameaux.

R DE VILERS

(Renaut de Vilers.)

Aveu du fief du Mesnil-Hébert. — Septembre 1412.

595 VIRÉ (GERVAISE DE).

Commencement du XIIIe siècle.

Sceau ogival, de 63 mill. — Arch. de la Manche ; abbaye de Savigny.

Dame debout, en bliaud ajusté, coiffée en tresses, tenant un fleuron.

✠ SIGILLVM · GERV...E · DE · VIRE

(Sigillum Gervasie de Viré.)

Sceau détaché.

596 VIRÉ (TIPHAINE DE),

Femme de Samson Borel, chevalier. — 1209.

Sceau rond, de 46 mill. — Bibl. de la ville de Rouen ; fonds Leber.

Une fleur de lys de fantaisie, fleuronnée.

✠ S · TEPHANIE · DE · VIRE

(Sigillum Tephanie de Viré.)

Donation de la terre de l'Aumône, à Hudimesnil, au profit de l'abbaye de Savigny. — 1209.

597 VIRONVAY (JEAN DE).

Chevalier. — 1251.

Sceau rond, de 47 mill. — Arch. du Calvados ; prieuré de Sainte-Barbe-en-Auge.

Écu portant deux fasces accompagnées de trois tourteaux en chef.

.. ...IS DE V.......I MILI...

(Sigillum Johannis de V.....i, militis.)

Confirmation de diverses donations, à Bonneville-la-Louvet. — Décembre 1251.

598 VITRÉ (ROBERT DE).

Vers 1158.

Sceau rond, de 75 mill. — Arch. de la Manche ; abbaye de Savigny.

Type équestre : gonfanon, casque conique à nasal, bouclier à umbo couvrant entièrement le corps du cavalier.

SIGILLVM : ROBERTI : IVVENIS : VITREII

(Sigillum Roberti juvenis Vitreii.)

CONTRE-SCEAU : Intaille représentant Bacchus nu, couronné de pampres, tenant le thyrse et une patère, assis sur un trône ; à ses pieds, une panthère. — Sans légende.

Donation d'une rente, à la Vernaye. — Sans date.

599 VOISINS (JEANNE DE),

Dame de Fayel. — XIIIe siècle.

Sceau ogival, de 53 mill. — Collection de M. de Farcy, à Bayeux.

Dame debout, en surcot et en manteau doublé de vair, coiffée d'un couvre-chef, tenant un fleuron, accostée de deux écus : à dextre, trois fusées en fasce au lambel (Voisins) ; à sénestre, un sautoir cantonné de quatre merlettes (Fayel).

✱ S' · IEHANNE · DE · VOI...S · DAME · DE · FAIEL

(Seel Jehanne de Voisins, dame de Faiel.)

Cire originale détachée.

600 VOUILLY (RAOUL DE),

Écuyer. — 1300.

Sceau rond, de 21 mill. — Arch. de la Manche ; abbaye de Saint-Sauveur-le-Vicomte.

Écu portant un vivré en fasce.

✱ S' RAAVL DE VOLLIAGRY

(Seel Raoul de Volliagry.)

Cession d'une rente sur le bois de Denneville. — Décembre 1300.

601 YVILLE (GUILLAUME, SIRE D'),

1238.

Sceau rond, de 34 mill. — Arch. de la Seine-Inférieure ; abbaye de Jumièges.

Un Agnus Dei à droite.

✱ S' WILL..... .VILE

(Sigillum Willermi de .vile.)

Cession de droits sur les terres de l'abbaye de Jumièges. — Février 1238.

602 YVILLE (ROBERT D'),

Sire de Fougy, chevalier. — 1228.

Sceau rond, de 47 mill. — Arch. de l'Orne ; abbaye de Silly.

Type équestre ; le bouclier portant ... sous un chef.

.........I DE WIVI.. .IL..IS

(Sigillum Roberti de Wivile, militis.)

Donation de l'église de Saint-Gilles de Fougy avec ses appartenances. — 1228.

603 ZUCHE (HÉLÈNE LA),

Veuve d'Alain la Zuche. — 1286.

Sceau ogival, de 41 mill. — Arch. de l'Orne ; abbaye de Saint-Évroult.

Dame debout, en chape vairée et en surcot armorié de besants, tenant à chaque main un écu : à la droite, un écu besanté ; à la gauche, un écu portant une quintefeuille.

✱ SIGILL · DÑE · ELEINE · LA ZOCHE

(Sigillum domine Eleine la Zoche.)

Confirmation des dîmes de la forêt de Leicester. — Octobre 1286.

VIe SÉRIE. — HOMMES DE FIEF, HOMMES FRANCS, PAYSANS, MANANTS, VAVASSEURS, ETC.

HOMMES DE FIEF DE L'ARCHEVÊQUE ET DU CHAPITRE DE ROUEN, EN ANGLETERRE.

604 CADE (ALAIN),

Homme de l'archevêque et du chapitre de Rouen, en Angleterre. — 1222-1239.

Sceau ogival, de 37 mill. — Arch. de la Seine-Inférieure : chapitre de Rouen.

Une fleur de lys.

✱ SIGILLVM A.... CADE DE KIL.

(Sigillum Alani Cade de Kilum ?)

Inventaire des biens meubles de la ferme de Kilton, en Angleterre. — Sans date.

605 FANGFOSS (ROBERT DE),

Homme de l'archevêque et du chapitre de Rouen, en Angleterre. 1222-1239

Sceau ogival, de 35 mill. — Arch. de la Seine-Inférieure : chapitre de Rouen.

Une aigle ?

✠ SIGILLVM ROBERTI DE F..

(Sigillum Roberti de F.....)

Voyez le numéro précédent.

---

606 FITZ-ASSER (ROBERT),

Homme de l'archevêque et du chapitre de Rouen, en Angleterre. — 1222-1229.

Sceau ogival, de 46 mill. — Arch. de la Seine-Inférieure; chapitre de Rouen.

Un rameau à feuilles opposées et symétriques.

✠ S' ROBERTI : FILII : ACERI

(Sigillum Roberti Filii Aceri.)

Voyez le n° 604.

---

607 FITZ-EDOLPH (ROBERT),

Homme de l'archevêque et du chapitre de Rouen, en Angleterre. — 1222-1229.

Sceau rond, de 37 mill. — Arch. de la Seine-Inférieure; chapitre de Rouen.

Un lion passant à droite.

✠ SIGILL : ROBERTI : FILI : EDVLFI

(Sigillum Roberti Filii Edulfi.)

Voyez le n° 604.

---

608 FITZ-WALTER (GUILLAUME),

Homme de l'archevêque et du chapitre de Rouen, en Angleterre. — 1222-1229.

Sceau rond, de 32 mill. — Arch. de la Seine-Inférieure; chapitre de Rouen.

Une aigle essorant.

✠ SIGIL.....FIL WALTERI

(Sigillum Willelmi Filii Walteri.)

Voyez le n° 604.

---

609 FITZ-WALTER (ROBERT),

Homme de l'archevêque et du chapitre de Rouen, en Angleterre. — 1222-1229.

Sceau rond, de 38 mill. — Arch. de la Seine-Inférieure; chapitre de Rouen.

Une aigle, la tête contournée.

✠ SIGILL ROBERTI FILI. ..LTRIH ?

(Sigillum Roberti Filii Walteri H.....)

Voyez le n° 604.

---

610 FITZ-WALTER (ROGER),

Homme de l'archevêque et du chapitre de Rouen, en Angleterre. — 1222-1229.

Sceau rond, de 42 mill. — Arch. de la Seine-Inférieure; chapitre de Rouen.

Une aigle? marchant à gauche.

✠ SIGIL ROGERI FILI VALTERI D' KILVM

(Sigillum Rogeri Fili Valteri de Kilum.)

Voyez le n° 604.

611 RAOUL (ROBERT),

Homme de l'archevêque et du chapitre de Rouen, en Angleterre. — 1222-1229.

Sceau ogival, de 37 mill. — Arch. de la Seine-Inférieure; chapitre de Rouen.

Une branche d'ornement disposée en fleur de lys.

..EGE : LECTA : LEGE : TECTA

(Tego lecta, lego tecta.)

Voyez le n° 604.

---

612 TOTH (ROBERT),

Homme de l'archevêque et du chapitre de Rouen, en Angleterre. — 1222-1229.

Sceau rond, de 30 mill. — Arch. de la Seine-Inférieure; chapitre de Rouen.

Une tête d'animal chimérique à droite.

✠ SIGILL : ROB' TOTH

(Sigillum Roberti Toth.)

Voyez le n° 604.

HOMMES FRANCS, PAYSANS, MANANTS ET VAVASSEURS, ETC.

---

613 AANOR (RICHARD),

1260.

Sceau rond, de 28 mill. — Arch. du Calvados; abbaye de Saint-Jean de Falaise.

Une sorte de fleur de lys.

✠ S' RICARDI · AANOR

(Sigillum Ricardi Aanor.)

Transport d'une rente sur une masure, à Condé-sur-Noireau. — Février 1260.

---

614 ABBAYE (GUIBERT DE L'),

XIII° siècle.

Sceau rond, de 40 mill. — Arch. de l'Eure.

Un lion passant à gauche.

✠ S'. WIBERT : DE LABEIE :

(Seel Wibert de l'Abéie.)

Sceau détaché.

---

615 ABBÉ (GRÉGOIRE L'),

1281.

Sceau rond, de 22 mill. — Arch. du Calvados; abbaye de Saint-Jean de Falaise.

Une fleur à quatre divisions séparées chacune par un fleuron, celui du haut accosté de deux points.

S' GRINGOEYRE · LABE

(Seel Gringoeyre l'Abé.)

Reconnaissance de rentes dans les paroisses de Saint-Pavin et de Bazoches-en-Houlme. — Janvier 1281.

616 ABBÉ (GUILLAUME L').

1279.

Sceau rond, de 22 mill. — Arch. de la Seine-Inférieure ; abbaye de Valmont.

Une sorte de fleur de lys.

✱ S'. WILLI : LABE :

(Sigillum Willermi l'Abé.)

Vente d'un champ sis à Thiergeville. — Mars 1279.

617 ABBÉ (NICOLE L').

1291.

Sceau rond, de 20 mill. — Arch. de la Manche ; abbaye de la Sainte-Trinité de Caen.

Une fleur radiée.

✱ S' NICH LABEI

(Seel Nichole l'Abei.)

Donation de rentes sur le fief d'Ourville, à la Pernelle. — Avril 1291.

618 ABBÉ (ROBERT).

1289.

Sceau rond, de 26 mill. — Arch. de la Seine-Inférieure ; abbaye de Bondeville.

Une croix à double traverse, au pied enroulé et accosté d'une étoile.

S' ROB'E · ABE

(Seel Robert Abé.)

Vente d'une terre, à Saint-Jean-du-Cardonnay. — Octobre 1289.

619 ABRAHAM (JEAN).

1275.

Sceau rond, de 29 mill. — Arch. de la Seine-Inférieure ; abbaye de Saint-Amand.

Une étoile ? à cinq rais.

✱ S' : IOH : LE : TELIER :

(Seel Johan le Télier.)

Vente d'un champ, à la Chaussée. — Janvier 1275.

620 ACÉ (JEAN).

1291.

Sceau rond, de 29 mill. — Arch. de l'Eure ; abbaye de Lire.

Une étoile géométrique à six branches.

✱ S' IOHANNIS ACE

(Sigillum Johannis Acé.)

Vente d'une terre sise à Gisay. — Avril 1291.

621 AGUILLON (GUILLAUME).

XIIIe siècle.

Sceau rond, de 35 mill. — Arch. de la Seine-Inférieure ; abbaye de Valmont.

Une sorte de fleur de lys.

✱ · S'. WILLELMI · AGVILLON ·

(Sigillum Willelmi Aguillon.)

Fieffe d'un champ, à Ourville. — Sans date.

622 AILLY (RICHARD D').

1274.

Sceau rond, de 27 mill. — Arch. de l'Orne ; abbaye de Silly.

Une croix fleuronnée, cantonnée de quatre fleurons.

✱ S' RICARDI DE ALLEI

(Sigillum Ricardi de Allei.)

Transport d'une rente sur un hébergement, à Neauphe-sur-Dive. — Avril 1274.

623 AINT (HUGUES).

1262.

Sceau rond, de 30 mill. — Arch. de la Seine-Inférieure ; abbaye de Jumièges.

Une croix fleuronnée, chargée d'un sautoir.

S' HVGONIS FILII AMIC.

(Sigillum Hugonis, filii Amic...)

Transport d'une rente sur une maison et une masure, à Jumièges. — Mai 1262.

624 ALAMOUE (THOMAS).

1295.

Sceau rond, de 20 mill. — Arch. de la Seine-Inférieure ; abbaye de Fécamp.

Une sorte de monogramme surmonté d'une croix à double traverse accostée de deux poissons.

S' THOVMAS ALAMOVE

(Seel Thoumas Alamoue.)

Vente de rentes, à Fontaine-le-Bourg. — Août 1295.

625 ALARD (JEAN).

1251.

Sceau ogival, de 38 mill. — Arch. de la Seine-Inférieure ; abbaye de Saint-Amand.

Un rameau accosté de deux étoiles.

✠ S' IOHANN.. AALART

(Sigillum Johannis Aalart.)

Vente d'une rente d'orge sur sa masure, à la Chaussée. — Octobre 1252.

626 ALENÇON (GUILLAUME D').

1262.

Sceau rond, de 27 mill. — Arch. de la Seine-Inférieure; abbaye de Jumièges.

Une étoile à sept rais.

✠ S' WILL DALENCHON

(Sigillum Willermi d'Alenchon.)

Transport d'une rente sur un masage et un jardin, à Jumièges. — Février 1262.

627 ALENÇON (ROBERT D').

1278.

Sceau rond, de 29 mill. — Arch. de la Seine-Inférieure; abbaye de Jumièges.

Une croix cantonnée d'équerres opposées par le sommet.

✠ S' ROB'. DALENCHON

(Sigillum Roberti d'Alenchon.)

Rachat d'une rente sur le cellier de l'abbaye de Jumièges. — Février 1278.

628 ANCESSOR (GUILLAUME).

1268.

Sceau rond, de 30 mill. — Arch. de la Seine-Inférieure; prieuré de Bonne-Nouvelle.

Une étoile à huit rais potencés, séparés par des points.

✠ S' ....ERMI · ANCHESOR

(Sigillum Willermi Anchesor.)

Reconnaissance de rentes sur des terres, à Osmoy. — Mai 1268.

629 ANGLAIS (GUILLAUME L').

1287.

Sceau ogival, de 31 mill. — Arch. de la Seine-Inférieure; abbaye de Jumièges.

Une branche fleuronnée.

S' WILL LENGLES

(Sigillum Willermi l'Englés.)

Donation d'une terre, à Jumièges. — Octobre 1287.

630 ANGLAIS

(JEANNE, FEMME DE GUILLAUME L').

1260.

Sceau rond, de 31 mill. — Arch. hospitalières d'Évreux.

Une étoile à six rais.

✠ S' IOANE SA FAME

(Seel Joane, sa fame.)

Transport d'une rente sur une vigne, à Croisy. — Avril 1260.

631 ANGLOIS (HERBERT L').

1249.

Sceau ogival, de 27 mill. — Arch. de la Manche; abbaye d'Aunay

Une fleur de lys fleuronnée.

S'. HERBTI ANGLICI

(Sigillum Herberti Anglici.)

Vente de rentes sur un tènement, à Marigny. — Septembre 1249.

632 ANGOT (BERNARD).

1259.

Sceau rond, de 82 mill. — Arch. du Calvados; abbaye de la Sainte-Trinité de Caen.

Une fleur de lys fleuronnée.

✠ S' BERNART ANGOT

(Seel Bernart Angot.)

Donation d'un masnage, à Caen. — Février 1259.

633 ARBALÉTRIER (PIERRE L').

1226.

Sceau rond, de 40 mill. — Arch. du Calvados; abbaye de Saint-André-en-Gouffern.

Une plante à trois branches fleuries.

✠ . .ETRI BALISTARII

(Sigillum Petri Balistarii.)

Donation d'un tènement, à la Brevière. — Mars 1226.

634 ARCHER (ROBERT L').

1220.

Sceau rond, de 34 mill. — Arch. de la Seine-Inférieure; abbaye de Jumièges.

Une fleur de lys fleuronnée.

✠ SIGILL · ROBERTI · LARCHIER

(Sigillum Roberti l'Archier.)

Vente d'une rente, à Varengeville. — Juin 1220.

635 ARQUES (GUILLAUME D').

1223.

Sceau rond, de 36 mill. — Arch. de la Seine-Inférieure; abbaye de Jumièges.

La majuscule gothique S.

✠ WILLERMVS DE ARCHIS

(Willermus de Archis.)

Donation d'une rente sur un tènement, à Jumièges. — Décembre 1223.

636 ARQUES (ROBERT D').

1234.

Sceau rond, de 36 mill. — Arch. de la Seine-Inférieure; abbaye de Jumiéges.

Une fleur à huit pétales distants les uns des autres.

✱ S' ROBERTI ✱ DE ARCHIS :

(Sigillum Roberti de Archis.)

Transport d'une rente sur une terre, à Jumiéges. — Mars 1234.

637 ASE

(ASE HONDOF, FEMME DE ROBERT).

1235.

Sceau rond, de 40 mill. — Arch. de la Seine-Inférieure; abbaye de Jumiéges.

Deux poissons en pal, affrontés.

✱ S' ASE FILIE OS-B HONDOF

(Sigillum Ase, filie Osberti Hondof.)

Rachat d'une terre, à Hauville. — Juin 1235.

638 ASE (RAOUL).

1308.

Sceau rond, de 24 mill. — Arch. de la Seine-Inférieure; abbaye de Saint-Wandrille.

Une étoile à six rais fleuronnés ou une fleur à six pétales.

✱ S' RAOVL · A.....

(Seel Raoul A...)

Fieffe d'une terre, à Esclavelles. — Mai 1308.

639 ASE (ROBERT).

1235.

Sceau rond, de 35 mill. — Arch. de la Seine-Inférieure; abbaye de Jumiéges.

Une fleur de lys.

✱ S' ROBERTI ASE

(Sigillum Roberti Ase.)

Voyez le numéro 637.

640 AUBIN (GUILLAUME).

1246.

Sceau rond, de 30 mill. — Arch. du Calvados; abbaye de Saint-André-en-Gouffern.

Une croix de branchages, cantonnée de quatre feuilles.

✱ S' WLLI AVBIN ·

(Sigillum Willermi Aubin.)

Confirmation d'une rente, à Ners. — 1246.

641 AUBOUT (PHILIPPE).

1247.

Sceau rond, de 23 mill. — Arch. de la Seine-Inférieure; abbaye de Montivilliers.

Une église?

✱ S' PHILIPI AVBOVT

(Sigillum Philipi Aubout.)

Vente de ce qu'il possédait «apud vicum de Vivarios. — Septembre 1247.

642 AUDRIEU (DURAND D').

1287.

Sceau rond, de 28 mill. — Arch. du Calvados; évêché et chapitre de Bayeux.

Une croix fleuronnée, cantonnée de quatre points.

✱ S' DVRANDI DE AVDREV

(Sigillum Durandi de Audreu.)

Transport d'une rente sur une terre en la paroisse d'Audrieu. — Décembre 1287.

643 AUGERONS (BERTELOT D').

1277.

Sceau rond, de 32 mill. — Arch. de l'Orne; abbaye de Saint-Évroult.

Une étoile à six rais potencés.

✱ S' BERTELOT DAVG'VN

(Seel Bertelot d'Augerun.)

Vente d'un pré sis à Saint-Aquilin-d'Augerons. — Mars 1277.

644 AUGERONS (ROBERT D').

1298.

Sceau rond, de 26 mill. — Arch. de l'Orne; abbaye de Saint-Évroult.

Une croix cantonnée de quatre équerres opposées par le sommet.

✱ S' ROB'TI DAVG'VN

(Sigillum Roberti d'Augerun.)

Vente de terres sises à Saint-Aquilin-d'Augerons. — Mars 1298.

645 AUMESNIL (ROGER D').

1217.

Sceau rond, de 34 mill. — Arch. du Calvados: abbaye de Longues.

Une fleur de lys au pied nourri.

✱ S'. ROGERI · DE · AVMAINIL

(Sigillum Rogeri de Aumainil.)

Cession de terres, à Cauvicourt. — 1217.

646 AVENEL (OSBERN)

de la Saussée. — 1256.

Sceau rond, de 38 mill. — Arch. de l'Orne; abbaye de Saint-Évroult.

Une étoile géométrique à cinq pointes.

✱ S' OBERNI AVENEL P?

(Sigillum Oberni Avenel, p...)

Vente de bois sis en la paroisse de Notre-Dame-du-Bois. — Février 1256.

647 AYS (GUILLAUME)

de Gellouncel. — 1230.

Sceau rond, de 31 mill. — Arch. de la Seine-Inférieure; abbaye de Jumièges.

Une serpe accostée à gauche d'une pince.

✱ S' GVILLERMI : AIS :

(Sigillum Guillermi Ais.)

Vente de rentes sises à Longueville. — Décembre 1230.

648 AYS (PIERRE),

Frère de Guillaume Ays. — 1230.

Sceau rond, de 31 mill. — Arch. de la Seine-Inférieure; abbaye de Jumièges.

Une bêche et une houe ?

✱ S' PETRI : AYS

(Sigillum Petri Ays.)

Voyez le numéro précédent.

649 BARBÉ

(LUCE, FEMME DE MARTIN LE).

1278.

Sceau rond, de 31 mill. — Arch. de la Seine-Inférieure : abbaye de Saint-Amand.

Une étoile à six rais.

S' LVCE SA FEM.

(Seel Luce, sa femme.)

Vente d'une terre, à Boos. — Octobre 1278.

650 BARBÉ (MARTIN LE).

1278.

Sceau rond, de 32 mill. — Arch. de la Seine-Inférieure ; abbaye de Saint-Amand.

Un arbrisseau à rameaux symétriques.

✱ S' MARTIN · LE · BARBE

(Seel Martin le Barbé.)

Vente d'une terre, à Boos. — Octobre 1278.

651 BARBÉ (MARTIN LE).

1283.

Sceau rond, de 26 mill. — Arch. de la Seine-Inférieure; abbaye de Saint-Amand.

Un arbrisseau à trois branches.

✱ S' MARTIN LE BARBE

(Seel Martin le Barbé.)

Vente d'une terre, à Boos. — Janvier 1283.

652 BARBÉE (AGNÈS LA),

Veuve de Jean le Barbé. — 1271.

Sceau ogival, de 50 mill. — Arch. du Calvados; abbaye de la Sainte-Trinité de Caen.

Un lion passant à droite.

✱ S' AGNETIS · RELICTE · IOHIS · LE BARBE

(Sigillum Agnetis, relicte Johannis le Barbé.)

Donation d'une terre, à Carpiquet. — Février 1271.

653 BARBIER (PIERRE LE).

1282.

Sceau rond, de 33 mill. — Arch. de la Seine-Inférieure; abbaye de Saint-Amand.

Trois rameaux attachés ensemble.

S' PIERES LE BARBIER

(Seel Pieres le Barbier.)

Vente d'une terre, à Boos. — Septembre 1282.

654 BARBIÈRE (MABILLE LA),

Femme de Pierre le Barbier. — 1282.

Sceau rond, de 33 mill. — Arch. de la Seine-Inférieure; abbaye de Saint-Amand.

Une sorte de lance au gonfanon entre deux rameaux, le tout noué au pied.

✱ S' MABIRE · LA BARBIERE

(Seel Mabire la Barbière.)

Voyez le numéro précédent.

655 BARDEL (MICHEL).

1258.

Sceau rond, de 36 mill. — Arch. hospitalières d'Évreux.

Une épée dans son fourreau, la pointe en bas.

✱ ....HAELIS DCI B'RDAL

(Sigillum Michaelis, dicti Berdal.)

Vente d'une masure, de terres et de rentes, à Émalleville. — Mai 1258.

656 BARILS (GILBERT DES).

1281.

Sceau rond, de 33 mill. — Arch. hospitalières d'Évreux.

Un soleil.

S' GILEBERT DE BARIS

(Seel Gilebert de Baris.)

Fieffe d'une maison et d'un jardin sis aux Barils. — Octobre 1281.

657 BARRIER (PIERRE LE).

1213.

Sceau rond, de 35 mill. — Arch. de la Seine-Inférieure; prieuré de Bonne-Nouvelle.

Une fleur de lys fleuronnée.

✱ S' PETRI · L. . . . RIIER ·

(Sigillum Petri le Barrier.)

Donation d'un ténement, à Ermentreville, aujourd'hui Saint-Sever. — 1213.

658 BASLY (PIERRE DE)

de Caen. — 1269.

Sceau rond, de 29 mill. — Arch. du Calvados; abbaye d'Ardenne.

Une croix cantonnée de quatre rameaux posés en sautoir.

✱ S' PETRI · DE BASLI

(Sigillum Petri de Basli.)

Transport d'une rente sur son mesnage, à Caen. — Août 1269.

659 BASSET (FOULQUES).

1207.

Sceau rond, de 31 mill. — Arch. de la Seine-Inférieure; abbaye de Jumièges.

Une fleur de lys.

✱ SIGILLVM FVLCONI BASEIT

(Sigillum Fulconi Baseit.)

Donation de deux gerbes sur la dîme de Louviers. — Avril 1207.

660 BASSET (RAOUL)

de Sapcote (Angleterre). — XIIIe siècle.

Sceau rond, de 22 mill. — Arch. de l'Orne; abbaye de Saint-Évroult.

Écu portant trois fasces ondées.

✱ SIGILL RA. . . FI BASET

(Sigillum Radulfi Baset.)

Cession de droits, à Peatling Magna. — Sans date.

661 BAUDOUIN (RICHARD).

1225.

Sceau rond, de 33 mill. — Arch. de la Seine-Inférieure; abbaye de Jumièges.

Une croix fleuronnée; le fleuron du haut plus épanoui que les trois autres.

✱ S. RICARDI · BAVDOIN

(Sigillum Ricardi Baudoin.)

Vente d'une rente, à Vieux-Port. — Septembre 1225.

662 BAUDRY (GUILLAUME)

du Quesnay. — 1228.

Sceau rond, de 36 mill. — Arch. de la Seine-Inférieure; abbaye de Jumièges.

Un oiseau chimérique passant à gauche.

✱ S' WILLERMI BAVDRI

(Sigillum Willermi Baudri.)

Donation d'une terre, à Saint-Mards-de-Beaunay. — 1228.

663 BAUDRY (MICHEL).

1300.

Sceau rond, de 23 mill. — Arch. de la Seine-Inférieure; abbaye de Jumièges.

Une étoile à huit rais.

✱ S' MICK · BAVDRI

(Seel Mickiel Baudri.)

Fieffe d'une terre, à Jumièges. — Juillet 1300.

664 BAUDRY (MICHEL).

1302.

Sceau rond, de 35 mill. — Arch. de la Seine-Inférieure; abbaye de Jumièges.

Deux haches adossées, surmontées d'une étoile.

S' MICHIEL BAVDRI

(Seel Michiel Baudri.)

Fieffe d'un héritage, à Jumièges. — Novembre 1302.

665 BAUVILLE (HENRI DE).

1242.

Sceau ogival, de 30 mill. — Arch. de la Seine-Inférieure; abbaye de Saint-Amand.

Un soleil.

✱ S' : HĒRICI : D' BAVVLE

(Sigillum Henrici de Bauville.)

Transport d'une rente sur une masure, à Lamberville. — Mars 1242.

666 BEAUCOUSIN (SIBILLE, FEMME DE RICHARD).

1277.

Sceau ogival, de 30 mill. — Arch. de la Seine-Inférieure; abbaye de Saint-Ouen.

Une fleur.

✱ S' SIBIRIE LA BIAVCOVSI

Et dans le champ : RE

(Sigillum Sibirie la Biaucousine.)

Vente d'une vigne en la paroisse de Saint-Pierre-la-Gareune. — Décembre 1277.

667 BEAUFILS (RAOUL).

1227.

Sceau rond, de 36 mill. — Arch. de la Seine-Inférieure; abbaye de Jumiéges.

Une fleur à huit pétales.

✱ S' RADVLFI · BEAVFIS ·

(Sigillum Radulfi Beaufils.)

Vente d'une terre sise à Jumiéges. — Avril 1227.

668 BEAUFILS (SÉRI).

1315.

Sceau en losange, de 30 mill. — Arch. de la Seine-Inférieure; abbaye de Jumiéges.

Un arbuste à trois rameaux.

✱ SERICI · BELFIS

(Serici Belfis.)

Transport de rentes sur une terre, à Jumiéges. — Avril 1315.

669 BEAUMAIS (GOSSE DE).

1258.

Sceau rond, de 29 mill. — Arch. de la Seine-Inférieure; archevêché de Rouen.

Une hache au manche accosté d'une étoile et d'une croisette.

✱ S' GOSEI DE BEAVMES

(Sigillum Gosei de Beaumés.)

Transport d'une rente sur une masure, à Dieppe. — Septembre 1258.

670 BEAUMONCEL (ÉTIENNE DE).

1224.

Sceau rond, de 45 mill. — Arch. de la Seine-Inférieure; abbaye de Jumiéges.

Une chouette à droite.

✱ S' STEPHI · DE · BELMONCEL ·

(Sigillum Stephani de Belmoncel.)

Donation faite, à titre de dot, à sa sœur Denise, de rentes à Senneville et sur le moulin de Beaumoncel. — Mai 1224.

671 BEAUMONT (ANTHEAUME DE).

1228.

Sceau rond, de 35 mill. — Arch. de la Seine-Inférieure; abbaye de Jumiéges.

Une fleur de lys fleuronnée.

✱ S' ANTELMI DE BEAVMONT

(Sigillum Antelmi de Beaumont.)

Accord au sujet d'un pré dans la paroisse de Saint-Mards-de-Beaunay. — 1228.

672 BEC (ERMENGARDE DU).

Sœur de Richeut du Bec. — 1256.

Sceau rond, de 35 mill. — Arch. hospitalières d'Évreux.

Une croix fleuronnée, combinée avec un sautoir de même.

✱ S' EN..NGAR. DV BEC

(Seel Enmengart du Bec.)

Vente d'une maison en la paroisse de Saint-Pierre d'Évreux. — Novembre 1256.

673 BEC (MARIE DU).

Sœur de Richeut du Bec. — 1256.

Sceau rond, de 36 mill. — Arch. hospitalières d'Évreux.

Une croix fleuronnée, combinée avec un sautoir.

✱ S' .ARIE DV BEC

(Seel Marie du Bec.)

Voyez le numéro précédent.

674 BEC (RICHEUT DU).

1256.

Sceau rond, de 38 mill. — Arch. hospitalières d'Évreux.

Une croix fleuronnée, combinée avec un petit sautoir.

✱ S' RIHEVT DV BEC

(Seel Riheut du Bec.)

Voyez le n° 672.

675 BÉDENGUEL (RAOUL).

1260.

Sceau rond, de 26 mill. — Arch. de la Seine-Inférieure, abbaye de Jumiéges.

Une fleur à huit pétales fleuronnés.

✱ S' RAOVL BEDENGVEL

(Seel Raoul Bédenguel.)

Vente d'une terre, à Hauville. — Février 1260.

676 BÉDENGUEL (RICHARD).

1260.

Sceau rond, de 28 mill. — Arch. de la Seine-Inférieure; abbaye de Jumièges.

Une croix potencée, chargée en cœur d'un médaillon dans lequel la lettre L termine la légende.

✱ S' RICART BEDENGVE

(Seel Ricart Bédenguel.)

Vente d'une terre, à Hauville. — Janvier 1260.

677 BÉDENGUEL (RICHARD).

1261.

Sceau rond, de 30 mill. — Arch. de la Seine-Inférieure; abbaye de Jumièges.

Une croix potencée, coupée par un cercle muni de quatre appendices figurant les extrémités d'un sautoir.

✱ S' RICART . . DENGVEL

(Seel Ricart Bédenguel.)

Vente d'une terre, à Hauville. — Janvier 1261.

678 BEDIOUT (JEAN).

1271.

Sceau rond, de 26 mill. — Arch. de l'Orne; abbaye de Saint-Évroult.

Une fleur de lys fleuronnée.

✱ S' IOHIS : BEDIOV

(Sigillum Johannis Bediou.)

Vente d'un bois en la vavassorie du Douet-Moussu. — Décembre 1271.

679 BEEALE (GEOFFROI).

1258.

Sceau rond, de 29 mill. — Arch. de la Seine-Inférieure; abbaye de Bondeville.

Une hache.

✱ S' GVIFREI BEEALE

(Sigillum Guifrei Beeale.)

Vente d'une terre, au Houlme. — Avril 1258.

680 BEEALE

(RICHEUT, FEMME DE GEOFFROI).

1258.

Sceau rond, de 30 mill. — Arch. de la Seine-Inférieure; abbaye de Bondeville.

Une fleur de lys.

S' RICEVT SA FAME

(Seel Riceut, sa fame.)

Voyez le numéro précédent.

681 BELART (GUILLAUME).

1285.

Sceau rond, de 28 mill. — Arch. de l'Orne; abbaye de Saint-Évroult.

Une étoile à huit rais.

✱ S' G....MI · BELART

(Sigillum Guillermi Belart.)

Vente d'un pré, à Saint-Aquilin-d'Augerons. — Novembre 1285.

682 BELLEGRAVE (ROGER DE).

XIIIe siècle.

Sceau ogival, de 29 mill. — Arch. de l'Orne; abbaye de Saint-Évroult.

Une aigle essorant.

✱ S' ROGERI DE BELEGREVE

(Sigillum Rogeri de Belegreve.)

Résignation de ses droits sur une propriété dans le village de Peatling (Angleterre). — Sans date.

683 BELOYS

(AGNÈS, FEMME DE ROBIN DE).

1297.

Sceau rond, de 28 mill. — Arch. hospitalières d'Évreux.

Une croix fleuronnée.

✱ S' ENNES SA FAME

(Seel Ennès, sa fame.)

Vente d'une maison, à Fauville. — Mars 1297.

684 BÉQUEMIE (RICHARD).

1254.

Sceau rond, de 27 mill. — Arch. du Calvados; abbaye d'Aunay.

Une fleur de lys.

✱ S' RICARDI : BEQVEMIE :

(Sigillum Ricardi Béquemie.)

Donation d'une rente, à Maisoncelles-sur-Ajon. — Novembre 1254.

685 BÉQUET (NICOLAS).

1279.

Sceau rond, de 26 mill. — Arch. de l'Orne; abbaye de Saint-Évroult.

Un arbuste.

S' COLINI BEQVET

(Sigillum Colini Béquet.)

Donation de tous ses biens. — Mai 1279.

686 BERAUDEL (JEAN).

1291.

Sceau rond, de 33 mill. — Arch. de l'Orne; abbaye de Saint-Évroult.

Un rectangle terminé par deux fleurons se croisant avec deux rameaux aboutés et accostés de deux points.

✱ · S' · IOHANNIS BERAVDEL

(Sigillum Johannis Beraudel.)

Vente d'une terre sise à Heugon. — Février 1291.

687 BERAUDEL (MABILE JOSSE, FEMME DE JEAN).

1291.

Sceau rond, de 34 mill. — Arch. de l'Orne; abbaye de Saint-Évroult.

Un ornement de cordelière formant quatre cœurs opposés par la pointe.

✱ S' · MABILIE · IOCE

(Sigillum Mabilie Joce.)

Voyez le numéro précédent.

688 BÉRENGER (RAOUL).

XIIIe siècle.

Sceau rond, de 34 mill. — Arch. du Calvados; prieuré de Sainte-Barbe-en-Auge.

Une plante portant une fleur accompagnée de quatre feuilles.

✱ S'. RADVLFI · BELEMGIER

(Sigillum Radulfi Belemgier.)

Donation d'une terre, à Bonneville-la-Louvet. — Sans date.

689 BERNARD (GILBERT).

1288.

Sceau rond, de 28 mill. — Arch. de l'Orne; abbaye de Saint-Évroult.

Une croix portant à chaque branche quatre rameaux formant chevron.

S' · GILLEBERTI · BERNART :

(Sigillum Gilleberti Bernart.)

Vente d'une terre sise à Saint-Aquilin-d'Augerons. — Novembre 1288.

690 BERNARD (GILBERT).

1296.

Sceau rond, de 28 mill. — Arch. de l'Orne; abbaye de Saint-Évroult.

Une croix potencée, combinée avec un sautoir.

✱ S' · GILEB'TI BERNART

(Sigillum Gilleberti Bernart.)

Cession d'une terre, à Saint-Aquilin-d'Augerons. — 1296.

691 BERNARD (ROBERT),

Frère de Gilbert Bernard. — 1288.

Sceau rond, de 26 mill. — Arch. de l'Orne; abbaye de Saint-Évroult.

Une croix.

✱ S' ROBERTI B'NART

(Sigillum Roberti Bernart.)

Voyez le n° 689.

692 BERNARD (ROBERT),

Frère de Gilbert Bernard. — 1296.

Sceau rond, de 27 mill. — Arch. de l'Orne; abbaye de Saint-Évroult.

Une croix fleuronnée, combinée avec un sautoir de même.

S' ROBIN BERNAR.

(Seel Robin Bernart.)

Voyez le n° 690.

693 BERNARD DE DOUX-MÉNIL (ROBERT).

1262.

Sceau rond, de 26 mill. — Arch. du Calvados; abbaye de Saint-André-en-Gouffern.

Trois fleurs réunies par la tige, en forme de trépied.

✱ S' ROB'T B'NARD' DE DOVZMESNIL

(Sigillum Roberti Bernardi de Douzmesnil.)

Vente d'une rente sur un tènement, à Cauvicourt. — Mars 1262.

694 BEROUT (ROBERT).

1296.

Sceau rond, de 32 mill. — Arch. du Calvados; abbaye de Saint-André-en-Gouffern.

Une plante à cinq rameaux fleuris.

✱ S' ROBERTI BEROVT

(Sigillum Roberti Berout.)

Donation d'une terre, à Ners. — 1296.

695 BERTRAND (CLÉMENT).

1307.

Sceau rond, de 31 mill. — Arch. de la Seine-Inférieure; abbaye de Jumièges.

Un poisson et au-dessus un petit fleuron.

✱ S CLEMENT BERTREN

(Seel Clément Bertren.)

Vente de terres en la paroisse de Quillebeuf. — Mai 1307.

696 BIGOT (HENRI LE).

1246.

Sceau rond, de 36 mill. — Arch. de la Manche; abbaye de Cherbourg.

Un cerf courant à droite devant un arbre.

✱ S' HENRICI · LE BIGOT ·

(Sigillum Henrici le Bigot.)

Donation d'une terre, à Sainte-Croix-Hague. — Janvier 1246.

697 BIGRE (RICHARD LE).

XIIIe siècle.

Sceau rond, de 43 mill. — Arch. de la Seine-Inférieure: abbaye de Jumièges.

Une fleur de lys fleuronnée.

✱ SIGILLVM ⁝ RICARDI ⁝ LE ⁝ BIGRE

(Sigillum Ricardi le Bigre.)

Confirmation d'une donation faite par Alix la Bigresse, sa femme. — Sans date.

698 BIGRESSE (ALIX LA),

Femme de Richard le Bigre. — XIIIe siècle.

Sceau ogival, de 64 mill. — Arch. de la Seine-Inférieure; abbaye de Jumièges.

Dame debout, coiffée en tresses, en robe à longues manches, un oiseau de vol sur le poing, tenant un fleuron.

SIGILLVM : AELIZ : LA MIGROISE

(Sigillum Aeliz la Migroise.)

Donation de deux hôtes avec leur tènement, à Bouquetot. — Sans date.

699 BILLON (GILBERT).

1256.

Sceau rond, de 34 mill. — Arch. de l'Orne: abbaye de la Trappe.

Un arbre.

✱ S. GILEBERTI BILVN

(Sigillum Gileberti Bilun.)

Vente d'une terre sise à Mahéru. — Mars 1256.

700 BINGART (GUILLAUME).

1212.

Sceau rond, de 48 mill. — Arch. de la Seine-Inférieure; abbaye de Jumièges.

Une croix formée de quatre fleurs de lys, chargée en cœur d'un objet indistinct de forme carrée.

✱ S' · GV....RMI BENGART

(Sigillum Guillermi Bengart.)

Confirmation du tiers de la dîme de Piseux. — 1212.

701 BIVILLE

(GUILLAUME DE LA LONDE DE).

1258.

Sceau rond, de 28 mill. — Arch. de la Seine-Inférieure; abbaye de Valmont.

Une fleur de lys.

✱ S' WILLERMI DE BVEVILE

(Sigillum Willermi de Bueville.)

Donation d'une terre, à Biville. — 1258.

702 BLAIER

(DENISE, FEMME DE ROGER LE).

1288.

Sceau rond, de 27 mill. — Arch. du Calvados; évêché et chapitre de Bayeux.

Une plante surmontée de la lettre E qui termine la légende.

✱ S' DIONISIE VX ROG'I LAVAIE

(Sigillum Dionisie, uxoris Rogeri la Vaite.)

Vente d'un masnage en la paroisse de Saint-Sauveur, à Bayeux. Novembre 1288.

703 BLAIER (ROGER LE),

dit la Guite. — 1288.

Sceau rond, de 21 mill. — Arch. du Calvados; évêché et chapitre de Bayeux.

Une croix fleuronnée.

✱ S' ROGERI · LE BLAIE ·

(Sigillum Rogeri le Blaié.)

Voyez le numéro précédent.

704 BLANC (JEAN LE).

XIIIe siècle.

Sceau rond, de 27 mill. — Arch. de l'Eure.

Une étoile à huit rais.

✱ S' IOHAN LE BLANC

(Seel Johan le Blanc.)

Sceau détaché.

705 BLANCVILAIN

(JEANNE, FEMME DE SIMON).

1253.

Sceau rond, de 28 mill. — Arch. de la Seine-Inférieure; abbaye de Saint-Amand.

Une étoile à huit rais.

✱ S' IOVENNE DISPOVS

(Seel Jouenne Dispous.)

Vente d'une terre, à Boos. — Janvier 1253.

706 BLANCVILAIN (SIMON).

1263.

Sceau rond, de 28 mill. — Arch. de la Seine-Inférieure ; abbaye de Saint-Amand.

Une étoile à huit rais.

✱ S' SIMON BLANCVILAIN

(Seel Simon Blancvilain.)

Voyez le numéro précédent.

707 BLANGIE (EMMELINE LA).

1270.

Sceau rond, de 24 mill. — Arch. de la Seine-Inférieure ; abbaye de Jumièges.

Une croix potencée, combinée avec un sautoir de même.

✱ S' EMMEL' LA BLĀGIE

(Seel Emmeline la Blangie.)

Vente de deux parts d'un masage, à Jumièges. — Décembre 1270.

708 BLANGY (GUILLAUME DE).

1264.

Sceau rond, de 29 mill. — Arch. du Calvados ; évêché et chapitre de Bayeux.

Une fleur de lys fleuronnée.

✱ S'. WI... DE BLAIGNEIO

(Sigillum Willermi de Blaigneio.)

Vente d'un masnage en la paroisse de Saint-Sauveur, à Bayeux. — Juillet 1264.

709 BLANPEIL (SAMSON).

1324.

Sceau rond, de 23 mill. — Arch. de l'Orne ; abbaye de Saint-Évroult.

Une fleur radiée.

✱ S' SANS' · BLANPEIL

(Seel Sanson Blanpeil.)

Donation d'une rente en la paroisse de Saint-Nicolas de Moulins. — Juin 1324.

710 BLONDE (ALIX LA).

1259.

Sceau rond, de 26 mill. — Arch. de la Seine-Inférieure ; abbaye de Jumièges.

Une fleur de lys accompagnée de trois étoiles.

✱ S' AALIZ LA .LONDE

(Seel Aaliz la Blonde.)

Donation d'une rente sur un jardin, à Jumièges. — Février 1259.

711 BLONDE (ALIX LA).

1275.

Sceau rond, de 25 mill. — Arch. de la Seine-Inférieure ; abbaye de Jumièges.

Une nef gréée, portant une flamme à l'extrémité du mât.

✱ S' AALIS LA BLODE

(Seel Aalis la Blonde.)

Transport d'une rente, à Jumièges. — Octobre 1275.

712 BLONDEL (GUILLAUME).

1278.

Sceau rond, de 22 mill. — Arch. de la Seine-Inférieure ; abbaye de Saint-Amand.

Un oiseau à droite.

✱ S' WILL' BLOVNDEL

(Seel Willaume Bloundel.)

Vente de terres, à Boos. — Mars 1278.

713 BLONDELLE (LAURENCE LA).

1237.

Sceau rond, de 29 mill. — Arch. de la Seine-Inférieure ; abbaye de Jumièges.

Une croix potencée dont la branche sénestre manque, cantonnée de rayons ; à sénestre, à la place de la branche, des rayons en palmette.

✱ S' LAVRENTIE LA BLIONDELE

(Sigillum Laurentie la Bliondèle.)

Vente d'une terre en la paroisse de Duclair. — Janvier 1237.

714 BOËLE-MAILLARD (PHILIPPE DE).

1207.

Sceau rond, de 35 mill. — Arch. de la Seine-Inférieure ; abbaye de Jumièges.

Un griffon passant à dextre.

S' PHILIPI DE BVELEIA MAILLAR

(Sigillum Philipi de Bueleia Maillar.)

Confirmation des donations faites par son père, à Bouafle. — 1207.

715 BOET (JEANNE).

1212.

Sceau ogival, de 45 mill. — Arch. de la Seine-Inférieure ; abbaye de Jumièges.

Dame debout, en bliaud, tenant un fleuron.

✱ S' IOANE · BOET

(Sigillum Joane Boet.)

Cession de droits sur un verger et une terre « de Valle Boet ». — 1212.

716 BOIN (JEAN)

de Mantes. — 1230.

Sceau ogival, de 40 mill. — Arch. de la Seine-Inférieure; abbaye de Jumièges.

Une plante chargée de trois fleurs.

✠ S. IOhANNIS .... DE MEDONTA

(Sigillum Johannis Boin? de Medonta.)

Vente d'une terre, à Gensinville. — Septembre 1230.

717 BOIS-GUEROULT (RICHARD DU).

XIIIe siècle.

Sceau rond, de 37 mill. — Arch. de la Seine-Inférieure; abbaye de Jumièges.

Une aigle.

✠ S' RICARDI · D · BOSCO GEROVT

(Sigillum Ricardi de Bosco Gerout.)

Rachat de rentes. — Sans date.

718 BOIS-LAMBERT (GUILLAUME DE).

1273.

Sceau rond, de 31 mill. — Arch. de la Seine-Inférieure; abbaye de Saint-Amand.

Une fleur de lys de fantaisie.

✠ S' WLLMI LAMBERT?

(Sigillum Willermi Lambert.)

Vente de rentes, à Saint-Ouen-le-Mauger. — Juin 1273.

719 BOIS-MASSACRE

(ALIX, FEMME DE ROBERT DU).

1246.

Sceau rond, de 34 mill. — Arch. hospitalières d'Évreux.

Une croix fleuronnée, combinée avec un sautoir de même, le tout anglé de fleurons.

✠ S' AELICIE VXORIS SVE

(Sigillum Aelicie, uxoris sue.)

Vente d'une rente, à Fauville. — Mars 1246.

720 BOIS-MASSACRE (ROBERT DU).

1246.

Sceau rond, de 35 mill. — Arch. hospitalières d'Évreux.

Une croix inscrite dans un losange, combinée avec un sautoir.

✠ S' ROB'TI DE BOSCO MACACRE

(Sigillum Roberti de Bosco Maçacre.)

Voyez le numéro précédent.

721 BOISEMONT (ASSELIN DE).

1211.

Sceau rond, de 38 mill. — Arch. de l'Eure; abbaye de Mortemer.

Un griffon passant à gauche.

✠ S' ACELINI DE BOYSEMOVS?

(Sigillum Acelini de Boysemous.)

Donation de ses biens, à l'occasion de son entrée en religion. 1211.

722 BOLENGEL (ROGER).

1229.

Sceau rond, de 40 mill. — Arch. de la Seine-Inférieure; abbaye de Jumièges.

Une marguerite? chaque pétale séparé par un point.

✠ S' ROGERI BOLENGEL

(Sigillum Rogeri Bolengel.)

Donation et vente de terres, à Jumièges. — Avril 1229.

723 BONAMY (AMELINE).

1289.

Sceau rond, de 28 mill. — Arch. de l'Orne; abbaye de Saint-Évroult.

Un rameau accosté de six points.

✠ S AMELINE BONE AMIE

(Seel Ameline Boneamie.)

Vente d'héritages sis à Heugon. — Janvier 1289.

724 BONÉCROU (AUBIN).

1234.

Sceau rond, de 38 mill. — Arch. de la Seine-Inférieure; abbaye de Jumièges.

Une fleur de lys.

✠ S' ALBINI BONESCROE

(Sigillum Albini Bonescroe.)

Cession du sergentage de la sacristie de l'abbaye de Jumièges. Mars 1234.

725 BONÉCROU (RAOUL).

1234.

Sceau rond, de 37 mill. — Arch. de la Seine-Inférieure; abbaye de Jumièges.

Une main tenant un marteau accompagné d'un fer à cheval à droite.

✠ S' RADVLFI BONEESCROE

(Sigillum Radulfi Boneescroe.)

Voyez le numéro précédent.

726 BONNEFILLE (PIERRE).

1256.

Sceau rond, de 30 mill. — Arch. de l'Orne; prieuré du Vieux-Bellême.

Un ornement à six rayons potencés.

✱ S' PETRI BONEFILE :

(Sigillum Petri Bonefile.)

Donation de tous ses biens. — Janvier 1256.

727 BONNEVAL (ARNAUD DE).

1266.

Sceau rond, de 20 mill. — Arch. du Calvados; abbaye de Saint-André-en-Gouffern.

Une fleur de lys.

✱ S' ERNAVDI D' ...EVAL

(Sigillum Ernaudi de Boneval.)

Donation d'une rente sur la dîme de Bonneval. — Décembre 1266.

728 BONNEVAL (JEAN DE).

1266.

Sceau rond, de 26 mill. — Arch. du Calvados; abbaye de Saint-André-en-Gouffern.

Une croix ancrée dont les extrémités adjacentes sont unies par un fleuron.

✱ S' IOHIS D' BOÑEVAL

(Sigillum Johannis de Bonneval.)

Voyez le numéro précédent.

729 BONVALET (MATTHIEU).

1287.

Sceau rond, de 28 mill. — Arch. de la Manche; abbaye de Cherbourg.

Un objet rectangulaire représentant un bahut?

✱ S' MA... BOVVASLET D' TORLAVIL?

(Seel Ma... Bouvaslet de Torlavile.)

Donation de rentes, à Tourlaville et à Équeurdreville. — Mars 1287.

730 BOOLON (ÉTIENNE DE).

1260.

Sceau rond, de 22 mill. — Arch. hospitalières d'Évreux.

Une fleur de lys fleuronnée.

.. STEPHANI CLE....

(Sigillum Stephani, clerici?)

Vente de terres sises à Fauville. — Mai 1260.

731 BOOS (MARTIN DE).

1243.

Sceau ogival, de 39 mill. — Arch. de la Seine-Inférieure : abbaye de Saint-Amand.

Un paon marchant à droite, accompagné de trois étoiles et de trois points.

✱ S' · MARTINI DE BOES

(Sigillum Martini de Boes.)

Vente d'une terre, à Boos. — Janvier 1243.

732 BOOS (MARTIN DE).

1244.

Sceau ogival, de 43 mill. — Arch. de la Seine-Inférieure : abbaye de Saint-Amand.

Un paon marchant à droite, accompagné de cinq étoiles.

✱ S' MARTINI DE BOES

(Sigillum Martini de Boes.)

Échange de terres, à Boos. — Mars 1244.

733 BOOS (RICHARD DE).

1233.

Sceau rond, de 36 mill. — Arch. de la Seine-Inférieure : abbaye de Saint-Amand.

Une croix fleuronnée.

S' RIC' DE BOES FIL RAD' LE RENDV

(Sigillum Ricardi de Boes, filii Radulfi le Rendu.)

Donation d'une terre dans son masage, à Boos. — Juillet 1233.

734 BOOS (RICHARD-AMAND DE).

1241.

Sceau rond, de 37 mill. — Arch. de la Seine-Inférieure : abbaye de Saint-Amand.

Un arbuste.

✱ S' RICHARD DE BOES

(Seel Richard de Boes.)

Vente d'une terre, à Boos. — Octobre 1241.

735 BORDON (ROGER).

1247.

Sceau rond, de 34 mill. — Arch. du Calvados : abbaye de Saint-André-en-Gouffern.

Un bourdon accosté d'un croissant et d'une étoile.

✱ S' ROGERI · BORDOVN

(Sigillum Rogeri Bordoun.)

Acte de dessaisine d'une part de fief, à Crocy. — 1247

736 BORLOS (RENAUD LE).

1239.

Sceau rond, de 32 mill. — Arch. du Calvados : abbaye d'Aunay

Une sorte de fleur de lys.

✱ S' RENAVDI LE BORLOS

(Sigillum Renaudi le Borlos.)

Confirmation d'une rente sur une masure, à Monts. — Juillet 1239.

737 BORRELIER (RICHARD LE).

1272.

Sceau rond, de 27 mill. — Arch. de l'Orne; abbaye de Silly.

Une étoile à six rais.

✱ S' RICARDI : BOREL...

(Sigillum Ricardi Borelier.)

Transport d'une rente sur des terres, à Aubri-le-Panthou. — 1272

738 BORSER (RICHARD).

XIIIe siècle.

Sceau rond, de 35 mill. — Arch. de l'Eure.

Une étoile à six rais fleuronnés.

✱ S' RICARDI · BORSER

(Sigillum Ricardi Borser.)

Sceau détaché.

739 BOSC

(ADE, FEMME DE ROBERT DU).

1272.

Sceau rond, de 27 mill. — Arch. de la Seine-Inférieure : abbaye de Saint-Amand.

Une étoile à huit rais.

✱ S' ADE DV BOC

(Sigillum Ade du Boc.)

Vente d'une masure et de terres, à Boos. — Août 1272.

740 BOSC

(AGNÈS, FEMME DE GUILLAUME DU),

dit Duelebeuf. — 1307.

Sceau rond, de 28 mill. — Arch. du Calvados; abbaye de Jumièges.

Dans le champ, la fin de la légende ✱ BVEF accompagnée de quatre étoiles.

✱ S' AGNETIS VXOR' WLLI DEVILE

(Sigillum Agnetis, uxoris Willermi Devilebuef.)

Transport d'une rente, à Oisy. — Décembre 1307.

741 BOSC (GUÉRARD DU).

1276.

Sceau rond, de 48 mill. — Arch. de la Seine-Inférieure : abbaye de Saint-Amand.

Une croix de branchages.

S' GVERAR DV BOSC

(Seel Guérar du Bosc.)

Vente d'une terre en la paroisse de Franquevillette. — Janvier 1276.

742 BOSC (GUÉRARD DU).

1284.

Sceau rond, de 25 mill. — Arch. de la Seine-Inférieure; abbaye de Saint-Amand.

Une étoile à huit rais.

✱ S GVERART DV BOC

(Seel Guérart du Boc.)

Vente d'une terre, à Boos. — Mai 1284.

743 BOSC (GUÉRARD DU).

1290.

Sceau ogival, de 40 mill. — Arch. de la Seine-Inférieure; abbaye de Saint-Amand.

Une palme.

✱ S' GVERARDI DE BOSCO

(Sigillum Guerardi de Bosco.)

Vente d'une terre, à Boos. — Octobre 1290.

744 BOSC (GUILLAUME DU).

1277.

Sceau rond, de 32 mill. — Arch. du Calvados; abbaye d'Aunay.

Des arbres plantés sur une terrasse.

✱ S' WLLI DE BOSCO

(Sigillum Willermi de Bosco.)

Donation de rentes sur des terres, à Cahagnes. — Mai 1277.

745 BOSC (GUILLAUME DU),

dit Duelebeuf. — 1307.

Sceau rond, de 28 mill. — Arch. du Calvados; abbaye de Jumièges.

Une croix fleuronnée, cantonnée de quatre feuilles.

✱ S' GVILLI DV BOSC..

(Sigillum Guillermi du Bosc...)

Voyez le n° 740.

746 BOSC (JEAN DU).

Frère de Richard Herve. — 1256.

Sceau rond, de 31 mill. — Arch. du Calvados : abbaye d'Aunay.

Un fermail.

✱ S' : IOHIS : DE BOSQVO

(Sigillum Johannis de Bosquo.)

Vente d'un ténement, à Villers. — Juillet 1256.

747 BOSC (JEAN DU).

1278.

Sceau ogival, de 37 mill. — Arch. de la Seine-Inférieure; abbaye de Saint-Amand.

Un chien passant à gauche.

✻ S' IEHAN DV BOC

(Seel Jehan du Boc.)

Vente d'une terre, à Boos. — Décembre 1278.

748 BOSC (JEAN DU).

1279.

Sceau ogival, de 30 mill. — Arch. de la Seine-Inférieure; abbaye de Saint-Amand.

Un paon marchant à droite.

✻ S' IEHAN DV BOSC

(Seel Jehan du Bosc.)

Transport d'une rente, à Saint-Ouen-le-Mauger. — Février 1279.

749 BOSC (JEAN DU).

1301.

Sceau rond, de 28 mill. — Arch. de la Seine-Inférieure; abbaye de Saint-Amand.

Un arbuste.

✻ S' IEHEN DV BOSC

(Seel Jehen du Bosc.)

Vente d'une terre, à Boos. — Mars 1301.

750 BOSC (PIERRE DU)

de Siouville. — 1221.

Sceau rond, de 38 mill. — Arch. de la Manche: abbaye de Cherbourg.

Une fleur de lys fleuronnée.

.....I DE BOSCO

(Sigillum Petri de Bosco.)

Transport de rentes, à Sainte-Croix-Hague. — 1221.

751 BOSC (PIERRE DU).

1274.

Sceau rond, de 31 mill. — Arch. de la Seine-Inférieure; abbaye de Saint-Amand.

Un arbuste.

✻ S' PETRI DE BOSCO

(Sigillum Petri de Bosco.)

Vente d'une terre, à Boos. — Décembre 1274.

752 BOSC (RICHARD DU).

1206.

Sceau rond, de 35 mill. — Arch. de la Seine-Inférieure; abbaye de Saint-Ouen.

Un chien passant à gauche.

S' RICARDI DE BOSCO

(Sigillum Ricardi de Bosco.)

Vente d'un tènement, à Ymonville. — 1206.

753 BOSC (ROBERT DU).

1272.

Sceau rond, de 27 mill. — Arch. de la Seine-Inférieure; abbaye de Saint-Amand.

Une fleur à huit pétales.

S' ROBERT DV BOSC

(Seel Robert du Bosc.)

Voyez le n° 739.

754 BOSC

(TIPHAINE, FEMME DE GUÉRARD DU).

1276.

Sceau rond, de 28 mill. — Arch. de la Seine-Inférieure; abbaye de Saint-Amand.

Une sorte de fleur de lys.

S' TIEFAIGNE SA FAME

(Seel Tiefaigne, sa fame.)

Voyez le n° 741.

755 BOTERI (PIERRE).

1257.

Sceau rond, de 28 mill. — Arch. du Calvados; abbaye de Barbery.

Une fleur de lys.

✻ S' PETRI BOTERI

(Sigillum Petri Boteri.)

Reconnaissance d'une rente, à Quilly. — Décembre 1257.

756 BOTES (PIERRE).

1290.

Sceau rond, de 20 mill. — Arch. de la Seine-Inférieure; abbaye de Jumièges.

Un oiseau perché sur une plante à trois tiges.

✻ S' PIERRES BOTES ·

(Seel Pierres Botes.)

Vente de terres, à Épinay. — Juin 1290.

757 BOTIN (RAOUL).

1203.

Sceau rond, de 41 mill. — Arch. du Calvados; abbaye d'Aunay.

Une sorte de fleur de lys fleuronnée.

✱ SIGILL RADVLFI BOTIN

(Sigillum Radulfi Botin.)

Donation de terres, à Rucqueville. — 1203.

758 BOTIN (SAMSON).

1209.

Sceau rond, de 46 mill. — Arch. du Calvados; abbaye d'Aunay.

Une fleur de lys fleuronnée.

✱ SIGILL SANSONIS BOTIN :

(Sigillum Sansonis Botin.)

Donation d'une terre, à Rucqueville. — 1209.

759 BOUBERT (ROBERT).

1262.

Sceau rond, de 33 mill. — Arch. du Calvados; abbaye de la Sainte-Trinité de Caen.

Une fleur de lys.

✱ S' : ROB'TI : . . VBERT

(Sigillum Roberti Boubert.)

Transport d'une rente sur une maison, à Grainville. — Avril 1262.

760 BOUCHARDE (MABILE LA).

1236.

Sceau rond, de 29 mill. — Arch. de la Seine-Inférieure; abbaye de Jumiéges.

Un sautoir potencé, cantonné en chef d'un fleuron, en pointe d'une croix et aux flancs de rayons.

✱ S' M. . . . E LA BOVCHARDE

(Seel M. . . e la Boucharde.)

Vente d'une rente, à Duclair. — Juillet 1236.

761 BOUGIS (GUILLAUME).

1236.

Sceau rond, de 35 mill. — Arch. du Calvados; abbaye de Saint-André-en-Gouffern.

Une fleur de lys.

✱ S' WLLI : BOGIS

(Sigillum Willelmi Bogis.)

Donation d'une terre, à Vitresenl, près Crocy. — 1236.

762 BOUGIS

(MAHAUT LA ROUSSELLE, FEMME DE GUILLAUME).

1236.

Sceau rond, de 36 mill. — Arch. du Calvados; abbaye de Saint-André-en-Gouffern.

Un fuseau chargé de fil.

✱ S' MATILL · LA ROSSELE

(Sigillum Matillis la Rossele.)

Voyez le numéro précédent.

763 BOULANGER (ANDRÉ LE).

1234.

Sceau rond, de 33 mill. — Arch. de la Seine-Inférieure; abbaye de Saint-Wandrille.

Une croix fleuronnée, cantonnée de quatre pétales?

✱ S. ANDREE · BOLENGIER ·

(Sigillum Andree Bolengier.)

Vente d'un pré et de rentes, à Brémontier. — Mai 1234.

764 BOULANGER (RICHARD LE).

1307.

Sceau rond, de 24 mill. — Arch. de la Seine-Inférieure; abbaye de Saint-Wandrille.

Une étoile à six rais.

✱ S' RICAR' LE BOVLENG'

(Seel Ricart le Boulengier.)

Reconnaissance d'une rente sur une masure, à Bradiancourt. — Janvier 1307.

765 BOULETS

(ASSELINE, FEMME DE JEAN DES).

1286.

Sceau rond, de 27 mill. — Arch. de l'Orne; abbaye de Saint-Évroult.

Une étoile à huit rais.

✱ S' ACELOT BLŌDEL

(Seel Acelot Blondel.)

Vente d'un clos et d'une maison sis à Heugon. — Mai 1286.

766 BOUREL (MATTHIEU),

Fils de Raoul Bourel. — 1258.

Sceau rond, de 29 mill. — Arch. de la Seine-Inférieure; abbaye de Boscherville.

Une croix de branchages.

S' MATHEI BOVREL

(Sigillum Mathei Bourel.)

Vente de terres, à Saint-Martin-le-Vieux (Saint-Martin-du-Tilleul) — Mars 1258.

767 BOUREL (RAOUL).

1258.

Sceau rond, de 30 mill. — Arch. de la Seine-Inférieure : abbaye de Boscherville.

Une fleur à quatre pétales, séparés chacun l'un de l'autre par une tigelle.

✠ S' RADVLFI BOVREL

(Sigillum Radulfi Bourel.)

Voyez le numéro précédent.

768 BOURGUIGNON

(GOSSE, FILLE DE GUILLAUME LE)

Vers 1232.

Sceau rond, de 31 mill. — Arch. du Calvados : abbaye de Saint-André-en-Gouffern.

Une étoile à quatre branches avec une croix par-dessus.

S' GOSCE FILIE AV BORGAIGNON

(Sigillum Gosce, filie au Borgaignon.)

Vente d'un jardin, à Manneville. — Sans date.

769 BOURGUIGNON (GUILLAUME LE).

1232.

Sceau rond, de 33 mill. — Arch. du Calvados : abbaye de Saint-André-en-Gouffern.

Une fleur de lys fleuronnée.

✠ S WLL BORGAINNVN

(Sigillum Willermi Borgainnun.)

Donation d'un jardin, à Manneville. — 1232.

770 BOURGUIGNON (ROGER).

1308.

Sceau rond, de 21 mill. — Arch. de la Seine-Inférieure ; abbaye de Jumièges.

Une fleur de lys.

✠ S' ROG BORGN

(Seel Rogier Borguegnon ?)

Acquisition d'une rente, à Vieux-Port. — Juillet 1308.

771 BOURSIER (GILBERT LE).

1276.

Sceau rond, de 25 mill. — Arch. de la Seine-Inférieure : prieuré de Bonne-Nouvelle.

Une aigle essorant.

✠ S' GILEBERT LE BOVRCIER

(Seel Gilebert le Bourcier.)

Donation d'une terre, à Saint-Sever. — Juillet 1276.

772 BOUT-DE-LA-VILLE (RAOUL DU).

1313.

Sceau ogival, de 31 mill. — Arch. de la Seine-Inférieure : abbaye de Jumièges.

Un maillet surmonté d'une étoile, le manche accosté de . . .

✠ S' RAD' DV BOT DE LA V'L

(Sigillum Radulfi du Bot de la Ville.)

Fieffe d'une masure, à Jumièges. — Décembre 1313.

773 BOUTARD (GUILLAUME)

de Conihou. — 1257.

Sceau rond, de 28 mill. — Arch. de la Seine-Inférieure : abbaye de Jumièges.

Une fleur de lys fleuronnée.

✠ S' WLLI BOVTART

(Sigillum Willermi Boutart.)

Donation d'une rente. — Mars 1257.

774 BOUTARD (SÉRI).

1261.

Sceau rond, de 26 mill. — Arch. de la Seine-Inférieure ; abbaye de Jumièges.

Une étoile à huit rais.

✠ S' SERICI BOVTART

(Sigillum Serici Boutart.)

Donation d'une rente, au Mesnil. — Mai 1261.

775 BOVION (RICHARD).

1269.

Sceau rond, de 30 mill. — Arch. de la Seine-Inférieure ; abbaye du Valasse.

Une étoile géométrique à six branches, contenant au centre une quartefeuille.

✠ S' RICAR. . . VIOVN

(Sigillum Ricardi Bovioun.)

Donation de terres avec une maison, à Caverville. — Février 1269.

776 BRADIANCOURT (HUGUES DE).

1211.

Sceau rond, de 42 mill. — Arch. de la Seine-Inférieure : abbaye de Saint-Wandrille.

Un lion ? passant à gauche.

✠ S' HVGONIS DE BRENDELCOVRT

(Sigillum Hugonis de Brendelcourt.)

Donation de rentes, à Bradiancourt. — 1211.

777 BRET (RAOUL LE).

1227.

Sceau rond, de 36 mill. — Arch. de la Seine-Inférieure; abbaye de Jumièges.

Dans le champ, sur trois lignes : MEI, LEBR, ET, finissant la légende.

✠ S' RADVLFI FILII BARTOLO

(Sigillum Radulfi, filii Bartholomei le Bret.)

Vente d'une terre, au Mesnil. — Mai 1227.

---

778 BRETÈLE (BASILE LA).

1268.

Sceau rond, de 28 mill. — Arch. du Calvados; abbaye de Saint-André-en-Gouffern.

Une fleur de lys.

✠ S' BASILIE LA B'TELE

(Sigillum Basilie la Bretele.)

Echange de biens, à Méry. — Janvier 1268.

---

779 BRETON (AMELINE, FILLE DE MICHEL).

1255.

Sceau rond, de 28 mill. — Arch. du Calvados; prieuré de Sainte-Barbe-en-Auge.

Une étoile à six branches; deux sont en feuillages.

✠ S' AMELINE LA BRET

(Sigillum Ameline la Brete.)

Échange d'un verger, à Ernes. — Novembre 1255.

---

780 BRETON (GEOFFROI LE).

1248.

Sceau rond, de 37 mill. — Arch. du Calvados: prieuré de Sainte-Barbe-en-Auge.

Une fleur de lys fleuronnée.

✠ S' GAVFRIDI LE BRETON

(Sigillum Gaufridi le Breton.)

Donation d'une rente sur un ténement, aux Monceaux. — Avril 1248.

---

781 BREUIL (GEOFFROI DU).

XIIIe siècle.

Sceau rond, de 45 mill. — Arch. de l'Eure.

Une fleur à cinq pétales.

✠ S' : GAVFRIDI : DE : BROLIO :

(Sigillum Gaufridi de Brolio.)

Sceau détaché.

782 BREUIL (SIMON DU).

XIIIe siècle.

Sceau rond, de 33 mill. — Arch. de l'Eure.

Une croix potencée, combinée avec un sautoir.

✠ S' SIMON DV BREEL

(Seel Simon du Breel.)

Sceau détaché.

---

783 BRIEUX (GUILLAUME DE).

1266.

Sceau rond, de 28 mill. — Arch. du Calvados; abbaye de Troarn.

Une fleur de lys accostée en haut de deux points.

✠ S' WILLI · DE BRVIS

(Sigillum Willermi de Bruis.)

Donation de revenus, à Sannerville. — Septembre 1266.

---

784 BRUMENT (RICHARD LE).

1260.

Sceau rond, de 35 mill. — Arch. de la Seine-Inférieure; chapitre de Rouen.

Une rose gothique.

✠ S' RICARDI LE BRVMEN

(Sigillum Ricardi le Brumen.)

Vente d'un fief, à Londinières. — Décembre 1260.

---

785 BUISSON (GUILLAUME).

Commencement du XIIIe siècle.

Sceau rond, de 37 mill. — Arch. de la Seine-Inférieure; abbaye de Saint-Ouen.

Un arbre.

✠ SIGILLVM · G'....ERMI · BVISVN

(Sigillum Guillermi Buisun.)

Fieffe de diverses rentes, à Écuville. — Sans date.

---

786 BUISSON (MARTIN DU).

1298.

Sceau rond, de 24 mill. — Arch. de l'Orne; abbaye de Saint-Évroult.

Un nœud de cordelière en losange.

✠ S'. MARTINI DE DVMO

(Sigillum Martini de Dumo.)

Vente d'une terre en la paroisse de Notre-Dame-du-Bois. — Avril 1298.

---

787 BUISSON (PIERRE DU).

1245.

Sceau rond, de 28 mill. — Arch. de la Manche; abbaye de Cherbourg.

Une fleur de lys.

✠ S'. PETRI : DE : BVISON :

(Sigillum Petri de Buison.)

Confirmation d'une rente sur un ménage, à Anneville-en-Saire. — 1245.

788 BUISSON (RAOUL DU).

Commencement du XIII° siècle.

Sceau rond, de 38 mill. — Arch. du Calvados; abbaye de Saint-André-en-Gouffern.

Une fleur de lys fleuronnée.

✠ SIGILL : RADVLFI : DE : BVISVM

(Sigillum Radulfi de Buisum.)

Donation d'une terre, à Coupigny. — Sans date.

789 BUISSON (VAUQUELIN DU).

1287.

Sceau rond, de 28 mill. — Arch. de l'Orne; abbaye de Saint-Évroult.

Une serpe accompagnée d'un arbuste à gauche.

✠ S' · GAVQVELINI · DE · DVMO

(Sigillum Gauquelini de Dumo.)

Vente d'un bois en la vavassorie du Douet-Moussu, paroisse de Notre-Dame-du-Bois. — Février 1287.

790 BUISTOUT (ROBERT)

de Vieux-Port. — 1260.

Sceau rond, de 36 mill. — Arch. de la Seine-Inférieure; abbaye de Jumièges.

Un lion passant à gauche, la tête contournée.

✠ S' : ROBERTI : BVISTOVT

(Sigillum Roberti Buistout.)

Vente d'une rente sur un masage, à Vieux-Port. — Mars 1260.

791 BURGUES ? (ARNOUL DE).

1234.

Sceau rond, de 32 mill. — Arch. de la Seine-Inférieure; abbaye de Saint-Amand.

Une fleur de lys.

✠ S' ЋNVLFI DE BVRGIS

(Sigillum Hernulfi de Burgis.)

Fieffe de terres, à la Chaussée. — Novembre 1234.

792 BURGUES ?

(AVISSE, FEMME D'ARNOUL DE).

1234.

Sceau rond, de 36 mill. — Arch. de la Seine-Inférieure; abbaye de Saint-Amand.

Un fuseau chargé de fil.

✠ S' AVICIE FILIE ROBTI CLICI

(Sigillum Avicie, filie Roberti Clerici.)

Vente d'une rente d'orge, à la Chaussée. — Novembre 1234.

793 BUTRE (MICHEL LE).

1302.

Sceau rond, de 26 mill. — Arch. du Calvados; abbaye de Saint-Jean de Falaise.

Une étoile à huit rais.

S' MICHEL LE BVTE

(Seel Michel le Bute.)

Reconnaissance de rentes, à Falaise et à Combray. — Juillet 1302.

794 CABOCHARD (PHILIPPE).

1276.

Sceau rond, de 32 mill. — Arch. du Calvados; Hôtel-Dieu de Lisieux.

Un soleil.

✠ S' PHILIPI · CHABOCHART

(Sigillum Philipi Chabochart.)

Fieffe d'un clos en la paroisse de Saint-Jacques, à Lisieux. — Décembre 1276.

795 CAGNARD (RICHARD).

1273.

Sceau rond, de 27 mill. — Arch. de la Seine-Inférieure; abbaye de Jumièges.

Une fleur de lys.

✠ S RICART CAGNART

(Seel Ricart Cagnart.)

Vente d'une rente sur le moulin du Broquet, à Longueville. — Mars 1273.

796 CAIGNEY (ALAIN DE).

1219.

Sceau rond, de 27 mill. — Arch. de la Seine-Inférieure; abbaye de Beaubec.

Écu au sautoir cantonné de quatre aiglettes. — Il ne reste plus de la légende que

...LANI

(Sigillum Alani.)

Confirmation des donations faites par ses prédécesseurs. 1219.

797 CALTOT (GUIBERT).

1250.

Sceau rond, de 35 mill. — Arch. de la Seine-Inférieure; abbaye de Saint-Amand.

Un oiseau à droite.

✱ S' GVILEBERT CALETOT

(Seel Guilebert Caletot.)

Vente de rentes, à Saint-Ouen-le-Mauger. — Mai 1250.

798 CAMPAGNE (CÉCILE DE),

Veuve de Richard de Campagne. — 1263.

Sceau rond, de 23 mill. — Arch. de la Seine-Inférieure; abbaye du Valasse.

Une fleur de lys.

✱ S' CECILIA DE CANPANIA

(Sigillum Cecilia de Campania.)

Donation d'une rente en la paroisse de Liniot. — Avril 1263.

799 CAMUS (ROGER LE).

1257.

Sceau rond, de 30 mill. — Arch. hospitalières d'Évreux.

Une étoile à six rais.

✱ S' ROGIER LE CAMVS

(Seel Rogier le Camus.)

Transport de rentes sur des biens en la paroisse de Notre-Dame-de-la-Ronde. — Novembre 1257.

800 CAMUS

(SIBILLE, FEMME DE ROGER LE).

1257.

Sceau rond, de 35 mill. — Arch. hospitalières d'Évreux.

Une croix de feuillages, combinée avec un sautoir de même.

✱ S'. SE..LIE EIVS VX' :

(Sigillum Sebilie, ejus uxoris.)

Voyez le numéro précédent.

801 CAMUSE (EUSTACHE LA).

1258.

Sceau rond, de 28 mill. — Arch. de la Seine-Inférieure; prieuré de Bonne-Nouvelle.

Une fleur de lys.

✱ S' ITACE LA CA..CE

(Seel Itace la Camuce.)

Transport d'une rente sur le pré de la Bataille, près Rouen. — Juillet 1258.

802 CANDELIER (RICHARD LE).

XIIIe siècle.

Sceau rond, de 27 mill. — Arch. de la Seine-Inférieure: abbaye de Saint-Wandrille.

Une croix fleuronnée, combinée avec un petit sautoir.

✱ S' RICARDI L CĀDELIER

(Sigillum Ricardi le Candelier.)

Vente d'une rente, à Fontaine-en-Bray. — Sans date.

803 CANVILLE (JEANNE DE),

Femme de Pierre de Canville. — 1258.

Sceau rond, de 28 mill. — Arch. de la Seine-Inférieure; archevêché de Rouen.

Une étoile à huit rais.

✱ S' IOANE DE CANVILE

(Seel Joane de Canville.)

Transport d'une rente sur une masure, à Dieppe. — Octobre 125..

804 CANVILLE (PIERRE DE).

1258.

Sceau ogival, de 36 mill. — Arch. de la Seine-Inférieure; archevêché de Rouen.

Un poisson.

✱ S' PETRI · DE · CAONVILE

(Sigillum Petri de Caonvile.)

Voyez le numéro précédent.

805 CARBONNIÈRES (GEOFFROI DE).

1219.

Sceau rond, de 35 mill. — Arch. de la Seine-Inférieure: abbaye de Bondeville.

Un lion passant à gauche.

✱ S' GAVFRI.. .. CARBONERES

(Sigillum Gaufridi de Carbonères.)

Fieffe d'un jardin et d'une terre, à Malzaise. — 1219.

806 CARDONAY (ROBERT DE).

1235.

Sceau rond, de 26 mill. — Arch. de la Seine-Inférieure; abbaye de Jumièges.

Une étoile géométrique inscrite dans un pentagone et ornée de fleurons dans les intervalles.

✱ S' ROBERTI DE CARDONEI

(Sigillum Roberti de Cardonei.)

Vente d'une terre, à Duclair. — Juin 1235.

807 CARITÉ (RENAUD).

1262.

Sceau rond, de 32 mill. — Arch. du Calvados; abbaye d'Aunay.

Trois rameaux formant fleur de lys.

✱ S' RENAVDI · CARITE ·

(Sigillum Renaudi Carité.)

Vente de terres, à Maizet. — Avril 1262.

808 CARON (NICOLE LE).

Femme de Robert le Caron. — 1309.

Sceau rond, de 23 mill. — Arch. de la Seine-Inférieure; abbaye de Jumiéges.

Une fleur de lys.

✱ S' NICOLE LA CARON

(Seel Nicole la Caron.)

Transport d'une rente sur un tènement, à Jumièges. — Décembre 1309.

809 CARPENTIER (RAOUL LE).

1269.

Sceau rond, de 30 mill. — Arch. de la Seine-Inférieure; abbaye de Saint-Wandrille.

Un soleil.

✱ S' RAOL CARPĒTER

(Seel Raol Carpenter.)

Transport d'une rente sur une masure, à Bradiancourt. — Octobre 1269.

810 CARPIQUET (MÉNARD DE).

1259.

Sceau rond, de 35 mill. — Arch. du Calvados; abbaye de la Sainte-Trinité de Caen.

Une croix fleuronnée.

✱ S' MANGART DE MA ::

(Seel Mancart de Ma.)

Vente d'une terre, à Carpiquet. — Juillet 1259.

811 CARRIÈRE (AGNÈS DE LA).

1262.

Sceau rond, de 43 mill. — Arch. du Calvados; abbaye de Villers-Canivet.

Une fleur de lys.

✱ S' ANETI.........ROB'TI D' LA ....R

(Sigillum Anetis..... Roberti de la ......r.)

Vente d'une terre, à Fontenay-l'Abbaye. — Février 1262.

812 CASIER (ADE DU).

Femme de Richard du Casier. — 1236.

Sceau rond, de 32 mill. — Arch. de la Seine-Inférieure; abbaye de Saint-Wandrille.

Une étoile à huit rais.

✱ S' ADE DE CASERIO

(Sigillum Ade de Caserio.)

Cession d'une masure, au Casier, au profit de Jean, l'un de ses fils. — Novembre 1236.

813 CASIER (LAURENT DU).

Fils de Richard du Casier. — 1236.

Sceau rond, de 38 mill. — Arch. de la Seine-Inférieure; abbaye de Saint-Wandrille.

Une fleur de lys en palmette.

✱ S' LAVRENCII · DV · CASEIR

(Sigillum Laurencii du Caseir.)

Voyez le numéro précédent.

814 CASIER (LAURENT DU).

1245.

Sceau rond, de 31 mill. — Arch. de la Seine-Inférieure; abbaye de Saint-Wandrille.

Un oiseau à long bec, à gauche, la tête contournée.

✱ S' LAVRĒCII DÑI DV CASIER

(Sigillum Laurencii, domini du Casier.)

Transport d'une rente sur une masure, à Eslavelles. — Janvier 1245.

815 CASIER (RICHARD DU).

1236.

Sceau rond, de 31 mill. — Arch. de la Seine-Inférieure; abbaye de Saint-Wandrille.

Une croix fleuronnée, combinée avec un petit sautoir de même.

✱ S' RICARDI · DV CASEIR

(Sigillum Ricardi du Caseir.)

Voyez le n° 812.

816 CAUCHOIS (GILBERT LE).

1212.

Sceau rond, de 36 mill. — Arch. de la Seine-Inférieure; abbaye de Jumiéges.

Une fleur de lys fleuronnée.

✱ S' GILLEBERTI · LE CAVCOIS

(Sigillum Gilleberti le Caucois.)

Donation et vente de rentes, à Trouville. — Avril 1212.

817 CAUCHOIS (JEAN LE).

1236.

Sceau rond, de 35 mill. — Arch. de la Seine-Inférieure; abbaye de Saint-Wandrille.

Une fleur de lys double.

✱ S' IOHANNIS · LE CAVCHIES

(Sigillum Johannis le Cauchies.)

Vente de terres, à Fontaine-en-Bray. — Septembre 1236.

818 CALQUETERRE (ROBERT).

1219.

Sceau rond, de 43 mill. — Arch. de la Seine-Inférieure; abbaye de Jumièges.

Un oiseau chimérique, à gauche, la tête contournée.

✱ SIGL. . . . . . I : CAVKETERE

(Sigillum Roberti Cauketère.)

Acquisition de rentes, à Yainville. — 1219.

819 CAUTORTEL (GUILLAUME),

le jeune. — 1278.

Sceau rond, de 25 mill. — Arch. du Calvados; abbaye d'Aunay.

Une fleur de lys.

✱ S' WILLI CAVTORTEL

(Sigillum Willermi Cautortel.)

Vente de terres situées à Vendes. — Octobre 1278.

820 CAVALIER (AUBERT).

1236.

Sceau rond, de 33 mill. — Arch. de la Seine-Inférieure; abbaye de Saint-Ouen.

Une aigle contournée.

✱ S' AVBER CAV. . EIR

(Seel Auber Cavaleir.)

Fieffe d'une terre sise à Écalles. — Mai 1236.

821 CAVALIER (JEAN LE).

1238.

Sceau rond, de 31 mill. — Arch. de la Seine-Inférieure; abbaye de Saint-Amand.

Une croix fleuronnée, combinée avec un petit sautoir.

✱ S' IOHIS LE CAVALEIR

(Sigillum Johannis le Cavaleir.)

Transport de rentes, à la Chaussée. — 1238.

822 CAVÉE (HENRI).

1258.

Sceau rond, de 33 mill. — Arch. de la Seine-Inférieure; abbaye de Jumièges.

Un arbre.

✱ S' HENRICI · CAV. E

(Sigillum Henrici Cavée?)

Vente d'un jardin, à Épinay. — Avril 1258.

823 CAVÉE (MABILE, FEMME DE HENRI).

1258.

Sceau rond, de 34 mill. — Arch. de la Seine-Inférieure; abbaye de Jumièges.

Une croix fleuronnée, combinée avec un sautoir de même, entourée d'étoiles.

✱ S' MABILE DE VALLEBOET

(Seel Mabile de Valleboet.)

Voyez le numéro précédent.

824 CAVELIER (GUILLAUME LE).

1270.

Sceau rond, de 24 mill. — Arch. de la Seine-Inférieure; abbaye de Saint-Amand.

Un cerf courant à droite, devant un arbre.

✱ S' WILL · LE CAVELIER

(Sigillum Willermi le Cavelier.)

Constitution d'une rente sur son fief, à la Chaussée. — Janvier 1270.

825 CAVELIER (JEAN LE).

1252.

Sceau rond, de 33 mill. — Arch. de la Seine-Inférieure; abbaye de Saint-Amand.

Une croix ajourée, ancrée.

✱ S' IOHIS LE CAVELIER

(Sigillum Johannis le Cavelier.)

Vente d'un champ, à la Chaussée. — Mai 1252.

826 CELLOVILLE (ANDRÉ DE).

1247.

Sceau rond, de 34 mill. — Arch. de la Seine-Inférieure; abbaye de Saint-Amand.

Une sextefeuille.

✱ S' ANDREE DE SERLOVILLA

(Sigillum Andree de Serlovilla.)

Transport d'une rente, à Celloville. — Février 1247.

827 CELLOVILLE (JEAN DE).

1247.

Sceau ogival, de 45 mill. — Arch. de la Seine-Inférieure; abbaye de Saint-Amand.

Un arbuste.

✱ S' IOVHAN . E SELLOVILLE

(Seel Jouhan de Selloville.)

Voyez le numéro précédent.

828 CENTIER (JEAN LE).

1277.

Sceau rond, de 33 mill. — Arch. du Calvados; évêché et chapitre de Bayeux.

Trois rameaux réunis par leur pied.

✱ S' IOhANNIS · LE CEN....

(Sigillum Johannis le Centier?)

Transport d'une rente sur une masure «apud Pontem Heoudi», en la paroisse d'Andrieu. — 1277.

829 CERISIER (JEAN).

1297.

Sceau ogival, de 30 mill. — Arch. de la Seine-Inférieure; archevêché de Rouen.

Un rameau accosté de deux points.

✱ S' IOh · ChERISIER ·

(Sigillum Johannis Cherisier.)

Reconnaissance de droits au patronage de l'église d'Annouville. — Avril 1297.

830 CHAMBELLAN (THIBAUD LE).

1278.

Sceau rond, de 26 mill. — Arch. de la Seine-Inférieure; couvent des Emmurées.

Un chandelier.

✱ .... ThIBAVT ....ChABELLA?

(Seel Thibaut ..... Chambellan.)

Vente de prés, à Sotteville-lez-Rouen. — Janvier 1278.

831 CHAMP-D'OISEL (MAHAUT),

Femme de Richard le Clerc. — 1227.

Sceau rond, de 42 mill. — Arch. de la Seine-Inférieure; abbaye de Jumièges.

Une fleur de lys fleuronnée.

✱ S' MATILDIS · CHANT DOISEL

(Sigillum Matildis Chant d'Oisel.)

Vente d'une rente, à Épinay. — Mai 1227.

832 CHAMPS (GUILLAUME DES).

1277.

Sceau ogival, de 40 mill. — Arch. de la Seine-Inférieure; abbaye de Jumièges.

Un arc accosté à gauche d'une flèche.

....WILLEMI DE CAM...

(Sigillum Willermi de Campis.)

Vente d'une terre, à Trouville. — Janvier 1277.

833 CHAMPS (GUILLAUME DES).

1283.

Sceau rond, de 28 mill. — Arch. de l'Orne; abbaye de Saint-Évroult.

Une fleur à quatre divisions séparées chacune par un bouton.

✱ S' GVILLI : D' : CAMPIS :

(Sigillum Guillermi de Campis.)

Échange de terres, au Douet-Artus. — Mai 1283.

834 CHAMPS (JEANNE DES),

Femme de Guillaume des Champs. — 1283.

Sceau rond, de 28 mill. — Arch. de l'Orne; abbaye de Saint-Évroult.

Une fleur radiée à huit pétales.

✱ S' IOhE : DE : CAMPIS :

(Sigillum Johanne de Campis.)

Voyez le numéro précédent.

835 CHAMPS (NICOLE DES),

Femme de Robert des Champs. — 1283.

Sceau rond, de 28 mill. — Arch. de l'Orne; abbaye de Saint-Évroult.

Un monogramme?

✱ S' COLETE : DE CAMPIS

(Sigillum Colete de Campis.)

Voyez le n° 833.

836 CHAMPS (ROBERT DES),

Frère de Guillaume des Champs. — 1283.

Sceau rond, de 28 mill. — Arch. de l'Orne; abbaye de Saint-Évroult.

Une fleur d'un dessin barbare.

✱ S' ROB'TI : DE : CAMPIS

(Sigillum Roberti de Campis.)

Voyez le n° 833.

837 CHARPENTIER (GÉRARD LE).

1234.

Sceau rond, de 31 mill. — Arch. de la Seine-Inférieure; Jacobins.

Une hache. — Il ne reste plus de la légende que

.ARPENTER

(Carpenter.)

Fieffe d'un ténement, à Rouen. — Mai 1235.

838 CHARPENTIER (GUILLAUME LE).

XIIIe siècle.

Sceau rond, de 28 mill. — Arch. de l'Orne; abbaye de Saint-Évroult.

Une fleur de lys.

...LLI CARPV...R

(Sigillum Willermi Carpun...r.)

Donation de son bourgage situé à Great-Drayton (Angleterre). — Sans date.

839 CHARPENTIER (GUILLAUME LE).

1305.

Sceau rond, de 29 mill. — Arch. de l'Orne ; abbaye de Saint-Évroult.

Deux haches, l'une renversée, opposées par le talon et accompagnées à gauche d'un marteau.

✠ S' GVI... LE CARPETIER

(Sigillum Guillermi le Carpentier.)

Vente d'une terre sise à Heugon. — Février 1305.

840 CHARPENTIER (JEAN LE).

1260.

Sceau rond, de 30 mill. — Arch. de la Seine-Inférieure ; abbaye de Jumièges.

Une hache.

✠ S' IOH.. LE CHARPENTER

(Sigillum Johannis le Charpenter.)

Vente d'une rente sur des prés, à Saint-Pierre-d'Autils. — Mai 1260.

841 CHARPENTIER (RICHARD LE).

1262.

Sceau rond, de 25 mill. — Arch. du Calvados ; abbaye de Saint-André-en-Gouffern.

Une hache.

✠ S' RIC CARPENTARII

(Sigillum Ricardi Carpentarii.)

Vente d'une terre, à Cauvicourt. — 1262.

842 CHASSEBOEUF (GILBERT).

1262.

Sceau rond, de 34 mill. — Arch. du Calvados ; abbaye de Saint-André-en-Gouffern.

Une croix de branchages, combinée avec un sautoir.

✠ S' GILLEBERTI KACEBOF

(Sigillum Gilleberti Kacebof.)

Transport d'une rente sur des biens, à Crocy. — Mars 1262.

843 CHAUSSEBOEUF (LUCAS).

1230.

Sceau rond, de 42 mill. — Arch. de la Manche ; abbaye du Mont-Saint-Michel.

Une fleur à quatre pétales. — Légende détruite.

Vente de terres et de rentes, aux Pas. — 1230.

844 CHAUSSÉE (GUILLAUME DE LA).

1211.

Sceau rond, de 35 mill. — Arch. de la Seine-Inférieure ; abbaye de Jumièges.

Un griffon à gauche.

✠ S' WILLERMI · D' LA CAVCHEE

(Sigillum Willermi de la Cauchée.)

Donation de rentes. — Juin 1211.

845 CHAUSSÉE (GUILLAUME DE LA).

1217.

Sceau rond, de 42 mill. — Arch. hospitalières d'Évreux.

Une fleur de lys.

✠ S. VVILLI · DE CALCEIA

(Sigillum Willermi de Calceia.)

Vente d'un ténement, aux Barils. — Décembre 1217.

846 CHAUSSÉE (ROBERT DE LA).

1212.

Sceau rond, de 33 mill. — Arch. de la Seine-Inférieure ; abbaye de Jumièges.

Une fleur de lys fleuronnée.

✠ S' ROBERT : DE LA CAVCIE

(Seel Robert de la Caucie.)

Donation et reprise en fief d'un masage et d'un champ, à Duclair. — Mai 1212.

847 CHAUVET (GUILLAUME).

1276.

Sceau rond, de 20 mill. — Arch. de la Seine-Inférieure ; abbaye de Saint-Amand.

Une fleur de lys.

✠ · S' GVILL QVET ·

(Seel Guillaume Qvet.)

Vente de terres sises à Boos. — Janvier 1276.

848 CHAUVET

(PERRENELLE DU BOSC, FEMME DE GUILLAUME).

1276.

Sceau rond, de 28 mill. — Arch. de la Seine-Inférieure ; abbaye de Saint-Amand.

Une croix fleuronnée.

✠ S' PERRONELE : DV : BOC :

(Seel Perronele du Boc.)

Voyez le numéro précédent.

849 CHESNEL (FOUBERT).

1235.

Sceau rond, de 35 mill. — Arch. de la Seine-Inférieure ; abbaye de Jumièges.

Une fourche ?

✠ S' FOVBERTI CHESNEL

(Sigillum Fouberti Chesnel.)

Fieffe d'une terre, au Vieux-Verneuil. — Janvier 1235.

850 CHESNEL (ROBERT).

1235.

Sceau rond, de 34 mill. — Arch. de la Seine-Inférieure ; abbaye de Jumièges.

Une faux.

✠ S' ROBERT · CHESNEL

(Seel Robert Chesnel.)

Voyez le numéro précédent.

851 CHEVREUL (GUILLAUME).

XIIIe siècle.

Sceau rond, de 30 mill. — Arch. de l'Eure.

Une étoile à huit rais.

✠ S' WLLI · CHEVRVEL

(Sigillum Willermi Chevruel.)

Sceau détaché.

852 CHIÉRET (GUILLAUME)

de la Londe. — 1260.

Sceau rond, de 28 mill. — Arch. de la Seine-Inférieure ; archevêché de Rouen.

Une fleur de lys fleuronnée.

..GVILLI CHIRET DE LVNDE

(Sigillum Guillermi Chiret de Lunde.)

Transport d'une rente sur le fief de la Plaigne. — Août 1260.

853 CHITOIS (GUILLAUME).

1222.

Sceau rond, de 37 mill. — Arch. de la Seine-Inférieure ; abbaye de Jumièges.

Une fleur de lys.

✠ SIGILLVM VVILLMI CHI...

(Sigillum Willermi Chitois ?)

Donation d'une terre sise à Jumièges. — Avril 1222.

854 CHRÉTIEN (THOMAS).

1230.

Sceau rond, de 23 mill. — Arch. de la Manche ; abbaye du Mont-Saint-Michel.

Une étoile à huit rais.

✠ S' THOME CRESTIEN

(Sigillum Thome Crestien.)

Cession d'une terre, à Planchers. — 1230.

855 CINQ-BOEUFS (AMELINE).

1260.

Sceau rond, de 32 mill. — Arch. de la Seine-Inférieure ; abbaye de Montivilliers.

Une quenouille chargée, avec son fuseau à droite, accostée de six points.

✠ S' EMELINE : CINC BVES :

(Seel Emeline Cinchues.)

Reconnaissance des droits de l'abbaye de Montivilliers sur un ténement. — Juin 1260.

856 CLAREL (RAOUL),

dit le Chevecier. — 1317.

Sceau ogival, de 33 mill. — Arch. de la Seine-Inférieure ; abbaye de Jumièges.

Un rameau à trois tiges, accosté de quatre points.

S' RAOL CLAREL

(Seel Raol Clarel.)

Transport d'une rente sur des héritages, à Jumièges. — Janvier 1317.

857 CLAREL (ROBERT).

1305.

Sceau ogival, de 38 mill. — Arch. de la Seine-Inférieure ; abbaye de Jumièges.

Un rameau.

S' ROBERTI CLARE.

(Sigillum Roberti Clarel.)

Rachat de rentes sur un jardin, à Jumièges. — Juillet 1305.

858 CLAREL (THOMAS),

le jeune. — 1305.

Sceau ogival, de 38 mill. — Arch. de la Seine-Inférieure ; abbaye de Jumièges.

Un rameau.

✠ S' THOME DCI' CLAREL

(Sigillum Thome, dicti Clarel.)

Vente d'une rente sur un masage, à Jumièges. — Novembre 1305.

859 CLERC (ANQUETIL LE).

Commencement du XIIIe siècle.

Sceau rond, de 35 mill. — Arch. de la Seine-Inférieure ; archevêché de Rouen.

Une fleur de lys fleuronnée.

✠ S' AVNCHETILLI : CLERICI

(Sigillum Aunchetilli Clerici.)

Fieffe d'une masure sise rue des Peuteurs, en la paroisse de Saint-Vivien, à Rouen. — Sans date.

860 CLERC (GUILLAUME LE)

de Tiberville. — 1205.

Sceau rond, de 35 mill. — Arch. de la Seine-Inférieure; abbaye de Saint-Wandrille.

Un bouquet de trois fleurs, formant fleur de lys.

✱ S' WILE CLEI DE TIGERVILLA

(Sigillum Willermi Clerici de Tigervilla.)

Confirmation de donations. — 1205.

861 CLERC (GUILLAUME LE).

XIIIe siècle.

Sceau rond, de 24 mill. — Arch. de l'Eure.

Une fleur de lys.

✱ S' VILERMI LE CLERC

(Sigillum Vilermi le Clerc.)

Sceau détaché.

862 CLERC (ROBERT LE).

1245.

Sceau rond, de 36 mill. — Arch. de la Seine-Inférieure; abbaye de Saint-Amand.

Un lion passant à droite.

✱ S' ROBERTI · CLERICI

(Sigillum Roberti Clerici.)

Vente d'un emplacement, à Bertrimont. — 1245.

863 CLÉRESSE (JEANNE LA).

1250.

Sceau rond, de 32 mill. — Arch. de la Seine-Inférieure; abbaye de Saint-Amand.

Une croix fleuronnée, combinée avec un sautoir.

✱ : S' IOHANNE : CLICE :

(Sigillum Johanne Clerice.)

Vente d'une rente sur un tènement, à la Chaussée. — Novembre 1250.

864 CLIF (VULFRAN DE).

1212.

Sceau rond, de 33 mill. — Arch. de la Seine-Inférieure; abbaye de Jumièges.

Un coq à gauche.

✱ S' WLFRAN...L........CLIF

(Sigillum Vulfranni, filii Hugonis de Clif?)

Donation de sa terre de la Vasette, à Jumièges. — Juin 1212.

865 CLIPANEL (DENIS).

1315.

Sceau rond, de 26 mill. — Arch. du Calvados; abbaye de Troarn.

Une étoile à six rais; dessin et écriture barbares.

✱ S' DENIS CLIPANEL

(Seel Denis Clipanel.)

Transport d'une rente sur des terres, à Touffréville. — Décembre 1315.

866 COENNE (ROBERT).

1290.

Sceau rond, de 25 mill. — Arch. de l'Orne; abbaye de Saint-Évroult.

Une figure à six rais, dont quatre sont reliés deux à deux par un arc de cercle.

✱ S' ROB'TI DE LIVET

(Sigillum Roberti de Livet.)

Vente d'un bois en la vavassorie du Douet-Moussu, paroisse de Notre-Dame-du-Bois. — Avril 1290.

867 COIFFIÈRE (ALIX LA).

1304.

Sceau rond, de 26 mill. — Arch. de l'Orne; abbaye de Saint-Évroult.

Une croix fleuronnée.

✱ S ALIZ · LA COIFIERE

(Seel Aliz la Coifière.)

Vente d'une terre sise à Notre-Dame-du-Bois. — Août 1304.

868 COINTE (HENRI LE).

1219.

Sceau rond, de 33 mill. — Arch. de la Seine-Inférieure; abbaye de Jumièges.

Buste à gauche, diadémé, en paludamentum, paraissant être une imitation d'une médaille romaine. Dans le champ, des croissants et des soleils.

✱ SIGILL : HENRICI : LE · COINTE

(Sigillum Henrici le Cointe.)

Donation d'un masage situé au bourg de Jumièges. — Juin 1219.

869 COISDOR (NICOLAS).

1306.

Sceau rond, de 24 mill. — Arch. de la Seine-Inférieure; abbaye de Jumièges.

Une plante à quatre tiges.

S' · NICHOLE COISDOR

(Seel Nichole Coisdor.)

Transport d'une rente sur une terre, au Mesnil. — Juin 1306.

870 COISDOR (ROGER).

1313.

Sceau rond, de 28 mill. — Arch. de la Seine-Inférieure; abbaye de Jumièges.

Une plante à trois tiges.

S' ROGIER COIDOR

(Seel Rogier Coidor.)

Fieffe d'un mesage en la paroisse du Mesnil. — Mars 1313.

871 COISPEL (JEANNE).

1302.

Sceau rond, de 26 mill. — Arch. de l'Orne : abbaye de Saint-Évroult.

Une étoile à huit rais.

✱ S · IAHEN · CHOIPEL

(Seel Jahen Choipel.)

Vente d'une terre en la paroisse de Notre-Dame-du-Bois. — Janvier 1302.

872 COLLEVILLE (GUILLAUME DE).

Commencement du XIIIe siècle.

Sceau rond, de 18 mill. — Arch. du Calvados ; abbaye d'Aunay.

Un sautoir cantonné de fleurons. — Sans légende.

Donation de biens, à la Ferrière-du-Val. — Sans date.

873 COLLIOU (AVISSE).

1271.

Sceau rond, de 23 mill. — Arch. de la Seine-Inférieure ; abbaye de Montivilliers.

Une quenouille chargée, accompagnée d'un fuseau.

✱ S' AVICIE COLLIOV

(Sigillum Avicie Colliou.)

Donation d'une rente sur des biens, à Saint-Germain-de-Montivilliers. — Mars 1271.

874 COLOMBIER (PHILIPPE DU).

Fin du XIIe siècle.

Sceau rond, de 38 mill. — Arch. de la Seine-Inférieure ; abbaye de Jumièges.

Un oiseau à droite.

SIGILL ..NRICI DE COLOMBIERS

(Sigillum Henrici de Colombiers.)

Donation d'un tènement, à Varengeville. — Sans date.

875 COMTE (GERVAIS LE).

1291.

Sceau rond, de 30 mill. — Arch. du Calvados ; abbaye de Saint-André-en-Gouffern.

Une croix fleuronnée, cantonnée de quatre rais.

✱ S' GERVASII LE CŌTE

(Sigillum Gervasii le Conte.)

Vente de diverses rentes, à Montgaroult et au Goulet. — Juin 1291.

876 COMTE (JEAN LE),

le jeune. — 1272.

Sceau rond, de 28 mill. — Arch. de la Seine-Inférieure ; abbaye de Saint-Amand.

Une fleur de lys accostée de six points.

✱ S' IOH LE CONTE LE GEBL

(Sigillum Johannis le Conte, le Gebl...)

Vente d'une rente sur son tènement, à la Chaussée. — Janvier 1272.

877 COMTE (JEAN LE).

1278.

Sceau rond, de 23 mill. — Arch. de la Seine-Inférieure : abbaye de Saint-Amand.

Une étoile à cinq rais.

✱ S' · IOH · LE · CONT' ·

(Sigillum Johannis le Conte.)

Constitution d'une rente sur son héritage, à la Chaussée. — Février 1278.

878 COMTE (RAOUL LE).

1278.

Sceau rond, de 28 mill. — Arch. de la Seine-Inférieure ; abbaye de Saint-Amand.

Un arbuste épineux.

✱ S' RA'OVLFI ....TIS

(Sigillum Radulfi Comitis.)

Constitution d'une rente sur une terre, à la Chaussée. — Septembre 1278.

879 COMTE (RENAUD LE).

1268.

Sceau rond, de 30 mill. — Arch. de la Seine-Inférieure : abbaye de Saint-Wandrille.

Une étoile à huit rais.

S' RENAVT · LE CONTE ·

(Seel Renaut le Conte.)

Vente de terres, à Fontaine-en-Bray. — Février 1268.

880 COMTESSE (EREMBOURG LA).

XIIIe siècle.

Sceau rond, de 42 mill. — Arch. de l'Eure.

Une étoile à huit rais, séparés chacun par trois stries.

✱ S' · ERENBORC · LA CONTESSE

(Seel Erenborc la Contesse.)

Sceau détaché.

881 CORDIER (GÉRARD LE)

de Caen. — 1263.

Sceau rond, de 26 mill. — Arch. du Calvados; abbaye des Vignats.

Un oiseau à droite.

✱ S' GERA... LE CORDIER

(Sigillum Gerardi le Cordier.)

Transport d'une rente sur une maison, à Caen. — Juin 1263.

882 CORDIER (VINCENT LE).

1297.

Sceau rond, de 28 mill. — Arch. de la Seine-Inférieure; abbaye de Saint-Amand.

Une fleur de lys.

S' VINCENCII LE CORDIER

(Sigillum Vincencii le Cordier.)

Transport d'une rente sur une terre, à Osmoy. — Octobre 1297.

883 CORNARD (GUILLAUME).

1203.

Sceau rond, de 29 mill. — Arch. du Calvados; abbaye d'Aunay.

Une fleur de lys cantonnée en haut de six points et en bas de deux étoiles.

✱ S' WILLERMI CORNART

(Sigillum Willermi Cornart.)

Donation d'une terre, à Langrune. — 1203.

884 CORNARD

(ODELINE, FEMME DE ROGER).

1260.

Sceau rond, de 31 mill. — Arch. hospitalières d'Évreux.

Une croix fleuronnée, combinée avec un petit sautoir de même et cantonnée de quatre croissants.

✱ S' HODOLINE VXORIS EI

(Sigillum Hodoline, uxoris ei.)

Transport d'une rente sur un manoir, à Croisy. — Avril 1260.

885 CORNARD (ROGER).

1260.

Sceau rond, de 31 mill. — Arch. hospitalières d'Évreux.

Une fleur de lys.

✱ S' ROGERI CORNART

(Sigillum Rogeri Cornart.)

Voyez le numéro précédent.

886 CORNET (CÉCILE),

Femme de Guillaume Cornet. — 1288.

Sceau rond, de 26 mill. — Arch. du Calvados; évêché et chapitre de Bayeux.

Une fleur de lys en palmette.

✱ S' CECILIE · CORNETE :

(Sigillum Cecilie Cornet.)

Vente d'une maison en la paroisse de Saint-Sauveur, à Bayeux. — Décembre 1288.

887 CORNET (GUILLAUME).

1288.

Sceau rond, de 24 mill. — Arch. du Calvados; évêché et chapitre de Bayeux.

Une fleur radiée à huit pétales.

✱ S' GVILLI · CORNET

(Sigillum Guillermi Cornet.)

Voyez le numéro précédent.

888 COSTARD (ROBERT).

1297.

Sceau rond, de 33 mill. — Arch. de la Manche; abbaye de la Luzerne.

Une fleur de lys.

S' ROB' COS....

(Sigillum Roberti Costart?)

Transport de rentes sur des biens en la paroisse de Blainville. — Février 1297.

889 COUDRAY

(ODELINE, FEMME DE JEAN DU).

1271.

Sceau rond, de 46 mill. — Arch. de l'Orne; prieuré du Vieux-Bellême.

Une fleur de lys accostée au pied de deux étoiles.

✱ S ODELINE VX EIVS

(Sigillum Odeline, uxoris ejus.)

Abandon de droits sur une vigne, à Vaunoise. — Octobre 1271.

890 COUDRAY (THOMAS DU).

1259.

Sceau rond, de 22 mill. — Arch. de la Seine-Inférieure; abbaye de Fécamp.

Une croix combinée avec un petit sautoir.

✱ S'. THOM' · D' COVDRI

(Sigillum Thome de Coudrei.)

Vente d'une rente sur un masage, à Mont-Cauvaire. — Juin 1259.

891 COUMINE (AGATHE LA).

1300.

Sceau rond, de 29 mill. — Arch. de la Seine-Inférieure; abbaye de Jumiéges.

Une étoile à huit rais.

* S' AGATH COVMINE

(Sigillum Agathe Coumine.)

Donation d'un masage sis à Jumiéges. — Février 1300.

892 COUR (JEAN DE LA).

1228.

Sceau rond, de 37 mill. — Arch. du Calvados; abbaye de Barberie.

Cinq étoiles posées en sautoir.

* S' IOHANNIS · LA FAITE :

(Sigillum Johannis la Faite.)

Fieffe de terres, à Bougy. — 1228.

893 COUR (RICHARD DE LA).

1268.

Sceau rond, de 36 mill. — Arch. du Calvados; abbaye de la Sainte-Trinité de Caen.

Une fleur de lys.

* S' RICARDI · D. .. CORT

(Sigillum Ricardi de la Cort.)

Vente d'un masnage dans la rue du Saint-Sépulcre, à Caen. — Juin 1268.

894 COUTEL (AUBERÉE).

XIIIe siècle.

Sceau rond, de 36 mill. — Arch. de l'Eure.

Une quenouille chargée, accompagnée d'un fuseau.

* S' ALBE.EDE COVTEL

(Seel Alberede Coutel.)

Sceau détaché.

895 CRÈCHES (GEOFFROI DES).

1262.

Sceau ogival, de 30 mill. — Arch. de l'Eure; abbaye de Mortemer.

Une fleur de lys fleuronnée.

* S' GIEFREI DES CREICHES

(Seel Giefroi des Creiches.)

Cession de droits sur la grange de Brémulle. — Janvier 1262.

896 DANIEL (AGNÈS),

Femme de Jean Daniel. — 1290.

Sceau ogival, de 33 mill. — Arch. de l'Orne; abbaye de Silly.

Un épi.

* S. AGN' DANIEL

(Sigillum Agnetis Danielis.)

Vente de rentes. — Janvier 1290.

897 DANIEL (ÉTIENNE).

1290.

Sceau ogival, de 34 mill. — Arch. de l'Orne; abbaye de Silly.

Trois épis.

* S' TPHI DANIEL?

(Sigillum Tephani Danielis.)

Voyez le numéro précédent.

898 DANIEL (JEAN).

1290.

Sceau ogival, de 34 mill. — Arch. de l'Orne; abbaye de Silly.

Un bouquet de deux épis accompagnés de deux feuilles.

* S' IOHIS DANIEL

(Sigillum Johannis Danielis.)

Voyez le n° 896.

899 DANTEN? (RICHARD).

1305.

Sceau rond, de 28 mill. — Arch. de l'Orne; abbaye de Saint-Évroult.

Un arbuste à branches symétriques et parallèles.

* S' RICHARDI DANTEN

(Sigillum Richardi Danten.)

Vente d'une terre en la paroisse de Notre-Dame-du-Bois. — Juillet 1305.

900 D'ANTIGNY (GUILLAUME).

1292.

Sceau ogival, de 35 mill. — Arch. de la Seine-Inférieure; chapitre de Rouen.

Un rameau avec un oiseau perché.

S' GVILLI DATEGNI

(Sigillum Guillermi d'Antegni.)

Fieffe de trois maisons en la paroisse de Saint-Vivien, à Rouen. — Décembre 1292.

901 D'ANTIGNY (AVISSE),

Femme de Guillaume d'Antigny. — 1292.

Sceau ogival, de 40 mill. — Arch. de la Seine-Inférieure; chapitre de Rouen.

Une palme.

S' HAIS D. TENNI

(Seel Hais d'Anteuni.)

Voyez le numéro précédent.

902 D'AULAGE (RAOUL).

1280.

Sceau rond, de 26 mill. — Arch. de la Seine-Inférieure; chapitre de Rouen.

Une croix potencée, combinée avec un petit sautoir.

✱ S' RAOVL DAVLLAGE

(Seel Raoul d'Aulage.)

Vente d'une rente sur une terre, à Londinières. — Janvier 1280.

903 DÉPENSERIE (JEANNE DE LA).

1237.

Sceau rond, de 35 mill. — Arch. de l'Orne; abbaye de la Trappe.

Une fleur de lys au pied nourri.

✱ S' IOħE DE LA DESPENSERIE

(Sigillum Johanne de la Despenserie.)

Vente d'une terre, à Mahéru. — Juin 1237.

904 DÉPENSIER (RICHARD LE).

1217.

Sceau rond, de 35 mill. — Arch. de l'Orne; abbaye de la Trappe.

Une fleur de lys fleuronnée.

✱ S' RIC.... DISPENSATORIS

(Sigillum Richardi Dispensatoris.)

Donation et vente d'un ténement, à Aunay-Louet, près Mahéru. — 1217.

905 DÉPENSIER (RICHARD LE).

1225.

Sceau rond, de 30 mill. — Arch. de l'Orne; abbaye de la Trappe.

Une fleur de lys fleuronnée.

✱ S' RICħARDI · DI...NSATORIS

(Sigillum Richardi Dispensatoris.)

Vente d'héritages relevant de la Dépenserie, à Moulins-la-Marche. — Juin 1225.

906 DÉSERT (THOMAS).

1270.

Sceau rond, de 34 mill. — Arch. du Calvados; abbaye d'Aunay.

Une hache accompagnée à droite d'une étoile.

✱: SIG.........E DESERT

(Sigillum Thome Désert.)

Donation d'un ténement, à Vassy. — Février 1270.

907 DEVIN (AUBERT).

1305.

Sceau rond, de 24 mill. — Arch. de la Seine-Inférieure; abbaye de Jumièges.

Une fleur de lys.

✱ S' OSBER DEVIN

(Seel Osber Devin.)

Transport d'une rente sur un jardin, à Jumièges. — Septembre 1305.

908 DIACRE (GUILLAUME LE).

1247.

Sceau rond, de 32 mill. — Arch. du Calvados; abbaye de Barberie.

Une fleur de lys de fantaisie.

✱ S' WILLMI LE DIACRE

(Sigillum Willermi le Diacre.)

Vente d'un champ, à Fontenay-le-Marmion. — Avril 1247.

909 DIVES (GAUTIER DE).

XIIᵉ siècle.

Sceau rond, de 34 mill. — Arch. de l'Orne; abbaye de Saint-Évroult.

Un lion passant à droite.

✱ SIGILL WALTERI DE IVE

(Sigillum Walteri de Ive.)

Donation d'un pré situé à Wares (Angleterre). — Sans date.

910 DOERIE (GUILLAUME DE LA).

1219.

Sceau rond, de 35 mill. — Arch. de la Seine-Inférieure; abbaye de Jumièges.

Une fleur de lys fleuronnée. En haut du champ, un E terminant la légende.

✱ S' WILLERMI · DE LA DOER

(Sigillum Willermi de la Doere.)

Vente et reprise en fief d'un champ, à Duclair. — Octobre 1219.

911 DOISNEL (ROBERT).

1269.

Sceau rond, de 30 mill. — Arch. de la Seine-Inférieure; chapitre de Rouen.

Une fleur de lys fleuronnée.

✱ S' ROBERT : DOISNEL : : :

(Seel Robert Doisnel.)

Vente d'une terre, à Fontaines-de-Baillolet. — Mai 1269.

912 DOIT (RICHARD DU).

XIIIᵉ siècle.

Sceau rond, de 30 mill. — Arch. du Calvados; abbaye de Saint-André-en-Gouffern.

Une aigle essorant.

✱ SI..:....ARDI ....IT

(Sigillum Ricardi du Doit?)

Donation d'une terre, à Méry. — Sans date.

913 DONJON (JEAN DU).

1257.

Sceau rond, de 29 mill. — Arch. de la Seine-Inférieure ; abbaye de Saint-Amand.

Une fleur de lys fleuronnée.

S' IEHAN DV DOVNGOVN

(Seel Jehan du Doungoun.)

Échange de terres, à Boos. — Novembre 1257.

914 DONJON (NICOLAS DU).

1240.

Sceau ovale, de 23 mill. — Arch. de la Seine-Inférieure ; Jacobins.

Intaille représentant une Victoire transformée en un ange debout et tenant une croix.

S' NICOLAI DE DONION

(Sigillum Nicolai de Donjon.)

Donation d'un tènement près la porte du Pré-de-la-Bataille, à Rouen. — Avril 1240.

915 DORENLOT (COLIN).

1308.

Sceau rond, de 22 mill. — Arch. de l'Orne ; abbaye de Saint-Évroult.

Une fleur de lys fleuronnée.

✠ S' COLI DORENLOT

(Seel Coliu Dorenlot.)

Échange de terres, au Douet-Artus. — Septembre 1308.

916 DOUBLEL (RICHARD).

1311.

Sceau rond, de 22 mill. — Arch. de la Seine-Inférieure ; prieuré de Bonne-Nouvelle.

Un arbuste.

✠ S' RICART DOVBE'

(Seel Ricart Doubel.)

Vente d'une rente sur une masure, à Osmoy. — Octobre 1311.

917 DOUBLEL (ROGER).

1277.

Sceau rond, de 20 mill. — Arch. du Calvados ; abbaye de la Sainte-Trinité de Caen.

Une fleur de lys accostée en haut de deux étoiles.

✠ S ROGIN DOVBEL

(Seel Rogin Doubel.)

Transport d'une rente sur un masnage, à Bénouville. — Avril 1277.

918 DOULÉE (ROGER).

1259.

Sceau rond, de 26 mill. — Arch. de la Seine-Inférieure ; abbaye de Jumièges.

Huit rais fleuronnés.

✠ S' ROGERI · DOVLEE

(Sigillum Rogeri Doulée.)

Vente d'une rente, à Beaunay. — Juillet 1259.

919 DOULÉE (VINCENT).

1260.

Sceau rond, de 23 mill. — Arch. de la Seine-Inférieure ; abbaye de Jumièges.

Une fleur radiée.

✠ S'. VICENT DOVLLEE

(Seel Vincent Doullée.)

Vente d'une rente, à Beaunay. — Mars 1260.

920 DOYLE (GAUTIER LE).

1239.

Sceau rond, de 34 mill. — Arch. de la Seine-Inférieure ; abbaye de Saint-Wandrille.

Trois fleurons, posés 1 et 2.

✠ S' GALTERI · LE · DOVILE

(Sigillum Galteri le Doulle.)

Vente d'une rente, à Brémontier. — Janvier 1239.

921 DROELIN (PIERRE).

1242.

Sceau rond, de 34 mill. — Arch. de la Seine-Inférieure ; abbaye de Jumièges.

Un ornement formé d'arcs enchevêtrés.

S' PEIRRES DROVELIN

(Seel Peirres Drouelin.)

Vente de rentes, à Duclair. — Octobre 1242.

922 DROUARD (ROBERT).

1275.

Sceau rond, de 26 mill. — Arch. de la Seine-Inférieure ; abbaye de Jumièges.

Une étoile géométrique portant au centre un losange et accompagnée de quatre autres.

✠ S' ROB'TI · DROART ·

(Sigillum Roberti Droart.)

Vente de rentes sur des biens, à Jumièges. — Mars 1275.

923 DUN (ROBERT DE).

1190-1120.

Sceau rond, de 56 mill. — Arch. de la Seine-Inférieure ; abbaye de Fécamp.

Une plante d'ornement avec deux oiseaux perchés.

..GILLVM ROBERTI DE DV..

(Sigillum Roberti de Duno.)

Fieffe d'une terre située devant la léproserie de Fécamp. — Sans date.

924 DURAND (AMELINE),

Femme de Gautier Durand. — 1290.

Sceau rond, de 22 mill. — Arch. de la Seine-Inférieure; abbaye de Saint-Amand.

Une croix dont un côté de chaque branche est muni de trois appendices, le tout symétrique.

✱ S' AMGL : DVRANT

(Sigillum Ameline Durant.)

Constitution d'une rente, à la Chaussée. — Février 1290.

925 DURAND (GAUTIER).

1290.

Sceau rond, de 23 mill. — Arch. de la Seine-Inférieure; abbaye de Saint-Amand.

Une fleur radiée.

✱ S' GALĪ : DV...T

(Sigillum Galteri Durant.)

Voyez le numéro précédent.

926 DURAND (RAOUL).

1220.

Sceau rond, de 32 mill. — Arch. de la Seine-Inférieure; abbaye de Jumièges.

Une quartefeuille.

✱ SIGILLVM · RADVLFI · DVRANT

(Sigillum Radulfi Durant.)

Transport d'une rente, à Jumièges. — Juin 1220.

927 ÉCALLES (HENRI D').

1235.

Sceau rond, de 33 mill. — Arch. de la Seine-Inférieure; abbaye de Saint-Ouen.

Une fleur de lys fleuronnée.

✱ S' HENRICI · D..CALES

(Sigillum Henrici d'Escales?)

Vente d'un masage, à Écalles. — Novembre 1235.

928 ÉCHASSIER

(JEANNE BONAMY, FEMME DE PIERRE L').

1289.

Sceau rond, de 28 mill. — Arch. de l'Orne: abbaye de Saint-Évroult.

Une croix potencée, combinée avec un sautoir.

✱ S · IOHANE · BONEAMIE ·

(Sigillum Johanne Boneamie.)

Vente de la sergenterie d'Heugon. — Janvier 1289.

929 ÉCHASSIER (PIERRE L').

1289.

Sceau rond, de 29 mill. — Arch. de l'Orne; abbaye de Saint-Évroult.

Une rose gothique.

✱ S · PETR. ...ACIER

(Sigillum Petri ...acier.)

Voyez le numéro précédent.

930 ÉCHAUMÉNIL (PIERRE D').

1261.

Sceau rond, de 33 mill. — Arch. de l'Orne; abbaye de Saint-Évroult.

Une fleur de lys.

✱ S' PETRI DE ESCHAVMESNIL

(Sigillum Petri de Eschaumesnil.)

Transport de rentes sur la vavassorie du Douet-Moussu, à Échauménil. — Mars 1261.

931 ÉCRAMMEVILLE (GILBERT D').

1235.

Sceau ogival, de 40 mill. — Arch. du Calvados; abbaye de Barberie.

Intaille représentant une Fortune debout, sertie au milieu d'un champ orné de rinceaux.

...LLEBERT : DE : ESCREMEVIL..

(Seel Gillebert de Escremeville.)

Transport d'une rente sur le moulin de Jouette, à Fresney-le-Puceux. — Mai 1235.

932 ÉCRAMMEVILLE (JEAN D').

1235.

Sceau rond, de 37 mill. — Arch. du Calvados; abbaye de Barberie.

Une fleur de lys fleuronnée.

✱ S' IOHIS : DE ESC...EVILLA

(Sigillum Johannis de Escremevilla.)

Voyez le numéro précédent.

933 ÉCUYER (PIERRE L').

1285.

Sceau en losange, de 28 mill. — Arch. de la Seine-Inférieure: prieuré de Bonne-Nouvelle.

Un fleuron.

S' PETRI ARMIGI

(Sigillum Petri Armigeri.)

Partage de biens situés à Bures. — Juillet 1284.

934 ÉCUYER (ROBERT L').

1284.

Sceau rond, de 21 mill. — Arch. de la Seine-Inférieure ; prieuré de Bonne-Nouvelle.

Une fleur de lys.

✱ S' ROB'TI DE BVRES

(Sigillum Roberti de Bures.)

Vente d'une masure, à Burettes. — Novembre 1284.

935 EMPEREUR (JEAN L').

1270.

Sceau rond, de 26 mill. — Arch. du Calvados ; abbaye de Barberie.

Un arbuste.

✱ S' IOHIS LEMPERERE

(Sigillum Johannis l'Emperere.)

Vente d'un masnage en la paroisse de May. — Mars 1270.

936 ENGUEBERT (PIERRE)

de Conchou. — 1250.

Sceau rond, de 30 mill. — Arch. de la Seine-Inférieure ; abbaye de Jumièges.

Une fleur de lys fleuronnée.

✱ S' PETRI ENGVEBERT

(Sigillum Petri Enguebert.)

Vente d'une rente sur des biens, à Jumièges. — Février 1250.

937 ERMITE (RAOUL L')

de Jumièges. — 1234.

Sceau ogival, de 40 mill. — Arch. de la Seine-Inférieure ; abbaye de Jumièges.

Une fleur de lys.

✱ S' RADVLFI : HEREMITE : DE : GEM'..

(Sigillum Radulfi Heremite de Gemeticis.)

Accord au sujet du sergentage de la sacristie de l'abbaye de Jumièges. — Mars 1234.

938 ERNOUL (ASCET).

1288.

Sceau rond, de 27 mill. — Arch. de l'Orne ; abbaye de Saint-Évroult.

Une hache accostée de deux fleurons sur un champ semé de points.

✱ S' ASCET • ERNOL

(Seel Ascet Ernol.)

Vente de biens sis à Saint-Aquilin-d'Augerons. — Novembre 1288.

939 ESCOQUART (RAOUL).

1265.

Sceau rond, de 29 mill. — Arch. du Calvados ; évêché et chapitre de Bayeux.

Une croix de feuillages, combinée avec un sautoir de même.

✱ S'. RADVLFI • ESQVOQART ?

(Sigillum Radulfi Esquoqart.)

Fondation d'obit. — Août 1265.

940 ESQUAY (JEAN D').

XIIIe siècle.

Sceau rond, de 31 mill. — Arch. de l'Eure.

Une fleur de lys.

✱ S' IOHANNES DEQVAI

(Sigillum Johannes d'Equai.)

Sceau détaché.

941 ESTIENNE (NICOLAS).

1250.

Sceau rond, de 30 mill. — Arch. de la Seine-Inférieure ; abbaye de Saint-Amand.

Une étoile à huit rais.

S' NICOLE ESTIENBLE

(Seel Nicole Estienble.)

Transport d'une rente, à Boos. — Décembre 1250.

942 ESTIENNE (ROBERT).

1250.

Sceau rond, de 32 mill. — Arch. de la Seine-Inférieure ; abbaye de Saint-Amand.

Un lion contourné.

S' ROBORT ESTETIENBLE

(Seel Robert Estetienble.)

Voyez le numéro précédent.

943 EUDEREL (GUILLAUME).

1308.

Sceau rond, de 25 mill. — Arch. de l'Orne ; abbaye de Saint-Évroult.

Une fleur de lys.

.GLLI EVDER..

(Sigillum Guillermi Euderel.)

Vente d'un héritage, au Douet-Artus. — Juillet 1308.

944 ÉVRARD (JEAN),

Fils d'Olive Évrard. — 1289.

Sceau ogival, de 31 mill. — Arch. de la Seine-Inférieure; abbaye de Saint-Amand.

Une fleur de lys.

✱ S' IOҺIS EWERART

(Sigillum Johannis Ewerart.)

Vente d'une rente d'orge, à Lomberville. — Janvier 1289.

945 ÉVRARD (OLIVE),

Veuve de Richard Évrard. — 1289.

Sceau rond, de 25 mill. — Arch. de la Seine-Inférieure; abbaye de Saint-Amand.

Une croix terminée par un petit sautoir à chaque extrémité des branches, combinée avec un sautoir.

S. OLIVE EWRART

(Seel Olive Ewrart.)

Voyez le numéro précédent.

946 FAINIENT (RICHARD)

de Hauville. — 1221.

Sceau rond, de 30 mill. — Arch. de la Seine-Inférieure; abbaye de Jumièges.

Un arbuste d'ornement.

✱ SIGILL · RICARDI · FAINIENT

(Sigillum Ricardi Fainient.)

Acquisition d'une terre, à Hauville. — Mai 1221.

947 FALAISE (NICOLAS DE LA).

1301.

Sceau ogival, de 36 mill. — Arch. de la Seine-Inférieure; abbaye de Jumièges.

Un arbuste.

S' NICOLE .. .. FALEI..

(Seel Nicole de la Faleise.)

Vente de rentes sur ses biens, à Jumièges. — Avril 1301.

948 FARSI (GUILLAUME).

1226.

Sceau rond, de 41 mill. — Arch. de la Seine-Inférieure; abbaye de Jumièges.

Une aigle contournée.

✱ S. WILERM. ....I·

(Sigillum Willermi Farsi ?)

Vente d'une rente sur son tènement, à Vieux-Port. — Septembre 1226.

949 FAUCON (JEAN).

1277.

Sceau rond, de 26 mill. — Arch. de la Seine-Inférieure; abbaye de Saint-Amand.

Trois comètes? posées en triangle et dont les queues s'entre-croisent.

✱ S' IOҺ : FAVCON :

(Sigillum Johannis Faucon.)

Constitution d'une rente sur son masage, à la Chaussée. — Mai 1277.

950 FAUCON (MAHAUT),

Femme de Jean Faucon. — 1277.

Sceau rond, de 28 mill. — Arch. de la Seine-Inférieure; abbaye de Saint-Amand.

Une étoile à six rais.

✱ S' MAҺEVT : FAVCON

(Seel Maheut Faucon.)

Voyez le numéro précédent.

951 FAUQUET (ROBERT).

1311.

Sceau rond, de 30 mill. — Arch. de la Seine-Inférieure; abbaye de Jumièges.

Une fleur de lys.

✱ S' ROB'TI FAVQVET

(Sigillum Roberti Fauquet.)

Vente d'une rente, à Vimoutiers. — Janvier 1311.

952 FAUVILLE (BAUDOUIN DE).

1235.

Sceau rond, de 34 mill. — Arch. hospitalières d'Évreux.

Une étoile à six rais, cantonnée de trois étoiles et de trois croissants alternés.

✱ S' BALDEVVIN DE FOVILL

(Seel Baldewin de Foville.)

Donation d'une terre sise à Fauville. — Mars 1235.

953 FAUVILLE (PIERRE DE).

Fils de Renaud de Fauville. — 1242.

Sceau rond, de 36 mill. — Arch. hospitalières d'Évreux.

Une croix combinée avec un petit sautoir, cantonnée de quatre rinceaux et, plus loin, de quatre étoiles.

✱ S' PETRI DE FOVILLA

(Sigillum Petri de Fovilla.)

Confirmation de donations et de cessions de terres, à Fauville. — Mars 1242.

954 FAUVILLE (RENAUD LE PRÉVÔT DE).

1245.

Sceau rond, de 33 mill. — Arch. hospitalières d'Évreux.

Étoile à huit rais fleuronnés.

✱ S' RENOVDI DE FOVILLA

(Sigillum Renoudi de Fovilla.)

Voyez le numéro précédent.

955 FAYEL (GUI).

1225.

Sceau rond, de 32 mill. — Arch. de la Seine-Inférieure; abbaye de Jumiéges.

Une plante à cinq tiges ou cinq épis.

✱ S' · G..DONIS · FAIEL

(Sigillum Guidonis Faiel.)

Gui Fayel et Hugues, son frère, rendent aux religieux de Jumiéges le bois et la terre de Vimoutiers, qui avaient été donnés à leur père par l'abbé Alexandre «timore potius quam amore». — Janvier 1225.

956 FAYEL (HUGUES).

1225.

Sceau rond, de 31 mill. — Arch. de la Seine-Inférieure; abbaye de Jumiéges.

Une coquille.

✱ S' HVGONIS FAIEL

(Sigillum Hugonis Faiel.)

Voyez le numéro précédent.

957 FÈRE (RAOUL).

1255.

Sceau ogival, de 30 mill. — Arch. du Calvados; abbaye d'Aunay.

Une fleur de lys.

✱ S' RADVLFI · FERE :

(Sigillum Radulfi Fère.)

Donation d'une rente sur un masnage, à Monts. — 1255.

958 FÉRON (JOSSE LE).

XIIIe siècle.

Sceau rond, de 40 mill. — Arch. de l'Eure.

Un fer de cheval renfermant un point.

✱ S' IOCE · LE · FERON

(Seel Joce le Féron.)

Sceau détaché.

959 FÉRONESSE (HÉLOÏSE LA).

1234.

Sceau rond, de 39 mill. — Arch. de l'Eure; abbaye de Mortemer.

Un poisson traversé d'une flèche.

✱ S' HELOISE · LA FERONESE

(Seel Héloïse la Féronese.)

Vente d'une terre sise à Mussegros. — Novembre 1234.

960 FÉROUT (GUILLAUME).

1266.

Sceau rond, de 41 mill. — Arch. de l'Orne; abbaye de Saint-Évroult.

Une sorte de fleuron accosté de deux étoiles.

✱ S' GVILLMI FER...

(Sigillum Guillermi Férout?)

Donation d'une terre sise à Saint-Évroult. — Février 1266.

961 FERRAND (HENRI).

1263.

Sceau rond, de 34 mill. — Arch. de la Seine-Inférieure; abbaye de Jumiéges.

Une étoile géométrique contenant un point à son centre et cantonnée de cinq autres points.

✱ S' · HENRI.. FERRANT

(Sigillum Henrici Ferrant.)

Donation d'une rente, à Duclair. — Avril 1263.

962 FERRAND (RAOUL).

1222.

Sceau rond, de 38 mill. — Arch. de la Seine-Inférieure; abbaye de Jumiéges.

Une fleur de lys fleuronnée.

✱ S' : RADVLFI : FERRANT

(Sigillum Radulfi Ferrant.)

Vente d'une terre, au Mont de la Neuville, près Hauville. — 1222.

963 FEUGUEROLLES (RENOUF DE).

XIIIe siècle.

Sceau rond, de 39 mill. — Arch. du Calvados; abbaye de Saint-André-en-Gouffern.

Un arbre.

✱ SIGILL RANVLFI DE FELGEROLIS

(Sigillum Ranulfi de Felgerolis.)

Donation d'une terre, à Villy. — Sans date.

964 FÉVEMPOT (GUILLAUME DE).

1290.

Sceau rond, de 27 mill. — Arch. de l'Orne; abbaye de Saint-Évroult.

Un pot à trois pieds et à une anse, accosté à droite d'une étoile.

✱ S' GVILLOT · DE · FEVEMPOT

(Seel Guillot de Févempot.)

Vente d'une terre, à Saint-Aquilin-d'Augerons. — Août 1290.

965 FÈVRE (BERTIN LE).

1232.

Sceau rond, de 33 mill. — Arch. de la Seine-Inférieure; chapitre de Rouen.

Un lion passant.

✱ S' B...IN·FABER·

(Seel Bertin Faber.)

Vente de rentes dans les paroisses de Notre-Dame-de-la-Ronde et de Saint-André-de-la-Porte-aux-Fèvres, à Rouen. — Octobre 1232.

966 FÈVRE (ÉTIENNE LE).

1299.

Sceau ogival, de 36 mill. — Arch. de la Seine-Inférieure; abbaye de Jumièges.

Une hache.

S' ES...NE .. FEVRE

(Seel Es...ne le Fèvre.)

Vente d'une rente, à Jumièges. — Octobre 1299.

967 FÈVRE (GUILLAUME LE).

1265.

Sceau rond, de 27 mill. — Arch. de la Seine-Inférieure; abbaye de Jumièges.

Un sautoir de feuillages, cantonné de quatre fleurons.

✱ S' WILLMI·FABRI

(Sigillum Willermi Fabri.)

Vente de droits sur une terre, à Saint-Mards, près Beaunay. — Novembre 1265.

968 FÈVRE (HUGUES LE).

1240.

Sceau ogival, de 35 mill. — Arch. du Calvados; abbaye d'Aunay.

Une fleur de lys.

✱ SIGILL HVG'.NIS DE ALN'

(Sigillum Hugonis de Alneto.)

Donation d'une rente, à Longvillers. — Mai 1240.

969 FÈVRE (RAOUL LE).

1242.

Sceau rond, de 30 mill. — Arch. du Calvados; abbaye de Villers-Canivet.

Une fleur de lys rudimentaire.

..ADVLFI FABRI

(Sigillum Radulfi Fabri.)

Fieffe d'une masure, à Martigny. — 1242.

970 FITZ-EMME (JACQUES).

1277.

Sceau rond, de 34 mill. — Arch. du Calvados; abbaye d'Aunay.

Une croix cantonnée de quatre points.

✱ S'. IACOBI·FILII·EMME

(Sigillum Jacobi, Filii Emme.)

Vente d'une terre sise à Vendes. — Mars 1277.

971 FLAMAND (ROBERT LE).

1228.

Sceau rond, de 40 mill. — Arch. de la Seine-Inférieure; abbaye de Jumièges.

Une fleur de lys.

✱ S' ROBERTI FLAMENC·

(Sigillum Roberti Flamenc.)

Vente de biens sis à Saint-Paër. — Août 1228.

972 FLINS (GUILLAUME DE).

1262.

Sceau rond, de 33 mill. — Arch. hospitalières d'Évreux.

Une étoile à huit rais.

✱ S' GVILLMI .. FELINS

(Sigillum Guillermi de Felins.)

Transport d'une rente, à Gravigny. — Janvier 1262.

973 FOACHE (ROGER).

XIIIe siècle.

Sceau rond, de 27 mill. — Arch. de l'Eure.

Un rameau à cinq feuilles.

✱ S' ROGIER FOACHE

(Seel Rogier Foache.)

Sceau détaché.

974 FONTAINE (HUGUES DE).

1283.

Sceau rond, de 24 mill. — Arch. de la Seine-Inférieure; prieuré de Bonne-Nouvelle.

Une croix fleuronnée, combinée avec un petit sautoir.

✱ S' HVE DE FONTE

(Seel Hue de Fonte.)

Transport d'une rente sur une terre, à Malpalu, près Bures. — Novembre 1283.

975 FONTAINES (AMELINE DES).

Femme de Robert Néron. — 1278.

Sceau rond, de 28 mill. — Arch. de l'Orne; abbaye de Silly.

Un arbuste à trois branches.

✱ S' AMELINE DE FONTIBVS

(Sigillum Ameline de Fontibus.)

Cession de droits sur une masure, à Saint-Gervais-de-Séez. — Août 1278.

976 FORESTIER (RICHARD LE).

XIIIe siècle.

Sceau rond, de 28 mill. — Arch. de la Seine-Inférieure; abbaye de Fécamp.

Un griffon passant à droite.

✱ S' RICART LE FOR..IER

(Seel Ricart le Forestier.)

Vente d'une partie de bois, à Mont-Couvaire. — Sans date.

977 FORESTIER (ROGER LE).

1262.

Sceau rond, de 28 mill. — Arch. de la Seine-Inférieure; abbaye de Fécamp.

Une croix combinée avec des nœuds de cordelière.

✱ ROG'I FORETIER

(Sigillum Rogeri Forstier.)

Vente de rentes, à Fontaine-le-Bourg. — Juillet 1262.

978 FORMENTIN (ROBERT).

1234.

Sceau rond, de 34 mill. — Arch. de la Seine-Inférieure; abbaye de Jumièges.

Une quartefeuille combinée avec un sautoir recercelé.

✱ S' ⁝ ROBERTI ⁝ FOVRMENTIN

(Sigillum Roberti Fourmentin.)

Transport d'une rente sur un jardin, à Jumièges. — Novembre 1234.

979 FORTIN (ÉTIENNE),

Frère de Richard Fortin. — 1263.

Sceau rond, de 28 mill. — Arch. de la Seine-Inférieure; abbaye de Jumièges.

Une étoile géométrique portant un point au centre et cantonnée de cinq autres points.

✱ • S' STEPHI • FORTIN •

(Sigillum Stephani Fortin.)

Vente d'un jardin situé à Jumièges. — Avril 1263.

980 FORTIN (GUILLAUME).

1219.

Sceau rond, de 33 mill. — Arch. de la Seine-Inférieure; abbaye de Jumièges.

Deux poissons en pal, celui de gauche la tête en bas.

✱ SIGILL' ....MI • FORTIN

(Sigillum Willermi Fortin.)

Acquisition de rentes, à Conihout. — 1219.

981 FORTIN (MICHEL).

1305.

Sceau rond, de 27 mill. — Arch. de la Seine-Inférieure; abbaye de Jumièges.

Une fleur de lys.

✱ S' MICHIEL FORTIN

(Seel Michiel Fortin.)

Déclaration de rentes dues à l'abbaye de Jumièges. — Avril 1305.

982 FORTIN (RICHARD).

1263.

Sceau rond, de 28 mill. — Arch. de la Seine-Inférieure; abbaye de Jumièges.

Une étoile géométrique chargée d'un point au centre et cantonnée de cinq autres points.

S' • RICARDI • FORTIN

(Sigillum Ricardi Fortin.)

Voyez le n° 979.

983 FOSSE (PIERRE DE LA).

1272.

Sceau rond, de 22 mill. — Arch. de la Seine-Inférieure; abbaye de Jumièges.

Une fleur à bords festonnés.

✱ S' PETRI • DE FOSSA

(Sigillum Petri de Fossa.)

Transport d'une rente, à Jumièges. — Février 1272.

984 FOUCHÉ (NICOLAS).

1286.

Sceau rond, de 30 mill. — Arch. du Calvados; abbaye de Villers-Canivet.

Une croix de feuillages, combinée avec un sautoir fleuronné.

✱ S' COLIN FOVCHE

(Seel Colin Fouché.)

Vente d'une terre sise à Leffard. — Décembre 1286.

985 FOUCHERAN (GUILLAUME).

1225.

Sceau rond, de 33 mill. — Arch. de la Seine-Inférieure; abbaye de Saint-Ouen.

Une pioche accompagnée à droite d'un objet en forme de sautoir.

✱ S. GVILERMVS FOGE'AN

(Sigillum Guilermus Fogeran.)

Reconnaissance de rentes dues à l'abbaye de Saint-Ouen. — Février 1225.

986 FOULQUES (GUILLAUME).

1288.

Sceau rond, de 26 mill. — Arch. du Calvados; évêché et chapitre de Bayeux.

Un ornement composé de trois feuilles et de trois fleurons, rayonnant du même centre.

✠ S' · WILL. FOVQVE

(Sigillum Willermi Fouque.)

Transport d'une rente sur une maison, en la paroisse de Sainte-Madeleine, à Bayeux. — Février 1288.

987 FOULQUES (ROBERT).

1260.

Sceau rond, de 37 mill. — Arch. de la Seine-Inférieure; abbaye de Jumièges.

Une fleur de lys.

✠ S' ROBERTI FVLCONIS

(Sigillum Roberti Fulconis.)

Vente d'une rente sur deux masures, à Saint-Mards, près Beaunay. — Février 1260.

988 FOULQUES (ROBERT).

1306.

Sceau ogival, de 35 mill. — Arch. de la Seine-Inférieure; abbaye de Jumièges.

Une hache.

S' ROBER.. FOVQVE.

(Sigillum Roberti Fouques.)

Transport d'une rente sur un tènement, à Jumièges. — Mars 1306.

989 FOUR (JEAN DU).

1260.

Sceau rond, de 34 mill. — Arch. du Calvados; abbaye de la Sainte-Trinité de Caen.

Un rameau à trois tiges.

✠ S' IOhANNIS · BERThOLOMEI

(Sigillum Johannis Bertholomei.)

Transport d'une rente sur une terre, à Carpiquet. — Octobre 1260.

990 FOUR (JEAN DU).

1277.

Sceau rond, de 17 mill. — Arch. de la Seine-Inférieure; abbaye de Saint-Amand.

Une pelle.

✠ S' IOhIS DV FOR

(Sigillum Johannis du For.)

Vente d'une rente sur un masage, à la Chaussée. — Mai 1277.

991 FOUR (JEAN DU).

1279.

Sceau rond, de 26 mill. — Arch. de la Seine-Inférieure; abbaye de Saint-Amand.

Une croix fleuronnée, combinée avec un petit sautoir.

✠ S' IOhIS : D' FVRNO

(Sigillum Johannis de Furno.)

Constitution d'une rente sur un masage, à la Chaussée. — Juin 1279.

992 FOUR (RICHARD DU).

1262.

Sceau rond, de 29 mill. — Arch. de la Seine-Inférieure; abbaye de Saint-Amand.

Une quartefeuille anglée de quatre pétales plus étroits.

✠ S' RICARDI DV FOR

(Sigillum Ricardi du For.)

Vente de terres sises à la Chaussée. — Juin 1262.

993 FOURNIER (ARNOUL).

1259.

Sceau rond, de 35 mill. — Arch. de la Seine-Inférieure; abbaye de Saint-Wandrille.

Une fleur radiée.

✠ S' ARNVLFI FVRNARII

(Sigillum Arnulfi Furnarii.)

Donation, en faveur de sa fille, d'un champ, à Fontaine-en-Bray. — Novembre 1259.

994 FOURNIER (JEAN LE)

de Falaise. — 1245.

Sceau rond, de 36 mill. — Arch. du Calvados; abbaye de Saint-André-en-Gouffern.

Une fleur de lys.

✠ S' IOhIS : FVRNARII :

(Sigillum Johannis Furnarii.)

Acte de dessaisine concernant les biens relevant de l'abbaye de Saint-André-en-Gouffern, à Beaumais. — 1245.

995 FOURNIÈRE (MAHAUT),

Femme d'Arnoul Fournier. — 1259.

Sceau rond, de 29 mill. — Arch. de la Seine-Inférieure; abbaye de Saint-Wandrille.

Une fleur à huit pétales.

✠ S' MATILDI FORNIERE

(Sigillum Matildi Fornière.)

Voyez le n° 993.

996 FRANC (AMELINE LE).

Femme de Richard le Franc. — 1253.

Sceau rond, de 32 mill. — Arch. de la Seine-Inférieure; abbaye de Valmont.

Une fleur de lys fleuronnée.

✱ S · EMELIGHE · LA · FRANC

(Seel Émeligne la Franc.)

Vente d'une terre sise à Theuville. — 1253.

997 FRANÇAIS (ADAM).

XIIIe siècle.

Sceau ogival, de 40 mill. — Arch. de l'Orne ; abbaye de Saint-Évroult.

Deux fleurons opposés par le talon.

✱ S' A.....NCEIT

(Sigillum Ade Franceit ?)

Abandon de droits sur un ménage, à Sevesby (Angleterre). — Sans date.

998 FRANÇAIS (GUILLAUME LE).

1276.

Sceau rond, de 19 mill. — Arch. de la Seine-Inférieure ; abbaye de Valmont.

Dans le champ, les lettres OK terminant la légende.

✱ S' WILL LE FRAN

(Sigillum Willermi le Franchois ?)

Vente d'une terre sise à Saint-Vigor. — Février 1276.

999 FRANÇAIS

(MARTINE DE FOLLEVILLE, FEMME DE ROGER LE).

1260.

Sceau rond, de 29 mill. — Arch. de la Seine-Inférieure ; archevêché de Rouen.

Une quenouille chargée, accompagnée d'un fuseau.

✱ S' MARTINE DE FOLEVE

(Seel Martine de Folevile.)

Transport d'une rente, à Louviers. — Janvier 1260.

1000 FRANÇAIS (RICHARD LE).

XIIIe siècle.

Sceau rond, de 30 mill. — Arch. de l'Orne ; abbaye de Saint-Évroult.

Une fleur radiée à huit pétales.

✱ SIGILL RIC' FRANCES

(Sigillum Ricardi Frances.)

Voyez le n° 997.

1001 FRANÇAIS (ROGER LE)

de Cornelles. — 1260.

Sceau rond, de 32 mill. — Arch. de la Seine-Inférieure ; archevêché de Rouen.

Un écu au filet en barre dépassant le champ, accosté d'une épée à droite.

✱ S' ROGERI LE FRANCOIS DE T..ELE

(Sigillum Rogeri le Franceis de Tonele.)

Voyez le n° 999.

1002 FRANÇAIS (THIBAUD LE).

1260.

Sceau rond, de 34 mill. — Arch. de l'Orne ; prieuré du Vieux-Bellême.

Une sorte de fleur de lys fleuronnée.

✱ S' · THEOBALDI · LE FRANCAIS

(Sigillum Theobaldi le Français.)

Assignation d'une rente en remplacement d'un estage. — Janvier 1260.

1003 FRANÇAISE (AVISSE LA).

1217.

Sceau rond, de 30 mill. — Arch. de la Seine-Inférieure ; archevêché de Rouen.

Une plante en forme de fleur de lys.

✱ S' AVICE LA FRANCESE

(Sigillum Avice la Francese.)

Vente d'un pré sis à Louviers. — Mai 1217.

1004 FRANÇAISE (AVISSE LA).

Femme de Robert le Français. — 1223.

Sceau rond, de 35 mill. — Arch. de la Seine-Inférieure ; archevêché de Rouen.

Une fleur de lys.

✱ S' AVICIE LA FRANCOISE

(Sigillum Avicie la Françoise.)

Constitution d'une rente sur deux hommes et leur tènement, à Louviers. — Mai 1223.

1005 FRANÇAISE (AVISSE LA).

Fille de Robert le Français. — XIIIe siècle.

Sceau ogival, de 52 mill. — Arch. de la Seine-Inférieure ; archevêché de Rouen.

Dame debout, en bliaud à manches pendantes.

✱ S' : AVVICA : FILIA · FRANCES

(Sigillum Awica, filia Frances.)

Vente de terres et d'un pré, à Louviers. — Sans date.

1006 FRÉAUVILLE (JEAN DE).

1284.

Sceau rond, de 22 mill. — Arch. de la Seine-Inférieure ; chapitre de Rouen.

Un oiseau, tenant un rameau dans son bec, passant à droite devant un arbuste.

✱ S' IOH.N........EAVVILL

(Sigillum Johannis de Freeuvilla ?)

Rachat de rentes, à Baillolet. — Janvier 1284.

1007 FRÉAUVILLE (LAURENT DE).

1306.

Sceau rond, de 24 mill. — Arch. de la Seine-Inférieure ; chapitre de Rouen.

Une étoile géométrique.

S' LORENT DE FREAVILLE

(Seel Lorent de Fréaville.)

Constitution d'une rente sur une masure, à Clais. — Novembre 1306.

1008 FRÉMONT (ROGER DE).

1294.

Sceau rond, de 30 mill. — Arch. de la Seine-Inférieure ; abbaye de Jumièges.

Une sextefeuille.

✠ S' RO..... FREMVONT

(Sigillum Rogeri de Fremvont.)

Donation d'une rente sur un tènement, à Yville. — Novembre 1294.

1009 FRÈNE (DREUX DU).

1288.

Sceau rond, de 28 mill. — Arch. de l'Orne ; abbaye de Saint-Évroult.

Une croix combinée avec un sautoir.

✠ S' DROCONIS DV FRESNE

(Sigillum Droconis du Fresne.)

Vente d'une terre sise à Saint-Aquilin-d'Augerons. — Mars 1288.

1010 FRÈNE (GAUTIER DU).

1290.

Sceau rond, de 28 mill. — Arch. de l'Orne ; abbaye de Saint-Évroult.

Une rose ?

✠ S' GALTERI DE FRENE

(Sigillum Galterii de Frêne.)

Vente d'une terre sise à Saint-Aquilin-d'Augerons. — Janvier 1290.

1011 FRÈNE (GILLES DU).

1311.

Sceau rond, de 28 mill. — Arch. de la Seine-Inférieure ; prieuré de Bonne-Nouvelle.

Une étoile à six rais.

✠ S' GILLET DV FR.NNE

(Seel Gillet du Fresne.)

Constitution d'une rente sur un héritage, à Osmoy. — Octobre 1311.

1012 FRÈNE (GUILLAUME DU).

1269.

Sceau rond, de 29 mill. — Arch. de la Seine-Inférieure ; prieuré de Bonne-Nouvelle.

Un rameau.

S' GVILLAM DV FRENE

(Seel Guillam du Frêne.)

Vente d'une terre sise au Petit-Quevilly. — Janvier 1269.

1013 FRÈNE

(JEANNE LA MARCHANDE, FEMME DE PIERRE DU).

1310.

Sceau rond, de 24 mill. — Arch. du Calvados ; abbaye de Jumièges.

Une étoile géométrique.

✠ S' IHE LA MARCEANDE

(Seel Johanne la Marceande.)

Transport d'une rente sur des terres, à Oisy. — Janvier 1310.

1014 FRÈNE (PIERRE DU)

ou Pierre le Marchand. — 1310.

Sceau rond, de 24 mill. — Arch. du Calvados ; abbaye de Jumièges.

Une étoile géométrique.

✠ S' PETRI LE MARCEANT

(Sigillum Petri le Marceant.)

Voyez le numéro précédent.

1015 FRÈNE (RICHARD DU).

1310.

Sceau rond, de 22 mill. — Arch. du Calvados ; abbaye de Jumièges.

Une étoile géométrique.

✠ S' RICARDI DE FRAXINO

(Sigillum Ricardi de Fraxino.)

Transport d'une rente, à Oisy. — Mars 1310.

1016 FRESNEL (ROBERT).

1295.

Sceau rond, de 30 mill. — Arch. de la Seine-Inférieure ; abbaye de Jumièges.

Une fleur radiée à huit pétales.

✠ S'. ROBERTI : FRENEL

(Sigillum Roberti Frenel.)

Vente d'une rente sur des biens, à Jumièges. — Mars 1295.

1017 FRESNEL (SIMON)

de Hauville. — 1243.

Sceau rond, de 33 mill. — Arch. de la Seine-Inférieure ; abbaye de Jumièges.

Une fleur de lys.

✠ S' SIMO . . . NEIL

(Seel Simon Froneil.)

Vente d'une terre sise à Hauville. — Mars 1243.

1018 FRESNEL (SIMON).

1261.

Sceau rond, de 30 mill. — Arch. de la Seine-Inférieure; abbaye de Jumièges.

Un arbuste.

S' SIMON FRESNEL

(Seel Simon Fresnel.)

Vente d'une terre sise à Hauville. — Octobre 1261.

1019 FRESNOY (PIERRE LE MIRE DE).

1301.

Sceau rond, de 26 mill. — Arch. de la Seine-Inférieure; chapitre de Rouen.

Écu à la bande.

S' PIERES DE FRESNEEL

(Seel Pieres de Fresneel.)

Vente d'une rente, à Fresnoy, près Londinières. — Juillet 1301.

1020 FROGIER (JEAN).

1286.

Sceau rond, de 28 mill. — Arch. de l'Orne; abbaye de Saint-Évroult.

Un arbre.

✱ S' IOHANNIS FROGIER

(Sigillum Johannis Frogier.)

Caution fournie au sujet d'un hébergement sis à Saint-Aquilin-d'Augerons. — Mai 1286.

1021 FRUITIER (GUILLAUME LE).

1232.

Sceau rond, de 34 mill. — Arch. de la Seine-Inférieure; abbaye de Jumièges.

Une croix fleuronnée, combinée avec un petit sautoir ou cantonnée de quatre feuilles en sautoir.

✱ S' GVILEMI LE FRVI..IR

(Sigillum Guillermi le Fruiteir.)

Vente d'un tènement sis en la paroisse de Saint-Lô, à Rouen. — Août 1232.

1022 FRUITIER (GUILLAUME LE).

XIII° siècle.

Sceau rond, de 38 mill. — Arch. de l'Eure.

Un singe suspendu par la main à une branche, accompagné de rinceaux à gauche.

✱ SIGILL' W.....ME LE FRVTER:

(Sigillum Willaume le Fruter.)

Sceau détaché.

1023 FUMICHON (RAOUL DE).

1205.

Sceau rond, de 34 mill. — Arch. du Calvados; abbaye de Saint-André-en-Gouffern.

Tête de profil à droite.

✱ SIGILL' RADVLFI · DE · FOVOVC..

(Sigillum Radulfi de Foumuçon?)

Donation d'une rente sur la dîme de Pont-Écrépin. — 1205.

1024 GAIDON (RAOUL).

1252.

Sceau rond, de 30 mill. — Arch. du Calvados; prieuré de Sainte-Barbe-en-Auge.

Une bêche accostée de deux tiercefeuilles.

✱ S' RADVLFI · GAISDVN

(Sigillum Radulfi Gaisdun.)

Donation d'un jardin sis à Fribois. — Mars 1252.

1025 GAIGNART (GUILLAUME).

1273.

Sceau rond, de 29 mill. — Arch. de l'Orne; prieuré du Vieux-Bellême.

Une fleur de lys fleuronnée.

✱ S' GVILLERMI · GA...ART

(Sigillum Guillermi Gaignart.)

Accord au sujet de biens sis à Bellême. — Janvier 1273.

1026 GAINVILLE (AMAURI DE).

1260.

Sceau rond, de 32 mill. — Arch. hospitalières d'Évreux.

Une étoile à six rais.

✱ S' AMAVRI DE GAEVILE

(Seel Amauri de Gaevile.)

Transport d'une rente sur une terre, à Croisy. — Avril 1260.

1027 GAINVILLE (ÉRARD DE).

Frère d'Amauri de Gainville. 1260.

Sceau rond, de 30 mill. — Arch. hospitalières d'Évreux.

Une étoile à six rais, cantonnée de trois croissants et de trois étoiles alternés.

S' ERART DE G.EVILE

(Seel Érart de Gaevile.)

Voyez le numéro précédent.

1028 GALERAN (GUÉRIN).

1263.

Sceau rond, de 29 mill. — Arch. de l'Orne; abbaye de Saint-Évroult.

Une fleur à quatre pétales alternant avec quatre autres pétales plus légers.

✠ S' GARINI GALEREN

(Sigillum Garini Goleren.)

Vente d'un bois situé dans la vavassorie du Douet-Moussu, à Notre-Dame-du-Bois. — Avril 1263.

1029 GALERAN (HENRI).

1316.

Sceau rond, de 21 mill. — Arch. de l'Orne; abbaye de Saint-Évroult.

Une étoile géométrique.

✠ S' HENRI GALEREN

(Seel Henri Galeren.)

Vente de bois situés en la paroisse de Notre-Dame-du-Bois. — Mai 1316.

1030 GALERAN (PHILIPPE).

1263.

Sceau rond, de 29 mill. — Arch. de l'Orne; abbaye de Saint-Évroult.

Une fleur de lys fleuronnée.

✠ : S' : PHILIPI : GVALEREN :

(Sigillum Philipi Gualeren.)

Voyez le n° 1028.

1031 GALERAN (RAOUL).

1259.

Sceau rond, de 35 mill. — Arch. de l'Orne; abbaye de Saint-Évroult.

Une étoile géométrique.

✠ S' RADVLFI GALEREN

(Sigillum Radulfi Goleren.)

Vente de bois situés dans la vavassorie du Douet-Moussu. — Octobre 1259.

1032 GALERAN (RAOUL).

1268.

Sceau rond, de 36 mill. — Arch. de l'Orne; abbaye de Saint-Évroult.

Une croix potencée, cantonnée de quatre annelets.

✠ S' RADVLFI GALEREN

(Sigillum Radulfi Galeren.)

Vente de bois situés dans le val du Douet-Moussu. — Septembre 1268.

1033 GALERAN (ROBERT).

1263.

Sceau rond, de 33 mill. — Arch. de l'Orne; abbaye de Saint-Évroult.

Une étoile à huit rais.

✠ S' ROBERTI GALER'

(Sigillum Roberti Galeren.)

Voyez le n° 1028.

1034 GALERAN (ROBERT).

1316.

Sceau ogival, de 35 mill. — Arch. de l'Orne; abbaye de Saint-Évroult.

Un rameau.

✠ S' ROBIN GALEREN

(Seel Robin Galeren.)

Vente de bois situés en la vavassorie du Douet-Moussu. — Août 1316.

1035 GALIENNE (JEAN).

1293.

Sceau rond, de 28 mill. — Arch. du Calvados, abbaye d'Ardenne.

Une fleur de lys fleuronnée.

✠ S' IOHI GALIENNE

(Sigillum Johannis Galienne.)

Transport de rentes sur des biens, à Janville. — Octobre 1293.

1036 GALIFRÉ (HERBERT).

XIII° siècle.

Sceau rond, de 40 mill. — Arch. du Calvados; abbaye de Saint-André-en-Gouffern.

Un arbre.

✠ S' HERBERTI : GALIFRE

(Sigillum Herberti Galifré.)

Fieffe d'une terre sise à Gaibray. — Sans date.

1037 GALOT (ALEXANDRE).

1230.

Sceau rond, de 40 mill. — Arch. de la Seine-Inférieure; abbaye de Jumièges.

Une fleur de lys fleuronnée.

✠ S' ALEXANDRI · GALOT

(Sigillum Alexandri Galot.)

Confirmation de l'acquêt d'une rente, à Hauville. 1230.

1038 GARDIN (JEAN DU).

1295.

Sceau rond, de 29 mill. — Arch. de la Manche; abbaye de la Luzerne.

Une hache.

S' IOH DV GARDI.

(Sigillum Johannis du Gardin.)

Transport d'une rente sur des biens en la paroisse de Saint-Pierre de Coutances. — Décembre 1296.

1039 GARDIN (RICHARD DU).

XIIIe siècle.

Sceau rond, de 28 mill. — Arch. de l'Eure.

Un écu chevronné, ou plutôt une herse.

✠ S' RICARDI DE GARDIN

(Sigillum Ricardi de Gardin.)

Sceau détaché.

1040 GARDIN (THOMAS DU).

1229.

Sceau rond, de 35 mill. — Arch. de la Seine-Inférieure; abbaye de Jumièges.

Une fleur de lys.

✠ S' : THOME : DE : GARDIN

(Sigillum Thome de Gardin.)

Donation d'une rente, à Épinay. — Avril 1229.

1041 GARENNES

(MARIE, FEMME D'ARNAUD DE).

1260.

Sceau rond, de 28 mill. — Arch. hospitalières d'Évreux.

Une sorte de fleur de lys accompagnée à droite d'une étoile et, au-dessus, des lettres VT terminant la légende.

✠ S' MARIE LA FAME ERNA

(Sigillum Marie, la fame Ernaut.)

Transport d'une rente sur des biens, à Croisy. — Avril 1260.

1042 GASTIGNY (GUILLAUME DE).

1290.

Sceau rond, de 22 mill. — Arch. de la Manche; abbaye du Mont-Saint-Michel.

Un arbre avec deux oiseaux perchés, un de chaque côté.

..G'VILE DE ....ILLIE

(Sigillum Guillermi de ....illie.)

Vente de rentes sur le moulin de Quincampoix, à Saint-Léger. Juillet 1290.

1043 GASTIGNY

(JULIENNE, MÈRE DE FOULQUES ET DE GUILLAUME DE).

129..

Sceau ovale, de 22 mill. — Arch. de la Manche; abbaye du Mont-Saint-Michel.

Intaille représentant Mars debout, casqué, appuyé sur son bouclier. — Légende fruste.

Voyez le numéro précédent.

1044 GAUFRE (JEAN LE).

1262.

Sceau rond, de 29 mill. — Arch. du Calvados; abbaye de Saint-André-en-Gouffern.

Une croix fourchée.

✠ S. IOHAN..S LE GAVFRE

(Sigillum Johannis le Gaufre.)

Transport d'une rente sur une maison, à Saint-Germain-de-Montgommery. Avril 1262.

1045 GAUTIER

(ISABEAU LA GROSSE, FEMME DE ROBERT).

1271.

Sceau rond, de 32 mill. — Arch. de l'Orne; abbaye de Saint-Évroult.

Une croix de feuillages, combinée avec un sautoir.

✠ S' ISABEL : LA GROSE ·

(Seel Isabel la Grose.)

Transport d'une rente sur des terres sises à Notre-Dame-de-Sole..y. - Février 1271.

1046 GAUTIER (ROBERT).

1271.

Sceau rond, de 29 mill. — Arch. de l'Orne; abbaye de Saint-Évroult.

Une fleur de lys.

✠ S' ROBERTI · WALTERI

(Sigillum Roberti Walteri.)

Voyez le numéro précédent.

1047 GAVARE (GUILLAUME).

1262.

Sceau rond, de 34 mill. — Arch. du Calvados; abbaye d'Aunay.

Une étoile géométrique.

✠ S' WILLI GAVARA

(Sigillum Willermi Gavara.)

Transport d'une rente sur une masure, à Langrune. 12..

1048 GÉANT (NICOLAS).

1299.

Sceau rond, de 27 mill. — Arch. du Calvados; abbaye de Saint-André-en-Gouffern.

Une fleur de lys fleuronnée.

✠ S' COLINI DIT GEANT

(Sigillum Colini, dit Geant.)

Transport d'une rente sur des biens, à Montgommery. Novembre 1299.

1049 GENÈT (HERFRAI DU).

1219.

Sceau ogival, de 40 mill. — *Arch. de la Seine-Inférieure*; abbaye de Jumièges.

Un genêt.

S' HERFRI DV GENET

(Sigillum Herfri du Genêt.)

Vente de la terre de la *Hayette*, à Hauville. — *Novembre* 1219.

1050 GENÊTS (GILBERT DES).

1235.

Sceau rond, de 38 mill. — Arch. de la Seine-Inférieure; abbaye de Jumièges.

Une fleur de lys accostée en haut de deux annelets.

✱ S' GISLEBERTI DES GENET

(Sigillum Gisleberti des Genêt.)

Vente d'une terre sise à Hauville. — Mai 1235.

1051 GENÊTS (THOMAS DES).

1261.

Sceau rond, de 29 mill. — Arch. de la Seine-Inférieure; abbaye de Jumièges.

Une bêche.

✱ S' THO. . . S GENEZ

(Sigillum Thome des Genez.)

Vente d'une terre sise à Hauville. — Février 1261.

1052 GEOFFROI (ROBERT).

1216.

Sceau rond, de 34 mill. — Arch. de la Seine-Inférieure; abbaye de Jumièges.

Une fleur de lys fleuronnée.

✱ S'. ROBERTI FILII GAVFRIDI

(Sigillum Roberti, filii Gaufridi.)

Accord au sujet d'un champ et d'un enclos sis à Beaunay. — Février 1216.

1053 GÉRARD (JEAN)

de Celloville. — 1237.

Sceau rond, de 31 mill. — Arch. de la Seine-Inférieure; abbaye de Saint-Amand.

Une croix fleuronnée, combinée avec un petit sautoir.

✱ S' IOHIS LE FIS GERAT

(Sigillum Johannis, le fis Gerat.)

Transport d'une rente sur une terre, au Saussay, près Celloville. — Juin 1237.

1054 GERMOND (JEAN).

1228.

Sceau rond, de 33 mill. — Arch. du Calvados: Hôtel-Dieu de Lisieux.

Cinq épis posés en étoile.

✱ S' IOHIS : DE LOGIS

(Sigillum Johannis de Logis.)

Donation d'une rente, à Assemont, près Saint-Désir. — Mai 1[illegible]

1055 GODE (PERRENELLE),

Veuve de Robert Gode. — 1263.

Sceau rond, de 28 mill. — Arch. de la Seine-Inférieure; prieuré de Bonne-Nouvelle.

Un soleil.

✱ S' PETRONILLE GODE :

(Sigillum Petronille Gode.)

Confirmation de biens acquis de son mari. — Juillet 1263.

1056 GODEFROI (JEAN)

de Jumièges. — 1293.

Sceau rond, de 26 mill. — Arch. de la Seine-Inférieure; abbaye de Jumièges.

Une étoile géométrique.

✱ S'. IOHIS · GODEFREDI ·

(Sigillum Johannis Godefredi.)

Vente de cinq deniers de rente annuelle. — Janvier 1293.

1057 GODEFROI (JEAN)

de Jumièges. — 1304.

Sceau rond, de 17 mill. — Arch. de la Seine-Inférieure; abbaye de Jumièges.

Un Agnus Dei à droite.

S' IEHEN GODEFROI

(Seel Jehen Godefroi.)

Vente d'une rente, à Yainville. — Février 1304.

1058 GODEFROI (RAOUL).

1226.

Sceau rond, de 40 mill. — Arch. du Calvados; abbaye de Barberie.

Une fleur de lys fleuronnée.

✱ S'. RADVLFI : GODEFREI

(Sigillum Radulfi Godefrei.)

Donation d'une terre sise à Fontenay-le-Marmion. — 1226.

1059 GODEMAN (GEOFFROI).

1237.

Sceau rond, de 41 mill. — Arch. de la Seine-Inférieure; abbaye de Jumièges.

Une croix fleuronnée, combinée avec un petit sautoir.

✱ S' GAVFRIDI GODE.AN

(Sigillum Gaufridi Godeman.)

Donation et vente en partie d'un tènement sis à Jumièges. — Mars 1237.

1060 GODERVILLE (MATTHIEU DE).

1262.

Sceau rond, de 40 mill. — Arch. de la Seine-Inférieure; abbaye de Saint-Amand.

Une croix ancrée.

S' MATHEI D' GODARVILE

(Sigillum Mathei de Godarvile.)

Vente d'un masage situé à Boos. — Décembre 1262.

1061 GOET (AMELINE),

Veuve de Michel Goet. — 1280.

Sceau rond, de 23 mill. — Arch. de la Seine-Inférieure ; abbaye de Jumièges.

Une étoile à huit rais.

✱ S' EMELINE LA GOET

(Seel Émeline la Goet.)

Vente d'une terre sise à Jumièges. — Janvier 1280.

1062 GONFRAY (RAOUL).

1305.

Sceau rond, de 35 mill. — Arch. du Calvados; abbaye de Jumièges.

Une fleur de lys.

✱ S' RAOVL : GONFREY

(Seel Raoul Gonfrey.)

Transport d'une rente sur des biens, à Vieux-Fumé. — Août 1305.

1063 GONFRAY (ROGER).

1260.

Sceau rond, de 31 mill. — Arch. de la Seine-Inférieure ; abbaye de Jumièges.

Un arbre.

S' ROGIER GOVNFRAI

(Seel Rogier Gounfrai.)

Transport d'une rente sur un masage, à Jumièges. — Juin 1260.

1064 GONNOR (THOMAS).

1298.

Sceau piriforme, de 24 mill. — Arch. de la Seine-Inférieure; abbaye de Saint-Wandrille.

Une fleur de lys.

✱ S' THOMES GONNOR

(Seel Thomes Gonnor.)

Thomas Gonnor se donne, avec tous ses biens, à l'abbaye de Saint-Wandrille. — Juillet 1298.

1065 GOUDOUIN (LAURENT).

1309.

Sceau rond, de 22 mill. — Arch. de la Seine-Inférieure ; abbaye de Jumièges.

Une croix dont chaque branche est munie, d'un seul côté, de deux appendices symétriques.

✱ S'. LAVRENS GOVDO

(Seel Laurens Goudo.)

Vente de rentes sur une terre sise à Jumièges. — Mars 1309.

1066 GOURNAY (ÉTIENNE DE).

1310.

Sceau rond, de 24 mill. — Arch. du Calvados; abbaye de Jumièges.

Une étoile géométrique.

S' STEPH'I DE GORNEY. ?

(Sigillum Stephani de Gorneyo.)

Transport d'une rente sur des biens, à Oisy. — Octobre 1310.

1067 GRAIN (RICHARD).

1307.

Sceau ogival, de 40 mill. — Arch. de la Seine-Inférieure; abbaye de Jumièges.

Un arbuste.

✱ S' RICARD. GR..N

(Sigillum Ricardi Grein.)

Transport d'une rente sur une terre, à Jumièges. — Février 1307.

1068 GRAIS (EUDES DU).

1285.

Sceau rond, de 28 mill. — Arch. de l'Orne; abbaye de Saint-Évroult.

Un arbre à rameaux parallèles.

✱ S' • ODONIS • DV GRES •

(Sigillum Odonis du Grés.)

Vente d'une terre sise au Noyer-Ménard. — Mai 1285.

1069 GRAND (GUILLAUME LE).

1221.

Sceau rond, de 36 mill. — Arch. de la Seine-Inférieure; abbaye de Jumièges.

Une fleur de lys fleuronnée.

✱ S'. WILLERMI MAGNI

(Sigillum Willermi Magni.)

Donation d'un tènement sis à Vimoutiers. — 1221.

1070 GRAND (PIERRE LE).

1285.

Sceau rond, de 30 mill. — Arch. de l'Orne; abbaye de Saint-Évroult.

Un fuseau chargé, accosté de deux étoiles.

✱ S' PETRI LE GRANT

(Sigillum Petri le Grant.)

Vente d'une portion d'un clos sis au Noyer-Ménard. — Mai 1285.

1071 GRANGE (ALIX DE LA),

Femme de Robert de la Grange. — 1289.

Sceau rond, de 22 mill. — Arch. de la Seine-Inférieure; abbaye de Jumièges.

Un assemblage barbare, représentant une fleur?

✱ S' AELIS D' G'NCIA

(Sigillum Aelis de Grancia.)

Vente de diverses rentes sur des biens, à Saint-Paër. — Novembre 1289.

1072 GRANGE (MAHAUT DE LA),

Mère de Robert de la Grange. — 1289.

Sceau rond, de 22 mill. — Arch. de la Seine-Inférieure; abbaye de Jumièges.

Une fleur radiée à huit pétales.

S' MATIL D' G'NCIA

(Sigillum Matildis de Grancia.)

Voyez le numéro précédent.

1073 GRANGE (ROBERT DE LA).

1289.

Sceau rond, de 22 mill. — Arch. de la Seine-Inférieure; abbaye de Jumièges.

Un rameau.

✱ S' ROBTI D G'NCIA

(Sigillum Roberti de Grancia.)

Voyez le n° 1071.

1074 GRAVELLE (RAOUL DE).

1215.

Sceau rond, de 30 mill. — Arch. de la Seine-Inférieure; abbaye de Saint-Wandrille.

Une quartefeuille croisée d'un petit sautoir et cantonnée de quatre petits objets coniques.

✱ S. RADVLFI DE HA....A

(Sigillum Radulfi de Ha....a.)

Engagement pris par Raoul de Gravelle de construire une grange dans le fief qu'il tient, à Sarceaux. — 1215.

1075 GRAVERIE (JACQUELINE DE LA),

Femme de Guillaume de la Graverie. — 1272.

Sceau rond, de 26 mill. — Arch. de la Seine-Inférieure; abbaye de Montivilliers.

Une fleur de lys.

✱ S' IAQVELINE DE GRAVAR'

(Sigillum Jaqueline de Gravaria.)

Renonciation à ses droits de douaire sur une terre, à Rolleville. Janvier 1272.

1076 GRIEK (AGNÈS).

1283.

Sceau rond, de 46 mill. — Arch. de la Seine-Inférieure; prieuré de Bonne-Nouvelle.

Une étoile ou une fleur radiée.

✱ S' AGNETIS GRIEK

(Sigillum Agnetis Griek.)

Transport de rentes sur un tènement, à Bures. — Novembre 1283.

1077 GRIMBOSQ (HUGUES DE).

XIIIe siècle.

Sceau rond, de 32 mill. — Arch. de l'Eure.

Une quartefeuille combinée avec un sautoir patté.

✱ S' HVGONIS D' GRAIBOS

(Sigillum Hugonis de Grainbos.)

Sceau détaché.

1078 GRIMBOSQ (JEAN DE).

XIIIe siècle.

Sceau rond, de 32 mill. — Arch. de l'Eure.

Une tige recourbée et fleuronnée.

✱ S' IOHIS D' GRAIBOS

(Sigillum Johannis de Grainbos.)

Sceau détaché.

1079 GRIMBOUT (RENAUD).

1284.

Sceau rond, de 28 mill. — Arch. de l'Orne; abbaye de Silly.

Une fleur radiée.

✱ S' RENAVT GRINBOVT

(Seel Renaut Grinbout.)

Transport d'une rente sur des biens, à Marmouillé. — Février 1284.

1080 GRISEL

(AGNÈS GROMONT, FEMME DE GUILLAUME).

1289.

Sceau ogival, de 40 mill. — Arch. de la Seine-Inférieure; abbaye de Saint-Amand.

Un rameau.

✱ S' AGNES SA FAME

(Seel Agnès, sa fame.)

Vente d'une terre sise à Boos. — Octobre 1289.

1081 GRISEL (GUILLAUME).

1289.

Sceau rond, de 33 mill. — Arch. de la Seine-Inférieure; abbaye de Saint-Amand.

Une fleur radiée.

✱ S' GVILL GRISEL

(Seel Guillaume Grisel.)

Voyez le numéro précédent.

1082 GROS (JEAN LE).

le jeune. — 1273.

Sceau rond, de 29 mill. — Arch. de l'Orne: abbaye de Saint-Évroult.

Une croix potencée, combinée avec un sautoir de feuillages.

✱ S' IOHIS · LE GROS

(Sigillum Johannis le Gros.)

Vente d'un herbergement sis en la paroisse de Notre-Dame-de-Solengy. — Avril 1273.

1083 GUÉDON (GUILLAUME LE).

1258.

Sceau rond, de 30 mill. — Arch. de la Seine-Inférieure; abbaye de Bondeville.

Une étoile à huit rais.

S' WILLI GEVDOVM

(Sigillum Willermi Geudoum.)

Vente de ses droits sur un tènement, à Barentin. — Avril 1258.

1084 GUÉDON (JEAN LE).

1263.

Sceau rond, de 31 mill. — Arch. du Calvados; abbaye de Saint-André-en-Gouffern.

Une croix à branches recourbées du bout à droite.

✱ S' IOHANNIS LE GVDOVN

(Sigillum Johannis le Gudoun.)

Transport d'une rente sur un tènement, à Cauvicourt. — Avril 1263.

1085 GUÉLINETTE (ROBERT).

1287.

Sceau rond, de 29 mill. — Arch. de la Seine-Inférieure; abbaye de Jumiéges.

Une fleur radiée.

✱ S' ROB'TI GVELINITE

(Sigillum Roberti Guelinite.)

Vente d'une rente sur des biens, à Jumiéges. — Mai 1287.

1086 GUÉRARD (GHISLAIN).

1264.

Sceau ogival, de 28 mill. — Arch. du Calvados; abbaye de Jumiéges.

Une étoile à huit rais.

✱ S GILLE.. .VERART

(Seel Gille . Guérart.)

Transport d'une rente sur le moulin d'Oisy. — Mars 1264.

1087 GUERNON (GUILLAUME).

1260.

Sceau rond, de 33 mill. — Arch. du Calvados; abbaye de Saint-André-en-Gouffern.

Une croix fleuronnée, combinée avec un sautoir inscrit dans un carré.

✱ S'. WLL · GERNON

(Sigillum Willermi Gernon.)

Vente d'une rente sur un tènement, à Cauvicourt. — Janvier 1260.

1088 GUEROULT

(ALIX, FEMME DE PIERRE).

1235.

Sceau rond, de 37 mill. — Arch. de la Seine-Inférieure; abbaye de Jumiéges.

Un rinceau fleuronné et, au-dessus, séparé par un trait, la fin du mot Guérout, ROVT, terminant la légende.

✱ S'. AALIZ · VXORIS · PETRI · GVE

(Sigillum Aaliz, uxoris Petri Guerout.)

Transport d'une rente sur une terre, à Hauville. — Mai 1235.

1089 GUEROULT

(ALIX, FEMME DE RENAUD).

1260.

Sceau rond, de 28 mill. — Arch. de la Seine-Inférieure; abbaye de Jumiéges.

Un arbre.

✱ S' AELICIE · BAE ·:

(Sigillum Aelicie Bae.)

Vente de terres sises à Hauville. — Avril 1260.

1090 GUEROULT

(ALIX, FEMME DE VITAL).

1235.

Sceau rond, de 35 mill. — Arch. du Calvados; Hôtel-Dieu de Lisieux.

Une fleur de lys.

✠ S' · ALICIE VXORIS VITALIS

(Sigillum Alicie, uxoris Vitalis.)

Confirmation de la vente de sa maison, à Lisieux. — Novembre 1235.

1091 GUEROULT (ÉTIENNE).

1220.

Sceau rond, de 28 mill. — Arch. de la Seine-Inférieure; chapitre de Rouen.

Un croissant.

✠ S' STEPHANI : F' · GERODI

(Sigillum Stephani, filii Geroldi.)

Vente d'une maison en la paroisse de Saint-Denis, à Rouen. — 1220.

1092 GUEROULT (RENAUD).

1258.

Sceau rond, de 31 mill. — Arch. de la Seine-Inférieure; abbaye de Jumièges.

Un arbuste à cinq tiges.

✠ S' REGINALDI GEROLDI

(Sigillum Reginaldi Geroldi.)

Vente d'une terre sise à Hauville. — Mai 1258.

1093 GUEROULT (RENAUD).

1260.

Sceau rond, de 29 mill. — Arch. de la Seine-Inférieure; abbaye de Jumièges.

Une fleur de lys.

✠ S' RENAVT · GVEROT ·

(Seel Renaut Guerot.)

Voyez le n° 1089.

1094 GUEROULT (THOMAS).

1260.

Sceau rond, de 27 mill. — Arch. de la Seine-Inférieure : abbaye de Jumièges.

Une étoile à huit rais fleuronnés.

✠ S' THOME GVEROVT

(Sigillum Thome Guerout.)

Vente d'une terre sise à Hauville. — Février 1260.

1095 GUEROULT (THOMAS).

1272.

Sceau rond, de 21 mill. — Arch. du Calvados; évêché et chapitre de Bayeux.

Un chat? passant à gauche.

...OME GVEROVDI

(Sigillum Thome Gueroudi.)

Donation de rentes sur des biens, à Bayeux. — 1272.

1096 GUILLEBELIN (ALIX).

1252.

Sceau rond, de 40 mill. — Arch. de la Seine-Inférieure; archevêché de Rouen.

Une fleur radiée.

✠ S' AELIS · GVILEBELI

(Sigillum Aelis Guilebelin.)

Transport d'une rente sur une masure, à Dieppe. — Décembre 1252.

1097 GUILLEBELIN (ROHAIS).

1252.

Sceau rond, de 36 mill. — Arch. de la Seine-Inférieure; archevêché de Rouen.

Une fleur radiée.

✠ S' ROES GVILLEBELIN

(Seel Roes Guillebelin.)

Voyez le numéro précédent.

1098 HAIE (JEAN).

1260.

Sceau rond, de 28 mill. — Arch. de la Seine-Inférieure; archevêché de Rouen.

Une tête de loup à droite.

✠ S' IOHAN HEIE :

(Seel Johan Heie.)

Donation d'une rente au profit de la chapelle du Bosc-Roger. — Décembre 1260.

1099 HAIE

(PERRENELLE DE CLÉON, FEMME DE JEAN).

1261.

Sceau rond, de 28 mill. — Arch. de la Seine-Inférieure; archevêché de Rouen.

Une fleur de lys fleuronnée?

✠ S' PETONILLE VXORIS

(Sigillum Petronille, uxoris.)

Transport d'une rente au profit de la chapelle du Bosc-Roger. — Janvier 1261.

1100 HAIE (RICHARD).

1260.

Sceau rond, de 34 mill. — Arch. de la Seine-Inférieure; archevêché de Rouen.

Un poisson et, au-dessous, un fleuron.

✠ S' RICART AIE

(Seel Ricart Aie.)

Voyez le n° 1098.

1101 HAIS (GUILLAUME).

1232.

Sceau rond, de 30 mill. — Arch. du Calvados; abbaye de Saint-André-en-Gouffern.

Une fleur de lys.

✱ S' WILLI · HAIS :

(Sigillum Willermi Hais.)

Donation d'un pré sis à la Brévière. — 1232.

1102 HALLE (COLIN).

1298.

Sceau rond, de 25 mill. — Arch. de l'Orne; abbaye de Saint-Évroult.

Une étoile à huit rais pattés.

✱ S' NICHOLAI HALLE

(Sigillum Nicholai Halle.)

Vente d'une terre sise à Saint-Aquilin-d'Augerons. — Mai 1298.

1103 HALLE

(ÉREMBOUR, FEMME DE COLIN).

1298.

Sceau rond, de 27 mill. — Arch. de l'Orne; abbaye de Saint-Évroult.

Une croix formée de quatre palmes.

✱ S' ERĒBORG' LORELVE

(Sigillum Eremborgis Lorelue.)

Voyez le numéro précédent.

1104 HAMBURES (RAOUL DE).

1293.

Sceau ogival, de 28 mill. — Arch. de la Seine-Inférieure; chapitre de Rouen.

Un Agnus Dei à gauche, accompagné d'un croissant.

S' RAOVL · DE .ANBVRES

(Seel Raoul de Hanbures.)

Constitution d'une rente sur son manoir de Hembures, à Clais. — Août 1293.

1105 HAMEL

(BÉATRIX DE HORS-LA-VILLE, FEMME DE GUILLAUME DU).

1252.

Sceau rond, de 27 mill. — Arch. de la Seine-Inférieure; archevêché de Rouen.

Dans le champ, le mot EIIV, écrit de droite à gauche et terminant la légende.

✱ S' BIETRIX DE HORS LA

(Seel Biétrix de Hors la Vile.)

Transport d'une rente sur une masure, à Dieppe. — Janvier 1252.

1106 HAMEL (GUILLAUME DU).

1252.

Sceau rond, de 26 mill. — Arch. de la Seine-Inférieure; archevêché de Rouen.

Une fleur radiée.

✱ S' WILLI DE HAMELLO

(Sigillum Willermi de Hamello.)

Voyez le numéro précédent.

1107 HAMON (ROBERT).

1207.

Sceau rond, de 33 mill. — Arch. de la Seine-Inférieure; abbaye de Jumièges.

Une fleur de lys.

✱ S' ROBERTI : HAMON :

(Sigillum Roberti Hamon.)

Donation d'une terre sise à Yville. — 1207.

1108 HARCOUET

de Montmorel. — 1300.

Sceau ogival, de 27 mill. — Arch. de la Manche; abbaye de Montmorel.

Un oiseau perché sur une branche et portant un rameau dans son bec.

S' HARQVOIT

(Seel Harquoit.)

Donation d'une rente sur une masure, à Poilley. — Février 1300.

1109 HARDI (MICHEL).

1284.

Sceau rond, de 24 mill. — Arch. de la Seine-Inférieure; abbaye de Jumièges.

Une étoile à huit rais.

✱ S' MICħ HARDI

(Sigillum Michaelis Hardi.)

Vente d'une rente sur des biens, à Jumièges. — Avril 1284.

1110 HARENG (ROBERT).

1294.

Sceau rond, de 24 mill. — Arch. du Calvados; abbaye de Saint-André-en-Gouffern.

Un hareng.

✱ S' ROBERTI ...ENC :

(Sigillum Roberti Harenc.)

Donation d'une vigne située à Airan. — 1294.

1111 HARENG (SIMON).

1273.

Sceau rond, de 23 mill. — Arch. de la Seine-Inférieure; archevêché de Rouen.

Un oiseau à droite.

S' SIMON · HARENC

(Seel Simon Harenc.)

Transport d'une rente sur un tènement, à Déville. — Juillet 1273.

1112 **HATON (GILLES).**

1258.

Sceau en écu, de 27 mill. — Arch. de la Seine-Inférieure; abbaye du Valasse.

Un lion rampant.

✠ S' GILLES : HATON :

(Seel Gilles Haton.)

Donation d'une rente sur un pré sis à Tourneville, en la paroisse de Graville. — Novembre 1258.

1113 **HAVARD (ANDRÉ).**

XIIIe siècle.

Sceau rond, de 26 mill. — Arch. de la Seine-Inférieure; abbaye de Saint-Amand.

Une fleur de lys fleuronnée.

✠ S' HANDREI : HAVART

(Sigillum Handrei Havart.)

Donation de terres sises à Boos. — Sans date.

1114 **HAVARD (GAUTIER).**

1250.

Sceau ogival, de 33 mill. — Arch. de la Seine-Inférieure; abbaye de Saint-Ouen, prieuré de Gasny.

Une fleur de lys fleuronnée.

S' GAV... HAVART

(Seel Gautier Havart.)

Rachat d'une rente comprenant une pelisse et des bottes. — Mars 1250.

1115 **HAVARD (JEAN).**

1264.

Sceau rond, de 32 mill. — Arch. de la Seine-Inférieure; archevêché de Rouen.

Un faisan à gauche, surmonté d'une quintefeuille.

✠ S' IOHANNIS HAVART

(Sigillum Johannis Havart.)

Vente d'une terre sise à Saint-Aubin-de-Gaillon. — Octobre 1264.

1116 **HAVARD (LANCELOT).**

1279.

Sceau rond, de 26 mill. — Arch. de la Seine-Inférieure; abbaye de Jumièges.

Un écu portant un épieu accosté de deux clefs?

.. LANCELOT HAVART

(Seel Lancelot Havart.)

Accord au sujet de l'usage des bois de Cresne. — Octobre 1279.

1117 **HELLEBOS (GUILLAUME).**

1294.

Sceau rond, de 30 mill. — Arch. de la Seine-Inférieure; abbaye de Saint-Amand.

Une étoile à huit rais.

S' VVILL HEVLEBOS

(Sigillum Willermi Heulebos.)

Vente d'une terre sise à Boos. — Juillet 1294.

1118 **HÉMART**

(ASSELINE DE MANNEVILLE, MÈRE DE JEAN).

1260.

Sceau rond, de 29 mill. — Arch. de la Seine-Inférieure; archevêché de Rouen.

Une croix fleuronnée.

S' ASELINE DE MAVNEVILLE

(Seel Aseline de Mauneville.)

Donation d'une rente au profit de la chapelle du Bosc-Roger. — Décembre 1260.

1119 **HÉMART (JEAN).**

1260.

Sceau rond, de 30 mill. — Arch. de la Seine-Inférieure; archevêché de Rouen.

Une croix de feuillages.

✠ S' IEHAN HEMART

(Seel Jehan Hémart.)

Voyez le numéro précédent.

1120 **HÉMERI (ROBERT).**

1258.

Sceau rond, de 29 mill. — Arch. de la Seine-Inférieure; abbaye de Jumièges.

Une croix fleuronnée, combinée avec un petit sautoir de même et cantonnée de quatre étoiles.

✠ S' ROB'TI · HEMERI ·

(Sigillum Roberti Hémeri.)

Transport d'une rente sur une maison, à Duclair. — 1258.

1121 **HENRI (RAOUL).**

1227.

Sceau rond, de 35 mill. — Arch. de la Seine-Inférieure; abbaye de Jumièges.

Une chimère à droite.

✱ S' RAD.... HENRI

(Sigillum Radulfi Henri.)

Vente d'une terre sise à Varengeville. — Avril 1227.

1122 **HENRI (RICHARD).**

XIIIe siècle.

Sceau rond, de 26 mill. — Arch. de l'Eure.

Une croix fleuronnée, combinée avec un petit sautoir.

✱ S' RICART · ҺENRI

(Seel Ricart Henri.)

Sceau détaché.

1123 **HERLANT (ROGER).**

1216.

Sceau rond, de 30 mill. — Arch. du Calvados; abbaye de Saint-André-en-Gouffern.

Une croix fleuronnée.

✱ S' ROGERI : ҺELLANT :

(Sigillum Rogeri Hellant.)

Transport d'une rente sur le tènement du Buisson, à Montgaroult. — 1216.

1124 **HERLOUIN**

(AMELINE, FEMME DE ROBERT).

1251.

Sceau rond, de 36 mill. — Arch. de la Seine-Inférieure; abbaye de Valmont.

Une étoile à huit rais.

✱ S' EMELINE · FILIE · WARABLE ∴

(Sigillum Emeline, filie Warable.)

Vente d'un champ sis à Valmont. — 1251.

1125 **HÉRON (GUILLAUME)**

de Trouville. — 1255.

Sceau rond, de 27 mill. — Arch. de la Seine-Inférieure; abbaye de Jumiéges.

Un héron avalant un serpent.

✱ S' WILLMI · ҺAIRON ·

(Sigillum Willermi Hairon.)

Donation de divers biens sis à Trouville. — Avril 1255.

1126 **HERVÉ (ANQUETIL).**

1238.

Sceau rond, de 30 mill. — Arch. du Calvados; abbaye de Barberie.

Une croix pattée et fichée, combinée avec un sautoir.

S' ҺANQETIL FILLII ҺER...

(Sigillum Hanqetil, filii Hervei.)

Reconnaissance de rentes sur des biens, à Saint-Contest. — 1238.

1127 **HERVÉ (RICHARD).**

1256.

Sceau rond, de 32 mill. — Arch. du Calvados; abbaye d'Aunay.

Un fermail.

✱ S' RICART : ҺERVEI :

(Sigillum Ricart Hervei.)

Vente d'un tènement sis à Villers. — Juillet 1256.

1128 **HERVIEU (NICOLAS).**

1248.

Sceau rond, de 35 mill. — Arch. de la Seine-Inférieure; abbaye de Saint-Amand.

Une fleur de lys.

✱ S' NICOL ҺERVEV

(Sigillum Nicolai Herveu.)

Transport d'une rente sur des biens, à Celloville. — Juin 1248.

1129 **HERVIEU (ROBERT).**

alias Videcop. — 1299.

Sceau ogival, de 38 mill. — Arch. de la Seine-Inférieure; abbaye de Jumiéges.

Un rameau.

✱ S' ROBERTI ҺERVIEV

(Sigillum Roberti Hervieu.)

Vente d'une rente sur un masage, à Jumiéges. — Décembre 1299.

1130 **HESSUS (ROBERT).**

1298.

Sceau rond, de 25 mill. — Arch. de l'Orne; abbaye de Saint-Évroult.

Une étoile à huit rais.

✱ S' ROB'TI ҺESSVS

(Sigillum Roberti Hessus.)

Échange de biens sis en la paroisse de Notre-Dame-du-Bois. Avril 1298.

1131 **HOIN (GUILLAUME).**

1235.

Sceau rond, de 34 mill. — Arch. de la Seine-Inférieure; abbaye de Jumiéges.

Une quartefeuille.

✱ SINGILLVM W...ERMI ҺOIN

(Singillum Willermi Hoin.)

Vente d'une rente sur des biens, à Hauville. — Mai [illegible]

1132 **HOMME (GEOFFROI DU).**

1262.

Sceau rond, de 26 mill. — Arch. du Calvados; abbaye de Saint-André-en-Gouffern.

Une fleur de lys fleuronnée.

✱ S' GAVFRIDI : INGOVF

(Sigillum Gaufridi Ingouf.)

Vente d'une terre sise à Saint-Sylvain. — Mai 1262.

1133 HOMME (INGOUF DU).

1262.

Sceau rond, de 30 mill. — Arch. du Calvados ; abbaye de Saint-André-en-Gouffern.

Une fleur de lys fleuronnée.

✱ S'. INGOVF : DE : HOVMO

(Sigillum Ingouf de Houmo.)

Voyez le numéro précédent.

1134 HOSART (ROBERT).

1281.

Sceau ogival, de 50 mill. — Arch. de la Seine-Inférieure : abbaye de Jumièges.

Une sorte de fleur de lys fleuronnée.

..GILLVM : R...RTI · HOSAR.

(Sigillum Roberti Hosart.)

Vente d'une terre sise à Hauville. — Février 1281.

1135 HOUDET (NICOLAS).

1358.

Sceau ogival, de 33 mill. — Arch. de la Seine-Inférieure : abbaye de Saint-Amand.

Une fleur de lys fleuronnée.

✱ S' NICOLE HOVDET

(Seel Nicole Houdet.)

Constitution d'une rente sur son mesage, à la Chaussée. - Février 1358.

1136 HOULME (JEAN DE).

1257.

Sceau rond, de 27 mill. — Arch. de la Seine-Inférieure : abbaye de Jumièges.

Une croix avec une banderole, accostée au pied des lettres alpha et oméga.

✱ S' IOHIS · DE · HOVME

(Sigillum Johannis de Houme.)

Vente d'un pré situé à «Crouptes». — Février 1257.

1137 HUANIÈRES (ROBERT DE).

1225.

Sceau rond, de 28 mill. — Arch. de la Seine-Inférieure : abbaye de Jumièges.

Une fleur de lys fleuronnée.

✱ S' ROBER.....VANNIERES

(Sigillum Roberti de Huannières.)

Donation de rentes sises à Saint-Paër. — Mai 1225.

1138 HUANIÈRES (ROBERT DE).

1233.

Sceau rond, de 34 mill. — Arch. de la Seine-Inférieure ; abbaye de Jumièges.

Une fleur de lys et, en haut, la lettre S terminant la légende.

✱ S' ROBERTI DE HVANERE

(Sigillum Roberti de Huanères.)

Déclaration de rentes dues à l'abbaye de Jumièges, à Saint-Paer. — Juin 1233.

1139 HUGLEVILLE (ADAM DE).

XIIIe siècle.

Sceau rond, de 31 mill. — Arch. de l'Eure.

Une clef accostée d'un croissant.

✱ S' ADEN DE HVGLEVILLA

(Sigillum Aden de Huglevilla.)

Sceau détaché.

1140 HUILARD (OGIER).

1351.

Sceau rond, de 25 mill. — Arch. de la Seine-Inférieure : abbaye de Saint-Amand.

Un chien passant à droite, la tête contournée.

✱ S' OGIER HVILART

(Seel Ogier Huilart.)

Donation d'une rente sur une masure, à Lamberville. — Mai 1351.

1141 HUILARD (OGIER).

1368.

Sceau rond, de 26 mill. — Arch. de la Seine-Inférieure ; abbaye de Saint-Amand.

Une palme.

✱ S' OGIER VILART

(Seel Ogier Vilart.)

Vente d'une rente sur une terre, à Lamberville. — Mars 1368.

1142 HUREL (ARNAUD).

1304.

Sceau rond, de 26 mill. — Arch. de l'Orne ; abbaye de Saint-Évroult.

Une quartefeuille surmontée d'un petit pavillon.

✱ S' HERNAVDI HVREL

(Sigillum Hernaudi Hurel.)

Transport d'une rente sur des biens, à Auguaise. — Décembre 1304.

1143 HUREL (PIERRE).

Frère d'Arnaud Hurel. — 1306.

Sceau rond, de 26 mill. — Arch. de l'Orne; abbaye de Saint-Évroult.

La lettre p accostée à gauche d'une étoile.

✠ S' PETRI HVREL

(Sigillum Petri Hurel.)

Voyez le numéro précédent.

1144 ÎLES (GAUTIER DES).

1305.

Sceau rond, de 27 mill. — Arch. de la Seine-Inférieure; abbaye de Jumièges.

Une croix de feuillages.

✠ S' WALT D' ISVE

(Sigillum Walteri de Insulis.)

Vente d'une rente sur un masage, à Jumièges. — Avril 1305.

1145 ÎLES (GUILLAUME DES).

1219.

Sceau rond, de 35 mill. — Arch. de la Seine-Inférieure; abbaye de Jumièges.

Une tête de profil à droite.

✠ SIGILL · WILL · DE · INSVLIS

(Sigillum Willermi de Insulis.)

Transport d'une rente sur un masage, à Jumièges. — 1219.

1146 INGUENOUF (SIMON).

1218.

Sceau rond, de 34 mill. — Arch. de la Seine-Inférieure; abbaye de Saint-Amand.

Un arbre.

✠ S' · SIMONIS · IGENOVT

(Sigillum Simonis Ingenout.)

Transport d'une rente sur un tènement, à Malpalu, en la paroisse de Saint-Maclou. — Janvier 1218.

1147 IVON (JEAN).

1283.

Sceau rond, de 20 mill. — Arch. du Calvados; évêché et chapitre de Bayeux.

Une fleur de lys fleuronnée.

✠ S' IOHIS · IVONIS · ·

(Sigillum Johannis Ivonis.)

Fieffe d'une masure sise à Bayeux. — Février 1283.

1148 JEAN (PHILIPPE)

de Crocy. — 1262.

Sceau rond, de 29 mill. — Arch. du Calvados; abbaye de Saint-André-en-Gouffern.

Une croix fleuronnée, combinée avec un petit sautoir.

✠ S · PHILIPI : IOHANNIS :

(Sigillum Philipi Johannis.)

Transport d'une rente sur sa part d'héritage, à Crocy. — Janvier 1262.

1149 JOSIENNE (NICOLAS).

1259.

Sceau rond, de 37 mill. — Arch. de la Seine-Inférieure; abbaye de Jumièges.

Une fleur de lys.

✠ S' NICHOLAI FILII IOSIANE

(Sigillum Nicholai, filii Josiane.)

Vente d'une rente sur des biens, à Varengeville. — Mai 1259.

1150 JOSSE

(MAHAUT DU CASTEL, FEMME DE PIERRE).

1293.

Sceau rond, de 26 mill. — Arch. de l'Orne; abbaye de Saint-Évroult.

Un cerceau auquel sont suspendus cinq objets longs, surmonté de trois points.

✠ S' MAHEVT DV CASTEL

(Seel Maheut du Castel.)

Vente de terres sises à Heugon. — Février 1293.

1151 JOUGLERESSE (AUBERÉE LA).

1286.

Sceau rond, de 26 mill. — Arch. de l'Orne; abbaye de Saint-Évroult.

Un rameau et, au-dessus, les lettres SE terminant la légende.

✠ S' AVBREE LA IVGLERES

(Sigillum Aubree la Jugleresse.)

Vente d'une terre sise au Noyer-Ménard. — Janvier 1286.

1152 JOUGLEUR (NICOLAS LE).

Frère d'Auberée la Jougleresse. — 1286.

Sceau rond, de 24 mill. — Arch. de l'Orne; abbaye de Saint-Évroult.

Une étoile à huit rais.

✠ S' NICHOLI · LE IVGLEOR

(Sigillum Nicholai le Jugleor.)

Voyez le numéro précédent.

1153 JOURDAIN (JEAN).

1272.

Sceau rond, de 28 mill. — Arch. du Calvados; abbaye d'Aunay.

Trois rameaux attachés ensemble.

✱ S' IOҺIS DICTI IORDANI

(Sigillum Johannis, dicti Jordani.)

Échange de biens sis à Langrune. — Mai 1272.

1154 JOUY (CHRÉTIENNE DE).

XIIIe siècle.

Sceau rond, de 30 mill. — Arch. de l'Eure.

Une étoile à huit rais.

✱ S' CRISTIANE DE IOE

(Sigillum Cristiane de Joe.)

Sceau détaché.

1155 JUE (MATTHIEU).

1300.

Sceau rond, de 22 mill. — Arch. de la Seine-Inférieure : abbaye de Jumiéges.

Une plante fleurie.

✱ S' · MACIEV : IVE :

(Seel Macieu Jue.)

Constitution d'une rente sur une terre, à Jumiéges. — Mars 1300.

1156 JUSTE (ROBERT).

1254.

Sceau rond, de 32 mill. — Arch. de l'Eure ; abbaye de Mortemer.

Une étoile à six rais.

✱ S' ROBERTI · IVSTE

(Sigillum Roberti Juste.)

Confirmation d'un échange de terres sises à Brémule. — Novembre 1254.

1157 KARIAS (ÉTIENNE).

1260.

Sceau rond, de 29 mill. — Arch. du Calvados : abbaye de Saint-André-en-Gouffern.

Une navette garnie de fil.

✱ S' STEPҺANI : KARIAS

(Sigillum Stephani Karias.)

Vente d'une masure sise à Méry. — Mars 1260.

1158 LAITIERS (HUGUES DES).

1262

Sceau ogival, de 33 mill. — Arch. de l'Orne ; abbaye de Saint-Évroult.

Une fleur de lys.

✱ S' ҺVGONIS DE SAVC...

(Sigillum Hugonis de Sauc...)

Cession de droits sur la Saussaye des Laitiers. — Janvier 1262.

1159 L'ALOUE (RICHARD).

1281.

Sceau rond, de 30 mill. — Arch. du Calvados : prieuré de Sainte-Barbe-en-Auge.

Un oiseau, une alouette, à gauche.

✱ S' RICARDI LALOE

(Sigillum Ricardi l'Aloe.)

Échange d'un jardin situé à Fribois. — Janvier 1281.

1160 LAMBERVILLE (GUILLAUME LE PRÉVÔT DE).

1305.

Sceau rond, de 34 mill. — Arch. de la Seine-Inférieure ; abbaye de Saint-Amand.

Un cerf courant à gauche.

✱ S'. WILL · LE PREVOT D' LANB'. VILL

(Sigillum Willermi le Prévôt de Lanberville.)

Fieffe d'un tènement, à Lamberville. — 1305.

1161 LANGUENARE (MATTHIEU DE).

1235.

Sceau rond, de 21 mill. — Arch. de la Seine-Inférieure ; abbaye de Jumiéges.

Une fleur de lys.

S' MAҺ..V DE LANGENARE

(Seel Mahieu de Langenare.)

Fieffe d'un tènement sis à Jumiéges. — Septembre 1235.

1162 LANISTRE (ÉTIENNE).

1261.

Sceau rond, de 30 mill. — Arch. hospitalières d'Évreux.

Une étoile à six rais.

✱ S' STEPҺI · LANISTRE :

(Sigillum Stephani Lanistre.)

Vente de terres sises à Émalleville. — Mars 1261.

1163 L'ANQUETILLE (TIBERGE).

1302.

Sceau rond, de 25 mill. — Bibl. de la ville de Rouen ; fonds Leber.

Une fleur radiée à huit pétales, chaque pétale séparé par un point.

✱ S' TEB'GE LĀQ̄TILE :·

(Sigillum Teberge l'Anquetile.)

Vente d'un clos situé à Hudimesnil, faite à l'abbaye de Savigny. — Octobre 1302.

1164 LANTHEUIL (TOUTAIN DE).

1232.

Sceau rond, de 35 mill. — Arch. du Calvados; abbaye d'Aunay.

Un arbre.

...STINI · DE · HAVTVL

(Sigillum Tustini de Hautul.)

Donation d'une terre sise à Creullet. — 1232.

Cette terre lui avait été remise en conséquence d'une paix faite après le meurtre de son père par Nicolas de Creullet.

1165 LARET (DURAND)

de Maisoncelles, fils de Renouf Laret. — 1240.

Sceau rond, de 34 mill. — Arch. du Calvados; abbaye d'Aunay.

Une fleur de lys fleuronnée.

✻ S' DVRANDI LARET

(Sigillum Durandi Laret.)

Confirmation de la donation faite par son père. Voyez le numéro 1167.

1166 LARET (RAOUL).

1247.

Sceau rond, de 37 mill. — Arch. du Calvados; abbaye d'Aunay.

Un lion? rampant contourné.

✻ S' ..DVLFI : LAREIT

(Sigillum Radulfi Lareit.)

Transport d'une rente sur le fief de l'abbaye d'Aunay, à Maisoncelles. — Février 1247.

1167 LARET (RENOUF)

de Maisoncelles. — 1240.

Sceau rond, de 34 mill. — Arch. du Calvados; abbaye d'Aunay.

Une plante fleurie.

✻ S' RANVLFI · LARET

(Sigillum Ranulfi Laret.)

Donation d'un tènement sis à Villers. — 1240.

1168 LATRE (GUILLAUME DE).

1307.

Sceau rond, de 23 mill. — Arch. du Calvados : abbaye de Troarn.

Une fleur radiée.

✻ S' GVILE DE LATRE

(Sigillum Guillermi de Latre.)

Fieffe d'un ténement sis à Touffréville. — 1307.

1169 L'EMPERIÈRE (GUILLAUME).

1250.

Sceau rond, de 30 mill. — Arch. de la Seine-Inférieure; abbaye de Jumièges.

Un objet en forme de V, une pioche ou un soc de charrue?

✻ S' WLLI · LEMPERERE

(Sigillum Willermi l'Emperère.)

Donation d'une rente sur des biens, à Jumièges. — Janvier 1250.

1170 L'EMPERIÈRE (RAOUL PÉPIN).

1252.

Sceau rond, de 25 mill. — Arch. de la Seine-Inférieure : abbaye de Jumièges.

Une fleur de lys.

S' RAOVL LEMPERIERE :

(Seel Raoul l'Emperière.)

Voyez le numéro précédent.

1171 LENDIN (LAMBERT DU).

Fils de Robert du Lendin. — 1227.

Sceau rond, de 35 mill. — Arch. de la Seine-Inférieure ; abbaye de Jumièges.

Une fleur de lys fleuronnée.

✻ S' LAMBERTI · DE · LENDINO

(Sigillum Lamberti de Lendino.)

Échange d'une terre située au Bois-Lambert, près Hauville. — Janvier 1227.

1172 LENDIN (ROBERT DU).

1221.

Sceau rond, de 31 mill. — Arch. de la Seine-Inférieure : abbaye de Jumièges.

Une fleur de lys fleuronnée.

✻ S' · ROBERTI · DE · LENDINCO

(Sigillum Roberti de Lendinco.)

Vente de terres sises à Hauville. — Mai 1221.

1173 LER (AMELINE).

Femme d'Étienne Ler. — 1257.

Sceau rond, de 29 mill. — Arch. de la Seine-Inférieure : abbaye de Jumièges.

Une étoile géométrique.

✻ S' EMELINE · LER

(Sigillum Emeline Ler.)

Échange d'une terre sise à Longueville. — Octobre 1257.

1174 LEU (ENGUERRAN LE).

1252.

Sceau rond, de 35 mill. — Arch. de la Seine-Inférieure, abbaye de Saint-Ouen.

Une fleur radiée.

✱ S' ANGVEREN LE LEV

(Seel Anguoren le Leu.)

Fieffe d'un champ sis au Bourg-Dun. — Juillet 1252.

1175 LIÉTARD (RAOUL).

1260.

Sceau rond, de 27 mill. — Arch. de la Seine-Inférieure ; abbaye de Jumièges.

Une croix combinée avec un cercle.

✱ S' RAOL LIETART ⁘

(Seel Raol Liétart.)

Vente de terres situées à Hauville. — Janvier 1260.

1176 LINDEBEUF (RAOUL DE).

XIIIe siècle.

Sceau rond, de 24 mill. — Arch. de la Seine-Inférieure : archevêché de Rouen.

Un bœuf passant à droite.

✱ SIGILL RADVLFI DE LIDEBO

(Sigillum Radulfi de Lindebo.)

Compromis au sujet du patronage de la chapelle de Mirville. — Sans date.

1177 LIONS (EUSTACHE DE),

Veuve de Robert le Monier. — 1234.

Sceau rond, de 35 mill. — Arch. de l'Eure : abbaye de Mortemer.

Une croix fleuronnée, combinée avec un petit sautoir.

✱ · S' · EVSTACHIE LA ..NIERE

(Sigillum Eustachie la Monière.)

Don d'une rente sur une terre, au Tronquai. — 1234.

1178 LOÉE

(MESSENT, FEMME DE RAOUL).

1257.

Sceau rond, de 36 mill. — Arch. hospitalières d'Évreux.

Une croix de feuillages, combinée avec un sautoir.

✱ S' MESSENT E. .XORIS

(Sigillum Messent, ejus uxoris.)

Vente d'une rente sur une masure. — Juin 1257.

1179 LONDE (COLARD DE LA).

1295.

Sceau rond, de 27 mill. — Arch. de l'Orne : abbaye de Saint-Évroult.

Une étoile géométrique.

✱ · S' · COLINI · DE · LONDA ·

(Sigillum Colini de Londa.)

Fieffe de terres sises au Sap-André. — Février 1295.

1180 LONDE (LUCAS DE LA),

Frère de Colard de la Londe. — 1295.

Sceau rond, de 24 mill. — Arch. de l'Orne : abbaye de Saint-Évroult.

Deux rameaux adossés.

✱ S'. LVC. DE · LONDA

(Sigillum Luce de Londa.)

Voyez le numéro précédent.

1181 LONG (GAUTIER LE)

de Fresnes. — 1234.

Sceau rond, de 37 mill. — Arch. de l'Eure : abbaye de Mortemer.

Une fleur de lys.

✱ S' GALTERI · LE LVNC

(Sigillum Galteri le Lunc.)

Vente d'une terre sise à Brémule. — Avril 1234.

1182 LONG (ROBERT LE)

de Fresnes. — 1234.

Sceau rond, de 36 mill. — Arch. de l'Eure ; abbaye de Mortemer.

Une branche coudée en S, portant une feuille à chacune de ses deux anses.

✱ S' ROBERTI · LE LVNC

(Sigillum Roberti le Lunc.)

Voyez le numéro précédent.

1183 LONGPAON (BÉLISSENT DE).

1207-1218.

Sceau rond, de 36 mill. — Arch. communales de Rouen, 35^{..}.

Une fleur de lys.

✱ S' · BELISENT · DE LVNPAN

(Sigillum Bélisent de Lunpan.)

Cession d'un tènement sis dans la paroisse de Saint-Hilaire. — Sans date.

1184 LONGPAON

(DURAND LE RAYER DE),

Fils de Bélissent de Longpaon. — 1207-1218.

Sceau rond, de 44 mill. — Arch. communales de Rouen, 35?.

Un lion? passant à gauche.

✱ S' · DVRANT · LE RAER · DE LVNPAN

(Seel Durant le Raer de Lunpan.)

Voyez le numéro précédent.

1185 LOQUET (GUILLAUME).

1290.

Sceau en losange, de 32 mill. — Arch. de l'Orne; abbaye de Saint-Évroult.

Une sextefeuille accompagnée de deux points.

✱ · S' GVILE LOQT :

(Sigillum Guillermi Loquet.)

Vente de terres sises à Saint-Aquilin-d'Augerons. — Janvier 1290.

1186 LOUDUN (HÉMERI DE).

XIIIe siècle.

Sceau rond, de 37 mill. — Arch. de l'Eure.

Une croix cantonnée de deux rameaux et de deux étoiles alternés.

✱ S' HEIMERICI DE LOVDVN

(Sigillum Heimerici de Loudun.)

Sceau détaché.

1187 LOUTREL (JEAN).

126[illegible].

Sceau rond, de 27 mill. — Arch. de la Seine-Inférieure : archevêché de Rouen.

Une fleur radiée.

✱ S' IOHIS LOTREL

(Sigillum Johannis Lotrel.)

Transport d'une rente sur une masure, à Dieppe. — Avril [illegible].

1188 LOUVIERS (TÉLIN LE BAS DE).

1290.

Sceau ovale, de 33 mill. — Arch. de la Seine-Inférieure : abbaye de Bonport.

Intaille représentant Vénus nue, debout, appuyée à un arbre.

✱ S' T. . LIN LE BAS DE LOVIERS

(Seel Téelin le Bas de Loviers.)

Donation d'une rente. — 1290.

1189 LUET (ADAM DE).

1241.

Sceau rond, de 38 mill. — Arch. de la Seine-Inférieure ; abbaye de Jumiéges.

Un bouquet en forme de fleur de lys.

✱ S' ADE : DE : LVET

(Sigillum Ade de Luet.)

Donation d'une maison et d'un masage sis à Tornibout. — Jan[illegible] 1241.

1190 LUHÉRÉ (GUILLAUME DE).

XIIIe siècle.

Sceau rond, de 34 mill. — Arch. de l'Eure.

Une fleur de lys.

✱ S' WILLERMI DE LVERIE

(Sigillum Willermi de Lucrié.)

Sceau détaché.

1191 LUNEL (GUILLAUME).

1259.

Sceau rond, de 32 mill. — Arch. de la Seine-Inférieure : abbaye de Jumiéges.

Une palme.

✱ S' WILEI LVNEL

(Sigillum Willermi Lunel.)

Vente d'une rente sur un masage, à Jumiéges. — Décembre 1259.

1192 MAÇON (GAUTIER LE).

1218.

Sceau rond, de 32 mill. — Arch. de la Seine-Inférieure ; archevêché de Rouen.

Une fleur de lys.

✱ S' WALTERI LE MACHVN ·

(Sigillum Walteri le Machun.)

Rachat d'une rente par l'archevêque de Rouen. — Février 1218.

1193 MAÇON (RENAUD LE).

1256.

Sceau rond, de 27 mill. — Arch. de la Seine-Inférieure ; abbaye de Jumiéges.

Un compas.

✱ S' REGINALDI · LATOMI

(Sigillum Reginaldi Latomi.)

Sceau détaché.

1194 MAÇON (RICHARD LE).

1308.

Sceau rond, de 22 mill. — Arch. de la Seine-Inférieure ; abbaye de Jumiéges.

Un marteau de maçon.

✱ S' RICART LE MACON

(Seel Ricart le Maçon.)

Vente d'une rente sise à Jumiéges. — Janvier 1308.

1195 MAÇON (ROBERT LE).

1248.

Sceau rond, de 24 mill. — Arch. du Calvados ; abbaye de Villers-Canivet.

Une croix potencée, combinée avec un petit losange

✱ S' ROBERTI LE MACON
(Sigillum Roberti le Maçon.)

Sceau détaché.

1196 MAÇON (ROBERT LE).

1257.

Sceau rond, de 30 mill. — Arch. de la Seine-Inférieure ; abbaye de Valmont.

Un marteau de maçon.

.. ROB'TI L......
(Sigillum Roberti L......)

Sceau détaché.

1197 MAGIER (ROBERT).

1231.

Sceau rond, de 29 mill. — Arch. du Calvados ; abbaye de Barberie.

Une fleur de lys fleuronnée.

✱ S' ROBERTI MAGYER
(Sigillum Roberti Magyer.)

Sceau détaché.

1198 MAHEAS (ROBERT).

1260.

Sceau ogival, de 36 mill. — Arch. du Calvados ; abbaye d'Aunay.

Une fleur de lys en épi, fleuronnée.

✱ S' ROBERTI · MAHEAS ·
(Sigillum Roberti Maheas.)

Sentence arbitrale au sujet de divers droits, à Vassy. — Juillet 1260.

1199 MAIGNIEN (SÉHIER LE).

1224.

Sceau rond, de 38 mill. — Arch. de la Seine-Inférieure ; abbaye de Jumièges.

Une fleur de lys fleuronnée.

✱ SIGILL SEHERI LE MAIGNIEN
(Sigillum Seheri le Maignieu.)

Donation de ses droits sur le tènement de Raoul le Hartel «au Hairel». — Décembre 1224.

1200 MAILLARD (ALEXANDRE).

1267.

Sceau rond, de 39 mill. — Arch. de la Seine-Inférieure ; abbaye de Jumièges.

Écu portant trois maillets.

✱ SIGILLVM · ALIX......ALEA'
(Sigillum Alexandri Malliart ?)

Conventions au sujet du moulin de Coquerel. — 1267.

1201 MAINSENT (ASSELIN).

1262.

Sceau rond, de 30 mill. — Arch. du Calvados ; abbaye de Saint-André-en-Gouffern.

Une fleur de lys fleuronnée.

✱ S' ACELINI MESET
(Sigillum Acelini Meseut.)

Transport d'une rente sur une maison, à Saint-Germain-de-Montgommery. — Avril 1262.

1202 MAIRE (ROGER LE).

1262.

Sceau ogival, de 36 mill. — Arch. de la Seine-Inférieure ; abbaye de Saint-Amand.

Une fleur de lys fleuronnée.

✱ S' ROG'ERI : LE MAIRE ·
(Sigillum Rogeri le Maire.)

Vente d'une rente sur son masnage, à Lamberville. — Janvier 1262.

1203 MAÎTRE (RICHARD LE).

1311.

Sceau rond, de 20 mill. — Arch. de la Seine-Inférieure ; prieuré de Bonne-Nouvelle.

Une hache accostée à droite d'une étoile.

S' RIC' LE MESTRE
(Seel Ricart le Mestre.)

Fieffe de terres sises à Osmoy. — Août 1311.

1204 MALCUVERT (RAOUL).

1237.

Sceau rond, de 36 mill. — Arch. de la Seine-Inférieure ; abbaye de Jumièges.

Une fleur de lys.

✱ S' RADVLCI MALCVVERT
(Sigillum Radulci Malcuvert.)

Vente d'une terre sise à Hauville. — Novembre 1237.

1205 MALEVOUE (ROBERT DE).

1257.

Sceau rond, de 31 mill. — Arch. du Calvados ; abbaye de Saint-André-en-Gouffern.

Une sorte de pal d'où partent des branches latérales.

✱ S' ROBERTI D' MALEVOE
(Sigillum Roberti de Malevoe.)

Vente d'un moulin sis à Montgommery. — 1257.

1206 MALHERBE (GUILLAUME).

1305.

Sceau rond, de 23 mill. — Arch. de la Seine-Inférieure; abbaye de Jumièges.

Une plante à trois tiges fleuronnées.

✠ S' WILLI MALERBE

(Sigillum Willermi Malerbe.)

Transport d'une rente sur une terre, à Jumièges. — Septembre 1305.

1207 MALNES (GUILLAUME).

1253.

Sceau rond, de 36 mill. — Arch. hospitalières d'Évreux.

Une croix combinée avec un sautoir fleuronné.

✠ S' GVILLI MALNES

(Sigillum Guillermi Malnes.)

Vente d'une terre sise à Gravigny. — Janvier 1253.

1208 MANANT (YON LE).

1262.

Sceau rond, de 31 mill. — Arch. du Calvados: abbaye de Vignats.

Trois rameaux joints ensemble.

✠ S' ION : LE MANANT

(Seel Ion le Manant.)

Transport d'une rente sur un masnage, à Caen. — Octobre 1262.

1209 MANOIR (ROBERT DU).

Fin du XIIIe siècle.

Sceau rond, de 32 mill. — Arch. du Calvados; abbaye d'Aunay.

Une aigle essorant, tenant dans ses serres une banderole chargée de lettres frustes. — Légende illisible.

Donation d'une terre sise à Vienne. — Sans date.

1210 MAQUEREL (GILBERT).

1263.

Sceau rond, de 30 mill. — Arch. de la Seine-Inférieure; archevêché de Rouen.

Une étoile à six rais potencés.

✠ S' GILLEBTI MAQRËL

(Sigillum Gilleberti Maquerel.)

Vente d'une terre sise à Gaillon. — Octobre 1263.

1211 MAQUEREL (GUILLAUME).

1231.

Sceau rond, de 31 mill. — Arch. de la Seine-Inférieure; abbaye de Bondeville.

Un poisson, un maquereau.

✠ S' WILLER.....REL

(Sigillum Willermi .....rel.)

Fieffe d'un masage situé à Saint-Jean-du-Cardonnay. — Mai 1231.

1212 MARE (GUILLAUME DE LA).

Commencement du XIIIe siècle.

Sceau rond, de 55 mill. — Arch. de la Seine-Inférieure; abbaye de Jumièges.

Les Poissons du zodiaque.

✠ SIGILLVM WI...... E LA MARA

(Sigillum Willermi de la Mara.)

Donation d'une rente sur des biens, à Quillebeuf. — Sans date.

1213 MARE (MICHEL DE LA).

1272.

Sceau rond, de 27 mill. — Arch. de la Seine-Inférieure; abbaye de Saint-Amand.

Une croix fleuronnée.

✠ S' ...HIEL · DE LA MARE

(Seel Michiel de la Mare.)

Abandon de terres sises à Boos, en payement d'une dette. — Juillet 1272.

1214 MARE (MICHEL DE LA).

1273.

Sceau rond, de 36 mill. — Arch. de la Seine-Inférieure; abbaye de Saint-Amand.

Une croix fleuronnée, combinée avec un sautoir de même.

✠ S' MICHIEL DE LA MARE

(Seel Michiel de la Mare.)

Vente de terres sises à Boos. — Mai 1273.

1215 MARE (RAOUL DE LA).

1279.

Sceau ogival, de 38 mill. — Arch. de la Seine-Inférieure; abbaye de Jumièges.

Une étoile à huit rais, dont deux opposés sont fleuronnés.

✠ S' · RADVLFI · DE · MARA

(Sigillum Radulfi de Mara.)

Vente de rentes sur des biens, à Beaunay. — Janvier 1279.

1216 MARE-AU-VAL (GUILLAUME DE LA).

1218.

Sceau rond, de 35 mill. — Arch. de la Seine-Inférieure; abbaye de Jumièges.

Un lion à queue tréflée, passant à gauche.

✱ S' WILLERMI DE LA MARE V VAL

(Sigillum Willermi de la Mare u Val.)

Vente de rentes et de droits sis à Penneville. — 1218.

1217 MARÉCHAL (ROGER LE).

1234.

Sceau rond, de 39 mill. — Arch. hospitalières d'Évreux.

Une étoile à huit rais de feuillages.

✱ S'. ROGERI · LE MARESCSAL

(Sigillum Rogeri le Marescsal.)

Vente de terres situées à Fauville. — Mars 1234.

1218 MARES (EUDES DES).

1257.

Sceau rond, de 29 mill. — Arch. de la Seine-Inférieure; abbaye de Jumièges.

Un arbuste.

✱ S' ODONIS · DE · MARIS

(Sigillum Odonis de Maris.)

Vente de terres sises à Varengeville. — Décembre 1257.

1219 MARES (EUDES DES).

1260.

Sceau rond, de 27 mill. — Arch. de la Seine-Inférieure: abbaye de Jumièges

Un rameau accosté de deux O.

S' EVDE DES MARES

(Seel Eude des Mares.)

Cession de terres situées à Varengeville. — Avril 1260.

1220 MARES (EUDES DES).

1260.

Sceau rond, de 27 mill. — Arch. de la Seine-Inférieure; abbaye de Jumièges.

Trois rameaux ou trois arbres.

✱ S' ODONIS DE MARIS

(Sigillum Odonis de Maris.)

Vente d'une terre sise à Varengeville. — Octobre 1260.

1221 MARES (GUILLAUME DES).

1305.

Sceau rond, de 22 mill. — Arch. de la Seine-Inférieure: abbaye de Jumièges

Une étoile à huit rais.

✱ S' GVILLI DE MARIS

(Sigillum Guillermi de Maris.)

Vente d'une rente sur des biens, à Yainville. — Juin 1305.

1222 MARES (RICHARD DES).

1253.

Sceau rond, de 32 mill. — Arch. de la Seine-Inférieure; abbaye de Jumièges.

Une fleur de lys fleuronnée, accostée de quatre molettes?

✱ S' RICARDI DE MARIS :

(Sigillum Ricardi de Maris.)

Cession d'une terre sise à Épinay. — Décembre 1253.

1223 MARES (ROBERT DES).

1257.

Sceau rond, de 31 mill. — Arch. de la Seine-Inférieure; abbaye de Jumièges.

Une croix potencée, combinée avec un petit sautoir de même.

✱ S' ROBTI · DE MARIS ·

(Sigillum Roberti de Maris.)

Transaction au sujet d'une part d'héritage, à Épinay. — Avril 1257.

1224 MARIE (GAUTIER).

1263.

Sceau rond, de 28 mill. — Arch. du Calvados; abbaye de Villers-Canivet.

Une étoile à huit rais.

✱ S' GALTERI MARIE

(Sigillum Galteri Marie.)

Transport d'une rente sur le clos des Merciers, à Basoches. — Avril 1263.

1225 MARIE (GUILLAUME).

1261.

Sceau rond, de 26 mill. — Arch. de l'Orne : abbaye de Saint-Évroult.

Une étoile à huit rais portant chacun à droite une branche près de leur extrémité.

S' WLLMI MARIE ·

(Sigillum Willermi Marie.)

Vente d'une terre sise en la paroisse du Douet-Artus. — Février 1261.

1226 MARIÉ (ROBERT LE).

1221.

Sceau rond, de 31 mill. — Arch. de la Seine-Inférieure; abbaye de Jumièges.

Une fleur à six pétales anglés d'un point.

✱ SIGILLV · ROBERTI LE MARIE

(Sigillum Roberti le Marie.)

Donation d'une terre sise à Hauville. — Novembre 1221.

1227 MAROIE (HENRI).

1308.

Sceau rond, de 26 mill. — Arch. de la Seine-Inférieure; abbaye de Jumièges.

Une croix dont chaque branche porte à gauche deux tiges potencées.

✱ S' HENRI MAROIE

(Seel Henri Maroie.)

Vente d'une rente sur une terre, à Jumièges. — Octobre 1308.

1228 MAROTE (AGNÈS LA).

1296.

Sceau ogival, de 35 mill. — Arch. de l'Orne; abbaye de Saint-Évroult.

Une fleur de lys.

..GNETI. LA MAROTE

(Sigillum Agnetis la Marote.)

Donation d'un héritage situé aux Gruaux, en la paroisse de Notre-Dame-du-Bois. — Juillet 1296.

1229 MARQUIS (JEAN LE).

1262.

Sceau rond, de 30 mill. — Arch. hospitalières d'Évreux.

Une étoile à huit rais, cantonnée de quatre étoiles et de quatre croissants alternés deux par deux.

✱ S' IOH.N..E MARCH.S

(Sigillum Johannis le Marchis.)

Transport d'une rente sur des biens, à Guichainville. — Mars 1262.

1230 MARTEL (GUILLAUME).

1310.

Sceau rond, de 34 mill. — Arch. de la Seine-Inférieure; abbaye du Valasse.

Un marteau.

✱ S' WILLERMI MARTELLI

(Sigillum Willermi Martelli.)

Vente de biens sis à Frémontiers, à Val d'Arques. — Novembre 1310.

1231 MARTEL (HENRI).

1274.

Sceau ogival, de 30 mill. — Arch. de la Seine-Inférieure; abbaye de Jumièges.

Un marteau.

..ENRICI MARTEL

(Sigillum Henrici Martel.)

Rachat de rentes. — Août 1274.

1232 MARTEL (HENRI).

1278.

Sceau rond, de 30 mill. — Arch. de la Seine-Inférieure; abbaye de Jumièges.

Un marteau.

✱ S' HENRICI MARTEL

(Sigillum Henrici Martel.)

Rachat d'une rente sur le grenier de Vimoutiers. — Mars 1278.

1233 MARTEL (RAOUL)

d'Oisy. — 1260.

Sceau rond, de 33 mill. — Arch. du Calvados; abbaye de Jumièges

Un arbuste tordu.

✱ S' RADVLFI MARTEL

(Sigillum Radulfi Martel.)

Cession d'une rente sise à Oisy. — Juillet 1260.

1234 MARTIN (GEOFFROI).

1288.

Sceau rond, de 25 mill. — Arch. du Calvados; évêché et chapitre de Bayeux

Une croix à branches aiguës et potencées ?

✱ S' GAVFRIDI · MARTINI

(Sigillum Gaufridi Martini.)

Transport d'une rente sur une maison en la paroisse de Notre-Dame, à Bayeux. — Mars 1288.

1235 MARTIN (GUILLAUME).

1305.

Sceau rond, de 25 mill. — Arch. de la Seine-Inférieure; abbaye de Jumièges.

Un arbuste.

...RMI MARTIN

(Sigillum Willermi Martin.)

Reconnaissance de rentes dues à l'abbaye de Jumièges. — Avril 1305.

1236 MARTINVAST (GUILLAUME DE).

1281.

Sceau rond, de 28 mill. — Arch. de l'Orne; abbaye de Saint-Évroult

Écu portant une quintefeuille.

✱ SIGILL WILL DE MARTIWAST

(Sigillum Willermi de Martinast.)

Abandon de ses droits au patronage de Notre-Dame de Noseley (Angleterre). — 1281.

1237 MARTINVAST (RAOUL DE).

Commencement du XIIIe siècle.

Sceau ogival, de 37 mill. — Arch. de l'Orne; abbaye de Saint-Évroult

Buste de profil à gauche.

✠ SIGILL RADVLFI DE MARTIWAS
(Sigillum Radulfi de Martiwas.)

Donation en faveur de Notre-Dame de Noseley (Angleterre). — Sans date.

1238 MATTHIEU (JEANNE),

Femme de Robert Matthieu. — 1283.

Sceau rond, de 24 mill. — Arch. de la Seine-Inférieure : abbaye de Saint-Amand.

Une croix fleuronnée.

✠ S' IOhE MATH · .
(Sigillum Johanne Mathieu ?)

Transport d'une rente sur des biens, à la Chaussée. — Mars 1283.

1239 MAUCION (JEAN).

1234.

Sceau rond, de 34 mill. — Arch. de l'Eure ; abbaye de Mortemer.

Un chandelier.

✠ S' IOhANNIS · MAVCIVN
(Sigillum Johannis Maucion.)

Vente d'une terre sise à Mussegros. — Novembre 1234.

1240 MAUCLERC (GUILLAUME).

1258.

Sceau rond, de 32 mill. — Arch. du Calvados : abbaye de Saint-André-en-Gouffern.

Une sorte de fleur de lys.

✠ S' WLLI MALCLERC
(Sigillum Willermi Malclerc.)

Transport d'une rente sur une terre sise à Montgaroult. — Mars 1258.

1241 MAUDRET (RENAUD DE).

1259.

Sceau rond, de 30 mill. — Arch. du Calvados : abbaye d'Aunay.

Une croix fleuronnée, combinée avec un sautoir.

✠ S' REHAVDI D' MAVDRIT
(Sigillum Renaudi de Maudrit.)

Transport d'une rente sur des biens, à Villers-Bocage. — 1259.

1242 FITZ-MAURI (RICHARD).

XIIIe siècle.

Sceau rond, de 30 mill. — Arch. de l'Orne : abbaye de Saint-Évroult.

Une fleur de lys fleuronnée.

✠ SIGILL RICARDI FILII MAVRI ·
(Sigillum Ricardi Filii Mauri.)

Échange de terres sises à Pillerton (Angleterre). — Sans date.

1243 MAUVITON (GUILLAUME).

1260.

Sceau rond, de 33 mill. — Arch. du Calvados ; prieuré de Sainte-Barbe-en-Auge.

Une croix de feuillages, combinée avec un petit sautoir.

✠ S' WLLI MAVVITVN
(Sigillum Willermi Mauvitun.)

Vente d'une terre sise à Saint-Pierre-des-Ifs. — Juin 1260.

1244 MAY (ÉTIENNE DE).

1283.

Sceau rond, de 25 mill. — Arch. de la Seine-Inférieure ; abbaye de Saint-Wandrille.

Un écu portant deux fasces ?

✠ S' ESTIENE DE MAI
(Seel Estiene de Mai.)

Fieffe d'une masure sise à Fontaine-en-Bray. — Février 1283.

1245 MEINARD (PERRENELLE LA),

Femme de Thomas Meinard. — 1281.

Sceau rond, de 25 mill. — Arch. de la Seine-Inférieure : abbaye de Jumièges.

Un arbuste.

✠ S' PETRONILL LA MEINART
(Sigillum Petronille la Meinart.)

Vente d'une rente sur un masage, au Mesnil. — Novembre 1281.

1246 MEINARD (THOMAS).

1281.

Sceau rond, de 25 mill. — Arch. de la Seine-Inférieure : abbaye de Jumièges.

Une croix cantonnée de deux fleurons et de deux tiges à trois fruits, alternés.

✠ S' THOME MEINART
(Sigillum Thome Meinart.)

Voyez le numéro précédent.

1247 MÉNAGES (ROBERT DES).

1297.

Sceau rond, de 30 mill. — Arch. de l'Orne ; abbaye de Saint-Évroult.

Une fleur de lys.

✠ S' ..BERTI · DES MENAG'
(Sigillum Roberti des Ménages.)

Vente de terres sises à Heugon. — Mars 1297.

1248 **MÉNESSIER (EUDES).**

1283.

Sceau rond, de 30 mill. — Arch. de la Seine-Inférieure; prieuré de Bonne-Nouvelle.

Une croix potencée, cantonnée de quatre feuilles formant sautoir.

✱ S'. ODONIS · MANESER

(Sigillum Odonis Manesor.)

Transport d'une rente sur des biens, à Bures. — Janvier 1283.

1249 **MÉNIER (JEAN).**

1248.

Sceau rond, de 36 mill. — Arch. de l'Orne; abbaye de la Trappe.

Une molette à six branches.

S' IOHIS : MENIER

(Sigillum Johannis Ménier.)

Vente d'une terre sise à Mahéru. — Novembre 1258.

1250 **MER (AVISSE DE LA).**

1221.

Sceau rond, de 36 mill. — Arch. de la Seine-Inférieure; abbaye de Fécamp.

Une fleur de lys.

✱ S' HAIS DE LA MER

(Sigillum Hais de la Mer.)

Donation d'une rente sur une masure sise en la rue de la Mer, à Fécamp. — 1221.

1251 **MER (GEOFFROI DE LA).**

XIIIᵉ siècle.

Sceau rond, de 30 mill. — Arch. de la Seine-Inférieure; abbaye de Fécamp.

Une fleur de lys.

✱ : SIGILL : GALFRIDI : DE MARI :

(Sigillum Galfridi de Mari.)

Donation du moulin de Keelcston (Angleterre). — Sans date.

1252 **MERCIER (GEOFFROI LE).**

1309.

Sceau rond, de 27 mill. — Arch. de la Seine-Inférieure; abbaye de Jumièges.

Une fleur de lys accostée en haut de deux quintefeuilles.

✱ S' ....RIDI · LE MERCH

(Sigillum Gaufridi le Merchier.)

Transport d'une rente sur un ténement, à Jumièges. — Octobre 1309.

1253 **MERCIER (ROBERT LE)**

de Beaunay. — 1242.

Sceau rond, de 30 mill. — Arch. de la Seine-Inférieure; abbaye de Jumièges.

Une croix doublement potencée, cantonnée de quatre feuilles formant sautoir.

✱ S' ROBERTI LE MERCH

(Sigillum Roberti le Merchier.)

Échange de rentes. — Février 1242.

1254 **MERCIÈRE (ADELINE LA).**

1298.

Sceau rond, de 27 mill. — Arch. de l'Orne; abbaye de Saint-Évroult.

Deux rameaux adossés et attachés, formant fleur de lys.

✱ S' EDELINE · LA MERCIERE

(Seel Édeline la Mercière.)

Échange d'une terre sise à Notre-Dame-du-Bois. — Mars 1298.

1255 **MERCIÈRE (JEANNE LA).**

1301.

Sceau ogival, de 39 mill. — Arch. de l'Orne; abbaye de Silly.

Une fleur de lys en épi.

..IOHE LA MERCIERE

(Sigillum Johanne la Mercière.)

Transport d'une rente sur des biens, à Almenêches. — Mai 1301.

1256 **MERCIÈRE (SIBILLE LA).**

1298.

Sceau ogival, de 37 mill. — Arch. de l'Orne; abbaye de Saint-Évroult.

Une fleur de lys fleuronnée, accostée au pied de deux points.

✱ S' SEBIRE LA MERCIERE

(Sigillum Sebire la Mercière.)

Échange d'une terre sise à Notre-Dame-du-Bois. — Mars 1298.

1257 **MÉSENGE (AGNÈS).**

Femme de Jean Mésenge. — 1278.

Sceau ogival, de 34 mill. — Arch. de la Seine-Inférieure; abbaye de Saint-Ouen.

Une fleur sur sa tige.

S' AGNETIS MESENGE

(Sigillum Agnetis Mésenge.)

Transport d'une rente sur une terre, à Baillolet. — Avril 1278.

1258 MÉSENGE (JEAN).

1278.

Sceau ogival, de 27 mill. — Arch. de la Seine-Inférieure; abbaye de Saint-Ouen.

Une fleur de lys.

S' IOħIS MESENGE

(Sigillum Johannis Mésenge.)

Voyez le numéro précédent.

1259 MESNIL (BARTHÉLEMY DU).

1260.

Sceau rond, de 29 mill. — Arch. de la Seine-Inférieure; abbaye de Valmont.

Une croix potencée, combinée avec un sautoir.

✱ S' BARTħOLOMEI DE MESNILO

(Sigillum Bartholomei de Mesnilo.)

Vente d'une rente sur des biens, à Riville. — Septembre 1260.

1260 MESNIL (RAOUL DU).

1207.

Sceau rond, de 24 mill. — Arch. de la Seine-Inférieure; abbaye de Jumiéges.

Une fleur de lys fleuronnée.

✱ S' RADVLFI · DE MESNIL

(Sigillum Radulfi de Mesnil.)

Échange d'une part du moulin de Beaunay. — Octobre 1207.

1261 MÉTAYER (PHILIPPE LE).

1270.

Sceau rond, de 25 mill. — Arch. du Calvados; abbaye d'Aunay.

Un arbuste en quenouille.

✱ S' PħILIPI LE METEIER

(Sigillum Philipi le Méteier.)

Transport de rentes sur des biens, à Brettevillette, paroisse de Maizet. — Juillet 1270.

1262 MÉTAYER (RAOUL LE).

1262.

Sceau rond, de 27 mill. — Arch. du Calvados; abbaye d'Aunay.

Une étoile à huit rais.

✱ S' RADVLFI E METEER

(Sigillum Radulfi le Méteer.)

Transport d'une rente sur des biens, à Maizet. — Février 1262.

1263 MÉTAYER (RICHARD LE).

1248.

Sceau rond, de 26 mill. — Arch. de la Seine-Inférieure; abbaye de Jumiéges.

Une fleur de lys.

✱ S' RICARDI LE METEER

(Sigillum Ricardi le Méteer.)

Échange d'une terre sise à Jumiéges. — Mai 1248.

1264 MEUNIER (GAUTIER LE).

1206.

Sceau rond, de 27 mill. — Arch. de la Seine-Inférieure; abbaye de Jumiéges.

Une anille.

✱ S' WALTERI · LE MVONNER

(Sigillum Walteri le Muonner.)

Donation de la moitié de son moulin de Beaunay, en échange de terres sises à Saint-Mards. — Février 1206.

1265 MEUNIER (GUILLAUME LE).

1206.

Sceau rond, de 32 mill. — Arch. de la Seine-Inférieure; abbaye de Jumiéges.

Une fleur de lys en feuillages.

✱ S' WILLMI · LE : MVONNER

(Sigillum Willermi le Muonner.)

Voyez le numéro précédent.

1266 MICHELLE (AGNÈS LA).

1277.

Sceau ogival, de 35 mill. — Arch. de la Seine-Inférieure; abbaye de Saint-Ouen.

Une étoile à six rais.

S' AGNETIS LA MICħIELE

(Sigillum Agnetis la Michiele.)

Transport d'une rente sur une masure, à Saint-Pierre-de-la-Garenne. — Juin 1277.

1267 MIRE

(AMELINE, FEMME DE NICOLAS LE).

1257.

Sceau rond, de 32 mill. — Arch. hospitalières d'Évreux.

Une croix de feuillages, combinée avec un petit sautoir de même.

✱ S'. EMELINE : EI' VX'

(Sigillum Emeline, ejus uxoris.)

Vente d'une terre. — Mars 1257.

1268 MOINE (GUILLAUME LE).

1239.

Sceau rond, de 30 mill. — Arch. de la Seine-Inférieure; abbaye de Saint-Wandrille.

Une fleur de lys.

✱ S' GVILLERMI MONACH

(Sigillum Guillermi Monachi.)

Vente d'une rente sise à Brémontier. — Janvier 1239.

1269 MOINE (RAIMOND LE),

Frère de Thomas le Moine. — 1315.

Sceau rond, de 29 mill. — Arch. du Calvados; abbaye d'Ardenne.

Une croix fleuronnée, cantonnée de quatre feuilles formant sautoir.

✱ S' REHMONDI MO.ACHI

(Sigillum Reımondi Monachi.)

Transport d'une rente sur des biens, à Janville. — Mars 1315.

1270 MOINE (RAOUL LE).

1217.

Sceau rond, de 35 mill. — Arch. du Calvados; abbaye de Saint-André-en-Gouffern.

Une tête de génisse à droite.

✱ S . .DVLFI : MONACHI :

(Sigillum Radulfi Monachi.)

Donation d'une rente sur des biens «in territorio de Semecilla». — 1217.

1271 MOINE (SAMSON LE).

1224.

Sceau rond, de 34 mill. — Arch. de la Seine-Inférieure; abbaye de Jumièges.

Une sorte de fleur de lys fleuronnée.

✱ ......AMSONIS MONACHI

(Sigillum Sansonis Monachi.)

Vente de diverses rentes sises à Hauville. — Février 1224.

1272 MOINE (THOMAS LE).

1315.

Sceau rond, de 30 mill. — Arch. du Calvados; abbaye d'Ardenne.

Une croix fleuronnée, cantonnée de quatre feuilles formant sautoir.

✱ S' THOME MONACHI

(Sigillum Thome Monachi.)

Voyez le n° 1269.

1273 MOINOT (ROBERT).

1222.

Sceau rond, de 36 mill. — Arch. de la Seine-Inférieure; abbaye de Jumièges.

Une croix potencée.

✱ S' ROBERTI MONACHI DE VIA

(Sigillum Roberti Monachi de Via.)

Vente du tènement de Pierre Gué, au Bois-Héroult. — Juillet 1222.

1274 MOISSON (RENAUD).

1258.

Sceau rond, de 32 mill. — Arch. de la Seine-Inférieure; abbaye de Jumièges.

Un arbuste.

✱ S' REG..ALDI MOISSON

(Sigillum Reginaldi Moisson.)

Transport de rentes sur un fief sis à Jumièges et au Mesnil. — Juin 1258.

1275 MONCEL (ROGER DE).

1235.

Sceau rond, de 36 mill. — Arch. de la Seine-Inférieure; abbaye de Jumièges.

Deux mains jointes, emblème de Bonus Eventus.

✱ S' ROGERI DE MONCELLO

(Sigillum Rogeri de Moncello.)

Fieffe d'une terre sise au Vieux-Verneuil. — Janvier 1235.

1276 MONDRÉ (ROGER).

1286.

Sceau rond, de 24 mill. — Arch. de la Seine-Inférieure; abbaye de Saint-Ouen.

Une étoile?

✱ S' ROG'I MONDRE

(Sigillum Rogeri Mondré.)

Vente d'un masage sis à Notre-Dame-de-la-Gaillarde. — Novembre 1286.

1277 MONNIER (AUVRAY LE)

de Wanchy. — 1269.

Sceau rond, de 22 mill. — Arch. de la Seine-Inférieure; abbaye de Saint-Ouen.

Un rameau accosté de deux oiseaux adossés et affrontés.

✱ S' AWERE · LE MONNIER ·

(Sigillum Auveré le Monnier.)

Donation d'une rente en échange d'une terre sise à Boissay. — Mars 1269.

1278 MONNIER (GUILLAUME LE)

de Lamberville. — 1240.

Sceau rond, de 35 mill. — Arch. de la Seine-Inférieure; abbaye de Saint-Amand.

Une croix fleuronnée, combinée avec un petit sautoir.

✱ S' WILLAM LE MOVNIER DE LÃBRVILE

(Seel William le Mounier de Lamberville.)

Rachat du moulin de Lamberville. — Octobre 1240.

1279 MONNIER (GUILLAUME LE).

1245.

Sceau rond, de 30 mill. — Arch. du Calvados; abbaye de Saint-André-en-Gouffern.

Une anille.

✱ S' WILLI : LE MONIER

(Sigillum Willermi le Monier.)

Donation d'une portion d'un pré sis à Montgommery. — 1245.

1280 MONNIER (GUILLAUME LE).

1248.

Sceau rond, de 30 mill. — Arch. de la Seine-Inférieure; abbaye de Saint-Wandrille.

Une fleur à huit pétales.

✱ S' GVILLERMI MOLARII

(Sigillum Guillermi Mollnarii.)

Vente d'une rente sise à Fontaine-en-Bray. — Octobre 1248.

1281 MONNIER (RICHARD LE).

1265.

Sceau rond, de 40 mill. — Arch. du Calvados; abbaye de Saint-André-en-Gouffern.

Une anille accompagnée de quatre petits sautoirs.

✱ S' RICARDI · LE · MONNIER

(Sigillum Ricardi le Monnier.)

Vente d'une terre sise en la paroisse de Méry. — Mars 1265.

1282 MONNIER (ROGER LE).

1243.

Sceau rond, de 35 mill. — Arch. de la Seine-Inférieure: abbaye de Saint-Wandrille.

Un oiseau à gauche.

✱ S' ROGERI LE MONNIER

(Sigillum Rogeri le Monnier.)

Transport d'une rente sur des biens sis à Fontaine-en-Bray. — Décembre 1243.

1283 MONT (BOSON DU).

1214.

Sceau rond, de 35 mill. — Arch. de la Seine-Inférieure; abbaye de Jumièges.

Un bœuf passant à gauche, surmonté d'une étoile.

✱ S' BOSONIS · DE · MONTE

(Sigillum Bosonis de Monte.)

Donation de rentes sises à Duclair. — Mai 1214.

1284 MORANT (M^tre RAOUL).

1234.

Sceau rond, de 37 mill. — Arch. du Calvados; abbaye de Saint-André-en-Gouffern.

Un loup à droite.

✱ S' RADVLFI MORANT

(Sigillum Radulfi Morant.)

Confirmation de donations, à Bavent, Escoville et Giberville. — 1234.

1285 MORHIER (GUILLAUME).

1289.

Sceau ogival, de 38 mill. — Arch. de la Seine-Inférieure; abbaye de Jumièges.

Un rameau.

✱ S' WLLI · MORHIER

(Sigillum Willermi Morhier.)

Vente de rentes sises à Saint-Paër. — Novembre 1289.

1286 MORHIER

(PERRENELLE, FEMME DE GUILLAUME).

1289.

Sceau rond, de 24 mill. — Arch. de la Seine-Inférieure; abbaye de Jumièges.

Une croix potencée, cantonnée de quatre points.

✱ S' PETNILE · D' GÑC'

(Sigillum Petronille de Grancia.)

Voyez le numéro précédent.

1287 MORICE (EUSTACHE).

1280.

Sceau rond, de 30 mill. — Arch. de la Seine-Inférieure: abbaye de Valmont.

Une fleur de lys.

✱ S' EVSTASSE MORISSE

(Seel Eustasse Morisse.)

Vente d'une rente sur une masure, à Riville. — Avril 1280.

1288 MORIN (CÉCILE, FEMME DE JEAN).

1258.

Sceau rond, de 31 mill. — Arch. de la Seine-Inférieure; archevêché de Rouen.

Une fleur radiée, à huit pétales.

✱ S' CECILIE DE WICA

(Sigillum Cecilie de Wica.)

Transport d'une rente sur une masure, à Dieppe. — Septembre 1258.

1289 MORIN (JEAN),

le jeune. — 1268.

Sceau rond, de 28 mill. — Arch. de la Seine-Inférieure ; archevêché de Rouen.

Une fleur de lys fleuronnée.

✱ S' IAHEN MORIN

(Seel Jahen Morin.)

Voyez le numéro précédent.

1290 MORIN (ROBERT).

1239.

Sceau rond, de 34 mill. — Arch. du Calvados ; abbaye d'Aunay.

Un oiseau passant à droite.

...BERTI MORIN

(Sigillum Roberti Morin.)

Donation d'une terre sise en la paroisse de Vieux. — 1239.

1291 MORLIN (RICHARD).

1237.

Sceau rond, de 29 mill. — Arch. de la Seine-Inférieure ; abbaye de Jumièges.

Une croix potencée, combinée avec un sautoir dont deux branches recroisetées alternent avec deux branches fleuronnées.

✱ S' RICARDI MORLINI

(Sigillum Ricardi Morlini.)

Vente d'une terre sise à Duclair. — Décembre 1237.

1292 MOULIER (GUILLAUME).

1284.

Sceau rond, de 30 mill. — Arch. de la Seine-Inférieure ; abbaye de Jumièges.

Une tige ornée d'un nœud au bas et d'une petite flamme en haut.

S' WILLI MOVLIER

(Sigillum Willermi Moulier.)

Vente d'une terre sise à Jumièges. — Mars 1284.

1293 MOULIN (GUILLAUME DU).

1315.

Sceau rond, de 26 mill. — Arch. de la Seine-Inférieure ; abbaye de Saint-Wandrille.

Une anille.

S' GVILLE DV MOVLIN

(Sigillum Guillermi du Moulin.)

Vente d'une rente sur un jardin, à Fontaine-en-Bray. — Mars 1315.

1294 MOULIN (RAOUL).

1253.

Sceau ogival, de 31 mill. — Arch. du Calvados ; abbaye d'Aunay.

Une fleur de lys fleuronnée.

✱ SIGILL RADVLFI MOLIN

(Sigillum Radulfi Molin.)

Transport de rentes sises en la paroisse de Saint-Georges. — 1253.

1295 MOUNIER (GUILLAUME).

1301.

Sceau rond, de 23 mill. — Arch. de l'Orne ; abbaye de Saint-Évroult.

Une fleur de lys issant d'une plante.

S' GVILLOT MOVNIER

(Seel Guillot Mounier.)

Vente d'un bois situé en la vavassorie du Douet-Moussu. — Mars 1301.

1296 MOUTIER (AMELINE DU).

XIIIe siècle.

Sceau rond, de 25 mill. — Arch. de l'Eure.

Une croix potencée et fleuronnée.

✱ S' AMELINE DV MOSTIER

(Sigillum Ameline du Mostier.)

Sceau détaché.

1297 MOUTIER (BÉATRIX DU).

XIIIe siècle.

Sceau rond, de 32 mill. — Arch. du Calvados ; abbaye de Saint-André-en-Gouffern.

Un fuseau chargé de fil.

✱ S' BEATRIX VXOR RICAR

(Sigillum Beatrix, uxoris Ricardi.)

Donation d'une terre sise à Cauvicourt. — Sans date.

1298 MOUTIER (GALICHER DU).

XIIIe siècle.

Sceau rond, de 34 mill. — Arch. de l'Eure.

Une église vue de face.

✱ S' GALICHER · DE · MOVTER

(Seel Galicher de Mouter.)

Sceau détaché.

1299 MOUTIER (GUILLAUME DU).

1317.

Sceau rond, de 20 mill. — Arch. de la Seine-Inférieure; abbaye de Saint-Wandrille.

Un faucon liant un oiseau.

S' GVILL DE MOVST...

(Sigillum Guillermi de Moustier?)

Échange de terres sises à Hautot-le-Vatois. — Février 1317.

1300 MOUTIER

(ROBERT, FILS DE BÉATRIX DU).

XIIIe siècle.

Sceau rond, de 30 mill. — Arch. du Calvados; abbaye de Saint-André-en-Gouffern.

Une étoile géométrique.

✱ S' ROB FIL RIC' LE IVIF?

(Sigillum Roberti, filii Ricardi le Juif.)

Voyez le n° 1297.

1301 MOUTONNIER (THOMAS LE).

1280.

Sceau en écu, de 24 mill. — Arch. de la Seine-Inférieure; abbaye de Saint-Amand.

Une fleur de lys fleuronnée.

✱ S' THOVMAS LE MŌTONER

(Seel Thoumas le Montoner.)

Vente d'une terre sise à Boos. — Avril 1280.

1302 MUIDS

(ALIX, FEMME DE HENRI DE).

1260.

Sceau rond, de 31 mill. — Arch. hospitalières d'Évreux.

Une étoile à huit rais.

✱ S' AALIZ SA FAME

(Seel Aaliz, sa fame.)

Transport d'une rente sur des biens, à Croisy. — Avril 1260.

1303 MUIDS

(AVELINE, FEMME DE JACQUES DE).

1260.

Sceau rond, de 31 mill. — Arch. hospitalières d'Évreux.

Une croix combinée avec un sautoir ondé.

S' AVELINE VXORIS EIV

(Sigillum Aveline, uxoris ejus.)

Voyez le numéro précédent.

1304 MURIEL (MARTIN).

1253.

Sceau rond, de 32 mill. — Arch. du Calvados; abbaye d'Aunay.

Une sextefeuille.

✱ S' MARTINI MVRIEL

(Sigillum Martini Muriel.)

Vente d'une masure sise à Vendes. — 1253.

1305 MUSCHET (ADAM).

XIIIe siècle.

Sceau ogival, de 35 mill. — Arch. de l'Orne; abbaye de Saint-Évroult.

Une fleur de lys en épi.

✱ S' ADE : MVSCHET

(Sigillum Ade Muschet.)

Cession d'un pré situé au terroir de Peatling-Magna (Angleterre). — Sans date.

1306 MUSCHET (HENRI).

XIIIe siècle.

Sceau ogival, de 33 mill. — Arch. de l'Orne; abbaye de Saint-Évroult.

Une fleur de lys en épi.

✱ S' HENRICI · MVSCHET

(Sigillum Henrici Muschet.)

Cession de droits sur un masnage, au profit de l'église de Peatling-Magna (Angleterre). — Sans date.

1307 NÈRE (SIMON DE).

1235.

Sceau rond, de 40 mill. — Arch. de la Seine-Inférieure; abbaye de Jumièges.

Une fleur de lys fleuronnée.

✱ S' SYMONIS : DENERE

(Sigillum Symonis de Nère.)

Transport d'une rente sur des biens, à Jumièges. — Mars 1235.

1308 NÉRECOUILLE (RAOUL)

de Gouviz. — 1247.

Sceau rond, de 36 mill. — Arch. du Calvados; abbaye de Barbery.

Un bouton très saillant, d'où rayonne une étoile à sept branches.

✱ S' RADVLFI NERECOLE

(Sigillum Radulfi Nérecole.)

Échange de biens situés à Sémerville. — Mars 1247.

1309 NÉRECOUILLE (RAOUL)

de Gouviz. — 1251.

Sceau rond, de 28 mill. — Arch. du Calvados; abbaye de Barbery.

Une étoile à huit rais courbes.

✱ S' RADVLFI : NORECOLLE

(Sigillum Radulfi Nórecolle.)

Vente de terres sises à Gouvix. — Avril 1251.

1310 NERS

(EMME DE FUMICHON, FEMME DE ROBERT DE).

1247.

Sceau rond, de 33 mill. — Arch. du Calvados; abbaye de Saint-André-en-Gouffern.

Une croix de feuillages, combinée avec un sautoir.

✱ S' EMME DE FOLMVCHON ·

(Sigillum Emme de Folmuchon.)

Cession de droits sur la dime de «Chancerces». — 1247.

1311 NÉTREVILLE (CHRÉTIENNE DE).

1237.

Sceau rond, de 36 mill. — Arch. hospitalières d'Évreux.

Une fleur à quatre pétales principaux, cantonnée de quatre étoiles.

✱ S. CRESTIA.E DE ESNIEVTREVILE

(Sigillum Crestiane de Esnieutreville.)

Vente de terres sises à Fauville. — Mai 1237.

1312 NÉTREVILLE (RAOUL DE),

Fils de Chrétienne de Nétreville. — 1237.

Sceau rond, de 33 mill. — Arch. hospitalières d'Évreux.

Une étoile à six rais principaux fleuronnés.

✱ S. RADLFI DE ESNEIEVTREVILE

(Sigillum Radulfi de Esneieutreville.)

Voyez le numéro précédent.

1313 NEVEU (JEAN).

XIIIe siècle.

Sceau rond, de 31 mill. — Arch. du Calvados; abbaye d'Aunay.

Une fleur de lys.

✱ S' IOHANNIS : NEPOTIS

(Sigillum Johannis Nepotis.)

Donation d'une terre sise à Cully. — Sans date.

1314 NEVEU (LUCAS LE).

1283.

Sceau ogival, de 32 mill. — Arch. de la Seine-Inférieure; abbaye de Jumièges.

Une piété (un pélican sur son nid).

S' LVCAS NEVOV

(Seel Lucas Nevou.)

Donation d'une terre sise à Trouville. — Septembre 1283.

1315 NEVEU (NICOLAS LE).

1223.

Sceau rond, de 38 mill. — Arch. de la Seine-Inférieure; abbaye de Jumièges.

Un rameau ornementé.

✱ S : NICHOLAI · NEPOTIS

(Sigillum Nicholai Nepotis.)

Garanties au sujet d'un champ qu'il reçoit en fief, à Trouville. — 1223.

1316 NEVEU (RAOUL LE)

de Trouville. — 1233.

Sceau rond, de 34 mill. — Arch. de la Seine-Inférieure; abbaye de Jumièges.

Une fleur de lys.

✱ S' : RADVLFI LE NEVOV

(Sigillum Radulfi le Nevou.)

Acquisition du champ du Perrey, à Trouville. — Février 1233.

1317 NEUVILLETTE (RICHARD DE).

1251.

Sceau rond, de 38 mill. — Arch. de la Seine-Inférieure; abbaye de Jumièges.

Une fleur de lys au pied coupé.

✱ S' RICARDI DE NOVILETE

(Sigillum Ricardi de Novilète.)

Entrée en l'hommage des religieux de Jumièges, au sujet de leur manoir du Bois-Normand. — Septembre 1251.

1318 NOËL (RICHARD).

1268.

Sceau rond, de 36 mill. — Arch. de la Seine-Inférieure; abbaye de Bondeville.

Une étoile à huit rais.

✱ S' RICART NOEL

(Seel Ricart Noël.)

Vente d'une rente sise à Bondeville. — Mars 1268.

1319 NOERET (ADAM DU).

1226.

Sceau rond, de 35 mill. — Arch. de la Seine-Inférieure; abbaye de Jumièges.

Un lion passant à gauche.

✱ S' ADAN · DV NORET ·

(Seel Adan du Noret.)

Vente d'une terre sise à Varengeville. — Avril 1226.

1320 NOERET (ALEXANDRE DU).

1245.

Sceau rond, de 35 mill. — Arch. de la Seine-Inférieure; abbaye de Jumièges.

Une croix radiée.

✱ S' ALISANDRE DE NOVEREVL

(Seel Alisandre de Nouereul.)

Vente d'une rente sise à Varengeville. — Décembre 1245.

1321 NORMANDIE (PHILIPPE DE).

1270.

Sceau rond, de 31 mill. — Arch. du Calvados; évêché et chapitre de Bayeux.

Une étoile à six rais, dont trois fleuronnés.

✱ S' PHILIPPI · DE · NORMDIE

(Sigillum Philippi de Normandie.)

Confirmation de rentes sur un masnage, à Bayeux. — Mai 1270.

1322 NORMANDIE (RICHARD DE).

1258.

Sceau rond, de 39 mill. — Arch. du Calvados; évêché et chapitre de Bayeux.

Une croix de feuillages.

✱ S' RICARDI · DE NORMENDIE

(Sigillum Ricardi de Normendie.)

Vente du tiers d'un masnage sis à Bayeux. — Septembre 1258.

1323 NUISEMENT (ÉTIENNE DU).

1239.

Sceau rond, de 39 mill. — Arch. hospitalières d'Évreux.

Une fleur de lys fleuronnée.

✱ S STIENNE : DE NVISEMENT

(Seel Stienne de Nuisement.)

Donation d'une terre sise à Fauville. — Juillet 1239.

1324 O (THOMAS D').

1257.

Sceau rond, de 27 mill. — Arch. du Calvados; abbaye de Vignats.

Une croix fleuronnée.

✱ S' THOMAS DE O ·

(Sigillum Thomas de O.)

Fieffe de terres sises en la paroisse de Vieux-Vignats. — Janvier 1257.

1325 OELARD (GILBERT).

1225.

Sceau rond, de 35 mill. — Arch. de la Seine-Inférieure; abbaye de Jumièges.

Une sorte de fleur de lys fleuronnée.

✱ S' GILLEBERTI FILII OELART

(Sigillum Gilleberti, filii Oelart.)

Vente d'un hommage et d'une rente sis à Saint-Mards-de-Beaunay. — Mars 1225.

1326 OFFRAN (GUILLAUME).

1309.

Sceau rond, de 28 mill. — Arch. de la Seine-Inférieure; abbaye de Jumièges.

Deux clefs adossées, accostées de deux étoiles.

✱ S' · GVILE OVFREN

(Sigillum Guillermi Oufren.)

Fieffe d'un tènement sis à Jumièges. — Mars 1309.

1327 OGIER (GUILLAUME).

1237.

Sceau rond, de 33 mill. — Arch. de la Seine-Inférieure; abbaye de Jumièges.

Une croix inscrite dans une rose gothique.

✱ S' · WLMI · OGIER :

(Sigillum Willermi Ogier.)

Accord au sujet d'une terre sise à Hauville. — Octobre 1237.

1328 OISEL (THOMAS L').

1232.

Sceau rond, de 34 mill. — Arch. du Calvados; évêché et chapitre de Bayeux.

Un oiseau essorant.

.....ME ....EL

(Sigillum Thome l'Oisel?)

Donation d'un homme avec son tènement «apud Alam», près Cerisy. — Juillet 1232.

1329 OISON (HUGUES L').

XIIIe siècle.

Sceau rond, de 28 mill. — Arch. du Calvados; abbaye de Saint-André-en-Gouffern.

Une sextefeuille.

✱ S' · HVONIS · LOISON ·

(Sigillum Huonis l'Oison.)

Donation et fieffe d'une terre sise à Loisonnière et à Livarot. — Sans date.

1330 OLIFARD (ROBERT).

1241.

Sceau rond, de 38 mill. — Arch. de l'Orne; abbaye de Saint-Évroult.

Une fleur de lys.

✱ SIGILL ROBERTI OLIFARD

(Sigillum Roberti Olifard.)

Abandon de droits sur le bois d'Allington (Angleterre). — Décembre 1241.

1331 OLIVIER (GEOFFROI).

XIIIe siècle.

Sceau rond, de 18 mill. — Arch. de l'Orne; abbaye de Saint-Évroult.

Un Agnus Dei à droite.

✱ ECCE AGNVS DEI

(Ecce Agnus Dei.)

Donation de terres sises à Pillerton (Angleterre). — Sans date.

1332 OLIVIER (MARGUERITE).

XIIIe siècle.

Sceau ogival, de 41 mill. — Arch. de l'Orne; abbaye de Saint-Évroult.

Buste de profil à gauche.

SIGILL.........A · OLIV...

(Sigillum .....a Oliv...)

Cession d'un bois situé à Pillerton (Angleterre). — Sans date.

1333 ORFÈVRE

(MATTHIEU BOUTEVIELLE L').

1297.

Sceau rond, de 34 mill. — Arch. de l'Orne; abbaye de Saint-Évroult.

Une tige fleuronnée à feuillages d'ornement, portant deux oiseaux symétriques.

✱ S' MAGISTRI · MATHEI · AVRIFABRI

(Sigillum magistri Mathei Aurifabri.)

Vente d'héritages sis en la paroisse de Notre-Dame-du-Bois, à Saint-Évroult. — Août 1297.

1334 ORGUEILLEUX (RAOUL L').

1262.

Sceau rond, de 29 mill. — Arch. du Calvados; abbaye de Saint-André-en-Gouffern.

Une croix potencée, combinée avec un petit sautoir.

✱ S' RADULFI · DE BIMV̄

(Sigillum Radulfi de Bimunt?)

Transport d'une rente sur un ténement, à Montgaroult. — Mai 1262.

1335 ORIEUT (JEAN).

1258.

Sceau rond, de 34 mill. — Arch. de la Seine-Inférieure; abbaye de Bondeville.

Un arbuste.

✱ S' IEHAN ORIEVT

(Seel Jehan Orieut.)

Vente d'une rente sur un ténement, à Saint-Thomas-la-Chaussée. — Juillet 1258.

1336 ORIVAL (GUILLAUME D').

1260.

Sceau rond, de 23 mill. — Arch. de la Seine-Inférieure; archevêché de Rouen.

Un arc garni d'une flèche.

✱ S' GVILLAME DORIVAL

(Seel Guillame d'Orival.)

Vente d'une rente au profit de la chapelle du Bosc-Roger. — Janvier 1260.

1337 ORNE

(ADELINE GRENTESSE, FEMME DE RICHARD D').

1295.

Sceau rond, de 25 mill. — Arch. de l'Orne; abbaye de Saint-Évroult.

Une croix potencée.

✱ S' ADELINE GRENTESSE

(Sigillum Adeline Grentesse.)

Fieffe d'une masure sise à Notre-Dame-du-Bois. — Février 1295.

1338 ORNE (RICHARD D').

1296.

Sceau rond, de 23 mill. — Arch. de l'Orne; abbaye de Saint-Évroult.

Une croix potencée.

✱ S' RICHARDI DORNE

(Sigillum Richardi d'Orne.)

Voyez le numéro précédent.

1339 ORNEL (ÉTIENNE).

1293.

Sceau rond, de 31 mill. — Arch. de l'Orne; abbaye de Saint-Évroult.

Deux rameaux attachés ensemble.

✱ S' · STEPHANI · ORNEL ·

(Sigillum Stephani Ornel.)

Donation de biens situés en la paroisse de Notre-Dame-du-Bois. — Mars 1293.

1340 ORPHELIN (GUILLAUME L').

1304.

Sceau rond, de 23 mill. — Arch. de la Seine-Inférieure; abbaye de Jumièges.

Un rameau.

✱ S' WLLI LORFELN

(Sigillum Willermi l'Orfelin.)

Transport d'une rente sur une terre sise à Jumièges. — Avril 1304.

1341 OSENNE (GUILLAUME).

1301.

Sceau ogival, de 32 mill. — Arch. de l'Orne ; abbaye de Saint-Évroult.

Une plante tigée.

✱ S' GVILLMI OSANE

(Sigillum Guillermi Osane.)

Vente d'un bois situé dans la vavassorie du Douet-Moussu. — Mars 1301.

1342 OSENNE (JEAN).

1290.

Sceau rond, de 24 mill. — Arch. du Calvados ; évêché et chapitre de Bayeux.

Une croix fleuronnée, cantonnée de quatre feuilles formant un sautoir.

✱ S' IOH · OSENNE

(Sigillum Johannis Osenne.)

Transport d'une rente sur un masnage en la paroisse de Saint-Symphorien, à Bayeux. — Avril 1290.

1343 OSENNE

(JEANNE LA MEUNIÈRE, FEMME DE GUILLAUME).

1301.

Sceau ogival, de 33 mill. — Arch. de l'Orne : abbaye de Saint-Évroult.

Une fleur de lys.

✱ S' IOHE : LA MOVNIERRE :

(Sigillum Johanne la Mounierre.)

Voyez le n° 1341.

1344 OSENNE

(MARIE, FEMME DE JEAN).

1290.

Sceau rond, de 29 mill. — Arch. du Calvados ; évêché et chapitre de Bayeux.

Une croix cantonnée de quatre feuilles formant un sautoir.

✱ S' MARIE · VX · I · OSENE

(Sigillum Marie, uxoris Johannis Osene.)

Voyez le n° 1342.

1345 OSMOND (GUILLAUME).

XIIIe siècle.

Sceau ogival, de 34 mill. — Arch. de l'Orne : abbaye de Saint-Évroult.

Une fleur de lys fleuronnée.

✱ S' WLI : OSMVNT ::

(Sigillum Willermi Osmunt.)

Donation d'une terre sise à Sevesby (Angleterre). — Sans date.

1346 OSMOND (JEAN).

1229.

Sceau rond, de 33 mill. — Arch. de la Seine-Inférieure ; abbaye de Jumièges.

Une fleur de lys fleuronnée.

✱ S' IOHANNIS OSMVNT

(Sigillum Johannis Osmunt.)

Acquisition, par les lépreux des Vieux, d'une rente sise à Varengeville. — 1229.

1347 OSMOND (JEAN).

1277.

Sceau rond, de 28 mill. — Arch. du Calvados ; abbaye d'Aunay.

Un ornement formé d'enroulements de cordelière.

✱ S'. IOHIS : HOSMONT

(Sigillum Johannis Hosmont.)

Transport d'une rente sur une masure sise à Vendes. — Septembre 1277.

1348 OSMOND (RAOUL).

1218.

Sceau rond, de 32 mill. — Arch. de la Seine-Inférieure : abbaye de Jumièges.

Un arbre en forme de fleur de lys.

✱ S'. RADVLFI HOMVNT

(Sigillum Radulfi Homunt.)

Donation d'une rente sise à Varengeville. — 1218.

1349 OSMOND (ROBERT).

1247.

Sceau rond, de 34 mill. — Arch. de la Seine-Inférieure : abbaye de Jumièges.

Une sorte de fleur de lys fleurie et fleuronnée.

✱ S' ROBERTI HOSMONDI

(Sigillum Roberti Hosmondi.)

Vente de rentes sises à Crouptes. — Mars 1247.

1350 OUTROGNE (GUILLAUME D').

1246.

Sceau rond, de 34 mill. — Arch. du Calvados ; abbaye de Saint-André-en-Gouffern.

Une étoile à huit rais.

✱ S' WLLI DE VLTRAOGNA

(Sigillum Willermi de Ultraogna.)

Transport d'une rente sur des terres, à Beaumais. — 1246.

1351 PAIGNIÉ (JEAN LE).

1311.

Sceau rond, de 26 mill. — Arch. du Calvados ; abbaye de Troarn.

Une croix fleuronnée, combinée avec un sautoir.

✠ S' IOHIS · DCI · CONTI

(Sigillum Johannis, dicti Conti.)

Vente d'une terre sise en la paroisse de Saint-Samson-en-Auge, près Troarn. — Juillet 1311.

1352 PAINCAUT (RAOUL).

1232.

Sceau rond, de 34 mill. — Arch. de la Seine-Inférieure; prieuré de Bonne-Nouvelle.

Une aigle essorant.

✠ S' RADVLFI PAINCAVT

(Sigillum Radulfi Paincaut.)

Fieffe d'une portion d'un pré situé à Bures. — Septembre 1232.

1353 PANIER (JULIENNE).

1282.

Sceau piriforme, de 45 mill. — Arch. de la Seine-Inférieure; archevêché de Rouen.

Une fleur de lys coupée par une palme.

S' IVLIENE PANIER

(Seel Juliene Panier.)

Vente d'une masure sise à Dieppe. — Août 1282.

1354 PARDIEU

(AGNÈS, FEMME DE JEAN DE).

1257.

Sceau rond, de 32 mill. — Arch. hospitalières d'Évreux.

Une croix combinée avec un petit sautoir.

✠ S' AGNE... VXORIS

(Sigillum Agnetis, uxoris.)

Vente d'une terre sise à Guichainville. — Janvier 1257.

1355 PARDIEU (JEAN DE).

1257.

Sceau rond, de 32 mill. — Arch. hospitalières d'Évreux.

Une croix combinée avec un petit sautoir.

✠ S' IOHANIS : D'. PARDE

(Sigillum Johanis de Pardo.)

Voyez le numéro précédent.

1356 PARENT (GUILLAUME).

1308.

Sceau rond, de 28 mill. — Arch. de l'Orne; abbaye de Saint-Évroult.

Un arbre à branches symétriques.

✠ · S' GVILLERMI · PARĒT

(Sigillum Guillermi Parent.)

Échange d'une terre sise à Douet-Artus. — Septembre 1308.

1357 PARMENTIER (ANDRÉ LE).

1307.

Sceau rond, de 20 mill. — Arch. de la Seine-Inférieure; abbaye de Valmont.

Une étoile à six rais.

✠ S' ANDR' LE PMET'

(Seel Andrieu le Parmentier?)

Vente d'une rente sur une masure sise à Valmont. — Février 1307.

1358 PARMENTIER (GILBERT LE).

Fils d'Auberée la Parmentière. — 1234.

Sceau rond, de 35 mill. — Arch. de la Seine-Inférieure; abbaye de Saint-Wandrille.

Une fleur de lys de fantaisie.

S' GILLEBERTI · LE PARMENTIER

(Sigillum Gilleberti le Parmentier.)

Vente de terres sises à Fontaine-en-Bray. — Janvier 1234.

1359 PARMENTIÈRE (AUBERÉE LA).

1234.

Sceau rond, de 35 mill. — Arch. de la Seine-Inférieure; abbaye de Saint-Wandrille.

Une fleur de lys de fantaisie.

✠ S' A...... LA PARMENTIRE

(Sigillum Alberde la Parmentire.)

Voyez le numéro précédent.

1360 PAYEN (AUBIN).

1276.

Sceau ogival, de 41 mill. — Arch. de la Seine-Inférieure; abbaye de Saint-Amand.

Un rameau.

.. AVBIN PAIEN

(Seel Aubin Paien.)

Vente d'une terre sise à Boos. — Décembre 1276.

1361 PAYEN (GUILLAUME)

de Royville. — 1286.

Sceau ogival, de 38 mill. — Arch. de la Seine-Inférieure; abbaye de Saint-Wandrille.

Une fleur de lys.

S' WILL · PAIGN DE ROIVI...

(Sigillum Willermi Paien de Roiville.)

Reconnaissance de rentes dues aux religieux de Saint-Wandrille. — Mai 1286.

1362 PAYEN (PIERRE).

1257.

Sceau rond, de 32 mill. — Arch. du Calvados; abbaye de Saint-André-en-Gouffern.

Une fleur de lys.

✱ S' PETRI PAGANI

(Sigillum Petri Pagani.)

Confirmation d'une rente sur un pré, à Montgommery. — Mai 1257.

1363 PAYEN (RENOUF).

1257.

Sceau rond, de 30 mill. — Arch. du Calvados; abbaye de Saint-André-en-Gouffern.

Une étoile à six rais, cantonnée de six points.

✱ S' RENOVT : PAIEN :

(Seel Renout Paien.)

Transport d'une rente sur une terre, à la Brévière. — Mai 1257.

1364 PAYEN (SERLON).

XIIIe siècle.

Sceau rond, de 36 mill. — Arch. de la Seine-Inférieure; abbaye de Saint-Amand.

Un lion à queue fleuronnée, la tête contournée, passant à droite.

✱ S' SERLO.......BOOS

(Sigillum Serlonis ..... de Boos.)

Donation de terres tenues d'André Havard, à Boos. — Sans date.

1365 PEATLING (RICHARD DE),

Fils de Raoul de Peatling. — XIIIe siècle.

Sceau rond, de 33 mill. — Arch. de l'Orne; abbaye de Saint-Évroult.

Une fleur de lys fleuronnée.

✱ SIGILL RICARDI FIL RAD DE PETL

(Sigillum Ricardi, filii Radulfi de Petlingia.)

Abandon de droits sur une rente sise à Peatling (Angleterre). — Sans date.

1366 PÊCHEUR (RICHARD LE).

1276.

Sceau rond, de 30 mill. — Arch. de la Seine-Inférieure; abbaye de Saint-Amand.

Une fleur de lys.

✱ S' RIC PISCATORIS

(Sigillum Ricardi Piscatoris.)

Transport d'une rente sur une terre, à Hetbouville. — Janvier 1276.

1367 PÈLERIN (HÉLIE LE).

1276.

Sceau rond, de 32 mill. — Arch. du Calvados; abbaye de la Sainte-Trinité de Caen.

Une croix de feuillages, cantonnée de quatre feuilles formant un sautoir.

✱ S' HELIE · LE PELERIN ·

(Sigillum Helie le Pèlerin.)

Vente d'une terre sise à Carpiquet. — Novembre 1276.

1368 PELLETIER (JEAN LE).

1294.

Sceau rond, de 38 mill. — Arch. de la Seine-Inférieure; abbaye de Jumièges.

Une étoile à six rais.

✱ S' IOHIS LE PELETIER

(Sigillum Johannis le Pételier.)

Vente d'une rente sur un masage et un jardin sis à Jumièges. — Mars 1294.

1369 PELLETIÈRE (AMELOTE LA).

1266.

Sceau ogival, de 35 mill. — Arch. de l'Orne; prieuré du Vieux-Bellême.

Une fleur de lys double et fleuronnée.

✱ S' AMELOTE LA PELETIERRE

(Seel Amelote la Pèletierre.)

Donation d'une vigne sise à Vaunoise. — Mars 1266.

1370 PELVEL (MARTIN).

1286.

Sceau rond, de 20 mill. — Arch. de la Seine-Inférieure; abbaye de Saint-Wandrille.

Un chat à droite.

S' MARTIN PELVEL

(Seel Martin Pelvel.)

Reconnaissance d'une rente sur une terre, à Royville. — Mai 1286.

1371 PERDRIEL LE GRAND (HUGUES).

1219.

Sceau rond, de 39 mill. — Arch. de la Manche; abbaye du Mont-Saint-Michel.

Une fleur à quatre pétales principaux, anglés de quatre fleurons.

✱ S' HVGONIS MAGNI PORCL

(Sigillum Hugonis Magni Perdrel.)

Vente d'une terre sise à Saint-Planchers. — 1219.

1372 PERDRIEL LE PETIT (HUGUES).

1219.

Sceau rond, de 38 mill. — Arch. de la Manche; abbaye du Mont-Saint-Michel.

Une étoile à huit rais.

✱ S' HVGONIS PARVI PORIEL

(Sigillum Hugonis Parvi Perdriel.)

Voyez le numéro précédent.

1373 PÉRIER (GAUTIER).

1238.

Sceau rond, de 34 mill. — Arch. du Calvados; abbaye de Saint-André-en-Gouffern.

Une fleur de lys.

✱ S' GALTERI · PEREIR

(Sigillum Galteri Pereir.)

Donation d'une terre située à Crocy. — 1238.

1374 PERSON (NICOLAS FITZ-)

de Sevesby. — XIIIe siècle.

Sceau ogival, de 35 mill. — Arch. de l'Orne; abbaye de Saint-Évroult.

Une étoile à huit rais.

✱ S' NICH FI...PERSONE

(Sigillum Nicholai Filii Persone.)

Donation d'un petit bois situé à Sevesby (Angleterre). — Sans date.

1375 PESQUELOQUE (ANQUETIL).

1232.

Sceau ovale, de 41 mill. — Arch. du Calvados; abbaye de Saint-André-en-Gouffern.

Une fleur de lys fleuronnée.

✱ S' ANQVETILLI PESQVLOQVE

(Sigillum Anquetilli Pesqueloque.)

Reconnaissance de rentes dues sur ses biens, à la Brévière. — Juin 1232.

1376 PETIT (GAUTIER LE).

1271.

Sceau rond, de 28 mill. — Arch. de la Seine-Inférieure; abbaye de Saint-Wandrille.

Une fleur à six pétales accompagnés de six points.

✱ S' GALTERI PARVI

(Sigillum Galteri Parvi.)

Vente d'une rente de froment. — Mars 1271.

1377 PETIT (ROBERT LE).

1236.

Sceau rond, de 32 mill. — Arch. de la Seine-Inférieure; abbaye de Saint-Ouen.

Un arbuste.

✱ S' ROBETI LE PETIT

(Sigillum Roberti le Petit.)

Fieffe d'une terre sise à Écalles. — Juillet 1236.

1378 PHILIBERT

(ALIX, FEMME DE PIERRE).

1273.

Sceau rond, de 29 mill. — Arch. de la Seine-Inférieure; abbaye de Jumièges.

Une fleur de lys fleuronnée.

✱ S' AELICIE · ROHES

(Sigillum Aelicie Rohes.)

Vente d'une terre sise à Jumièges. — Juillet 1273.

1379 PICOT (HÉLIE).

1243.

Sceau rond, de 30 mill. — Arch. de la Seine-Inférieure; abbaye de Valmont.

Une étoile à huit rais fleuronnés.

✱ S' HELIE PICOT

(Sigillum Helie Picot.)

Vente d'une terre sise «apud Catuit» près Normanville. — Avril 1243.

1380 PIE (THOMAS LA).

1233.

Sceau rond, de 35 mill. — Arch. du Calvados; évêché et chapitre de Bayeux.

Une fleur de lys fleuronnée.

S' THOME · LA PI.

(Sigillum Thome la Pie.)

Fondation d'obit; donation d'une terre sise à Audrieu. — Avril 1233.

1381 PIKEIS (NICOLAS).

1269.

Sceau rond, de 26 mill. — Arch. de la Seine-Inférieure; abbaye du Valasse.

Une fleur de lys fleuronnée, la tige accostée de deux points.

✠ S' NICHOLAI PIQVES

(Sigillum Nicholai Pique.)

Cession de droits sur une terre en la paroisse de Gommerville. — Avril 1269.

1382 PILEMEN (ROBERT).

1334.

Sceau rond, de 33 mill. — Arch. de la Seine-Inférieure; chapitre de Rouen.

Une croix fleuronnée, combinée avec un petit sautoir.

✠ S' ROBERTI PILEMEN

(Sigillum Roberti Pilemen.)

Vente d'une rente sur des tènements en la paroisse de Saint-Maclou, à Rouen. — Avril 1334.

1383 PILLE (GEOFFROI LA).

1301.

Sceau rond, de 21 mill. — Arch. de la Seine-Inférieure; abbaye de Jumièges.

Une fleur de lys fleuronnée.

S' GIEF' LE MERCIER

(Seel Gieffroi le Mercier.)

Fieffe d'un jardin sis à Jumièges. — Mai 1301.

1384 PIMONT (ROBERT DE).

1271.

Sceau rond, de 24 mill. — Arch. de la Seine-Inférieure; abbaye de Montivilliers.

Une croix combinée avec un petit sautoir.

✠ S' ROB'TI DE PIEMONT

(Sigillum Roberti de Piemont.)

Transport d'une rente sur un étal, à Montivilliers. — Mars 1271.

1385 PIQUOT (LAURENT).

1264.

Sceau rond, de 29 mill. — Arch. de la Seine-Inférieure; abbaye de Jumièges.

Deux rameaux adossés.

✠ S' LAVRENTII PIQVOT

(Sigillum Laurentii Piquot.)

Vente d'une terre sise à Hauville. — Février 1264.

1386 PISSON (ROBERT).

1208.

Sceau rond, de 42 mill. — Arch. de la Seine-Inférieure; abbaye de Jumièges.

Une fleur de lys fleuronnée.

S' · R · FILIVS · GIERVASI PISON

(Sigillum Robertus, filius Giervasi Pison.)

Donation d'un hôte avec son tènement. — Avril 1208.

1387 PITARD (ROGER).

1334.

Sceau rond, de 30 mill. — Arch. du Calvados; abbaye de Barberie.

Un râteau au manche accosté de deux points.

S' · ROGERI · PITAR.

(Sigillum Rogeri Pitart.)

Échange d'une terre sise à Fontenay-le-Marmion. — 1334.

1388 PLANQUAI

(HÉLUIS, FEMME DE RAOUL DU).

1357.

Sceau rond, de 28 mill. — Arch. de la Seine-Inférieure; archevêché de Rouen.

Le signe des Poissons.

S' HELVIS LA PL.....ERE

(Seel Héluis la Planquière?)

Vente de droits sur le fief de l'archevêque de Rouen, à Louviers. — Décembre 1357.

1389 PLANQUAI (RAOUL DU).

1357.

Sceau rond, de 25 mill. — Arch. de la Seine-Inférieure; archevêché de Rouen.

Une fleur de lys à la tige accostée de deux points.

✠ S' RAOVL DV PLANQVIE

(Seel Raoul du Planquie.)

Voyez le numéro précédent.

1390 PLANQUAI

(THIESSE, VEUVE DE GILBERT DU).

1357.

Sceau rond, de 33 mill. — Arch. de la Seine-Inférieure; archevêché de Rouen.

Une fleur radiée.

...ECIERELICT : G : D' : PLA'CH.

(Sigillum Thecie, relicte Gilleberti de Planch...)

Vente de tous ses biens sis à Louviers. — 1357.

1391 PLATEL

(MARGUERITE DE LA BARRE, FEMME DE RAOUL).

1251.

Sceau rond, de 40 mill. — Arch. de la Seine-Inférieure; abbaye de Jumièges.

Une fleur de lys fleuronnée et, au-dessus, la lettre E terminant la légende.

✠ S MARGARITE DE LA BAR

(Sigillum Margarite de la Bare.)

Vente d'une rente sur une masure, à Jumièges. — Février 1251.

1392 PLATEL (RAOUL).

1261.

Sceau rond, de 32 mill. — Arch. de la Seine-Inférieure; abbaye de Jumièges.

Une fleur à huit pétales.

✠ S' RADVLFI PLATEL.

(Sigillum Radulfi Platel.)

Voyez le numéro précédent.

1393 PLESSIS-RAOUL (HENRI DU).

1249.

Sceau rond, de 30 mill. — Arch. du Calvados; prieuré du Plessis-Grimould.

Une fleur de lys fleuronnée.

✠ S' HENRICI : DE PL.SSEK

(Sigillum Henrici de Plasseho?)

Donation d'une rente sise à Escures. — Juillet 1249.

1394 POHIER (ROBERT).

1233.

Sceau rond, de 35 mill. — Arch. de la Seine-Inférieure; abbaye de Saint-Wandrille.

Une sorte de fleur de lys fleuronnée.

✠ S' : ROBERTI : POhIR :

(Sigillum Roberti Pohir.)

Donation d'un bois sis à Fontaine-en-Bray. — Juillet 1233.

1395 POHIER (ROBERT).

1234.

Sceau rond, de 34 mill. — Arch. de la Seine-Inférieure; abbaye de Saint-Wandrille.

Une aigle à droite, les ailes fermées, la tête contournée.

✠ S' ROBERTI · POIhIER

(Sigillum Roberti Poihier.)

Fieffe d'une terre sise à Fontaine-en-Bray. — Janvier 1234.

1396 POHIER (ROGER LE).

XIIIe siècle.

Sceau rond, de 44 mill. — Arch. de la Manche; abbaye du Mont-Saint-Michel.

Une fleur de lys fleuronnée.

✠ SIGILL ROGERI LE POER

(Sigillum Rogeri le Poer.)

Confirmation au sujet de la montagne de Cruke (Angleterre). Sans date.

1397 POIBELLE (AGATHE).

Veuve de Renaud Poibelle. — 1247.

Sceau ogival, de 38 mill. — Arch. de l'Orne; prieuré du Vieux-Bellême.

Une fleur de lys fleuronnée.

✠ S' AGACE POIBELE

(Sigillum Agace Poibele.)

Vente de la terre d'Aunay, à Dancé. — Janvier 1247.

1398 POINTEL (GUILLAUME).

1211.

Sceau ovale, de 24 mill. — Arch. de la Seine-Inférieure; abbaye de Jumièges.

Intaille représentant une aigle au repos, à gauche, la tête contournée.

✠ S'. WIL.....NTEL

(Sigillum Willermi Pointel.)

Donation d'une terre sise à Hauville. — Avril 1211.

1399 PONT (AUFROY DU).

1236.

Sceau rond, de 25 mill. — Arch. du Calvados; abbaye d'Aunay.

Un pont à deux arches.

✠ S' AVFRIDI · DE · PONTE

(Sigillum Aufridi de Ponte.)

Donation d'une terre sise à Cahagnes. — 1236.

1400 PONT (NICOLAS DU).

1256.

Sceau rond, de 28 mill. — Arch. de l'Orne; abbaye de Saint-Évroult.

Une fleur à six pétales alternant avec six fleurons.

S' : NICHOLE D' PONTE

(Sigillum Nichole de Ponte.)

Fieffe de biens situés à Donet-Artus. — 1256.

1401 PONT (RICHARD DU).

126.

Sceau rond, de 28 mill. — Arch. de l'Orne; abbaye de Saint-Évroult.

Une fleur de lys.

✠ S' RICARDI · DE · PONTE

(Sigillum Ricardi de Ponte.)

Vente d'une terre sise en la paroisse de Solengy. — Juin 126[illegible].

1402 PONT (RICHARD DU).

1260.

Sceau ogival, de 36 mill. — Arch. du Calvados; abbaye d'Aunay.

Un oiseau perché sur un arbuste et surmonté d'un croissant.

✱ S' RICARDI DV PVNT

(Sigillum Ricardi du Punt.)

Fondation d'obit; donation d'une rente sise à Maizet. — Décembre 1260.

1403 PORCHER (GAUTIER LE).

1265.

Sceau rond, de 28 mill. — Arch. de la Seine-Inférieure; abbaye de Saint-Ouen.

Une fleur de lys fleuronnée.

✱ S' GALT'I LE PORCH

(Sigillum Galteri le Porcher.)

Vente d'une rente sur son masage, à Gasny. — Mai 1265.

1404 PORQUIER (GUILLAUME LE),

Fils de Jean le Porquier. — 1264.

Sceau rond, de 30 mill. — Arch. de la Seine-Inférieure; abbaye de Bondeville.

Un rameau accosté de deux étoiles.

S' WLLAME LE PORQVI..

(Seel Willame le Porquier.)

Vente d'une rente sise à Saint-Jean-du-Cardonay. — Janvier 1264.

1405 PORQUIER (JEAN LE).

1264.

Sceau rond, de 31 mill. — Arch. de la Seine-Inférieure; abbaye de Bondeville.

Une fleur radiée, à huit pétales.

✱ S' IEH.. LE PORQVIER

(Seel Jehan le Porquier.)

Voyez le numéro précédent.

1406 PORT (OSBERT DU).

1217.

Sceau rond, de 35 mill. — Arch. de la Seine-Inférieure; abbaye de Jumièges.

Une fleur de lys.

✱ S. OSBERTI · DE · PORTV

(Sigillum Osberti de Portu.)

Vente et reprise en fief de terres situées à Vieux-Port. — 1217.

1407 PORTE (RAOUL DE LA).

1257.

Sceau rond, de 28 mill. — Arch. du Calvados; abbaye de Saint-André-en-Gouffern.

Une sorte de fleur de lys fleuronnée.

✱ S' RAD' DE PORTA

(Sigillum Radulfi de Porta.)

Transport d'une rente sur un pré, à Montgommery. — Mai 1257.

1408 PORTIER (JEAN LE).

XIIIe siècle.

Sceau rond, de 35 mill. — Arch. de la Manche; abbaye du Mont-Saint-Michel.

Un bras tenant deux clefs adossées, accompagné à droite d'une tour à deux étages.

✱ : SIGILL : IOHANNIS : PORTATORIS

(Sigillum Johannis Portatoris.)

Donation d'une terre sise à Otriton (Angleterre). — Sans date.

1409 POTELESSE (RICHEUT LA).

1236.

Sceau rond, de 32 mill. — Arch. de l'Orne; abbaye de Saint-Évroult.

Une bête chimérique à droite.

✱ S'. R... EVT · PO... EL

(Seel Richeut Potelel?)

Confirmation de biens sis à Saint-Denis-d'Augerons. — Juillet 1236.

1410 POTIER (GUILLAUME).

1246.

Sceau rond, de 36 mill. — Arch. du Calvados; abbaye de Barberi.

Une fleur de lys fleuronnée.

✱ S' WLLI : POTIER

(Sigillum Willermi Potier.)

Transport d'une rente sur un masage, à Fontenay-le-Marmion. — Novembre 1246.

1411 POTIER (HUGUES).

1228.

Sceau rond, de 32 mill. — Arch. du Calvados; abbaye de Barberi.

Une fleur de lys fleuronnée.

✱ S' HVGONIS · POTIER

(Sigillum Hugonis Potier.)

Donation d'une moitié de maison et d'un clos sis à Fontenay-le-Marmion. — 1228.

1412 POUFILE (ROBERT).

1287.

Sceau rond, de 27 mill. — Arch. de l'Orne; abbaye de Saint-Évroult.

Une fleur de lys.

✻ S' ROBERTI POVFILE

(Sigillum Roberti Poufile.)

Fondation de son anniversaire; donation de sa part d'héritage, à la Poufilière. — Octobre 1287.

1413 POURFIT (PIERRE).

1282.

Sceau rond, de 24 mill. — Arch. de la Seine-Inférieure; abbaye de Saint-Wandrille.

Une étoile à huit rais.

✻ S' PETRI · PORFIT

(Sigillum Petri Porfit.)

Transport d'une rente sur une masure, à Esclavelles. — Octobre 1282.

1414 POUTRELLE (AGNÈS LA).

1252.

Sceau rond, de 38 mill. — Arch. de la Seine-Inférieure; abbaye de Jumiéges.

Une croix potencée, combinée avec un sautoir de même, posés sur une roue fleuronnée.

✻ S' AGNETIS : LA POVTRELE

(Sigillum Agnetis la Poutréle.)

Vente d'un masage sis à Jumiéges. — Mars 1252.

1415 PRAYER (GUILLAUME LE).

XIIIe siècle.

Sceau rond, de 38 mill. — Arch. de l'Eure.

Une fleur de lys.

✻ S' WILLOI LE PRAYER

(Sigillum Willermi le Prayer.)

Sceau détaché.

1416 PRAYER (GUILLAUME LE).

XIIIe siècle.

Sceau rond, de 35 mill. — Arch. de l'Eure.

Une fleur de lys fleuronnée.

✻ S' WILLMI LE PRAER

(Sigillum Willermi le Praer.)

Sceau détaché.

1417 PRÉ (GAMALIEL DU).

XIIIe siècle.

Sceau rond, de 32 mill. — Arch. de l'Orne; abbaye de Saint-Évroult.

Une sextefeuille accompagnée de six points.

✻ S' : GAMALIELI : DE PRATO

(Sigillum Gamalieli de Prato.)

Donation d'une terre sise dans le champ de Berkwell, au terroir de Ware (Angleterre). — Sans date.

1418 PRÉVÔT (GÉRARD LE).

1261.

Sceau rond, de 45 mill. — Arch. de la Seine-Inférieure; abbaye de Saint-Wandrille.

Une fleur radiée, à huit pétales.

✻ S. GERARDI PREPOSITI

(Sigillum Gerardi Prepositi.)

Transport d'une rente sur des biens, à Brudiancourt. — Décembre 1261.

1419 PRÉVÔT (GUILLAUME LE).

1272.

Sceau rond, de 22 mill. — Arch. de la Seine-Inférieure; abbaye de Jumiéges.

Une croix combinée avec un petit sautoir.

✻ S' WILLI : PREPOSITI

(Sigillum Willermi Prepositi.)

Transport de rentes sur des biens sis à Jumiéges et au Mesnil. — Janvier 1272.

1420 PRÉVÔT (GUILLAUME LE).

XIIIe siècle.

Sceau rond, de 42 mill. — Arch. du Calvados; abbaye de Saint-André-en-Gouffern.

Trois tiges fleuries formant une fleur de lys fleuronnée.

✻ S' WLL · FILII WLLI · LE PREVOT ·

(Sigillum Willermi, filii Willermi le Prévôt.)

Donation d'une rente sise à Crocy. — Sans date.

1421 PRÉVÔT (HUGUES LE).

1232.

Sceau rond, de 33 mill. — Arch. du Calvados; Hôtel-Dieu de Lisieux.

Une croix cantonnée de quatre tiges potencées formant un sautoir.

✻ S' HVGON' · LE PREVOST :

(Sigillum Hugonis le Prévost.)

Donation d'une rente sur des maisons, à Lisieux. — Avril 1232.

1422 PRÉVÔT (HUGUES LE)

de Méry. — XIIIe siècle.

Sceau rond, de 40 mill. — Arch. du Calvados; abbaye de Saint-André-en-Gouffern.

Un bouquet de cinq tiges fleuries.

✱ S' HVGONIS LE PREVOST

(Sigillum Hugonis le Prévost.)

Donation d'une masure sise à Méry. — Sans date.

1423 PRÉVÔT (NICOLAS LE).

1270.

Sceau rond, de 27 mill. — Arch. de la Seine-Inférieure; abbaye de Saint-Wandrille.

Une étoile à huit rais.

✱ S' NICOLE PREVOST

(Seel Nicole Prévost.)

Transport d'une rente sur une masure, à Bradiancourt. — Novembre 1270.

1424 PRÉVÔT (RENAUD LE).

1262.

Sceau rond, de 27 mill. — Arch. de la Seine-Inférieure; abbaye de Fécamp.

Une fleur radiée.

✱ S' RENOVT PVOST

(Seel Renout Prévost.)

Vente d'une rente sur le tènement de Mesnil-Renouard, à Mont-Cauveire. — Août 1262.

1425 PRÉVÔT (RENAUD LE).

1297.

Sceau rond, de 33 mill. — Arch. de la Seine-Inférieure; abbaye de Saint-Wandrille.

Une étoile à sept rais courbes.

✱ S' RENAVT · LE : PVOST

(Seel Renaut le Prévost.)

Vente d'une terre située à Bradiancourt. — Avril 1297.

1426 PRÉVÔT (ROGER LE)

du Petit-Quevilly. — 1260.

Sceau ogival, de 40 mill. — Arch. de la Seine-Inférieure: abbaye du Bec-Hélouin.

Un faucon liant un lièvre.

✱ S' ROGIER LE PREVOST DEV PETIT QVILLI

(Seel Rogier le Prévost deu Petit Quevilli.)

Donation de tous les biens relevant de l'abbaye du Bec, au Petit-Quevilly. — Février 1260.

1427 PRÉVÔTE (ALIX LA).

1269.

Sceau rond, de 27 mill. — Arch. de la Seine-Inférieure; prieuré de Bonne-Nouvelle.

Un arbuste.

✱ S. AALIS LA PROVOSTE

(Seel Aalis la Provoste.)

Constitution d'une rente sur son tènement, à Bures. — Avril 1269.

1428 PRUDHOMME (RAOUL LE).

1260.

Sceau rond, de 30 mill. — Arch. de la Seine-Inférieure; abbaye de Jumiéges.

Une croix fleuronnée, potencée, combinée avec un petit sautoir.

✱ S' : RADVLFI : LE PRODOME

(Sigillum Radulfi le Prodome.)

Vente d'une terre sise à Hauville. — Avril 1260.

1429 PUENC (RAOUL DE).

1235.

Sceau rond, de 35 mill. — Arch. du Calvados; abbaye de Barberie.

Une quartefeuille dont deux intervalles opposés sont garnis de fleurons.

✱ S' RADVRFI · DE PVENC ·

(Sigillum Radurfi de Puenc.)

Reconnaissance d'une rente sise à Acqueville. — 1235.

1430 PUITS (GUILLAUME DU),

le jeune. — 1251.

Sceau rond, de 32 mill. — Arch. de la Seine-Inférieure; archevêché de Rouen.

Une fleur composée de quatre pétales et de quatre fleurons alternés.

✱ S' WILLI DE PVTEO IVNIOR

(Sigillum Willermi de Puteo, junioris.)

Transport d'une rente sur une maison, à Dieppe. — 1252.

1431 PYHENOU (JEAN).

1284.

Sceau rond, de 22 mill. — Arch. de la Manche: abbaye du Mont-Saint-Michel.

Une hache accostée à droite d'un couteau.

✱ S'.... NIS PIHNOV

(Sigillum Johannis Pihenou.)

Appointement au sujet de rentes sises au Mont-Saint-Michel. Juillet 1284.

1432 QUARREL (RENAUD).

1262.

Sceau rond, de 29 mill. — Arch. de la Seine-Inférieure; abbaye de Saint-Waudrille.

Une fleur radiée, à huit pétales.

✱ S' RENOVDI QVAREL

(Sigillum Renoudi Quarel.)

Vente d'une terre et de rentes sises à Brémontier. — Avril 1262.

1433 QUATRE-HOMMES (RENAUD).

1262.

Sceau rond, de 27 mill. — Arch. du Calvados: abbaye de Saint-André-en-Gouffern.

Une fleur de lys fleuronnée.

✱ S' RENAVDI CATREHŌME

(Sigillum Renaudi Catrehomme.)

Transport d'une rente sur des biens en la paroisse de Saint-Germain-de-Montgommery. — Avril 1262.

1434 QUENTIN (ROBERT).

1235.

Sceau rond, de 31 mill. — Arch. de la Seine-Inférieure; abbaye de Jumiéges.

Un lion rampant.

✱ · S' ROBERTI · QVENTIN

(Sigillum Roberti Quentin.)

Acquisition de rentes sur une masure sise à Jumiéges. — Avril 1235.

1435 QUESNAY (OSBERT DU).

1216.

Sceau rond, de 32 mill. — Arch. de la Seine-Inférieure; abbaye de Jumiéges.

Une étoile à huit rais, terminés chacun par un petit sautoir.

✱ S' OSBERTI DE KAISNEIO

(Sigillum Osberti de Kaisneio.)

Vente d'une terre sise à Beaunay. — Août 1216.

1436 QUESNE (HENRI DE).

1220.

Sceau rond, de 34 mill. — Arch. de la Seine-Inférieure; abbaye de Jumiéges.

Une fleur de lys fleuronnée.

✱ SIGILL · HENRICI · DE KESNE

(Sigillum Henrici de Kesne.)

Vente du champ «de Fossa Drogonis», à Hauville. — Mai 1220.

1437 QUESNE (PIERRE DU).

1307.

Sceau rond, de 19 mill. — Arch. de la Seine-Inférieure; abbaye de Jumiéges.

Un arbuste.

S' PIERRES DV QVESNE

(Seel Pierres du Quesne.)

Vente d'une rente sur un masage sis à Duclair. — Mai 1307.

1438 QUESNEL (ÉTIENNE).

1234.

Sceau rond, de 27 mill. — Arch. du Calvados: abbaye de Villers-Canivet.

Une faux.

....PHI QVAISNELLI ·

(Sigillum Stephani Quaisnelli.)

Vente d'une terre sise au Mesnil-Grand. — Février 1234

1439 QUESNEL (GUILLAUME).

1224.

Sceau rond, de 35 mill. — Arch. de la Seine-Inférieure: abbaye de Jumiéges.

Une fleur de lys fleuronnée.

✱ S' WILLERMI KESNEL

(Sigillum Willermi Kesnel.)

Reconnaissance d'une rente sur un ténement sis à Vieux-Port. — Mars 1224.

1440 QUIEN (GILLES LE).

1271.

Sceau rond, de 30 mill. — Arch. de la Seine-Inférieure; archevêché de Rouen.

Une étoile à six rais.

✱ S' GILLES LE QIEN :

(Seel Gilles le Qien.)

Vente d'une rente sur une masure, à Dieppe. — Mars 1271.

1441 RAPENDON (LAURENCE DE).

1253.

Sceau rond, de 38 mill. — Arch. du Calvados: abbaye de la Sainte-Trinité de Caen.

Une fleur de lys en épi.

✱ S' LAVRENTIE DE RAPENDON

(Sigillum Laurentie de Rapendon.)

Acquisition d'un masnage situé à Caen. — Mars 1253

1442 RASLE (ROBERT LE).

1260.

Sceau rond, de 29 mill. — Arch. de la Seine-Inférieure; abbaye de Jumièges.

Une croix recroisetée et potencée, combinée avec un sautoir.

✱ S' ROBERT LE RASLE

(Seel Robert le Rasle.)

Donation d'une terre sise à Hauville. — Février 1260.

1443 RASLE (ROBERT LE).

1261.

Sceau rond, de 29 mill. — Arch. de la Seine-Inférieure; abbaye de Jumièges.

Une fleur de lys fleuronnée.

✱ S' ROBERT LE RASLE :

(Seel Robert le Rasle.)

Vente d'une terre sise à Hauville. — Avril 1261.

1444 RENARD (JEAN).

1294.

Sceau rond, de 27 mill. — Arch. de la Seine-Inférieure; abbaye du Saint-Amand.

Une étoile à six rais.

✱ S' IOHAN RENART

(Seel Johan Renart.)

Vente d'une terre sise à Boos. — Décembre 1294.

1445 RENARD (JEAN).

1296.

Sceau rond, de 24 mill. — Arch. de la Seine-Inférieure; abbaye de Saint-Amand.

Une fleur de lys.

✱ S' IOHAN RENART

(Seel Johan Renart.)

Vente de terres sises à Boos. — Février 1296.

1446 RENARD (JEAN).

1296.

Sceau rond, de 23 mill. — Arch. de la Seine-Inférieure; abbaye de Saint-Amand.

Une fleur radiée, à neuf pétales.

S' IEHAN RENART

(Seel Jehan Renart.)

Voyez le numéro précédent.

1447 RENARD (PIERRE).

1297.

Sceau ogival, de 32 mill. — Arch. de la Seine-Inférieure; abbaye de Saint-Amand.

Une croix de feuillages.

S' PIERRES RENART

(Seel Pierres Renart.)

Vente d'une terre sise à Boos. — Octobre 1297.

1448 RENARDE (MAHAUT).

Femme de Pierre Renard. — 1297.

Sceau ogival, de 29 mill. — Arch. de la Seine-Inférieure; abbaye de Saint-Amand.

Un rameau.

MAHEVT RENARTE

(Maheut Renarte.)

Voyez le numéro précédent.

1449 RENIER (GUILLAUME).

1262.

Sceau rond, de 33 mill. — Arch. de l'Orne; abbaye de Saint-Évroult.

Une croix potencée.

✱ S' WLLMI RENIER

(Sigillum Willermi Renier.)

Vente d'un bois sis en la paroisse des Laitiers. — Mars 1262.

1450 RENIER (RAOUL),

Frère de Guillaume Renier. — 1262.

Sceau rond, de 32 mill. — Arch. de l'Orne; abbaye de Saint-Évroult.

Une étoile à huit rais.

✱ S' RAOVL RE. .ER

(Seel Raoul Renier.)

Voyez le numéro précédent.

1451 RENIER (RAOUL).

1263.

Sceau rond, de 30 mill. — Arch. du Calvados; abbaye de Saint-André-en-Gouffern.

Une croix potencée, cantonnée de quatre feuilles formant un sautoir.

✱ S' RADVLFI · RENER

(Sigillum Radulfi Rener.)

Transport d'une rente sur un tènement, à Cauvicourt. — Février 1263.

1452 RENIER (TEISCET).

Frère de Guillaume Renier. — 1262.

Sceau rond, de 32 mill. — Arch. de l'Orne : abbaye de Saint-Évroult.

Une fleur de lys.

✠ S' TIESCE RENIER ·

(Seel Tiesce Renier.)

Voyez le n° 1449.

1453 REUX

(MURIELLE, FEMME DE THIBAUD DE).

XIII° siècle.

Sceau rond, de 37 mill. — Arch. de l'Orne ; abbaye de Saint-Évroult.

Une croix cantonnée de quatre feuilles recourbées formant un huit.

✠ S' MVRIELE FIL WILELMI

(Sigillum Muriele, filie Wilelmi.)

Vente d'une terre sise à Melreth (Angleterre). — Sans date.

1454 REUX (THIBAUD DE).

XIII° siècle.

Sceau ogival, de 36 mill. — Arch. de l'Orne ; abbaye de Saint-Évroult.

Une fleur de lys fleuronnée.

✠ S' TEBALDI FIL RICARDI D' RD'

(Sigillum Tebaldi, filii Ricardi de R...)

Voyez le numéro précédent.

1455 REYNER (GUILLAUME FITZ-).

XIII° siècle.

Sceau rond, de 31 mill. — Arch. de l'Orne ; abbaye de Saint-Évroult.

Une fleur de lys.

✠ S' WILL FIHI REINER

(Sigillum Willermi Fihi Reiner.)

Donation de terres et de prés situés au terroir de Pentling-Magna (Angleterre). — Sans date.

1456 RICHEBOURG (GUERRI DE).

XIII° siècle.

Sceau rond, de 39 mill. — Arch. de l'Eure.

Une étoile à huit rais séparés chacun par un point.

✠ S' GVERRICI DE RICHEBORC

(Sigillum Guerrici de Richeborc.)

Sceau détaché.

1457 RICHER (GUILLAUME).

1260.

Sceau rond, de 30 mill. — Arch. de la Seine-Inférieure ; abbaye de Jumièges.

Un arbuste.

✠ S' WLLI RICHEIR

(Sigillum Willermi Richeir.)

Transport d'une rente sur une maison et un jardin sis à Jumièges. — Juin 1260.

1458 RIQUE (GILBERT LE).

1259.

Sceau rond, de 31 mill. — Arch. de la Seine-Inférieure ; abbaye de Saint-Amand.

Une fleur à quatre pétales principaux, séparés chacun par un petit appendice.

✠ S' GILLEBTI LE RIQVE

(Sigillum Gilleberti le Rique.)

Vente d'une rente d'orge sise à la Chaussée. — 1258.

1459 RIQUE (JACQUES LE).

Fils de Gilbert le Rique. — 1261.

Sceau rond, de 32 mill. — Arch. de la Seine-Inférieure ; abbaye de Saint-Amand.

Une croix fleurie, combinée avec un sautoir.

✠ S' IACOBI LE RIQVE

(Sigillum Jacobi le Rique.)

Voyez le numéro précédent.

1460 RISPAUT (RICHARD).

1248.

Sceau rond, de 32 mill. — Arch. du Calvados : abbaye d'Aunay.

Une croix cantonnée de quatre feuilles formant un sautoir.

✠ S' RICARDI RISPAVT

(Sigillum Ricardi Rispaut.)

Donation d'une rente sise à Maisoncelles-sur-Ajon. — 1248.

1461 ROBERT (RAOUL).

1266.

Sceau ogival, de 40 mill. — Arch. de la Seine-Inférieure ; abbaye de Jumièges.

Une sorte de fleur de lys.

.. RADVLFI ROBTI

(Sigillum Radulfi Roberti.)

Vente de rentes sises à Saint-Mards, près Beaunay. — Août 1266.

1462 **ROBERT (RAOUL).**

1262.

Sceau rond, de 35 mill. — Arch. de la Seine-Inférieure ; abbaye de Jumièges.

Une étoile géométrique chargée d'un point au centre et accompagnée de quatre autres points.

✱ S' RADVLFI · DĀI · ROBTI

(Sigillum Radulfi, dicti Roberti.)

Vente d'une rente sise à Beaunay. — Mars 1262.

1463 **ROBERT (RAOUL)**

de Saint-Mards, près Beaunay. — 1274.

Sceau ogival, de 25 mill. — Arch. de la Seine-Inférieure ; abbaye de Jumièges.

Une fleur radiée, à huit pétales.

✱ S'. RAD' . ROBT ·

(Sigillum Radulfi Robert.)

Vente d'une terre. — Octobre 1274.

1464 **ROBIN (THOMAS).**

1305.

Sceau ogival, de 34 mill. — Arch. de la Seine-Inférieure ; abbaye de Jumièges.

Un arbuste.

✱ S' THOME ROBIN

(Sigillum Thome Robin.)

Rachat de rentes sur une maison et un jardin sis à Jumièges. — Janvier 1305.

1465 **ROGER**

(CÉCILE, VEUVE DE PHILIPPE).

1280.

Sceau rond, de 37 mill. — Arch. du Calvados ; évêché et chapitre de Bayeux.

Une croix cantonnée de quatre fleurons formant un sautoir.

✱ S' CECILIE · REL · PHI · ROGERI

(Sigillum Cecilie, relicte Philippi Rogeri.)

Cession de rentes sises en la paroisse de Saint-Floxel, à Bayeux. — Juillet 1280.

1466 **ROGER (ROBERT FITZ-)**

de Belegrave. — XIIIe siècle.

Sceau ogival, de 33 mill. — Arch. de l'Orne ; abbaye de Saint-Évroult.

Une fleur à quatre pétales principaux, cantonnée de quatre autres pétales plus petits formant un sautoir.

✱ S' ROBERTI FIL ROGERI

(Sigillum Roberti Filii Rogeri.)

Donation de terres sises au terroir de Peatling-Magna (Angleterre). — Sans date.

1467 **ROI (EUDES LE).**

1229.

Sceau rond, de 42 mill. — Arch. du Calvados ; abbaye de Saint-André-en-Gouffern.

Personnage à cheval, couronné, tenant une épée.

✱ SIGILLVM · ODONIS · REGIS

(Sigillum Odonis Regis.)

Échange de la moitié du moulin de Chêne-Sec, au terroir des Ro-tours. — Septembre 1229.

1468 **ROI (GUILLAUME LE).**

1235.

Sceau rond, de 35 mill. — Arch. de la Seine-Inférieure ; abbaye de Jumièges.

Une fleur à huit pétales.

✱ S' WILLERMI · REGIS

(Sigillum Willermi Regis.)

Vente d'une terre sise à Jumièges. — Mai 1235.

1469 **ROI (GUILLAUME LE).**

1245.

Sceau rond, de 32 mill. — Arch. du Calvados ; abbaye de Saint-André-en-Gouffern.

Un lion rampant contourné.

✱ S' WLLI : REGIS

(Sigillum Willermi Regis.)

Reconnaissance d'une rente sur la vavassorie de Wauderie, aux Ro-tours. — 1245.

1470 **ROKELUNT (RAOUL DE).**

1211.

Sceau rond, de 34 mill. — Arch. de la Seine-Inférieure ; abbaye de Jumièges.

Une fleur de lys fleuronnée.

✱ S' RADVLFI · DE ROKELVNT

(Sigillum Radulfi de Rokelunt.)

Abandon d'une rente. — Décembre 1211.

1471 **RONCE (PIERRE DE LA).**

1201.

Sceau rond, de 52 mill. — Arch. de la Seine-Inférieure ; abbaye de Jumièges.

Une fleur de lys de fantaisie.

✱ SIGILLVM PETRI DE RVNCIA

(Sigillum Petri de Runcia.)

Confirmation d'une rente « in nemore Heltonis ». — Septembre 1201.

1472 ROQUE (GAUQUELIN DE LA).

1261.

Sceau rond, de 38 mill. — Arch. de l'Orne; abbaye de Saint-Évroult.

Une croix endentée.

✠ S' GAVQVELI DE ROVA

(Sigillum Gauquelini de Roque.)

Vente de biens sis à Chamblac. — Novembre 1261.

1473 ROSE (JOURDAIN).

1250.

Sceau rond, de 24 mill. — Arch. du Calvados; abbaye d'Aunay.

Une rose.

✠ SIGILL · IORDANI · ROSE

(Sigillum Jordani Rose.)

Donation d'une rente sise à Longvillers. — 1250.

1474 ROUELLE (GERVAIS).

1233.

Sceau rond, de 30 mill. — Arch. de la Seine-Inférieure; abbaye de Jumièges.

Une fleur à huit pétales.

✠ S' GERVASII : ROELE

(Sigillum Gervasii Roele.)

Vente d'une partie d'un jardin sis à Jumièges. — Décembre 1233.

1475 ROUILLI (PIERRE LE).

1296.

Sceau rond, de 28 mill. — Arch. de l'Orne; abbaye de Silly.

Une fleur de lys.

S' PETRI LE ROVILLI :

(Sigillum Petri le Rouilli.)

Transport d'une rente sur des biens, à Aubri-le-Panthou. — Janvier 1296.

1476 ROUILLIE (HEUDIARDE LA).

1286.

Sceau rond, de 28 mill. — Arch. de l'Orne; abbaye de Saint-Évroult.

Une tête de femme de face.

✠ S' · HEVDEART · LA ROILLIE

(Seel Heudeart la Roillie.)

Donation d'un herbergement et de terres sis à Échauffour. — Février 1286.

1477 ROUSSE (AUBERÉE LA).

1221.

Sceau rond, de 33 mill. — Arch. de la Seine-Inférieure; abbaye de Jumièges.

Une fleur de lys fleuronnée.

✠ S' ALBEREDE · R....

(Sigillum Alberede R.....)

Vente de rentes sises à Vimoutiers. — Juillet 1221.

1478 ROUSSE (GAUTIER).

1279.

Sceau rond, de 24 mill. — Arch. de la Seine-Inférieure; abbaye de Jumièges.

Un fleuron dans un losange.

✠ S' VOTIER REVSE

(Seel Votier Reuse.)

Vente d'une terre sise à Épinay. — Septembre 1279.

1479 ROUSSEL (JEAN).

1283.

Sceau rond, de 25 mill. — Arch. de la Seine-Inférieure; prieuré de Gasny.

Une croix potencée.

S' IOHIS ROVSEL

(Sigillum Johannis Rousel.)

Vente d'une vigne située au terroir de Bihorel. — Août 1283.

1480 ROUSSEL (JEAN).

1297.

Sceau rond, de 27 mill. — Arch. de l'Orne; abbaye de Saint-Évroult.

Une croix endentée.

✠ S' IOHIS ROVSEL

(Sigillum Johannis Rousel.)

Vente d'une terre sise à Échauffour. — Septembre 1297.

1481 ROUSSEL (RICHARD).

1277.

Sceau rond, de 31 mill. — Arch. du Calvados; abbaye de Villers-Canivet.

Une fleur radiée, à huit pétales.

✠ S' RICARDI ROVSEL

(Sigillum Ricardi Rousel.)

Transport d'une rente sur des biens, à Villers-Canivet. — Janvier 1277.

1482 ROUSSELLE (AMELINE LA).

Femme de Jean Roussel. — 1283.

Sceau rond, de 36 mill. — Arch. de la Seine-Inférieure; prieuré de Gasny.

Une étoile surmontant une croix potencée.

S' EMELINE : LA ROVSELLE

(Seel Émeline la Rouselle.)

Voyez le n° 1479.

1483 ROUX (AUBIN LE).

1239.

Sceau rond, de 33 mill. — Arch. de la Seine-Inférieure ; abbaye du Valasse.

Une hache.

✱ S' : ALBINI : LE : ROVS :

(Sigillum Albini le Rous.)

Donation d'une rente sur un ténement, au Béquet. — Mai 1239.

1484 ROUX (GEOFFROI LE)

de Beaunay. – 1228.

Sceau rond, de 31 mill. — Arch. de la Seine-Inférieure ; abbaye de Jumiéges.

Une fleur de lys fleuronnée.

S. GAFRIDI RVFI DE S' NICOL

(Sigillum Gafridi Rufi de Sancto Nicolao.)

Confirmation d'un masage donné par son père aux religieux de Jumiéges. — Janvier 1228.

1485 ROUX (GUILLAUME LE).

1239.

Sceau rond, de 35 mill. — Arch. de la Seine-Inférieure ; abbaye de Jumiéges.

Un monument semblable à celui figuré sur les gros tournois d'argent et les deniers tournois de saint Louis.

✱ S'. VVLLERMI · LE . ROVS :

(Sigillum Vullermi le Rous.)

Transport d'une rente sur des biens, à Hauville. — Avril 1239.

1486 ROUX (JEAN LE).

1310.

Sceau ogival, de 34 mill. — Arch. de la Seine-Inférieure ; abbaye de Saint-Wandrille.

Un couteau.

S'. IOHIS · DĈI · LE ROVS ·

(Sigillum Johannis, dicti le Rous.)

Fieffe d'une terre située à Sierville. — Novembre 1310.

1487 ROUX

(JEANNE D'ÉPINAY, FEMME DE RAOUL LE).

1272.

Sceau rond, de 27 mill. — Arch. de la Seine-Inférieure ; archevêché de Rouen.

Une croix fleuronnée, combinée avec un sautoir.

✱ S' IOHE DESPINEI :

(Sigillum Johanne d'Espinei.)

Vente d'une rente sur le bateau du passage à Dieppe. — Octobre 1272.

1488 ROYER (RICHARD LE).

1281.

Sceau rond, de 38 mill. — Arch. de la Seine-Inférieure ; abbaye de Jumiéges.

Une roue.

✱ SIGILLVM : RICARDI : LE ROIER

(Sigillum Ricardi le Roier.)

Échange d'une terre sise à Hauville. — Février 1281.

1489 RUAUT (JEAN).

1251.

Sceau rond, de 20 mill. — Arch. de la Seine-Inférieure ; archevêché de Rouen.

Un maillet ?

✱ S' : IOHIS : RVOVD ·

(Sigillum Johannis Ruoud.)

Transport d'une rente sur une terre, à Dieppe. — Janvier 1251.

1490 RUE (MABILLE DE),

Veuve de Dreux de Rue. — 1258.

Sceau rond, de 25 mill. — Arch. de la Seine-Inférieure ; archevêché de Rouen.

Une croix potencée, combinée avec un petit sautoir.

✱ S' MABILIE DE RVE

(Sigillum Mabilie de Rue.)

Transport d'une rente sur une masure, à Dieppe. — Juin 1258.

1491 RUE (SIMON DE LA).

1234.

Sceau rond, de 29 mill. — Arch. du Calvados ; abbaye de Troarn.

Une serpe.

✱ S' : S....IS DE RVA

(Sigillum Simonis de Rua.)

Donation d'un ténement sis à Touffréville et à Longueval. — 1234.

1492 RUE (WIGOT DE).

1224.

Sceau rond, de 34 mill. — Arch. du Calvados ; abbaye d'Aunay.

Une aigle contournée.

✱ SIGILL · WIGOT · DE . RVA ·

(Sigillum Wigot de Rua.)

Donation d'une terre relevant de Mahaut de Saunay, à Vassy. — 1224.

1493 RUELLE (EUDELINE DE LA).

1254.

Sceau rond, de 30 mill. — Arch. de la Seine-Inférieure ; abbaye de Montivilliers.

Une fleur de lys.

✱ S' HEVDELINE DE LA RVELE

(Sigillum Heudeline de la Ruèle.)

Vente d'une vigne située près Vernon. — Avril 1254.

1494 RUELLE (JEAN DE LA).

1254.

Sceau rond, de 31 mill. — Arch. de la Seine-Inférieure : abbaye de Montivilliers.

Une serpe.

S' IOHANNIS DE LA R....

(Sigillum Johannis de la Ruèle?)

Voyez le numéro précédent.

1495 RUETTE (GUILLAUME DE LA).

1268.

Sceau rond, de 30 mill. — Arch. de la Seine-Inférieure : abbaye de Jumièges.

Une fleur de lys.

✱ S' WILLI DE RVETA

(Sigillum Willermi de Rueta.)

Rachat de rentes sur une terre sise à Jumièges. — Décembre 1268.

1496 RUPPE (BARTHÉLEMY).

1297.

Sceau rond, de 30 mill. — Arch. de l'Orne ; abbaye de Saint-Évroult.

Un sautoir potencé, combiné avec un losange portant une croisette à l'extrémité de chaque angle.

✱ S' B'TELOT · RVPE

(Seel Bertelot Rupe.)

Confirmation au sujet d'une terre sise à Saint-Aquilin-d'Augerons. — Avril 1297.

1497 SAINT-JEAN (RICHARD DE).

1292.

Sceau ogival, de 27 mill. — Arch. de la Seine-Inférieure : abbaye de Bondeville.

Un Agnus Dei.

✱ S' RICART D' SAINT IOHAN

(Seel Ricart de Saint Johan.)

Vente d'une rente sise à Bondeville. — Août 1292.

1498 SAINT-LO (EUDES DE).

1259.

Sceau rond, de 34 mill. — Arch. du Calvados : évêché et chapitre de Bayeux.

Une étoile à six rais, dont trois fleuronnés et alternés.

✱ S' ODONIS DE SCO LAVDO ·

(Sigillum Odonis de Sancto Laudo.)

Acte de dessaisine d'une masure située en la paroisse de Saint-Vigor-le-Petit, à Bayeux. — Juillet 1259.

1499 SAINT-LOTHIER (JEAN DE).

1233.

Sceau rond, de 31 mill. — Arch. du Calvados ; abbaye de Saint-André-en-Gouffern.

Une croix fleuronnée, combinée avec un petit sautoir.

✱ S' IOHANNIS DE SCO LOTARIO

(Sigillum Johannis de Sancto Lotario.)

Cession de droits sur des ténements, à la Ferté-Macé. — 1233.

1500 SAINT-MARTIN-ÉGLISE (GILLES DE).

1272.

Sceau rond, de 24 mill. — Arch. de la Seine-Inférieure ; archevêché de Rouen.

Une croix cantonnée de quatre fleurons.

✱ S' GILES D' MARTIGL'E

(Seel Giles de Martiglise.)

Transport d'une rente sur une maison, à Dieppe. — Février 1272.

1501 SAINT-MICHEL (OLIVIER DE).

1234.

Sceau rond, de 30 mill. — Arch. de la Seine-Inférieure : abbaye de Bondeville.

Une rose de feuillages.

✱ S' OLVER DE SNT MICEL

(Seel Olver de Sent Micel.)

Fieffe d'une terre sise à Bondeville. — Octobre 1234.

1502 SAINT-OUEN (ALIX DE).

1253.

Sceau rond, de 31 mill. — Arch. de la Seine-Inférieure : abbaye de Saint-Amand.

Une fleur de lys.

✱ S' AELIS D....AVDOENO

(Sigillum Aelis de Sancto Audoeno.)

Vente d'une rente sur une masure, à la Chaussée. — Février 1253.

1503 SAINT-OUEN (JEAN DE).

Fils d'Alix de Saint-Ouen. — 1253.

Sceau rond, de 26 mill. — Arch. de la Seine-Inférieure : abbaye de Saint-Amand.

Une sorte de fleur de lys.

S' IOH' DE · S · OEN

(Seel Johan de Saint Oen.)

Voyez le numéro précédent.

1504 SAINT-OUEN (ROBERT DE).

1275.

Sceau rond, de 28 mill. — Arch. de la Seine-Inférieure ; abbaye de Saint-Amand.

Une étoile géométrique chargée d'un point au centre et accompagnée de cinq autres points.

✱ S' ROB' · DE · S' · AVDOENO

(Sigillum Roberti de Sancto Audoeno.)

Transport d'une rente sur des biens, à la Chaussée. — Février 1275.

1505 SAINT-SAENS (JEAN DE).

1289.

Sceau rond, de 30 mill. — Arch. de la Seine-Inférieure ; abbaye de Fécamp.

Une croix de feuillages.

✱ S' IOH DE SEINT SNEN

(Seel Johan de Seint Snen.)

Vente d'une terre sise à Fontaine-le-Bourg. — Avril 1289.

1506 SAINTE-FOY (BÉRENGER DE).

1253.

Sceau rond, de 33 mill. — Arch. de la Seine-Inférieure ; archevêché de Rouen.

Une croix ancrée, vidée, cantonnée de quatre points et chargée d'un point à son centre.

✱ S' BERĒGARII SČA FIDE

(Sigillum Berengarii Sancta Fide.)

Vente d'une masure sise à Dieppe. — Janvier 1253.

1507 SAINTE-FOY (JEAN DE).

1265.

Sceau rond, de 29 mill. — Arch. de la Seine-Inférieure ; abbaye de Saint-Amand.

Une étoile géométrique.

✱ S' IOHIS D' SCA F..E

(Sigillum Johannis de Sancta Fide.)

Constitution d'une rente sur un masage sis à la Chaussée. — Juillet 1265.

1508 SAINTE-FOY (JEAN DE).

1277.

Sceau rond, de 23 mill. — Arch. de la Seine-Inférieure ; abbaye de Saint-Amand.

Une croix fleuronnée.

✱ S' IOH · D' · S' · FIDE

(Sigillum Johannis de Sancta Fide.)

Constitution d'une rente sur un héritage, à la Chaussée. — Juin 1277.

1509 SALOMON (RAOUL).

1257.

Sceau rond, de 30 mill. — Arch. de la Seine-Inférieure ; abbaye de Jumiéges.

Une fleur à huit pétales.

✱ S' RADVL... LEMON

(Sigillum Radulfi Selemon.)

Cession d'un héritage sis à Jumiéges. — Septembre 1257.

1510 SANSON (ROBERT)

de la Brévière. — 1264.

Sceau rond, de 36 mill. — Arch. du Calvados ; abbaye de Saint-André-en-Gouffern.

Une fleur de lys fleuronnée.

✱ S' ROBERTI : SANSON

(Sigillum Roberti Sanson.)

Donation de biens sis en la paroisse de Montgommery. — Juillet 1264.

1511 SANS-PITIÉ

(HAÏS PAYEN, FEMME DE ROBERT).

1258.

Sceau rond, de 31 mill. — Arch. de la Seine-Inférieure ; abbaye de Jumiéges.

Un arbuste.

✱ S' HAISIE FIL.. PAIEN

(Sigillum Haisie, filie Paien.)

Transport d'une rente sur une terre sise à Jumiéges. — Mai 1258.

1512 SANS-PITIÉ (ROBERT).

1258.

Sceau rond, de 31 mill. — Arch. de la Seine-Inférieure ; abbaye de Jumiéges.

Une croix potencée, combinée avec un sautoir inscrit dans un quadrilobe.

✱ S' ROBTI · SANS PITIE

(Sigillum Roberti Sans Pitié.)

Voyez le numéro précédent.

1513 SAUDEBREUIL (ALIX).

XIIIe siècle.

Sceau rond, de 32 mill. — Arch. de l'Eure.

Une fleur radiée.

✱ S' AGLIS SAVDGBROL

(Sigillum Aelis Saudebrol.)

Sceau détaché.

1514 SAUQUENTOT (JOURDAIN DE).

Commencement du XIIIe siècle.

Sceau rond, de 28 mill. — Arch. de la Seine-Inférieure ; abbaye de Jumiéges.

Une fleur de lys de fantaisie.

✱ S' GORDAN · DG SAVRGINTOT

(Seel Gordan de Saukeintot.)

Échange d'une portion du moulin de Beaunay. — Sans date.

1515 SAUQUEVILLE (AUBIN DE).

1252.

Sceau ogival, de 34 mill. — Arch. de la Seine-Inférieure ; archevêché de Rouen.

Une fleur de lys fleuronnée.

✱ S' ALBINI DG SAVRGVIL

(Sigillum Albini de Saukeville.)

Transport d'une rente sur une maison, à Dieppe. — Février 1252.

1516 SAUVAGE (GUILLAUME LE).

1236.

Sceau rond, de 35 mill. — Arch. du Calvados ; Hôtel-Dieu de Lisieux.

Une fleur de lys de fantaisie.

✱ S' · WLLI · LG SAVAGG

(Sigillum Willermi le Savage.)

Fieffe d'une maison sise à Lisieux. — Décembre 1236.

1517 SAVALE (JEAN).

1224.

Sceau rond, de 34 mill. — Arch. de la Seine-Inférieure ; abbaye de Jumiéges.

Une fleur de lys.

✱ S' · IOHIS · SAVALG

(Sigillum Johannis Savale.)

Donation de rentes sises à Yville. — Mars 1224.

1518 SAVETIER

(AGNÈS ORSELLE, FEMME D'ANSOUD LE).

1284.

Sceau rond, de 26 mill. — Arch. de l'Orne ; abbaye de Saint-Évroult.

Une chaussure.

....NGS ORSGLG

(Seel Agnés Orsele?)

Donation d'un héritage sis au Fay-Orsel, en la paroisse de Notre-Dame-du-Bois. — Juin 1284.

1519 SAVETIER (ANSOUD LE).

1284.

Sceau rond, de 26 mill. — Arch. de l'Orne ; abbaye de Saint-Évroult.

Une chaussure.

✱ S' ANSOVT CHAVGT'

(Seel Ansout Chavetier.)

Voyez le numéro précédent.

1520 SAVETIER (PIERRE LE).

1258.

Sceau rond, de 36 mill. — Arch. hospitalières d'Évreux.

Une étoile à huit rais anglés de huit dents.

✱ S' PGTRI LG CHAVGTIGR

(Sigillum Petri le Chavetier.)

Transport d'une rente sur une vigne, à Gravigny. — Mai 1258.

1521 SCOT OU L'ESCOT (JEAN LE).

1286.

Sceau ogival, de 33 mill. — Arch. de l'Orne ; abbaye de Saint-Évroult.

Une fleur à six pétales.

✱ S' IOH LG SCOT

(Sigillum Johannis le Scot.)

Abandon de droits sur un pré, au profit du prieuré de Ware (Angleterre). — Mai 1286.

1522 SEBERT (GERMAIN)

de Tessel. — 1246.

Sceau ogival, de 31 mill. — Arch. du Calvados ; abbaye d'Aunay.

Quatre épis accompagnés d'une faucille.

✱ SIGILL' GGRMANI SGBGRT ·

(Sigillum Germani Sebert.)

Donation d'une rente sur une terre, à Fontenay-le-Pesnel. — 1246.

1523 SEIGNEUR (CLÉMENT LE).

1248.

Sceau rond, de 35 mill. — Arch. de la Seine-Inférieure ; abbaye de Valmont.

Un outil? composé d'une tige enroulée du bas à la façon d'une volute de crosse et portant en haut et à droite une saillie triangulaire ; accosté de deux points.

S' CLGMGNTIS LG SGGNGR

(Sigillum Clementis le Segneor.)

Vente d'une terre sise à Saint-Gervais-du-Bec. — 1248.

1524 SEIGNEUR (PIERRE LE).

1295.

Sceau rond, de 28 mill. — Arch. de la Seine-Inférieure; abbaye de Jumièges.

Un arbuste.

✱ S' PETRI LE SEGNEVR

(Sigillum Petri le Segneur.)

Vente d'une rente sise à Jumièges. — Avril 1295.

1525 SEINCART (ROGER).

1281.

Sceau rond, de 28 mill. — Arch. de l'Orne; abbaye de Saint-Évroult.

Une fleur à cinq pétales, posée sur une roue à cinq rayons fleuronnés.

✱ S' ROGERI SEINCART

(Sigillum Rogeri Seincart.)

Vente d'un bois dépendant du fief du Douet-Moussu, en la paroisse de Notre-Dame-du Bois. — Mai 1281.

1526 SEMILLY (RICHARD DE).

1253.

Sceau rond, de 22 mill. — Arch. du Calvados; abbaye de la Sainte-Trinité de Caen.

Un animal chimérique, passant à droite.

✱ S' RICARDI DE SEMILL

(Sigillum Ricardi de Semilli.)

Acquisition d'un masnage situé à Caen. — Mars 1253.

1527 SÉNÉCHAL (AMAND LE).

1260.

Sceau rond, de 23 mill. — Arch. de la Seine-Inférieure; archevêché de Rouen.

Un sanglier? courant à droite, devant un arbre.

S' AMANT LE CENESCHAL

(Seel Amant le Ceneschal.)

Acquisition de rentes au profit de la chapelle du Bosc-Roger. — Janvier 1260.

1528 SÉNÉCHAL (GALERAN LE).

1221.

Sceau rond, de 42 mill. — Arch. hospitalières d'Évreux.

Une étoile à huit rais.

✱ S' GALERANI LE SENESCAL

(Sigillum Galerani le Seneseal.)

Vente d'un bois sis à Gravigny. — 1221.

1529 SERGENT (GILBERT LE)

de Hauville. — 1221.

Sceau rond, de 35 mill. — Arch. de la Seine-Inférieure; abbaye de Jumièges.

Une fleur de lys fleuronnée.

✱ S' GILLEBERTI · LE · SERIANT ·

(Sigillum Gilleberti le Serjent.)

Donation de rentes sises à Hauville. — Mars 1221.

1530 SÉRI (RICHARD).

1260.

Sceau rond, de 30 mill. — Arch. de la Seine-Inférieure; abbaye de Jumièges.

Une croix potencée, combinée avec un sautoir.

✱ · SIGILL · RICARDI · SERI ·:

(Sigillum Ricardi Seri.)

Vente d'une terre sise à Hauville. — Avril 1260.

1531 SÉRON (ROBERT).

1264.

Sceau rond, de 27 mill. — Arch. de la Seine-Inférieure; abbaye de Jumièges.

Un fléau.

✱ S' ROBERTI SERON ·

(Sigillum Roberti Seron.)

Vente d'un passage conduisant au moulin de Hauville. — Novembre 1264.

1532 SESNE (GUILLAUME LE).

1239.

Sceau rond, de 32 mill. — Arch. de la Seine-Inférieure; abbaye de Jumièges.

Tête humaine de profil à gauche.

✱ S' WILLERMI LE SESNE

(Sigillum Willermi le Sesne.)

Donation et vente de rentes sur des vignes, à Longueville. — Février 1239.

1533 SESNESSE (ALIX LA),

Femme de Guillaume le Sesne. — 1239.

Sceau rond, de 33 mill. — Arch. de la Seine-Inférieure; abbaye de Jumièges.

Un rinceau fleuronné.

✱ S' AELICIE LA SENESSE

(Sigillum Aelicie la Senesse.)

Voyez le numéro précédent.

1534 SEWEN

(HERMER, FILS DE LANGLIVE).

XIIIe siècle.

Sceau rond, de 35 mill. — Arch. du Calvados ; abbaye de la Sainte-Trinité de Caen.

Un trèfle fleuronné, formant fleur de lys.

✱ S....MERI FIL L.NGLIVE

(Sigillum Hermeri, filii Langlive.)

Cession du moulin de Nefford (Angleterre). — Sans date.

1535 SEWEN (LANGLIVE).

XIIIe siècle.

Sceau rond, de 31 mill. — Arch. du Calvados ; abbaye de la Sainte-Trinité de Caen.

Une quartefeuille fleuronnée.

SIGILL LANGLIVE SEWEN

(Sigillum Langlive Sewen.)

Voyez le numéro précédent.

1536 SILVESTRE (ROBERT).

1277.

Sceau rond, de 24 mill. — Arch. de la Seine-Inférieure : abbaye du Valasse.

Une fleur de lys.

✱ S' ROB' SILVESTRE

(Seel Robert Silvestre.)

Vente d'héritages situés en la paroisse de Rolleville. — Février 1277.

1537 SIMON (THOMAS).

1284.

Sceau rond, de 29 mill. — Arch. du Calvados ; abbaye d'Aunay.

Une étoile géométrique chargée d'un point à son centre et anglée de six autres points.

✱ S' THOME : SYMONIS :

(Sigillum Thome Symonis.)

Transport d'une rente sur des terres sises à Saint-Georges et à Maisoncelles-Pelvey. — Décembre 1284.

1538 SOREL (GUILLAUME).

1254.

Sceau ogival, de 31 mill. — Arch. de la Seine-Inférieure ; abbaye de Saint-Amand.

Une fleur de lys fleuronnée.

✱ S' : VVILLERMI : SOREL ·

(Sigillum Willermi Sorel.)

Transport d'une rente sur un masage, à Saint-Ouen-le-Mauger. — Décembre 1254.

1539 SOREL (GUILLAUME)

de Pimont. — 1260.

Sceau rond, de 36 mill. — Arch. de la Seine-Inférieure : abbaye de Jumièges.

Une étoile à six rais.

✱ S' WILLE... SOREL

(Sigillum Willermi Sorel.)

Vente d'une terre sise à Beaunay. — Février 1260.

1540 SOULANGY (JEAN DE).

1226.

Sceau rond, de 35 mill. — Arch. du Calvados : abbaye de Saint-André-en-Gouffern.

Une étoile à huit rais fleuronnés.

✱ S' IOHANNIS : DE SOLEMGI

(Sigillum Johannis de Solemgi.)

Donation d'une terre sise à Cauricourt. — 1226.

1541 SUEUR (JEAN LE).

1308.

Sceau rond, de 25 mill. — Arch. de l'Orne ; abbaye de Saint-Évroult.

Une fleur de lys.

✱ S IOHIS LE SVOVR

(Sigillum Johannis le Suour.)

Échange d'une terre sise à Douet-Artus. — Septembre 1308.

1542 SUEUR (VINCENT LE).

1261.

Sceau rond, de 28 mill. — Arch. de la Manche : abbaye de la Luzerne.

Une étoile à six rais.

✱ S' V....NT · LE SVOR

(Seel Vincent le Suor.)

Transport d'une rente sur une terre, à Blainville. — Avril 1261.

1543 SULLY (FOULQUES DE).

1247.

Sceau rond, de 35 mill. — Arch. de la Seine-Inférieure : abbaye de Saint-Wandrille.

Une croix dans un encadrement festonné.

✱ S' FOVCHES · DE SOVLLI

(Seel Fouches de Soulli.)

Transport d'une rente sur une masure, à Brémontier. — Avril 1247.

1544 SUR-LA-MARE (GUILLAUME DE).

1295.

Sceau rond, de 26 mill. — Arch. de la Seine-Inférieure ; abbaye de Jumièges.

Une étoile géométrique.

✱ S' WILLI DE S' LA MAR'

(Sigillum Willermi de Sur la Mare.)

Vente d'une rente sur un masage, à Saint-Paër. — Juin 1295.

1545 TANE (PIERRE).

1312.

Sceau rond, de 23 mill. — Arch. de la Seine-Inférieure; abbaye de Jumièges.

Écu portant une croix.

✱ S' PETRI TANE

(Sigillum Petri Tane.)

Fieffe d'un tènement sis à Jumièges. — Février 1312.

1546 TANETIN (HENRI).

1201.

Sceau rond, de 37 mill. — Arch. du Calvados; abbaye d'Aunay.

Une fleur de lys fleuronnée.

✱ SIGILL HENRICI TANETIN

(Sigillum Henrici Tanetin.)

Échange et donation de terres sises à Vendes. — 1201.

1547 TAPIN (ROBERT).

1211.

Sceau rond, de 32 mill. — Arch. de l'Orne; abbaye de Silly.

Une écrevisse en pal, accostée de deux poissons en pal la tête en bas.

✱ S' ROBERTI TAPIN

(Sigillum Roberti Tapin.)

Confirmation d'une donation. — 1211.

1548 TARDIF (RICHARD).

1288.

Sceau rond, de 30 mill. — Arch. du Calvados, abbaye de Fontenay.

Une croix de feuillages, combinée avec un sautoir.

✱ S' RICART · TDIF

(Seel Ricart Tardif.)

Contrepleige au sujet d'un fief sis au Mesnil-Patry. — Octobre 1288.

1549 TARDIVEL (RICHARD).

1235.

Sceau rond, de 35 mill. — Arch. de la Seine-Inférieure; abbaye de Jumièges.

Une fleur de lys cantonnée de quatre points.

✱ S' · RICARDI · TARDIVEL :

(Sigillum Ricardi Tardivel.)

Vente d'une rente sise à Hauville. — Mai 1235.

1550 TAUPIN (GEOFFROI).

1279.

Sceau rond, de 26 mill. — Arch. de la Seine-Inférieure; abbaye de Saint-Wandrille.

Une serpe.

S' GIEFRAI TAVPIN ·

(Seel Giefrai Taupin.)

Cession de droits sur le clos de Gaillon. — Avril 1279.

1551 TENNEMARE (GUILLAUME DE).

1304.

Sceau rond, de 26 mill. — Arch. de la Seine-Inférieure; abbaye de Montivilliers.

Une fleur de lys.

✱ S' GVILLI DE TENEMARE

(Sigillum Guillermi de Tenemare.)

Déclaration de fieffe au sujet d'une terre, à Rolleville. — Mars 1304.

1552 THIERRI (GUILLAUME).

1215.

Sceau rond, de 34 mill. — Arch. de la Seine-Inférieure; abbaye de Jumièges.

Une croix fleuronnée, combinée avec un petit sautoir, cantonnée de quatre fers de flèche?

✱ S' WILLERMI TIERI

(Sigillum Willermi Tieri.)

Vente d'un tènement sis à Breteville, dans la paroisse de Saint-Paër. — 1215.

1553 THIOUT (MICHEL).

1308.

Sceau rond, de 22 mill. — Arch. de l'Orne; abbaye de Saint-Évroult.

Un objet en forme d'écu suspendu par sa guiche, portant un sautoir cantonné de quatre poissons?

✱ S' MICHAEL THIOT

(Sigillum Michaelis Thiot.)

Échange de terres sises à Douet-Artus. — Septembre 1308.

1554 THOREL (ROBERT).

1260.

Sceau rond, de 32 mill. — Arch. du Calvados; abbaye de la Sainte-Trinité de Caen.

Une croix de feuillages.

✱ S' ROBERTI THOREL

(Sigillum Roberti Thorel.)

Vente d'une terre sise à la Platefosse, à Caen. — Janvier 1260.

1555 THUIT-SIMER (JEAN DU),

Fils de Nicolas du Thuit-Simer. — 1316.

Sceau rond, de 27 mill. — Arch. de la Seine-Inférieure ; abbaye de Jumièges.

Une croix fleuronnée, combinée avec un petit sautoir.

✱ S' IOhANNIS DV TVIT

(Sigillum Johannis du Tuit.)

Donation de rentes sur un tènement, à Neuvillette. — 1316.

1556 THUIT-SIMER (JEAN DU),

dit le Sénéchal. — 1343.

Sceau rond, de 28 mill. — Arch. de la Seine-Inférieure ; abbaye de Jumièges.

Une croix fleuronnée, combinée avec un petit sautoir.

✱ S' · IOhANNIS · DV TVIT

(Sigillum Johannis du Tuit.)

Donation du manoir de Neuvillette ; confirmation. — Juillet 1343.

1557 THUIT-SIMER (NICOLAS DU),

dit le Sénéchal. — 1316.

Sceau rond, de 33 mill. — Arch. de la Seine-Inférieure ; abbaye de Jumièges.

Un oiseau accompagné de rameaux.

✱ S' N..OLAI · DV TVIT

(Sigillum Nicolai du Tuit.)

Voyez le n° 1555.

1558 TIBERT (PIERRE).

1355.

Sceau rond, de 27 mill. — Arch. de la Seine-Inférieure ; abbaye de Jumièges.

Un compas.

✱ S' PETRI TIBERT ·

(Sigillum Petri Tibert.)

Fieffe d'une masure et d'une maison sises à Jumièges. — Mai 1355.

1559 TIBERT (PIERRE).

1360.

Sceau rond, de 33 mill. — Arch. de la Seine-Inférieure ; abbaye de Jumièges.

Une croix pattée et ajourée, cantonnée de quatre croissants dont la convexité est tournée vers le centre.

✱ S' PETRI TIEB.RT

(Sigillum Petri Tiebert.)

Transport d'une rente sur une masure sise à Jumièges. — Avril 1360.

1560 TIRANT (NICOLAS LE).

1298.

Sceau rond, de 26 mill. — Arch. de la Seine-Inférieure ; abbaye de Jumièges.

Une étoile à douze rais fleuronnés.

... NICOLAI · LE · TIRANT

(Sigillum Nicolai le Tirant.)

Transport d'une rente sur une terre, au Mesnil. — Avril 1298.

1561 TISON (ROGER).

1236.

Sceau rond, de 28 mill. — Arch. du Calvados ; abbaye d'Aunay.

Une fleur de lys.

✱ S' ROGERII TISON

(Sigillum Rogerii Tison.)

Donation d'une rente sise à Maizet. — 1236.

1562 TONNELIER (ROBERT LE).

1259.

Sceau rond, de 32 mill. — Arch. de la Seine-Inférieure ; archevêché de Rouen.

Une fleur radiée.

✱ S' ROBERT LE TONELIR

(Seel Robert le Tonelir.)

Transport d'une rente sur une terre, à Dieppe. — Janvier 1259.

1563 TONNEVILLE (LUCIENNE DE).

Veuve d'Adam Bédengue). — 1232.

Sceau ogival, de 39 mill. — Arch. de la Seine-Inférieure ; abbaye de Jumièges.

Un rameau à feuilles opposées.

✱ S' LVCIANE DE TONEVILE

(Sigillum Luciane de Tonevile.)

Donation d'une rente sise à Hauville. — Septembre 1232.

1564 TORCY (ROBERT DE).

1369.

Sceau rond, de 26 mill. — Arch. de la Seine-Inférieure ; archevêché de Rouen.

Une croix potencée, cantonnée de quatre feuilles formant un sautoir.

S' ROB'T DE TORCH

(Seel Robert de Torch.)

Vente d'une rente sur une masure, à Dieppe. — Décembre 1369.

1565 TORT (GUILLAUME LE).

1277.

Sceau rond, de 25 mill. — Arch. du Calvados ; abbaye d'Aunay.

Un couteau accosté de deux objets indistincts.

✱ S' WILLMI LE TORT

(Sigillum Willermi le Tort.)

Transport d'une rente sur un masnage, à Évrecy. — Novembre 1277.

1566 TOULIN (RICHARD),

Frère de Thomas Toulin. — 1261.

Sceau rond, de 36 mill. — Arch. hospitalières d'Évreux.

Une étoile à huit rais.

S' RI.ҺART TOVOVLIN

(Seel Richart Tououlin.)

Transport d'une rente sur des biens, à Croisy. — Mai 1261.

1567 TOULIN (THOMAS).

1261.

Sceau ogival, de 33 mill. — Arch. hospitalières d'Évreux.

Un animal chimérique.

✱ S' ƬҺOOME · TOVLIN DE ČISI

(Sigillum Thome Toulin de Croisi.)

Voyez le numéro précédent.

1568 TOUPES (JEANNE),

Veuve de Robert Toupes. — 1253.

Sceau ogival, de 34 mill. — Arch. de la Seine-Inférieure : archevêché de Rouen.

Une fleur de lys fleuronnée.

✱ S' IOVANE TOVPES

(Seel Jouane Toupes.)

Confirmation de rentes sur des maisons, à Dieppe. — Janvier 1253.

1569 TOUQUES (GUILLAUME DE).

1248.

Sceau rond, de 34 mill. — Arch. du Calvados ; abbaye de Barberie.

Un léopard.

✱ S'. WꝆI D' TOVQVE

(Sigillum Willermi de Touque.)

Donation d'une rente sise à Quilly. — Août 1248.

1570 TOUQUES

(PERRENELLE LA DRUE, FEMME DE GUILLAUME DE).

1248.

Sceau rond, de 28 mill. — Arch. du Calvados : abbaye de Barberie.

Un ornement en forme de fleur de lys.

✱ S' PETRONILLE LA DRVE

(Sigillum Petronille la Drue.)

Voyez le numéro précédent.

1571 TOURNEUR (VINCENT LE).

1277.

Sceau ogival, de 35 mill. — Arch. de la Seine-Inférieure : abbaye de Saint-Amand.

Une fleur de lys.

S' VINCҺENT LE TOVNEEV

(Seel Vinchent le Touneeu.)

Vente d'une terre sise à Boos. — Décembre 1277.

1572 TOURNEVILLE (GUILLAUME DE).

XIIIe siècle.

Sceau rond, de 35 mill. — Arch. de l'Eure.

Une fleur de lys fleuronnée.

✱ S' WꝆI DE TORNEVILLA

(Sigillum Willermi de Tornevilla.)

Sceau détaché.

1573 TOURVILLE (AMELINE DE).

Femme d'André de Tourville. — 1250.

Sceau rond, de 23 mill. — Arch. de la Seine-Inférieure : archevêché de Rouen.

Une croix fleuronnée, combinée avec un sautoir.

✱ S' EMMELINE DE TORVILLE

(Sigillum Emmeline de Torvilla.)

Transport d'une rente sur une masure, à Dieppe. — Septembre 1250.

1574 TOURVILLE (ANDRÉ DE).

1250.

Sceau rond, de 35 mill. — Arch. de la Seine-Inférieure : archevêché de Rouen.

Une sorte d'étoile à huit rais recroisetés.

✱ S' · ANDREE DE TORVILLA :

(Sigillum Andree de Torvilla.)

Voyez le numéro précédent.

1575 TOUTAIN

(ÉREMBOUR, FILLE DE RAOUL).

1278.

Sceau rond, de 26 mill. — Arch. du Calvados : abbaye de Saint-André-en-Gouffern.

Une croix cantonnée de quatre feuilles formant un sautoir.

✱ S' BORGETE TOSTANE

(Seel Borgete Tostane.)

Transport d'une rente sur un fief, à Montgaroult. — Novembre 1278.

1576 TOUTAIN LE MOUTON
(ROBERGE, FILLE DE).

1247.

Sceau rond, de 31 mill. — Arch. du Calvados; abbaye d'Aunay.

Une croix potencée, cantonnée de quatre feuilles formant un sautoir.

✠ S' ROBERGIE FILIE TVSTIN
(Sigillum Robergie, filie Tustin.)

Donation d'une terre sise à Évrecy. — 1247.

1577 TOUVOIE (RENAUD DE).

1254.

Sceau rond, de 37 mill. — Arch. hospitalières d'Évreux.

Un arbuste.

✠ S' RENOVT DE TOVVOIE
(Seel Renoul de Touvoie.)

Vente d'une vigne sise à Illiers. — Décembre 1254.

1578 TRAILE (GUILLAUME DU).

1277.

Sceau rond, de 24 mill. — Arch. de la Seine-Inférieure; abbaye de Montivilliers.

Le signe des Poissons du zodiaque.

✠ S' GVILAME DV TREL
(Seel Guilame du Trel.)

Fieffe d'une vigne sise au Traile, près Vernon. — Novembre 1277.

1579 TREMBLAY (ARNAUD DE),
dit Foirl. — 1246.

Sceau rond, de 25 mill. — Arch. de l'Orne; abbaye de Saint-Évroult.

Un lion? passant à droite.

✠ S' : ERNAVT DE REVILE
(Seel Ernaut de Révile.)

Donation d'une portion de pré et du clos d'Augerons. — Juin 1246.

1580 TREMBLAY (AUZOUF DE).

1229.

Sceau rond, de 26 mill. — Arch. du Calvados; abbaye de Barberie.

Une fleur de lys.

✠ S' OSVLFI DE TREMBLEI
(Sigillum Osulfi de Tremblei.)

Cession de rentes sises à Saint-Germain-du-Chemin. — 1229.

1581 TRÉMONT (RICHARD DE).

1255.

Sceau rond, de 33 mill. — Arch. de l'Orne; abbaye de Saint-Évroult.

Une quintefeuille.

✠ S' RICHARDI DE TREMONS
(Sigillum Richardi de Trémons.)

Donation d'une terre située au Vieux-Mesnil, près Échauffour. — Avril 1255.

1582 TROIS-ANS (MICHEL).

1282.

Sceau rond, de 27 mill. — Arch. de l'Orne; abbaye de Saint-Évroult.

Des tenailles accompagnées d'un marteau à gauche.

✠ S' · MICHAEL · TRES · ANS
(Sigillum Michaelis Tres Ans.)

Donation de tous ses biens, sis à Notre-Dame-du-Bois et ailleurs. — Août 1282.

1583 TRUAND (JEAN).

1222.

Sceau rond, de 30 mill. — Arch. du Calvados; abbaye de Barberie.

Deux feuilles festonnées, disposées en fleuron.

✠ S' IOHIS FILII TRVANDI
(Sigillum Johannis, filii Truandi.)

Fieffe d'une terre sise à Bougy. — 1222.

1584 TRUITIER
(ALIX LA PORETTE, FEMME D'ARNOUL LE).

1267.

Sceau rond, de 29 mill. — Arch. de la Seine-Inférieure; abbaye de Jumièges.

Des entrelacs formant un losange.

✠ S' AALES LA PORETE
(Seel Aales la Porète.)

Vente d'une terre sise à Hauville. — Mars 1267.

1585 TURQUEIS (HAMON LE).

XIII° siècle.

Sceau rond, de 40 mill. — Arch. du Calvados; abbaye de Troarn.

Un arbuste à trois fleurons.

✠ S' HAMONIS : MAGNI
(Sigillum Hamonis Magni.)

Donation d'un tènement sis à Falaise. — Sans date.

1586 TYTON (GUILLAUME).

1296.

Sceau ogival, de 38 mill. — Arch. de la Seine-Inférieure; abbaye de Jumièges.

Un rameau.

S' WLLI · LE CARPETIER ·

(Sigillum Willermi le Carpentier.)

Vente d'une terre sise au Mesnil. — Décembre 1296.

1587 TYTON

(JEANNE AMAND, FEMME DE GUILLAUME).

1296.

Sceau rond, de 24 mill. — Arch. de la Seine-Inférieure; abbaye de Jumièges.

Une étoile à huit rais.

✠ S' IOhE · AMANT

(Sigillum Johanne Amant.)

Voyez le numéro précédent.

1588 VAL (GAUTIER DU)

de Dieppe. — 1309.

Sceau en écu, de 22 mill. — Arch. de la Seine-Inférieure; archevêché de Rouen.

Des oiseaux accostés d'une étoile et d'un croissant.

S' GAVTIER DV VAL

(Seel Gautier du Val.)

Constitution d'une rente sur une masure, à Dieppe. — Juillet 1309.

1589 VAL (GERMAIN DU).

1252.

Sceau rond, de 29 mill. — Arch. du Calvados; abbaye d'Aunay.

Une fleur de lys fleuronnée.

✠ S' GERMANI DE VAL

(Sigillum Germani de Val.)

Transport d'une rente sur une masure, à Villers. — 1252.

1590 VAL (GUILLAUME DU).

1249.

Sceau rond, de 28 mill. — Arch. de la Seine-Inférieure; abbaye de Jumièges.

Une sorte de fleur de lys cantonnée de quatre points.

✠ S' : VVILLI : DV VAL

(Sigillum Willermi du Val.)

Vente d'une terre sise à Jumièges. — Mars 1249.

1591 VAL (JEAN DU).

1256.

Sceau rond, de 29 mill. — Arch. du Calvados; abbaye d'Aunay.

Une fleur de lys fleuronnée.

✠ S' IOhANNIS · DE · VALLE

(Sigillum Johannis de Valle.)

Vente d'une rente sise à Villers. — 1256.

1592 VAL (RAOUL DU).

1236.

Sceau rond, de 33 mill. — Arch. de la Seine-Inférieure; abbaye de Jumièges.

Un croissant portant entre ses cornes une croix potencée.

✠ S' · RADVLFI · DE · VAL ·

(Sigillum Radulfi de Val.)

Vente d'une rente sise à Hauville. — Décembre 1236.

1593 VAL (ROBERT DU).

1248.

Sceau rond, de 32 mill. — Arch. de l'Orne; abbaye de Saint-Évroult.

Un faucon tenant un oiseau?

✠ S' ROBERTI : DELVAL

(Sigillum Roberti del Val.)

Vente d'un fief sis en la paroisse de Saint-Évroult. — Mai 1248.

1594 VALOIS (GUILLAUME LE).

XIIIe siècle.

Sceau ogival, de 29 mill. — Arch. de l'Orne; abbaye de Saint-Évroult.

Un faucon liant un oiseau.

✠ S' WILLELMI LE WALEIS

(Sigillum Willelmi le Waleis.)

Donation de terres sises « in villa de Westrop et extra » (Angleterre). — Sans date.

1595 VALOIS (HAMON LE).

1232.

Sceau rond, de 36 mill. — Arch. du Calvados; abbaye de Saint-André-en-Gouffern.

Une fleur à quatre pétales principaux accompagnés de quatre pétales plus petits.

✠ S' hAMONIS · LE VALOIS :

(Sigillum Hamonis le Valois.)

Résignation de la part des terres qu'il tenait avec son frère, à Ners. — 1232.

1596 VAUQUELIN

(AGNÈS POTEL, FILLE D'ANASTASE).

1252.

Sceau rond, de 30 mill. — Arch. de la Seine-Inférieure; archevêché de Rouen.

Une fleur radiée.

✠ S' AGNES · POTEL · ·

(Seel Agnès Potel.)

Cession d'une rente sur un cellier, à Rouen. — Février 1252.

1597 VAUQUELIN (ANASTASE).

1252.

Sceau rond, de 35 mill. — Arch. de la Seine-Inférieure; archevêché de Rouen.

Une étoile de feuillages.

✠ S' ANESTASIE WAVQVELI

(Seel Anestasie Wouquelin.)

Voyez le numéro précédent.

1598 VAUTIER (GUILLAUME).

1316.

Sceau rond, de 28 mill. — Arch. du Calvados; abbaye de Troarn.

Une quartefeuille fleuronnée.

✠ S' VILLERMI VAVTIER

(Sigillum Villermi Vautier.)

Transport d'une rente sur des biens, à Touffréville. — Novembre 1316.

1599 VAUX (ROBIN DE).

XIIIe siècle.

Sceau rond, de 36 mill. — Arch. de la Seine-Inférieure; abbaye de Jumiéges.

Une fleur de lys.

✠ SIGIL... ROBIN · DE · VAVS ·

(Sigillum Robin de Vaus.)

Donation du tiers du bois de Cresne, près Jouy. — Sans date.

1600 VAVASSEUR (GUILBERT LE).

1316.

Sceau rond, de 33 mill. — Arch. du Calvados; abbaye de Troarn.

Une fleur radiée.

✠ S' GVILLEB' LE VAVASSOR

(Seel Guillebert le Vavassor.)

Transport d'une rente sur une terre, à Touffréville. — Mai 1316.

1601 VAVASSEUR (GUILLAUME LE).

1252.

Sceau rond, de 32 mill. — Arch. de la Seine-Inférieure; abbaye de Saint-Amand.

Une fleur à quatre pétales et quatre fleurons, alternés.

✠ S' W...I VAVASORIS

(Sigillum Willermi Vavasoris.)

Vente de terres sises à la Chaussée. — Juin 1252.

1602 VAVASSEUR (JEAN LE).

1254.

Sceau rond, de 28 mill. — Arch. du Calvados; évêché et chapitre de Bayeux.

Une fleur de lys fleuronnée.

✠ S' IOhANNIS LE VAVASOR

(Sigillum Johannis le Vavasor.)

Cession d'une masure sise en la paroisse de Saint-Sauveur de Bayeux. — Janvier 1254.

1603 VAVASSEUR (JOUSSEAUME LE).

1235.

Sceau rond, de 35 mill. — Arch. de la Seine-Inférieure; abbaye de Jumiéges.

Un lion passant à gauche.

S' ...GAVME LE VAVASOVR ·

(Seel Gocesaume le Vavasour.)

Vente d'une terre sise à Saint-Paër. — 1235.

1604 VIGOT (AGNÈS).

XIIIe siècle.

Sceau rond, de 39 mill. — Arch. de la Manche.

Une quintefeuille.

✠ · S' · AGNETIS · VIGOT ·

(Sigillum Agnetis Vigot.)

Épreuve d'une matrice en plomb, trouvée dans un cercueil, à Coutances.

1605 VILLAIN (AMELINE LE),

Femme de Robert le Villain. — 1272.

Sceau rond, de 27 mill. — Arch. de la Seine-Inférieure; abbaye de Saint-Amand.

Un arbuste à branches parallèles.

S' EMMELINE LA VILEN

(Sigillum Emmeline la Vilen.)

Vente d'une terre sise à Roos. — Janvier 1272.

1606 VILLAIN (MARTIN LE).

1272.

Sceau rond, de 30 mill. — Arch. de la Seine-Inférieure; abbaye de Saint-Amand.

Une croix fleuronnée.

✱ S' MARTIN LE VILLAIN

(Seel Martin le Villain.)

Vente d'une terre sise à Boos. — Décembre 1272.

1607 VILLAIN (MARTIN LE).

1283.

Sceau ogival, de 35 mill. — Arch. de la Seine-Inférieure; abbaye de Saint-Amand.

Une fleur de lys de feuillages.

✱ S' MARTIN : LE VILEIN

(Seel Martin le Vilein.)

Vente d'une terre sise à Boos. — Avril 1283.

1608 VILLAIN (MATTHIEU LE).

1297.

Sceau rond, de 22 mill. — Arch. de la Seine-Inférieure; abbaye de Saint-Waudrille.

Une croix ancrée chargée de cinq...?

✱ S' MAHIEV LE VILEIN

(Seel Mahieu le Vilein.)

Transport de rentes sur une masure, à Fontaine-en-Bray. — Novembre 1297.

1609 VILLAIN (ROBERT LE).

1232.

Sceau rond, de 35 mill. — Arch. de la Seine-Inférieure; abbaye de Jumiéges.

Une croix fourchée et croisetée, combinée avec un sautoir.

✱ S' ROBERTI VILLANI

(Sigillum Roberti Villani.)

Donation d'un héritage sis à Hauville. — Février 1232.

1610 VILLAIN (ROBERT LE).

1272.

Sceau rond, de 31 mill. — Arch. de la Seine-Inférieure; abbaye de Saint-Amand.

Une étoile à huit rais.

S' ROBERT · LE VILEIN ·

(Seel Robert le Vilein.)

Voyez le n° 1605.

1611 VILLALET (RICHARD DE).

XIIIe siècle.

Sceau rond, de 36 mill. — Arch. de l'Eure.

Une fleur de lys de fantaisie.

✱ S' RICARDI DE VILALET

(Sigillum Ricardi de Vilalet.)

Sceau détaché.

1612 VILLERS (GILBERT DE).

1253.

Sceau rond, de 34 mill. — Arch. du Calvados; abbaye de la Sainte-Trinité de Caen.

Un arbuste en éventail, accosté d'un soleil et d'un croissant.

✱ · S' · GILLEBETI · DE VILERS

(Sigillum Gilleberti de Vilers.)

Acquisition d'un masnage situé à Caen. — Mars 1253.

1613 VITRESEUL (GUILLAUME DE).

Fils de Jean de Vitreseul. — 1237.

Sceau rond, de 36 mill. — Arch. du Calvados; abbaye de Saint-André-en-Gouffern.

Une fleur de lys.

✱ S' WLEI · IOHANNIS :

(Sigillum Willermi Johannis.)

Cession d'un fossé sis à Vitreseul, près Crocy. — 1237.

1614 VITRESEUL (RAOUL DE).

1237.

Sceau rond, de 39 mill. — Arch. du Calvados; abbaye de Saint-André-en-Gouffern.

Une fleur de lys fleuronnée.

✱ S' RADVLFI · DE · VITREOL ·

(Sigillum Radulfi de Vitreol.)

Cession de droits sur les moulins de l'abbaye de Saint-André-en-Gouffern, à Vitreseul, près Crocy. — Septembre 1237.

1615 VITRIER

(ASSELINE LA BÉRAUDE, FEMME DE RICHARD LE).

1252.

Sceau ogival, de 39 mill. — Arch. de l'Orne; abbaye de Saint-Évroult.

Une fleur de lys fleuronnée.

✱ S' ACELINE LA BERRAVDE

(Sigillum Aceline la Berraude.)

Vente de biens situés à Saint-Évroult-Notre-Dame. — Septembre 1252.

1616 WAIMEL (RICHARD).

1260.

Sceau rond, de 34 mill. — Arch. de la Seine-Inférieure; abbaye du Tréport.

Une croix combinée avec un petit sautoir.

✱ S' RIC · WAIMEL :

(Sigillum Ricardi Waimel.)

Vente d'une rente sise au Tréport. — Janvier 1260.

1617 WASTEL (ROBERT).

1242.

Sceau rond, de 35 mill. — Arch. de la Seine-Inférieure; abbaye de Saint-Amand.

Une croix fleuronnée, accompagnée de quatre points.

✱ S' ROBERTI VATEL

(Sigillum Roberti Vatel.)

Fieffe de terres sises à Boos. — Décembre 1242.

1618 WASTEL (ROBERT).

1250.

Sceau rond, de 36 mill. — Arch. de la Seine-Inférieure; abbaye de Saint-Amand.

Une étoile à huit rais.

✱ S' ROBERT WASTEL

(Seel Robert Wastel.)

Vente de terres sises à Boos. — Octobre 1250.

1619 WASTEL (ROBERT).

1260.

Sceau rond, de 34 mill. — Arch. de la Seine-Inférieure; abbaye de Saint-Amand.

Une étoile à six rais.

✱ S' ROBERT · VATEL ·

(Seel Robert Vatel.)

Vente d'une terre sise à Boos. — Juillet 1260.

1620 WASTELIER (RICHARD LE).

1218.

Sceau rond, de 33 mill. — Arch. de la Seine-Inférieure; abbaye de Jumièges.

Un lion à queue fleuronnée, passant à gauche.

✱ S'. RICARDI · LE VASTELIER

(Sigillum Ricardi le Vastelier.)

Vente d'une terre sise dans la rue de Saint-Martin-sur-Renelle, à Rouen. — Mars 1218.

1621 WIART (GUILLAUME).

1283.

Sceau rond, de 20 mill. — Arch. de la Seine-Inférieure; prieuré de Bonne-Nouvelle.

Une croix combinée avec un sautoir.

✱ S' GVILERME WART

(Seel Guilerme Wart.)

Transport d'une rente sur une masure, à Bures. — Novembre 1283.

1622 WIBERN (JEAN).

XIIIe siècle.

Sceau rond, de 27 mill. — Arch. de l'Orne; abbaye de Saint-Évroult.

Une fleur de lys fleuronnée.

✱ S' · IOH · WIBERN

(Sigillum Johannis Wibern.)

Fieffe d'un seillon d'une terre située à Peatling-Magna (Angleterre). — Sans date.

1623 WILEQUIN (GUILLAUME).

XIIIe siècle.

Sceau rond, de 35 mill. — Arch. de l'Eure.

Une croix fleuronnée, combinée avec un petit sautoir.

✱ S' WILL WILERIN

(Sigillum Willermi Wilekin.)

Sceau détaché.

1624 WISCUMBE (HENRI DE).

XIIIe siècle.

Sceau rond, de 29 mill. — Arch. de la Manche; abbaye du Mont-Saint-Michel.

Une fleur de lys.

✱ SIGILL ..NR... D. WISCVM..

(Sigillum Henrici de Wiscumbe?)

Donation d'une rente sur la terre de Wiscumbe, à Otriton (Angleterre). — Sans date.

1625 YVER (ALIX).

Femme de Robert Yver. — 1273.

Sceau rond, de 26 mill. — Arch. de la Seine-Inférieure; abbaye de Jumièges.

Une fleur de lys.

✱ S' AALICIE IVER

(Sigillum Aalicie Iver.)

Donation de terres sises à Jumièges. — Mars 1273.

1626 YVER (ROBERT).

1273.

Sceau ogival, de 31 mill. — Arch. de la Seine-Inférieure; abbaye de Jumièges.

Une étoile à huit rais.

✠ S' ROBERT YVER

(Seel Robert Yver.)

Voyez le numéro précédent.

1627 YVER (ROBERT).

1282.

Sceau rond, de 23 mill. — Arch. de la Seine-Inférieure; abbaye de Jumièges.

Un arbuste.

✠ S'· ROBERTI · YVER

(Sigillum Roberti Yver.)

Vente d'un jardin situé à Jumièges. — Janvier 1282.

1628 YVILLE (GARNIER D').

1227.

Sceau rond, de 40 mill. — Arch. de la Seine-Inférieure; abbaye de Jumièges.

Une fleur de lys.

✠ S' WARNIER DE WIVILLA

(Sigillum Warnier de Wivilla.)

Donation d'une rente sur un marais, à Yville. — Juin 1227.

1629 YVILLE (RAOUL LE SELLIER D').

XIIIe siècle.

Sceau rond, de 34 mill. — Arch. de la Seine-Inférieure: abbaye de Jumièges.

Un lion passant à gauche.

✠ S' RADVLFI DE HVIVILLA

(Sigillum Radulfi de Huivilla.)

Fieffe d'une rente et d'héritages sis à Jumièges. — Sans date.

1630 YVILLE (ROBERT D').

1207.

Sceau rond, de 56 mill. — Arch. de la Seine-Inférieure; abbaye de Jumièges.

Un lion passant à droite.

✠ SIGILL' ROBERTI DE VVILE

(Sigillum Roberti de Uvile.)

Donation d'une terre sise à Yville; confirmation. — 1207.

VIIe SÉRIE. — VILLES.

1631 AVRANCHES.

XVIIIe siècle.

Cachet ovale, de 29 mill. — Communiqué par M. Jacques Geffroi.

Écu à la porte de ville surmontée d'un dauphin renversé, accompagnée de trois fleurs de lys et de deux croissants, dans un cartouche.

SEEL DE LHOTEL DE VILLE DAVRANCHES

Surmoulage.

1632 BAYEUX.

XVIIIe siècle.

Cachet ovale, de 30 mill. — Collection de M. Lormier, à Rouen.

Écu de gueules au léopard, dans un cartouche, timbré d'une couronne.

HOTEL · DE · VILLE · DE · BAYEUX ·

Matrice.

1633 BOLBEC.

1792.

Cachet ovale, de 30 mill. — Arch. de la Seine-Inférieure; archevêché de Rouen.

Écu portant trois navettes sous trois fleurs de lys en chef, dans un cartouche, timbré d'une couronne de comte.

MUNICIPALITE · DE · BOLBEC ·

Légalisation d'un extrait de baptême. — Mars 1792.

1634 BRUGES.

1281.

Sceau rond, de 75 mill. — Bibl. de la ville de Rouen; fonds Leber.

Un monument de profil, la chapelle du Saint-Sang? à porte tréflée et ornée de ferrures; à gauche, un portique chargé d'un écu fascé de six pièces au lion, au faîte duquel est posté le guetteur; sous le portique, une charpente ou un escalier extérieur conduisant au premier étage de l'édifice.

✠ : SIGILLVM ... GENSIS : OPPIDI :

(Sigillum Brugensis oppidi.)

CONTRE-SCEAU : Une tour à deux étages, accostée de deux fleurs de lys.

✠ SECRETVM : DE : BRVGIS :

(Secretum de Brugis.)

Soumission de la ville de Bruges au comte de Flandre. — Septembre 1281.

1635 **CAEN.**

1600.

Cachet ovale, de 29 mill. — Collection de M. de Farcy, à Bayeux.

Écu de France coupé par une devise, timbré d'une tête d'ange.

✠ VRBS · CADOMENSIS ·

Fieffe d'une place à la foire de Caen. — 27 mars 1600.

1636 **CALAIS.**

1341.

Sceau rond, de 60 mill. — Bibl. de la ville de Rouen ; fonds Leber.

Une nef à extrémités relevées en croissant, la voile carguée, portant un château d'arrière appuyé à l'étambot. Sur la plate-forme du château, deux personnages transmettent des ordres au moyen de porte-voix ou de trompettes ; sous la voûte, le timonier manœuvre le gouvernail. — Légende détruite.

CONTRE-SCEAU : Dans une nef, un évêque mitré, crossé, bénissant, accompagné d'un matelot tenant le gouvernail.

✠ : CONTRA : S' : VILLE : DE : CAL...

(Contra sigillum ville de Cal...)

Certificat de salaison de harengs, donné à des marchands qui devaient passer aux péages de Bapaume et de Péronne. — Avril 1341.

1637 **DIEPPE.**

Sceau des obligations. — 1425.

Sceau rond, de 44 mill. — Arch. de la Seine-Inférieure ; archevêché de Rouen.

Un évêque tenant une croix, dans une nef chargée au flanc d'un écu fruste et munie à chacune de ses extrémités d'un château d'où s'élève une bannière illisible.

le seel des obligacions de la ville de dieppe

(Le seel des obligacions de la ville de Dieppe.)

Franchise des marchandises de poisson allant de Dieppe à Paris. — Novembre 1425.

1638 **DIEPPE.**

Sceau des obligations. — 1433.

Sceau rond, de 60 mill. — Arch. de la Seine-Inférieure ; archevêché de Rouen.

Variété du type précédent. La nef porte à son flanc un écu au lion. — Légende détruite.

Procès de juridiction au sujet d'un clerc qui avait été saisi dans un lieu saint par le capitaine de Caudebec. — Mars 1433.

1639 **EU.**

1249.

Sceau rond, de 55 mill. — Arch. de la Seine-Inférieure ; abbaye de Jumiéges.

Une aigle contournée ; il ne reste plus de la légende que

AVGI

(Augi.)

CONTRE-SCEAU : Un lion passant à droite.

✠ SIGILL ....IS AVGI

(Sigillum ......is Augi.)

Vente d'une terre. — Octobre 1249.

1640 **FALAISE.**

1311.

Sceau rond, de 20 mill. — Arch. du Calvados ; abbaye de Troarn.

Un château à trois tours, bâti sur des rochers.

...ILLVM MAIORI. .ALIS..

(Sigillum majoris Falisie.)

Acquisition d'une rente. — Novembre 1311.

1641 **GRAVELINES.**

XVe siècle.

Sceau rond, de 50 mill. — Collection de M. de Farcy, à Bayeux.

Dans une nef munie d'un château d'arrière, saint Willebrod nimbé, mitré, crossé, bénissant, accosté de deux anges. Au milieu et au bas de la muraille de la nef, une ouverture carrée, fleuronnée aux encoignures, et à travers laquelle on distingue trois branches d'une croix pattée.

✠ S' ... mmm....... is

(Sigillum communie......)

Cire originale détachée.

1642 **HYÈRES.**

XVe siècle.

Sceau rond, de 57 mill. — Musée de Rouen.

Écu au château, accompagné de trois besants en pointe sur un champ de rinceaux.

✠ : SIGILLVM : VNIVERSITATIS : HOMINVM : CASTRI : ARCARVM :

(Sigillum universitatis hominum castri Arcarum.)

Matrice.

1643 KAISERSBERG.

XIVe siècle.

Sceau rond, en cuvette, de 38 mill. — Arch. de la Manche.

Un donjon dans une enceinte crénelée, défendue par des rochers.

✠ SECRETVM · CIVIVM · IN · KEISERSPERG

(Secretum civium in Keisersperg.)

Sceau détaché.

1644 LIME REGIS.

1410.

Sceau rond, de 50 mill. — Arch. de la Manche ; abbaye de Montebourg.

Une nef incomplète portant à son extrémité un saint Michel terrassant le dragon. La vergue est abaissée. A droite du mât, une bannière écartelée d'un château et d'un lion ; à gauche, une autre bannière aux trois léopards d'Angleterre. Dans le champ, à gauche, des fragments de personnages. En tête de la légende, une étoile dans un croissant.

.IGILLVM COMV.....

(Sigillum comu.....)

Abandon de droits sur des biens situés à Exmouth et à Brock (Angleterre). — Août 1410.

1645 MEULAN.

1195.

Sceau rond, de 76 mill. — Musée de Rouen.

Les têtes des douze échevins sur trois rangées : 4, 5 et 3. En haut, une fleur de lys.

SIGILLVM : C.NCIONIS : DE · MEVLENT

(Sigillum concionis de Meulent.)

Contre-sceau : Le mayeur de face, à mi-corps, tenant une baguette.

✠ SIGILLVM : MAIORIS : MELLENTI

(Sigillum majoris Mellenti.)

Donation d'une rente en faveur de Sainte-Marie et de Saint-Nicaise de Meulan. — 1195.

1646 NONANCOURT.

XVe siècle.

Sceau rond, de 33 mill. — Collection de M. Raymond Bordeaux, à Évreux.

Écu portant trois tourteaux accompagnés d'une étoile en abîme, parti de trois fleurs de lys ; dans un trilobe.

S MAIORIE DE NONNANCVRIA

(Sigillum majorie de Nonnancuria.)

Épreuve d'une matrice en argent, appartenant à la ville de Nonancourt.

1647 ROUEN.

1262.

Sceau rond, de 72 mill. — Collection de M. Lormier, à Rouen.

Un léopard à gauche.

✠ SIGILLVM : COMMVNIE : VRBIS : ROTHOMAGI :

(Sigillum communie urbis Rothomagi.)

Matrice en argent.

1648 ROUEN.

1309.

Sceau rond, de 60 mill. — Arch. de la Seine-Inférieure ; archevêché de Rouen.

Un Agnus Dei à gauche, portant une bannière au léopard, sur un socle d'architecture. La matrice en argent appartenant à la collection de M. Lormier, à Rouen, permet de donner la légende complète de ce type.

: SIGILLVM : MAIORIS : ROTHOMAGEN :

(Sigillum majoris Rothomagensis.)

Sentence au sujet d'une rente due à la chapelle de Saint-Jacques, en l'église de Saint-Martin-du-Bout-du-Pont, à Rouen. — Juin 1309.

1649 ROUEN.

XIVe siècle.

Sceau rond, de 60 mill. — Collection de M. Lormier, à Rouen.

Variante du type précédent.

✠ SIGILLVM : MAIORIS : ROTHOMAGI

(Sigillum majoris Rothomagi.)

Matrice.

1650 RYE.

Commencement du XIIIe siècle.

Sceau rond, de 66 mill. — Arch. de la Seine-Inférieure ; abbaye de Fécamp.

Une nef voguant, la voile déployée. — Légende détruite.

Confirmation du bail de deux moulins situés à Rye (Angleterre). Sans date.

1651 TANCARVILLE.

XVe siècle.

Sceau rond, de 40 mill. — Musée de Rouen.

Écu écartelé : au 1 et 4, un écusson en abîme accompagné de huit étoiles en orle; au 2 et 3, neuf besants, 3, 3 et 3, sous un chef; soutenu par trois anges.

.SCE .....IHE. ... E LA CONTE DE TANCARVILE.

(Seel de la ville et de la conté de Tancarville?)

Sceau détaché.

1652 **TRAU**

en Dalmatie. — XIVe siècle

Sceau rond, de 43 mill. — Collection de M. Lormier, à Rouen.

Un château à trois tours. Sur les battants de la porte qui est ouverte et dans la baie, on lit:

✱ SIGILL COMOVNIS CIVITATIS TRAGURIENSIS

(Sigillum communis civitatis Traguriensis.)

Matrice.

1653 **TRÈVES.**

XIIIe siècle.

Sceau rond, de 122 mill. — Collection de M. de Farcy, à Bayeux.

Dans une enceinte de ville crénelée, flanquée de tours, et sur la façade de laquelle on lit: **SANCTA TREVERIS** (Sancta Treveris), le Christ debout, en costume philosophique et nimbe crucifère, tenant une clef, bénissant, accosté de saint Pierre, de saint Eucher et de quatre autres petits personnages tendant tous la main vers la clef tenue par le Christ. La tête du Verbe est accompagnée des lettres grecques **A** et **ω**, et vis-à-vis des deux saints est écrit: **S. PETRVS, S. E.CHA..VS** (sanctus Petrus, sanctus Eucharius). — On ne distingue plus de la légende que

VRBEM TRE. . .

(Urbem Tre...)

Cire originale détachée.

1654 **VERNEUIL.**

1426.

Sceau rond, de 29 mill. — Arch. de la Seine-Inférieure; abbaye de Jumiéges.

Écu au lion.

.........S DE ...NOLIO

(.........s de Vernolio.)

Appointement entre le curé de Saint-Martin du Vieux-Verneuil et la maladrerie de Verneuil. — Août 1426.

1655 **WORCESTER.**

XIVe siècle

Sceau rond, de 62 mill. — Arch. de la Manche.

Dans une enceinte crénelée, une porte d'église accostée de différentes portions d'un édifice religieux.

SIGILLUM : COMMVNE : CIUVM : WIGORNIE

(Sigillum commune civium Wigornie.)

Surmoulage de la matrice originale conservée à Worcester.

LIEUTENANT DU MAIRE DE ROUEN.

1656 **BUCHY (JEAN DE).**

1369.

Sceau rond, de 20 mill. — Arch. de la Seine-Inférieure; archevêché de Rouen.

Écu au chevron accompagné de trois quintefeuilles; dans un quadrilobe.

S' IEHAN DE BVCHY

(Seel Jehan de Buchy.)

Voyez le n° 1648.

PROCUREURS DE LA VILLE D'ÉVREUX.

1657 **CHARTRAIN (ROBIN).**

Procureur de la ville d'Évreux. — 1461.

Sceau rond, de 19 mill. — Arch. communales d'Évreux.

Écu à l'aigle. — Légende doublée et illisible.

Gages de Jean le Sueur, horloger de la ville d'Évreux. — Mai 1461.

1658 **FRANC (GUILLAUME LE).**

Procureur de la ville d'Évreux. — 1417.

Sceau rond, de 21 mill. — Arch. communales d'Évreux.

Écu à la fasce accompagnée de trois cœurs; dans un trilobe.

seel guillaume le fran.

(Seel Guillaume le Franc.)

Solde de la dépense faite à Évreux par un héraut du duc de Bourgogne. — Novembre 1417.

1659 **FRANÇOIS (NOËL LE).**

Procureur de la ville d'Évreux. — 1417.

Signet octogone, de 16 mill. — Arch. communales d'Évreux.

Dans le champ, sur un listel entre deux fleurons, les initiales

n · l · f

(Noel le François.)

Gages du lieutenant du capitaine d'Évreux. — Octobre 1417.

1660 **HAYES (JEAN DES),**

Procureur de la ville d'Évreux. — 1399.

Signet rond, de 15 mill. — Arch. communales d'Évreux.

Écu en cartouche, portant un colimaçon. — Sans légende.

Solde d'un droit de sceau. — Septembre 1399.

1661 **HÉRU (ROLAND LE),**

Procureur de la ville d'Évreux. — 1417.

Sceau rond, de 20 mill. — Arch. communales d'Évreux.

Une hure accompagnée de trois étoiles.

seel rolant le hern

(Seel Rolant le Héru.)

Solde d'un compte de serrurerie. — Septembre 1417.

1662 **MAIRE (GUILLAUME LE),**

Procureur de la ville d'Évreux. — 1399.

Sceau rond, de 18 mill. — Arch. communales d'Évreux.

Écu à la fasce accompagnée de trois têtes muselées ou bridées? soutenu par un homme sauvage, dans un encadrement ovale.

.. guille le mere

(Seel Guillaume le Mère.)

Quittance. — Juillet 1399.

BOURGEOIS.

1663 **LONGPRÉ (SIMON DE),**

Bourgeois d'Aumale. — 1288.

Sceau rond, de 24 mill. — Arch. de la Seine-Inférieure; abbaye d'Auchy-lez-Aumale.

Un griffon passant à droite.

S' ...ON · DE · LONCPRE

(Seel Simon de Loncpré.)

Vente de terres sises à Saint-Saturnin. — Septembre 1288.

1664 **VIGNON (GUILLAUME LE),**

Bourgeois de Barfleur. — 1249.

Sceau rond, de 32 mill. — Arch. de la Manche; abbaye de Cherbourg.

Une nef.

.....VM : WL.......HVN

(Sigillum Willermi le Vignun ?)

Donation de biens situés à Grainteville, Carneville, Gatteville, etc., faite à son fils à l'occasion de son mariage. — 1249.

1665 **BÉGUORT (HENRI),**

Bourgeois de Bayeux. — 1207.

Sceau ogival, de 34 mill. — Arch. du Calvados; abbaye d'Aunay.

Un poisson.

.....HENRICI BEGORT

(Sigillum Henrici Begort.)

Donation d'une rente sur une maison, à Bayeux. — 1207.

1666 **BINET**
(ALIX, FEMME DE ROBERT),

Bourgeois de Bayeux. — 1288.

Sceau rond, de 21 mill. — Arch. du Calvados; évêché et chapitre de Bayeux.

Un arbre chargé de deux oiseaux et surmonté d'une inscription illisible.

✠ S' AELICIE VX ROBT BINET

(Sigillum Aelicie, uxoris Roberti Binet.)

Fondation d'un obit; donation d'une rente en la paroisse de Surrain. — Février 1288.

1667 **BINET (ROBERT),**

Bourgeois de Bayeux. — 1288.

Sceau ovale, de 22 mill. — Arch. du Calvados; évêché et chapitre de Bayeux.

Intaille représentant Apollon nu, debout, jouant de la lyre? adossé à une colonne.

✠ S' ROBERT BINET DE BAIEV

(Seel Robert Binet de Baieu.)

Voyez le numéro précédent.

1668 **ANSERÉ (ANDRÉ),**

Bourgeois de Caen. — 1259.

Sceau ovale, de 30 mill. — Arch. du Calvados; abbaye de Villers-Canivet.

Intaille représentant une Fortune debout tenant une corne d'abondance. — Légende effacée.

Donation d'une rente sur un mesnage situé à Caen. — Novembre 1259.

1669 **BINET (ROBERT),**

Bourgeois de Caen. — 1261.

Sceau rond, de 30 mill. — Arch. du Calvados; abbaye de la Sainte-Trinité de Caen.

Une fleur de lys.

✠ S' ROBERTI : BINET :

(Sigillum Roberti Binet.)

Transport d'une rente sur une terre, à Carpiquet. — Janvier 1261.

1670 BRIQUESSART (JEAN DE),

Bourgeois de Caen. — 1289.

Sceau rond, de 29 mill. — Arch. du Calvados ; abbaye de la Sainte-Trinité de Caen.

Une sorte de monogramme?

✠ ...HA DE BRIQESART

(Seel Jehan de Briqesart.)

Reconnaissance de rentes sur une maison, à Caen. — Avril 1289.

1671 BUISSON (GUILLAUME),

Bourgeois de Caen. — 1265.

Sceau rond, de 28 mill. — Arch. du Calvados ; abbaye d'Aunay.

Une fleur radiée.

✠ S' WLLI BVISVN

(Sigillum Willermi Buisun.)

Donation d'une rente sur une maison, à Caen «in vico qui vocatur Katehole». — Février 1265.

1672 EUSTACHE

(ALINE, VEUVE DE PHILIPPE),

Bourgeois de Caen. — 1276.

Sceau rond, de 30 mill. — Arch. du Calvados ; abbaye de Vignats.

Une fleur de lys.

✠ S' AELINE REL.......I EXTACII

(Sigillum Aeline, relicte Philippi Extacii.)

Confirmation de rentes sises à Caen. — Juin 1276.

1673 FALAISE (RAOUL DE),

Bourgeois de Caen. — 1277.

Sceau rond, de 31 mill. — Arch. du Calvados ; abbaye d'Ardenne.

Une croix de feuillages, accompagnée en haut et à gauche d'une croisette.

✠ S' RAVL DE FALEISE

(Seel Raul de Faleise.)

Vente d'une terre située à Caen. — Avril 1277.

1674 HUILARD (PERRENELLE),

Veuve de Richard Frodes, de Caen. — 1253.

Sceau rond, de 33 mill. — Arch. du Calvados ; abbaye d'Aunay.

Une plante d'ornement chargée de fleurs et de fruits.

✠ S' PETRONILLE · HVIELART

(Sigillum Petronille Huielart.)

Fieffe d'un masnage situé à Caen. — 1253.

1675 MORE (RICHARD LE),

Clerc et bourgeois de Caen. — 1297.

Sceau rond, de 28 mill. — Arch. du Calvados ; abbaye d'Ardenne.

Une étoile à huit rais.

S' RICHART LE MOR CLI

(Sigillum Richart le Mor, clerici.)

Vente d'une terre sise à «Quernet». — Avril 1297.

1676 PEISSON (JEAN),

Bourgeois de Caen. — 1261.

Sceau rond, de 35 mill. — Arch. du Calvados ; abbaye de la Sainte-Trinité de Caen.

Une croix de feuillages, cantonnée de quatre points.

✠ S' IOHANNIS PEISON

(Sigillum Johannis Peison.)

Donation d'une rente sur le moulin de Gémare, à Caen. — Mars 1261.

1677 PIGACHE (RICHARD),

Bourgeois de Caen. — 1270.

Sceau rond, de 26 mill. — Arch. du Calvados ; abbaye de Saint-Étienne de Caen.

Deux objets en forme d'écusson, séparés par une tige.

...CA..I PIGA...

(Sigillum Ricardi Pigache?)

Donation de rentes sur des biens, à Cheux. — Juin 1270.

1678 TESSON (GILBERT),

Bourgeois de Caen. — 1245.

Sceau rond, de 22 mill. — Arch. du Calvados ; abbaye d'Aunay.

Un tesson, (un blaireau) passant à droite.

S' GILLEB'TI TAISSON

(Sigillum Gilleberti Taisson.)

Transport d'une rente sur une terre, à Vaucy. — Janvier 1245.

1679 VILLAIN (RAOUL LE),

Bourgeois de Caudebec. — 1302.

Sceau rond, de 23 mill. — Arch. de la Seine-Inférieure ; abbaye de Jumièges.

Écu portant un château à trois tours ; accosté de deux chimères.

S' RAOL : LE ...EN

(Seel Raol le ...en.)

Vente d'une rente sur une terre, au Mesnil. — Mars 1302.

1680 BLATTIER (GEOFFROI LE),

Bourgeois de Dieppe. — 1274.

Sceau rond, de 26 mill. — Arch. de la Seine-Inférieure; abbaye de Saint-Amand.

Une gerbe.

✱ S' .AVFRIDI LE BLAATIER

(Sigillum Gaufridi le Blautier.)

Donation d'une terre sise à la Chaussée. — Juillet 1274.

1681 BLATTIER

(SIMONNE DE CAILLY, FEMME DE GEOFFROI LE),

Bourgeois de Dieppe. — 1274.

Sceau ogival, de 35 mill. — Arch. de la Seine-Inférieure; abbaye de Saint-Amand.

Une croix.

S' SIMONE D CAILLI

(Seel Simone de Cailli.)

Voyez le numéro précédent.

1682 BURES (RAOUL DE),

Bourgeois de Dieppe. — 1252.

Sceau ogival, de 41 mill. — Arch. de la Seine-Inférieure; archevêché de Rouen.

Une piété (un pélican sur son nid).

✱ S' RAOVL : DE BVRES :

(Seel Raoul de Bures.)

Constitution d'une rente sur une maison, à Dieppe. — Novembre 1252.

1683 CELLIER (LAMBERT DU),

Bourgeois de Dieppe. — 1258.

Sceau rond, de 26 mill. — Arch. de la Seine-Inférieure; archevêché de Rouen.

Un cerf courant à droite, atteint par un chien.

✱ S' LAMBERTI DV CELER

(Sigillum Lamberti du Celer.)

Vente d'une masure sise à Dieppe. — Février 1258.

1684 FÈVRE (RICHARD LE),

Bourgeois de Dieppe. — 1283.

Sceau rond, de 19 mill. — Arch. de la Seine-Inférieure; prieuré de Bonne-Nouvelle.

Un fer de cheval.

S' RICART : DE BVRES

(Seel Ricart de Bures.)

Transport d'une rente sur une terre, à Bures. — Janvier 1283.

1685 BOUGUIN (GUILLAUME),

Bourgeois d'Écouché. — 1303.

Sceau hexagoné, de 19 mill. — Arch. du Calvados; abbaye de Villers-Canivet.

Une piété (un pélican sur son nid).

✱ S' GVILL' BOVGVIN

(Sigillum Guillermi Bouguin.)

Échange de rentes sises à Leffard. — Juin 1303.

1686 POUQUET (JEAN),

Bourgeois d'Évrecy. — 1252.

Sceau rond, de 31 mill. — Arch. du Calvados; abbaye d'Aunay.

Une étoile à huit rais fleuronnés.

✱ S' IOHANNIS DE POQET

(Sigillum Johannis de Poqet.)

Reconnaissance de rentes sur un masnage, à Évrecy. — Août 1252.

1687 AIGLE (GRÉGOIRE DE L'),

Bourgeois d'Évreux. — 1243.

Sceau rond, de 36 mill. — Arch. hospitalières d'Évreux.

Une fleur de lys portant deux oiseaux perchés.

✱ S' GR.GO..I D. A.VILA

(Sigillum Gregorii de Aquila?)

Vente de terres sises à Fauville. — Mars 1243.

1688 AUGE (SIMON D'),

Bourgeois d'Évreux. — 1278.

Sceau rond, de 22 mill. — Arch. hospitalières d'Évreux.

Un château à trois tours.

✱ S' SIM.. DAVGE

(Seel Simon d'Auge.)

Vente d'une rente sur une maison, en la paroisse de Notre-Dame-de-la-Ronde. — Février 1278.

1689 CENDRIER (GUILLAUME LE),

Bourgeois d'Évreux. — 1275.

Sceau rond, de 34 mill. — Arch. hospitalières d'Évreux.

Une étoile à huit rais.

✱ S' GVILLMI LE CE....ER

(Sigillum Guillermi le Cendrier.)

Donation d'une rente au profit de la maladrerie de Saint-Nicolas. — Avril 1275.

1690 FOUR (ÉREMBOUR DU),

Bourgeoise d'Évreux. — 1266.

Sceau rond, de 31 mill. — Arch. hospitalières d'Évreux.

Une étoile à huit rais.

S' GRENBOVRG DV FOVR

(Seel Brenbourc du Four.)

Vente de biens situés dans la paroisse de Saint-Pierre d'Évreux. — Juillet 1266.

1691 GAREL (GUILLAUME DE),

Bourgeois d'Évreux. — 1252.

Sceau rond, de 36 mill. — Arch. hospitalières d'Évreux.

Une croix pattée, combinée avec un sautoir.

✱ S' WLLI DE GAREL

(Sigillum Willermi de Garel.)

Donation d'une rente au profit de la léproserie de Saint-Nicolas. — Février 1252.

1692 GUÉRIN,

Orfèvre et bourgeois d'Évreux. — 1256.

Sceau rond, de 30 mill. — Arch. hospitalières d'Évreux.

Un fermail.

✱ S' GERRIN · LORFEV..

(Seel Gerrin l'orfèvre.)

Caution fournie au sujet d'une cession de rentes. — Juin 1255.

1693 HEUDRE (GEOFFROI),

Bourgeois d'Évreux. — 1255.

Sceau rond, de 31 mill. — Arch. hospitalières d'Évreux.

Une fleur de lys fleuronnée.

✱ S' GAVFRIDI HEVDRE

(Sigillum Gaufridi Heudre.)

Caution fournie à la léproserie de Saint-Nicolas au sujet d'une cession de rentes. — Juin 1255.

1694 QUEUX (ACHARD LE),

Bourgeois d'Évreux. — 1241.

Sceau rond, de 36 mill. — Arch. hospitalières d'Évreux.

Une croix fleuronnée, combinée avec un petit sautoir.

✱ S ACHARDI · COCI :

(Sigillum Achardi Coci.)

Transport d'une rente sur un héritage, à Évreux. — Janvier 1241.

1695 QUEUX (GUILLAUME LE),

Bourgeois d'Évreux. — 1211.

Sceau rond, de 43 mill. — Arch. hospitalières d'Évreux.

Une fleur de lys fleuronnée.

✱ S'. GVILLERMI · QVOQVI :

(Sigillum Guillermi Quoqui.)

Vente d'une maison sise à Évreux. — 1211.

1696 SAVETIER

(JULIENNE, FEMME DE RENAUD LE),

Bourgeois d'Évreux. — 1238.

Sceau rond, de 38 mill. — Arch. hospitalières d'Évreux.

Une étoile à huit rais diversement fleuronnés.

✱ S' IVLIANE VXORIS REROLDI

(Sigillum Juliane, uxoris Reroldi.)

Vente de terres sises à Fauville. — Janvier 1238.

1697 COLDTON (JEAN DE),

Bourgeois d'Exeter. — 1267.

Sceau ogival, de 28 mill. — Arch. de la Seine-Inférieure ; chapitre de Rouen.

Un coq.

S' IOHANNIS DE COLATV.

(Sigillum Johannis de Colatun.)

Caution fournie au sujet du bail du manoir d'Otry (Angleterre). — Juin 1267.

1698 AGMEN (MICHEL),

Bourgeois de Glos-la-Ferrière. — 1295.

Sceau rond, de 22 mill. — Arch. de l'Eure ; abbaye de Lire.

Une croix pattée, cantonnée de rinceaux.

..MIK' AG...

(Seel Mikiel Agmen ?)

Vente d'une terre sise en la paroisse de Saint-Aignan de Glos. — Juin 1296.

1699 VILLAIN

(DENISE, VEUVE DE RAOUL),

Bourgeois de Lisieux. — 1295.

Sceau rond, de 29 mill. — Arch. du Calvados ; Hôtel-Dieu de Lisieux.

Une croix de feuillages, combinée avec un sautoir.

✱ S' DIONISIE DE MON...S

(Sigillum Dionisie de Mon...s.)

Donation d'un emplacement situé à Lisieux. — 1295.

1700 VILLAIN (GUILLAUME),

Fils de Denise, bourgeois de Lisieux. — 1295.

Sceau rond, de 33 mill. — Arch. du Calvados ; Hôtel-Dieu de Lisieux.

Une croix de feuillages, combinée avec un sautoir.

✱ S' WLLI · VILLANI

(Sigillum Willermi Villani.)

Voyez le numéro précédent.

1701 **VILLAIN (RENAUD),**

Fils de Denise, bourgeois de Lisieux. — 1225.

Sceau rond, de 38 mill. — Arch. du Calvados ; Hôtel-Dieu de Lisieux.

Buste de profil à droite, diadémé ; imitation barbare d'un type romain.

✠ S' RAGINALDI · VILLANI

(Sigillum Raginaldi Villani.)

Donation d'une rente sise à Auquainville. — Septembre 1225.

1702 **FITZ-ROBERT (JEAN),**

Bourgeois de Londres. — XIIIe siècle.

Sceau rond, de 30 mill. — Arch. du Calvados ; abbaye de la Sainte-Trinité de Caen.

Un cabochon serti au centre d'un encadrement festonné.

.......HIS FIL ROBER..

(Sigillum Johannis Filii Roberti.)

Cession de droits sur des maisons en la paroisse de Saint-Martin-le-Petit, à Londres. — Sans date.

1703 **CLERC (THOMAS LE),**

Bourgeois de Montivilliers. — 1272.

Sceau rond, de 26 mill. — Arch. de la Seine-Inférieure ; abbaye de Montivilliers.

Un fermail.

✠ S' THOME CLERICI

(Sigillum Thome Clerici.)

Fondation de la chapelle de la Madeleine en l'église de Montivilliers. — Juin 1272.

1704 **SAVARY (JEAN),**

Clerc, bourgeois de Paris. — 1262.

Sceau rond, de 26 mill. — Arch. de la Seine-Inférieure ; archevêché de Rouen.

Un chaudron sous trois fleurs de lys.

✠ S' IOHIS SAVARI CLICI

(Sigillum Johannis Savari, clerici.)

Vente d'un tènement situé à Angreville et à Hableville, près Gaillon. — Janvier 1262.

1705 **GARDINS (JEAN DES).**

Bourgeois de Périers. — 1276.

Sceau ogival, de 30 mill. — Communiqué par M. de Pontaumont.

Intaille antique représentant une néréide sur un triton.

.......M IOHA.... DE GARDI...

(Sigillum Johannis de Gardinis.)

Donation d'un tènement sis à Prétot, en faveur de l'abbaye de Saint-Sauveur-le-Vicomte. — 11 mai 1276.

1706 **TREMBLAIE (DENIS DE LA),**

Bourgeois de Quettehou. — 1296.

Sceau rond, de 22 mill. — Arch. de la Manche ; abbaye de la Sainte-Trinité de Caen.

Un bélier passant à droite, surmonté d'une fleur de lys. — Il ne reste plus de la légende que

DIONIS..

(Dionisii.)

Donation d'une rente sur un ménage, à Quettehou. — Août 1296.

1707 **ANDELYS (GILBERT DES),**

Bourgeois de Rouen. — 1259.

Sceau rond, de 24 mill. — Arch. de la Seine-Inférieure ; abbaye de Saint-Ouen.

Un chien courant à droite.

✠ S' GVILEBER. DE ANDELI

(Seel Guillebert de Andeli.)

Gilbert des Andelys se porte pleige pour le receveur de la dîme du prieuré de Mercsay, en Angleterre. — 1259.

1708 **BARIL (ROBERT),**

Bourgeois de Rouen. — 1258.

Sceau ogival, de 30 mill. — Arch. de la Seine-Inférieure ; abbaye du Bec-Hélouin.

Deux barils, l'un sur l'autre, attachés ensemble.

✠ SIGILE ROBERT BARIL

(Sigillum Robert Baril.)

Vente d'un pré situé au Petit-Quevilly. — Novembre 1258.

1709 **GAGNERESSE (CLÉMENCE LA).**

Bourgeoise de Rouen. — 1287.

Sceau ogival, de 26 mill. — Arch. de la Seine-Inférieure ; archevêché de Rouen.

Un objet en losange, fretté et surmonté d'une croix.

S' · CLIMENC... ... GAINNER....

(Sigillum Climencie la Gainneresse ?)

Présentation à la chapelle qu'elle a fondée en l'église de Saint-Erbland, à Rouen. — Avril 1287.

1710 **GROS (AMAURI ET ROGER LE).**

Fils de Matthieu le Gros, bourgeois de Rouen. — Fin du XIIe siècle.

Sceau rond, de 30 mill. — Arch. de la Seine-Inférieure ; chapitre de Rouen.

Intaille représentant Julie et Caracalla, bustes vis-à-vis.

✠ SIGI...M : AMAVRICI : GROSSI :
ET ROGERI : FRATRIS : SVI :

(Sigillum Amaurici Grossi et Rogeri, fratris sui.)

Donation de rentes sur des tènements dans les paroisses de Sainte-Marie-la-Petite et de Saint-Patrice, à Rouen. — Sans date.

1711 GROS (MATTHIEU LE),

Bourgeois de Rouen, maire de Rouen en 1199 et 1200.

Sceau rond, de 94 mill. — Arch. de la Seine-Inférieure; chapitre de Rouen.

Intaille représentant une tête de Minerve, au casque cimé d'une aigrette et finissant par derrière en une tête silénique.

✠ SIGILLVM MATHEI LE GROS

(Sigillum Mathei le Gros.)

Voyez le numéro précédent.

1712 RIVE (ENARD DE LA),

Bourgeois de Rouen. — 1228.

Sceau ovale, de 28 mill. — Arch. de la Seine-Inférieure; Jacobins.

Intaille représentant un Agnus Dei à droite.

S' ENARDI · DE SVPR. RIBER.. .

(Sigillum Enardi de Supra Riberam?)

Donation d'un pré. — Avril 1228.

1713 SENOOX

(ALIX, FEMME DE CLÉMENT DE),

Bourgeois de Rouen. — 1260.

Sceau rond, de 22 mill. — Arch. de la Seine-Inférieure; archevêché de Rouen.

Un double fleuron? accosté d'un soleil et d'un croissant.

S' AALIS : DV CHASTE.

(Seel Aalis du Chastel.)

Fondation d'une chapelle en l'église de Notre-Dame, à Rouen. — Août 1260.

1714 SENOOX (CLÉMENT DE),

Bourgeois de Rouen. — 1260.

Sceau rond, de 23 mill. — Arch. de la Seine-Inférieure; archevêché de Rouen.

Un objet en forme de flèche doublement barbelée, accosté d'un croissant et d'un soleil.

S' CLEMENTIS DE SENO..

(Sigillum Clementis de Seno..)

Voyez le numéro précédent.

1715 VAL-RICHER (MATTHIEU DE),

Bourgeois de Rouen. — 1286.

Sceau rond, de 24 mill. — Arch. de la Seine-Inférieure; abbaye de Saint-Amand.

Écu à la croix ancrée, parti d'un émanché de trois pièces mouvant du flanc dextre.

✠ S' MAHEV · DE · VAL · RICHIER

(Seel Maheu de Val Richier.)

Vente d'une terre sise à Boos. — Mars 1285.

1716 VIEL (JEAN),

Clerc, bourgeois de Rouen. — 1331.

Sceau rond, de 17 mill. — Arch. de la Seine-Inférieure; abbaye de Jumiéges.

Des oiseaux accostés de deux étoiles. — Légende fruste.

Vente de rentes sur un tènement, à Jumiéges. — Mars 1331.

MÉTIERS ET PROFESSIONS.

1717 CHOQUET (RAOUL),

Charpentier. — 1242.

Sceau rond, de 32 mill. — Arch. de la Seine-Inférieure; abbaye de Jumiéges.

Une croix fleuronnée.

✠ S' RAVOVL CHO.VET

(Seel Rauoul Choquet.)

Vente de terres sises à Boisguillaume. — Novembre 1242.

1718 MATTHIEU, LE CHARPENTIER,

1250.

Sceau rond, de 30 mill. — Arch. de la Seine-Inférieure; archevêché de Rouen.

Une hache et une doloire posées vis-à-vis.

S' MAT........NTA...

(Sigillum Mathei, carpentarii.)

Transport d'une rente sur des tènements en la paroisse de Saint-Nicaise, à Rouen. — 1250.

1719 RICHARD, LE CORDONNIER.

1266.

Sceau rond, de 25 mill. — Arch. du Calvados; abbaye de Troarn.

Une semelle accostée de deux poissons en pal.

✠ S' RICHART LE SVEOR

(Seel Richart, le sueor.)

Donation d'une rente sur une masure, à Touffréville. — Mars 1266.

1720 THOMAS, LE CORDONNIER.

1261.

Sceau rond, de 30 mill. — Arch. du Calvados; abbaye de Saint-André-en-Gouffern.

Une semelle accompagnée d'une empeigne et d'un bout de ligneul?

✱ S' TΗOMG LG SVORGL

(Sigillum Thome, le suorel.)

Transport d'une rente sur un tènement, à Méry. — Mars 1261.

1721 THIBAUD,

L'ÉPICIER OU L'APOTHICAIRE.

1250.

Sceau rond, de 34 mill. — Arch. hospitalières d'Évreux.

Une plante à trois fleurons.

✱ S' TIBAVT EPICIGRG

(Seel Tibaut, l'espicière.)

Vente d'une maison sise à Évreux. — Novembre 1250.

1722 AMI (GUILLAUME L').

Fèvre. — 1236.

Sceau rond, de 33 mill. — Arch. hospitalières d'Évreux.

Une plante d'ornement, accostée de deux étoiles.

✱ S. WILLGRMI · LAMI

(Sigillum Willermi l'Ami.)

Vente d'une terre sise à Gravigny. — Mars 1236.

1723 DAUFART (GUILLAUME)

de Thiergeville, fèvre. — 1259.

Sceau rond, de 29 mill. — Arch. de la Seine-Inférieure; abbaye de Jumièges.

Un marteau.

✱ S' VVILLGMI DAVFART

(Sigillum Willermi Daufart.)

Achat de rentes sises à Vimoutiers. — Février 1259.

1724 HERBERT (JEAN).

Fèvre de Moulines. — 1259.

Sceau rond, de 32 mill. — Arch. du Calvados; abbaye de Barberie.

Une fleur de lys fleuronnée.

✱ IOHIS · HGRBGRT :

(Sigillum Johannis Herbert.)

Vente d'une rente sur un masnage, à Moulines. — Février 1259.

1725 FÉRON (NICOLAS LE),

Maître des œuvres du roi au bailliage d'Évreux. — 1399.

Sceau rond, de 17 mill. — Arch. communales d'Évreux.

Écu portant une hache, au manche accosté d'une étoile; dans un trilobe.

. . . OLG LG F. . . .

(Seel Nicole le Féron.)

Quittance. — Avril 1399.

1726 INGLEMARE

(AUDE, FEMME DE PIERRE D'),

Pelletier. 1263.

Sceau rond, de 35 mill. — Arch. hospitalières d'Évreux.

Une étoile à dix rais.

✱ S' HAVDG SA FAMG

(Seel Haude, sa fame.)

Vente de deux masures sises en la paroisse de Saint-Pierre d'Évreux. — Septembre 1263.

1727 INGLEMARE (PIERRE D'),

Pelletier. — 1263.

Sceau rond, de 31 mill. — Arch. hospitalières d'Évreux.

Une étoile à six rais, cantonnée de trois petites étoiles et de trois croissants alternés.

✱ S' PIGRRGS DIGL.MARG

(Seel Pierres d'Iglemare.)

Voyez le numéro précédent.

1728 LATRE

(CÉCILE, FEMME DE TAURIN DE).

Pelletier. — 1257.

Sceau rond, de 37 mill. — Arch. hospitalières d'Évreux.

Une fleur radiée.

✱ S' SGZILIG · GP · VXORIS

(Sigillum Sezilie, ejus uxoris.)

Vente d'une vigne située près Évreux. — Mai 1257.

VIIIE SÉRIE. — COURS ET TRIBUNAUX.

PARLEMENT DE PARIS.

1729 CORBIE (ARNAUD DE),

Premier président au parlement de Paris. — 1379.

Sceau rond, de 24 mill. — Arch. de la Seine-Inférieure; chapitre de Rouen.

Écu portant trois corbeaux, supporté par deux aigles et deux lions et soutenu par un homme sauvage, dans un encadrement en étoile.

S' ...RNAUDI DE CORBEYA

(Sigillum Arnaldi de Corbeya.)

Procès-verbal du débat concernant les rentes dues au chapitre par l'archevêque de Rouen. — Mai 1379.

1730 ORGEMONT (PIERRE D'),

Président au parlement de Paris. 1372.

Signet rond, de 13 mill. — Arch. de la Seine-Inférieure; archevêché de Rouen.

Écu portant trois épis, dans un quadrilobe.

S' PETRI ...GEIMONT CHLR

(Sigillum Petri d'Orgeimont, chevalier.)

Mandement pour l'exécution des lettres du roi concernant les débats de juridiction entre ses officiers et ceux de l'archevêque de Rouen. — Août 1372.

1731 HÉNAULT (CHARLES-JEAN-FRANÇOIS),

Président au parlement de Paris. 1743.

Cachet ovale, de 22 mill. — Arch. de la Seine-Inférieure; archevêché de Rouen.

Écu au cerf passant à gauche et surmonté d'une quintefeuille, dans un cartouche, timbré d'une couronne de comte. — Sans légende.

Présentation à la cure de Norville. — Mai 1743.

1732 COQ (NICOLE LE),

Conseiller au parlement de Paris. 1518.

Sceau rond, de 29 mill. — Arch. de la Manche; abbaye du Mont-Saint-Michel.

Écu portant trois coqs accompagnés d'une rose en abîme.

seel nicole le coq

(Seel Nicole le Coq.)

Commission pour l'exécution d'un arrêt en faveur du prieuré de Saint-Victor. Septembre 1518.

1733 SACQUESPÉE (JACQUES),

Conseiller au parlement de Paris. 1379.

Sceau rond, de 21 mill. — Arch. de la Seine-Inférieure; chapitre de Rouen.

Un personnage debout, appuyé sur une haste, tenant un écu à l'aigle tirant du fourreau une épée en bande; dans un quadrilobe.

SIGILLV. ..COBI SAQVEESPEE

(Sigillum Jacobi Saqueespee.)

Voyez le n° 1729.

1734 METZ (FERRI DE).

Maître des requêtes de l'Hôtel. 1372.

Sceau rond, de 24 mill. — Arch. de la Seine-Inférieure; archevêché de Rouen.

Écu portant trois besants à la bordure engrêlée, timbré d'une sainte Catherine à mi-corps, dans un quadrilobe.

S' FERRIC' THEOBALDI C..

(Sigillum Ferrici Theobaldi, clerici?)

Voyez le n° 1730.

CONSEILLERS DU ROI.

1735 BESCOT (JEAN LE),

Conseiller du roi. 1372.

Sceau rond, de 20 mill. — Arch. de la Seine-Inférieure; archevêché de Rouen.

Écu à la croix engrêlée cantonnée de quatre merlettes, dans une rose gothique.

S' IOHANNIS BESCOTI CI

(Sigillum Johannis Bescoti, clerici?)

Voyez le n° 1730.

1736 **BOIS (NICOLAS DU),**

Conseiller du roi. — 1370.

Sceau rond, de 25 mill. — Arch. de la Seine-Inférieure; archevêché de Rouen.

Écu à la croix cantonnée de quatre lions, supporté en pointe par deux griffons, soutenu par un ange à mi-corps, sous une arcade gothique à deux logettes latérales contenant saint Pierre et saint Paul?

S' NI...AI DE BOSCO

(Sigillum Nicolai de Bosco.)

Voyez le n° 1730.

1737 **BOSC (JEAN DU),**

Conseiller du roi. — 1364.

Sceau rond, de 20 mill. — Arch. de la Manche; abbaye de Torigny.

Écu à la croix engrêlée cantonnée de quatre aiglettes, timbré d'un arbre, dans un ovale. — Il ne reste plus de la légende que

.ehA.

(Jehan.)

Sentence au sujet des dîmes d'Écrammeville. — Mars 1364.

1738 **CHAMPS (RICHARD DES),**

Clerc, conseiller du roi. — 1336.

Sceau rond, de 20 mill. — Arch. de la Seine-Inférieure; archevêché de Rouen.

Écu portant deux aigles affrontées, dans un quadrilobe.

S' RIC DE CAMPIS

(Sigillum Ricardi de Campis.)

Certificat d'une demande d'ajournement. — Septembre 1336.

1739 **CHASTELLIER (JEAN DU),**

Chevalier, conseiller du roi. — 1335.

Sceau rond, de 17 mill. — Arch. de la Seine-Inférieure; archevêché de Rouen.

Écu portant sept besants, 3, 3 et 1, sous un chef chargé de trois pals, dans une rose gothique.

S' IEHAN DV ....LIER

(Seel Jehan du Chasteler, chevalier?)

Procès entre le procureur du roi et l'archevêque de Rouen au sujet de la justice de Longueville. — Août 1335.

1740 **MANDEVILAIN (JEAN),**

Doyen du chapitre de Nevers, conseiller du roi. — 1329.

Sceau rond, de 19 mill. — Arch. de la Seine-Inférieure; archevêché de Rouen.

Un bœuf marchant à droite, dans un quadrilobe. — Légende fruste.

Procès entre le procureur du roi et l'archevêque de Rouen. — Octobre 1329.

1741 **MANDEVILAIN (JEAN),**

Évêque de Nevers, conseiller du roi. — 1334.

Sceau rond, de 24 mill. — Arch. de la Seine-Inférieure; archevêché de Rouen.

Écu au bœuf passant sous un chef chargé de trois fleurs de lys, timbré d'une Vierge à mi-corps tenant l'enfant Jésus, dans un édifice gothique comportant deux logettes latérales habitées par deux personnages.

S' IOHĀNIS EPI .....

(Sigillum Johannis, episcopi Nivernensis.)

Procès entre le procureur du roi et l'archevêque de Rouen; ordre d'ajournement. — Juillet 1334.

1742 **MANDEVILAIN (JEAN),**

Évêque d'Arras, conseiller du roi. — 1335.

Signet rond, de 14 mill. — Arch. de la Seine-Inférieure; archevêché de Rouen.

Les initiales I · M dans un quadrilobe. — Sans légende.

Procès entre le procureur du roi et l'archevêque de Rouen au sujet de la justice de Longueville. — Septembre 1335.

1743 **MERCIER (JEAN LE),**

Conseiller du roi. — 1377.

Sceau rond, de 30 mill. — Arch. de l'Eure; famille le Mercier.

Écu portant un tourteau? en abîme, au sautoir engrêlé sur le tout, penché, timbré d'un heaume cimé d'une aigle dans un vol, sur champ fleuronné.

.....le mercier

(Seel Jehan le Mercier.)

Quittance de mille francs d'or en récompense des services rendus à l'armée de la mer, à Rouen et à Harfleur. — Mars 1377.

1744 **REIMS (THOMAS DE),**

Conseiller du roi. — 1336.

Sceau rond, de 22 mill. — Arch. de la Seine-Inférieure; archevêché de Rouen.

Écu à la gerbe, dans un quadrilobe.

S' THOME ..LIGINIS

(Sigillum Thome ..liginis.)

Procès entre le procureur du roi et l'archevêque de Rouen; ordre d'ajournement. — Septembre 1336.

1745 **PARLEMENT DE BRETAGNE.**

1560.

Sceau rond, de 66 mill. — Arch. de la Manche; abbaye du Mont-Saint-Michel.

Écu de France, timbré d'une couronne, entouré d'une cordelière, sur champ d'hermines.

seau de la court du parlement de bretaigne

(Seau de la court du parlement de Bretaigne.)

CONTRE-SCEAU : Écu de France couronné, sur champ d'hermines.

9tre seau de la court du plement de bretaigne

(Contre-seau de la court du parlement de Bretaigne.)

Procès au sujet du patronage de la cure de Poilley. — Octobre 1540.

1746 COUR DU CONSEIL

DU ROI D'ANGLETERRE EN NORMANDIE.

1442.

Sceau rond, de 35 mill. — Arch. de la Seine-Inférieure ; archevêché de Rouen.

Un semé de France à deux léopards.

sigillum ..... reg....... ia

(Sigillum consilii regis in Normannia ?)

Ordonnance pour faire délivrer à l'archevêque de Rouen les actes constatant ses droits de juridiction spirituelle sur son chapitre. — Janvier 1442.

1747 ÉCHIQUIER DE NORMANDIE.

1313.

Signet rond, de 21 mill. — Arch. de la Seine-Inférieure ; archevêché de Rouen.

Une couronne et, au-dessous, une fleur de lys.

S' SCA.......

(Sigillum scacarii.....)

Procès entre l'archevêque et le bailli de Rouen au sujet du patronage de Monneville. — Avril 1313.

1748 ÉCHIQUIER DE NORMANDIE.

1349.

Sceau rond, de 83 mill. — Arch. de la Seine-Inférieure ; archevêché de Rouen.

Écu semé de France à la bordure, penché, timbré d'un heaume cimé d'une fleur de lys, supporté par deux lions. — Légende détruite.

CONTRE-SCEAU : Écu semé de France à la bordure, accompagné de trois chimères. — Sans légende.

Procès entre l'archevêque de Rouen et Charles, duc de Normandie, au sujet du patronage de l'église de Baons-le-Comte. — Avril 1349.

1749 ÉCHIQUIER DE NORMANDIE.

1416.

Sceau rond, de 42 mill. — Arch. de la Seine-Inférieure ; archevêché de Rouen.

Écu portant deux léopards sous une fleur de lys, sur champ festonné.

Sigillum : Regium : Scacarii : Ducatus : Normanie :

(Sigillum regium scacarii ducatus Normanie.)

CONTRE-SCEAU : Écu aux armes de la face.

✱ Contra sigillũ Scacarii Normanie

(Contra sigillum scacarii Normanie.)

Maintenue en l'état, jusqu'au prochain Échiquier, de la cause touchant la haute justice d'un héritage sis à Longueville, près Vernon. — Avril 1416.

1750 ÉCHIQUIER DE NORMANDIE.

1459.

Sceau rond, de 63 mill. — Arch. de la Seine-Inférieure ; archevêché de Rouen.

Écu semé de France, sur champ festonné.

Sigillum : Regium : Scacarii : Ducatus : No...nie

(Sigillum regium scacarii ducatus Normanie.)

CONTRE-SCEAU : Écu à trois fleurs de lys.

✱ Contra Sigillũ Scacarii Normanie

(Contra sigillum scacarii Normanie.)

Appointement au sujet du patronage de l'église de Mirville. — Octobre 1459.

1751 ÉCHIQUIER DE NORMANDIE.

1497.

Sceau rond, de 65 mill. — Arch. de la Seine-Inférieure : abbaye de Saint-Amand.

Écu semé de France, sur champ festonné.

✱ : Sigillum...... Scacarii : Ducatus : Normanie :

(Sigillum regium scacarii ducatus Normanie.)

CONTRE-SCEAU : Écu semé de France.

✱ Contra Sigillum Scacarii Normanie

(Contra sigillum scacarii Normanie.)

Procès au sujet de la juridiction, à Boos. — Échiquier du terme de Saint-Michel, 1497.

1752 PARLEMENT DE ROUEN.

1525.

Sceau rond, de 85 mill. — Arch. de la Seine-Inférieure : archevêché de Rouen.

Écu de France, timbré d'une couronne, supporté par deux anges, sur champ fleurdelysé.

....TI · ET · IVSTICIE · NORMA..

(..... parlamenti et justicie Normanie.)

CONTRE-SCEAU : Écu de France, couronné. — Sans légende.

Procès au sujet d'une terre sise à Angerville, faisant partie de la prébende de Guillaume Postel, docteur en médecine, chanoine de Notre-Dame de Rouen. — Septembre 1525.

1753 PONGNON (NICOLE),

Conseiller du roi au parlement de Rouen. — 1520.

Sceau rond, de 12 mill. — Arch. communales de Rouen ; 159[2].

Écu à la bande. — Légende fruste.

Acquisition, par la ville de Rouen, d'une maison en la paroisse de Notre-Dame-de-la-Ronde. — Mai 1520.

1754 ÉCHIQUIER DES EAUX ET FORÊTS À ROUEN.

1402.

Sceau rond, de 35 mill. — Arch. de la Seine-Inférieure : prieuré de Bonne-Nouvelle.

Écu de France, suspendu à un arbre, accosté de deux arbres ayant chacun à leur pied un écureuil.

S' · de · les. . . . . aues · z · fo. . . . .

(Seel de l'es. . . . . des eaues et forests . . . . .)

Droits d'usage des potiers de terre, boulangers et brasseurs de la ville de Bures, dans la forêt d'Éavy. — Novembre 1402.

CHAMBRE DES COMPTES.

1755 BOUCHER (ARNOUL),

de la Chambre des comptes de Paris. — 1461.

Signet octogone, de 12 mill. — Arch. de l'Eure ; Gisors.

Écu semé de trèfles au lion.

Arnoul boucher . .

(Arnoul Boucher . .)

Ordonnance de payement au profit de Philippe le Bègue, clerc de la Chambre des comptes. — Janvier 1461.

1756 JEAN . . . . .

de la Chambre des comptes de Paris. — 1376.

Signet rond, de 13 mill. — Arch. de la Manche ; abbaye du Mont-Saint-Michel.

La tête de saint Jean dans un plat.

✱ UOCABITU. . . . ANNES

(Vocabitur Johannes.)

Licence donnée aux religieux du Mont-Saint-Michel et à l'évêque d'Avranches de conclure un accord au sujet du patronage de Bacilly. — Mars 1376.

1757 PIERRE . . . . .

de la Chambre des comptes de Paris. — 1376.

Signet rond, de 14 mill. — Arch. de la Manche ; abbaye du Mont-Saint-Michel.

Une porte de ville, flanquée de tours.

S' P.ER.. RO . . .

(Seel Pierre Ro. . . .)

Voyez le numéro précédent.

1758 P. E. T.

de la Chambre des comptes de Paris. — 1376.

Signet rectangulaire, de 14 mill. — Arch. de la Manche : abbaye du Mont-Saint-Michel.

Intaille représentant un buste de face, Homère ? A chaque coin du rectangle, une des lettres

S' · P · E · T ·

(Sigillum Petri ?)

Voyez le n° 1756.

1759 RAIMONDET (ARNAUD),

de la Chambre des comptes de Paris. — 1376.

Signet rond, de 14 mill. — Arch. de la Manche : abbaye du Mont-Saint-Michel.

Sur un listel occupant le champ : ernaut (Ernaut).

RAYMONDET

(Raymondet.)

Voyez le n° 1756.

1760 MOULIN (ANDRIEU DU),

Trésorier du roi à Paris. — 1403.

Signet rond, de 12 mill. — Arch. de l'Euro : Gisors.

Une croix ancrée ou plutôt un fer de moulin.

Andrieu du moulin

(Andrieu du Moulin.)

Remise de la moitié d'une forfaiture. — Novembre 1403.

COURS PROVINCIALES.

1761 ALENÇON (COUR DU COMTÉ D')

en Cotentin. — 1401.

Sceau rond, de 35 mill. — Arch. de la Manche ; abbaye de Saint-Sauveur-le-Vicomte.

Écu semé de France à la bordure besantée, dans un trilobe.

✱ S' DE · LA · CONTE · D. . ERCON
COST . . . . N

(Seel de la conté d'Alençon en Costentin.)

Contre-sceau : Écu aux armes de la face.

✱ LE PETIT S DALENCON EN COSTE

(Le petit seel d'Alençon en Costentin.)

Donation d'un ténement sis à Rosel. — Novembre 1401.

1762 ALENÇON (COUR DU COMTE D')

à Montreuil et Bernay. 1307.

Sceau rond, de 37 mill. — Arch. de l'Orne; abbaye de Saint-Évroult.

Écu portant trois quintefeuilles sous un chef chargé de trois tourelles, à la bordure, sur champ de fleurs, dans un quadrilobe.

✱ S' COM : AL. . . . . ET B'NAY

(Sigillum comitis Alenconii . . . . . et Bernay.)

Acquisition de rentes sises à Saint-Aquilin-d'Augerons. — Février 1307.

1763 BOURG-NOUVEL (COUR DE).

1316.

Sceau rond, de 36 mill. — Arch. de la Manche; abbaye de Savigny.

Écu portant six fleurs de lys à la bordure engrêlée, accompagné de trois châteaux? — Légende détruite.

Contre-sceau : Écu aux armes de la face, accompagné de trois points.

✱ COTS COM . . . AP BVRG NOVV

(Contra sigillum comitis . . . . . apud Burgum Novum.)

Acquisition de terres sises à Saint-Baudelle. — 1316.

1764 BOURG-NOUVEL (COUR DE).

1333.

Sceau rond, de 40 mill. — Arch. de la Manche : abbaye du Mont-Saint-Michel.

Une fleur de lys accostée de deux couronnes, sur champ fretté.

✱ . . . . . AVSAS DE . . . GO N . . O

(. . . . . ad causas de Burgo Novo.)

Contre-sceau : Une fleur de lys accostée de deux couronnes et de deux points.

. . S' REGIS AD CĀS DE BVRGO NOV.

(Contra sigillum regis ad causas de Burgo Novo.)

Donation d'héritages sis à la Dorée. — Mai 1333.

1765 BOURG-NOUVEL (COUR DE).

1403.

Sceau rond, de 39 mill. — Bibl. de la ville de Rouen; fonds Leber.

Une fleur de lys accostée de deux couronnes et accompagnée d'une étoile à gauche.

. REGIS A. . . . . AS DE . . . . O NOV.

(Sigillum regis ad causas de Burgo Novo.)

Contre-sceau : Aux armes de la face.

CS REGIS AD CAVSAS . . . .

(Contra sigillum regis ad causas de Burgo Novo.)

Fieffe de terres et de prés sis à Désertines. — Mars 1403.

1766 BOURG-NOUVEL (COUR DE).

1484.

Sceau rond, de 38 mill. — Arch. de la Manche; abbaye du Mont-Saint-Michel.

Une fleur de lys accostée de deux couronnes.

. . contractum de burgo novo

(Sigillum contractum de Burgo Novo.)

Contre-sceau : Aux armes de la face.

. . . . de burgo novo

(. . . . . de Burgo Novo.)

Fieffe d'un quartier de vigne sis à Domfront-en-Champagne. — Février 1484.

1767 DINAN (COUR DE).

1446.

Sceau rond, de 40 mill. — Arch. de la Manche; abbaye du Mont-Saint-Michel.

Écu d'hermines, supporté par deux lions, dans une rose gothique. — Légende détruite.

Contre-sceau : Écu d'hermines, dans une rose gothique. — Il ne reste de la légende que

✱ contre seel de

(Contre seel de.)

Privilèges accordés par François Ier, duc de Bretagne. — Mai 1446.

1768 FOUGÈRES (COUR DE).

1407.

Sceau rond, de 20 mill. — Arch. de la Manche : abbaye de Savigny.

Écu à la branche de fougère, parti de France, dans une rose gothique.

S D F A C E S

(Seel de Fougères, aux causes?)

Acquisition d'une terre sise à Primaudon; copie. — Juin 1407.

1769 FOUGÈRES (COUR DE).

1410.

Sceau rond, de 53 mill. — Arch. de la Manche; abbaye du Mont-Saint-Michel.

Écu semé de France à la bordure, parti de trois branches de fougère, accompagné de fougères. — Il ne reste plus de la légende que

DE ..... FOVG....

(De..... Fougeres.)

Contre-sceau : Écu de France à la bordure, surmonté d'un **R** entre deux étoiles, accompagné de fougères.

9ERESEEL · DE FOVGERES

(Contresel de Fougères.)

Reconnaissance de rentes sises à Villamée. — Décembre 1410.

1770 FOUGÈRES (COUR DE).

1537.

Sceau rond, de 40 mill. — Arch. de la Manche; abbaye du Mont-Saint-Michel.

Écu d'hermines, accompagné de fougères. — Légende fruste.

Contre-sceau : Écu portant trois branches de fougère sous un chef chargé de trois hermines. — Légende illisible.

Aveu d'héritages relevant du prieuré de Villamée. — Février 1537.

1771 LAMBESC (COUR DE).

XVe siècle.

Sceau rond, de 32 mill. — Musée de Rouen.

Écu de France au lambel de cinq pendants, sur un champ orné de feuillages.

✱ S : CVRIE : R : DE LAMBISCO

(Sigillum curie r... de Lambisco.)

Matrice.

1772 LAVAL (COUR DE).

1330.

Sceau rond, de 24 mill. — Bibl. de la ville de Rouen; fonds Leber.

Écu au lion passant, parti d'une croix chargée de cinq coquilles et cantonnée de huit alérions.

PARVV. S' CVR... ...VAL

(Parvum sigillum curie de Laval.)

Déclaration des dîmes levées dans la paroisse de Saint-Berthevin-sur-Vicoin. — Mai 1330.

1773 MANS (COUR DU).

1282.

Sceau rond, de 45 mill. — Arch. de la Manche; abbaye du Mont-Saint-Michel.

Écu de Jérusalem, parti d'Anjou; à droite dans le champ, CEN... (Cenomanensis). — Légende détruite.

Contre-sceau : Écu aux armes de la face.

✱ CONTRA S IN CENOMANIA

(Contra sigillum in Cenomania.)

Acquisition d'une terre sise à la Courbe-de-Sarthe. — Juillet 1282.

1774 MANS (COUR DU).

1325.

Sceau rond, de 37 mill. — Arch. de la Manche; abbaye du Mont-Saint-Michel.

Écu portant six fleurs de lys à la bordure engrêlée, accompagné de trois étoiles.

S' COMITIS : CENOM.... AD CAVSA.

(Sigillum comitis Cenomanensis ad causas.)

Contre-sceau : Écu aux armes de la face.

CONTRA S COM CEN AD CAS

(Contra sigillum comitis Cenomanensis ad causas.)

Acquisition d'une maison avec courtil, en la paroisse de Saint-Jean du Mans. — Octobre 1325.

1775 MANS (COUR DU).

1366.

Sceau rond, de 38 mill. — Arch. de la Manche; abbaye du Mont-Saint-Michel.

Une fleur de lys surmontant une couronne et accostée de deux petites couronnes et de deux points.

..REGIS AD CAVSAS.......

(Sigillum regis ad causas.....)

Contre-sceau : Une fleur de lys accostée de deux couronnes et de deux points.

✱ ....GILLVM .....CENOM

(Contra sigillum ..... Cenomanensis.)

Acquisition d'une vigne sise en la paroisse de Rouillon. — Juillet 1366.

1776 MANS (COUR DU).

1374.

Sceau rond, de 39 mill. — Arch. de la Manche; abbaye du Mont-Saint-Michel.

Une fleur de lys surmontant une couronne et accostée de deux petites couronnes et de deux étoiles, sur champ fretté.

..REGIS AD CAVSAS CVRIE CENOMIE

(Sigillum regis ad causas curie Cenomanie.)

CONTRE-SCEAU : Une fleur de lys accostée de deux couronnes, sur champ fretté.

CONTRA ....ENOM

(Contra sigillum curie Cenomanensis.)

Fieffe d'une masure sise en la paroisse de Saint-Jean du Mans. — Juillet 1374.

1777 MANS (COUR DU).

1408.

Sceau rond, de 45 mill. — Arch. de la Manche; abbaye du Mont-Saint-Michel.

Une fleur de lys surmontant une couronne et accostée de deux petites couronnes et de deux étoiles.

✱ SIGILLULUM : REGIS : AD : CAUSAS : CURIE : CENOMANCIS

(Sigillulm regis ad causas curie Cenomanencis.)

CONTRE-SCEAU : Une fleur de lys accostée de deux couronnes.

✱ CONTRA SIGILLUM CURIE CENOMANCIS

(Contra sigillum curie Cenomanencis.)

Reconnaissance d'une rente sur une maison en la paroisse de Saint-Jean-de-la-Chèverie. — Juin 1408.

1778 MANS (COUR DU).

1456.

Sceau rond, de 46 mill. — Arch. de la Manche; abbaye du Mont-Saint-Michel.

Variété des types précédents.

✱ SIGILLUM REGIS AD CAUSAS CURIE CENOMANẼCIS

(Sigillum regis ad causas curie Cenomanencis.)

CONTRE-SCEAU : Variété des précédents.

✱ CONSRA SIGILLUM CURIE CENOMAÑCIS

(Contra sigillum curie Cenomanensis.)

Fieffe d'un jardin situé au Mans. — Avril 1456.

1779 MANS (COUR DU).

1457.

Sceau rond, de 44 mill. — Arch. de la Manche; abbaye du Mont-Saint-Michel.

Variété des types précédents.

✱ .....LUM · REGIS : AD : CAUSAS : CURIE : CENOMANCIS

(Sigillum regis ad causas curie Cenomanencis.

CONTRE-SCEAU : Variété des précédents.

CONTRA SIGILLUM CURIE CENO...CIS

(Contra sigillum curie Cenomanencis.)

Accord au sujet d'une maison en la paroisse du Saint-Jean du Mans. — Avril 1457.

1780 MANS (COUR DU).

1459.

Sceau rond, de 45 mill. — Arch. de la Manche : abbaye du Mont-Saint-Michel.

Variété des types précédents.

SIGILLU. ....SAS : CURIE : CENOMANCCI.

(Sigillum regis ad causas curie Cenomanencis.)

CONTRE-SCEAU : Variété des précédents.

✱ ....UM CURIE CENOMANCIS

(Contra sigillum curie Cenomanencis.)

Bail du bordage de la Mardelle, à Allonnes. — Novembre 1459.

1781 MANS (COUR DU).

1463.

Sceau rond, de 46 mill. — Arch. de la Manche : abbaye du Mont-Saint-Michel.

Variété des types précédents.

✱ SIGILL.. ..... AD CA.... ..... CENOMANCIS

(Sigillum regis ad causas curie Cenomanencis.)

CONTRE-SCEAU : Variété des précédents.

✱ CONTRA SIGILLUM CURIE CENOMANCIS

(Contra sigillum curie Cenomanencis.)

Fieffe d'un emplacement et d'un jardin situés au Mans. — Avril 1463.

1782 MANS (COUR DU).

1466.

Sceau rond, de 45 mill. — Arch. de la Manche : abbaye du Mont-Saint-Michel.

Variété des types précédents.

✱ SIG..... .EGIS A. .... .URIE CENOMANCIS

(Sigillum regis ad causas curie Cenomanencis.)

Fieffe d'une place sise en la paroisse de Saint-Jean-de-la-Chèverie — Mai 1466.

1783 MANS (COUR DU).

1491.

Sceau rond, de 45 mill. — Arch. de la Manche ; abbaye du Mont-Saint-Michel.

Variété des types précédents.

....BLLUM : RE..S : AD : CAUSAS : CURIE : CENOMAN...

(Sigillum regis ad causas curie Cenomanensis.)

Contre-sceau : Variété des précédents.

✱ CONTRA SIG.......... CENOMANNIS

(Contra sigillum curie Cenomanensis.)

Fieffe d'un jardin sis à Surgé. — Juin 1491.

1784 SAINT-JAMES-DE-BEUVRON (COUR DE).

1318.

Sceau rond, de 40 mill. — Arch. de la Manche ; abbaye du Mont-Saint-Michel.

Écu d'hermines, sur champ festonné. — Légende détruite.

Obligation au sujet d'un certain vin de Gascogne, acheté de Michel Tahourdin, bourgeois de Saint-James-de-Beuvron. — Novembre 1318.

1785 SAINT-MALO (COUR DE).

1403.

Sceau rond, de 25 mill. — Arch. de la Manche ; abbaye du Mont-Saint-Michel.

Une nef à châteaux, la voile carguée, voguant ; dans un quadrilobe.

S' CVRIE ....TI M.......?

(Sigillum curie Sancti Maclovii..)

Transport de rentes sur des biens sis à Saint-Planchers, à Saint-Jean-des-Champs et à Coudeville. — Septembre 1403.

1786 SAUMUR (COUR DE).

1420.

Sceau rond, de 50 mill. — Arch. de la Manche ; abbaye du Mont-Saint-Michel.

Écu d'Anjou (semé de France à la bordure), timbré d'une couronne, supporté par deux anges ; dans un trilobe.

.. DV ....AVX ....S ..VMV.

(Seel du ..... aux causes de Saumur?)

Nomination du duc d'Alençon et de Jean d'Harcourt aux fonctions de lieutenants et de capitaines généraux au duché de Normandie. — Juin 1420.

1787 TUSSÉ (COUR DE).

1488.

Sceau rond, de 40 mill. — Arch. de la Manche ; abbaye du Mont-Saint-Michel.

Écu portant trois jumelles, dans un quadrilobe? — Légende détruite.

Bail d'une vigne sise à Domfront-en-Champagne. — Décembre 1488.

BAILLIAGES ET SÉNÉCHAUSSÉES.

1788 ALENÇON (BAILLIAGE D').

XIVe siècle.

Sceau rond, de 30 mill. — Arch. de la Manche ; abbaye du Mont-Saint-Michel.

Écu de France à la bordure besantée, surmonté d'un lion passant, accosté de la lettre P et d'un château, dans une rose gothique. — Légende détruite.

Copie d'un acte daté de mai 1390, par lequel Pierre, comte d'Alençon, ordonne à son bailli de poursuivre l'exécution d'un traité qu'Olivier du Guesclin, comte de Longueville, n'avait pas accompli. — Sans date.

1789 ANDELY (BAILLIAGE D').

XIVe siècle.

Sceau rond, de 42 mill. — Arch. de l'Eure.

Écu de France.

✱ SIGILLVM BALLI......CI.... ANDLIACV̄

(Sigillum ballivie ...ci.... Andeliacum.)

Contre-sceau : Écu à la fleur de lys.

✱ 9TRA S' DE ANDELIACO

(Contra sigillum de Andeliaco.)

Sceau détaché.

1790 CANY (BAILLIAGE DE).

1334.

Sceau rond, de 37 mill. — Arch. de la Seine-Inférieure ; archevêché de Rouen.

Écu en losange, portant quatre fleurs de lys à la bordure besantée, accompagné de quatre chimères ; dans un quadrilobe. — Légende détruite.

Copie de la formule du serment prêté par l'archevêque de Rouen au duc de Normandie. — Juin 1334.

1791 CAUX (BAILLIAGE DE).

1274.

Sceau rond, de 32 mill. — Arch. de la Seine-Inférieure ; abbaye de Montivilliers.

Écu portant quatre pals, parti de France.

✱ SIGIL.. .ALLIVIE CALETI

(Sigillum ballivie Caleti.)

Contre-sceau : Écu à la fleur de lys.

✱ CONTRA S' BALLIVIE CALETI

(Contra sigillum ballivie Caleti.)

Accord au sujet du patronage de Notre-Dame-de-Lillebonne. — Avril 1274.

1792 CAUX (BAILLIAGE DE).

1302.

Sceau rond, de 36 mill. — Arch. de la Seine-Inférieure ; abbaye de Jumièges.

Écu semé de France, parti de Navarre, accosté de deux feuilles ; dans un quadrilobe.

VECI LE SEEL DE LA BALLIE DE CAVS

(Veci le seel de la ballie de Caus.)

Contre-sceau : Écu à la fleur de lys, dans une rose gothique.

VECI LE CÔTRE SEEL D' LA BALLI DE CAVS

(Veci le contre seel de la ballie de Caus.)

Accord au sujet de la présentation à l'église de Saint-Martin de Hautot-l'Auvray. — Juin 1302.

1793 CAUX (BAILLIAGE DE).

1332.

Sceau rond, de 38 mill. — Arch. de la Seine-Inférieure ; archevêché de Rouen.

Écu de France accosté de deux oiseaux ; dans un quadrilobe.

..CI · LE SEEL · DE · LA · BAILLIE · D' C...

(Veci le seel de la baillie de Caus.)

Contre-sceau : Écu à la fleur de lys, accosté de deux oiseaux ; dans un quadrilobe.

VECI LE CÔTRE SEEL D' LA BAILLIE D' CAVS

(Veci le contre seel de la baillie de Caus.)

Accord au sujet du patronage de l'église d'Ancretteville. — Juin 1332.

1794 CAUX (BAILLIAGE DE).

1393.

Sceau rond, de 38 mill. — Arch. de la Seine-Inférieure ; archevêché de Rouen.

Écu de France, accosté de deux oiseaux et surmonté d'une quintefeuille ; dans un quadrilobe.

VECI LE SEEL DE LA BAILLIE DE CAVS

(Veci le seel de la baillie de Caus.)

Contre-sceau : Écu à la fleur de lys, accosté de deux oiseaux et surmonté d'une quintefeuille ; dans un quadrilobe.

VECI LE CÔTRE SEEL D' LA BAILLIE D' CAVS

(Veci le contre seel de la baillie de Caus.)

Accord au sujet du patronage de l'église de Saint-Remi-en-la Campagne. — Janvier 1393.

1795 COTENTIN (BAILLIAGE DE).

1280.

Sceau rond, de 38 mill. — Arch. de la Manche ; abbaye du Mont-Saint-Michel.

Une fleur de lys fleuronnée, accostée en haut de deux châteaux et en bas de deux écus de France.

✱ S' DO........LIVIA.....ANT

(Sigillum domini regis in ballivia Constantiensi.)

Contre-sceau : Écu palé.

✱ CONTRA · S' · BALLIVIE

(Contra sigillum ballivie.)

Saisine et justice d'un larron, rendues aux religieux du Mont-Saint-Michel, à cause de leur baronnie de Saint-Pair. — Juillet 1280.

1796 COTENTIN (BAILLIAGE DE).

1311.

Sceau rond, de 38 mill. — Arch. de la Manche ; abbaye de Saint-Sauveur-le-Vicomte.

Variété du type précédent.

.. DOMINI REG......LLIV.. ....TA...

(Sigillum domini regis in ballivia Constantiensi.)

Contre-sceau : Écu palé.

✱ CONTRA · S' · BALLIVIE

(Contra sigillum ballivie.)

Droit de patronage de Saint-Germain-de-Tournebut. — Mars 1311.

1797 COTENTIN (BAILLIAGE DE).

1350.

Contre-sceau rond, de 21 mill. — Arch. de la Manche ; abbaye de Saint-Sauveur-le-Vicomte.

Écu palé, accompagné de trois fleurs de lys et de six points.

✱ : CONTRA : SIGILLUM : BALLIUIE :

(Contra sigillum ballivie.)

Sentence au sujet du patronage de l'église de Bricquebosc. — Janvier 1350.

1798 COTENTIN (BAILLIAGE DE).

1361.

Sceau rond, de 42 mill. — Arch. du Calvados ; abbaye d'Ardenne.

Écu d'Évreux, parti de Navarre, dans une rose gothique. — Légende détruite.

Contre-sceau : Écu aux armes de la face, timbré d'un quadrupède passant ; dans une rose.

...TRE S' D' LA BAILLIE D' MO.....

(Contre seel de la baillie de Mo.....)

Sentence au sujet du patronage de l'église de Berjou. — Mai 1361.

24.

1799 COTENTIN (BAILLIAGE DE).

1382.

Contre-sceau rond, de 20 mill. — Arch. de la Manche; abbaye du Mont-Saint-Michel.

Écu palé, accosté de deux fleurs de lys, de quatre étoiles, du soleil et de la lune, surmonté d'une fleur de lys entre deux roses.

9TRA S' BALLIVIE COVSTANTIE.

(Contra sigillum ballivie Constantiensis.)

Ajournement d'Olivier du Guesclin au sujet de l'hommage de la vavassorie de la Colombe, réclamé par l'abbé du Mont-Saint-Michel. — Octobre 1382.

1800 DAMVILLE (BAILLIAGE DE).

1405.

Sceau rond, de 34 mill. — Arch. de l'Eure; famille des Essarts.

Une aigle accompagnée de quatre écus chevronnés de six pièces; dans un quadrilobe. — Il ne reste plus de la légende que

OBLIG..

(Obligations.)

Procès au sujet d'une rente sise en la paroisse des Essarts. — Janvier 1405.

1801 EU (BAILLIAGE D').

1292.

Sceau rond, de 37 mill. — Arch. de la Seine-Inférieure; abbaye du Tréport.

Écu billeté au lion.

.IGI.... ..LLIV.E AV..

(Sigillum ballivie Augi.)

Contre-sceau : Écu à la bordure engrêlée.

✠ 9T S' .ALLIVIE AVGI

(Contra sigillum ballivie Augi.)

Sentence au sujet d'un fief sis à Lignemare. — 1292.

1802 ÉVREUX (BAILLIAGE D').

1469.

Sceau rond, de 24 mill. — Arch. communales d'Évreux.

Écu de France, timbré d'une couronne.

Le petit s aux causes du bailliage d'evreux

(Le petit seel aux causes du bailliage d'Évreux.)

Donation au profit des Frères mendiants d'Évreux. — Juillet 1469.

1803 ÉVREUX (BAILLIAGE D').

1475.

Sceau rond, de 34 mill. — Arch. communales d'Évreux.

Écu de France, timbré d'une couronne, accosté de deux feuilles. — Légende détruite.

Quittance des gages de Jean de Hangest, bailli et capitaine d'Évreux. — Novembre 1475.

1804 GUERNESEY (BAILLIAGE DE).

1281 ?

Sceau rond, de 36 mill. — Arch. de la Manche; abbaye du Mont-Saint-Michel.

Écu aux trois léopards d'Angleterre, surmonté d'un rameau.

S' BALLIVIE INSVLE DE GERNEREYE

(Sigillum ballivie insule de Gernereye.)

Copie d'une charte du roi Édouard, portant confirmation du quart du droit de varech. — Mai 1281 ? — Ce type a servi jusqu'en 1832.

1805 GUERNESEY (BAILLIAGE DE).

1832.

Sceau rond, de 37 mill. — Communiqué par M. J. Havet.

Imitation moderne du type précédent.

S' BALLIVIE INSVLE DE GERNEREYE

(Sigillum ballivie insule de Gernereye.)

Surmoulage.

1806 ÎLES (BAILLIAGE DES).

1286.

Sceau rond, de 40 mill. — Arch. de la Manche; abbaye du Mont-Saint-Michel.

Écu aux trois léopards d'Angleterre.

✠ S' BALLIVIE INSVLARVM PRO REGE ANGLIE

(Sigillum ballivie insularum pro rege Anglie.)

Accord au sujet des devoirs dus par Philippe le Breton au manoir et prieuré de Saint-Clément. — Mars 1286.

1807 JERSEY (BAILLIAGE DE).

1332.

Sceau rond, de 38 mill. — Arch. de la Manche; abbaye du Mont-Saint-Michel.

Écu aux trois léopards d'Angleterre.

S' BALLIVIE : INSVLE : DE IERESYE

(Sigillum ballivie insule de Jeresye.)

Contre-sceau : Écu aux trois léopards d'Angleterre.

accosté de deux objets indistincts, timbré d'une aigle; dans un quadrilobe. — Sans légende.

Aveu de Philippe le Breton au sujet de biens sis en la paroisse de Saint-Broladre, à Jersey. — Mai 1332.

1808 JERSEY (BAILLIAGE DE).

1418.

Sceau rond, de 40 mill. — Arch. du Calvados; abbaye de la Sainte-Trinité de Caen.

Écu aux trois léopards d'Angleterre. — Légende détruite.

Reconnaissance de rentes dues par Pierre Garris, marchand de Gascogne, et payables à Jersey. — Mai 1418.

1809 LISIEUX (BAILLIAGE DE).

1293.

Sceau rond, de 34 mill. — Arch. du Calvados: Dominicains de Lisieux.

Un bras tenant une crosse accompagnée d'une clef.

✠ S' BALLIVIE LEXOVIENSIS

(Sigillum ballivie Lexoviensis.)

Acquisition d'un pré en la paroisse de Saint-Désir de Lisieux. — Décembre 1293.

1810 LISIEUX (SÉNÉCHAUSSÉE DE).

1399.

Sceau rond, de 35 mill. — Arch. du Calvados; Dominicains de Lisieux.

Écu à la crosse en pal devant deux clefs en sautoir, accompagné de palmes.

..EL DE ..... LA SENECH......SIE..

(Seel de ....., la sénéchaussée de Lisieux.)

Fieffe d'une maison et d'un jardin sis en la paroisse de Saint-Désir de Lisieux. — Juillet 1399.

1811 MONTAGNE (BAILLIAGE DE LA).

1675.

Sceau ovale, de 31 mill. — Collection de M. Lormier, à Rouen.

Écu de France, surmonté d'une couronne.

BAILLIAGE · DE · LA · MONTAIGNE · 1675 ·

Matrice.

1812 MOYON (BAILLIAGE DE).

1419.

Sceau rond, de 30 mill. — Arch. de la Manche; abbaye de la Luzerne.

Type équestre; le bouclier et la housse portant deux fasces à l'orle de merlettes au lambel. — Il ne reste plus de la légende que

baillage

(Bailliage.)

Contre-sceau : Écu aux armes de la face.

✠ S..... du baill de moion

(Contre seel du bailliage de Moion.)

Fondation d'obit. — Juillet 1419.

1813 PONT-AUDEMER (BAILLIAGE DE).

1294.

Sceau rond, de 37 mill. — Arch. de la Seine-Inférieure; abbaye de Jumiéges.

Une fleur de lys accostée de deux couronnes et accompagnée d'une étoile à gauche.

✠ SIGILLVM : BALLIVIE : PONTISAVDOMARIA

(Sigillum ballivie Pontisaudomarie.)

Contre-sceau : Écu portant quatre pals, accompagné d'un croissant et d'une étoile ?

✠ S' BALLIVIE PONTISAVDOMARIA

(Secretum ballivie Pontisaudomarie.)

Acquisition d'un clos sis à Trouville. — Septembre 1294.

1814 PONTORSON (BAILLIAGE DE).

1371.

Sceau rond, de 30 mill. — Arch. de la Manche: abbaye du Mont-Saint-Michel.

Sous un semé de France au lambel, un pont à trois arches; celle du milieu contenant un G et les deux autres une étoile.

✠ LE S... .. .A BAILLIE DE PONTOR..N

(Le seel de la baillie de Pontorson.)

Contre-sceau : Écu de France au lambel, surmonté de la lettre G, dans une rose gothique.

9TRE S' ....L.IE DE PONTOSON

(Contre seel de la baillie de Pontorson.)

Ordre de payer au prieur de Notre-Dame de Pontorson la dîme qui lui est due sur la prévôté. — Mars 1371.

1815 ROUEN (BAILLIAGE DE).

1312.

Sceau rond, de 37 mill. — Arch. de la Seine-Inférieure; prieuré de Gasny.

Une fleur de lys avec deux oiseaux perchés, accostée d'un croissant et d'un soleil.

✠ SIGILLVM BALLIVIE ROTHOMAGĒSIS

(Sigillum ballivie Rothomagensis.)

Contre-sceau : Écu portant quatre pals. — Légende fruste.

Acquisition de rentes, à Gasny. — Septembre 1312.

1816 ROUEN (BAILLIAGE DE).

1358.

Sceau rond, de 44 mill. — Arch. de la Seine-Inférieure; archevêché de Rouen.

Une fleur de lys fleuronnée, accostée d'une rose et d'un trèfle et, plus bas, de deux points.

✱ SIGILLUM : BALL.... ROTHOMAGENSIS

(Sigillum ballivie Rothomagensis.)

Contre-sceau : Quatre fleurs de lys accostées de deux points et posées en croix.

✱ 9TRA S' BALLIUIE ROTHOMAGENSIS

(Contra sigillum ballivie Rothomagensis.)

Droits de l'archevêque de Rouen au patronage de l'église d'Alisy. — Avril 1358.

1817 ROUEN (BAILLIAGE DE).

1410.

Sceau rond, de 40 mill. — Arch. de la Seine-Inférieure; archevêché de Rouen.

Une fleur de lys fleuronnée, accompagnée à droite d'une étoile.

..GI...M : BALLIUIE : ROTHOMAGEN...

(Sigillum ballivie Rothomagensis.)

Lettres de récréance du temporel de l'archevêché et du chapitre de Rouen, qui avait été saisi pour refus du service de l'ost. — Septembre 1410.

1818 ROUEN (BAILLIAGE DE).

1432.

Sceau rond, de 46 mill. — Arch. de la Seine-Inférieure : abbaye de Saint-Wandrille.

Une fleur de lys accostée de deux lions affrontés et, plus bas, d'une petite fleur de lys et d'une étoile.

✱ S......M BALLIVIE ROTHOMAGENSIS

(Sigillum ballivie Rothomagensis.)

Vidimus d'une lettre du roi, relative aux procès légués à Hugues d'Orges, archevêque de Rouen, par son prédécesseur. — Février 1432.

1819 VARENGUEBEC (BAILLIAGE DE).

1447.

Sceau rond, de 23 mill. — Arch. de la Manche; abbaye de Blanchelande.

Écu portant deux fasces accompagnées de trois besants? en chef.

le s du bailliage de vare.......

(Le seel du bailliage de Varenguebec.)

Acquisition de biens sis à Doville. — Octobre 1447.

1820 VERNEUIL (BAILLIAGE DE).

1386.

Sceau rond, de 35 mill. — Arch. de la Seine-Inférieure ; abbaye de Jumièges.

Une fleur de lys fleuronnée, accostée de deux châteaux et, plus bas, de deux feuilles.

✱ SIGILL · BALLIVIE · VERNOLII

(Sigillum ballivie Vernolii.)

Contre-sceau : Écu à la fleur de lys, parti d'un palé.

✱ CONTRA · SIGILL · BALLIVIE

(Contra sigillum ballivie.)

Accord au sujet de terres sises à Vieux-Verneuil. — Janvier 1386.

1821 WAVANS (BAILLIAGE DE).

1680.

Sceau rond, de 46 mill. — Collection de M. Lormier, à Rouen.

Écu fretté, timbré d'un heaume couronné et cimé d'un cygne, supporté par deux griffons couronnés.

SEAV · DU · BAILLIAGE · DE · WAVANS 1680

Matrice.

PRÉVÔTÉS.

1822 CHAUMONT (PRÉVÔTÉ DE).

1335.

Sceau rond, de 40 mill. — Arch. de la Seine-Inférieure; prieuré de Gasny.

Écu de France, dans un trilobe.

✱ S' BALLIE SILVAN..... PPOITVR D' CALVI.....

(Sigillum ballivie Silvanectensis in prepositura de Calvimonte.)

Contre-sceau : Une couronne, dans un quadrilobe.

✱ CONT S' PPOITVRE ..CALVOMOT

(Contra sigillum preposituro de Calvomonte.)

Procès au sujet de la juridiction, à Villers : rétablissement d'un prisonnier par signe. — Janvier 1335.

1823 JANVILLE (PRÉVÔTÉ DE).

1314.

Sceau rond, de 43 mill. — Arch. de la Manche; abbaye du Mont-Saint-Michel.

Il ne reste plus qu'une portion de fleur de lys, accompagnée à droite d'un château, de la lettre S et d'une rose.

.....EPOSITV.....ENVIL..

(Sigillum prepositure de Jenville.)

Contre-sceau : Une gerbe accostée de deux fleurs de lys?

✱ ...TRE S... DE IEHVILLE

(Contre seel de Jouville.)

Acquisition de la prévôté de Gohory. — Mars 1314.

1824 LARRIS (PRÉVÔTÉ DE).

XVe siècle.

Sceau rond, de 29 mill. — Collection de M. Lormier, à Rouen.

Écu au chevron accompagné de trois merlettes, timbré d'un arbre.

seel · de · la · prevoste · de · larris ·

(Seel de la prévosté de Larris.)

Matrice.

1825 VERNON (PRÉVÔTÉ DE).

1264.

Sceau rond, de 45 mill. — Arch. hospitalières de Vernon.

Une fleur de lys fleuronnée, accostée d'un soleil et d'un croissant.

✱ : S' : PREPOSITVRE : VERNONIS :

(Sigillum prepositure Vernonis.)

Acquisition d'une masure sise à Montigny. — Janvier 1264.

1826 VILLAINES (PRÉVÔTÉ ET CHÂTELLENIE DE).

XVIIIe siècle.

Cachet ovale, de 32 mill. — Collection de M. Lormier, à Rouen.

Écu à la croix engrêlée cantonnée de quatre croissants, timbré d'un mortier couronné, devant un manteau.

PREVOTE · ET · CHATELLENIE · DE · VILLENNES ·

Matrice.

VICOMTÉS.

1827 ARQUES (VICOMTÉ D').

1364.

Sceau rond, de 37 mill. — Arch. de la Seine-Inférieure; archevêché de Rouen.

Un château accompagné de quatre fleurs de lys, dans un encadrement en étoile.

✱ S' .....NEVIL...TE ET DARQVES

(Seel .....nevil...te et d'Arques.)

Accord au sujet du patronage de l'église d'Avremesnil. — Mars 1364.

1828 ARQUES (VICOMTÉ D').

1403.

Sceau rond, de 34 mill. — Arch. de la Seine-Inférieure; chapitre de Rouen.

Sur un pont, un château chargé d'un écusson effacé, accosté à gauche d'une fleur de lys.

..... MITATVS ARCHIARV.

(Sigillum vicecomitatus Archiarum?)

Extrait des actes d'un procès, fait à Londinières, contre Jean de Simencourt. — Mai 1403.

1829 AVRANCHES (VICOMTÉ D').

1294.

Sceau rond, de 28 mill. — Arch. de la Manche; abbaye du Mont-Saint-Michel.

Une fleur de lys partie d'un château.

✱ S' VICECOMIT · ABRINC

(Sigillum vicecomitatus Abrincensis.)

Premier contre-sceau : Les armes de la face.

✱ S' LE MERC DAVRENCH..

(Seel le merc d'Avrenches.)

Second contre-sceau : Écu à la fleur de lys.

✱ SIG · VIC · ABRINC ·

(Sigillum vicecomitatus Abrincensis.)

Acquisition d'un manoir sis à Ardevon. — Janvier 1294.

1830 AVRANCHES (VICOMTÉ D').

1308.

Sceau rond, de 30 mill. — Arch. de la Manche; abbaye du Mont-Saint-Michel.

Écu de Navarre chargé en cœur d'un écusson à la fleur de lys partie d'un château et accompagné en chef et en pointe d'une quintefeuille; dans un quadrilobe.

S' VICECOMIT · ABRIN...

(Sigillum vicecomitatus Abrincensis.)

Contre-sceau : Écu à la fleur de lys.

✱ SIG · VIC · ABRINC

(Sigillum vicecomitatus Abrincensis.)

Transport d'une rente sur une terre située à Genets. — Janvier 1308.

1831 AVRANCHES (VICOMTÉ D').

1337.

Sceau rond, de 36 mill. — Arch. de la Manche; abbaye du Mont-Saint-Michel.

Un château accosté de deux fleurs de lys et surmonté d'une troisième; dans un quadrilobe.

✱ S' DES O............ ..ISCONTE DE AVRENCHES

(Seel des obligations de la viconté de Avrenches.)

Contre-sceau : Les armes de la face.

✱ 9TRE S' DE AVRENCHES

(Contre seel de Avrenches.)

Échange d'une terre sise à Huisnes. — Novembre 1337.

1832 AVRANCHES (VICOMTÉ D').

1351.

Sceau rond, de 30 mill. — Arch. de la Manche; abbaye du Mont-Saint-Michel.

Écu semé de France, parti de Navarre, dans un quadrilobe. — Légende détruite.

Appointement au sujet de rentes sur le manoir de Soligny. — Novembre 1351.

1833 AVRANCHES (VICOMTÉ D').

1369.

Sceau rond, de 36 mill. — Arch. de la Manche; abbaye de Montmorel.

Écu semé de France à la bordure, timbré d'un heaume cimé d'une fleur de lys, supporté par deux griffons. — Légende détruite.

Contre-sceau : Écu semé de France à la bordure, accompagné de trois chimères.

✱ 9TRE S DE LA VICONTE ......CH

(Contre seel de la viconté d'Avrenches.)

Déboissement et rapport d'un fief sis à Poilley. — Juillet 1369.

1834 AVRANCHES (VICOMTÉ D').

1374.

Sceau rond, de 36 mill. — Arch. de la Manche; abbaye du Mont-Saint-Michel.

Écu à la fleur de lys, parti d'un semé de France, à la bordure, timbré d'un heaume cimé d'une fleur de lys, supporté par deux griffons.

.......A · VICO... .A.RE.....

(Seel de la viconté d'Avrenches.)

Contre-sceau : Écu aux armes de la face.

✱ SEEL DE LA VICONTE .....

(Seel de la viconté d'Avrenches.)

Partage de la seigneurie du Mesnil-Adelée. — Avril 1374.

1835 AVRANCHES (VICOMTÉ D').

1398.

Sceau rond, de 36 mill. — Arch. de la Manche; abbaye de Montmorel.

L'écu précédent avec une étoile au canton dextre; même timbre et mêmes supports. — Légende détruite.

Accord au sujet de rentes sur une terre à Saint-Quentin-sur-Sélune. — Janvier 1398.

1836 AVRANCHES (VICOMTÉ D').

1410.

Sceau rond, de 37 mill. — Arch. de la Manche; abbaye du Mont-Saint-Michel.

Un château accosté de deux fleurs de lys et surmonté d'une troisième entre deux étoiles; dans un quadrilobe.

✱ S DES OBLIGACIONS DE LA VISCONTE DE AVRENCHES

(Seel des obligacions de la visconté de Avrenches.)

Contre-sceau : Un château accompagné de trois fleurs de lys.

✱ 9TRE S DE AVRENCHES

(Contre seel de Avrenches.)

Vidimus de lettres du roi Charles V, au sujet du guet et garde du Mont-Saint-Michel. — Mars 1410.

1837 AVRANCHES (VICOMTÉ D').

1413.

Sceau rond, de 38 mill. — Arch. de la Manche; abbaye du Mont-Saint-Michel.

Écu à la fleur de lys partie d'un semé de France, à la bordure, timbré d'un heaume cimé d'une fleur de lys, supporté par deux griffons.

cest .. seel de la v.conte ......ches

(C'est le seel de la viconté d'Avrenches.)

Contre-sceau : Écu aux armes de la face.

contre seel de la viconte davrenches

(Contre seel de la viconté d'Avrenches.)

Confirmation de la capitainerie du Mont-Saint-Michel en faveur de l'abbé Robert. — Juillet 1413.

1838 AVRANCHES (VICOMTÉ D').

1441.

Sceau rond, de 40 mill. — Arch. de la Manche; abbaye du Mont-Saint-Michel.

Un château accosté de deux fleurs de lys, surmonté d'un dauphin sous une fleur de lys accompagné à gauche d'une étoile; dans un quadrilobe.

✱ S des obligacions de la viconte davrenches

(Seel des obligacions de la viconté d'Avrenches.)

CONTRE-SCEAU : Les armes de la face.

contreseel davrenc

(Contreseel d'Avrenches.)

Approbation, par la ville du Mont-Saint-Michel, des travaux de fortification exécutés par Louis d'Estouteville, capitaine du Mont-Saint-Michel, et assiette d'un impôt pour subvenir aux dépenses faites. — Décembre 1441.

1839 AVRANCHES (VICOMTÉ D').

1462.

Sceau rond, de 40 mill. — Arch. de la Manche; abbaye du Mont-Saint-Michel.

Écu de France, surmonté d'une couronne et accosté des lettres R et VR.

✱ Le : seel : aux : ca....conte : Davranches

(Le seel aux causes de la viconté d'Avranches.)

CONTRE-SCEAU : La représentation de la face.

✱ 9tre s aux causes de la viconte davranches

(Contre seel aux causes de la viconté d'Avranches.)

Décret d'héritages sis au Mont-Saint-Michel. — Mars 1462.

1840 AVRANCHES (VICOMTÉ D').

1489.

Sceau rond, de 31 mill. — Arch. de la Manche; abbaye du Mont-Saint-Michel.

Un château accosté de deux fleurs de lys, surmonté d'un dauphin sous une fleur de lys.

.......igacions ....nte de av. .....

(Seel des obligacions de la viconté de Avrenches.)

CONTRE-SCEAU : La représentation de la face.

✱ contre s de avrenc

(Contre seel de Avrenches.)

Fieffe d'une maison sise au Mont-Saint-Michel. — Juin 1489.

1841 AVRANCHES (VICOMTÉ D').

1498.

Sceau rond, de 35 mill. — Arch. de la Manche; abbaye du Mont-Saint-Michel.

Variété du type précédent.

.......acions de la vi.......avren....

(Seel des obligacions de la viconté d'Avrenches.)

CONTRE-SCEAU : Variété du précédent.

✱ contre seel de avrenches

(Contre seel de Avrenches.)

Transport d'une rente sur des biens sis au Mont-Saint-Michel. — Août 1498.

1842 BAYEUX (VICOMTÉ DE).

1284.

Sceau rond, de 33 mill. — Arch. du Calvados; abbaye d'Aunay.

Trois fleurs de lys.

✱ . .ICECOMITATVS BAIOC....S

(Sigillum vicecomitatus Bajocensis.)

CONTRE-SCEAU : Une fleur de lys.

✱ CONTR.......ESIS

(Contra sigillum ..... Bajocensis.)

Vente d'une portion de la dîme de Saint-Georges, près Aunay. Mars 1284.

1843 BAYEUX (VICOMTÉ DE).

1305.

Sceau rond, de 36 mill. — Arch. du Calvados; évêché et chapitre de Bayeux.

Écu en losange portant neuf fleurs de lys, la première surmontant une étoile; dans un quadrilobe orné d'aigles et de dauphins. — Il ne reste plus de la légende que

CAVSAR

(Causarum.)

Sentence de retrait d'un fief. — Mars 1305.

1844 BAYEUX (VICOMTÉ DE).

1378.

Contre-sceau rond, de 20 mill. — Arch. de la Manche; abbaye de Torigny.

Écu en losange portant quatre fleurs de lys; dans une rose gothique. — Légende détruite.

Quittance au sujet du tiers et danger du bois de la Croix-en-Gléville. — Octobre 1378.

1845 BAYEUX (VICOMTÉ DE).

1379.

Contre-sceau rond, de 16 mill. — Arch. de la Manche; abbaye de Saint-Sauveur-le-Vicomte.

Une fleur de lys accostée de deux roses et de deux étoiles.

✱ 9TRA S OBL...CEN

(Contra sigillum obligationum vicecomitatus Bajocensis ?)

Vente d'une terre sise en la paroisse de Géfosse. — Mars 1379.

1846 BAYEUX (VICOMTÉ DE).

1381.

Sceau rond, de 34 mill. — Arch. du Calvados; évêché et chapitre de Bayeux.

Trois fleurs de lys accompagnées d'une couronne, de deux points et de deux croissants.

✱ S' OBLIGATŌM . . CECŌITA. . . BAIOC. . .

(Sigillum obligationum Vicecomitatus Bajocensis.)

Contre-sceau : Une fleur de lys accostée de deux roses et de deux étoiles.

. . . . OBH · BAIOCEÑ

(Contra sigillum obligationum Bajocensium.)

Transport d'une rente sur un masnage en la paroisse de Saint-Patrice-en-Goulet. — Mars 1381.

1847 BAYEUX (VICOMTÉ DE).

1384.

Sceau rond, de 32 mill. — Arch. du Calvados; évêché et chapitre de Bayeux.

Écu de France, dans un quadrilobe.

s. . . . . . : obligacions : de la viconte : de baieux

(Seel des obligacions de la viconté de Baieux.)

Contre-sceau : Une fleur de lys. — Légende fruste.

Fondation d'un obit en l'église de Saint-Symphorien de Bayeux. — Septembre 1384.

1848 BAYEUX (VICOMTÉ DE).

1449.

Sceau rond, de 36 mill. — Arch. de la Manche : abbaye de Cerisy.

Deux écus accolés, soutenus par un ange : à gauche, l'écu de France; à droite, l'écu de France écartelé d'Angleterre.

✱ Le G . . . . eux

(Le grant seel aux causes de la viconté de Baieux.)

Contre-sceau : Les deux écus de la face.

✱ le petit s. . . . . . causes de la vicon. . de baieux

(Le petit seel aux causes de la viconté de Baieux.)

Vidimus concernant le fief de Cormaqueron, en la paroisse de Littry. — Avril 1449.

1849 BAYEUX (VICOMTÉ DE).

XVe siècle.

Sceau rond, de 34 mill. — Collection de M. de Farcy, à Bayeux.

Deux écus accolés sur un champ fleuri : à gauche, l'écu de France; à droite, l'écu de France écartelé d'Angleterre. — Légende détruite.

Cire originale détachée.

1850 BAYEUX (VICOMTÉ DE).

1556.

Sceau rond, de 36 mill. — Collection de M. de Farcy, à Bayeux.

Écu de France, dans un trilobe.

. . . . GACIONS de LA VICONTe de Bai. . .

(Seel des obligacions de la viconté de Baieux.)

Vente d'une terre sise en la paroisse de Tour. — 2 juillet 1556

1851 BERNAY (VICOMTÉ DE).

1287.

Sceau rond, de 37 mill. — Arch. de l'Orne ; abbaye de Saint-Évroult

Une fleur de lys accostée de deux croissants et de deux étoiles.

✱ SIGILLVM VICE. . . . . . . DE BERNAYO

(Sigillum vicecomitatus de Bernayo.)

Contre-sceau : Écu palé de huit pièces.

✱ COT̄ S' VICECOMITATVS :

(Contra sigillum vicecomitatus.)

Transaction au sujet d'un héritage sis à Augerons. — Avril 1287.

1852 CAEN (VICOMTÉ DE).

1297.

Sceau rond, de 39 mill. — Arch. du Calvados ; abbaye d'Aunay.

Une porte de ville flanquée de deux tourelles et accostée de deux fleurs de lys.

. . ICECOMITATVS CADOME. . IS

(Sigillum vicecomitatus Cadomensis.)

Contre-sceau : Une fleur de lys partie d'un château.

✱ 9TRA · S' · VIC · CAD'

(Contra sigillum vicecomitatus Cadomensis.)

Confirmation, par Guillaume de Mortemer, des donations faites par ses prédécesseurs. — Décembre 1297.

1853 CAEN (VICOMTÉ DE).

1414.

Sceau rond, de 40 mill. — Arch. du Calvados ; abbaye de Saint-Étienne de Caen.

Une porte de ville flanquée de deux tourelles, accostée de deux fleurs de lys, d'étoiles, de croisettes et de croissants.

. . . VICECOMITATVS · CADOMENSIS

(Sigillum vicecomitatus Cadomensis.)

Contre-sceau : Une fleur de lys partie d'un château, accompagnée de deux étoiles et d'un croissant.

✱ CONTRA SIGILLVM

(Contra sigillum.)

Acquisition de maisons et d'un jardin sis à Vaucelles. — Août 1414.

1854 CAEN (VICOMTÉ DE).

1418.

Sceau rond, de 36 mill. — Arch. du Calvados; abbaye d'Ardenne.

Écu à la fleur de lys, écartelé d'un léopard, dans une rose gothique ornée de quintefeuilles.

le : grant : . . . . cause : d . . . . acn

(Le grant seel aux causes de la vicomté de Caen.)

Lettres du roi donnant mainlevée du temporel de l'abbaye d'Ardenne. — Juillet 1418.

1855 CAEN (VICOMTÉ DE).

1439.

Sceau rond, de 34 mill. — Arch. du Calvados; abbaye de Saint-Étienne de Caen.

Une porte de ville garnie de sa herse, flanquée de deux tours, accostée de deux léopards.

. oblig . . . . tus cadom . . . . .

(Sigillum obligationum vicecomitatus Cadomensis.)

Contre-sceau : Une fleur de lys et au-dessous un léopard, partis d'une porte de ville surmontée d'une étoile.

contra sigillum

(Contra sigillum.)

Acquisition de biens sis à Saint-Ouen-de-Villers, près Caen. — Juin 1439.

1856 CAEN (VICOMTÉ DE).

1461.

Sceau rond, de 35 mill. — Arch. du Calvados : abbaye de Saint-Étienne de Caen.

Une porte de ville flanquée de deux tourelles et accostée de deux fleurs de lys.

le : grât : s : des : obligacions . . . a : viconte : de : caen

(Le grant seel des obligacions de la vicomté de Caen.)

Vidimus d'une lettre du roi, relative au serment de fidélité de l'abbé de Saint-Étienne de Caen. — Octobre 1461.

1857 CARENTAN (VICOMTÉ DE).

1297.

Sceau rond, de 28 mill. — Arch. de la Manche; abbaye de Blanchelande.

Une fleur de lys, dans une rose gothique.

. . . . . ECOMITA . . S R . . . .

(Sigillum vicecomitatus Karentonii.)

Contre-sceau : Écu à la fleur de lys.

✱ C . . . . . VICECOMITATVS KAR'

(Contra sigillum vicecomitatus Karentonii.)

Reconnaissance d'une rente sur un fief, à Ravenoville. — Novembre 1297.

1858 CARENTAN (VICOMTÉ DE).

1326.

Sceau rond, de 34 mill. — Arch. de la Manche; abbaye du Mont-Saint-Michel.

Une fleur de lys accompagnée d'une fleur de lys et d'une rose, partie d'une aigle accompagnée d'un croissant.

✱ S' . . CECOMIT . . . . KAR . . TO II

(Sigillum vicecomitatus Karentonii.)

Contre-sceau : La représentation de la face.

✱ 9TRA S' KARENTON'

(Contra sigillum Karentonii.)

Demande de la mainlevée de la grange de Saint-Germain-sur-Ay. — Novembre 1326.

1859 CARENTAN (VICOMTÉ DE).

1333.

Sceau rond, de 30 mill. — Arch. de la Manche; abbaye du Mont-Saint-Michel.

Une fleur de lys fleuronnée, dans une rose gothique.

S' VICECOMITA . . . KARENTON . .

(Sigillum vicecomitatus Karentoniensis.)

Contre-sceau : Écu semé de France, parti d'un château?

✱ CONTRA S' VICECOMIT̄ CARE.

(Contra sigillum vicecomitatus Carentoniensis.)

Fieffe d'une terre sise à Saint-Germain-sur-Ay. — Juin 1333.

1860 CARENTAN (VICOMTÉ DE).

1356.

Sceau rond, de 34 mill. — Arch. de la Manche; abbaye de Saint-Sauveur-le-Vicomte.

Écu en losange, semé de France, dans une rose ornée de quatre branches en forme de fleuron.

. . ANE S DES OBL. . . . . ONS DE LA V. . ONTE DE CAREN. . .

(Le grant seel des obligacions de la vicontè de Carenten.)

Contre-sceau : L'écu de la face, dans une rose.

C · S · DES · OBLIG · DE · CARENTEN

(Contre seel des obligacions de Carenten.)

Fieffe d'une terre sise à Maisy. — Mars 1406.

1861 CARENTAN (VICOMTÉ DE).

1499.

Sceau rond, de 38 mill. — Arch. de la Manche : abbaye de Saint-Lô.

Écu au léopard accompagné en chef de deux fleurs de lys séparées par une étoile. — Légende détruite.

Contre-sceau : Écu aux armes de la face. — Il ne reste plus de la légende que

CŌTRE

(Contre seel.)

Acquisition d'une terre sise à Sainte-Croix-de-Saint-Lô. — Juillet 1499.

1862 CARENTAN (VICOMTÉ DE).

1439.

Sceau rond, de 29 mill. — Arch. de la Manche ; abbaye de Lessay.

Écu au léopard surmonté de deux fleurs de lys séparées par une étoile.

. . ob. . . . . ceconutat' : carento. . .

(Sigillum obligationum vicecomitatus Carentonii.)

Contre-sceau : Écu aux armes de la face.

contra sigilum

(Contra sigillum.)

Accord entre l'abbaye de Lessay et les habitants d'Orval au sujet d'une aumône annuelle de pain. — Juillet 1439.

1863 CARENTAN (VICOMTÉ DE).

1449.

Sceau rond, de 33 mill. — Arch. de la Manche ; abbaye de Saint-Lô.

Écu en losange, semé de France, dans une rose gothique ornée de quatre tiges en forme de fleuron. — Légende détruite.

Contre-sceau : L'écu de la face, brisé d'une croisette, dans une rose.

C S DES OBLIG D C. . . NS. .

(Contre seel des obligacions de Carenten.)

Acquisition d'un hôtel et d'un jardin sis à Saint-Lô. — Novembre 1449.

1864 CARENTAN (VICOMTÉ DE).

1458.

Sceau rond, de 30 mill. — Arch. de la Manche ; abbaye de Saint-Lô.

Écu en losange, semé de France, dans un quadrilobe. — Légende détruite.

Contre-sceau : L'écu de la face, dans un quadrilobe.

. . . . . viconte de caren. . . ?

(Contre seel des obligacions de la viconté de Carenten.)

Reconnaissance d'une rente sise à Saint-Lô. — Juillet 145..

1865 CARENTAN (VICOMTÉ DE).

1463.

Sceau rond, de 38 mill. — Arch. de la Manche ; abbaye de Saint-Lô.

Écu de France, dans une rose gothique. — Légende détruite.

Contre-sceau : Écu de France? timbré d'une tour.

pe. . . . . gacions de la viconte

(Petit seel des obligacions de la viconté.)

Acquisition d'un pré sis à Sainte-Croix-de-Saint-Lô. — Août 1463.

1866 CARENTAN (VICOMTÉ DE).

1474.

Sceau rond, de 35 mill. — Arch. de la Manche ; abbaye de Saint-Lô.

Écu de France. — Légende détruite.

Contre-sceau : Écu de France. — Légende détruite.

Acquisition d'une rente sur une masure sise à Sainte-Croix-de-Saint-Lô. — Avril 1474.

1867 CAUDEBEC (VICOMTÉ DE).

1398.

Sceau rond, de 40 mill. — Arch. de la Seine-Inférieure ; abbaye de Saint-Wandrille.

Un lévrier courant à gauche, surmonté d'une fleur de lys fleuronnée, accompagné de trois étoiles.

✱ LE SEEL AVS CAVSES DE LA VICONTE DE CA. . . BEC

(Le seel aus causes de la viconté de Caudebec.)

Saisie au sujet d'arrérages dus sur les terres de Rouen et Asselec. — Novembre 1398.

1868 CAUDEBEC (VICOMTÉ DE).

1398.

Sceau rond, de 42 mill. — Arch. de la Seine-Inférieure ; abbaye de Saint-Wandrille.

Une fleur de lys fleuronnée, accostée au pied de deux lévriers courant adossés, dans un trilobe.

.... DES OBLIGACIO...... VIC....
.....DEBEC

(Seel des obligacions de la viconté de Caudebec.)

Procès au sujet de l'île de Belcinac, près Caudebec. — Août 1398.
Voyez la vicomté de Maulevrier, n° 1897 à 1899.

1869 **CONDÉ-SUR-NOIREAU**
(VICOMTÉ DE).

1428.

Sceau rond, de 30 mill. — Arch. du Calvados; abbaye d'Aunay.

Écu de France, écartelé d'Angleterre, à la bordure. — Légende détruite.

Contre-sceau : L'écu de la face.

9tre · seel · del obligations · de · conde ·

(Contre seel des obligations de Condé.)

Vidimus de la fondation de l'obit de Pierre Husult, en 1404. — Janvier 1428.

1870 **COUTANCES (VICOMTÉ DE).**

1315.

Sceau rond, de 26 mill. — Arch. de la Manche; abbaye du Mont-Saint-Michel.

Une fleur de lys accompagnée d'une coquille et d'une étoile, partie d'un château.

✱ S' VICECOMIT CONSTAÑ

(Sigillum vicecomitatus Constantiensis.)

Contre-sceau : Écu portant trois pals.

✱ SIG' VIC CONST

(Sigillum vicecomitatus Constantiensis.)

Donation d'une rente sise à Saint-Planchers. — Décembre 1315.

1871 **COUTANCES (VICOMTÉ DE).**

1317.

Sceau rond, de 27 mill. — Arch. de la Manche; abbaye de la Luzerne.

Une fleur de lys accompagnée d'une coquille et d'une étoile, partie d'un château.

..VICECOMIT CONSTA

(Sigillum vicecomitatus Constantiensis.)

Contre-sceau : Écu portant trois pals.

✱ CONTRA SIGILLVM

(Contra sigillum.)

Renonciation à des biens relevant de la seigneurie de l'abbaye de la Luzerne et situés à Coutances. — Avril 1317.

1872 **COUTANCES (VICOMTÉ DE).**

1335.

Sceau rond, de 60 mill. — Arch. de la Manche; abbaye du Mont-Saint-Michel.

Écu portant six fleurs de lys accompagnées de trois roses, une en cœur et deux en chef, dans une rose gothique. — Légende détruite.

Contre-sceau : Écu portant six fleurs de lys accompagnées d'un point.

✱ 9TRE · S' · DE CŌSTANCES

(Contre seel de Coustances.)

Acquisition d'une terre pour asseoir « les clouyres » du moulin à vent de Saint-Planchers. — Novembre 1335.

1873 **COUTANCES (VICOMTÉ DE).**

1363.

Sceau rond, de 38 mill. — Arch. de la Manche; abbaye de la Luzerne.

Écu semé de France, parti de Navarre, sur un champ fleuri. — Légende détruite.

Reconnaissance d'une rente sur le fief d'Annoville. — Septembre 1363.

1874 **COUTANCES (VICOMTÉ DE).**

1374.

Sceau rond, de 36 mill. — Arch. de la Manche; abbaye du Mont-Saint-Michel.

Écu de Navarre, parti d'un château, dans une rose gothique. — Légende détruite.

Contre-sceau : L'écu de la face, accosté de deux chimères.

✱ 9TS DES OBLIGACIONS D' LA VICOTE D' COVSTACES POVR LE R DE NAVARRE

(Contre seel des obligacions de la viconté de Coustances pour le roy de Navarre.)

Donation d'une rente sise au Mont-Saint-Michel. — Janvier 1374.

1875 **COUTANCES (VICOMTÉ DE).**

1383.

Sceau rond, de 60 mill. — Arch. de la Manche; abbaye du Mont-Saint-Michel.

Écu semé de France, supporté par deux lions, soutenu par un homme sauvage, accompagné en pointe d'une chimère; dans un quadrilobe.

✱ S' DES OBLIGACIONS DE LA VISCONTE D' COVSTANCES

(Seel des obligacions de la visconte de Coustances.)

Contre-sceau : Écu semé de France, dans un quadrilobe.

contre seel

(Contre seel.)

Acquisition de la vavassorie de Poterel, sise à Drogey et à Hérenguerville. — Mai 1383.

1876 COUTANCES (VICOMTÉ DE).

1430.

Sceau rond, de 22 mill. — Arch. de la Manche; abbaye du Mont-Saint-Michel.

Écu de France, accolé d'un écu écartelé de France et des trois léopards d'Angleterre.

. . . . de la viconte de coust. . . . .

(Seel des obligacions de la viconté de Coustances ?)

Mandement du lieutenant du vicomte de Coutances au garde du seel des obligations, pour qu'il ait à sceller une fondation d'obit annexée à sa lettre. — Septembre 1430.

1877 COUTANCES (VICOMTÉ DE).

1432.

Sceau rond, de 30 mill. — Arch. de la Manche; abbaye du Mont-Saint-Michel.

Écu de France, écartelé des trois léopards d'Angleterre, soutenu par un ange, sur champ festonné.

s des obligacions de la . . . . coustances

(Seel des obligacions de la viconté de Coustances.)

Contre-sceau : L'écu de la face.

s des obligacions de la vic . . . . . . coustan

(Seel des obligacions de la viconté de Coustances.)

Échange de biens sis à Saint-Planchers, à Granville et à Anctoville. — Novembre 1432.

1878 COUTANCES (VICOMTÉ DE).

1458.

Sceau rond, de 30 mill. — Arch. de la Manche; abbaye du Mont-Saint-Michel.

Une fleur de lys, partie d'un château, sur champ semé de France.

grant : seel : aux causes : de : la viconte : de coustances

(Grant seel aux causes de la viconté de Coustances.)

Contre-sceau : La représentation de la face.

s : aux : causes : de la viconte : de coustances

(Seel aux causes de la viconté de Coustances.)

Sentence au sujet des arrérages d'une rente sise à Saint-Germain-sur-Ay. — Mai 1458.

1879 COUTANCES (VICOMTÉ DE).

1461.

Sceau rond, de 30 mill. — Arch. de la Manche; abbaye du Mont-Saint-Michel.

Écu de France, supporté par deux léopards, soutenu par un homme sauvage, dans un quadrilobe cantonné de quatre fleurs de lys.

grant : seel · des : obligacions : de : la : viconte : de costaces

(Grant seel des obligacions de la viconté de Coustances.)

Contre-sceau : La représentation de la face.

contre seel

(Contre seel.)

Fieffe d'une terre sise à Saint-Planchers. — Août 1461.

1880 COUTANCES (VICOMTÉ DE).

1481.

Sceau rond, de 40 mill. — Arch. de la Manche; abbaye du Mont-Saint-Michel.

Écu de France, supporté par deux lions, timbré d'un buste de face, accompagné d'un arbuste en pointe, dans un quadrilobe cantonné de quatre fleurons.

. . . . . des obligacions de la. . . . .

(Grant seel des obligacions de la viconté de Coustances.)

Contre-sceau : Écu de France.

p s del oblig de la vicote de coustances

(Petit seel des obligacions de la viconté de Coustances.)

Appointement au sujet d'héritages sis à Saint-Planchers. — Juillet 1481.

1881 COUTANCES (VICOMTÉ DE).

1484.

Sceau rond, de 38 mill. — Arch. de la Manche; abbaye du Mont-Saint-Michel.

Écu de France, supporté par deux lions, timbré d'un buste dans un quadrilobe de grènetis cantonné de deux fleurs de lys et de deux roses. — Légende détruite.

Contre-sceau : Écu de France, surmonté d'une fleur de lys et accompagné de trois roses, dans un quadrilobe de grènetis.

contre seel

(Contre seel.)

Appointement au sujet de la construction d'un moulin à foulon, au Mesnil-Drey. — Septembre 1484.

1882 DOMFRONT (VICOMTÉ DE).

1449.

Sceau rond, de 34 mill. — Arch. de la Manche; abbaye de Savigny.

Une tour couverte d'une large plate-forme crénelée, accostée de deux écus frustes.

. . des . . . . gacions de la viconte de donf. . . .

(Seel des obligacions de la viconté de Donfront.)

Accord au sujet du moulin et de la chaussée de Primoudon. — Mai 1449.

1883 ÉVREUX (VICOMTÉ D').

1384.

Sceau rond, de 35 mill. — Arch. hospitalières d'Évreux.

Écu de Navarre, écartelé d'Évreux, supporté par deux lions, soutenu par un homme sauvage, dans un trilobe. Légende détruite.

Contre-sceau : Écu en losange, semé de France à la bande componée qui est Évreux, dans un quadrilobe.

* SIGNET DE LA VICONTE DEVREUX

(Signet de la viconté d'Évreux.)

Fieffe d'une terre sise près le Moulin-Vieux. — Novembre 1384.

1884 ÉVREUX (VICOMTÉ D').

XIV° siècle.

Sceau rond, de 34 mill. — Arch. de l'Eure.

Quatre fleurs de lys posées en croix.

. . VICECO. . . . . . EBROIC. . . . .

(Sigillum vicecomitatus Ebroicensis.)

Contre-sceau : Une fleur de lys.

S' VICONTE · DEVRES

(Seel viconté d'Évres.)

Sceau détaché.

1885 ÉVREUX (VICOMTÉ D').

1406.

Sceau rond, de 34 mill. — Arch. de la Seine-Inférieure; archevêché de Rouen.

Écu de France couronné, timbré d'un ange.

le grant seel aux causes de la viconte deureux

(Le grant seel aux causes de la viconté d'Évreux.)

Vidimus d'un appointement au sujet de la haute justice de Louviers. — Avril 1406.

1886 ÉVREUX (VICOMTÉ D').

XV° siècle.

Sceau rond, de 38 mill. — Arch. de l'Eure.

Écu d'Évreux (de France à la bande componée).

* LE SEEL DES OBLIGACIONS DE LA VICONTE DEVREVX

(Le seel des obligacions de la viconté d'Évreux.)

Contre-sceau : Écu d'Évreux.

* CONTRE SEEL DES OBLIGACIONS

(Contre seel des obligacions.)

Sceau détaché.

1887 EXMES (VICOMTÉ D').

1404.

Sceau rond, de 37 mill. — Arch. de l'Orne; abbaye de Silly.

Écu semé de France à la bordure besantée, dans un trilobe.

* LE SEEL DES OBLIGACIONS DEXMOIS

(Le seel des obligacions d'Exmois.)

Contre-sceau : La représentation de la face.

* CONTRE SEEL DEXMOIS

(Contre seel d'Exmois.)

Fieffe d'un jardin sis au Bourg-Saint-Léonard. — Mai 1404.

1888 EXMES (VICOMTÉ D').

1476.

Sceau rond, de 38 mill. — Arch. de la Seine-Inférieure; abbaye de Saint-Wandrille.

Écu de France, à la bordure besantée. — Il ne reste plus de la légende que

obliga . . .

(Obligacions.)

Contre-sceau : L'écu de la face.

p s de obligacios de la vicon. . . . .

(Petit seel des obligacions de la viconté d'Exmes.)

Fieffe d'une terre sise à Ticheville. — Juin 1476.

1889 FALAISE (VICOMTÉ DE).

1387.

Sceau rond, de 31 mill. — Arch. du Calvados; abbaye de Villers-Canivet.

Une fleur de lys accostée d'un château et d'un lion.

* S' . . . ECÕITAT̄ : FAL : ET : ARG

(Sigillum vicecomitatus Falesio et Argentomi.)

Contre-sceau : Un château.

* S' VIC FAL AD CAVS

(Sigillum vicecomitatus Falesie ad causas.)

Reconnaissance de rentes sises à Falaise. — Février 1387.

1890 FALAISE (VICOMTÉ DE).

1310.

Sceau rond, de 30 mill. — Arch. de la Seine-Inférieure; abbaye de Jumièges.

Une fleur de lys accostée d'un château et d'un lion.

S' VIC...... ..AE : GT : ARG

(Sigillum vicecomitatus Falesie et Argentumi.)

Contre-sceau : Un château.

✱ S' VIC FAL AD CAVS

(Sigillum vicecomitatus Falesie ad causas.)

Rachat de rentes sises à Vimoutiers. — Mars 1310.

1891 HAMBIE (VICOMTÉ DE).

1457.

Sceau rond, de 32 mill. — Arch. de la Manche : abbaye du Mont-Saint-Michel.

Écu fascé de dix pièces au lion, parti d'un fascé de six pièces à l'orle de merlettes.

le grant s del obl........... la viconte de hanbie

(Le grant seel des obligacions de la viconte de Hanbie.)

Contre-sceau : L'écu de la face.

p s del obg....... de hanbie

(Petit seel des obligacions de la viconté de Hanbie.)

Fieffe de deux masures sises à Genets. — Février 1457.

1892 HAMBIE (VICOMTÉ DE).

1459.

Sceau rond, de 33 mill. — Arch. de la Manche; abbaye du Mont-Saint-Michel.

Écu fascé de six pièces au lion, parti d'un fascé de six pièces à l'orle de merlettes.

..... s des obligac......... viconte de hanbie

(Grant seel des obligacions de la viconté de Hanbie.)

Contre-sceau : L'écu de la face.

petit s des obligacions d' habi

(Petit seel des obligacions de Haubie.)

Fieffe d'une terre sise à Genets. — Mai 1459.

1893 LILLEBONNE (VICOMTÉ DE).

1463.

Sceau rond, de 36 mill. — Arch. de la Seine-Inférieure ; abbaye du Valasse.

Écu écartelé : au 1 et 4, une bande à trois alérions; au 2 et 3, un écartelé d'un fascé de six pièces et de trois fleurs de lys.

.. grant seel de la vic........bonne

(Le grant seel de la viconté de Lillebonne.)

Contre-sceau : L'écu de la face.

le p seel de la viconte de lillebonne

(Le petit seel de la viconté de Lillebonne.)

Fieffe de terres sises en la paroisse de Claville, près Cany. — Décembre 1463.

1894 LONGUEVILLE (VICOMTÉ DE).

1384.

Sceau rond, de 36 mill. — Arch. de la Seine-Inférieure ; abbaye de Jumièges.

Écu à l'aigle éployée, au bâton brochant, accompagné de trois châteaux et d'un ... dans un quadrilobe.

S' AS OBLIGAC.................GVE...

(Seel as obligacions de la viconté de Longueville ?)

Contre-sceau : Écu en losange à l'aigle éployée, au bâton brochant, accompagnée d'une rose en chef, dans un quadrilobe.

CONTRE SEEL

(Contre seel.)

Vente d'une terre sise à Saint-Mards, près Beaunay. — Février 1384.

1895 LONGUEVILLE (VICOMTÉ DE).

1304.

Sceau rond, de 36 mill. — Arch. de la Seine-Inférieure ; abbaye de Jumièges.

Écu à la croix chargée de cinq coquilles et cantonnée de seize alérions, timbré d'une tête ? de face.

....ECOM...... DE LONG...........

(Sigillum vicecomitatus de Longavilla.....)

Acquisition de rentes sises à Saint-Mards. — Février 1304.

1896 MARIGNY (VICOMTÉ DE).

1463.

Sceau rond, de 31 mill. — Arch. du Calvados; abbaye d'Aunay.

Écu en bannière écartelé : au 1 et 4, de neuf macles posées 3, 3 et 3 au lambel; au 2 et 3, d'une guivre engoulant l'enfant; accompagné de trois mots indistincts.

Le grãt s ..x cauſ........ obligacions de marrigny

(Le grant seel aux causes et des obligacions de Marrigny ?)

Vidimus de l'hommage rendu au roi par l'abbé d'Aunay. — Février 1463.

1897 MAULEVRIER (VICOMTÉ DE).

1309.

Sceau rond, de 28 mill. — Arch. de la Seine-Inférieure ; abbaye de Jumièges.

Une fleur de lys fleuronnée, accostée de deux lévriers rampant adossés.

.....ECOMITATVS DE MALOPORAR

(Sigillum vicecomitatus de Maloporario.)

Contre-sceau : Un lévrier courant à gauche, sous une fleur de lys.

CONTRA S' VIC' MAL LEPOR'

(Contra sigillum vicecomitatus Mali Leporarii.)

Acquisition de maisons et d'héritages sis à Jumièges. — Mars 1339.

1898 MAULEVRIER (VICOMTÉ DE).

1489.

Sceau rond, de 30 mill. — Arch. de la Seine-Inférieure; abbaye de Jumièges.

Écu fruste, chargé d'un écusson en abîme, embrassé par deux palmes.

s des ob.... .... de la v......
de maulev....

(Seel des obligacions de la viconté de Maulevrier.)

Fieffe de terres sises à Jumièges. — Novembre 1489.

1899 MAULEVRIER ET CAUDEBEC (VICOMTÉ DE).

1339.

Sceau rond, de 30 mill. — Arch. de la Seine-Inférieure; abbaye de Montivilliers.

Une fleur de lys fleuronnée, accostée de deux lévriers rampant adossés.

.. DE LA VICONTE DE MAVLEVRIER
.. .E C...EB..

(Seel de la viconté de Maulevrier et de Caudebec.)

Contre-sceau : Un lévrier courant à gauche, surmonté d'une fleur de lys.

CONTRA S' VIC' MAL LEPOR

(Contra sigillum vicecomitatus Mali Leporarii.)

Information au sujet du droit de patronage de Saint-Samson de Gueutteville. — Juillet 1339.

Voyez la viconté de Caudebec, n°s 1867, 1868.

1900 MONTIVILLIERS (VICOMTÉ DE).

1396.

Sceau rond, de 35 mill. — Arch. de la Seine-Inférieure; abbaye de Montivilliers.

Une église gothique, au clocher accosté de deux écus de France; au-dessous, un animal chimérique.

S' .....OMI.... .....ILLARIS AD
OBLIGATIOĒS

(Sigillum vicecomitatus Montisvillaris ad obligationes.)

Relation de l'ajournement du bailli de Caux, au sujet du patronage de Saint-Samson de Gueutteville. — Décembre 1396.

1901 MONTIVILLIERS (VICOMTÉ DE).

1410.

Sceau rond, de 35 mill. — Arch. de la Seine-Inférieure; abbaye de Montivilliers.

Une église gothique, au clocher accosté de l'écu de France et de l'écu d'Angleterre; au bas, un animal chimérique.

seel des oblig....ns .. ..nte
de m...tervil.....

(Seel des obligacions de la viconté de Moustiervilliers.)

Contre-sceau : Une église, au clocher accosté d'une fleur de lys et d'un léopard; au bas, une chimère. — Sans légende.

Fieffe d'une terre sise à Sainte-Croix-de-Montivilliers. — Juin 1410.

1902 MONTIVILLIERS (VICOMTÉ DE).

1492.

Sceau rond, de 35 mill. — Arch. de la Seine-Inférieure; abbaye de Montivilliers.

Une église, au clocher accosté de deux écus de France; au bas, une chimère.

.... des obligacions de la ..conte
de ....tervill....

(Seel des obligacions de la viconté de Monstervilliers.)

Rachat de terres sises à Sainte-Croix-de-Montivilliers. — Février 1492.

1903 MORTAIN (VICOMTÉ DE).

1370.

Sceau rond, de 30 mill. — Arch. de la Manche; abbaye de Savigny.

Un buste à droite, accompagné de deux fleurs de lys, dans un trilobe. — Légende détruite.

Contre-sceau : La représentation de la face.

9TRE S DE MORTANG

(Contre seel de Mortang.)

Reconnaissance d'une rente. — Octobre 1370.

1904 MORTAIN (VICOMTÉ DE).

1467.

Sceau rond, de 35 mill. — Arch. de la Manche; abbaye de Savigny.

Écu écartelé de France et d'Angleterre, à la bordure, accosté de deux fougères.

s des obliga........con.. .. mor....

(Seel des obligacions de la viconte de Mortaing.)

Contre-sceau : Écu écartelé d'une fleur de lys et d'un léopard.

le contre seel

(Le contre seel.)

Donation d'une rente sise en la paroisse de Marcilly. — Janvier 1447.

1905 MORTAIN (VICOMTÉ DE).

1455.

Sceau rond, de 38 mill. — Arch. de la Manche; abbaye de Montmorel.

Écu portant en abîme un écusson de France accosté de deux lions affrontés. — Légende détruite.

Contre-sceau : L'écu de la face.

le contre seel.........

(Le contre seel.....)

Fondation d'une messe; donation d'une rente sur des biens sis à Ducey. — Septembre 1455.

1906 NEUFCHÂTEL (VICOMTÉ DE).

1301.

Sceau rond, de 38 mill. — Arch. de la Seine-Inférieure; chapitre de Rouen.

Une fleur de lys accostée de quatre châteaux. — Légende détruite.

Contre-sceau : Écu à la fleur de lys partie d'un château.

CONTRA S NOVI CAST

(Contra sigillum Novi Castri.)

Vente d'une rente sise en la paroisse de Londinières. — Juillet 1301.

1907 ORBEC (VICOMTÉ D').

1477.

Sceau rond, de 38 mill. — Arch. de la Seine-Inférieure; abbaye de Jumièges.

Fragment d'écu où il reste seulement deux fleurs de lys en chef et un soleil à dextre, séparés par des rameaux.

Le Sec. ... .ns dorbec

(Le seel des obligacions d'Orbec.)

Reconnaissance de droits sur une terre à Ticheville. - Mars 1477.

1908 OURVILLE (VICOMTÉ D').

1431.

Sceau rond, de 40 mill. — Arch. de la Seine-Inférieure; abbaye de Valmont.

Écu de France au lambel de trois pendants, chaque pendant chargé de trois châteaux? soutenu par un ange.

...........le dourville

(Seel ..... de la vicomté d'Ourville.)

Fieffe d'une terre sise à Ourville. — Octobre 1431.

1909 PONTORSON (VICOMTÉ DE).

1368.

Sceau rond, de 40 mill. — Arch. de la Manche; abbaye du Mont-Saint-Michel.

Écu semé de France, au lambel, accosté de deux cygnes adossés, sur un pont de trois arches.

SEEL DE LA .....TE DE PONT..........

(Seel de la vicomté de Pontourson.....)

Contre-sceau : La représentation de la face.

*** 9TRE S DE LA VICONTE DE PONTOVRSON**

(Contre seel de la vicomté de Pontourson.)

Échange de biens situés à Huisnes. — Septembre 1368.

1910 PONTORSON (VICOMTÉ DE).

1380.

Sceau rond, de 40 mill. — Arch. de la Manche; abbaye du Mont-Saint-Michel.

Écu portant une aigle éployée, au bâton brochant, accosté de deux cygnes adossés, sur un pont de trois arches.

...L DE LA VICONTE D.........

(Seel de la vicomté de .....)

Contre-sceau : La représentation de la face.

*** 9TRE S DE LA VICONTE .. .ONTOVRSON**

(Contre seel de la vicomté de Pontourson.)

Acquisition de rentes sises à Huisnes. — Avril 1380.

1911 PONTORSON (VICOMTÉ DE).

1387.

Sceau rond, de 35 mill. — Arch. de la Manche; abbaye du Mont-Saint-Michel.

Écu au lion couronné, accosté de deux M couronnés, sur un pont de trois arches.

..... OBLIGACIONS DE LA ......E
.. PONTORS..

(Seel des obligacions de la vicomté de Pontorson.)

Contre-sceau : La représentation de la face.

9TRE S DE LA VICONTE DE PONTORSON

(Contre seel de la vicomté de Pontorson.)

Échange de biens situés à Huisnes. — 1387.

1912 PONTORSON (VICOMTÉ DE).

1481.

Sceau rond, de 35 mill. — Arch. de la Manche; abbaye du Mont-Saint-Michel.

Écu à la fleur de lys, accompagné de trois palmes.

✱ S : ville · z castellaē : pōtisorni : ad : cōtractus :

(Sigillum ville et castellanie Pontisorni ad contractus.)

Contre-sceau : Écu à la fleur de lys.

✱ 9s ville z castellē pōtisorni cōtract9

(Contra sigillum ville et castellanie Pontisorni ad contractus.)

Décret d'héritages sis à Saint-Planchers. — Août 1481.

1913 ROUEN (VICOMTÉ DE).

1283.

Sceau rond, de 38 mill. — Arch. de la Seine-Inférieure; archevêché de Rouen.

Une fleur de lys accostée de deux molettes.

..GILLVM VICECOMI...VS RO....AGENSI.

(Sigillum vicecomitatus Rothomagensis.)

Contre-sceau : Écu portant quatre pals.

9S' VICECOMITATVS ROTHOMAḠ

(Contra sigillum vicecomitatus Rothomagensis.)

Transaction au sujet du patronage de l'église de Saint-Martin-le-Gaillard. — Octobre 1283.

1914 ROUEN (VICOMTÉ DE).

1313.

Sceau rond, de 38 mill. — Arch. de la Seine-Inférieure; archevêché de Rouen.

Écu semé de France, dans un trilobe.

✱ S' · DES · OBLIGACIONS · DE · LA · VICONTE · DE · ROVAM ·

(Seel des obligacions de la viconté de Rouam.)

Contre-sceau : Écu semé de France, parti de Navarre.

✱ 9S DE LA VICONTE DE ROVAM

(Contre seel de la viconté de Rouam.)

Droits de l'archevêque de Rouen au patronage de l'église de Manneville, près Pont-Audemer. — Avril 1313.

1915 ROUEN (VICOMTÉ DE).

1403.

Sceau rond, de 37 mill. — Arch. de la Seine-Inférieure; archevêché de Rouen.

Une fleur de lys accostée de deux couronnes, de deux étoiles et de deux écus : celui de dextre, semé de France; celui de sénestre, écartelé de trois fleurs de lys et d'un dauphin; sur champ festonné.

✱ S.........ITATV...........

(Sigillum vicecomitatus.....)

Appointement au sujet du droit de présentation à la cure de Valliquerville. — Juin 1403.

1916 ROUEN (VICOMTÉ DE).

Commencement du XVe siècle.

Sceau rond, de 39 mill. — Musée de Rouen.

Une fleur de lys accostée de deux couronnes et de deux écus : celui de dextre, semé de France et surmonté d'une étoile; celui de sénestre, de France, écartelé d'un dauphin; sur champ festonné.

✱ S...LLUM VICECOMITATVS ROTHOMA..NSIS

(Sigillum vicecomitatus Rothomagensis.)

Sceau détaché.

1917 ROUEN (VICOMTÉ DE).

1413.

Sceau rond, de 41 mill. — Arch. de la Seine-Inférieure; archevêché de Rouen.

Écu semé de France, accosté de deux trèfles, dans un trilobe.

. DES OBLIGA..... .. .. VICONTE DE R....

(Seel des obligacions de la viconté de Rouen.)

Contre-sceau : Écu semé de France, surmonté d'une étoile.

✱ CONTRE · S · DES . OBLIGA · DE · ROVEN

(Contre seel des obligacions de Rouen.)

Appointement au sujet d'une rente sur la halle aux draps de Louviers. — Mars 1413.

1918 ROUEN (VICOMTÉ DE).

1423.

Contre-sceau rond, de 20 mill. — Arch. de la Seine-Inférieure; archevêché de Rouen.

Écu de France, écartelé des trois léopards d'Angleterre, timbré d'une croix.

9tra sigillum vicec......us rothomagen̄

(Contra sigillum vicecomitatus Rothomagensis.)

Lettres relatives à la délivrance du temporel de l'archevêque de Rouen. — Novembre 1423.

1919 ROUEN (VICOMTÉ DE).

1426.

Sceau rond, de 41 mill. — Arch. de la Seine-Inférieure; archevêché de Rouen.

Écu de France, écartelé des trois léopards d'Angleterre, timbré d'une croix.

sigillum vice comitthatus rothomagensis

(Sigillum vice comitthatus Rothomagensis.)

Lettres d'état accordées par le roi à l'archevêque de Rouen. — Janvier 1425.

1920 ROUEN (VICOMTÉ DE).

1432.

Sceau rond, de 40 mill. — Arch. de la Seine-Inférieure; archevêché de Rouen.

Écu semé de France, accosté de deux lions, dans un trilobe.

✠ S' · DES · OBLIGACIONS · DE · LA · VICO... DE ..VEN

(Seel des obligacions de la viconté de Rouen.)

Contre-sceau : Écu semé de France, accosté de deux lions.

✠ CONTRE S' DES OBLIGA DE ROVEN

(Contre seel des obligacions de Rouen.)

Fondation de la chapelle de Saint-Amand-de-Gouville, en la paroisse de Saint-Wandrille. — Septembre 1482.

1921 ROUEN (VICOMTÉ DE).

1437.

Sceau rond, de 41 mill. — Musée de Rouen.

Deux écus couronnés et accolés : à dextre, l'écu de France; à sénestre, l'écu de France écartelé des trois léopards d'Angleterre; au bas, entre les deux écus, un rameau fleuri.

sigillum ....comitatus rothomagensis

(Sigillum vicecomitatus Rothomagensis.)

Contre-sceau : Les deux écus de la face accolés, soutenus par un ange.

contra sigillū vice comita... ....sis

(Contra sigillum vicecomitatus Rothomagensis.)

Sceau détaché.

1922 ROUEN (VICOMTÉ DE).

1443.

Sceau rond, de 45 mill. — Arch. de la Seine-Inférieure; chapitre de Rouen.

Écu semé de France, accosté de deux lions, dans un trilobe.

.. DES OBLIGACIONS : DE : LA : VICONTE : DE ROVEN

(Seel des obligacions de la viconté de Rouen.)

Contre-sceau : Écu semé de France, accosté de deux lions.

S' DES OBLIGACIONS DE LA VICÕTE DE R

(Seel des obligacions de la viconté de Rouen.)

Accord au sujet de l'obit de Pierre Cauchon, évêque de Lisieux. — Août 1443.

1923 ROUEN (VICOMTÉ DE).

1479.

Sceau rond, de 43 mill. — Arch. de la Seine-Inférieure; prieuré du Mont-aux-Malades.

Écu semé de France, accosté de deux fleurs de lys couronnées, dans un trilobe.

✠ SEEL DES OBLIGACION..........DE .....

(Seel des obligacions de la viconté de Rouen.)

Copie des lettres de Louis XI à l'effet de contraindre les marchands à payer les droits des vicomtés de Rouen et de l'Eau. — Septembre 1479.

1924 ROUEN (VICOMTÉ DE).

1493.

Sceau rond, de 45 mill. — Arch. de la Seine-Inférieure; abbaye de Saint-Ouen.

Écu semé de France, accosté de deux fleurs de lys fleuronnées, timbré de la lettre R couronnée; dans un trilobe.

✠ seel des obligacions de la viconte de Rouen

(Seel des obligacions de la viconté de Rouen.)

Contre-sceau : Écu semé de France, accosté de deux fleurs de lys couronnées, timbré d'un R couronné.

C S des obligacions de la vicõte de Rouen

(Contre seel des obligacions de la viconté de Rouen.)

Fieffe d'une terre sise en la paroisse de Saint-Martin de Chamba... — Juin 1493.

1925 ROUEN (VICOMTÉ DE L'EAU DE).

1405.

Sceau rond, de 38 mill. — Arch. de la Seine-Inférieure; archevêché de Rouen.

Une fleur de lys accostée de deux roses et de deux léopards affrontés : celui de dextre, surmonté d'une fleur de lys; sur champ festonné.

✠ SIG..... VICECO........ ..VE ROTHOMAGENSIS

(Sigillum vicecomitatus Aque Rothomagensis.)

Ordre d'ajourner Jean Ligier, lieutenant général du bailli de Rouen. — Septembre 1405.

1926 ROUEN (VICOMTÉ DE L'EAU DE).

1423.

Sceau rond, de 58 mill. — Arch. communales de Rouen.

Écu de France, écartelé des trois léopards d'Angleterre. — Il ne reste plus de la légende que

sigillum

(Sigillum.)

Enquête sur les privilèges et franchises des arbalétriers de la cinquantaine. — Août 1423.

1927 SAINT-SAUVEUR-LENDELIN (VICOMTÉ DE).

1375.

Sceau rond, de 36 mill. — Arch. de la Manche; abbaye de Blanchelande.

Écu semé de France au lambel, accosté de deux chimères, timbré d'une petite croix.

...ES OBL.........DE S.......

(Seel des obligacions de la viconté de Saint Sauveur Lendelin.)

Contre-sceau : L'écu de la face.

✱ CÕTRE S DES OBLIG D' LA VICÕTE D S' S' LENDELĨ

(Contre seel des obligacions de la viconté de Saint Sauveur Lendelin.)

Acquisition d'une terre sise à Doville, à l'usage du moulin du Vey. — Septembre 1375.

1928 SAINT-SAUVEUR-LENDELIN (VICOMTÉ DE).

1405.

Sceau rond, de 37 mill. — Arch. de la Manche; abbaye de Blanchelande.

Écu semé de France au lambel, accosté de deux papegais.

.... AUX · CAUSES · D' · LA · VICOTE : DE · S · S... EUR ....

(Seel aux causes de la viconté de Saint Sauveur Lendelin.)

Contre-sceau : Écu semé de France au lambel.

✱ ...... S AUX CAUSE' D' LA VICÕTE D S' S' LE...LIN

(Contre seel aux causes de la viconté de Saint Sauveur Lendelin.)

Acquisition de la seigneurie de l'Épaisse, sise à Sainte-Opportune-de-Lessay. — Octobre 1405.

1929 SAINT-SAUVEUR-LENDELIN (VICOMTÉ DE).

1413.

Sceau rond, de 40 mill. — Arch. de la Manche : abbaye de Lessay.

Écu semé de France au lambel, accompagné de trois chimères.

...l aus obligacions ... . sauveur lendelin

(Seel aus obligacions ..... Sauveur Lendelin.)

Contre-sceau : Écu semé de France au lambel.

✱ 9tre : s : d : s : sauveur : lendelin

(Contre seel de Saint Sauveur Lendelin.)

Hommage dû à l'abbaye de Lessay à cause de la baronnie de Hotot-en-Lessay. — Août 1413.

1930 SAINT-SAUVEUR-LENDELIN (VICOMTÉ DE).

1442.

Sceau rond, de 30 mill. — Arch. de la Manche; abbaye du Mont-Saint-Michel.

Écu de France écartelé des trois léopards d'Angleterre, à la bordure. — Il ne reste plus de la légende que

.. sauveur len......

(Saint Sauveur Lendelin.)

Contre-sceau : L'écu de la face.

s des oblig d s.....

(Seel des obligacions de Saint Sauveur Lendelin.)

Donation d'une rente sise à Saint-Planchers. — Juillet 1442.

1931 SAINT-SAUVEUR-LE-VICOMTE (VICOMTÉ DE).

1388.

Sceau rond, de 38 mill. — Arch. de la Manche; abbaye de Saint-Sauveur-le-Vicomte.

Écu à la bande, supporté par deux hommes sauvages, timbré d'un léopard couché, sur champ d'étoiles. — Il ne reste plus de la légende que

..CONTE

(Viconte.)

Bail de deux parts d'un ménage sis au Ham. — Juillet 1388.

1932 SAINT-SAUVEUR-LE-VICOMTE (VICOMTÉ DE).

1393.

Contre-sceau rond, de 20 mill. — Arch. de la Manche : abbaye de Saint-Sauveur-le-Vicomte.

Écu de France couronné, sur champ festonné.

✱ CONTRE : SEEL : DE : LA : VICONTE

(Contre seel de la viconté.)

Donation du patronage du Homme et de rentes sur la prévôté de ce nom. — Avril 1393.

1933 SAINT-SAUVEUR-LE-VICOMTE
(VICOMTÉ DE).
1402.
Sceau rond, de 38 mill. — Arch. de la Manche; abbaye de Saint-Sauveur-le-Vicomte.

Écu à trois chevrons, dans un trilobe.

..ME · S' · DES · OBLIG · DE · SAINT · SA....R · LE VIC..

(Grant seel des obligacions de Saint Sauveur le Viconte.)

Contre-sceau : La représentation de la face. — Sans légende.

Accord au sujet de rentes sises à Fresville. — Novembre 1402.

1934 SAINT-SAUVEUR-LE-VICOMTE
(VICOMTÉ DE).
1463.
Sceau rond, de 35 mill. — Arch. de la Manche; abbaye de Saint-Sauveur-le-Vicomte.

Écu portant neuf macles : 3, 3 et 3, écartelé d'une guivre engoulant l'enfant et, sur le tout, un écusson au lion à queue fourchée passée en sautoir écartelé d'un lion; timbré de deux crosses adossées. — Il ne reste plus de la légende que

saint sauveur le viconte

(Saint Sauveur le Viconte.)

Contre-sceau : L'écusson sur le tout de la face.

9ts des oblig de la vicôte de s sauve le victe

(Contre seel des obligacions de la viconté de Saint Sauveur le Viconte.)

Appointement au sujet d'une rente. — Décembre 1463.

1935 SAINT-SAUVEUR-LE-VICOMTE
(VICOMTÉ DE).
1464.
Sceau rond, de 33 mill. — Arch. de la Manche; abbaye de Saint-Sauveur-le-Vicomte.

Écu à la croix fleuronnée, cantonnée de douze billettes, embrassé par deux palmes.

....ob.......sauve l........

(Seel des obligacions de Saint Sauveur le Viconte.)

Contre-sceau : L'écu de la face. — Sans légende.

Acquisition d'une terre sise à Néhou; copie. — Janvier 1464.

1936 SAINT-SAUVEUR-LE-VICOMTE
(VICOMTÉ DE).
1472.
Sceau rond, de 33 mill. — Arch. de la Manche; abbaye de Saint-Sauveur-le-Vicomte.

Le type précédent.

s des obl..........viconte

(Seel des obligacions de Saint Sauveur le Viconte.)

Contre-sceau : Écu à la croix fleuronnée, cantonnée de douze billettes.

✠ p · s · des ....gacions

(Petit seel des obligacions.)

Acquisition d'un pré sis à Néhou. — Juin 1472.

1937 SAINT-SAUVEUR-LE-VICOMTE
(VICOMTÉ DE).
1474.
Sceau rond, de 33 mill. — Arch. de la Manche; abbaye de Saint-Sauveur-le-Vicomte.

Écu à la croix fleuronnée, cantonnée de douze billettes.

g...s des oblig.........le viconte

(Grant seel des obligacions de Saint Sauveur le Viconte.)

Contre-sceau : L'écu de la face.

p s des obligacion de s s le vico

(Petit seel des obligacions de Saint Sauveur le Viconte.)

Échange de terres situées à Hauteville. — Février 1474.

1938 TANCARVILLE (VICOMTÉ DE).
1374.
Contre-sceau rond, de 21 mill. — Arch. de la Seine-Inférieure; abbaye du Valasse.

Écu à l'orle d'angemmes et à l'écusson en abîme, écartelé de neuf besants sous un chef.

✠ CONTRE S DE LA VICONTE DE TANCARVIL

(Contre seel de la viconté de Tancarville.)

Quittance des gages de Guiffrey de Buffresnil, sénéchal de l'abbaye du Valasse. — Octobre 1374.

1939 VALOGNES (VICOMTÉ DE).
1303.
Sceau rond, de 30 mill. — Arch. de la Manche; abbaye de Saint-Sauveur-le-Vicomte.

Un demi-château entre les deux moitiés d'une fleur de lys. En haut, un soleil; au bas, un trèfle.

SIGILLVM DÑI REGIS IN VICECOM̃ VALON'

(Sigillum domini regis in vicecomitatu Valoniensi.)

Contre-sceau : Une fleur de lys fleuronnée partie d'un château.

✠ 9TRA S' VIC VALON

(Contra sigillum vicecomitatus Valoniensis.)

Acquisition de biens situés au Ham. — Août 1303.

1940 VALOGNES (VICOMTÉ DE).

1325.

Sceau rond, de 36 mill. — Arch. de la Manche; abbaye du Mont-Saint-Michel.

Une fleur de lys fleuronnée, accostée de deux étoiles, dans une rose gothique.

✠ S' DES OBL...........A VISCOTE DAVALOIGNES

(Seel des obligacions de la viscomté d'Avaloignes.)

CONTRE-SCEAU : Une fleur de lys fleuronnée, accostée de deux étoiles.

✠ 9TRE S' DAVALOIGNES

(Contre seel d'Avaloignes.)

Acquisition de biens situés à Saint-Germain-sur-Ay. — Février 1325.

1941 VALOGNES (VICOMTÉ DE).

1338.

Sceau rond, de 33 mill. — Arch. de la Manche ; abbaye de Saint-Sauveur-le-Vicomte.

Écu en losange, portant quatre fleurs de lys, à la bordure, dans un quadrilobe cantonné de quatre fleurs de lys.

LE G.... ...L DE. .AVSE.....

(Le grant seel des causes.....)

Sentence au sujet de droits sur le moulin de Corneville. — Septembre 1338.

1942 VALOGNES (VICOMTÉ DE).

1371.

Sceau rond, de 36 mill. — Arch. de la Manche; abbaye de Cherbourg.

Une fleur de lys fleuronnée, accostée de deux étoiles, dans une rose gothique.

✠ S DES ....ONTE DE VALOIGNES

(Seel des obligacions de la viscomté de Valoignes.)

CONTRE-SCEAU : La représentation de la face.

✠ CONTRE S' DE VALOIGNES

(Contre seel de Valoignes.)

Assiette d'une rente sur un ménage sis au Theil. — Décembre 1371.

1943 VALOGNES (VICOMTÉ DE).

1405.

Sceau rond, de 38 mill. — Arch. de la Manche ; abbaye de Saint-Sauveur-le-Vicomte.

Écu en losange, semé de France, supporté par deux lions, devant un arbuste.

..... S' DES .....ACO.. DE LA VICOTE. .. VALO.....

(Grant seel des obligacions de la viconté de Valougnes.)

CONTRE-SCEAU : Trois fleurs de lys et, au bas, une étoile.

✠ C . S · DES · OBLIG · DE VALOGNES

(Contre seel des obligacions de Valougnes.)

Acquisition de biens situés au Ham. — Septembre 1405.

1944 VALOGNES (VICOMTÉ DE).

1418.

Sceau rond, de 35 mill. — Arch. de la Manche; abbaye de Montebourg.

Écu portant deux fleurs de lys, écartelé de deux léopards, à la bordure, accosté de deux chimères. — Il ne reste plus de la légende que

...l aux cau...

(Seel aux causes.)

Bail de la dîme des blés, à Colz. — Juillet 1418.

1945 VALOGNES (VICOMTÉ DE).

1431.

Sceau rond, de 37 mill. — Arch. de la Manche ; abbaye de Saint-Sauveur-le-Vicomte.

Écu de France, écartelé des trois léopards d'Angleterre, couronné, supporté par deux dragons.

..... seel des obligacions de la ...onte de va.......

(Grant seel des obligacions de la viconté de Valougnes.)

CONTRE-SCEAU : Écu aux armes de la face, accosté de deux palmes et surmonté d'un fleuron.

p s des obligacions de la viconte de valougnes

(Petit seel des obligacions de la viconté de Valougnes.)

Fieffe du moulin du Valdécie. — Janvier 1432.

1946 VALOGNES (VICOMTÉ DE).

1454.

Sceau rond, de 38 mill. — Arch. de la Manche ; abbaye de Montebourg.

Écu en losange, semé de France, supporté par deux lions ? devant une tige fleuronnée.

le grant s... des obl.....ons de.......

(Le grant seel des obligacions de la viconté de Valougnes.)

CONTRE-SCEAU : L'écu de France, accompagné de trois palmes.

petit seel ... obligacions

(Petit seel des obligacions.)

Fieffe de divers emplacements sis à Montebourg. — Mai 1454.

1947 VALOGNES (VICOMTÉ DE).

1472.

Sceau rond, de 30 mill. — Arch. de la Manche ; abbaye de Montebourg.

Écu de France, au bâton noueux mis en barre.

le s del obligacons de la vicõte de vallognes

(Le seel des obligacions de la vicomté de Vallognes.)

CONTRE-SCEAU : L'écu de la face.

c s del obligacons de vallognes

(Contre seel des obligacions de Vallognes.)

Vidimus des lettres de commission du roi au sujet des nouveaux acquêts en Normandie. — Mai 1472.

1948 VALOGNES (VICOMTÉ DE).

1488.

Sceau rond, de 32 mill. — Arch. de la Manche ; Folliot d'Argences.

Écu de France, au bâton noueux mis en barre.

le s del obligacons de . . . . de vallognes

(Le seel des obligacions de la vicomté de Vallognes.)

CONTRE-SCEAU : L'écu de la face.

c s del obligacons de vallognes

(Contre seel des obligacions de Vallognes.)

Fieffe d'une maison et d'un jardin sis à Valognes. — Avril 1488.

1949 VERNEUIL (VICOMTÉ DE).

1410.

Sceau rond, de 31 mill. — Arch. de la Seine-Inférieure ; abbaye de Jumièges.

Écu semé de France, à la bordure besantée, accompagné de trois châteaux, dans un trilobe.

✱ S. . . . . VERNOL. . . . . . IONES

(Sigillum . . . . . Vernol. . . ad obligaciones.)

CONTRE-SCEAU : L'écu de la face, dans un trilobe.

✱ CONTRA S DE VNOLIO AD OBLIGACOES

(Contra sigillum de Vernolio ad obligaciones.)

Reconnaissance de Mr Jean du Bois, vicomte de Verneuil, au sujet de l'acquisition d'une terre sise à Vieux-Verneuil. — Décembre 1410.

1950 VERNEUIL (VICOMTÉ DE).

1426.

Sceau rond, de 34 mill. — Arch. de la Seine-Inférieure ; abbaye de Jumièges.

Écu à la fleur de lys, écartelé d'un léopard, timbré d'un léopard. — Il ne reste plus de la légende que

. . . cõte de ver . . .

(Vicomté de Verneuil.)

Procès au sujet de dîmes, à Verneuil. — Juillet 1426.

1951 VIRE (VICOMTÉ DE).

1320.

Sceau rond, de 33 mill. — Arch. du Calvados ; abbaye d'Aunay.

Un château à la tour accostée de deux fleurs de lys.

✱ S' VICECOMITATVS CASTRI VIRIE :

(Sigillum vicecomitatus castri Virie.)

CONTRE-SCEAU : Une fleur de lys partie d'un château.

✱ 9TRA S CASTRI VIRIE

(Contra sigillum castri Virie.)

Sentence au sujet de trois marchés de bourse assis en la paroisse de Brémoy. — Janvier 1320.

CHÂTELLENIES.

1952 ANDELY (CHÂTELLENIE D').

1304.

Sceau rond, de 38 mill. — Arch. de la Seine-Inférieure ; archevêché de Rouen.

Écu de France.

. . NOUUM P. . SIGILL. . . . LITT SEDIS DE ANDEL.

(Sigillum novum pro sigillatione litterarum sedis de Andeli ?)

CONTRE-SCEAU : Une fleur de lys accostée de deux étoiles.

✱ CONTRA S' DE ANDELI

(Contra sigillum de Andeli.)

Acquisition d'une rente sur une terre sise à Gaillon. — Février 1304.

1953 ANDELY (CHÂTELLENIE D').

1341.

Sceau rond, de 38 mill. — Arch. de la Seine-Inférieure ; archevêché de Rouen.

Écu de France, accosté de deux châteaux, timbré d'un lion couché, dans un quadrilobe.

. . SEEL : DE : LA CHATELERIE : DANDELI

(Le seel de la châtelerie d'Andeli.)

CONTRE-SCEAU : Un château surmonté de deux fleurs de lys, dans un quadrilobe. — Sans légende.

Donation en faveur de l'église de Fontenay. — Juillet 1341.

1954 ARGENTAN (CHÂTELLENIE D').

1480.

Sceau rond, de 33 mill. — Arch. de l'Orne ; abbaye de Silly.

Écu fruste, dans un trilobe.

le grant seel des obligacions de la .... dargēthan

(Le grant seel des obligacions de la chastellenie d'Argenthan?)

Vidimus de bail du moulin de Clopel, à Saint-Lambert. — Juin 1480.

1955 BELLÊME (CHÂTELLENIE DE).

1299.

Sceau rond, de 34 mill. — Arch. de la Seine-Inférieure; abbaye de Jumièges.

Écu portant six fleurs de lys, à la bordure, sur un champ orné de fleurons.

✱ S' CASTELLANIE DE BESLIMO

(Sigillum castellanie de Beslimo.)

Contre-sceau : Écu de France, à la bordure.

✱ CONTRA SIGILLVM

(Contra sigillum.)

Acquisition d'un vavasseur. — Mars 1299.

1956 BELLÊME (CHÂTELLENIE DE).

1300.

Sceau rond, de 38 mill. — Arch. de la Seine-Inférieure; abbaye de Jumièges.

Écu portant un château accompagné de trois fleurs de lys, à la bordure, dans un quadrilobe orné de fleurs.

...AS.ELLAN... .BELIS..

(Sigillum castellanie de Belismo.)

Acquisition d'une terre et d'un bois sis à Demenarie. — Avril 1300.

1957 BONMOULINS (CHÂTELLENIE DE).

1359.

Sceau rond, de 38 mill. — Arch. de l'Orne; abbaye de la Trappe.

Écu portant six fleurs de lys, à la bordure besantée, dans un quadrilobe.

✱ SIGILLVM · CASTELLANIE · DE · MOLENDINIS

(Sigillum castellanie de Molendinis.)

Contre-sceau : L'écu de la face.

✱ CONTRA SIGILLV̄ BALLIVIE

(Contra sigillum ballivie.)

Donation d'héritages sis à Maheru. — Décembre 1359.

1958 BRÉVAL (CHÂTELLENIE DE).

1473.

Sceau rond, de 32 mill. — Arch. de la Seine-Inférieure ; abbaye de Jumièges.

Écu à l'orle de croisettes, portant en abîme un écusson déprimé.

seel : de : la : chaste..... de : breval

(Seel de la chastelerie de Bréval.)

Contre-sceau : L'écu de la face.

.....seel de la chastelerie de breval

(Contre seel de la chastelerie de Bréval.)

Fieffe d'une masure et d'un jardin sis à Bu-la-Vieuville. — Juin 1473.

1959 BROU (CHÂTELLENIE DE).

1481.

Sceau rond, de 40 mill. — Arch. de la Manche; abbaye du Mont-Saint-Michel.

Écu semé de France à la bordure, parti d'un lion à queue fourchée, supporté par deux aigles. — Légende détruite.

Contre-sceau : L'écu de la face? fruste.

.......de la chastellerie de brou?

(..... de la chastellerie de Brou.)

Bail d'un jardin sis à Gohory. — Janvier 1481.

1960 CHÂTEAUDUN (CHÂTELLENIE DE).

1461.

Sceau rond, de 34 mill. — Arch. de la Manche; abbaye du Mont-Saint-Michel.

Écu de France, au lambel, au filet en barre brochant? accosté de deux oiseaux adossés.

.......hastelerye de ch........

(Seel de la chastelerye de Ch.....)

Fieffe d'un hébergement sis à Gohory. — Mars 1461.

1961 FERTÉ-LOUPIÈRE (CHÂTELLENIE DE LA).

XIIIe siècle.

Sceau rond, de 45 mill. — Collection de M. Lormier, à Rouen.

Écu à trois chevrons, le premier brisé, entouré du collier de Saint-Michel.

S · AVX · COT · D · LA · CHASTEL · D · LA · FERTE · LA · LOUPPIERE · OV · MANOIR · D · LA · COULDRE.

Matrice.

1962 GISORS ET NEAUFLES (CHÂTELLENIES DE).

1374.

Sceau rond, de 38 mill. — Arch. de la Manche; abbaye du Mont-Saint-Michel.

Écu semé de France, parti de Navarre coupé d'Évreux.

accosté de deux griffons, timbré d'un lion, dans un quadrilobe. — Légende détruite.

Contre-sceau : Écu en losange, aux armes de la face, dans un quadrilobe.

✱ CÕT S' DES CHASTELL' D' GISORS E D' NEAVFFLE

(Contre seel des chastellenies de Gisors et de Neaufle.)

Confirmation d'un accord au sujet du droit de varech. — Juin 1374.

1963 HUILLÉ (CHÂTELLENIE DE).

1439.

Sceau rond, de 35 mill. — Collection de M. de Farcy, à Bayeux.

Écu portant trois rencontres de cerf à la bordure denchée, soutenu par un homme sauvage.

seel des contras duille

(Seel des contras d'Uillé.)

Vente d'héritages. — 14 février 1439.

1964 LONGNI (CHÂTELLENIE DE).

1382.

Sceau rond, de 40 mill. — Arch. de l'Orne ; chartreuse du Valdieu.

Écu à trois chevrons, supporté par deux lions, timbré d'une chimère. — Légende détruite.

Contre-sceau : Écu à trois chevrons. — Sans légende.

Échange de biens sis à Bizou. — Mars 1382.

1965 LONGNI (CHÂTELLENIE DE).

1439.

Sceau rond, de 30 mill. — Arch. de l'Orne ; chartreuse du Valdieu.

Écu à trois bandes. — Il ne reste plus de la légende que

....gacos

(Obligacions.)

Contre-sceau : Écu à trois bandes.

✱ co.......igacos de la cha.......... de loig..

(Contre seel des obligacions de la chastellenie de Loigni.)

Donation d'héritages situés dans les châtellenies de Nogent-le-Rotrou, de Bretoncelles, etc. — Mai 1439.

1966 LONGNI (CHÂTELLENIE DE).

1448.

Sceau rond, de 26 mill. — Arch. de l'Orne ; chartreuse du Valdieu.

Écu à trois bandes.

s..........chate....te de lo...up

(Seel ..... de la châtelerie de Loingny.)

Acte de ressaisine d'un pré sis à Longni. — Décembre 1448.

1967 LYONS (CHÂTELLENIE DE).

1415.

Sceau rond, de 30 mill. — Arch. de l'Eure ; abbaye de Mortemer.

Écu de France. — Légende détruite.

Contre-sceau : Une fleur de lys.

✱ CONTRA · SIGILLVM

(Contra sigillum.)

Acquisition d'un pré situé à Mainesqueville. — Avril 1415.

1968 MAULEVRIER (CHÂTELLENIE DE).

1348.

Sceau rond, de 35 mill. — Arch. de la Seine-Inférieure ; abbaye de Jumièges.

Écu à la croix, supporté par deux oiseaux, timbré d'une chimère.

...AR OBLIGA.......LL...MALLE

(Sigillum .....ar.. obligacionum castellanie Malileporarii.)

Contre-sceau : La représentation de la face.

✱ ...TRA · SIGILLVM

(Contra sigillum.)

Donation d'une rente sur un manoir, à Vittefleur. — Septembre 1348.

1969 MORTAGNE (CHÂTELLENIE DE).

1335.

Sceau rond, de 42 mill. — Arch. de l'Orne ; chartreuse du Valdieu.

Écu semé de France à la bordure besantée, dans un quadrilobe.

.......TELERIE DE MORTA.....

(..... de la chastelerie de Mortaingne.)

Contre-sceau : Écu de France à la bordure besantée, penché, timbré d'un heaume.

✱ CT S DE MORTAINGNE

(Contre seel de Mortaingne.)

Adjudication d'héritages sis à Feings. — Mars 1335.

1970 MORTAGNE (CHÂTELLENIE DE).

1353.

Sceau rond, de 31 mill. — Arch. de l'Orne ; chartreuse du Valdieu.

Écu semé de France, à la bordure besantée.

. . . . DE LA CHASTELIE DE MORTAIN . . .

(. . . . . de la chastelerie de Mortaingne.)

CONTRE-SCEAU : Écu de France, à la bordure besantée, penché, timbré d'un heaume.

9 T S DE MORTAINGNE

(Contre seel de Mortaigne.)

Acquisition d'héritages assis en la métairie de la Bruyère. — Septembre 1353.

1971 MORTAGNE (CHÂTELLENIE DE).

1397.

Sceau rond, de 37 mill. — Arch. de l'Orne ; chartreuse du Valdieu.

Écu semé de France, à la bordure besantée, supporté par deux lions, timbré de la lettre M, dans un trilobe.

. . . . astellenie de mortaig . .

(. . . . . de la chastellenie de Mortaigne.)

CONTRE-SCEAU : L'écu de la face, accosté de deux palmes, timbré de la lettre M.

. . . . a chastellenie de mortaie

(Contre seel de la chastellenie de Mortaigne.)

Bail à rente de biens sis à la Ménière. — Février 1397.

1972 MORTAGNE (CHÂTELLENIE DE).

1404.

Sceau rond, de 38 mill. — Arch. de l'Orne ; chartreuse du Valdieu.

Écu semé de France, à la bordure besantée, supporté par deux lions, timbré de la lettre M, dans un trilobe.

. . . . ERIE DE MOR . . . .

(. . . . . de la chastelerie de Mortaingne.)

CONTRE-SCEAU : L'écu de la face, timbré de la lettre M.

✱ COT' S' D LA CHASTEL D MORTAING

(Contre seel de la chastelerie de Mortaingne.)

Copie du bail d'une terre sise à Loisé. — Décembre 1404.

1973 MORTAGNE (CHÂTELLENIE DE).

1473.

Sceau rond, de 36 mill. — Arch. de l'Orne ; chartreuse du Valdieu.

Écu semé de France, à la bordure besantée, supporté par deux lions, timbré de . . . . . dans un trilobe.

. . . . aste . . . . mortaigne

(Seel de la chastellenie de Mortaigne.)

CONTRE-SCEAU : L'écu de la face, timbré de la lettre M.

. . . . lenie de mortaigne

(Contre seel de la chastellenie de Mortaigne.)

Bail à rente de biens sis à Rivilliers. — Octobre 1473.

1974 MORTAGNE (CHÂTELLENIE DE).

1478.

Sceau rond, de 40 mill. — Arch. de l'Orne ; chartreuse du Valdieu.

Écu semé de France, à la bordure besantée, supporté par deux lions, timbré de la lettre M.

. . . . de · la · chas . . . . . . le · de · . . . . . igne · . . . .

(Seel de la chastellenie de Mortaigne au Perche.)

CONTRE-SCEAU : L'écu de la face, timbré de la lettre M.

9tre seel de mortaigne au pche

(Contre seel de Mortaigne au Perche.)

Bail à rente de biens sis à Malétable. — Novembre 1478.

1975 POISSY (CHÂTELLENIE DE).

1272.

Sceau rond, de 38 mill. — Arch. de la Seine-Inférieure ; abbaye de Saint-Wandrille.

Un château.

✱ S' CASTELL . . . E DE PISSIACO

(Sigillum castellanie de Pissiaco.)

CONTRE-SCEAU : Une fleur de lys partie d'un château et accompagnée d'une étoile.

✱ S' SVBBALLIVI PISSIACI

(Sigillum subballivi Pissiaci.)

Vente de biens sis en la seigneurie du Pecq et de Marly. — Mars 1272.

1976 PONTMAIN (CHÂTELLENIE DE).

1306.

Sceau rond, de 35 mill. — Arch. de la Manche : abbaye du Mont-Saint-Michel.

Écu plain sous un chef, accosté de feuillages et timbré d'un croissant.

S' CVRIE · DO . . . . NTEM . . . . .

(Sigillum curie domini . . . . . ad Pontem . . . . .)

CONTRE-SCEAU : Écu portant trois écussons, accosté des lettres BO et accompagné de trois étoiles.

✱ CONTRA S DE PONTEMENEI

(Contra sigillum de Pontemenei.)

Acquisition des fiefs de la Provotière et de la Paignerie, sis à la Dorée. — Novembre 1306.

1977 PONTMAIN (CHÂTELLENIE DU).

1371.

Sceau rond, de 50 mill. — Arch. de la Manche; abbaye du Mont-Saint-Michel.

Écu semé de France à la bordure, dans un encadrement gothique. — Légende détruite.

Contre-sceau : Écu semé de France, à la bordure.

✠ CONT'S' DE LA CHASTELE . . . . . . RI

(Contre seel de la chastelerie du Poumain.)

Echange de biens. — Mai 1371.

1978 PONTMAIN (CHÂTELLENIE DU).

1400.

Sceau rond, de 40 mill. — Bibl. de la ville de Rouen; fonds Leber.

Écu semé de France au lambel, parti d'hermines, dans un trilobe.

✠ LE SEEL DE LA CHASTEL.R.E DV POVMAIN

(Le seel de la chastelerie du Poumain.)

Contre-sceau : Écu aux armes de la face.

✠ LE CONTRE . . . . DV POVMAIN

(Le contre seel du Poumain.)

Donation du fief de Primaudon en faveur de l'abbaye de Savigny. Août 1400.

1979 PONTMAIN (CHÂTELLENIE DU).

1481.

Sceau rond, de 38 mill. — Arch. de la Manche; abbaye du Mont-Saint-Michel.

Écu semé de France au lambel, parti d'hermines, sur champ de fleurs, dans un trilobe.

seel : des contras : de la chastelerie : du poumain

(Seel des contras de la chastelerie du Poumain.)

Contre-sceau : L'écu de la face.

le contre : seel : du poumain

(Le contre seel du Poumain.)

Acquisition d'une rente sur le fief de Lambourdière, à la Dorée. — Janvier 1481.

1980 REMALARD (CHÂTELLENIE DE).

1478.

Sceau rond, de 40 mill. — Arch. de l'Orne; chartreuse du Valdieu.

Écu de France à la bande componée, sur champ fretté, dans un trilobe. — Légende détruite.

Contre-sceau : L'écu de la face.

contre seel de remalart ?

(Contre seel de Remalart.)

Prise de possession de la terre de Poltrimot, à Bizou. — Novembre 1478.

TABELLIONAGE.

1981 SAINT-LÔ

(SCEAUX ROYAUX DE LA VILLE DE).

1585.

Sceau ovale, de 29 mill. — Arch. de la Manche; abbaye de Saint-Lô.

Écu de France couronné, accosté des lettres ID.

SCEAVLX · D · ROY · P · L · A · VILLE · D · S · LO ·

Reconnaissance d'une rente due à la Charité de Sainte-Croix-le-Saint-Lô. — Janvier 1585.

SERGENTERIE.

1982 AUFFAY (SERGENTERIE D').

1406.

Sceau rond, de 30 mill. — Arch. de la Seine-Inférieure; abbaye de Jumiéges.

Écu de France, supporté par deux aigles? sur champ festonné. — Légende détruite.

Contre-sceau : Écu de France.

9T' S' DE. . . . . . . S'GET' DAVFAY

(Contre seel des obligacions de la sergenterie d'Aufay.)

Vente d'une rente sur un masage sis à Socquentot. — Janvier 1406.

SEIGNEURIES, TERRES, BARONNIES, ETC.

1983 BOULAYE (COUR DE LA).

XVIIe siècle.

Sceau rond, de 29 mill. — Arch. de la Manche.

Écu portant six fers de cheval.

S · DE · LA COVRT · DE LA BOVLLAYE

Surmoulage.

1984 BRICQUEBEC (BARONNIE DE).

1396.

Sceau rond, de 38 mill. — Arch. de la Manche; abbaye de Saint-Sauveur-le-Vicomte.

Écu à deux fasces accompagnées de merlettes en orle, parti d'un lion, dans un trilobe.

.......E · DE ...OVE...

(......e de Briquebec.)

Contre-sceau : Écu au lion couronné.

..NORE SEEL DE ....

(Contre seel de Briquebec ?)

Fieffe d'une terre sise à Colomby. — Novembre 1396.

1985 LANVALLAY (COUR DE).

XVIIe siècle.

Sceau rond, de 30 mill. — Collection de M. de Farcy, à Bayeux.

Écu portant trois têtes d'agneaux contournées.

SEAV · D · L · COVRT · D · LANVALLAY

Sceau détaché.

1986 LONGUEFUYE (JURIDICTION DE).

XVe siècle.

Sceau rond, de 34 mill. — Collection de M. de Farcy, à Bayeux.

Écu aux armes des comtes de la Marche, parti de Montmorency-Laval.

✱ seel : des : contraz : de · longuefuye

(Seel des contraz de Longuefuye.)

Matrice.

1987 PONTBRIAND (JURIDICTION DU).

XVIIe siècle.

Sceau ovale, de 38 mill. — Collection de M. Lormier, à Rouen.

Écu portant un pont à trois arches, timbré d'une couronne.

SCEAU · DE · LA · IVRISDICTION · DV · PONTBRIAND

Matrice.

1988 QUATREMARE (TERRE DE).

1366.

Sceau rond, de 30 mill. — Arch. de la Seine-Inférieure; archevêché de Rouen.

Écu semé de France, à la bordure besantée, supporté par deux lions.

✱ SIGILLUM : TERRE : DE : QV.....

(Sigillum terre de Qu.....)

Copie d'actes concernant des fondations en l'église de Saint-Martin-du-Pont, à Rouen. — Avril 1366.

1989 SAINT-LÔ (ÉLECTION DE).

XVIIe siècle.

Sceau ovale, de 29 mill. — Arch. de la Manche.

Écu de France, couronné, accosté au bas des lettres OY.

SEAV DELECTION DE S^T LO

Matrice.

1990 VAL ET LA FOLIE (JURIDICTION DU).

XVIIIe siècle.

Sceau ovale, de 34 mill. — Musée de Saint-Lô.

Écu à la fasce chargée de trois hermines, écartelé d'une fasce d'hermines accompagnée de trois étoiles, surmonté d'une couronne, dans un cartouche.

SCEAV DE LA JURISDICTION DU VAL & LA FOLIE

Matrice.

IXe SÉRIE. — OFFICES.

BAILLIS ET SÉNÉCHAUX.

BAILLI D'ALENÇON ET DU PERCHE.

1991 HONORÉ (PIERRE).

1310.

Sceau rond, de 26 mill. — Arch. de l'Orne; abbaye de Saint-Évroult.

Écu à la croix fleuronnée et chargée de ...... accosté de deux chimères. — Légende détruite.

Accord au sujet du Bois-Silvestre. — Avril 1310.

BAILLIS DE CAEN.

1992 BALLE (THOMAS DE LA),

Lieutenant général du bailli de Caen. — 1418.

Sceau rond, de 20 mill. — Arch. de la Manche; abbaye de Cerisy.

Écu au chevron accompagné de neuf merlettes. — Il ne reste plus de la légende que le commencement, **Th** (Thomas) et la fin, **ALE** (Bale).

Renvoi d'une affaire aux prochaines assises. — Décembre 1418.

1993 CANIVET (EUSTACHE),

Lieutenant général du bailli de Caen. — 1444.

Sceau rond, de 21 mill. — Arch. de la Seine-Inférieure; abbaye de Saint-Ouen.

Écu fascé ou jumellé? chargé d'une molette en pointe, penché, cimé d'un heaume timbré d'une tête de lévrier.

eu ...... quenivet

(Eustache Quenivet.)

Vidimus de lettres de tonsure. — Mai 1444.

1994 THIBOUT (GÉRARD),

Lieutenant du bailli de Caen. — 1483.

Sceau rond, de 16 mill. — Arch. de la Seine-Inférieure; abbaye de Saint-Wandrille.

Écu à la fleur de lys accompagnée de deux molettes en chef, penché, timbré d'un heaume.

s grart tibout

(Seel Grart Tibout.)

Procès au sujet du bénéfice de «Notre-Dame de Baennes». — Janvier 1483.

BAILLIS DE CAUX.

1995 BLONDEL (JEAN),

Bailli de Caux. — 1339.

Sceau rond, de 24 mill. — Arch. de la Seine-Inférieure; abbaye de Montivilliers.

Écu portant une aigle? à la bordure chargée d'étoiles, dans un trilobe. — Il ne reste plus de la légende que

BLŌDEL

(Blondel.)

Record de mise en possession et saisine d'héritages sis à Saint-Germain. — Janvier 1339.

1996 RAVIN (ROGER),

Lieutenant du bailli de Caux. — 1379.

Sceau rond, de 20 mill. — Arch. de la Seine-Inférieure; archevêché de Rouen.

Deux **R** surmontés d'une couronne, dans un quadrilobe.

ROGIER RAUIN

(Rogier Ravin.)

Procès au sujet du patronage de l'église de Saint-Aubin-des-Cercueils. — Septembre 1379.

1997 GUÉDON (LAURENT),

Lieutenant général du bailli de Caux. — 1423.

Sceau rond, de 19 mill. — Arch. de la Seine-Inférieure; archevêché de Rouen.

Écu portant trois rocs d'échiquier au lambel, penché, supporté par deux griffons, timbré d'un heaume cimé d'une tête de griffon dans un vol.

laurens guedon

(Laurens Guédon.)

Lettres relatives à la délivrance du temporel de l'archevêque de Rouen. — Janvier 1423.

1998 BOURSE (CLÉMENT),

Lieutenant général du bailli de Caux à Arques. — 1433.

Sceau rond, de 22 mill. — Arch. de la Seine-Inférieure; archevêché de Rouen.

Écu à la fasce accompagnée de deux roses en chef et d'une étoile en pointe.

le seel clement bourse

(Le seel Clément Bourse.)

Relation de l'ajournement du procureur du roi. — Février 1433.

BAILLIS DE COTENTIN.

1999 JOSEL (ROBERT),

Lieutenant général du bailli de Cotentin. — 1380.

Sceau rond, de 24 mill. — Arch. de la Manche; abbaye du Mont-Saint-Michel.

Écu à la bande accompagnée d'un tourteau en pointe, au franc canton sénestre chargé d'une croix; dans un trilobe. — Légende détruite.

Jugement par défaut. — Février 1380.

2000 AIL-EN-BOURSE (JEAN),

Bailli de Cotentin, commissaire pour le recouvrement du domaine du duc d'Orléans en Normandie. — 1396.

Sceau rond, de 30 mill. — Arch. de l'Eure; famille d'Orléans.

Écu au sautoir cantonné de deux châteaux en chef et en pointe et de deux léopards en flanc, supporté par deux lions, timbré de ..... dans un trilobe.

...HAN ....CE

(Seel Jehan Ailgembource.)

Quittance de ses gages. — Décembre 1396.

2001 HESTEHOU (THOMAS DE),

Lieutenant général du bailli de Cotentin. — 1403.

Sceau rond, de 22 mill. — Arch. de la Manche; abbaye du Mont-Saint-Michel.

Écu portant trois croissants, penché, timbré d'un heaume cimé d'une tête de chien.

THOVMA......TEHOV

(Thoumas de Hestehou?)

Droits de l'abbaye du Mont-Saint-Michel de connaître des choses venues et arrivées à varech, à cause de la baronnie de Saint-Pair-sur-Mer. — Septembre 1403.

2002 CADOT (GILLES),

Lieutenant général du bailli de Cotentin. 1408.

Sceau rond, de 27 mill. — Arch. de la Manche; abbaye de Saint-Sauveur-le-Vicomte.

Écu portant une tête de mouton? accompagnée de trois quintefeuilles, dans un trilobe. — Légende détruite.

Amendement de Guillaume et Thomas Dossier, qui étaient allés moudre à un autre moulin que celui du Hom. — Décembre 1408.

2003 AUBERT (JEAN),

Lieutenant du bailli de Cotentin en la vicomté de Carentan. 1409.

Sceau rond, de 21 mill. — Arch. de la Manche; abbaye de Montebourg.

Écu fruste, supporté par deux chiens, dans un trilobe.

....an auber.

(Seel Jehan Aubert.)

Procès avec la dame d'Orglandes au sujet de la foire d'Écoqueneauville. — Août 1409.

2004 CADOT (GILLES),

Lieutenant général du bailli de Cotentin. — 1411.

Sceau rond, de 24 mill. — Arch. de la Manche; abbaye du Mont-Saint-Michel.

Écu portant une tête de mouton? accompagnée de trois quintefeuilles, supporté par deux oiseaux et timbré d'un troisième, dans un trilobe.

s gilles ca...

(Seel Gilles Cadot.)

Privilèges des bourgeois de Genêts au sujet des dettes contractées envers eux par les gens du dehors. — Juin 1411.

2005 OLIVIER (JEAN),

Lieutenant du bailli de Cotentin. — 1412.

Sceau rond, de 21 mill. — Arch. de la Manche; abbaye de Cherbourg.

Écu portant six fleurs, penché, timbré d'un heaume cimé d'une touffe, sur champ festonné.

iehan olivi..

(Jehan Olivier.)

Franchises pour les vins de l'abbaye de Cherbourg. — Février 1412.

2006 BEAUXAMIS (JEAN),

Lieutenant général du bailli de Cotentin. — 1413.

Sceau rond, de 24 mill. — Arch. de la Manche; abbaye du Mont-Saint-Michel.

Écu au chevron accompagné de deux léopards? en chef et d'une rose en pointe, supporté par deux lions, soutenu par un ange.

S' · I · BEAVSAMIS

(Seel Jehan Bausamis.)

Vidimus de pièces concernant l'hommage du fief de la Colombe. Décembre 1413.

2007 COUR (JEAN DE LA),

Lieutenant général du bailli de Cotentin. — 1416.

Sceau rond, de 24 mill. — Arch. de la Manche; abbaye du Mont-Saint-Michel.

Écu au lion passant, écartelé d'une aigle.

. . . han de la. . . .

(Seel Jehan de la Cour.)

Sentence de dessaisine contre les religieux de la Bloutière. — Juillet 1416.

2008 GODET (GUILLAUME LE),

Lieutenant du bailli de Cotentin. — 1428.

Sceau rond, de 21 mill. — Arch. de la Manche; abbaye de Saint-Sauveur-le-Vicomte.

Écu d'hermines écartelé d'un lion? passant, soutenu par une aigle.

s Guille le godes

(Seel Guillaume le Godes.)

Droits de l'abbaye de Saint-Sauveur-le-Vicomte à la visite de la rivière de Merderet. — Mai 1428.

2009 ROQUE (PIERRE DE LA),

Lieutenant général du bailli de Cotentin. - 1431.

Sceau rond, de 20 mill. — Arch. de la Manche; abbaye de Saint-Sauveur-le-Vicomte.

Écu plain, au chef chargé de trois ....., penché, supporté par une dame à dextre, timbré d'un heaume cimé d'une tête de lévrier.

s pierre de la .....

(Seel Pierre de la Roque.)

Ordre d'ajourner le tenant de la vavassorie de Neuville-en-Beaumont. — Septembre 1431.

2010 DIXNIS (NICOLAS),

Lieutenant général du bailli de Cotentin. — 1445.

Sceau rond, de 21 mill. — Arch. de la Manche; abbaye de Saint-Sauveur-le-Vicomte.

Écu diapré? penché, timbré d'un heaume.

. . . . dixnis

(Seel Nicolas Dixnis.)

Enquête au sujet des dîmes de la paroisse d'Henneville. — Juillet 1445.

2011 COQ (GUILLAUME LE),

Lieutenant général du bailli de Cotentin. — 1451.

Sceau rond, de 25 mill. — Arch. de la Manche; abbaye de Saint-Sauveur-le-Vicomte.

Un coq chargé d'un écu au sautoir.

seel . . . . . le coq

(Seel . . . . . le Coq.)

Droits de l'abbaye de Saint-Sauveur-le-Vicomte au patronage de Saint-Michel de Bricquebosc. — Septembre 1451.

2012 ROSEL (JEAN DE),

Lieutenant général du bailli de Cotentin. — 1461.

Sceau rond, de 24 mill. — Arch. de la Manche; abbaye du Mont-Saint-Michel.

Écu portant trois tiges fleuries ou trois épis, penché, timbré d'un heaume à lambrequins, cimé d'une tête de loup.

sel iehan de rosel

(Sel Jehan de Rosel.)

Contre-sceau : L'écu de la face.

s iehan de rosel

(Sel Jehan de Rosel.)

Vidimus de lettres de Charles le Bel et de Philippe de Valois, ordonnant le retrait des rentes assignées au roi de Navarre sur les biens de l'abbaye du Mont-Saint-Michel. — Avril 1461.

2013 JOSEL (ROBERT),

Lieutenant général du bailli de Cotentin. — 1463.

Sceau rond, de 20 mill. — Arch. de la Manche; abbaye du Mont-Saint-Michel.

Écu à la bande accompagnée d'un annelet en pointe, au franc canton sénestre chargé d'une croix, dans un trilobe.

s robert .....

(Seel Robert Josel.)

Protestation de l'abbé du Mont-Saint-Michel au sujet de la nomination de Jean d'Estouteville à l'office de capitaine de cette forteresse. — Septembre 1463.

2014 VAUQUELIN (PIERRE),

Lieutenant du bailli de Cotentin en la vicomté de Granville. — 1476.

Sceau rond, de 18 mill. — Arch. de la Manche; abbaye du Mont-Saint-Michel.

Écu au chevron accompagné de deux croissants en chef.

. . . . s vauquelin

(Seel Pierres Vauquelin.)

Ordre d'ajournement. — Mai 1476.

2015 GASCOING (LOUIS LE),

Lieutenant du bailli de Cotentin. — 1494.

Sceau rond, de 20 mill. — Arch. de la Manche; abbaye de Saint-Sauveur-le-Vicomte.

Écu à la tierce-feuille accompagnée de trois étoiles.

loys le gascoing

(Loys le Gascoing.)

Droits de l'abbaye de Saint-Sauveur-le-Vicomte au patronage de Saint-Martin de Freville. — Septembre 1494.

2016 GASCOING (LOUIS LE),

Lieutenant du bailli de Cotentin. — 1497.

Sceau rond, de 27 mill. — Arch. de la Manche; abbaye de Saint-Sauveur-le-Vicomte.

Écu à la tierce-feuille accompagnée de trois étoiles ou de trois molettes, penché, timbré d'un heaume accosté des initiales L G.

loys le gasc....

(Loys le Gascoing.)

Accord au sujet de la grèneterie de l'abbaye de Saint-Sauveur-le-Vicomte. — Mars 1497.

2017 VIVIEN (JEAN),

Lieutenant du bailli de Cotentin. — 1506.

Sceau rond, de 26 mill. — Arch. de la Manche; abbaye du Mont-Saint-Michel.

Écu portant deux fasces à l'orle de ......, à l'écusson en abîme déprimé.

s je... viv...

(Seel Jehan Vivien.)

Procès au sujet du droit de mitre revendiqué par l'abbé du Mont-Saint-Michel. — Décembre 1506.

2018 MORICE (JEAN),

Lieutenant général du bailli de Cotentin. — 1513.

Sceau rond, de 21 mill. — Arch. de la Manche; abbaye du Mont-Saint-Michel.

Écu à trois roses sous un chef chargé d'un léopard.

jehan morice

(Jehan Morice.)

Forfaiture des biens d'Antoine de Montebride, assis en la baronnie de Genêts, à Dragey. — Décembre 1513.

BAILLIS D'ÉVREUX.

2019 MAUSERGENT (GUÉRARD),

Bailli d'Évreux, lieutenant du Captal de Buch. — 1367.

Sceau ovale, de 18 mill. — Collection de M. Izarn, à Évreux.

Une fleur de lys à la bande componée.

✠ S' AV BAILLI DEVREVES

(Seel au bailli d'Evreues.)

Patronage de l'église d'Hecmanville. — Juillet 1367.

2020 HAYES (JEAN DES),

Lieutenant du bailli d'Évreux. — 1416.

Sceau rond, de 23 mill. — Arch. communales d'Évreux.

Écu portant une haie d'où s'élèvent deux arbustes. — Légende détruite.

Adjudication d'ouvrages de charpente à exécuter à la Porte-aux-Fèvres, au profit de Jean Brasdelon, charpentier. — Octobre 1416.

2021 VAL (PIERRE DU),

Lieutenant du bailli d'Évreux. — 1456.

Sceau rond, de 21 mill. — Arch. hospitalières d'Évreux.

Écu portant une rose au lambel, soutenu par un ange.

pierre du val

(Pierre du Val.)

Procès au sujet de rentes dues à l'Hôtel-Dieu d'Évreux. — Mars 1456.

2022 FLOQUES (ROBERT DE),

Chevalier, maréchal héréditaire de Normandie, conseiller et chambellan du roi, bailli et capitaine d'Évreux. — 1460.

Signet rond, de 16 mill. — Arch. communales d'Évreux.

Écu portant trois bandes. — Sans légende.

Quittance de ses gages de capitaine. — Février 1460.

2023 HANGEST (JEAN DE),

Chevalier, sire de Genlis, conseiller et chambellan du roi, bailli et capitaine d'Évreux — 1475.

Signet rond, de 14 mill. — Arch. communales d'Évreux.

Écu à la croix chargée de cinq coquilles? — Sans légende.

Quittance des gages de sa capitainerie. — Mai 1475.

2024 HANGEST (ADRIEN DE),

Chevalier, sire de Genlis, conseiller et chambellan du roi, grand échanson de France, bailli et capitaine d'Évreux. — 1520.

Signet rond, de 24 mill. — Arch. communales d'Évreux.

Écu à la croix chargée de cinq coquilles? — Sans légende.

Quittance des gages de sa capitainerie. — Août 1520.

BAILLIS DE GUERNESEY.

2025 COUR (MACÉ DE LA),

Bailli de Guernesey. — 1315.

Sceau rond, de 20 mill. — Arch. de la Manche; abbaye du Mont-Saint-Michel.

Un personnage dont on ne voit que la tête et les deux bras, portant un faucon.

S' MASSE DE LA COVRT

(Seel Massé de la Court.)

Confirmation des mares de Guernesey et de la franchise d'exportation des blés. — Février 1315.

2026 COUR (MACÉ DE LA),

Bailli de Guernesey. — 1329?

Sceau rond, de 22 mill. — Arch. de la Manche; abbaye du Mont-Saint-Michel.

Écu portant trois cœurs, dans un quadrilobe.

S' MACE · DE · LA · COVRT :

(Seel Macé de la Court.)

Enquête des juges itinérants sur la saisie du prieuré et manoir de Saint-Clément. — Sans date.

BAILLIS, GARDIEN ET FERMIER DES ÎLES.

2027 AUBIGNY (PHILIPPE D'),

Bailli des Îles. — 1219?

Sceau rond, de 41 mill. — Arch. de la Manche; abbaye du Mont-Saint-Michel.

Quatre fusées rangées en fasce.

S' PHILIPPI DE ALBIGNEI

(Sigillum Philippi de Albignei.)

Confirmation des privilèges de l'abbaye du Mont-Saint-Michel dans les Îles, et notamment des droits de varech, d'exportation et de chasse. — Sans date.

2028 TRUBLEVILLE (HUGUES DE),

Bailli des Îles. — 1269.

Sceau rond, de 34 mill. — Arch. de la Manche; abbaye du Mont-Saint-Michel.

Type équestre; le bouclier et la housse au lion.

S' HVGONIS D' TVRBELVILE

(Sigillum Hugonis de Turbelvile.)

Enquête au sujet de devoirs refusés par les hommes de Noirmont. — Juin 1269.

2029 AYSWELLE (RENAUD D'),

Bailli des Îles. — 1286.

Sceau rond, de 23 mill. — Arch. de la Manche; abbaye du Mont-Saint-Michel.

Buste à gauche, dans une rose gothique.

S' RAGINALDI D' AYSWELLE

(Sigillum Raginaldi de Ayswelle.)

Accord au sujet de devoirs dus au prieuré de Saint-Clément. — Mars 1286.

2030 GRANSON (OTHON DE),

Fermier des Îles. — 1316.

Sceau rond, de 23 mill. — Arch. de la Manche; abbaye du Mont-Saint-Michel.

Écu palé de six pièces, à la bande brochant.

SIGILLVM OTONIS DE GR...ISSONO

(Sigillum Otonis de Grandissono.)

Remise d'amendes encourues au sujet de transgressions au droit de varech. — Mars 1316.

2031 CHEGNY (EDMOND DE),

Gardien des Îles pour le roi d'Angleterre. — 1364.

Sceau rond, de 25 mill. — Arch. de la Manche; abbaye du Mont-Saint-Michel.

Écu portant quatre fusées en fasce, chaque fusée chargée d'un besant, penché, timbré d'un heaume, dans un encadrement gothique.

..GILLVM EDMVNDI CHEINE

(Sigillum Edmundi Cheine.)

Reconnaissance du quart du droit de varech, en faveur de l'abbaye du Mont-Saint-Michel. — Mars 1364.

BAILLI DE JERSEY.

2032 TOURGIS (RAOUL),

Clerc. — 1332.

Sceau rond, de 21 mill. — Arch. de la Manche; abbaye du Mont-Saint-Michel.

Deux bustes vis-à-vis, séparés par un arbre, dans un trilobe.

S' RAOVL · TORGIS · CLC ·

(Seel Raoul Torgis, clerc.)

Aveu de biens situés à Jersey. — Mai 1332.

SÉNÉCHAL DE NORMANVILLE.

2033 MÉTAYER (GILLES LE).

1439.

Sceau rond, de 20 mill. — Arch. hospitalières d'Évreux.

Une fleur à cinq pétales, portée sur une tige, entre deux feuilles.

Gil... le mettoier

(Gilles le Mettoier.)

Livraison de rentes et d'héritages appartenant à l'Hôtel-Dieu d'Évreux, en la seigneurie de Normanville. — Mai 1439.

SÉNÉCHAL DE RENNES.

2034 GUILLAUME.

1224.

Sceau rond, de 68 mill. — Arch. de la Manche; abbaye du Mont-Saint-Michel.

Type équestre fruste et incomplet.

..GVILLGRMI SGN.............

(Sigillum Guillermi, senescalli Redonensis.)

Contre-sceau : Écu à la plante chargée de trois fruits, trois mûres ?

....ILLGRMI SGNGSDA...GDO.....

(Sigillum Guillermi, senescalli Redonensis.)

Appointement au sujet de dommages causés à l'abbaye du Mont-Saint-Michel; serment juré, dans l'église de Dol, sur le chef de sainte Marguerite. — Juillet 1224.

BAILLIS DE ROUEN.

2035 LÉGIER (JEAN),

Lieutenant général du bailli de Rouen. — 1409.

Sceau rond, de 22 mill. — Arch. de la Seine-Inférieure; archevêché de Rouen.

Écu portant trois pals au bâton brochant, dans un quadrilobe.

IOHAN LEGIER

(Johan Legier.)

Sentence au sujet d'un moulin à blé situé à Louviers et qu'on employait à fouler les draps. — Août 1409.

2036 BEAUCOMPÈRE (ANDRÉ),

Lieutenant du bailli de Rouen. — 1410.

Sceau rond, de 20 mill. — Arch. de la Seine-Inférieure; archevêché de Rouen.

Écu portant ..... à la bordure engrêlée, penché, timbré d'un heaume cimé d'une tête de lion.

andrieu beaucompere

(Andrieu Beaucompère.)

Appointement au sujet du patronage de l'église de Tocqueville-en-Caux. — Avril 1410.

2037 POOLIN (PIERRE),

Lieutenant général du bailli de Rouen. — 1426.

Sceau rond, de 22 mill. — Arch. de la Seine-Inférieure; archevêché de Rouen.

Écu au sautoir engrêlé cantonné de quatre têtes de.... penché, supporté par deux aigles, timbré d'un heaume cimé d'une tête de lion dans un vol.

s pierres poolin

(Seel Pierres Poolin.)

Continuation, en l'état, jusqu'à la prochaine assise, de la cause au sujet de la seigneurie de Déville. — Décembre 1426.

2038 ANCÈTRE (HENRI L'),

Lieutenant du bailli de Rouen. — 1427.

Sceau rond, de 20 mill. — Arch. de la Seine-Inférieure; archevêché de Rouen.

Écu portant deux masses en sautoir, penché, timbré d'un heaume cimé d'une tête d'aigle dans un vol.

henry lancestre

(Henry l'Ancestre.)

Voyez le numéro précédent.

2039 FONTAINE (GUILLAUME DE LA),

Lieutenant général du bailli de Rouen. — 1441.

Sceau rond, de 20 mill. — Arch. de la Seine-Inférieure; archevêché de Rouen.

Écu à la croix engrêlée cantonnée de quatre aiglettes, penché, supporté par deux hommes sauvages, timbré d'un heaume cimé d'une tête d'aigle.

seel guill̃e de la fontaine

(Seel Guillaume de la Fontaine.)

Procès au sujet de rentes dues aux religieuses Emmurées, sur la vicomté de l'Eau, à Rouen. — Février 1441.

2040 MELLE (GUILLAUME LE),

Lieutenant général du bailli de Rouen. — 1449.

Sceau rond, de 21 mill. — Arch. de la Seine-Inférieure; abbaye du Valasse.

Un ange tenant des deux mains un voile chargé de trois merlettes sur des rameaux.

guillaume le .....

(Guillaume le Melle.)

Gage-pleige fourni par l'abbaye du Valasse, au sujet de son droit d'administrer les sacrements à ses familiers. — Juin 1449.

2041 ANGLOIS (JEAN L'),

Lieutenant du bailli de Rouen. — 1449.

Sceau rond, de 19 mill. — Arch. de la Seine-Inférieure; abbaye de Saint-Ouen.

Écu au chevron accompagné de trois étoiles, penché, timbré d'un heaume cimé d'une tête d'aigle.

..ehan. len.. ..

(Seel Jehan l'Englois.)

Entérinement des lettres de Charles VII, au sujet de la régie de l'abbaye de Saint-Ouen. — Octobre 1449.

2042 DARON (PIERRE),

Lieutenant général du bailli de Rouen. — 1451.

Sceau rond, de 21 mill. — Arch. de la Seine-Inférieure; archevêché de Rouen.

Écu à la fasce accompagnée de deux ondes, soutenu par un ange.

s pierre daron

(Seel Pierre Daron.)

Appointement au sujet du droit de présentation à la cure de Valliquerville. — Mars 1451.

VICOMTES.

VICOMTE D'ARGENTAN ET D'EXMES.

2043 COURTEILLES (RAOUL DE),

Lieutenant général du vicomte d'Argentan et d'Exmes. — 1486.

Sceau rond, de 18 mill. — Arch. de l'Orne; abbaye de Silly.

Écu à la fasce accompagnée de trois coquilles, penché, timbré d'un heaume cimé d'une poire?

raoul de courteilles

(Raoul de Courteilles.)

Sentence au sujet d'une rente sise à Courménil. — Juin 1486.

VICOMTES D'AVRANCHES.

2044 AVRANCHES (PIERRE D'),

Lieutenant du vicomte d'Avranches. — 1324.

Sceau rond, de 22 mill. — Arch. de la Manche; abbaye du Mont-Saint-Michel.

Une fleur de lys fleuronnée partie d'un château, le tout porté par une gargouille.

✱ S' PETRI DE ABRINCIS CLCI?

(Sigillum Petri de Abrincis, clerici.)

Quittance au sujet de ce que l'abbaye du Mont-Saint-Michel devait au roi. — Avril 1324.

2045 TAILLEFER (JEAN),

Clerc, lieutenant du vicomte d'Avranches. — 1336.

Sceau rond, de 22 mill. — Arch. de la Manche; abbaye du Mont-Saint-Michel.

Buste de femme de face, dans une rose gothique.

S' IEHAN TAILLEFER CLERC

(Seel Jehan Taillefer, clerc.)

Sentence au sujet des arrérages d'une rente sise aux Pas. — Août 1336.

2046 CRÉPON (JEAN DE),

Lieutenant du vicomte d'Avranches. — 1358.

Sceau rond, de 19 mill. — Arch. de la Manche; abbaye du Mont-Saint-Michel.

Écu portant trois quintefeuilles? à la bande brochant, supporté par deux lions, soutenu par un personnage et accompagné d'une chimère en pointe, dans un quadrilobe.

SEEL IEHAN .....

(Seel Jehan de Crepon.)

Quittance de rentes sur la prévôté de Genêts. — Juin 1358.

2047 COTON (MARTIN),

Lieutenant du vicomte d'Avranches. — 1377.

Sceau rond, de 18 mill. — Arch. de la Manche; abbaye du Mont-Saint-Michel.

Écu portant trois sextefeuilles à la croix sur le tout, cantonné en pointe de deux étoiles.

SIGILM MARTIN COTON

(Sigillum Martin Coton.)

Reprise d'un fief situé au Mesnil-Adelée. — Juin 1377.

2048 BAUDOUIN (JEAN),

Vicomte d'Avranches. — 1380.

Signet rond, de 18 mill. — Arch. de la Manche; abbaye de la Luzerne.

Les initiales I B surmontées d'une couronne, dans une rose gothique. — Sans légende.

Quittance au sujet des fieffermes de Saint-Jean-le-Thomas et du moulin du Pré. — Avril 1380.

2049 MARE (MACÉ DE LA),

Lieutenant du vicomte d'Avranches. — 1391.

Sceau rond, de 20 mill. — Arch. de la Manche; abbaye du Mont-Saint-Michel.

Écu burelé à la bande chargée de ..... brochant, dans un quadrilobe.

S' MACE DE LA MARE

(Seel Macé de la Mare.)

Renonciation à des droits sur une masure sise à Genêts. — Janvier 1391.

2050 BOULIGNY (GUILLAUME DE),

Vicomte d'Avranches. — 1393.

Sceau rond, de 21 mill. — Arch. de la Manche; abbaye du Mont-Saint-Michel.

Écu portant une fleur de lys à la bande brochant, dans un quadrilobe.

S · G · DE · BOVLIGNI ·

(Seel Guillaume de Bouligni.)

Renonciation à un tènement sis à Genêts. — Novembre 1393.

2051 POMMERAIE (ROBIN DE LA),

Lieutenant général du vicomte d'Avranches. — 1398.

Sceau rond, de 20 mill. — Arch. de la Manche; abbaye de Montmorel.

Écu portant huit fleurs? 4, 3 et 1. — Légende détruite.

Accord au sujet de rentes sises à Saint-Quentin-sur-Selune. — Janvier 1398.

2052 GARMONT (JEAN),

Lieutenant du vicomte d'Avranches. — 1406.

Sceau rond, de 19 mill. — Arch. de la Manche; abbaye du Mont-Saint-Michel.

Buste de cerf de face; dans la ramure, des rinceaux.

s iehan Garmont

(Seel Jehan Garmont.)

Sentence au sujet d'héritages sis à Genêts. — Novembre 1406.

2053 MOUCHY (JEAN DE),

Lieutenant du vicomte d'Avranches. — 1410.

Sceau rond, de 17 mill. — Arch. de la Manche; abbaye du Mont-Saint-Michel.

Écu portant trois pals au croissant brochant, penché, timbré d'un heaume.

. . . han de mou. . .

(Seel Jehan de Mouchy.)

Quittance fournie à l'abbaye du Mont-Saint-Michel, au sujet de différents fiefs relevant du roi. — Avril 1410.

2054 BOUCHER (PIERRE),

Lieutenant général du vicomte d'Avranches. — 1446.

Sceau rond, de 22 mill. — Arch. de la Manche; abbaye du Mont-Saint-Michel.

Écu au chevron accompagné de trois quintefeuilles, penché, supporté par deux lions, timbré d'un heaume. — Légende détruite.

Vente d'héritages saisis. — Février 1446.

2055 GAUDIN (THOMAS),

Lieutenant général du vicomte d'Avranches. — 1461.

Sceau rond, de 18 mill. — Arch. de la Manche; abbaye du Mont-Saint-Michel.

Écu au croissant accompagné de trois étoiles, penché, supporté par deux oiseaux, timbré d'un heaume.

. . homas gaudi .

(Seel Thomas Gaudin.)

Acte concernant le bail des prévôtés de la baronnie d'Ardevon. — Décembre 1461.

2056 MOINE (JEAN LE),

Lieutenant général du vicomte d'Avranches. — 1470.

Sceau rond, de 19 mill. — Arch. de la Manche; abbaye de Montmorel.

Écu à la fasce chargée de . . . . ., accompagnée d'une tête de chat entre deux étoiles en chef, et d'une étoile? en pointe; timbré d'un fleuron.

Jeha. . . . . . . e

(Jehan le Moine.)

Délaissement et rapport d'un fief sis en la paroisse de Poilley. — Juin 1470.

VICOMTES DE BAYEUX.

2057 MONNIER (SANDRET LE),

Lieutenant général du vicomte de Bayeux. — 1461.

Sceau rond, de 20 mill. — Arch. du Calvados; évêché et chapitre de Bayeux.

Écu à la croix ancrée, accompagnée de . . . .

sandret le monnier

(Sandret le Monnier.)

Gage donné au sujet des arrérages d'une rente sur un masuage, à Bayeux. — Février 1461.

2058 DOUIT (MARIN DU),

Écuyer, lieutenant du vicomte de Bayeux. — 1493.

Sceau rond, de 19 mill. — Arch. de la Manche; abbaye de Saint-Sauveur-le-Vicomte.

Écu à la fasce accompagnée de trois roses? penché,

timbré d'un heaume à lambrequins cimé. — Il ne reste plus de la légende que

du d. . . .

(Du Douit.)

Trêves jurées à l'abbaye de Saint-Sauveur-le-Vicomte, par Jacques d'Amours, écuyer. — Décembre 1493.

VICOMTES DE CARENTAN.

2059 GOSSEAUME (RAOUL),

Clerc, garde des sceaux de la vicomté de Carentan. — 1297.

Sceau rond, de 19 mill. — Arch. de la Manche; abbaye de Blanchelande.

Écu à trois fleurs de lys.

✱ S RAD' GOSGAVME CLICI

(Sigillum Radulfi Goseaume, clerici.)

Reconnaissance d'une rente sise à Ravenoville. — Novembre 1297.

2060 BEAUSSUY (JEAN DE),

Lieutenant à Saint-Lô du vicomte de Carentan. — 1423.

Sceau rond, de 18 mill. — Arch. de la Manche; abbaye de Saint-Lô.

Écu à la fasce accompagnée de trois canettes.

s iehan de beaussui

(Seel Jehan de Beaussui.)

Gage-pleige pour les arrérages d'une rente sise à Saint-Lô. — Janvier 1423.

2061 SAINT-FROMONT (JEAN DE),

Lieutenant général du vicomte de Carentan. — 1432.

Sceau rond, de 20 mill. — Arch. de la Manche; abbaye de Montebourg.

Écu portant six besants sous un chef chargé de deux fleurs de lys? penché, timbré d'un heaume cimé.

iehan de . . fr . . . nt

(Jehan de Saint Fromont.)

Procès entre l'abbaye et les habitants de Montebourg, au sujet de droits prétendus par les religieux sur les marchandises vendues et achetées aux foires et marchés de Montebourg. — Janvier 1432.

2062 COQUET (OLIVIER),

Lieutenant à Saint-Lô du vicomte de Carentan. — 1468.

Sceau rond, de 17 mill. — Arch. de la Manche; abbaye de Saint-Lô.

Écu portant trois rocs d'échiquier accompagnés d'une étoile en chef, penché, timbré d'un heaume à lambrequins cimé d'un coq.

olivier coquet

(Olivier Coquet.)

Gage-pleige pour une rente sise à Saint-Lô. — Mai 1468.

VICOMTES DE COUTANCES.

2063 VITON (SIMON),

Garde du sceau des obligations de la vicomté de Coutances. — 1323.

Signet rond, de 12 mill. — Arch. de la Manche; abbaye du Mont-Saint-Michel.

Buste de femme de face, coiffée d'un couvre-chef. — Légende détruite.

Fieffe d'une terre sise à Dragey. — Décembre 1323.

2064 MARIE (COLIN),

Lieutenant du vicomte de Coutances. — 1362.

Sceau rond, de 20 mill. — Arch. de la Manche; abbaye du Mont-Saint-Michel.

Écu au rencontre de cerf accompagné en chef des initiales **C M**.

. . . . . n · mar . .

(Seel Colin Marie.)

Acquisition du fief du Périer sis au Loreur. — Octobre 1362.

2065 GROS-ŒIL (GUILLAUME),

Lieutenant du vicomte de Coutances. — 1371.

Sceau rond, de 22 mill. — Arch. de la Manche; abbaye du Mont-Saint-Michel.

Écu à trois têtes de lion.

. . . L G GROSLEVL?

(Seel Guillaume Grosleul.)

Mandement du roi ordonnant de faire cesser une foire établie Bricqueville-sur-Mer. — Juin 1371.

2066 JAMES (JEAN),

Lieutenant du vicomte de Coutances. — 1387.

Sceau rond, de 17 mill. — Arch. de la Manche; abbaye du Mont-Saint-Michel.

Une sirène tenant une banderole contenant une légende effacée.

Renonciation à un fief sis à Saint-Léger. — Septembre 1387.

2067 HOBEY (JEAN),

Lieutenant du vicomte de Coutances. — 1390.

Sceau rond, de 17 mill. — Arch. de la Manche; abbaye du Mont-Saint-Michel.

Écu au chevron accompagné de deux quintefeuilles

en chef et de ...... en pointe, supporté par deux griffons.

S · IOHAN · HOBEY

(Seel Johan Hobey.)

Renonciation à des rentes sur le fief de la Grosserie, sis à Saint-Jean-des-Champs. — Mai 1390.

2068 GOURFALEUR (JEAN DE),

Lieutenant général du vicomte de Coutances. — 1469.

Sceau rond, de 18 mill. — Arch. de la Manche; abbaye du Mont-Saint-Michel.

Écu à la porte flanquée de deux tours.

S i de gourfalor

(Seel Jehan de Gourfalor.)

Renonciation à des héritages sis à Saint-Planchers. — Septembre 1469.

2069 ADE (GUILLAUME),

Lieutenant du vicomte de Coutances. — 1472.

Sceau rond, de 20 mill. — Arch. de la Manche; abbaye du Mont-Saint-Michel.

Écu au lion, penché, timbré d'un heaume.

Guillaume ade

(Guillaume Ade.)

Gage-pleige pour une rente sise à Saint-Planchers. — Mai 1472.

VICOMTES D'ÉVREUX.

2070 ENFANT (JEAN L'),

Lieutenant du vicomte d'Évreux. — 1436.

Sceau rond, de 22 mill. — Arch. hospitalières d'Évreux.

Un enfant emmailloté, couché dans un berceau.

jehan lenfant

(Jehan l'Enfant.)

Procès au sujet de biens situés en la seigneurie de Normanville. — 1436.

2071 BARDOUF (PIERRE),

Lieutenant du vicomte d'Évreux. — 1438.

Sceau rond, de 20 mill. — Arch. hospitalières d'Évreux.

Écu portant trois lapins couchés, accompagnés de deux étoiles.

pierres bardouf

(Pierres Bardouf.)

Procès au sujet de rentes sises en la seigneurie de Normanville. — Mars 1438.

2072 QUINCARNON (GEOFFROI DE),

Lieutenant du vicomte d'Évreux. — 1482.

Sceau rond, de 24 mill. — Arch. hospitalières d'Évreux.

Écu au chevron accompagné de trois trèfles.

G de quincarnon

(Gieffroi de Quincarnon.)

Procès au sujet de rentes dues à l'Hôtel-Dieu et aux huit curés d'Évreux. — Juillet 1482.

VICOMTE DE MONTIVILLIERS.

2073 BOSC (GUILLAUME DU),

Chevalier, vicomte de Montivilliers. — 1347.

Sceau rond, de 35 mill. — Arch. de la Seine-Inférieure; abbaye de Montivilliers.

Écu au lion.

SIGILLVM WILLI DE BOSCO MILIT

(Sigillum Willermi de Bosco, militis.)

Fondation d'une chapellenie, à Montivilliers. — Juillet 1347.

VICOMTES DE MORTAIN.

2074 PLANTEROSE (JEAN),

Lieutenant général du vicomte de Mortain. — 1398.

Sceau rond, de 18 mill. — Arch. de la Manche; prieuré du Montons.

Écu au chevron accompagné de ......, supporté par un griffon et un lion, timbré d'une tête de chien, dans un trilobe.

I · PLANTEROSE

(Jehan Planterose.)

Reconnaissance d'une rente sur le moulin de Saint-Laurent-de-Cuves. — Octobre 1398.

2075 DOISNEL (JACQUET),

Lieutenant du vicomte de Mortain. — Vers 1450.

Sceau rond, de 17 mill. — Arch. de la Manche; abbaye de Savigny.

Écu au chevron accompagné de trois merlettes, penché, timbré d'un heaume cimé d'une tête d'aigle.

iaquet doisnel

(Jaquet Doisnel.)

Rapport d'un fief sis à Villechien. — Sans date.

VICOMTE D'ORBEC.

2076 **ROUIL (JEAN DU),**

Écuyer, gouverneur de la vicomté d'Orbec. — 1480.

Sceau rond, de 20 mill. — Arch. de la Seine-Inférieure; abbaye de Saint-Wandrille.

Écu parti: au 1, une fasce d'hermines accompagnée d'un fer de cheval en chef, et en pointe d'un fer de cheval au-dessus d'une barre; au 2, une bande accompagnée d'un fer de cheval en chef.

iehan du rouil

(Jehan du Rouil.)

Mandement pour contraindre des enchérisseurs à effectuer le payement de leurs acquêts. — Octobre 1480.

VICOMTE DE PONTORSON.

2077 **ROUSSIN (JEAN LE),**

Lieutenant du vicomte de Pontorson. — 1476.

Sceau rond, de 17 mill. — Arch. de la Manche; abbaye du Mont-Saint-Michel.

Écu au chevron accompagné de deux roses en chef et d'une gerbe en pointe, penché, timbré d'un heaume à lambrequins cimé d'une tête de cheval.

s iehan roussin

(Seel Jehan Roussin.)

Sommation pour obtenir payement d'arrérages. — Novembre 1476.

VICOMTES DE ROUEN.

2078 **GEOFFROI,**

Fils du vicomte de Rouen. — Vers 1185.

Sceau rond, de 38 mill. — Arch. de la Seine-Inférieure; abbaye de Saint-Ouen.

Type équestre; le cavalier tête nue, en costume civil, un faucon sur le poing.

✱ SECRE.....DII

(Secretum .....dii.)

Donation de revenus sur une terre sise à Franqueville. — Sans date.

2079 **VAVASSEUR (JEAN LE),**

Lieutenant du vicomte de Rouen. — 1414.

Sceau rond, de 18 mill. — Arch. de la Seine-Inférieure; archevêché de Rouen.

Un lion tenant un écu chargé d'une plante fleurie.

s iehan le vavasseur

(Seel Jehan le Vavasseur.)

Doléances du chapitre de Rouen, au sujet de la juridiction sur les clercs demeurant dans l'enclos de l'église. — Février 1414.

2080 **LIMARE (LAURENT DE),**

Lieutenant général du vicomte de Rouen. — 1415.

Sceau rond, de 20 mill. — Arch. de la Seine-Inférieure; abbaye de Saint-Wandrille.

Écu à la bande accompagnée de six coquilles? en orle.

s....... de limare

(Seel Laurent de Limare.)

Sentence au sujet du fief du Mont-au-Prêtre, à Sierville. — Juin 1415.

VICOMTES DE SAINT-SAUVEUR-LE-VICOMTE.

2081 **TAILLEPIED (JEAN DE),**

Écuyer, seigneur du lieu, garde des sceaux de la vicomté de Saint-Sauveur-le-Vicomte. — 1486.

Sceau rond, de 22 mill. — Arch. de la Manche; abbaye de Saint-Sauveur-le-Vicomte.

Écu portant trois croissants accompagnés de trois molettes en chef, penché, timbré d'un heaume cimé d'une tête d'aigle dans un vol.

s ieha... taillep..

(Seel Jehan de Taillepié.)

Appointement au sujet de rentes sises à Rauville. — Avril 1486.

2082 **PITEBOULT (JACQUES),**

Vicomte de Saint-Sauveur-le-Vicomte. — 1541.

Signet rond, de 16 mill. — Arch. de la Manche; abbaye de Saint-Sauveur-le-Vicomte.

Écu au chevron chargé de croisettes et accompagné de trois besants ou de trois tourteaux. — Sans légende.

Décret d'héritages sis à Gourbesville. — Mai 1541.

VICOMTES DE VALOGNES.

2083 **MARCHAND (JEAN LE),**

Lieutenant général du vicomte de Valognes. — 1460.

Sceau rond, de 21 mill. — Arch. de la Manche; abbaye de Cherbourg.

Écu portant deux tourteaux? au franc canton chargé de ......, penché, timbré d'un heaume.

ı le marchant ......

(Jehan le Marchant ....)

Franchise de panage. — Novembre 1460.

2084 CORBIN (MICHEL),

Écuyer, vicomte de Valognes. — 1499.

Sceau rond, de 17 mill. — Arch. de la Manche; abbaye de Cherbourg.

Écu portant trois coquilles, penché, timbré d'un heaume à lambrequins, cimé d'un corbeau.

m corbin viconte de valongnes

(Michel Corbin, viconte de Valongnes.)

Procès au sujet de la dîme d'Urville-Hague. — Août 1499.

2085 POISSON (PIERRE),

Lieutenant général du vicomte de Valognes. — 1499.

Sceau rond, de 22 mill. — Arch. de la Manche; abbaye de Cherbourg.

Écu à la fasce accompagnée d'un poisson en chef et d'un poisson en pointe. — Légende détruite.

Procès au sujet de la dîme d'Urville-Hague. — Octobre 1499.

OFFICES DE JUSTICE.

PROCUREUR, JUGES.

2086 CROISMARE (ROBERT DE),

Procureur du roi au bailliage de Rouen. — 1429.

Sceau rond, de 20 mill. — Arch. de la Seine-Inférieure; archevêché de Rouen.

Écu au léopard surmonté de deux étoiles? supporté par deux écureuils, soutenu par un ange et accompagné en pointe d'un chien; dans un quadrilobe.

S' ROB... DE CROISMARE

(Seel Robert de Croismare.)

Pouvoirs donnés pour comparaître à sa place dans un procès avec l'archevêque de Rouen. — Avril 1429.

2087 ARTIS (PIERRE D'),

Juge aux assises des Îles. — 1291.

Sceau en écu, de 20 mill. — Arch. de la Manche; abbaye du Mont-Saint-Michel.

Écu portant un arbuste.

✱ ...E.S DART..

(...e.s d'Artis.)

Procès au sujet de la prévôté de Noirmont. — Mai 1291.

2088 FOURNIER (JEAN),

Conseiller du roi, président au conseil et garde des sceaux de la justice du comté du Maine, juge ordinaire à sa cour. — 1456.

Sceau rond, de 32 mill. — Arch. de la Manche; abbaye du Mont-Saint-Michel.

Écu à la bande engrêlée accompagnée d'une étoile en chef, penché, timbré d'un heaume à lambrequins cimé d'une tête de chien? dans un vol.

s iehan fournier

(Seel Jehan Fournier.)

Lettres de non-préjudice données au prieur de Saint-Victor, au sujet d'un emplacement qu'il avait fourni pour l'arrivage des bateaux. — Mai 1456.

SERGENTS.

2089 RICHARD,

Sergent d'Avrilly. — 1260.

Sceau ogival, de 31 mill. — Arch. hospitalières d'Évreux.

Un oiseau perché sur une branche.

✱ S' RICARDI SERGANT DE AVRILEI

(Sigillum Ricardi, sergant de Avrilei.)

Vente d'une terre sise en la paroisse de Saint-Aquilin. — Mars 1260.

2090 TAILLEFER (ROBERT),

Sergent des Baons-le-Comte. — 1380.

Sceau rond, de 16 mill. — Arch. de la Seine-Inférieure; archevêché de Rouen.

Écu portant une sorte de fleur de lys renversée, accompagnée d'une étoile au canton dextre, au bâton brochant sur le tout.

ROBERT TAILLEFER

(Robert Taillefer.)

Ajournement du lieutenant du bailli de Caux. — Mars 1380.

2091 BOURDON (JEAN),

Sergent du roi à Caen. — 1462.

Sceau rond, de 17 mill. — Arch. du Calvados; abbaye de la Sainte-Trinité de Caen.

Écu portant une coquille accompagnée de deux étoiles en chef, au bourdon en pal débordant l'écu brochant.

iehan bourdon

(Jehan Bourdon.)

Ordonnance du bailli de Caen, établissant que les paroissiens de Saint-Gilles sont exempts du guet. — Novembre 1462.

2092 JUSTICE (GEOFFROI),

Sergent de Caudebec. — 1386.

Sceau rond, de 22 mill. — Arch. de la Seine-Inférieure; archevêché de Rouen.

Écu à l'aigle éployée, au franc canton chargé d'une bande accompagnée de merlettes? en orle, dans un trilobe. — Légende fruste.

Ajournement du bailli de Caux, à la requête de l'archevêque de Rouen. — Avril 1386. — L'identité du sceau de ce personnage soulève quelques doutes.

2093 MESNIL (ROBIN DU),

Sergent à Cressville. — 1400.

Sceau rond, de 20 mill. — Arch. de la Seine-Inférieure; archevêché de Rouen.

Écu portant l'initiale R, supporté par deux oiseaux, timbré d'une croix, dans un trilobe. — Il ne reste de la légende que

... NIL

(Mesnil.)

Procès entre l'archevêque et le bailli de Rouen. — Mai 1400.

2094 JACQUET (JEAN),

Sergent à Évreux. — 1398.

Sceau rond, de 19 mill. — Arch. de la Seine-Inférieure; archevêché de Rouen.

Un cœur couronné supporté par deux dames, au-dessus d'une plante.

IOH.. IAQVET

(Johan Jaquet.)

Procès au sujet de la juridiction. — Décembre 1398.

2095 FOU (GUILLAUME DU),

Sergent à Freneuse. — 1384.

Sceau rond, de 19 mill. — Arch. de la Seine-Inférieure; archevêché de Rouen.

Écu chevronné de six pièces, parti de trois fasces accompagnées de trois étoiles, deux en chef et une en pointe, penché, timbré d'un heaume cimé d'un chien assis.

S' GVILLE DV FOV SGEN

(Seel Guillaume du Fou, sergen.)

Ajournement du bailli de Rouen. — Octobre 1384.

2096 FOU (GUILLAUME DU),

Sergent à Freneuse. — 1391.

Sceau rond, de 20 mill. — Arch. de la Seine-Inférieure; archevêché de Rouen.

Écu portant deux chevrons accompagnés d'une étoile en chef, parti de deux fasces accompagnées d'une étoile en chef, penché, timbré d'un singe assis tenant un fruit.

GVILLE DV FOV

(Guillaume du Fou.)

Ajournement des habitants de Gaillon, au prochain Échiquier. — Août 1391.

2097 SEMELLE (COLIN),

Clerc, sergent de la Londe. — 1398.

Sceau rond, de 20 mill. — Arch. de la Seine-Inférieure; archevêché de Rouen.

Une croix demi-potencée, cantonnée de deux fleurons en chef et d'une étoile en pointe à sénestre.

COLIN · SEMELE · CLE

(Colin Semele, clerc.)

Quittance d'une amende. — Juin 1398.

2098 CACHEALOUE (JEAN),

Sergent de Pont-Saint-Pierre. — 1403.

Signet rond, de 14 mill. — Arch. de la Seine-Inférieure; archevêché de Rouen.

Une alouette devant une plante.

IOH · CACHEALOE · C

(Johan Cachealoe, clerc?)

Copie du gage-pleige des marchands de Rouen pour les coutumes de Louviers. — Septembre 1403.

2099 AMAURY (JEANNIN),

Sergent à Rouen. — 1372.

Sceau rond, de 19 mill. — Arch. de la Seine-Inférieure; archevêché de Rouen.

Écu au cœur couronné et percé de deux flèches, dans un quadrilobe.

IOH ALMAVRY

(Johan Almaury.)

Procès entre l'archevêque de Rouen et son chapitre au sujet du *O virgo virginum*. — Juin 1372.

2100 FAUCHEUR (RIQUELOT LE),

Sergent à Rouen. — 1410.

Sceau rond, de 19 mill. — Arch. de la Seine-Inférieure; archevêché de Rouen.

Écu portant une faux renversée, accostée d'un croissant et d'un soleil.

✠ R le faucheur

(R. le Faucheur.)

Procès entre l'archevêque de Rouen et l'évêque de Bayeux, au sujet du droit de past. — Mars 1410.

2101 GUÉDON (RAOULIN),

Sergent à Rouen. — 1424.

Sceau rond, de 22 mill. — Arch. de la Seine-Inférieure; archevêché de Rouen.

Écu au sautoir cantonné de deux étoiles en chef et en pointe et de deux coquilles en flanc, penché, supporté par deux lions, timbré d'un heaume cimé d'une coquille.

roullin Guedon

(Roullin Guédon.)

Lettres de doléance du procureur du roi, au sujet de la remise d'un prisonnier à l'autorité spirituelle. — Juin 1424.

2102 HAYE (JEAN DE LA),

Sergent à Rouen. — 1448.

Sceau rond, de 17 mill. — Arch. de la Seine-Inférieure; chapitre de Rouen.

Écu portant trois tourteaux? penché, timbré d'un heaume cimé d'une touffe.

iehan de la haie

(Jehan de la Haie.)

Relation d'une saisie opérée au moulin de Déville au sujet d'une rente due au chapitre par l'archevêque de Rouen. — Juillet 1448.

2103 MAILLART (JEAN),

Sergent à Rouen. — 1434.

Sceau rond, de 17 mill. — Arch. de la Seine-Inférieure; archevêché de Rouen.

Écu portant deux marteaux en chef et une quintefeuille en pointe à la fleur de lys en abîme, penché, timbré d'un heaume cimé d'une tête d'aigle.

iehan maillart

(Jehan Maillart.)

Procès au sujet de l'emprisonnement de deux religieux de Saint-Ouen par l'archevêque de Rouen. — Juillet 1434.

2104 PORÉE (ROBIN),

Sergent à Rouen. — 1437.

Sceau rond, de 17 mill. — Arch. communales de Rouen; 113.

Écu portant une large feuille accompagnée de deux roses en chef.

seel robin poree

(Seel Robin Porée.)

Doléance des gardes et jurés du métier de la boucherie, au sujet de leur droit de visite chez tous les bouchers de la ville et de la banlieue. — Janvier 1437.

2105 SACQUESPÉE (GUILLAUME),

Sergent à Rouen. — 1411.

Sceau rond, de 20 mill. — Arch. de la Seine-Inférieure; archevêché de Rouen.

Une épée, passée dans une S, accostée des initiales G S, dans un quadrilobe. — Sans légende.

Ajournement du bailli de Rouen. — Janvier 1411.

2106 TURBOT (JEAN),

Sergent à Rouen. — 1393.

Sceau rond, de 24 mill. — Arch. de la Seine-Inférieure; archevêché de Rouen.

Écu au chevron accompagné de deux roses en chef et d'un poisson en pointe, penché, supporté par deux lions, timbré d'un heaume cimé d'une tête de chèvre.

IOh.. ....OT

(Jehan Turbot.)

Opposition formée par les religieux de Saint-Wandrille, au sujet du patronage de Saint-Laurent de Rouen. — Novembre 1393.

2107 TURBOT (JEAN),

Sergent à Rouen. — 1423.

Sceau rond, de 15 mill. — Arch. de la Seine-Inférieure; archevêché de Rouen.

Un turbot accosté des initiales I T.

Procès au sujet des distributions de pain et de vin, dues par l'archevêque au chapitre de Rouen. — Janvier 1423.

2108 SAC (MICHEL LE),

Sergent à Saint-Lô. — 1471.

Sceau rond, de 18 mill. — Arch. de la Manche; abbaye de Saint-Lô.

Écu au chevron accompagné de trois quintefeuilles, sous un chef chargé de.....

m le sac

(M. le Sac.)

Ajournements, à la requête de l'abbé de Saint-Lô. — Juin 1471.

2109 GUIEFFROI (MAROT),

Sergent de la sergenterie de Torigny. — 1460.

Signet rond, de 13 mill. — Arch. de la Manche; abbaye de Torigny.

Écu au cygne surmonté d'une étoile.

s m guief....

(Seel Marot Guieffroi.)

Ajournement du bailli de Caen, à la requête du curé de Torigny. — Avril 1460.

2110 **TREUFER (JEAN),**

Sergent de la sergenterie du Val-de-Saire. — 1441.

Sceau rond, de 15 mill. — Arch. de la Manche; abbaye de Cherbourg.

L'initiale I accostée de deux rameaux.

rogier

(Rogier.)

Ajournement du maître des eaux et forêts de Normandie. — Septembre 1441.

2111 **ANGLOIS (ÉTIENNE L'),**

Sergent de la sergenterie de Vauvray. — 1401.

Sceau rond, de 17 mill. — Arch. de la Seine-Inférieure; archevêché de Rouen.

Écu à la fleur de lys accompagnée des initiales E L en chef, penché, timbré d'un oiseau.

estiene . . nglois

(Estiene l'Englois.)

Copie de la doléance de Mr Robert d'Acquigny, doyen de Saint-Omer, au sujet de sa maison de brais, à Louviers. — Avril 1401.

TABELLIONS.

2112 **TROUDE (JEAN),**

Tabellion? — XVe siècle.

Sceau rond, de 21 mill. — Arch. de la Manche; abbaye de Saint-Sauveur-le-Vicomte.

Écu au chevron accompagné de deux étoiles en chef et d'une quartefeuille en pointe.

. . . . . troude

(Jehan Troude.)

Enquête sur le bref du patronage de Rauville-la-Place. — Sans date.

2113 **NEVEU (COLIN LE),**

Clerc, tabellion à Saint-Lô. — 1315.

Sceau rond, de 18 mill. — Arch. de la Manche; abbaye de Savigny.

Écu à la fleur de lys surmontée des lettres N C.

S' COLIN LE NEVOV CL . .

(Seel Colin le Neveu, clerc.)

Échange de biens situés à Villiers-Fossard. — Février 1315.

HUISSIER.

2114 **FÈVRE (ÉTIENNE LE),**

Huissier du Parlement de Paris. — 1392.

Sceau rond, de 20 mill. — Arch. de la Seine-Inférieure; abbaye de Jumièges.

L'initiale E couronnée, supportée par deux lions, timbrée d'un buste de femme, dans une étoile gothique.

✠ LE FEURE

(Le Fèvre.)

Déclaration de l'abbaye de Jumièges, contenant les excès reprochés au comte d'Alençon, remise à ce seigneur. — Septembre 1392.

CLERC DE COUR.

2115 **SUREL (VINCENT),**

Clerc juré de la vicomté de Valognes. — 1310.

Sceau rond, de 20 mill. — Arch. de la Manche; abbaye de Saint-Sauveur-le-Vicomte.

Écu à trois fleurs de lys, dans un quadrilobe.

. . . . SVREL CL.

(Seel Vincent Surel, clerc.)

Acquisition de rentes sises à Saint-Cyr. — Septembre 1310.

OFFICES DE GUERRE.

LIEUTENANTS DES MARÉCHAUX DE FRANCE.

2116 **CALLEVILLE (COLARD DE),**

Seigneur de Demais, chevalier, conseiller du roi et lieutenant des maréchaux de France. — 1410.

Sceau rond, de 30 mill. — Arch. de la Manche; abbaye du Mont-Saint-Michel.

Écu portant trois étoiles à la bordure engrêlée, penché, supporté par deux lions, timbré d'un heaume cimé d'une tête de chèvre. — Légende détruite.

Certificat d'acceptation de deux hommes d'armes fournis par l'abbaye du Mont-Saint-Michel. — Septembre 1410.

2117 **ESTOUTEVILLE (COLARD D'),**

Seigneur de Torcy, chevalier, conseiller du roi et lieutenant des maréchaux de France. — 1410.

Sceau rond, de 29 mill. — Arch. de la Manche; abbaye du Mont-Saint-Michel.

Écu au lion, écartelé d'un semé de croisettes à la croix

ancrée, penché, supporté par un lion et un chien, timbré d'un heaume cimé.

colart . . . . ille sire de torchy

(Colart d'Estouteville, sire de Torchy.)

Voyez le numéro précédent.

CHÂTELAINS.

2118 PORTE (JEAN DE LA),

Châtelain de Rouen. — 1227.

Sceau rond, de 60 mill. — Arch. de la Seine-Inférieure; chapitre de Rouen.

Trois fleurs de lys.

✱ SIGILLVM I. . . . .IS DE PORTA

(Sigillum Johannis de Porta.)

Contre-sceau : Une fleur de lys fleuronnée. — Légende fruste.

Permission donnée au doyen et à deux chanoines de passer en Angleterre; déclaration de leur serment de fidélité avant le départ. — Avril 1227.

2119 GUILLAUME,

Châtelain de Saint-Omer. — Après 1183.

Sceau rond, de 65 mill. — Arch. de la Seine-Inférieure; chapitre de Rouen.

Type équestre; heaume à timbre arrondi et à nasal, cotte d'armes, bouclier plain, épée damasquinée.

✱ SIGILL WILLELMI CASTELLA..
SCI AVDOMARI

(Sigillum Willelmi, castellani Sancti Audomari.)

Le châtelain atteste que Henri, fils aîné de Henri II, roi d'Angleterre, a choisi, à son lit de mort, sa sépulture dans l'église cathédrale de Rouen. — Sans date.

GOUVERNEUR.

2120 O (FRANÇOIS D'),

Seigneur de Fresnes, Maillebois et Courseulles, chevalier de l'Ordre, gouverneur des ville et château de Caen. — 1683.

Cachet ovale, de 21 mill. — Collection de M. de Farcy, à Bayeux.

Écu d'hermines au chef denché, timbré d'un heaume à lambrequins. — Sans légende.

Présentation à la chapelle et maladrerie de Sainte-Marguerite de Courseulles. — Mars 1683.

CAPITAINES.

2121 HARCOURT (JEAN D'),

Comte d'Aumale, capitaine du Mont-Saint-Michel. — 1420.

Sceau rond, de 60 mill. — Arch. de la Manche; abbaye du Mont-Saint-Michel.

Écu portant deux fasces, la première brisée d'une étoile; penché, supporté par deux sirènes, timbré d'un heaume couronné et cimé d'une touffe de plumes de paon, sur champ de feuillages. — Légende détruite.

Lettres de non-préjudice conservant les privilèges de l'abbaye du Mont-Saint-Michel. — Mai 1420.

2122 ESTOUTEVILLE (LOUIS D'),

Sire d'Ausebosc et de Moyon, capitaine du Mont-Saint-Michel. — 1425.

Sceau rond, de 60 mill. — Arch. de la Manche; abbaye du Mont-Saint-Michel.

Écu burelé au lion, sur champ de fleurs.

s : louys : destouteville : sire : dausebost
et de moyon .

(Seel Louys d'Estouteville, sire d'Ausebost et de Moyon.)

Confirmation des privilèges et franchises de l'abbaye du Mont-Saint-Michel. — Novembre 1425.

2123 VILLIERS-LE-BEL (PIERRE DE),

Maître d'hôtel du duc d'Orléans, capitaine de Pontorson. — 1355.

Sceau rond, de 21 mill. — Arch. de la Manche; abbaye du Mont-Saint-Michel.

Écu portant un chef au dextrochère sur le tout, à la bande brochant, penché, timbré d'un heaume couronné, sur champ fretté.

.. PIERRE DE VILLE..

(Seel Pierre de Villers.)

Quittance fournie au bailli du Mont-Saint-Michel, au sujet de 40[#] destinées aux fortifications de Pontorson. — Avril 1355.

SERGENT D'ARMES DU ROI.

2124 RIDEL (JACQUES),

1384.

Sceau rond, de 21 mill. — Arch. de la Seine-Inférieure; archevêché de Rouen.

Écu au lion, penché, supporté par un lion et un griffon, timbré d'un heaume cimé d'un lion issant.

IAQS RIDEL S DARMES

(Jaques Ridel, sergent d'armes.)

Gage-pleige des habitants de Louviers, pour le payement du capitaine de leur ville. — Janvier 1384.

OFFICES DE FINANCE.

INTENDANTS.

2125 CHOISY (PAUL DE),

Chevalier, seigneur de Balleroy, intendant de la généralité de Metz, Luxembourg et frontière de Champagne. — 1669.

Cachet ovale, de 17 mill. — Collection de M. de Farcy, à Bayeux.

Écu au sautoir engrêlé cantonné d'un croissant en chef et de trois besants aux flancs et en pointe, couronné, supporté par deux licornes. — Sans légende.

Présentation à la cure de Balleroy. — Beaumont, 13 octobre 1669.

2126 GASVILLE (GOUJON DE),

Intendant de la généralité de Rouen. — 1723.

Cachet ovale, de 21 mill. — Arch. de la Seine-Inférieure ; archevêché de Rouen.

Écu portant deux poissons en sautoir au-dessus des ondes, supporté par deux lions, timbré d'une couronne de marquis. — Sans légende.

Nomination à la chapelle d'Yville. — Novembre 1723.

AIDES.

2127 BIOTE (GUILLAUME),

Élu sur le fait des aides au diocèse d'Avranches. — 1403.

Signet rond, de 11 mill. — Arch. de la Manche ; abbaye du Mont-Saint-Michel.

Un buste de femme de face, accosté de deux annelets.

g. . . . e · biote

(Guillaume Biote.)

Adjudication d'une maison sise à Beauvoir. — Décembre 1403.

2128 CARDET (PIERRE),

Élu sur le fait des aides à Valognes. — 1499.

Signet rond, de 12 mill. — Arch. de la Manche ; abbaye de Saint-Sauveur-le-Vicomte.

Écu portant deux chardons avec un oiseau perché.

pierres cardet

(Pierres Cardet.)

Exemption de contributions accordée aux serviteurs de l'abbaye de Saint-Sauveur-le-Vicomte. — Décembre 1499.

NOUVEAUX ACQUETS.

2129 PARIS (GUILLAUME),

Examinateur au Châtelet, commissaire sur le fait des nouveaux acquêts au bailliage de Cotentin. — 1409.

Sceau rond, de 20 mill. — Arch. de la Manche ; abbaye de la Luzerne.

Écu au chevron sous un chef chargé du mot **PARIS** (Paris), couronné, embrassé par deux palmes. — Sans légende.

Mainlevée accordée aux religieux de la Luzerne, au sujet des grains du moulin de Cornical. — Novembre 1409.

2130 THOMIN (GUILLAUME),

Juge royal à la cour du Maine, commissaire sur le fait des nouveaux acquêts. 1521.

Sceau rond, de 27 mill. — Arch. de la Manche ; abbaye du Mont-Saint-Michel.

Écu portant trois merlettes sous un chef chargé d'une onde.

S' GVILLAUME THOMIN

Quittance des francs-fiefs payés par le prieur de Saint-Victor. — Septembre 1521.

RECEVEURS.

2131 QUIMBEL (JEAN),

Clerc, receveur de la vicomté de Carentan. — 1349.

Signet rond, de 13 mill. — Arch. de la Manche ; abbaye du Mont-Saint-Michel.

L'initiale **I** couronnée, supportée par deux lions, dans un trilobe.

QV. . BEL

(Quimbel.)

Quittance d'une amende versée par le prieur de Saint-Germain-sur-Ay. — Mai 1349.

2132 BURES (JEAN DE),

Receveur des châtellenies de Lillebonne et de Gravenchon. — 1349.

Sceau rond, de 17 mill. — Arch. de la Seine-Inférieure ; abbaye du Valasse.

Écu au chevron accompagné de deux fleurs en chef et d'un vase en pointe, dans un trilobe.

S' IEHAN DE . . RES

(Seel Jehan de Bures.)

Quittance d'avoine livrée en la grange de Saint-Nicolas-de-la-Taille. — Juillet 1349.

2133 **RENAUD (RENIER),**

Receveur à Rouen pour Biche et Mouchet, receveure du roi. — 1294.

Sceau rond, de 27 mill. — Arch. de la Seine-Inférieure ; chapitre de Rouen.

Écu déprimé portant trois pals à la fasce brochant? accosté de deux losanges chargés d'une coquille. — Sur deux bandes parallèles placées, l'une au-dessus, l'autre au-dessous de l'écu, la légende. En haut et en bas, une chimère.

S' RENERI RENALDI

(Sigillum Reneri Renaldi.)

Quittance de finances payées par le chapitre de Rouen. — Janvier 1294.

EAUX ET FORÊTS.

2134 **LAVAL (LOUIS DE),**

Seigneur de Châtillon, grand maître enquêteur et réformateur général des eaux et forêts de France. — 1468.

Sceau rond, de 50 mill. — Arch. de la Manche ; abbaye de Saint-Lô.

Écu à la croix chargée de cinq coquilles et cantonnée de seize alérions, à la bordure besantée, penché, suspendu à un arbre, devant une forêt. — Dans le champ, les lettres **DP**. — Légende détruite.

Nomination d'un sergent des bois de Bouligny. — Mars 1468.

2135 **ESSARTS (ANTOINE DES),**

Maître des eaux et forêts de France, Champagne et Brie. — XVe siècle.

Sceau rond, de 47 mill. — Collection de M. Lormier, à Rouen.

Écu portant trois croissants, penché, accosté d'un cerf et d'un sanglier, suspendu à un arbre, devant une forêt.

s Anthoine des essars maist des eaues z forests de frãce chanpaigne et brye

(Seel Anthoine des Essars, maistre des eaues et forests de France, Champaigne et Brye.)

Matrice.

2136 **CUISE (JEAN DE),**

Seigneur de Pouys, chevalier, maître et enquêteur des eaux et forêts de Normandie et Picardie. — 1403.

Sceau rond, de 22 mill. — Arch. de l'Eure ; Pont-Audemer.

Écu à la croix engrêlée, cantonnée d'un lion passant au canton dextre du chef. — Légende fruste.

Quittance de gages. — Août 1403.

2137 **ROBERSART (JEAN DE),**

Chevalier, souverain maître enquêteur et général réformateur des eaux et forêts de Normandie. — 1407.

Sceau rond, de 30 mill. — Arch. de la Manche ; abbaye de Montebourg.

Écu portant un lion au lambel, penché, timbré d'un heaume. — Légende détruite.

Autorisation donnée aux religieux de Montebourg de prendre le bois nécessaire à la cuisson de leur chaux. — Août 1407.

2138 **PIERRES (JEAN DE),**

Lieutenant général du maître enquêteur et général réformateur des eaux et forêts de Normandie. — 1444.

Sceau rond, de 30 mill. — Arch. de la Manche ; abbaye de Cherbourg.

Écu au chevron accompagné en pointe d'un objet surmonté d'une croix, penché, timbré d'un heaume cimé.

iehan de pier...

(Jehan de Pierres.)

Franchises de l'abbaye de Cherbourg dans les forêts de Valognes et de Cherbourg. — Février 1444.

2139 **ELLIS (HENRI),**

Lieutenant du maître enquêteur et réformateur des eaux et forêts de Normandie. 1448.

Sceau rond, de 30 mill. — Arch. de la Manche ; abbaye de Torigny.

Écu à la croix pattée chargée d'un croissant en cœur et cantonnée d'une quintefeuille au canton sénestre, penché, timbré d'un heaume. — Légende détruite.

Contre-sceau : Écu à la croix, brisé d'une quintefeuille au canton dextre, parti d'une étoile.

h · helis

(Henri Hélis.)

Remise aux religieux de Torigny du bois qui leur appartenoit dans la verderie de Bur-le-Roi. — Janvier 1448.

2140 **LECTERON (THIBAUD LE),**

Lieutenant général du maître enquêteur et réformateur des eaux et forêts de Normandie et Picardie. — 1455.

Sceau rond, de 16 mill. — Arch. de la Manche ; abbaye de Torigny.

Écu portant trois tourteaux accompagnés de ...... soutenu par une aigle.

thibault le lecteron

(Thibault le Lecteron.)

Aveu d'un bois situé à Giéville et à Condé-sur-Vire. — Octobre 1455.

2141 **CORDIER (PIERRE LE),**

Écuyer, lieutenant du maître enquêteur et général réformateur des eaux et forêts de Normandie. — 1487.

Sceau rond, de 12 mill. — Arch. de la Seine-Inférieure ; couvent des Emmurées.

Écu au croissant sous un chef.

s pierre le cordier

(Seel Pierre le Cordier.)

Sentence confirmant les priviléges des usagers de la forêt de Rouvray. — Janvier 1387.

2142 GRÉSILLE (ROBERT),

Lieutenant du receveur des eaux et forêts aux bailliages de Caen et de Cotentin. — 1379.

Sceau rond, de 20 mill. — Arch. de la Manche; abbaye de Torigny.

Écu au sautoir engrêlé cantonné de quatre têtes de léopard, supporté par deux griffons? soutenu par un homme sauvage, dans un quadrilobe.

.....RT GRE....E

(Seel Robert Grésille.)

Quittance au sujet de la vente d'un bois situé en la paroisse de Saint-Martin de Giéville. — Janvier 1379.

2143 ANGOT (BERTRAND),

Lieutenant du verdier de Cherbourg. — 1461.

Signet rond, de 10 mill. — Arch. de la Manche; abbaye de Cherbourg.

Un animal, un loup? couché sous des feuillages. — Sans légende.

Franchises et libertés de l'abbaye de Cherbourg dans les bois et les forêts du roi. — Mars 1461.

2144 RIOULT (ROBERT),

Chevalier, verdier de la forêt d'Évreux. — 1408.

Sceau rond, de 27 mill. — Arch. de l'Eure; Évreux.

Écu portant une aigle au bâton brochant, penché, timbré d'un heaume cimé d'une tête humaine dans un vol. — Il ne reste plus de la légende que

ROBERT

(Robert.)

Quittance de gages. — Janvier 1408.

2145 NERVILLE (GUILLAUME DE),

Verdier de Valognes. — 1388.

Sceau rond, de 19 mill. — Arch. de la Manche: abbaye de Montebourg.

Écu portant une croix au lambel.

S' GVILLE DE .ERGVILLE

(Seel Guillaume de Nereville.)

Mainlevée de la forêt de Montebourg. — Août 1388.

2146 SIQUET (JEAN DU),

Lieutenant général du verdier de Valognes. — 1468.

Sceau rond, de 17 mill. — Arch. de la Manche; abbaye de Cherbourg.

Écu à l'aigle accompagnée de...... en chef. — Il ne reste plus de la légende que

iehan

(Jehan.)

Franchises de l'abbaye de Cherbourg dans les forêts de Valognes. — Février 1468.

OFFICES DIVERS.

2147 VAUDETAR (JEAN DE),

Valet de chambre du roi. — 1377.

Sceau rond, de 22 mill. — Arch. de l'Eure; famille Vaudetar.

Écu fascé de six pièces, penché, supporté par deux femmes sauvages, timbré d'un heaume cimé d'un buste de femme.

.....N DE VAUD....

(Seel Jehan de Vaudetar.)

Service de guerre, à Rouen et à Harfleur; quittance de gages. — Mai 1377.

2148 CHAPELAIN (GERVAIS),

Maître des rôles en Angleterre. — XIIIe siècle.

Sceau rond, de 21 mill. — Arch. du Calvados; abbaye de la Sainte-Trinité de Caen.

Intaille. Buste à droite représentant Jupiter?

✱ DEVM TIME G..G..O.

(Deum time.....)

Fieffe d'une terre et de maisons sises à Londres, vers le château de «Munfichet». — Sans date.

SOCIÉTÉS, ASSOCIATIONS.

2149 ACADÉMIE DE ROUEN.

1744.

Cachet ovale, de 28 mill. — Académie de Rouen

Écu ovale portant une sphère armillaire, dans un cartouche, accompagné de deux bouquets et de deux palmes.

ROTHOM · SCIENT · LITT · ET ART · ACAD · MDCCXLIV

Matrice.

2150 FRANCS-MAÇONS DE CARCASSONNE.

Moderne.

Cachet ovale, de 62 mill. — Collection de M. Lormier, à Rouen.

Deux écus ovales accolés devant deux colonnes : le premier portant un triangle chargé d'une étoile et entouré d'outils de maçon ; le deuxième paraissant porter de France au bâton péri, timbré d'une couronne et entouré également d'outils du métier. En haut, une aigle tenant un rameau entre le soleil et la lune ; au bas, un compas entre deux écussons, l'un chargé d'un compas et d'une équerre, l'autre d'une balance.

GRAND · SCEAU · D · F · M · DE . LA · L · S · I · LA · P · U · &T · P · U · D · C · R · S · A · DE · CARCASSONNE

En exergue :

HINC HARMONIA MUNDI

Matrice.

2151 FRANCS-MAÇONS DE CAUDEBEC.

Moderne.

Cachet ovale, de 46 mill. — Collection de M. Lormier, à Rouen.

Écu ovale portant une foi (deux mains jointes) accompagnée en chef d'un triangle radié et en pointe d'une étoile radiée chargée d'un C. L'écu dans un cartouche accosté de deux branches d'olivier, timbré d'un compas et d'une équerre entre le soleil et la lune reliés par une cordelière. Au bas, des attributs du métier.

L · REGULIERE · DE · L'UNION · CAUCHOISE · A · L'O · DE CAVDEBEC

En exergue :

ADVNAT CARITAS QVOS SIGNAT BENEFICENTIA

Matrice.

2152 FRANCS-MAÇONS DE CAUDEBEC.

Moderne.

Cachet rond, de 36 mill. — Collection de M. Lormier, à Rouen.

Une ruche sur un piédestal enguirlandé portant une rose et une croix potencée, et contre lequel sont appuyés un faisceau surmonté d'une couronne et une lyre surmontée de deux peupliers. Au-dessous, des outils de maçon.

CH ∴ DE L'UNION CAUCHOISE V ∴ DE CAVDEBEC

Matrice.

SCEAUX ECCLÉSIASTIQUES.

Xe SÉRIE. — CARDINAUX.

2153 ANTOINE DE CHALLANT,

Cardinal du titre de Sainte-Marie in *Via Lata*, — 1405.

Sceau ogival, de 92 mill. — Arch. de la Seine-Inférieure ; chapitre de Rouen.

Dans une niche principale, la Vierge assise, couronnée et nimbée, tenant l'enfant Jésus, accostée de saint Jean et d'un autre personnage nimbé placés dans deux niches latérales. En haut, le Christ au nimbe crucifère, assis, bénissant. Le bas est détruit, ainsi que la légende.

Délégation de pouvoirs pour réconcilier les églises et les cimetières qui auraient été souillés. — Juin 1405.

2154 BRANDA DE CASTIGLIONE.

Cardinal-prêtre du titre de Saint-Clément. — Après 1410.

Sceau ogival, de 88 mill. — Musée de Rouen.

Dans une niche à double arcade, un pape nimbé, coiffé de la tiare, tenant un sceptre ? et un livre ; à sa gauche, un saint évêque tenant un livre et un fouet. En haut, la Vierge, à mi-corps, portant l'enfant Jésus. Au bas, un évêque priant, accosté de deux écus au lion portant une église, timbrés d'un chapeau de cardinal.

...S · BRANDE · D' CASTELLIONO · T · S · CLEMĒTIS · PĒI · CARDIN

(Sigillum Brande de Castelliono, tituli Sancti Clementis presbiteri cardinalis.)

Sceau détaché.

2155 JEAN ROLIN,

Cardinal-prêtre du titre de Saint-Étienne *in Celiomonte*, évêque d'Autun. — 1478.

Sceau ogival, de 92 mill. — Arch. de la Seine-Inférieure ; Jacobins.

Dans une niche à trois arcades, saint Étienne accosté d'un personnage nimbé tenant une palme et d'un évêque également nimbé. En haut, la Vierge, à mi-corps, portant l'enfant Jésus. Le bas est détruit.

....hannis rolı.......et epı eduen

(Sigillum Johannis Rolin ....., et episcopi Eduensis.)

Bulle d'indulgences. — Juin 1478.

2156 GEORGES D'AMBOISE,

Cardinal, archevêque de Rouen. — Vers 1505.

Sceau ogival, de 84 mill. — Musée de Rouen.

Sous un dais d'architecture et sur une tenture semée de France : à gauche, le Christ nu, soutenu par sa mère ; à droite, un priant, le cardinal, assisté par saint Jean debout. Au bas : à gauche, un écu à deux léopards timbré d'une croix ; à droite, un écu palé de six pièces qui est Amboise timbré d'une croix sous un chapeau de cardinal.

SIGILLVM · GEORGII · CARDINALIS · DE · AMBASIA · ROTHOM · ARCHIEPI

(Sigillum Georgii, cardinalis de Ambasia, Rothomagensis archiepiscopi.)

Sceau détaché.

2157 JEAN LE VENEUR,

Cardinal du titre de Saint-Barthélemy-en-l'Île, évêque de Lisieux, abbé commendataire du Mont-Saint-Michel. — 1537.

Sceau rond, de 21 mill. — Arch. de la Manche ; abbaye du Mont-Saint-Michel.

Écu à la bande chargée de trois aiglettes, surmonté du chapeau de cardinal.

.....veneur cardinal

(....., Veneur, cardinal.)

Collation du prieuré de Pontorson. — Juin 1537.

2158 ANTOINE BARBERINI,

Cardinal-diacre du titre de Sainte-Agathe, légat *a latere*. — 1625.

Sceau ogival, de 115 mill. — Arch. du Calvados ; abbaye de la Sainte-Trinité de Caen.

La Vierge debout sur un croissant supporté par des nuages, nimbée d'étoiles, dans une gloire flamboyante, s'élevant entre saint Pierre et saint Paul. Au bas, un écu à trois abeilles timbré d'une croix surmontée d'un chapeau de cardinal.

FRANCISCVS · S · AGATÆ · S · R · E · DIACONVS · CARD · BARBERINVS · DE · LATERE · LEGAT ·

Confirmation des privilèges de l'abbaye de la Sainte-Trinité de Caen. — Juin 1625.

2159 ANTOINE BARBERINI,

Cardinal-évêque de Tusculum, abbé commendataire de Saint-Évroult de Lisieux. — 1657.

Cachet ovale, de 53 mill. — Arch. de la Seine-Inférieure ; archevêché de Rouen.

Un écu portant trois abeilles, timbré d'une croix, surmonté d'un chapeau de cardinal, devant une croix de Malte, le tout supporté par six anges.

A · B · EPVS · TVSCVLAN · CARD.........

Présentation à la cure d'Auffay. — Avril 1657.

2160 LÉON,

Cardinal de Gesvres, abbé de Bernay. — 1736.

Cachet ovale, de 25 mill. — Arch. de la Seine-Inférieure ; archevêché de Rouen.

Écu écartelé : au 1, un lion à la queue fourchée passée en sautoir ; au 2, de Bourbon ; au 3, les huit quartiers de Lorraine ; au 4, une croix ; sur le tout, deux mains au franc canton échiqueté ; couronné, timbré d'une croix, surmonté d'un chapeau de cardinal, accompagné en pointe de la croix du Saint-Esprit, dans un cartouche. — Sans légende.

Présentation à la cure de Pressagny-l'Orgueilleux. — Mars 1736.

2161 PAUL D'ALBERT DE LUYNES,

Cardinal-prêtre du titre de Saint-Thomas *in Parione*, archevêque de Sens, primat des Gaules, etc. — 1763.

Cachet ovale, de 21 mill. — Collection de M. de Farcy, à Bayeux.

Écu au lion couronné, timbré d'une couronne surmontée d'une croix, sous un chapeau de cardinal, dans un cartouche. Au bas, la croix de l'ordre du Saint-Esprit. — Sans légende.

Attestation en faveur du curé de Nainville. — Novembre 1763.

2162 COMMISSAIRES DÉLÉGUÉS

par le pape Grégoire XIII pour l'aliénation de cinquante mille écus de rente du bien temporel des églises de France. — 1584.

Sceau rond, de 80 mill. — Arch. de la Manche ; abbaye de Montebourg.

Le château Saint-Ange ? — Il ne reste plus de la légende que

DELEGA....

Contre-sceau : Le même château et, au-dessous, un écu fruste timbré d'une tiare, devant deux clefs nouées en sautoir. — Sans légende.

Ordre d'ajournement au sujet d'une annulation de vente demandée par l'abbaye de Montebourg. — Mai 1584.

AUDITEURS APOSTOLIQUES.

2163 GOZZO DE ARMINO,

Chanoine de Ravenne, chapelain du pape et auditeur du Sacré Palais. — 1332.

Sceau ogival, de 42 mill. — Arch. de la Seine-Inférieure ; abbaye de Saint-Wandrille.

Dans une niche à double arcade, un évêque et un autre personnage nimbés. Au-dessus, la Vierge à mi-corps, portant l'enfant Jésus ; au bas, un priant.

✠ S' GOCII IUR' UT... DOCTOR' AUDITOR' SAC' PALACII

(Sigillum Gocii, juris utriusque doctoris, auditoris Sacri Palacii.)

Sentence au sujet de la chapelle de Saint-Ouen, à Sierville. — Juin 1332.

2164 JEAN DE PALENA,

Chapelain du pape, auditeur de la Chambre Apostolique. — 1425.

Sceau ogival, de 70 mill. — Arch. de la Manche ; abbaye de Saint-Sauveur-le-Vicomte.

Évêque assis, mitré, nimbé, bénissant, dans une niche gothique à dais d'architecture.

s iohãis de palena dec......... aplici ca.. auditois

(Sigillum Johannis de Palena, dec..... apostolici Camere auditoris.)

Patronage de l'église de Taillepied. — Septembre 1425.

TRÉSORIERS DU PAPE.

2165 LOUIS ALIOTTI,

Évêque de Volterra, trésorier du pape. — 1411.

Sceau ogival, de 66 mill. — Arch. de la Manche ; abbaye du Mont-Saint-Michel.

La Vierge assise, tenant l'enfant Jésus, accompagnée de deux saints personnages ? Au bas, un priant accosté de deux écus losangés en bande. — Il ne reste plus de la légende que

EPISCO..

(Episcopi.)

Quittance de l'annate, délivrée au prieur de Saint-Broladre. — Mars 1411.

2166 ANTOINE CASINI,

Évêque de Sienne, trésorier du pape. — 1421.

Sceau ogival, de 70 mill. — Arch. du Calvados ; prieuré de Sainte-Barbe-en-Auge.

Dans une niche de la Renaissance, la Vierge assise, tenant l'enfant Jésus, accompagnée d'un évêque nimbé et d'un autre saint. — Légende détruite.

Quittance de l'annate. — Septembre 1421.

RECEVEURS APOSTOLIQUES.

2167 COMMISSAIRES RECEVEURS

du demi-dixième dans le diocèse et la ville de Rouen. — 1409.

Sceau ogival, de 90 mill. — Arch. de l'Hôtel-Dieu de Rouen.

Fragment représentant le Christ en croix, accosté de la Vierge et de saint Jean. Au bas, dans deux niches, saint Pierre et saint Paul. — Légende détruite.

Exemption de contribution, accordée à l'Hôtel-Dieu de Rouen. — Juillet 1409.

2168 BENOÎT (GUILLAUME),

Sous-receveur apostolique dans le diocèse de Rouen. — 1385.

Sceau rond, de 14 mill. — Arch. de l'Hôtel-Dieu de Rouen.

Écu au lion sous un chef chargé de trois billettes, timbré d'un buste couronné, dans un encadrement ovale.

.......BENEDICTI

(Sigillum Willelmi Benedicti.)

Exemption de contribution, accordée à l'Hôtel-Dieu de Rouen. — Juillet 1385.

NOTAIRE APOSTOLIQUE.

2169 PLESSIS (GEOFFROI DU),

Notaire apostolique, commissaire pour les subsides de la Terre-Sainte. — 1315.

Sceau ogival, de 60 mill. — Arch. de la Manche : abbaye du Mont-Saint-Michel.

Dans un compartiment supérieur, l'Annonciation et, au-dessous, saint Martin à cheval donnant à un pauvre la moitié de son manteau. — Légende détruite.

Recommandation en faveur du prieuré de Montrouault, adressée aux collecteurs du décime. — Décembre 1315.

XIe SÉRIE. — ARCHEVÊQUES ET ÉVÊQUES.

ÉVÊQUE D'AGDE.

2170 CLAUDE-LOUIS DE LA CHÂTRE,

Évêque d'Agde, abbé commendataire du Tréport. — 1727.

Cachet ovale, de 21 mill. — Arch. de la Seine-Inférieure ; archevêché de Rouen.

Écu à la croix ancrée de vair, timbré d'une couronne ducale accostée d'une mitre et d'une crosse, surmonté d'un chapeau épiscopal, dans un cartouche. — Sans légende.

Présentation à la cure de Rieux. — Novembre 1727.

ÉVÊQUE D'AGEN.

2171 BERTRAND DE BECEIRAS,

Évêque d'Agen. — Après 1183.

Sceau ogival, de 54 mill. — Arch. de la Seine-Inférieure ; chapitre de Rouen.

Évêque debout, crossé, bénissant. — Légende fruste.

Attestation portant que Henri, fils aîné de Henri II, roi d'Angleterre, a choisi la cathédrale de Rouen pour le lieu de sa sépulture. — Sans date.

ARCHEVÊQUE D'ANTIVARI.

2172 SIMON DE MONTONA,

Archevêque d'Antivari, résidant en cour de Rome. — 1470.

Sceau ogival, de 77 mill. — Arch. du Calvados ; Jésuites de Caen.

Saint Georges à cheval, terrassant le dragon ; devant lui, un priant crossé ; derrière, un ange portant une croix processionnelle. Dans un compartiment supérieur, la Vierge assise au pied de la croix, tenant son fils mort sur ses genoux, entre saint Pierre et saint Paul. Au bas, un écusson chargé d'un agneau couché, devant une croix. Champ fretté.

✠ SIMON · ARCHIEP..COPVS ANTIBARENSIS · D.. .. VTRIVSQ · IVRIS

Résignation de la cure de Coulmer. — Septembre 1470.

ARCHEVÊQUE D'AUCH.

2173 ARNOUL,

Archevêque d'Auch, chambrier du pape. — 1366.

Sceau ogival, de 58 mill. — Arch. de la Manche ; abbaye du Mont-Saint-Michel.

Fragment. Il ne reste plus qu'un buste d'évêque accompagné d'un écu effacé et des lettres

CAME.....

(Camerarii.)

Quittance fournie à l'abbaye du Mont-Saint-Michel. — Avril 1366.

ÉVÊQUES D'AVRANCHES.

2174 RICHARD III,

Évêque d'Avranches. — 1171-1182.

Sceau ogival en cuvette, de 67 mill. — Arch. de la Manche : abbaye de la Luzerne.

Évêque debout, revêtu de l'aube, de la dalmatique et de la chasuble, en manipule, mitré, crossé, bénissant.

✠ RICHRD : DEI : GRA : ABRINCENSIS : EPC :

(Ricardus, Dei gratia Abrincensis episcopus.)

Confirmation de biens. — Sans date.

2175 GUILLAUME BUREAU,

Évêque d'Avranches. — 1332.

Sceau ogival, de 48 mill. — Arch. de la Manche ; abbaye du Mont-Saint-Michel.

Évêque debout, mitré, crossé, bénissant. — Il ne reste plus de la légende que

....NCENS..

(Abrincensis.)

Compromis au sujet de la résidence des religieux du Mont-Saint-Michel dans la maison d'Ardevon. — Janvier 1332.

2176 JEAN DE SAINT-AVIT,

Évêque d'Avranches. — 1401.

Sceau ogival, de 65 mill. — Arch. de la Manche ; abbaye du Mont-Saint-Michel.

Dans une niche gothique, saint André debout, nimbé,

tenant une croix et un livre, accompagné de petits personnages dans des logettes latérales. — Légende détruite.

Collation de la cure de Macey. — Août 1401.

2177 **JEAN BOUCHARD,**

Évêque d'Avranches. — 1476.

Sceau rond, de 35 mill. — Arch. de la Manche ; abbaye du Mont-Saint-Michel.

Dans une niche gothique, saint André debout, tenant sa croix et un livre. Au bas, un écu illisible.

sigillū johanni eṗi . . . ıuc . . . .

(Sigillum Johannis, episcopi Abrincensis.)

Appointement au sujet de la présentation à la cure de Bacilly. — Septembre 1476.

2178 **GABRIEL-PHILIPPE DE FROULAY DE TESSÉ,**

Évêque d'Avranches. — 1671.

Cachet ovale, de 34 mill. — Arch. de la Manche ; abbaye de Montmorel.

Écu parti : au 1, un sautoir engrêlé ; au 2, un parti à la bande sur le tout ; timbré d'une couronne de comte surmontée d'une mitre et d'une crosse, sous un chapeau épiscopal.

GABRIEL PHILIP DE FROVLAY DE TESSE D G EPISC ABRINCENSIS

Collation de la chapelle de Saint-Blaise à Saint-Hilaire-du-Harcouët. — Novembre 1671.

2179 **PIERRE-DANIEL HUET,**

Évêque d'Avranches. — 1696.

Cachet ovale, de 49 mill. — Arch. de la Manche ; abbaye de Montmorel.

Écu portant deux hermines en chef et trois tourteaux ou trois besants rangés en fasce en pointe, timbré d'une couronne de comte surmontée d'une mitre et d'une crosse, sous un chapeau épiscopal, dans un cartouche.

✱ PETRVS · DANIEL · EPISCOPVS · ABRINCENSIS

Collation de la chapelle de Saint-Blaise à Saint-Hilaire-du-Harcouët. — Avril 1696.

2180 **PIERRE-JEAN-BAPTISTE DURAND DE MISSY,**

Évêque d'Avranches. — 1766-1766.

Cachet ovale, de 40 mill. — Communiqué par M. Jacques Geffroi.

Écu à la fasce chargée de trois fers de lance? timbré d'une couronne entre une mitre et une crosse, sous un chapeau épiscopal, dans un cartouche.

PETRUS IOAN BAPᵗ DURAND DE MISSY EPŪS ABRINCENSIS

Surmoulage.

2181 **PIERRE-AUGUSTIN GODART DE BELBEUF,**

Évêque d'Avranches. — 1777.

Cachet ovale, de 39 mill. — Collection de M. de Farcy, à Bayeux.

Écu au chevron accompagné de deux molettes en chef et d'une rose feuillée en pointe, timbré d'une couronne entre une mitre et une crosse, sous un chapeau épiscopal.

PETRUS AUGUSTINUS GODART DE BELBEUF EPISCOPUS ABRINCENSIS

Attestation en faveur du curé de Montanel. — 11 septembre 1777.

ÉVÊQUE DE BÂLE.

2182 **SIMON-NICOLAS DE MONTJOIE D'HIRSINGUE,**

Évêque de Bâle, prince du Saint-Empire, prieur commendataire de Saint-Lô du Bourg-Achard. — 1767.

Cachet rond, de 40 mill. — Arch. de la Seine-Inférieure ; archevêché de Rouen.

Écu écartelé : au 1 et 4, un étui de crosse ; au 2 et 3, contre-écartelé d'une clef et d'une clef accostée de..... ; timbré d'une mitre entre une crosse et une épée ; dans un cartouche.

✱ SIMONIS NICOLAI D. G. EP. BAS. S. R. I. PRINC.

Présentation à la cure du Bourg-Achard. — Octobre 1767.

ÉVÊQUES DE BATH ET DE GLASTONBURY.

2183 **SAVARY,**

Évêque de Bath. — 1192-1205.

Sceau ogival, de 59 mill. — Arch. de la Manche ; abbaye du Mont-Saint-Michel.

Évêque debout, mitré, crossé, bénissant.

✱ SAVARICVS DEI GRA BATHONIENSIS EPISCO..

(Savaricus, Dei gratia Bathoniensis episcopus.)

Confirmation d'une rente sur l'église de Martock. — Sans date.

2184 **SAVARY,**

Évêque de Bath et de Glastonbury. — 1192-1205.

Sceau ogival, de 54 mill. — Arch. de la Manche; abbaye du Mont-Saint-Michel.

Évêque debout, mitré, crossé, bénissant.

✠ SAVARICVS DĪ GRĀ BATHOÑ ET GLASTOÑ EPS

(Savaricus, Dei gratia Bathoniensis et Glastoniensis episcopus.)

Confirmation d'une rente sur l'église de Martock. — Sans date.

ÉVÊQUES DE BAYEUX.

2185 **HENRI II,**

Évêque de Bayeux. — 1164-1205.

Sceau ogival, de 70 mill. — Arch. du Calvados; abbaye d'Aunay.

Évêque assis, coiffé d'une mitre cornue, crossé, bénissant.

✠ HENRICVS DEI G.A ..IOCENSIS EPISCOPVS

(Henricus, Dei gratia Bajocensis episcopus.)

Contre-sceau : Intaille représentant Apollon; buste lauré, à droite.

✠ SIT SECRETVM

(Sit secretum.)

Confirmation du patronage de l'église de Maisoncelles-Pelvey, concédé par Simon Pellevé. — Sans date.

2186 **ROBERT D'ABLEIGES,**

Évêque de Bayeux. — 1206-1231.

Sceau ogival, de 65 mill. — Arch. du Calvados; abbaye d'Aunay.

Évêque debout, mitré, crossé, bénissant, accosté de deux étoiles.

✠ SIGIL......ERTI ....EPISCOPI ·

(Sigillum Roberti ..... episcopi.)

Contre-sceau : Un oiseau essorant, tenant à son bec un fleuron.

✠ ROBERT DE ABLEGIIS

(Robertus de Ablegiis.)

Copie des privilèges accordés à l'abbaye d'Aunay par Henri II, roi d'Angleterre. — Sans date.

2187 **PIERRE DE BENEIS,**

Évêque de Bayeux. — 1298.

Sceau ogival, de 60 mill. — Arch. du Calvados; abbaye d'Ardenne.

Évêque debout, mitré, crossé, bénissant.

..PETR.......BA.....P.

(Sigillum Petri ..... Bajocensis episcopi.)

Contre-sceau : La Vierge assise, tenant l'enfant Jésus.

CONT S' P BA.....EPI

(Contra sigillum Petri, Bajocensis episcopi.)

Collation du bénéfice de Bisy. — Octobre 1298.

2188 **FRANÇOIS SERVIEN,**

Évêque de Bayeux. — 1657.

Cachet ovale, de 17 mill. — Collection de M. de Farcy, à Bayeux.

Écu portant trois bandes sous un chef chargé d'une tête de lion arrachée, timbré d'une mitre et d'une crosse, sous un chapeau épiscopal. — Sans légende.

Dispenses de mariage accordées à des parents au troisième degré et vivant en concubinage. — Paris, 9 septembre 1657.

2189 **FRANÇOIS DE NESMOND,**

Évêque de Bayeux. — 1676.

Cachet ovale, de 32 mill. — Arch. de la Manche; abbaye de Torigny.

Écu portant trois huchets enguichés, timbré d'une mitre et d'une crosse, sous un chapeau épiscopal. — Sans légende.

Collation de la cure d'Écrammeville. — Juin 1676.

2190 **LE CARDINAL DE LA TRÉMOUILLE,**

Évêque de Bayeux, abbé commendataire de Saint-Étienne de Caen. — 1717.

Cachet ovale, de 23 mill. — Collection de M. de Farcy, à Bayeux.

Écu au chevron accompagné de trois aigles, couronné, surmonté d'un chapeau de cardinal. — Sans légende.

Présentation à la cure de Secqueville. — 22 avril 1717.

2191 **FRANÇOIS-ARMAND DE LORRAINE D'ARMAGNAC,**

Évêque de Bayeux. — 1719-1728.

Cachet ovale, de 42 mill. — Collection de M. de Farcy, à Bayeux.

Écu aux huit quartiers de Lorraine, à la bordure besantée et à l'écusson chargé de la bande aux trois alérions sur le tout, timbré d'une couronne entre une mitre et une crosse, surmonté d'un chapeau épiscopal, supporté par deux aigles portant au cou la croix de Lorraine, dans un cartouche.

✠ FRANCISCUS ARMANDUS A LOTHARINGIA EPUS BAIOCENSIS

Matrice.

2192 PAUL D'ALBERT DE LUYNES,

Évêque de Bayeux. — 1729-1753.

Cachet ovale, de 38 mill. — Collection de M. de Farey, à Bayeux.

Écu au lion couronné, timbré d'une couronne entre une mitre et une crosse, sous un chapeau épiscopal, dans un cartouche.

PAULUS D'ALBERT DE LUYNES EPISCOPUS BAJOCENSIS

Matrice.

2193 PAUL D'ALBERT DE LUYNES,

Évêque de Bayeux. — 1729-1753.

Cachet ovale, de 42 mill. — Collection de M. de Farey, à Bayeux.

Écu aux armes et avec les accompagnements du numéro précédent.

PAULUS D'ALBERT EPISCOPUS BAJOCENSIS

Matrice.

2194 PIERRE-JULES-CÉSAR DE ROCHECHOUART-MONTIGNY,

Évêque de Bayeux. — 1753-1775.

Cachet ovale, de 35 mill. — Collection de M. de Farey, à Bayeux.

Écu fascé enté, timbré d'une couronne entre une mitre et une crosse, surmonté du chapeau épiscopal, dans un cartouche.

PET. JUL. CÆS. DE ROCHECHOUART. EPUS. BAJOCENSIS

Matrice.

2195 JOSEPH-DOMINIQUE DE CHEYLUS,

Évêque de Bayeux. — 1776-1790.

Cachet ovale, de 37 mill. — Collection de M. de Farey, à Bayeux.

Écu au dauphin couronné affrontant un levrier accolé rampant à sénestre, timbré d'une couronne entre une mitre et une crosse, surmonté du chapeau épiscopal, dans un cartouche.

JOS · DOMINI · DE · CHEYLUS · EPISCOPUS · BAJOCENSIS ·

Matrice.

ÉVÊQUE DE BELLEY.

2196 GABRIEL CORTOIS DE QUINCEY,

Évêque de Belley, abbé commendataire de Conches. — 1768.

Cachet ovale, de 22 mill. — Arch. de la Seine-Inférieure; archevêché de Rouen.

Écu portant une branche d'où pendent trois fruits en fasce, sous un chef chargé d'une aigle, à la bordure, timbré d'une couronne de marquis entre une mitre et une crosse, surmonté du chapeau épiscopal, dans un cartouche. — Sans légende.

Présentation à la cure de Hucqueville. — Décembre 1768.

ÉVÊQUE DE BLOIS.

2197 JEAN-FRANÇOIS-PAUL DE CAUMARTIN,

Évêque de Blois. — 1733.

Cachet ovale, de 44 mill. — Arch. de la Manche; abbaye de Saint-Lô.

Écu portant cinq fasces, timbré d'une couronne ducale entre une mitre et une crosse, surmonté du chapeau épiscopal, dans un cartouche.

IOANNES FRANCISCUS PAULUS DE CAUMARTIN EPISCOPVS BLESENSIS

Promotion aux ordres mineurs. — Mars 1733.

ARCHEVÊQUE DE BORDEAUX.

2198 ARMAND BAZIN DE BESONS,

Archevêque de Bordeaux, abbé de Bessons. — 1716.

Cachet ovale, de 20 mill. — Arch. de la Seine-Inférieure; archevêché de Rouen.

Écu portant trois couronnes, timbré d'une couronne, surmonté d'une croix à double traverse; sous un chapeau archiépiscopal, dans un cartouche. — Sans légende.

Présentation à la cure de Saint-Crépin-d'Ibouvilliers. — Mai 1716.

ÉVÊQUES DE CHARTRES.

2199 PIERRE DE MINCY,

Évêque de Chartres. — 1266.

Sceau ogival, de 63 mill. — Arch. de l'Orne; abbaye de Saint-Évroult.

Évêque debout, crossé, bénissant, accosté de deux quartefeuilles.

.....ETRI : DEI : G.......

(Sigillum Petri, Dei gracia .....

Contre-sceau : L'Annonciation.

.......A : PLENA : DÑS : TECVM

(Ave Maria, gracia plena, Dominus tecum.)

Approbation de la ferme des dîmes de Moulicent. — Mai 1266.

2200 PIERRE-AUGUSTIN-BERNARDIN DE ROSSET DE FLEURY,

Évêque de Chartres. — 1754.

Cachet ovale, de 30 mill. — Arch. de la Seine-Inférieure; archevêché de Rouen.

Écu écartelé: au 1, une tige de lys; au 2, un lion rampant; au 3, un contre-écartelé; au 4, trois rocs d'échiquier; et sur le tout un écusson portant trois étoiles; timbré d'une couronne ducale entre une mitre et une crosse, sous un chapeau épiscopal, dans un cartouche.

PETRUS AUG · BER · DE ROSSET DE FLEURY EPISCOPUS CARNOTENSIS

Dimissoire. — Février 1756.

ÉVÊQUE DE CONDOM.

2201 AIMERY NOËL,

Évêque de Condom. — 1413.

Sceau ogival, de 78 mill. — Arch. de la Seine-Inférieure; abbaye de Saint-Wandrille.

Dans une niche gothique et sur un champ de rinceaux, saint Pierre debout tenant ses clefs et un livre. Au-dessus, la Vierge, à mi-corps, portant l'enfant Jésus. Au bas, un évêque priant accosté de deux écus portant une bande à l'orle de merlettes.

S' AYM....... SCOPI · CONDOMIEN'

(Sigillum Aymerici, ... episcopi Condomiensis.)

Annexion du prieuré du Pecq. — Octobre 1413.

ÉVÊQUES DE COUTANCES.

2202 ALGAR,

Évêque de Coutances. — 1135.

Sceau ogival, de 60 mill. — Arch. de la Manche; abbaye du Mont-Saint-Michel.

Évêque debout, tête nue, crossé, bénissant.

SIG ... ALGARI CONSTANTIENSIS EPISCOPI

(Sigillum Algari, Constantiensis episcopi.)

Confirmation de la restitution de l'église de Carteret. — 1135.

2203 VIVIEN DE L'ÉTANG,

Évêque de Coutances. — 1209-1208.

Sceau ogival, de 63 mill. — Arch. de la Manche; abbaye de Savigny.

Évêque debout, crossé, mitré, bénissant.

✠ SIGILL VIVIANI DI ... CONSTANTIEN EPI

(Sigillum Viviani, Dei gratia Constantiensis episcopi.)

Contre-sceau: Évêque priant, à droite.

✠ SECRETVM VIVIANI DE STAGNO

(Secretum Viviani de Stagno.)

Sceau détaché.

2204 JEAN D'ESSEY,

Évêque de Coutances. — 1251-1274.

Sceau ogival, de 62 mill. — Musée de Rouen.

Dans une niche gothique, un évêque debout, mitré, crossé, bénissant, accompagné à dextre d'une étoile.

...OhIS ..I: PMISS...E: CONSTANC: EPI

(Sigillum Johannis, Dei permissione Constanciensis episcopi.)

Contre-sceau: L'Annonciation, avec le mot AVE (ave) placé au-dessous de l'ange.

CONTRASIGILL CONST EPI

(Contra sigillum Constanciensis episcopi.)

Sceau détaché.

2205 EUSTACHE DE ROUEN,

Évêque de Coutances. — 1290.

Sceau ogival, de 58 mill. — Arch. de la Manche; abbaye du Mont-Saint-Michel.

Évêque debout, mitré, crossé, bénissant, accosté de deux fleurs de lys.

.. FRIS: EUSTACHII: DEI: GRA: CONSTANCIEN: EPI

(Sigillum fratris Eustachii, Dei gracia Constanciensis episcopi.)

Contre-sceau: Buste d'évêque à gauche, accompagné d'une crosse.

✠ S' FRIS EVSTACH CONSTA EPI

(Secretum fratris Eustachii, Constanciensis episcopi.)

Appointement au sujet du droit de visite au prieuré de Saint-Germain-sur-Ay. — Janvier 1290.

2206 GUILLAUME DE THIÉVILLE.

Évêque de Coutances. — 1337.

Contre-sceau rond, de 26 mill. — Arch. de la Manche; abbaye du Mont-Saint-Michel.

La Vierge assise, tenant sur ses genoux l'enfant Jésus qui bénit un évêque agenouillé; dans un encadrement gothique orné en haut de deux coquilles.

CON......D....EP........

(Contra sigillum..... Dei gracia episcopi.....)

Collation de l'église de Sainte-Marie, à Guernesay. — Septembre 1337.

2207 ARTHUR DE COSSÉ,

Évêque de Coutances, abbé commendataire du Mont-Saint-Michel. — 1580.

Sceau ovale, de 31 mill. — Collection de M. de Farcy, à Bayeux.

Écu portant trois feuilles de scie en fasce, timbré d'une crosse, entouré du collier de Saint-Michel. — Sans légende.

Présentation à la cure de Domjean. — 6 mars 1580.

2208 CLAUDE AUVRY,

Évêque de Coutances. — 1648.

Sceau rond, de 52 mill. — Arch. de la Manche; abbaye de Montebourg.

Écu à la fasce chargée de..... et accompagnée de trois roses, timbré d'une mitre et d'une crosse, surmonté d'un chapeau épiscopal.

CLAVDIVS.D.G.EPISC.
CONSTANTIENSIS

Collation de la cure de Gourbesville. — Juin 1648.

2209 EUSTACHE DE LESSEVILLE,

Évêque de Coutances. — 1661.

Sceau rond, de 60 mill. — Arch. de la Manche; abbaye de Saint-Lô.

Écu portant trois croissants au lambel, timbré d'une couronne de comte, surmonté d'une mitre et d'une crosse, sous un chapeau épiscopal.

EVSTAC..........SSEVILLE · EPISCOPVS ·
CONSTA.......

Collation de la cure de Sainte-Croix-de-Saint-Lô. — Novembre 1661.

2210 EUSTACHE DE LESSEVILLE,

Évêque de Coutances. — 1663.

Sceau rond, de 56 mill. — Arch. de la Manche; dossier Folliot d'Argences

Écu portant trois croissants au lambel, timbré d'une couronne de comte, surmonté d'une mitre et d'une crosse, sous un chapeau épiscopal. — Sans légende.

Lettres de prêtrise. — Mars 1663.

2211 LÉONOR GOYON DE MATIGNON,

Évêque de Coutances. 1743.

Cachet ovale, de 45 mill. — Arch. de la Manche; abbaye de Saint-Lô.

Écu écartelé: au 1 et 4, un lion couronné; au 2, de France au bâton péri en bande et au lambel; au 3, de France au bâton péri en bande; timbré d'une couronne ducale entre une mitre et une crosse, sous un chapeau épiscopal, dans un cartouche.

LEONORIUS · GOUION · DE · MATIGNON ·
EPISCOPUS · CONSTANTIENSIS ·

Collation de la cure de Sainte-Croix-de-Saint-Lô. — Mars 1743.

ÉVÊQUE DE DUBLIN.

2212 JEAN,

Évêque de Dublin. 1197

Sceau ogival, de 72 mill. — Arch. du Calvados; abbaye de Troarn.

Évêque debout, coiffé d'une mitre cornue, crossé, bénissant. — Il ne reste plus de la légende que

..GILL IOh..

(Sigillum Johannis.)

Contre-sceau: Intaille représentant les bustes de saint Pierre et de saint Paul vis-à-vis et séparés par une croix.

✱ .. ORE DVORVM S...OM VERBVM ?

Consécration de l'église de Saint-Michel dans le bois de Troarn. 1197.

ÉVÊQUES D'ÉVREUX.

2213 ROTROU DE WARWICK,

Évêque d'Évreux. — 1139-1165.

Sceau ogival, de 74 mill. — Arch. de l'Eure.

Évêque debout, mitré, crossé, bénissant.

...RODVS ⁝ DEI ⁝ GRA ⁝ .BROI. .NSIS ⁝
EPS

(Rotrodus, Dei gratia Ebroicensis episcopus.)

Sceau détaché.

2214 GILLES DU PERCHE,

Évêque d'Évreux. — 1170-1179.

Sceau rond, de 62 mill. Musée de Rouen.

Évêque à mi-corps, coiffé de la mitre cornue, crossé, bénissant.

✱ EGIDIVS · DEI · G.. ..ROICENS..
....COPVS ·

(Egidius, Dei gratia Ebroicensis episcopus.)

Surmoulage.

2215 GUÉRIN DE CIERREY,

Évêque d'Évreux. — 1193-1201.

Sceau ogival, de 70 mill. — Arch. hospitalières d'Évreux.

Évêque debout, mitré, crossé, bénissant, accosté à dextre d'une fleur de lys fleuronnée.

.....VS DEI GR. ...OIC..... ...

(Garinus, Dei gratia Ebroicensis episcopus.)

Confirmation du droit de présentation à la cure de Saint-Germain-des-Angles, donné à la léproserie de Saint-Nicolas par Simon de Villers. - Sans date.

2216 RICHARD DE BELLEVUE.

Évêque d'Évreux. — 1236.

Sceau ogival, de 56 mill. — Arch. hospitalières d'Évreux.

Évêque debout, mitré, crossé, bénissant.

...GILL : RICARDI : DEI : GRA : EBROI...SIS : EPISCOP.

(Sigillum Ricardi, Dei gratia Ebroicensis episcopi.)

Donation d'une rente sise à Bérengeville. — 1234.

2217 RAOUL DE CHEVRY,

Évêque d'Évreux. — 1265.

Sceau ogival, de 58 mill. — Arch. de la Seine-Inférieure; archevêché de Rouen.

Évêque debout, mitré, crossé, bénissant, accosté de deux fleurs de lys.

.... ..DVLPHI : M....AONE : DIVINA : EBROICESIS ...

(Sigillum Radulphi, miseratione divina Ebroicensis episcopi.)

Contre-sceau : La Vierge à mi-corps, sur un nuage, un sceptre fleuronné à la main, tenant l'enfant Jésus.

CONTRA S' RAD' EBROICEN' EPI

(Contra sigillum Radulphi. Ebroicensis episcopi.)

Acquisition du tiers d'un héritage sis à Louviers. — Mars 1265.

2218 GUILLAUME DE VALLAN,

Évêque d'Évreux. — 1394.

Sceau rond, de 29 mill. — Arch. de la Seine-Inférieure; archevêché de Rouen.

L'adoration des rois mages. A gauche, la Vierge assise, tenant l'enfant Jésus qui reçoit un vase d'un roi agenouillé, sa couronne à la main; derrière celui-ci, les deux autres rois debout.

SIGILLVM : PARW : EPISCO.......

(Sigillum parvum episcopi.....)

Promesse de remettre à la juridiction de son archevêque les clercs du diocèse de Rouen qui, s'y étant rendus coupables, auront été saisis dans le diocèse d'Évreux. — Juillet 1394.

2219 GUILLAUME DE FLOQUES,

Évêque d'Évreux. — 1443-1464.

Sceau rond, de 40 mill. — Arch. de l'Eure.

Dans une niche gothique, la Vierge, à mi-corps, portant l'enfant Jésus. Au-dessous, un priant accosté de deux écus effacés: celui de dextre paraissant porter un semé de France à la crosse brochant; celui de sénestre trois bandes.

sigillu : guill'i : epi : ebroicen

(Sigillum Guillermi, episcopi Ebroicensis.)

Sceau détaché.

2220 PIERRE-JULES-CÉSAR DE ROCHECHOUART,

Évêque d'Évreux, prieur commendataire de Saint-Lô-de-Rouen. — 1740.

Cachet ovale, de 24 mill. — Arch. de la Seine-Inférieure; archevêché de Rouen.

Écu fascé ondé, timbré d'une couronne entre une mitre et une crosse, surmonté d'un chapeau épiscopal, dans un cartouche. — Sans légende.

Présentation à la cure de Notre-Dame-de-Bon-Secours. — Juin 1740.

2221 LOUIS-ALBERT DE LEZAY MARNESIA,

Évêque d'Évreux. — 1773.

Cachet ovale, de 30 mill. — Arch. de la Seine-Inférieure; archevêché de Rouen.

Écu parti? à la croix ancrée sur le tout, timbré d'une couronne de comte entre une mitre et une crosse, surmonté d'un chapeau épiscopal, dans un cartouche.

L · A · DE LEZAY MARNESIA EPSC · EBROICEN ·

Dimissoire. — Septembre 1773.

ÉVÊQUE D'EXETER.

2222 HENRI,

Évêque d'Exeter. — 1191-1206.

Sceau ogival, de 68 mill. — Arch. de la Manche; abbaye du Mont-Saint-Michel.

Évêque debout, mitré, crossé, bénissant. — Légende détruite.

Contre-sceau : Intaille qui représente une Victoire-

Fortune ailée, tenant des épis; à ses pieds, un gouvernail.

PRESVL EXONIĒ SV̄ NVNCIVS

(Presulis Exoniensis suus nuncius.)

Cession d'églises appartenant à l'abbaye du Mont-Saint-Michel, à Otriton, au comté de Cornouailles, etc. — Sans date.

ÉVÊQUE D'HÉBRON.

2223 **MARTIN,**

Évêque d'Hébron, vicaire général de Raoul du Fou, évêque d'Évreux. — 1506.

Signet rond, de 16 mill. — Arch. hospitalières d'Évreux.

Écu à trois têtes de lion sous un chef, timbré d'une mitre.

s : m : ebroneu epi

(Sigillum Martini, Ebroneusis episcopi.)

Lettres de provision pour la cure des Barils. — Janvier 1506.

ÉVÊQUE DE LANGRES.

2224 **PIERRE DE PARDAILLAN DE GONDRIN D'ANTIN**

Évêque de Langres, abbé commendataire de Lyre. — 1733.

Cachet rond, de 21 mill. — Arch. de la Seine-Inférieure; archevêché de Rouen.

Écu coupé parti de quatre traits, dix quartiers : au 1, un lion accompagné de sept écussons portant une fasce et mis en orle; au 2, un lion; au 3, une cloche; au 4, coupé à trois pals flamboyants; au 5, fascé ondé de huit pièces; au 6, un vase; au 7, quatre pals; au 8, une clef addextrée de trois tourteaux; au 9, un lion sous un chef chargé d'une fleur de lys; au 10, un fascé ondé; et sur le tout, un écusson au château surmonté de trois têtes de Maure; timbré d'une couronne ducale entre une mitre et une crosse, sous un chapeau épiscopal, devant un manteau d'hermines, dans un cartouche. — Sans légende.

Présentation à la cure de Romilly. — Mars 1733.

ÉVÊQUE DE LAON.

2225 **CHARLES DE SAINT-ALBIN,**

Évêque de Laon, abbé commendataire de Saint-Ouen, de Saint-Évroult de Lisieux. — 1723.

Cachet ovale, de 24 mill. — Arch. de la Seine-Inférieure; archevêché de Rouen.

Écu de France au lambel, au bâton péri en barre, à la bordure besantée, timbré d'une couronne ducale, surmonté d'un chapeau épiscopal, devant un manteau d'hermines, dans un cartouche. — Sans légende.

Présentation à la cure des Cent-Acres. — Octobre 1723.

ÉVÊQUES DE LIÈGE.

2226 **JEAN DE BAVIÈRE,**

Évêque de Liège, comte de Looz. — 1389-1418.

Sceau rond, de 46 mill. — Collection de M. de Farcy, à Bayeux.

Écu de Bavière écartelé de Hainaut, timbré d'une mitre et d'une crosse, dans un quadrilobe.

s i . . . . . bavaria . . . .

(Sigillum Johannis de Bavaria . . . . .)

Cire originale détachée.

2227 **JEAN DE HEINSBERG,**

Évêque de Liège, comte de Looz. — 1421.

Sceau rond, de 44 mill. — Bibl. de la ville de Rouen : fonds Leber.

Écu écartelé : au 1 et 4, un fascé de dix pièces parti de deux bars adossés; au 2 et 3, un lion à queue fourchée passée en sautoir; sur le tout, un écusson échiqueté? penché et supporté par deux damoiselles.

s iohis : de : heufberg : epi : leodien : et : coitis : lossēu : secretum

(Sigillum Johannis de Heusberg, episcopi Leodiensis et comitis Lossensis secretum.)

Traité d'alliance avec Philippe le Bon. — Juin 1421.

ÉVÊQUES DE LISIEUX.

2228 **RAOUL DE VARNEVILLE,**

Évêque de Lisieux. — 1182-1191.

Sceau ogival, de 62 mill. — Musée de Rouen.

Évêque à mi-corps, mitré, crossé, bénissant.

RADVLFVS DEI G . . . . . OVIENSIS EPISCOPVS

(Radulfus, Dei gratia Lexoviensis episcopus.)

Sceau détaché.

2229 **JOURDAIN DU HOMMET,**

Évêque de Lisieux. — 1202-1218.

Sceau ogival, de 70 mill. — Arch. de la Manche : abbaye de Savigny.

Évêque debout, mitré, crossé, bénissant, accosté de deux clefs.

✠ IORDANVS DEI GRATIA LEXOUIENSIS EPISCOPVS

(Jordanus, Dei gratia Lexoviensis episcopus.)

Contre-sceau : Un évêque priant.

✠ ME MANIBVS VOVEO FRONTE GENVQ DEO

(Me manibus voveo fronte genuque Deo.)

Sceau détaché.

2230 GUILLAUME D'ESTOUTEVILLE,

Évêque de Lisieux. — 1407.

Sceau rond, de 33 mill. — Arch. du Calvados ; Dominicains de Lisieux.

Fragment représentant une scène de martyre, dans une niche gothique où l'on aperçoit en haut, dans deux logettes, deux personnages en buste. En bas, il ne reste plus que la crosse de l'évêque priant. — Légende détruite.

Autorisation donnée aux Dominicains de construire une nouvelle roue pour leur prise d'eau dans la rivière. — Mai 1407.

2231 JEAN HENNUYER,

Évêque de Lisieux. — 1576.

Sceau rond, de 55 mill. — Arch. de l'Orne ; abbaye de Belle-Étoile.

Écu à trois bandes, timbré d'une crosse, entouré de rinceaux.

✠ SIGILLVM IOANNIS HANNONII EPI LEXOVIENSIS

Collation de la cure de la Chapelle-Bayrel. — Décembre 1575.

2232 LÉONOR DE MATIGNON,

Évêque de Lisieux. — 1684.

Cachet ovale, de 32 mill. — Collection de M. de Farcy, à Bayeux.

Écu au lion couronné, écartelé de France au bâton péri en bande et au lambel, couronné, sous un chapeau épiscopal. — Sans légende.

Lettres de prêtrise. — Septembre 1684.

2233 LÉONOR DE MATIGNON,

Évêque de Lisieux. — 1712.

Cachet ovale, de 19 mill. — Arch. de la Seine-Inférieure : archevêché de Rouen.

Écu écartelé : au 1 et 4, un lion couronné ; au 2, de France au lambel et au bâton péri en bande ; au 3, de France au bâton péri en bande ; couronné, surmonté d'un chapeau épiscopal, supporté par deux anges. — Sans légende.

Dimissoire. — Septembre 1712.

2234 LÉONOR DE MATIGNON,

Évêque de Lisieux. — 1677-1714.

Sceau rond, de 62 mill. — Communiqué par M. Raymond Bordeaux, à Évreux.

Écu écartelé : au 1 et 4, un lion couronné ; au 2, de France au lambel, au bâton péri en bande ; au 4, de France au bâton péri en bande ; surmonté d'un chapeau épiscopal.

LEONORIVS · DE · MATIGNON · DEI · GRATIA · EPISCOPVS · ET · COMES · LEXOVIENSIS

Surmoulage.

2235 HENRI-IGNACE DE BRANCAS,

Évêque de Lisieux. — 1737.

Cachet ovale, de 37 mill. — Arch. de la Manche ; abbaye de Saint-Lô.

Écu écartelé : au 1 et 4, un pal chargé de trois tours et accosté de quatre pattes de lion ; au 2 et 3, une croix cléchée, vidée et pommettée ; timbré d'une couronne ducale entre une mitre et une crosse, surmonté d'un chapeau épiscopal, dans un cartouche.

HENRICUS IGNATIUS DE BRANCAS EPISCOPUS ET COMES LEXOUIENSIS

Lettres de prêtrise. — Septembre 1737.

ÉVÊQUE DE LONDRES.

2236 RICHARD DE GRAVESEND,

Évêque de Londres. — XIIIe siècle.

Sceau ogival, de 78 mill. — Arch. du Calvados ; abbaye de la Sainte-Trinité de Caen.

Évêque debout, mitré, crossé, bénissant, la chasuble ornée d'une fleur d'orfèvrerie, accosté à dextre de sigles indistincts.

.ICARD.......IS ..ISCOPV.

(Ricardus ..... Londonensis episcopus.)

Contre-sceau : Saint Paul assis sur un arc-en-ciel, nimbé, tenant une épée.

✠ PAVLVS SERWS CRISTI IHESV

(Paulus servus Cristi Jhesu.)

Confirmation de l'église de Felstead avec ses appartenances. — Sans date.

ARCHEVÊQUES DE LYON.

2237 PHILIPPE DE SAVOIE,

Archevêque élu de Lyon. — 1460-1467.

Bulle de plomb ronde, de 36 mill. — Musée de Rouen.

Légende en cinq lignes :

PhILIP_PVS : PRI_ME : LVGD' : E_CCLIE : E_LECTVS

(Philippus, prime Lugdunensis ecclesie electus.)

Revers : Personnage debout, tête nue, en dalmatique, tenant un livre des deux mains, accosté des lettres A et ω (alpha et oméga).

Bulle détachée.

2238 FRANÇOIS-PAUL DE NEUFVILLE DE VILLEROY,

Archevêque de Lyon, abbé commendataire de Fécamp. — 1718.

Cachet ovale, de 21 mill. — Arch. de la Seine-Inférieure ; archevêché de Rouen.

Écu au chevron accompagné de trois croix ancrées, timbré d'une couronne ducale surmontée d'une croix à double traverse, sous un chapeau archiépiscopal, dans un cartouche. — Sans légende.

Présentation à la cure de Toussaints. — Septembre 1728.

ÉVÊQUE DE MÂCON.

2239 HENRI-CONSTANT DE LORT DE SERIGNAN DE VALRAS,

Évêque de Mâcon, abbé commendataire de Valmont. — 1740.

Cachet ovale, de 22 mill. — Arch. de la Seine-Inférieure ; archevêché de Rouen.

Écu à la fasce chargée de trois étoiles et accompagnée en pointe de trois lys sortant d'un croissant, timbré d'une couronne de comte entre une mitre et une crosse, dans un cartouche. — Sans légende.

Présentation à la cure de Routes. — Novembre 1740.

ÉVÊQUES DU MANS.

2240 GEOFFROI II,

Évêque du Mans. — 1235.

Sceau ogival, de 59 mill. — Arch. de la Manche ; abbaye du Mont-Saint-Michel.

Évêque debout, mitré, crossé, bénissant.

S' GAVFRIDI · CENO..NEÑ · EPISCOPI ·

(Sigillum Gaufridi, Cenomanensis episcopi.)

Contre-sceau : Un Agnus Dei à droite.

✱ SIGNVM · DEI · VIVI ·

(Signum Dei vivi.)

Donation d'hommes et de tènements sis à la Dorée ; confirmation. — 1235.

2241 ROBERT DE CLINCHAMP,

Évêque du Mans. — 1301.

Sceau ogival, de 60 mill. — Arch. de la Manche ; abbaye du Mont-Saint-Michel.

Évêque debout, mitré, crossé, bénissant, sur champ fretté semé de croisettes.

✱ S' ROBERTI DEI GRACIA CENOMANEN' EPĪ

(Sigillum Roberti, Dei gracia Cenomanensis episcopi.)

Contre-sceau : Buste d'évêque de face, accosté de deux fleurs de lys.

CŌTRAS · EPĪ · CENOMANEN'

(Contra sigillum episcopi Cenomanensis.)

Échange de biens entre le prieuré de Saint-Victor et l'abbaye de Saint-Julien-du-Pré. — Juin 1301.

ARCHEVÊQUE DE MAYENCE.

2242 WOLFGANG DE DALBERG.

1582-1601.

Sceau rond, de 70 mill. — Collection de M. de Farcy, à Bayeux.

Archevêque assis sur un trône d'architecture de la Renaissance, mitré, tenant sa crosse de la main gauche et de la droite une croix, accosté de deux écus : celui de gauche portant la roue de Mayence, timbré d'un heaume accompagné d'une épée et cimé d'une roue : celui de droite portant six fleurs de lys sous un chef denché, timbré d'un heaume cimé d'un vol aux armes.

....GANGII · D · G · SĀCTÆ · MOGVNT · ......O · IMPERII · PR · GERMANIĀ · ARCHICAN · AC · PRIN

Sceau détaché.

ÉVÊQUES DE METZ.

2243 HENRI-CHARLES DE CAMBOUST DE COISLIN,

Évêque de Metz, abbé commendataire de Boscherville. — 1725.

Cachet ovale, de 25 mill. — Arch. de la Seine-Inférieure ; archevêché de Rouen.

Écu à trois fasces échiquetées, timbré d'une couronne

entre une mitre et une crosse, surmonté d'un chapeau épiscopal, dans un cartouche. — Sans légende.

Présentation à la cure d'Appetot. — Septembre 1726.

2244 CLAUDE DE SAINT-SIMON.

Évêque de Metz, abbé de Jumièges. — 1750.

Cachet ovale, de 22 mill. — Arch. de la Seine-Inférieure ; archevêché de Rouen.

Écu écartelé : au 1 et 4, un échiqueté sous un chef chargé de trois fleurs de lys ; au 2 et 3, une croix chargée de cinq coquilles; timbré d'une couronne de comte, surmonté d'un chapeau épiscopal, devant un manteau d'hermines. — Sans légende.

Présentation à la cure de Gouy. — Mai 1752.

ÉVÊQUE DE MONTPELLIER.

2245 CHARLES-JOACHIM,

Évêque de Montpellier, prieur commendataire de Longueville. — 1719.

Cachet ovale, de 20 mill. — Arch. de la Seine-Inférieure ; archevêché de Rouen.

Écu à la guivre, timbré d'une couronne ducale entre une mitre et une crosse, surmonté d'un chapeau épiscopal, dans un cartouche. — Sans légende.

Présentation à la cure de Saint-Maurice-d'Ételan. — Septembre 1719.

ARCHEVÊQUE DE NARBONNE.

2246 RENÉ-FRANÇOIS DE BEAUVEAU DU RIVAU,

Archevêque de Narbonne, abbé commendataire de Saint-Victor-en-Caux. — 1725.

Cachet ovale, de 22 mill. — Arch. de la Seine-Inférieure ; archevêché de Rouen.

Écu en bannière à quatre lions couronnés, timbré d'une couronne ducale surmontée d'une croix à double traverse, sous un chapeau archiépiscopal, entouré du cordon du Saint-Esprit. — Sans légende.

Présentation à la cure de Preuseville. — Août 1725.

ARCHEVÊQUES DE ROUEN.

2247 ROTROU DE BEAUMONT,

Archevêque de Rouen. — 1168-1184.

Sceau ogival, de 72 mill. — Arch. de la Seine-Inférieure ; chapitre de Rouen.

Archevêque assis, coiffé de la mitre cornue, crossé, bénissant, en pallium.

✠ ROTRODVS : DEI · GRA · RO..OMAGENSIS · ARCHIEPC

(Rotrodus, Dei gratia Rothomagensis archiepiscopus.)

Contre-sceau : Intaille représentant un Abraxas panthée à tête de coq, armé du bouclier et du fouet, les reins ceints d'un tablier, et pour jambes des serpents. — Sans légende.

Faculté accordée aux chanoines du chapitre de Rouen de pouvoir disposer du fruit de leurs prébendes pendant un an après leur décès. — Sans date.

2248 ROBERT POULAIN,

Archevêque de Rouen. — 1308.

Sceau ogival, de 75 mill. — Arch. de la Seine-Inférieure ; chapitre de Rouen.

Archevêque assis, mitré, crossé, bénissant, revêtu du pallium.

✠ ROBERTVS · DEI · GRA · ROTHOMAGENSIS · ARCHIEPS

(Robertus, Dei gratia Rothomagensis archiepiscopus.)

Contre-sceau : Personnage debout, tête nue, en chasuble, tenant une palme et un livre.

✠ ROBERTVS POLEIN

(Robertus Polein.)

Confirmation d'une transaction au sujet d'une maison sise à Dieppe. — Juin 1308.

2249 PIERRE DE COLMIEU,

Archevêque de Rouen. — 1236.

Sceau ogival, de 82 mill. — Musée de Rouen.

Archevêque debout de trois quarts, mitré, crossé, bénissant, revêtu du pallium.

SIGILL · PETRI : MISERATOE : DIVINA : ROTH. MAGEN : ARCHIE..

(Sigillum Petri, miseratione divina Rothomagensis archiepiscopi.)

Sceau détaché.

2250 EUDES RIGAUD,

Archevêque de Rouen. — 1266.

Sceau ogival, de 74 mill. — Arch. de la Manche ; abbaye du Mont-Saint-Michel.

Sur une ogive, la Vierge assise, tenant l'enfant Jésus debout sur ses genoux, un sceptre fleuronné à la main droite, accostée de deux anges portant chacun un cierge. Au-dessous, l'archevêque en pallium, priant.

..ODONIS : DEI : MI...ATO. ...HOMAGN : ARCH...

(Sigillum Odonis, Dei miseratione Rothomagensis archiepiscopi.)

CONTRE-SCEAU : L'Annonciation; entre la Vierge et l'ange, un vase d'où sort un lys héraldique surmonté des lettres EC (ecce).

✠ AVE MARIA GRACIA PLENA DÑS

(Ave Maria, gracia plena, Dominus.)

Appointement au sujet du droit de visite de l'archevêque au prieuré de Saint-Germain-sur-Ay. — Octobre 1260.

2251 BERNARD DE FARGES,

Archevêque de Rouen. - 1300.

Sceau ogival, de 66 mill. — Musée de Rouen.

Archevêque assis, tenant une croix, mitré, bénissant, revêtu du pallium, sur champ fretté semé de fleurs de lys, sous une arcade tréflée.

S' : BERN..DI : DE..........AGEN

(Sigillum Bernardi, Dei gracia archiepiscopi Rothomagensis.)

CONTRE-SCEAU : La Vierge à mi-corps, portant l'enfant Jésus.

CONTRA · SIGILLVM

(Contra sigillum.)

Sceau détaché.

2252 GUILLAUME DE DURFORT,

Archevêque de Rouen. — 1328.

Sceau ogival, de 46 mill. — Arch. de la Seine-Inférieure ; archevêché de Rouen.

Archevêque assis, mitré, crossé, bénissant, revêtu du pallium, accosté de deux fleurs de lys.

..GVILLI · DEI · G.............OMAGEN · AD · CAVS..

(Sigillum Guillermi, Dei gracia episcopi Rothomagensis, ad causas.)

Accord au sujet du patronage de l'église de Saint-Éloi de Rouen. — Mai 1328.

2253 PIERRE ROGER,

Archevêque de Rouen. — 1333.

Sceau ogival, de 70 mill. — Arch. de la Seine-Inférieure; archevêché de Rouen.

Archevêque assis, tenant une croix, mitré, bénissant, revêtu du pallium, sur champ fretté. Au bas, un écu à la bande accompagnée de six quintefeuilles en orle.

S : PETRI : ....CHIEPISCOPI ROTHOMAGEN :

(Sigillum Petri, Dei gracia archiepiscopi Rothomagensis.)

CONTRE-SCEAU : L'archevêque à mi-corps, tenant une croix, mitré, bénissant.

CONTRA · S' · P · ARCHIEPISCOPI · ROTHOMAGEN ·

(Contra sigillum Petri, archiepiscopi Rothomagensis.)

Union de la cure de Fourmetot à l'abbaye de Josaphat. — Avril 1333.

2254 AIMERY GUENAUD,

Archevêque de Rouen. 1340.

Sceau ogival, de 60 mill. — Arch. de la Seine-Inférieure ; archevêché de Rouen.

Dans une niche gothique, l'archevêque debout, tenant une croix, mitré, bénissant, revêtu du pallium, accosté à dextre d'un écu portant cinq fusées en fasce à la croix processionnelle brochant, à sénestre d'un écu fretté sous un chef. Dans un compartiment supérieur, la Vierge assise, tenant l'enfant Jésus debout.

S' AYMERICI : D.....ARCHIE....... ...ROMAGEN

(Sigillum Aymerici, D........ archiepiscopi Rothomagensis.)

Accord avec le chapitre d'Écouis, au sujet des novales de la forêt de Lyons. — Avril 1340.

2255 JEAN DE MARIGNY,

Archevêque de Rouen. — 1347.

Contre-sceau rond, de 20 mill. — Arch. de la Seine-Inférieure; chapitre de Rouen.

Écu à deux léopards, l'un sur l'autre, accompagné de trois chimères. — Légende détruite.

Exemption de dîme, accordée au chapitre de Rouen. — Mars 1347.

2256 JEAN DE MARIGNY,

Archevêque de Rouen. — 1351.

Sceau ogival, de 70 mill. — Arch. de la Seine-Inférieure; archevêché de Rouen.

Archevêque debout, tenant une croix, mitré, bénissant, revêtu du pallium, accosté à dextre d'un écu à deux léopards, à sénestre d'un écu à deux fasces. — Légende détruite.

CONTRE-SCEAU : Écu à deux léopards, l'un sur l'autre, accompagné de trois chimères.

✠ CONTRA · SIGILLU · ARCHIEPĪ · ROTHOMAGEÑ ·

(Contra sigillum archiepiscopi Rothomagensis.)

Fondation de deux obits en l'église de Rouen. — Décembre 1351.

2257 PHILIPPE D'ALENÇON,

Archevêque de Rouen. — 1371.

Sceau rond, de 36 mill. — Arch. de la Seine-Inférieure; archevêché de Rouen.

Les initiales PH au centre d'un quadrilobe orné, en

haut et en bas, de deux écus semés de France à la bordure besantée, à dextre et à sénestre, de deux écus portant deux léopards à la croix processionnelle brochant. Dans les quatre angles extérieurs, les emblèmes des quatre évangélistes? — Légende détruite.

Collation de l'église de Richemont. — Janvier 1371.

2258 GUILLAUME DE LESTRANGE,

Archevêque de Rouen. — 1387.

Sceau ogival, de 80 mill. — Arch. de la Seine-Inférieure; abbaye de Valmont.

La Vierge assise, couronnée et nimbée, tenant l'enfant Jésus, dans une niche gothique compliquée de logettes latérales, d'où quatre anges entr'ouvrent une draperie que soutient un cinquième ange volant au-dessus de la tête de la Vierge.

SIGILLUM GUILLERMI.........OMAGENSIS

(Sigillum Guillermi, Dei gracia archiepiscopi Rothomagensis.)

Adjonction de l'église de Saint-Martin-de-la-Poterie au prieuré de Notre-Dame-des-Bois, dépendant de l'abbaye de Valmont. — Octobre 1387.

2259 GUILLAUME DE VIENNE,

Archevêque de Rouen. — 1402.

Sceau ogival, de 82 mill. — Arch. de la Seine-Inférieure; archevêché de Rouen.

Dans une niche gothique, la Vierge assise, couronnée et nimbée, tenant l'enfant Jésus, accompagnée de quatre anges dans quatre logettes latérales. Au-dessous, l'archevêque mitré, tenant sa croix, en pallium, priant.

SIGILLUM · GUILLERMI · DEI · GRA..A · ARCHIEPISCOPI ROTHOMA......

(Sigillum Guillermi, Dei gracia archiepiscopi Rothomagensis.)

Érection de la chapelle de Charlemesnil en église collégiale. — Juin 1402.

2260 LOUIS D'HARCOURT,

Archevêque élu de Rouen. — 1409.

Sceau rond, de 37 mill. — Arch. de la Seine-Inférieure; archevêché de Rouen.

Dans une niche gothique, la Vierge assise, couronnée et nimbée, tenant l'enfant Jésus, accostée à dextre d'un écu à deux léopards devant une croix processionnelle, et à sénestre d'un écu à deux fasces écartelé d'un semé de fleurs de lys à la bande brochant.

s.....ici de ....curia electi cōfirmati.....

(Sigillum Ludovici de Haricuria, electi confirmati .....)

Compromis au sujet de la présentation à la chapelle de Saint-Michel d'Andely. — Octobre 1409.

2261 LOUIS D'HARCOURT,

Archevêque de Rouen. — 1415.

Sceau ogival, de 75 mill. — Arch. de la Seine-Inférieure; archevêché de Rouen.

Dans une niche gothique, la Vierge assise, couronnée et nimbée, tenant l'enfant Jésus, accostée de deux personnages dont celui de dextre manque. — Légende détruite.

Compromis au sujet du patronage de la chapelle de Mirville. — Janvier 1415.

2262 LOUIS D'HARCOURT,

Archevêque de Rouen. — 1415.

Sceau rond, de 35 mill. — Arch. de la Seine-Inférieure; archevêché de Rouen.

Dans une niche gothique, la Vierge assise, tenant l'enfant Jésus, accostée à dextre d'un écu à deux léopards, et à sénestre d'un écu à deux fasces écartelé d'un semé de fleurs de lys à la barre brochant. (C'est une bande qu'il faudrait.)

s ludovici de haricu......arepi rothomagen

(Sigillum Ludovici de Haricuria, archiepiscopi Rothomagensis.)

Accord au sujet du patronage de la chapelle de Mirville. — Décembre 1415.

2263 JEAN IV,

Cardinal de la Rochetaillée, archevêque de Rouen. — 1426.

Sceau rond, de 47 mill. — Arch. de la Seine-Inférieure; chapitre de Rouen.

Dans une niche gothique, la Vierge assise, couronnée, tenant l'enfant Jésus, accostée, dans deux logettes latérales, de deux anges tenant chacun un écu: celui de dextre à deux léopards, celui de sénestre à la bande chargée de trois dauphins à la bordure engrêlée. Au-dessous, l'archevêque mitré, tenant une croix et priant.

sigillum ...annis archiepiscopi rothomagen

(Sigillum Johannis, archiepiscopi Rothomagensis.)

Traité avec le chapitre de Rouen, qui prétendait que l'archevêque ne pouvait à la fois retenir la dignité archiépiscopale et le cardinalat. — Janvier 1426.

2264 ROBERT DE CROISMARE,

Archevêque de Rouen. — 1488.

Sceau rond, de 44 mill. — Arch. de la Seine-Inférieure; Jacobins.

Dans une niche gothique, la Vierge assise, couronnée et nimbée, tenant l'enfant Jésus, accostée de deux anges en adoration dans deux logettes latérales. Au-dessous, l'archevêque mitré, tenant une croix et priant, accosté de deux écus timbrés d'une croix: celui de dextre à deux léopards, celui de sénestre au lion passant. — Il ne reste plus de la légende que

archi...

(Archiepiscopi.)

Consécration de l'église des Jacobins à Rouen, remise au 2 juillet prochain. — Juin 1480.

2265 FRANÇOIS ROUSSEL DE MÉDAVY,

Archevêque de Rouen. — 1676.

Cachet ovale, de 21 mill. — Arch. de la Seine-Inférieure; archevêché de Rouen.

Écu portant trois coqs, timbré d'une couronne ducale surmontée d'une croix à double traverse, sous un chapeau archiépiscopal, dans un cartouche. — Sans légende.

Présentation à la cure de Petiville. — Mars 1676.

2266 CLAUDE MAUR D'AUBIGNÉ,

Archevêque de Rouen. — 1713.

Cachet ovale, de 27 mill. — Arch. de la Seine-Inférieure; archevêché de Rouen.

Écu au lion couronné, timbré d'une couronne ducale surmontée d'une croix à double traverse, sous un chapeau archiépiscopal, devant un manteau d'hermines, dans un cartouche. — Sans légende.

Présentation à la cure de Pissy. — Mars 1713.

2267 LE CARDINAL DE LA ROCHEFOUCAULD,

Archevêque de Rouen, abbé de Cluny. — 1773-1800.

Cachet ovale, de 37 mill. — Collection de M. Lormier, à Rouen.

Écu burelé à trois chevrons brochant, timbré d'une couronne ducale surmontée d'une croix à double traverse, sous un chapeau archiépiscopal, entouré du cordon du Saint-Esprit.

DOM. CARD. DE LA ROCHEFOUCAULD ARCH. ROTH. NORM. PRIMAS ABBAS CLUN.

Matrice.

ÉVÊQUE DE SAINT-MALO.

2268 AUBERT,

Évêque de Saint-Malo. — 1180.

Sceau ogival, de 60 mill. — Arch. de la Manche; abbaye du Mont-Saint-Michel.

Évêque assis, tête nue, crossé, bénissant. — Légende détruite.

Droits de l'abbaye du Mont-Saint-Michel au patronage du Ménil-Drey. — 1180.

ÉVÊQUES DE SÉEZ.

2269 FROGER,

Évêque de Séez. — 1158-1186.

Sceau ogival, de 65 mill. — Arch. du Calvados; abbaye de Saint-André-en-Gouffern.

Évêque debout, crossé, bénissant. — Légende détruite.

Contre-sceau : Intaille fruste à plusieurs personnages. — Il ne reste plus de la légende que

.IGNVM

(Signum.)

Confirmation de donations de terres sises à Occagnes et à Juel. — Sans date.

2270 LISIARD,

Évêque de Séez. — 1188-1201.

Sceau ogival, de 72 mill. — Arch. du Calvados; abbaye de Saint-André-en-Gouffern.

Évêque debout, mitré, crossé, bénissant.

SIGILLVM.LESIARDI ...IENSIS EPISCOPI

(Sigillum Lesiardi, Sagiensis episcopi.)

Contre-sceau : Une main bénissante.

✱ SECRETVM : MEVM

(Secretum meum.)

Confirmation de la dîme de Belleau. — Sans date.

2271 SILVESTRE,

Évêque de Séez. — 1219.

Sceau ogival, de 72 mill. — Arch. du Calvados; abbaye de Saint-André-en-Gouffern.

Évêque debout, crossé, bénissant. — Légende détruite.

Contre-sceau : Fragment qui ne contient plus qu'un buste de profil, à gauche; celui qui lui faisait vis-à-vis est détruit.

✱ S GERVA : S PR.......

(Sanctus Gervasius, Sanctus Protasius.)

Confirmation d'une rente sur une dîme, à Pierrefitte. — 1219.

2272 HUGUES II,

Évêque de Séez. — 1232.

Sceau ogival, de 58 mill. — Arch. du Calvados; abbaye de Saint-André-en-Gouffern.

Évêque debout, mitré, crossé, bénissant.

SIGILL : HVGO .... A SAGIENSI ....

(Sigillum Hugonis, Dei gracia Sagiensis episcopi.)

Contre-sceau : Un Agnus Dei à droite.

✱ S' SIGNVM DEI VIVI

(Secretum signum Dei vivi.)

Confirmation des deux tiers d'une dîme sise à Pierrefitte. — 1232.

2273 JEAN FORCOAL,

Évêque de Sées, aumônier du roi. — 1673.

Cachet ovale, de 30 mill. — Collection de M. de Farcy, à Bayeux.

Écu à l'aigle éployée et couronnée, surmonté d'une couronne, timbré d'une mitre et d'une crosse, sous un chapeau épiscopal.

IOANNES FORCOAL EPISCOPVS SAGIENSIS

Attestation en faveur d'un curé du diocèse de Sées. — Août 1673.

ÉVÊQUE DE SELYMBRIA.

2274 MICHEL FRANÇOIS,

Évêque de Selymbria. — 1500.

Sceau rond, de 45 mill. — Arch. de la Seine-Inférieure; Jacobins.

Saint Michel debout, terrassant le dragon et le frappant de la hampe de sa croix, tenant un écu à trois oiseaux perchés sur des rinceaux. Aux pieds de l'archange et à dextre, l'évêque crossé, mitré, priant.

S · michaelis francisci epi salubrieñ

(Sigillum Michaelis Francisci, episcopi Salubriensis.)

Vidimus d'une bulle d'Alexandre IV, donnant aux Dominicains le droit de prêcher, d'entendre en confession et d'absoudre. — Juin 1500.

ÉVÊQUE DE TOUL.

2275 SCIPION-JÉRÔME BEGON,

Évêque de Toul, abbé de Saint-Germer-de-Flaix. — 1722.

Cachet ovale, de 20 mill. — Arch. de la Seine-Inférieure; archevêché de Rouen.

Écu au chevron accompagné de deux quintefeuilles en chef et d'un lion en pointe, timbré d'une couronne de comte entre une mitre et une crosse, dans un cartouche, supporté par deux lions. — Sans légende.

Présentation à la cure de Cuy. — Août 1722.

ÉVÊQUES DE WINCHESTER.

2276 RICHARD TOCLIVE,

Évêque de Winchester. — 1174-1189.

Sceau ogival, de 80 mill. — Arch. de la Manche; abbaye du Mont-Saint-Michel.

Évêque debout, mitré, crossé, bénissant.

......VS DEI GRATIA ....

(Ricardus, Dei gratia.....)

Contre-sceau : Intaille représentant un personnage assis sur un trône et recevant des mains d'un autre personnage debout un vase couvert.

✱ SVM CVSTOS & TESTIS SIGILLI

(Sum custos et testis sigilli.)

Restitution à l'abbaye du Mont-Saint-Michel de l'église de Marlock. — Sans date.

2277 GEOFFROI DE LUCY,

Évêque de Winchester. — 1189-1204.

Sceau ogival, de 88 mill. — Arch. de la Manche; abbaye du Mont-Saint-Michel.

Évêque debout, mitré, crossé, bénissant, accosté à dextre d'une église et à sénestre d'une main tenant deux clefs.

..IGILLVM .... IA WI....... SIS EPI

(Sigillum ..... Dei gratia Wintoniensis episcopi.)

Contre-sceau : Un évêque debout, de profil à droite, la crosse à la main, marchant sur les flots, accosté de deux étoiles.

✱ PRESVLIS ? GENERIS SIGNO CONSIGNOR VTROQVE

(Presulis et generis signo consignor utroque.)

Collation de la cure de Selborn. — Sans date.

OFFICIALITÉS DIOCÉSAINES.

2278 AVRANCHES (OFFICIALITÉ D').

1269.

Sceau ogival, de 35 mill. — Arch. de la Manche; abbaye de Montmorel.

Un bras tenant une crosse, accompagné à gauche d'une mitre.

✱ SIGILLVM CV... ABRINCENS'

(Sigillum curie Abrincensis.)

Acquisition de rentes sur des terres sises à Lolif. — Avril 1269.

2279 AVRANCHES (OFFICIALITÉ D').

1365.

Contre-sceau rond, de 20 mill. — Arch. de la Manche; abbaye du Mont-Saint-Michel.

Deux crosses formant un sautoir cantonné en chef d'une *mitre*, aux flancs des lettres R G, et en pointe de la lettre A.

CONTRA S . . RIE ABRINCENCI

(Contra sigillum curie Abrincensis.)

Quittance fournie au nom de l'évêque d'Avranches à l'abbaye du Mont-Saint-Michel. — Mars 1365.

2280 AVRANCHES (OFFICIALITÉ D').

1390.

Sceau ogival, de 40 mill. — Arch. de la Manche; abbaye de Montmorel.

Dans une niche gothique, un évêque debout, mitré, crossé, bénissant. — Légende détruite.

Accord au sujet d'une rente due aux religieux de Montmorel par le prieur de Guiberville. — Juin 1390.

2281 BAYEUX (OFFICIALITÉ DE).

1364.

Contre-sceau rond, de 15 mill. — Arch. de la Manche; abbaye du Mont-Saint-Michel.

Une mitre devant une crosse, flanquée d'une quintefeuille et d'un lion; au bas, entre ses fanons, un autre lion. — Sans légende.

Patronage de la cure de Saint-Broladre. — Mai 1364.

2282 BAYEUX (OFFICIALITÉ DE).

1379.

Sceau rond, de 37 mill. — Arch. de l'Orne; abbaye de Belle-Étoile.

Buste d'évêque, à gauche, accompagné d'une crosse. — Légende détruite.

Contre-sceau : Une mitre devant une crosse, accostée de deux raisins? — Sans légende.

Acquisition d'une dîme sise à Messey. — Septembre 1379.

2283 COUTANCES (OFFICIALITÉ DE).

1368. — Sede vacante.

Sceau ogival, de 38 mill. — Arch. de la Manche; abbaye de Saint-Sauveur-le-Vicomte.

Évêque de profil, à mi-corps, tenant sa crosse, accompagné à droite d'une fleur de lys entre deux étoiles.

S' CVRIE : C. . . ANCIENSIS

(Sigillum curie Constanciensis.)

Acquisition de rentes sises au Rosel. — Mars 1368.

2284 COUTANCES (OFFICIALITÉ DE).

1436.

Sceau rond, de 30 mill. — Arch. de la Manche; abbaye du Mont-Saint-Michel.

Dans une niche gothique, la Vierge à mi-corps, tenant l'enfant Jésus; au-dessous, deux écus frustes. — Légende détruite.

Patronage de l'église de Saint-Léger. — Août 1436.

2285 COUTANCES (OFFICIALITÉ DE).

1440.

Sceau rond, de 30 mill. — Arch. de la Seine-Inférieure; archevêché de Rouen.

Dans une niche gothique, la Vierge à mi-corps, tenant l'enfant Jésus. Au-dessous, deux écussons; on ne distingue sur celui de dextre qu'un chef chargé de deux fleurs de lys, celui de sénestre porte un chevron accompagné de trois tourteaux.

sigillum : curie : . . . . . .

(Sigillum curie Constantiensis.)

Élargissement, sous caution, de Guillaume d'Auberive, archidiacre en l'église de Coutances, accusé du crime de lèse-majesté. — Mars 1440.

2286 COUTANCES (OFFICIALITÉ DE),

À VALOGNES.

1351.

Contre-sceau rond, de 18 mill. — Arch. de la Manche; abbaye de Montebourg.

Un bras tenant une crosse; à gauche, une mitre.

. . . . RA S CVR . . . .

(Contra sigillum curie . . . . .)

Copie d'une quittance fournie par l'archidiacre de Bayeux, au sujet de sa visite à l'église d'Anneville. — Juin 1351.

2287 DOL (OFFICIALITÉ DE).

1291.

Sceau rond, de 33 mill. — Arch. de la Manche; abbaye du Mont-Saint-Michel.

Évêque à mi-corps, mitré, crossé, bénissant.

✠ . . . . . . VM . . . . IS

(Sigillum curie Dolensis.)

Exemption de dîmes pour l'Aragon, accordée aux prieurés de Saint-Broladre et de Montrouault. — Mars 1291.

2288 DOL (OFFICIALITÉ DE).

1364.

Sceau rond, de 22 mill. — Arch. de la Manche; abbaye du Mont-Saint-Michel.

Un bras tenant une crosse accompagnée de.....

S....... CVRIE D.......

(Sigillum curie Dolensis.)

Quittance du dixième apostolique, délivrée au prieuré de Saint-Broladre. — Mars 1364.

2289 ÉVREUX (OFFICIALITÉ D').

1257.

Sceau ogival, de 44 mill. — Arch. de la Seine-Inférieure; archevêché de Rouen.

Évêque debout, mitré, crossé, bénissant.

SIGILL CVRIE EBROICENSIS

(Sigillum curie Ebroicensis.)

Contre-sceau : Une crosse entre deux fleurs de lys.

✱ S' CVRIE EBROIC'

(Secretum curie Ebroicensis.)

Rachat par l'archevêque de Rouen de droits sur son fief de Louviers. Décembre 1257.

2290 MANS (OFFICIALITÉ DU).

1208.

Sceau ogival, de 50 mill. — Arch. de la Manche; abbaye du Mont-Saint-Michel.

Une église de face, le clocher surmonté d'une croix.

S' CVRIE : C..OMAÑ EPI

(Sigillum curie Cenomanensis episcopi.)

Donation faite au prieuré de Saint-Victor d'une terre sise à Souvré. 1208.

2291 MANS (OFFICIALITÉ DU).

1234.

Sceau ogival, de 50 mill. — Arch. de la Manche; abbaye du Mont-Saint-Michel.

Une église de face, le clocher surmonté d'une croix.

S'. CVRIE : ....MA. EPI

(Sigillum curie Cenomanensis episcopi.)

Contre-sceau : Buste d'évêque de face, accompagné à gauche d'une crosse; au bas, une sextefeuille.

✱ SANCTVS : IVLIANVS

(Sanctus Julianus.)

Accord au sujet d'une rente sise à la Bretonnière. — 1234.

2292 MANS (OFFICIALITÉ DU).

1266.

Sceau ogival, de 50 mill. — Arch. de la Manche; abbaye du Mont-Saint-Michel.

Une église de face, le clocher surmonté d'une croix.

S'. CVRIE C....MAÑ E..

(Sigillum curie Cenomanensis episcopi.)

Contre-sceau : Buste d'évêque de face, accompagné à gauche d'une crosse; au bas, une sextefeuille.

✱ SANCTVS IVLIANVS

(Sanctus Julianus.)

Fieffe d'une maison par le maître de l'Hôtel-Dieu de Coefort, au Mans. — Avril 1266.

2293 MANS (OFFICIALITÉ DU).

1303.

Sceau rond, de 37 mill. — Arch. de la Manche; abbaye du Mont-Saint-Michel.

Buste d'évêque à gauche, accosté de deux fleurs de lys et accompagné de petits sautoirs.

...L..............ANEN...

(Sigillum curie Cenomanensis episcopi ?)

Contre-sceau : Une mitre entre deux crosses, accompagnée de quatre petits sautoirs.

✱ S' PARVVM · CVR' CENOM

(Sigillum parvum curie Cenomanensis.)

Approbation par Robert, évêque du Mans, de divers accords entre le prieur de Saint-Victor et le prieur de Domfront-en-Champagne. — Janvier 1303.

2294 MANS (OFFICIALITÉ DU).

1371.

Sceau rond, de 41 mill. — Arch. de la Manche; abbaye du Mont-Saint-Michel.

Évêque à mi-corps, mitré, crossé, bénissant. Au bas, un écu à trois orles l'un dans l'autre. Champ fretté.

......V : CVRIE : EPI : CENOMANENSIS

(Sigillum curie episcopi Cenomanensis.)

Premier contre-sceau : Une mitre accostée de deux fleurs de lys et de cinq petits sautoirs. Au bas, entre les fanons, la lettre G, initiale de l'évêque Gonthier.

✱ S' PARVVM · CVRIE · CENOM ·

(Sigillum parvum curie Cenomanensis.)

Accord entre le prieur de Saint-Victor et l'abbesse de Saint-Julien-du-Pre, au sujet de la dîme du vin. L'abbesse s'engage à fournir annuellement «unam summam vini puri sine aqua, non de extorto vel de guto.» — Mars 1371.

SECOND CONTRE-SCEAU : Une mitre ornée de croisettes, accostée de deux fleurs de lys et de six petits sautoirs; entre les fanons, qui sont frangés, l'initiale G.

✠ S PARVVM CVRIE CENOM

(Sigillum parvum curie Cenomanensis.)

2295 MANS (OFFICIALITÉ DU).

1410.

Sceau rond, de 43 mill. — Arch. de la Manche; abbaye du Mont-Saint-Michel.

Évêque à mi-corps, mitré, crossé, bénissant, sur champ fretté; au bas, un écu illisible.

✠ SIGILLVM ....EPI CENOMANESIS

(Sigillum ..... episcopi Cenomanensis.)

CONTRE-SCEAU : Une mitre ornée de fleurs de lys.

✠ S' PARVVM CVRIE CENOM

(Sigillum parvum curie Cenomanensis.)

Accord entre le prieur de Château-l'Hermitage et le prieur de Saint-Victor, au sujet de rentes. — Avril 1410.

2296 RENNES (OFFICIALITÉ DE).

1274.

Contre-sceau rond, de 22 mill. — Arch. de la Manche; abbaye du Mont-Saint-Michel.

Un bras tenant deux clefs accompagnées de.....

✠ CONT · S · CVRI. .EDON'

(Contra sigillum curie Redonensis.)

Copie des lettres de sauvegarde de Pierre, duc de Bretagne et comte de Richemond, en faveur de l'abbaye du Mont-Saint-Michel. — Janvier 1274.

2297 ROUEN (OFFICIALITÉ DE).

1234.

Sceau ogival, de 40 mill. — Arch. de la Seine-Inférieure; Jacobins.

Archevêque assis, mitré, crossé, bénissant.

SIGILL CVRI. .OTHOMAGENS..

(Sigillum curie Rothomagensis.)

Fieffe d'un tènement sis à Rouen. — Juillet 1234.

2298 ROUEN (OFFICIALITÉ DE).

Sceau des appels. — 1262.

Sceau ogival, de 38 mill. — Arch. de la Seine-Inférieure; abbaye de Saint-Amand.

Buste d'archevêque de trois quarts. Au-dessous, une croisette.

✠ S' APELL : SE.IS : ROT...AGENSIS

(Sigillum apellationum sedis Rothomagensis.)

Droits de l'abbaye de Saint-Amand au patronage de l'église de Lamberville. — Février 1262.

2299 ROUEN (OFFICIALITÉ DE).

1272.

Sceau ogival, de 44 mill. — Arch. de la Seine-Inférieure; abbaye de Jumiéges.

Archevêque assis, mitré, crossé, bénissant.

SIGILL CVRIE ROTHOMAGEN...

(Sigillum curie Rothomagensis.)

Acquisition de rentes sises à Jumiéges et au Mesnil. — Janvier 1272.

2300 ROUEN (OFFICIALITÉ DE).

1308.

Sceau ogival, de 44 mill. — Arch. de la Seine-Inférieure; chapitre de Rouen.

Archevêque assis, mitré, crossé, bénissant, accosté de deux croisettes.

SIGILL CVRIE ROTHOMAGE..

(Sigillum curie Rothomagensis.)

CONTRE-SCEAU : Une mitre entre une croix et une crosse.

✠ CONTRA SIGILL CU.....MA

(Contra sigillum curie Rothomagensis.)

Certificat d'authenticité du sceau de Robert le Bœuf, appendu à la constitution d'une rente à Fresneval, paroisse de Clais. — Janvier 1308.

2301 ROUEN (OFFICIALITÉ DE).

1410.

Sceau ogival, de 44 mill. — Arch. de la Seine-Inférieure; abbaye de Valmont.

Archevêque assis, mitré, crossé, bénissant.

SIGILL CVRIE .....MAGEN

(Sigillum curie Rothomagensis.)

Accord avec le curé des Trois-Pierres, au sujet des livres de son église et de ses revenus. — Novembre 1410.

2302 ROUEN (OFFICIALITÉ DE).

1513.

Sceau ogival, de 49 mill. — Arch. de la Seine-Inférieure; archevêché de Rouen.

Archevêque assis, mitré, crossé, bénissant.

...ILL CVRIE ROTHOMAGEN

(Sigillum curie Rothomagensis.)

Fondation de la chapelle de Grattepance en l'archidiaconé d'Eu. — Février 1513.

OFFICIAUX.

2303 AVRANCHES (L'OFFICIAL D').

1363.

Signet rond, de 13 mill. — Arch. de la Manche; abbaye de Montmorel.

Un lion assis, accompagné des lettres RPF. — Sans légende.

Nomination à la cure de Precey. — Septembre 1363.

2304 AVRANCHES (L'OFFICIAL D').

1460.

Signet octogone, de 11 mill. — Arch. de la Seine-Inférieure; archevêché de Rouen.

Deux clefs en sautoir, cantonnées d'une étoile, d'un croissant et de deux points. — Sans légende.

Procuration pour le concile provincial tenu à Rouen. — Avril 1460.

2305 BAYEUX (L'OFFICIAL DE).

1411.

Signet ovale, de 12 mill. — Arch. de la Manche; abbaye de Montmorel.

Intaille représentant une tête d'aigle combinée avec une tête silénique et une tête de Bacchus. — Sans légende.

Procès au sujet du patronage de la cure de Bény. — Novembre 1411.

2306 MANS

(GARIN DES USAGES, OFFICIAL DU).

1217.

Sceau ogival, de 51 mill. — Arch. de la Manche; abbaye du Mont-Saint-Michel.

Personnage à mi-corps, de face, tête nue, en chasuble, tenant un livre, accompagné d'une croix combinée avec un sautoir, un croissant et une étoile.

S' GVARINI ..VSAGIIS

(Sigillum Guarini de Usagiis.)

Délimitation des dîmages de l'abbaye de Saint-Julien-du-Pré et du prieuré de Saint-Victor. — Mars 1217.

2307 ROUEN (L'OFFICIAL DE).

1276.

Sous-sceau ovale, de 10 mill. — Arch. de la Seine-Inférieure; abbaye de Saint-Amand.

Intaille représentant un personnage debout, de profil à droite, appuyé sur une branche ou un soc de charrue? — Sans légende.

Acquisition d'une terre sise à Boos. — Juillet 1276.

2308 ROUEN (L'OFFICIAL DE).

1284.

Sous-sceau ovale, de 11 mill. — Arch. de la Seine-Inférieure; abbaye de Saint-Amand.

Intaille représentant Minerve casquée, buste à droite. — Sans légende.

Testament de Guillaume, curé de Saint-Sauveur de Boos. — Juillet 1284.

2309 ROUEN (L'OFFICIAL DE).

1389.

Sous-sceau ovale, de 13 mill. — Arch. de la Seine-Inférieure; chapitre de Rouen.

Intaille représentant Vénus, buste à droite. — Sans légende.

Exemption de dîme accordée au chapitre de Rouen par l'archevêque Guillaume de Vienne. — Novembre 1389. — La même intaille est encore employée à l'Officialité en 1447.

COURS ÉPISCOPALES.

2310 COUR ÉPISCOPALE

DE LOUIS DE CANOSSA,

Évêque de Bayeux. — 1526.

Sceau rond, de 38 mill. — Arch. de la Manche; abbaye de Montmorel.

Buste d'évêque à gauche, accosté de deux écus effacés. — Légende illisible.

Collation de l'église de Notre-Dame du Bény. — Février 1526.

2311 COUR ÉPISCOPALE

DE CHARLES D'HUMIÈRES,

Évêque de Bayeux. - 1550.

Sceau rond, de 45 mill. — Arch. de la Manche; abbaye de Montmorel.

Écu fretté, timbré d'une mitre et d'une crosse.

SIGILLVM · DO......HVMIERES . BA · EPI

Collation du prieuré-cure de Guilberville. — Février 1550.

2312 COUR ÉPISCOPALE

DE JACQUES D'ANGENNES,

Évêque de Bayeux. — 1646.

Cachet ovale, de 30 mill. — Collection de M. de Farcy, à Bayeux.

Écu au sautoir, timbré d'une mitre et d'une crosse.

✱ IACOBVS · EPISCOPVS · BAIOCENSIS

Collation de la cure de Banneville-sur-Ajon. — Décembre 1626.

2313 **COUR ÉPISCOPALE**

D'ADRIEN GOUFFIER,

Évêque de Coutances. — 1512.

Sceau rond, de 36 mill. — Arch. de la Manche; abbaye du Mont-Saint-Michel.

Écu burelé, écartelé d'une croix cantonnée de seize tourteaux, embrassé par des rinceaux.

. . magnum cur . . . . pa . . . .

(Sigillum magnum curie episcopalis . . . . .)

Collation de la cure de Saint-Jean-des-Champs. — Février 1512.

2314 **COUR ÉPISCOPALE**

D'ÉTIENNE MARTEL,

Évêque de Coutances. — 1554.

Sceau rond, de 38 mill. — Arch. de la Manche; abbaye de Savigny.

Écu portant trois marteaux, timbré d'une crosse et d'une mitre, entouré de rinceaux.

✱ S. . . . . . S. . . . . CIEN · APVD · VALLAS?

Collation de la cure d'Hudimesnil. — Novembre 1554.

2315 **COUR ÉPISCOPALE**

D'ARTHUR DE COSSÉ,

Évêque de Coutances. — 1568.

Sceau rond, de 38 mill. — Arch. de la Manche; abbaye de Saint-Sauveur-le-Vicomte.

Écu portant trois fasces denchées par le bas, timbré d'une mitre et d'une crosse. — Légende effacée.

CONTRE-SCEAU : La représentation réduite de la face. — Sans légende.

Collation de la cure de Vaudreville. — Décembre 1568.

2316 **COUR ÉPISCOPALE**

DE MATHURIN DE PLÉDRAN,

Évêque de Dol. — 1509.

Sceau rond, de 42 mill. — Arch. de la Manche; abbaye du Mont-Saint-Michel.

Écu portant sept macles : 3, 3 et 1, entouré de rinceaux. — Il ne reste plus de la légende que

episco . . dol . . .

(Episcopi Dolensis.)

Collation de la chapelle de la Madeleine. — Février 1509.

VICARIATS ET VICAIRES GÉNÉRAUX.

2317 **GAUFFRE (AMBROISE LE),**

Vicaire général de Jacques d'Angennes, évêque de Bayeux; trésorier du chapitre de Bayeux. — 1626.

Cachet ovale, de 17 mill. — Collection de M. de Farcy, à Bayeux.

Écu au chevron accompagné de trois fleurs ou trois quintefeuilles, portant une étoile en chef et un croissant en pointe. — Sans légende.

Collation de la cure de Banneville-sur-Ajon. — Décembre 1626.

2318 **BOIS (LOUIS DU),**

Vicaire général d'Arthur de Cossé, évêque de Coutances. — 1563.

Signet rond, de 17 mill. — Arch. de la Manche; abbaye de Saint-Sauveur-le-Vicomte.

Écu à l'aigle, écartelé d'un coupé, à trois quintefeuilles sur le tout. — Sans légende.

Collation de la cure de Saint-Christophe-du-Foc. — Janvier 1563.

2319 **BERNARD (CHARLES),**

Vicaire général de Nicolas de Briroi, évêque de Coutances. — 1596.

Signet rond, de 18 mill. — Arch. de la Manche; abbaye de Montebourg.

Écu portant une jumelle accompagnée de trois molettes. — Sans légende.

Collation de l'église de Carneville. — Juillet 1596.

2320 **VICARIAT GÉNÉRAL**

D'ÉTIENNE BLOSSET,

Évêque de Lisieux. — 1490.

Sceau rond, de 29 mill. — Arch. du Calvados; prieuré de Sainte-Barbe-en-Auge.

Écu à trois pals sous un chef vivré, timbré d'une crosse, accosté de deux marguerites, dans un trilobe.

s stephani blosset ep . . . .

(Sigillum Stephani Blosset, episcopi . . . . .)

Collation de l'église de Notre-Dame-de-la-Caule. — Juillet [illegible].

2321 **VICARIAT**

DE GUILLAUME DE FLAVACOURT,

Archevêque de Rouen, à Pontoise et dans le Vexin français. — 1280.

Sceau ogival, de 36 mill. — Arch. de la Seine-Inférieure; archevêché de Rouen.

Une croix processionnelle accostée d'une crosse et d'une mitre.

✠ SIGILLVM VIC.......... HTISSAR

(Sigillum vicari..... Pontissarensis.)

Contre-sceau : Une mitre devant une crosse, accompagnée d'une main droite appaumée.

✠ C S' CVR' DO..?

(Contra sigillum curie do.....)

Fieffe d'une vigne, consenti par l'abbé de Dammartin. — Mai 1286.

2322 VICARIAT GÉNÉRAL

DE PIERRE ROGER,

Archevêque de Rouen. — 1337.

Sceau ogival, de 42 mill. — Arch. de la Seine-Inférieure; prieuré de la Madeleine.

Dans une niche gothique, l'Annonciation. Au bas, un écu à l'aigle éployée?

S VICAR... GENER.... P.....EI GRA ARCHIEP.... ..

(Sigillum vicariatus generalis Petri, Dei gracia archiepiscopi Rothomagensis.)

Provision pour la cure d'Autretot et serment du curé investi. — Janvier 1337.

2323 VICARIAT GÉNÉRAL

DE L'ARCHEVÊQUE DE ROUEN.

Sede vacante. — 1493.

Sceau ogival, de 60 mill. — Arch. de la Seine-Inférieure; archevêché de Rouen.

La Vierge debout, couronnée, portant l'enfant Jésus, tenant un lys à la main droite.

✠ S' VICARIOR ROTHO.. .. BE MAR' SEDE VACANTE

(Sigillum vicariorum Rothomagensium Beate Marie, sede vacante.)

Enquête sur le droit de patronage de l'église d'Yville-sur-Seine. — Septembre 1493.

2324 MESNIL (JEAN DU),

Vicaire général de Guillaume d'Estouteville, archevêque de Rouen. — 1464.

Signet rond, de 16 mill. — Arch. de la Seine-Inférieure; archevêché de Rouen.

Écu à la fasce accompagnée de sept merlettes en orle.

iehan du mesnil

(Jehan du Mesnil.)

Quêtes pour l'hôpital de Neufmarché. — Avril 1464.

2325 VICARIAT GÉNÉRAL

DU CHAPITRE DE ROUEN.

Sede vacante. — 1722.

Cachet rond, de 27 mill. — Arch. de la Seine-Inférieure; archevêché de Rouen.

Archevêque debout, en chape, tenant de la main droite la croix à double traverse, et de la gauche, la crosse.

SIGILLVM DIŒCESIS ROTHOMAGENSIS

Dispense pour mariage. — Mars 1722.

CHAMBRERIES.

2326 CHAMBRERIE

DE LOUIS-CHARLES DE MACHAULT,

Évêque d'Amiens. — 1774.

Cachet ovale, de 21 mill. — Arch. de la Seine-Inférieure; archevêché de Rouen.

Écu à trois têtes d'aigle arrachées, timbré d'une mitre et d'une crosse, surmonté du chapeau épiscopal. — Sans légende.

Dimissoire. — Octobre 1774.

2327 CHAMBRERIE

DE BERNARDIN DE SAINT-FRANÇOIS,

Évêque de Bayeux. — 1576.

Sceau ovale, de 44 mill. — Collection de M. de Farcy, à Bayeux.

Écu portant un sautoir à la bordure, timbré d'une crosse.

✠ BERNARDINVS · DE · SANCT · FRANCIS · D · G · E · BAIOC ·

Ordre d'informer. — Bayeux, mars 1576.

2328 CHAMBRERIE D'ÉDOUARD MOLÉ,

Évêque de Bayeux. — 1649.

Sceau rond, de 38 mill. — Collection de M. de Farcy, à Bayeux.

Écu au chevron accompagné de deux étoiles en chef et d'un croissant en pointe, écartelé d'un lion, surmonté du chapeau épiscopal. — Sans légende.

Promotion aux ordres mineurs. — Décembre 1649.

2329 CHAMBRERIE

DE FRANÇOIS DE NESMOND,

Évêque de Bayeux. — 1665.

Sceau rond, de 42 mill. — Collection de M. de Farcy, à Bayeux.

Écu portant trois huchets enguichés, timbré d'une mitre et d'une crosse, sous un chapeau épiscopal. — Sans légende.

Nomination d'un vicaire général. — Avril 1665.

2330 CHAMBRERIE DE THOMAS BASIN,

Archevêque de Césarée. — 1490.

Sceau ogival, de 66 mill. — Arch. du Calvados; évêché de Lisieux.

Dans une niche gothique, la Vierge debout, couronnée, tenant l'enfant Jésus, accompagnée de saint Pierre et de saint Paul dans deux niches latérales. Il ne reste plus au bas qu'un écu portant deux clefs en sautoir.

s thome archi . . . cesariensis

(Sigillum Thome, archiepiscopi Cesariensis.)

Assignation de rentes au profit du chapitre de Lisieux, sur lesquelles les chapelains et vicaires qui assisteront aux offices prélèveront le tiers. — Juillet 1490.

2331 CHAMBRERIE

DE GILLES DE DUREMORT,

Évêque de Coutances. — 1440.

Sceau rond, de 36 mill. — Arch. de la Seine-Inférieure; archevêché de Rouen.

Dans une niche gothique, la Vierge debout, couronnée, tenant l'enfant Jésus, accompagnée de deux anges jouant d'instruments dans deux logettes latérales. Au bas, deux écus timbrés chacun d'une crosse; celui de dextre, au léopard sous un chef chargé de deux fleurs de lys? celui de sénestre, au chevron accompagné de trois tourteaux.

s camere egid. . . . . epi constanci. . sis

(Sigillum camere Egidii, episcopi Constanciensis.)

Procès de Guillaume d'Auberive, archidiacre en l'église de Coutances, accusé du crime de lèse-majesté. — Septembre 1440.

2332 CHAMBRERIE DE THOMAS BASIN,

Évêque de Lisieux. — 1450.

Sceau rond, de 53 mill. — Arch. du Calvados; évêché de Lisieux.

Dans une niche gothique, saint Pierre debout, nimbé, tenant ses clefs et un livre, accosté de deux anges dans deux logettes latérales. Au-dessous, l'évêque priant accosté à dextre d'un écu portant deux clefs en sautoir à la crosse brochant, et à sénestre d'un écu au chevron accompagné de trois tourteaux. — Légende détruite.

Collation de la cure de Saint-Vaast-en-Auge. — Juillet 1450.

2333 CHAMBRERIE

DE PHILIPPE DE LUXEMBOURG,

Évêque du Mans. — 1490.

Sceau rond, de 36 mill. — Arch. de la Manche; abbaye du Mont-Saint-Michel.

Dans une niche gothique, l'évêque à mi-corps, mitré, crossé, bénissant, accompagné de deux petits personnages dans deux logettes latérales. Au-dessous, un écu au lion couronné à queue fourchée passée en sautoir, écartelé d'une comète, à la crosse brochant sur le tout.

s . . me. . de lu. . . . . epi ceno. . .

(Sigillum camere Philippi de Lucemburgo, episcopi Cenomanensis.)

Pouvoirs pour faire l'aveu des biens relevant du prieuré de Saint-Victor. — Avril 1490.

2334 CHAMBRERIE

DE GUILLAUME DE VIENNE.

Archevêque de Rouen. — 1406.

Sceau rond, de 40 mill. — Arch. de la Seine-Inférieure; archevêché de Rouen.

Dans une niche gothique, la Vierge assise, couronnée, tenant l'enfant Jésus, une tige de lys à la main, accompagnée de deux anges dans deux logettes latérales.

✠ S CAMERE GVILL. . . . . . . OPI ROTHO. . . . . .

(Sigillum camere Guillelmi . . . . . archiepiscopi Rothomagensis.)

Compromis au sujet du patronage de l'église de Tourny. — Avril 1406.

2335 CHAMBRERIE

DE HUGUES D'ORGES.

Archevêque de Rouen. — 1432.

Sceau rond, de 38 mill. — Arch. de la Seine-Inférieure; archevêché de Rouen.

Dans une niche gothique, en haut, la Vierge à mi-corps, couronnée, tenant l'enfant Jésus, accompagnée de deux anges en adoration dans deux logettes latérales; au-dessous, l'archevêque tenant sa croix, priant, accosté de deux écus timbrés d'une croix: celui de dextre à deux léopards, celui de sénestre au lion.

. . . . . . um came. . . . . s dei gracia arc. . . . .

(Sigillum camere Hugonis, Dei gracia archiepiscopi Rothomagensis.)

Fondation de la chapelle de Saint-Amand-de-Gouville en la paroisse de Saint-Wandrille; confirmation. — Octobre 1432.

2336 CHAMBRERIE

DE LOUIS DE LUXEMBOURG.

Archevêque de Rouen. — 1437.

Sceau rond, de 42 mill. — Arch. de la Seine-Inférieure; abbaye de Saint-Ouen.

Dans une niche gothique, la Vierge assise, couronnée,

tenant l'enfant Jésus, accompagnée de deux anges en adoration dans deux logettes latérales. Au-dessous, l'archevêque priant accosté de deux écus timbrés d'une croix: celui de dextre à deux léopards; celui de sénestre au lion couronné, la queue fourchée passée en sautoir. — Légende détruite.

Dispense accordée à l'abbaye de Saint-Ouen, ruinée par les guerres, de recevoir l'archevêque le jour de son entrée à Rouen. — Août 1437.

2337 **CHAMBRERIE**

DE JACQUES DE SILLY,

Évêque de Sées. — 1530.

Sceau rond, de 30 mill. — Collection de M. de Farcy, à Bayeux.

Écu d'hermines à la fasce vivrée accompagnée de trois tourteaux en chef, timbré d'une crosse. — Légende détruite.

Attestation en faveur d'un clerc du diocèse de Sées. — 21 mars 1530.

2338 **AVRANCHES (ÉVÊCHÉ D').**

1699-1719.

Sceau ovale, de 31 mill. — Arch. de la Manche.

Écu écartelé aux armes de l'évêque Roland-François de Kerhoen de Coëttenfau: au 1 et 4, un échiqueté; au 2 et 3, deux macles sous une fleur de lys; sur le tout, un écusson portant neuf losanges, 3, 3 et 3; timbré d'une couronne ducale entre une mitre et une crosse, sous un chapeau épiscopal.

✱ SEAV · DE · LEVECHE · DAVRANCHES

Matrice.

2339 **OISE**

(ÉVÊCHÉ DU DÉPARTEMENT DE L').

1791.

Cachet ovale, de 36 mill. — Arch. de la Seine-Inférieure; archevêché de Rouen.

Écu ovale sur lequel est écrit, en trois lignes: EVANG^E, CONST^ON, 1791, posé devant un sautoir formé d'une croix et d'une pique surmontée du bonnet phrygien, embrassé à dextre par une couronne d'épines et à sénestre par une branche de laurier.

SCEAU DE L'EVECHE DU DEPARTEMENT DE L'OISE

Dimissoire donné par Jean-Baptiste Massieu, évêque constitutionnel de l'Oise. — Juin 1791.

JURIDICTION TEMPORELLE DES ÉVÊQUES; RECEVEURS.

2340 **DOL**

(SÉNÉCHAUSSÉE DE L'ÉVÊQUE DE).

1319.

Sceau rond, de 34 mill. — Arch. de la Manche; abbaye du Mont-Saint-Michel.

Buste d'évêque de face, accompagné d'une fleur de lys à dextre.

✱ S' CVRIE SENESCALLI EPI .OL

(Sigillum curie senescalli episcopi Dolensis.)

Contre-sceau: Une main bénissante accostée d'un point et d'une fleur de lys.

✱ CO.... S CVRIE

(Contra sigillum curie.)

Fieffe d'une terre sise à Saint-Broladre. — Juin 1319.

2341 **DOL (COUR DE L'ÉVÊQUE DE).**

1540.

Contre-sceau rond, de 22 mill. — Arch. de la Manche; abbaye du Mont-Saint-Michel.

Une main bénissante entre deux fleurs de lys.

CONTRA SIGILLVM CVRIE

(Contra sigillum curie.)

Acquisition de biens sis à Saint-Broladre. — Mai 1540.

2342 **ÉVREUX**

(BAILLIAGE DE L'ÉVÊQUE D').

1435.

Contre-sceau rond, de 25 mill. — Arch. hospitalières d'Évreux.

Un bras tenant une crosse accompagnée d'une croisette à dextre, dans un quadrilobe.

✱ 9TRA S BALLIVIE EPI EBROI.

(Contra sigillum ballivie episcopi Ebroicensis.)

Mainlevée de terres, rentes et revenus appartenant à l'Hôtel-Dieu d'Évreux en la seigneurie de Normanville. — Décembre 1435.

2343 **ÉVREUX**

(VICOMTÉ DE L'ÉVÊQUE D').

1538.

Sceau rond, de 22 mill. — Arch. hospitalières d'Évreux.

Écu à la crosse accostée d'une rose et d'une croisette en chef, d'une fleur de lys couronnée et d'une rose en pointe, timbré d'un oiseau, supporté par deux dragons, dans un quadrilobe.

✠ S : de la viconte : de.....

(Seel de la vicomté de.....)

Copie d'un acte d'élection de tuteurs et curateurs. — Décembre 1438.

2344 ROUEN

(SÉNÉCHAUSSÉE DU TEMPOREL ET AUMÔNES DE L'ARCHEVÊQUE DE).

1393.

Sceau rond, de 35 mill. — Arch. de la Seine-Inférieure; archevêché de Rouen.

Dans une niche gothique, la Vierge debout, couronnée, tenant l'enfant Jésus, accostée de deux écus: celui de dextre à l'aigle et timbré d'une croix, celui de sénestre à deux léopards à la croix brochant. Sous chaque écu, un dragon ailé.

S ...ESCALLIE DOMINI ARCHI........ ROTHOM

(Sigillum senescallie domini archiepiscopi Rothomagensis.)

Fondation d'une chapellenie à Dieppe. — Avril 1393.

2345 ROUEN

(SÉNÉCHAUSSÉE DU TEMPOREL ET AUMÔNES DE L'ARCHEVÊQUE DE).

1428.

Sceau rond, de 30 mill. — Arch. de la Seine-Inférieure; archevêché de Rouen.

La Vierge assise, couronnée, tenant l'enfant Jésus, accostée de deux écus: celui de dextre à la bande chargée de trois dauphins à la bordure engrêlée, celui de sénestre à deux léopards; chacun des écus posé devant une croix.

seel de la seneschaucie de larchevesche . . .ouen

(Seel de la sénéchaucie de l'archevêché de Rouen.)

Autorisation de construire un pont sur l'Eure, donnée à Denis le Roux de Louviers. — Novembre 1428.

2346 ROUEN

(BAILLIAGE DE L'ARCHEVÊQUE DE)

à Dieppe. — 1309.

Sceau rond, de 52 mill. — Arch. de la Seine-Inférieure; archevêché de Rouen.

Dans une nef dont la voile est carguée: à gauche, l'archevêque en pallium, mitré, crossé, bénissant; à droite, une croix.

.... ARCHIEPI : RO..MAG'..... .. .IEPPA

(.......archiepiscopi Rothomagensis in Dieppa.)

Contre-sceau: Une fleur de lys fleuronnée.

✠ FLOS TEGIT ARCANA

(Flos tegit arcana.)

Acquisition d'une rente sur une masure, à Dieppe. — Juillet 1309.

2347 ROUEN

(BAILLIAGE DE L'ARCHEVÊQUE DE)

à Dieppe. - 1377.

Sceau rond, de 32 mill. — Arch. de la Seine-Inférieure; archevêché de Rouen.

Dans une rose gothique, une nef à la voile déployée, et dans la nef: à gauche, un buste d'évêque; à droite, une croix. — Légende détruite.

Nomination d'un procureur dans un procès entre l'archevêque de Rouen et Robert d'Estouteville, au sujet de chemins à Épinay près Dieppe. — Mars 1377.

2348 ROUEN

(BAILLIAGE DE L'ARCHEVÊQUE DE)

à Fresnes-l'Archevêque. — 1506.

Sceau rond, de 34 mill. — Arch. de la Seine-Inférieure; archevêché de Rouen.

Écu palé de six pièces, timbré d'une croix. — Légende détruite.

Contre-sceau: Écu aux armes de la face, timbré d'une croix surmontée d'un chapeau archiépiscopal. — Légende fruste.

Bail d'une terre relevant de la seigneurie de Fresnes-l'Archevêque. — Décembre 1506.

2349 ROUEN

(BAILLIAGE DE L'ARCHEVÊQUE DE)

à Louviers. — 1338.

Sceau rond, de 30 mill. — Arch. de la Seine-Inférieure; archevêché de Rouen.

Une mitre entre une croix et une crosse, accostée d'une fleur de lys et d'un écu à la bande accompagnée de six quintefeuilles en orle. En haut, deux points.

....LLI · BALLIVIE · DE · LOCOVERI.

(Sigillum ballivie de Locoveris.)

Contre-sceau: Une mitre entre une crosse et une fleur de lys. En haut, deux points.

✠ CONTRA · SIGILLVM

(Contra sigillum.)

Vente par autorité de justice du fief de Fresnes. — Mai 1338.

2350 ROUEN

(BAILLIAGE DE L'ARCHEVÊQUE DE)

à Louviers et à Gaillon. — 1446.

Sceau rond, de 38 mill. — Arch. de la Seine-Inférieure ; archevêché de Rouen.

Écu à la bande chargée de trois dauphins à la bordure engrêlée, devant une crosse, accompagné d'une croisette à sénestre. — Il ne reste plus de la légende que

bailliage

(Bailliage.)

CONTRE-SCEAU : L'écu de la face, timbré et accompagné de même.

. . . . . . seel du bailliage de lou. . . s

(Contre seel du bailliage de Loviers.)

Appointement au sujet de la nomination d'un capitaine de Louviers. — Mai 1446.

2351 ROUEN

(BAILLIAGE DE L'ARCHEVÊQUE DE)

à Louviers et à Gaillon. — 1449.

Sceau rond, de 18 mill. — Arch. de la Seine-Inférieure ; archevêché de Rouen.

Écu à la fasce chargée de trois fermaux, timbré d'une croix entre une fleur de lys et une étoile.

petit seel du bailliage de loviers et gaillon

(Petit seel du bailliage de Loviers et Gaillon.)

Bail du fief de Beauchesne. — Février 1449.

2352 ROUEN

(BAILLIAGE DE L'ARCHEVÊQUE DE)

à Louviers et à Fresnes. — 1454.

Sceau rond, de 33 mill. — Arch. de la Seine-Inférieure ; archevêché de Rouen.

Deux écus accolés : celui de dextre au lion écartelé de deux fasces à l'écusson sur le tout chargé de trois coquilles au bâton en bande, celui de sénestre à deux léopards. Entre les deux écus, une croix surmontée d'un chapeau archiépiscopal. Dans le champ, quatre fleurs de lys.

. . el des : obligacios : de la baillie de loviers s fres. . .

(Seel des obligacions de la baillie de Loviers et Fresnes ?)

CONTRE-SCEAU : L'écu de dextre de la face, timbré d'une croix surmontée d'un chapeau archiépiscopal.

c s des obligacios de loviers

(Contre seel des obligacions de Loviers.)

Appointement avec les drapiers de Louviers, au sujet du droit des halles. — Septembre 1454.

2353 ROUEN

(VICOMTÉ DE L'ARCHEVÊQUE DE)

à Cliponville. — 1434.

Sceau rond, de 22 mill. — Arch. de la Seine-Inférieure ; abbaye de Valmont.

Une mitre devant une crosse. — Légende fruste.

Présentation à la chapelle de Saint-Thomas du Catillon. — Mai 1434. — L'officier est qualifié de vicomte de Cliponville et des aumônes du bailliage de Caux pour l'archevêque de Rouen.

2354 CHIEFDEMAY (JEAN),

Receveur de l'évêque d'Avranches. — 1384.

Signet rond, de 18 mill. — Arch. de la Manche ; abbaye du Mont-Saint-Michel.

L'initiale I surmontée d'une coupe, accostée de deux oiseaux, dans un trilobe. — Légende détruite.

Quittance. — Mars 1384.

XIIe SÉRIE. — CHAPITRES.

2355 AVRANCHES

(CHAPITRE DE SAINT-ANDRÉ D').

1366.

Sceau ogival, de 74 mill. — Arch. de la Manche; abbaye du Mont-Saint-Michel.

Saint André debout, de trois quarts, nimbé, tenant une croix et un livre, accompagné à sénestre d'une étoile.

..GILL.......E · ABRINC.....

(Sigillum capituli Sancti Andree Abrincensis.)

Accord au sujet du patronage de Bacilly. — Novembre 1366.

2356 BAYEUX

(CHAPITRE DE NOTRE-DAME DE).

1315.

Sceau ogival, de 76 mill. — Arch. de la Manche; abbaye de Montmorel.

La Vierge assise, couronnée, tenant l'enfant Jésus entre ses genoux, un fleuron à la main droite.

...ILL SCE MAR....IOC ET CANONI...

(Sigillum Sancte Marie Bajocensis et canonicorum.)

Contre-sceau : La Vierge assise, tenant l'enfant Jésus comme à la face, accostée de quatre étoiles.

✱ SECRETVM CAPITVLI BAIOC'

(Secretum capituli Bajocensis.)

Transformation de l'église séculière de Courseulles en église régulière. — Mai 1315.

2357 BAYEUX

(CHAPITRE DE NOTRE-DAME DE).

XVe siècle.

Sceau rond, de 55 mill. — Communiqué par M. Minot, à Caen.

Dans une niche gothique, la Vierge assise, couronnée, tenant l'enfant Jésus, accompagnée de deux anges dans deux logettes latérales.

S' CAPITULI : ECCE : BEATE : MARIE : BAIOCEN

(Sigillum capituli ecclesie Beate Marie Bajocensis.)

Contre-sceau : La représentation réduite de la face, sans les deux anges.

SIGILLUM CAPITULI ECCE BAIOCEN

(Sigillum capituli ecclesie Bajocensis.)

Surmoulage.

2358 BAYEUX

(CHAPITRE DE NOTRE-DAME DE).

1689.

Cachet rond, de 27 mill. — Arch. de la Seine-Inférieure; archevêché de Rouen.

Dans une niche gothique, la Vierge assise, couronnée, tenant l'enfant Jésus.

SIGILLUM CAPITULI ECCE BAIOCEN

(Sigillum capituli ecclesie Bajocensis.)

Présentation à la cure de Notre-Dame-des-Champs. — Janvier 1689.

2359 BAYEUX

(CHAPITRE DE NOTRE-DAME DE).

XVIIe siècle.

Sceau rond, de 23 mill. — Collection de M. de Farcy, à Bayeux.

Une aigle éployée.

✱ SIGILLVM · CAPITVLI · BAIOSENSIS ·

Matrice.

2360 COUTANCES

(CHAPITRE DE NOTRE-DAME DE).

Fin du XIIe siècle et 1256.

Sceau ogival, de 70 mill. — Arch. de la Manche; abbaye de Savigny.

La Vierge assise sur un banc, couronnée, tenant l'enfant Jésus, un fleuron à la main droite.

..GILLVM · CAPITLI · SCE....
...STANCIENSIS

(Sigillum capituli Sancte Marie Constanciensis.)

Contre-sceau : La Vierge assise, couronnée, tenant

l'enfant Jésus et un sceptre fleuronné. Au bas, un croissant surmonté d'un soleil.

✱ SALVE : VIRGO : PARENS

(Salve Virgo parens.)

Ratification d'un accord entre l'archevêque de Rouen et ses suffragants, au sujet de la juridiction ecclésiastique. — Août 1256.

2361 COUTANCES

(CHAPITRE DE NOTRE-DAME DE).

1596.

Sceau ovale, de 52 mill. — Arch. de la Manche; abbaye de Montebourg.

La Vierge debout, couronnée, portant l'enfant Jésus. A ses pieds, un écu au léopard sous un chef chargé de deux fleurs de lys, devant une crosse. Le tout entouré d'une couronne de lauriers.

.......M EC...... CONSTANT......

(Sigillum ecclesie..... Constantiensis.)

Collation de l'église de Carneville. — Juillet 1596.

2362 DOL (CHAPITRE DE).

Sede vacante. — 1639.

Sceau rond, de 37 mill. — Arch. de la Manche; abbaye de Montmorel.

Une mitre sur champ fretté semé de roses.

...LA COVR SECVLIERE DE DOL
LE SIEGE VA....?

Collation de la cure de Saint-Étienne de Paluel. — Décembre 1639.

2363 ÉVREUX

(CHAPITRE DE NOTRE-DAME D').

XVIIIe siècle.

Sceau ovale, de 56 mill. — Collection de M. l'abbé Jouen, à Évreux.

La Vierge debout, couronnée, les pieds sur un croissant, tenant l'enfant Jésus, accostée de deux fleurs de lys.

✱ SIGILLVM · CAPITVLI · ECCLESIÆ ·
EBROICENSIS

Matrice.

2364 EXETER

(CHAPITRE DE SAINT-PIERRE D').

1191-1206.

Sceau rond, de 40 mill. — Arch. de la Manche; abbaye du Mont-Saint-Michel.

Une église.

✱ SIGILLVM CAPITI SCI PETRI EXONIEN

(Sigillum capituli Sancti Petri Exoniensis.)

Confirmation de la cession faite à l'abbaye du Mont-Saint-Michel des églises qui lui appartenaient dans le diocèse d'Exeter. — Sans date.

2365 GAILLON

(CHAPITRE DE SAINT-ANTOINE DE).

1298.

Sceau ogival, de 58 mill. — Arch. de la Seine-Inférieure; archevêché de Rouen.

Personnage debout, tête nue, en chasuble, crossé, tenant un livre.

✱ S. CAPITVLI · SCI ..TONII · DE GAILLON

(Sigillum capituli Sancti Antonii de Gaillon.)

Contre-sceau : La représentation de la face.

✱ S' CAPITVLI S' .... .E GALL
AD CAS

(Sigillum capituli Sancti Antonii de Gallon ad causas.)

Donation faite à l'archevêque de Rouen du patronage de l'église de Manneville-sur-Risle. — Novembre 1298.

2366 GRENOBLE

(CHAPITRE DE SAINT-ANDRÉ DE).

XVIe siècle.

Sceau rond, de 33 mill. — Musée des antiquaires de Normandie, à Caen.

Saint André debout, nimbé, tenant sa croix et un livre.

✱ S · PARVVM · CAPITVLI · S · ANDREE ·
GROÑOP

Matrice.

2367 LIÈGE

(CHAPITRE DE SAINT-JEAN DE).

XIIe siècle.

Sceau rond, de 60 mill. — Collection de M. de Farcy, à Bayeux.

Saint Jean assis devant un pupitre, écrivant : Ī PRĪCIPIO ERAT VB' (in principio erat Verbum). Au-dessus du livre, la colombe inspiratrice nimbée vole vers la tête du saint. Le costume est apostolique, les pieds sont nus. Une rivière circulaire coule entre le champ et la légende, qui est précédée d'une sorte de cité placée au-dessus de la tête de l'évangéliste.

S' · C......CCLIE : SCI ....

(Sigillum capituli ecclesie Sancti Johannis Leodiensis.)

Contre-sceau : L'aigle de saint Jean, nimbée, tenant

dans les serres une banderole où l'on distingue IOHES (Johannes).

✠ CONTRA S' CAPITVLI ECCE S' IOHIS LEOD'

(Contra sigillum capituli ecclesie Sancti Johannis Leodiensis.)

Cire originale détachée.

2368 LIÈGE

(CHAPITRE DE SAINT-PAUL DE).

XIIIe siècle.

Sceau rond, de 62 mill. — Collection de M. de Farcy, à Bayeux.

Saint Paul sur la route de Damas. Le saint à cheval, barbu, tête nue, ceint d'une épée, effrayé, courbé sur l'encolure, élevant la main au-dessus de sa tête, se retournant vers le ciel, où apparaît une sorte de tête dans les nuages. Champ fretté et semé de fleurs. — Il ne reste plus de la légende que

..VLI LEODIE..

(Pauli Leodiensis.)

Premier contre-sceau : Saint Paul à mi-corps, nimbé, tenant un livre et une épée; sur champ réticulé.

✠ CONT̄ SIG' ECCĒE B'I PAVLI LEOD' AD CAVSAS

(Contra sigillum ecclesie Beati Pauli Leodiensis ad causas.)

Second contre-sceau : Saint Paul à mi-corps, nimbé, tenant un livre et une épée; sur champ fretté.

✠ S' ECCĒLIE B'I PA.......SAS

(Secretum ecclesie Beati Pauli Leodiensis ad causas.)

Cire originale détachée.

2369 LIÈGE

(CHAPITRE DE SAINTE-CROIX DE).

XIIe siècle.

Sceau ogival, de 70 mill. — Collection de M. de Farcy, à Bayeux.

Personnage féminin à mi-corps, nimbé et couronné, à robe ajustée, bordée d'orfroi et retenue par une riche ceinture, tenant d'une main une croix latine et de l'autre un calice. Dans le champ, le mot ECCLA (Ecclesia).

✠ SIGILL.. ...LESIE SANCTE ..VC..

(Sigillum ecclesie Sancte Crucis.)

Contre-sceau : Deux anges à mi-corps et vis-à-vis élevant des deux mains une croix.

LEODIENSIS

(Leodiensis.)

Cire originale détachée.

2370 LISIEUX (CHAPITRE DE).

1599.

Sceau rond, de 25 mill. — Collection de M. de Farcy, à Bayeux.

Écu portant deux clefs en sautoir cantonné de quatre étoiles, timbré d'un rameau, embrassé par deux palmes. — Sans légende.

Présentation à la cure de Plumetot. — Août 1599.

2371 MORTAIN (CHAPITRE DE).

XVIe siècle.

Sceau ogival, de 50 mill. — Arch. de la Manche.

Deux bustes à côté l'un de l'autre : celui de dextre tête nue, celui de sénestre mitré; accompagnés en haut et en bas d'une croix fleuronnée.

sigillum : capituli de moritonio

(Sigillum capituli de Moritonio.)

Surmoulage.

2372 PONTOISE

(CHAPITRE DE SAINT-MELLON DE).

1717.

Sceau rond, de 34 mill. — Arch. de la Seine-Inférieure; archevêché de Rouen.

Évêque assis, mitré, crossé, bénissant, les pieds appuyés sur un pont à trois arches.

s : cōitatis : vicar : sci melloni : de pontisara

(Sigillum communitatis vicariorum Sancti Melloni de Pontisara.)

Présentation à la cure de Saint-Maclou de Pontoise. — Octobre 1717.

2373 PROVINS

(CHAPITRE DE SAINT-QUIRIACE DE).

XIIIe siècle.

Contre-sceau rond, de 29 mill. — Collection de M. de Farcy, à Bayeux.

Le Christ à mi-corps, tenant la croix de résurrection, élevant la main en signe d'allocution.

✠ ECCE · LIGNVM · CRVCIS

(Ecce lignum crucis.)

Cire originale détachée.

2374 ROUEN

(CHAPITRE DE NOTRE-DAME DE).

Avant 1216.

Sceau ogival, de 68 mill. — Arch. de la Seine-Inférieure, chapitre de Rouen.

La Vierge assise, couronnée et nimbée, en chape, tenant un sceptre fleuronné et une pomme.

SIGILL · CAPITVLI . . ROMAG ECCLIE

(Sigillum capituli Rothomagensis ecclesie.)

Fieffe d'un tènement sis en la rue Saint-Romain, à Rouen. — Sans date.

2375 ROUEN

(CHAPITRE DE NOTRE-DAME DE).

1246.

Sceau ogival, de 73 mill. — Arch. de la Seine-Inférieure ; Jacobins.

La Vierge assise, couronnée et nimbée, tenant un sceptre fleuronné et un livre, accompagnée d'une étoile à sénestre.

✠ SIGILLVM CAPI.......OMAGENSIS ECCLESIE

(Sigillum capituli Rothomagensis ecclesie.)

Contre-sceau : Un Agnus Dei.

✠ ECCE : AGNVS : DEI

(Ecce Agnus Dei.)

Établissement des Dominicains à Rouen. — Janvier 1246.

2376 ROUEN

(CHAPITRE DE NOTRE-DAME DE).

1435.

Sceau ogival, de 35 mill. — Arch. de la Seine-Inférieure ; archevêché de Rouen.

Un Agnus Dei à droite.

✠ S' AD CAVS' ECC.......MAG

(Sigillum ad causas ecclesie Beate Marie Rothomagensis ?)

Enquête sur le droit de l'archevêque de Rouen à la visitation des prieurés de l'abbaye de Saint-Ouen. — Mai 1435.

2377 TROYES

(CHAPITRE DE SAINT-ÉTIENNE DE).

XIIe siècle.

Sceau ogival, de 73 mill. — Musée de Rouen.

Dans une niche gothique à double arcade, un personnage à genoux, Henri, comte de Champagne, présentant à saint Étienne debout un modèle d'église qu'un ange aide à supporter. Entre les deux personnages, une banderole sur laquelle on lit : **HERIC COM CAMPAN** (Henricus, comes Campanie). En haut, dans une rose, le Christ à mi-corps, bénissant, tenant le globe. Au bas, l'écu de Champagne.

SIGILLVM CAPITVLI BĪ STEPHANI TRECŌN

(Sigillum capituli Beati Stephani Trecensis.)

Surmoulage.

2378 VERNON

(CHAPITRE DE NOTRE-DAME DE).

Commencement du XIVe siècle.

Sceau ogival, de 60 mill. — Collection de M. de Farcy, à Bayeux.

Le couronnement de la Vierge surmonté de deux anges. Au-dessous, deux cerfs adossés.

....LI : SČE : MARIE · VERNONEÑ · AD CĀS

(Sigillum capituli Sancte Marie Vernonensis ad causas.)

Cire détachée.

2379 WELLS (CHAPITRE DE).

XIIe siècle.

Sceau ogival de 78 mill. — Arch. de la Manche ; abbaye du Mont-Saint-Michel.

Évêque debout, mitré, tenant une croix, bénissant.

..IGILLVM : ECCL.......WELL

(Sigillum ecclesie. ... Wellensis.)

Charte concernant le patronage et les revenus de l'église de Mortoc (Angleterre). — Sans date.

ARCHIDIACRES.

2380 BAFFAIS (JEAN),

Archidiacre du Val-de-Mortain dans l'église d'Avranches, collecteur de la dîme pour les subsides d'Aragon, etc. — 1289.

Sceau ogival, de 35 mill. — Arch. de la Manche ; abbaye du Mont-Saint-Michel.

Une fleur becquetée par quatre oiseaux : deux en haut et deux en bas.

.......VALL · MORIT

(..... Vallis Moritane.)

Quittance délivrée à l'abbaye du Mont-Saint-Michel. — Décembre 1289.

2381 CRÈVECŒUR (PIERRE DE),

Archidiacre de Caen dans l'église de Bayeux. — 1316.

Sceau rond, de 44 mill. — Arch. de la Manche ; abbaye de Montmorel.

Dans une niche gothique, saint Pierre debout, nimbé, tête nue, tenant ses clefs et un livre ; à ses pieds et à dextre, un priant.

.....RI · P · DE C.....RCH · D · CODO.

(Sigillum magistri P. de Crepicordio, archidiaconi de Codomo.)

Contre-sceau : Une tête de femme, de face, dans une rosace oblongue.

✻ MESAIÉ SVI DAMORS LEEL

(Mesajé sui d'Amors léel.)

Consentement donné à la transformation de l'église séculière de Courseulles en église régulière. — Novembre 1316.

2382 BOUCHER (JEAN LE),

Archidiacre d'Hyémes dans l'église de Bayeux. — 1263.

Sceau ogival, de 38 mill. — Arch. du Calvados; évêché et chapitre de Bayeux.

Dans une niche gothique, la Vierge à mi-corps, coiffée d'un voile, tenant l'enfant Jésus; au-dessous, un priant.

.......D' BAIOCEN ECCE IN.......

(..... archidiaconi Bajocensis ecclesie in .....)

Contre-sceau : Une aigle tenant à son bec une banderole. — Il ne reste plus de la légende que

✻ SECRETVM

(Secretum.)

Vente d'une masure sise en la paroisse de Saint-Sauveur de Bayeux. — Juin 1263.

2383 BOURGES (JEAN DE),

Archidiacre d'Hyémes dans l'église de Bayeux, vicaire général de Charles d'Humières. — 1550.

Signet rond, de 16 mill. — Arch. de la Manche ; abbaye de Montmorel.

Écu au chevron accompagné de trois fleurs ?

I de bourges

(Jehan de Bourges.)

Collation du prieuré-cure de Guilberville. — Février 1550.

2384 EAUBONNE (JACQUES D'),

Archidiacre de Dreux dans l'église de Chartres. — 1225.

Sceau ogival, de 60 mill. — Arch. de la Seine-Inférieure ; abbaye de Saint-Wandrille.

L'archidiacre debout, tête nue, en dalmatique, tenant un livre des deux mains. — Il ne reste plus de la légende que

ARCHIDIACONI

(Archidiaconi.)

Contre-sceau : Un croissant accompagné de trois étoiles.

✻ S' IACOBI : DE : ALBONA

(Sigillum Jacobi de Albona.)

Reconnaissance des droits de l'abbaye de Saint-Wandrille au patronage de Sarceaux. — Janvier 1225.

2385 GUILLAUME,

Archidiacre d'Évreux. — 1236.

Sceau ogival, de 35 mill. — Arch. de la Seine-Inférieure ; chapitre de Rouen.

L'archidiacre debout, tête nue, en dalmatique, tenant un livre des deux mains.

... WLLI ARCH E.......

(Sigillum Willermi, archidiaconi Ebroicensis.....)

Élection de Raoul de Cierrey, évêque d'Évreux. — Juin 1236.

2386 JEAN,

Archidiacre de Leicester. — 1240.

Sceau ogival, de 43 mill. — Arch. de l'Orne ; abbaye de Saint-Évroult.

L'archidiacre debout, tête nue, en dalmatique, tenant un livre des deux mains.

S' IOHA......CHIDIA.........

(Sigillum Johannis, archidiaconi.....)

Bail des dîmes d'Ashby-Saint-Leers. — 1240.

2387 ALLEMAGNE (THOMAS D'),

Archidiacre d'Auge dans l'église de Lisieux. — 1241.

Sceau ogival, de 29 mill. — Arch. du Calvados; abbaye de Jumiéges.

Un Agnus Dei à droite. Dans le champ, le soleil et la lune.

S' THOME ARCHIDIACONI ALGIE

(Sigillum Thome, archidiaconi Algie.)

Reconnaissance de rentes sises à Oisy. — Février 1241.

2388 CHIMELLE (GUILLAUME DE).

Archidiacre de Richmond. — XIIIe siècle.

Sceau ogival, de 58 mill. — Arch. de la Manche : abbaye du Mont-Saint-Michel.

L'archidiacre debout, tête nue, en dalmatique, tenant un livre des deux mains. — Légende détruite.

Confirmation d'une rente sur l'église de Wach (Angleterre). Sans date.

2389 PISAN (HUGUES LE),

Archidiacre de Rouen. — 1237.

Sceau ogival, de 49 mill. — Arch. de la Seine-Inférieure ; archevêché de Rouen.

Deux personnages, celui de droite en chasuble, et entre eux un autel sur lequel est un calice dont ils tiennent chacun le pied. Le haut de la composition manque.

...ONIS : PISANI : ARCHIDIACONI : ROTOMA......

(Sigillum Hugonis Pisani, archidiaconi Rotomagensis.)

Sentence sur la validité de l'élection temporaire d'un doyen. Mars 1237.

2390 SERQUEUX (JEAN DE),

Archidiacre d'Eu dans l'église de Rouen. — 1287.

Sceau ogival, de 38 mill. — Arch. de la Seine-Inférieure; archevêché de Rouen.

L'archidiacre debout, tête nue, en dalmatique, tenant un livre des deux mains.

✱ IOhES DE SAR..S ARChID AVG.

(Johannes de Sar..s, archidiaconus Augi.)

Voyez le numéro précédent.

2391 TRIE (GUILLAUME DE),

Archidiacre du Vexin normand dans l'église de Rouen. — 1310.

Sceau ogival, de 42 mill. — Arch. de la Seine-Inférieure; chapitre de Rouen.

Dans une niche gothique, la Vierge debout, couronnée, portant l'enfant Jésus, tenant un fleuron, accostée de deux écus à la bande.

.....ChID WLCASSIN. IN ECCLIA ROThOMA.....

(.....archidiaconi Vulcassini in ecclesia Rothomagensi.)

Accord entre Grimer d'Archelles, chanoine de Rouen, et Guillaume Crespin, chevalier, au sujet de la saisie, faite par ce dernier, d'un cheval, d'un drap et d'autres biens appartenant audit chanoine. — Octobre 1310.

2392 VENDEREZ (NICOLAS DE),

Archidiacre d'Eu dans l'église de Rouen. — 1420.

Signet ovale, de 11 mill. — Arch. de la Seine-Inférieure; chapitre de Rouen.

Évêque debout, mitré, crossé, bénissant.

n de venderez

(N. de Venderez.)

Présentation à la chapelle de Saint-Paul, à Rouen. — Janvier 1420.

2393 GOUGEUL (JACQUES),

dit de Rouville, archidiacre d'Eu dans l'église de Rouen. — 1479.

Sceau rond, de 29 mill. — Arch. de la Seine-Inférieure; chapitre de Rouen.

Écu billeté à deux bars adossés, timbré d'une croix, accosté de deux fleurs.

s : darmes de iaques gougeul dit de rouville

(Seel d'armes de Jaques Gougeul, dit de Rouville.)

Présentation à la chapelle de Saint-Paul, à Rouen. — Septembre 1479.

2394 HUILLART (RENAUD),

Archidiacre d'Eu dans l'église de Rouen. — 1505.

Signet rond, de 13 mill. — Arch. de la Seine-Inférieure; chapitre de Rouen.

Écu au cerf passant sous un chef chargé de trois tours ou de trois hermines?

s m regnault huillart

(Seel maistre Regnault Huillart.)

Présentation à la chapelle de Saint-Paul, à Rouen. — Mars 1505.

DOYENS DE CHAPITRE.

2395 ROLAND,

Doyen du chapitre d'Avranches, évêque élu de Dol. — XIIe siècle.

Sceau rond, de 43 mill. — Bibl. de la ville de Rouen; fonds Leber.

Personnage à mi-corps, tête nue, tenant un livre des deux mains.

✱ SIGIL... ROLLANDI DECANI ABRINCEN.

(Sigillum Rollandi, decani Abrincensis.)

Confirmation d'une pêcherie donnée à l'abbaye de Savigny. — Sans date.

2396 W.

Doyen du chapitre d'Avranches. — XIIIe siècle.

Sceau rond, de 37 mill. — Arch. du Calvados; abbaye de Barberie.

Saint André, buste de trois quarts à droite, entouré des mots SC̄ ANDREAS (Sanctus Andreas).

✱ SIGILL W.....ABRINC̄ DECANI

(Sigillum W..... Abrincensis decani.)

Accord au sujet de dîmes sises à Fontenay-le-Marmion. — Sans date.

2397 BAUDOUIN,

Doyen du chapitre d'Avranches. — 1313.

Sceau ogival, de 45 mill. — Arch. de la Manche; abbaye du Mont-Saint-Michel.

Fragment. Écu portant un lion au lambel. Il ne reste plus de la légende que

.ALDV...

(Balduini.)

Quittance de 9^lt, montant d'une pelisse que lui doivent annuellement les religieux du Mont-Saint-Michel. — Juin 1313.

2398 LE DOYEN DU CHAPITRE D'AVRANCHES.

1339.

Sceau ogival, de 48 mill. — Arch. de la Manche; abbaye du Mont-Saint-Michel.

Dans une niche d'architecture gothique, saint André debout, nimbé, tenant sa croix, accosté de deux écus

portant cinq annelets au franc-canton chargé d'une fleur de lys. Au-dessous, un priant. — Légende détruite.

Quittance de 9^{lt}, montant de la pelisse que lui doit annuellement l'abbé du Mont-Saint-Michel. — Octobre 1339.

2399 **ROUSSEL (JEAN),**

Doyen du chapitre d'Avranches. 1368.

Sceau ogival, de 60 mill. — Arch. de la Manche ; abbaye du Mont-Saint-Michel.

Fragment. Saint André en croix, posé transversalement ; au-dessous, un écu au chevron accompagné de trois trèfles, sur champ fretté semé de trèfles, dans un édicule détruit. — Il ne reste plus de la légende que

DEC...

(Decani.)

Quittance. — Juin 1368.

2400 **VILLE-THIERRY (EUDES DE),**

Doyen du chapitre de Bayeux. — 1240.

Sceau ogival, de 48 mill. — Arch. de la Manche ; abbaye du Mont-Saint-Michel.

Le doyen debout, tête nue, tenant un livre des deux mains.

✱ SIGILLV.......AIOCEMSIS

(Sigillum ..... decani Bajocensis.)

Vente d'une vigne sise à Brion. — 1240.

2401 **GUILLAUME,**

Doyen ? du chapitre de Bayeux. — XIIIe siècle.

Sceau ogival, de 45 mill. — Arch. de la Manche ; abbaye de Savigny.

Un Agnus Dei à droite.

SIGILLVM · WLLI · D..... BAIOCENSIS

(Sigillum Willelmi, decani ? Bajocensis.)

Sceau détaché.

2402 **F.**

Doyen du chapitre d'Évreux. — 1236.

Sceau ogival, de 44 mill. — Arch. de la Seine-Inférieure ; chapitre de Rouen.

La Vierge assise, tenant l'enfant Jésus.

.....N. D..ANI EBRO...

(.....n.. decani Ebroicensis.)

Élection de Raoul de Cierrey, évêque d'Évreux. — Juin 1236.

2403 **GRANDCOURT (EUSTACHE DE),**

Doyen du chapitre d'Évreux. — 1286.

Sceau ogival, de 60 mill. — Arch. de la Seine-Inférieure ; Jacobins.

Sous une arcade gothique, la Vierge debout, couronnée, portant l'enfant Jésus ; à ses pieds, à droite, un priant surmonté d'une fleur de lys.

.. ...TACHII D'NI D' G..........
.ECAN.........

(Sigillum Eustachii, domini de Grandicuria, decani Ebroicensis.)

Contre-sceau : Écu à la bande accompagnée de six fleurs de lys en orle.

✱ 9TS' EVSTACH DÑI D' GRĀDICVR

(Contra sigillum Eustachii, domini de Grandicuria.)

Vidimus d'une bulle d'Alexandre V, conférant aux Dominicains le droit de prêcher, d'entendre en confession et d'absoudre. — Juillet 1286.

2404 **ROBERT,**

Doyen du chapitre du Mans. — 1249.

Sceau ogival, de 65 mill. — Arch. de la Manche ; abbaye du Mont-Saint-Michel.

Le doyen debout, en chasuble, tenant un livre des deux mains.

....OB'TI ..CANI : CEN.....

(Sigillum Roberti, decani Cenomanensis.)

Contre-sceau : Un Agnus Dei à droite, surmonté d'une fleur de lys et d'une étoile.

✱ S' R' DECANI CEÑ AD CĀS

(Sigillum Roberti, decani Cenomanensis ad causas.)

Droits de l'abbaye de Marmoutiers au patronage d'Argouges. — Avril 1249.

2405 **JEAN,**

Doyen du chapitre de Mortagne. — 1416.

Sceau ogival, de 53 mill. — Arch. de l'Orne ; chartreuse du Valdieu.

Dans une niche gothique, la Vierge debout, couronnée, portant l'enfant Jésus, ayant à ses pieds et à droite un priant. Dans le champ, un rameau. Au-dessous, un écu à deux léopards.

S' ioħis ....um sčor ƀ maur......

(Sigillum Johannis, ... Omnium Sanctorum de Mauritania.)

Transaction au sujet de rentes. — Juin 1416.

2406 **ARNAUD,**

Doyen du chapitre de Paris. — 124[illegible].

Sceau ogival, de 48 mill. — Arch. de la Seine-Inférieure ; archevêché de Rouen.

Le doyen debout, tête nue, en chasuble, tenant un livre des deux mains.

✱ S' hERNAVDI : DECANI : PAR'

(Sigillum Hernaudi, decani Parisiensis.)

Contre-sceau : Un oiseau marchant à gauche.

✠ AVE MARIA GRACI

(Ave Maria gracia.)

Droits de l'archevêque de Rouen au patronage de l'église de Saint-Remi. — Janvier 1225.

2407 ARCHER (PIERRE L'),

Doyen du chapitre de Rouen. — 1339.

Sceau ogival, de 40 mill. — Arch. de la Seine-Inférieure ; archevêché de Rouen.

Saint Jean entre saint Paul et saint Pierre? dans un encadrement carré à bords festonnés. Au-dessous, dans un quadrilobe, un priant accosté de deux écus portant une arbalète?

. . .S' · ARQUERII · DECANI ECCE ROTHOMAGE....

(Sigillum Petri Arquerii, decani ecclesie Rothomagensis.)

Accord avec le chapitre d'Écouis, au sujet des novales de la forêt de Lyons. — Octobre 1339.

2408 VERNON (ROBERT DE),

Sous-doyen du chapitre de Saint-Martin de Tours, commissaire général en Touraine pour le recouvrement des subsides de la Terre Sainte. — 1314.

Sceau ogival, de 45 mill. — Arch. de la Manche ; abbaye du Mont-Saint-Michel.

Dans une niche géminée : à droite, un évêque mitré, crossé, bénissant ; à gauche, un personnage debout armé d'une lance et d'un écu à la croix. — Légende détruite.

Contre-sceau : Au centre d'une rose gothique, une tête de profil à gauche dans un cadre carré sur lequel on lit :

S' SECRETI R SVBDECANI

(Sigillum secreti Roberti, subdecani.)

Exemption de payement, accordée au prieuré de Montrouault. — Mai 1314.

OFFICIALITÉS DE DOYENS.

2409 BAYEUX

(OFFICIALITÉ DE G. DOYEN DE).

1273.

Sceau rond, de 30 mill. — Arch. du Calvados ; évêché et chapitre de Bayeux.

Le doyen à mi-corps, tête nue, tenant un livre des deux mains, accosté de deux fleurs de lys?

. . . VRIE DECA..........

(Sigillum curie decani Bajocensis.)

Contre-sceau : Un losange contenant un croissant en chef, une étoile en pointe et deux fleurs de lys en flanc.

S' G : ....C : AD CAS

(Sigillum G. decani Bajocensis ad causas.)

Vente d'un masnage sis en la paroisse de Saint-Étienne, à Bayeux. — Septembre 1273.

2410 MANS

(OFFICIALITÉ DU DOYEN DU).

1304.

Sceau ogival, de 33 mill. — Arch. de la Manche ; abbaye du Mont-Saint-Michel.

Un personnage en chasuble, baptisant un catéchumène nu plongé à mi-corps dans une cuve baptismale.

. . . .CVRIE DEC....ENO.....

(Sigillum curie decani Cenomanensis.)

Contre-sceau : Un Agnus Dei à droite. — Il ne reste plus de la légende que

..NVS

(Agnus.)

Vidimus d'un accord entre l'abbé de la Couture et le prieur de Saint-Victor. — 1304.

2411 MANS

(OFFICIALITÉ DU DOYEN DU).

1314.

Sceau ogival, de 32 mill. — Arch. de la Manche ; abbaye du Mont-Saint-Michel.

Un baptême chrétien. — Il ne reste plus de la légende que

DECANI

(Decani.)

Contre-sceau : Un Agnus Dei à droite. — Légende détruite.

Acquisition d'une terre sise à la Couture. — Mars 1314.

CHANCELIERS DE CHAPITRE.

2412 EUDES,

Chancelier du chapitre de Rouen. — 1212.

Sceau rond, de 27 mill. — Arch. de la Seine-Inférieure ; abbaye de Bondeville.

Une fleur de lys fleuronnée.

✠ S. MAGRI ODONIS DE P.NS

(Sigillum magistri Odonis de P.ns.)

Accord au sujet des dîmes de Villequier. — Février 1212.

2413 LILLE (GUILLAUME DE),

Chancelier du chapitre de Rouen. — 1310.

Sceau rond, de 23 mill. — Arch. de la Seine-Inférieure; chapitre de Rouen.

Écu à la fasce chargée de trois fleurs de lys, accompagnée de sept merlettes en orle, au lambel de cinq pendants.

..VVIИ DE INSVLE CL...

(Sigillum Willermi de Insula, clerici.)

Voyez le n° 2391.

CHANTRES.

2414 BAFFER (THOMAS),

Chantre d'Avranches, collecteur des procurations du cardinal du titre de Sainte-Cécile, nonce du pape au diocèse d'Avranches. — 1283.

Sceau ogival, de 24 mill. — Arch. de la Manche; abbaye du Mont-Saint-Michel.

Fragment. Un cavalier, saint Georges? frappant le dragon de sa lance. — Légende détruite.

Modération de taxe en faveur des prieurés de Brion, Genêts, Tombelaine, Pontorson, etc. — Novembre 1283.

2415 R.

Chantre de Dol, collecteur de la dîme pour les royaumes d'Aragon et de Valence. — 1288.

Sceau rond, de 26 mill. — Arch. de la Manche; abbaye du Mont-Saint-Michel.

Une main tenant une croix fichée. — Il ne reste plus de la légende que

DOLEN...

(Dolensis.)

Exemption de dîme, accordée aux prieurés de Montrouault et de Saint-Broladre. — Mai 1288.

2416 GUILLAUME,

Chantre d'Évreux. — 1236.

Sceau ogival, de 43 mill. — Arch. de la Seine-Inférieure; chapitre de Rouen.

Le chantre debout, tête nue, en chape, tenant un livre et le bâton cantoral.

.. GVILLI : CANTORIS : EBROIC...

(Sigillum Guillermi, cantoris Ebroicensis.)

Élection de Raoul de Cierrey, évêque d'Évreux. — Juin 1236.

2417 RAOUL,

Sous-chantre d'Évreux. — 1236.

Sceau ogival, de 35 mill. — Arch. de la Seine-Inférieure; chapitre de Rouen.

Un coq passant à droite.

S' RADVLFI · DE · PO....

(Sigillum Radulfi de Po.....)

Voyez le numéro précédent.

2418 GAUTIER,

Chantre du Mans. — 1243.

Sceau ogival, de 39 mill. — Arch. de la Manche; abbaye du Mont-Saint-Michel.

Le chantre debout, tenant de biais le bâton cantoral.

.....TERII CANTORIS CE...

(Sigillum Gualterii, cantoris Cenomanensis.)

CONTRE-SCEAU : Une croix potencée et fichée.

✠ S'· GVALTERII ·

(Secretum Gualterii.)

Accord entre le prieur de Saint-Victor et les frères de Saint-Lazare, au sujet d'une vigne sise à l'Ormeau de la Cigogne. — Mars 1243.

2419 ANDELYS (HENRI DES),

Chantre de Rouen. — 1218.

Sceau rond, de 31 mill. — Arch. de la Seine-Inférieure; chapitre de Rouen.

Intaille fruste représentant une scène à plusieurs personnages indistincts.

S' HENRICI CANTORIS R.......

(Sigillum Henrici, cantoris Rothomagensis.)

Cession d'une rente sur l'église de Brachy. — Mai 1218.

2420 AUBUSSAC (GUILLAUME D'),

Chantre de Rouen. — 1339.

Sceau ogival, de 45 mill. — Arch. de la Seine-Inférieure; archevêché de Rouen.

Dans une niche gothique, la Vierge assise, couronnée, tenant l'enfant Jésus; à sa gauche, sainte Anne assise, une main sur Jésus et tenant de l'autre un livre.

.......GEN : ECCLIE

(..... Rothomagensis ecclesie.)

Accord avec le chapitre d'Écouis, au sujet des novales de la forêt de Lyons. — Octobre 1339.

ÉCOLATRE.

2421 TOUTAIN (PIERRE),

Écolâtre d'Avranches. — 1293.

Sceau ogival, de 32 mill. — Arch. de la Manche; abbaye du Mont-Saint-Michel.

Sous une voûte, un ange à mi-corps, tenant un livre; au-dessous, un priant.

S PETRI TVSTINI CLICI

(Sigillum Petri Tustini, clerici.)

Donation d'un manoir sis en la paroisse de Saint-Jean-des-Champs. Septembre 1293.

PRÉVÔTS DE CHAPITRE.

2422 FAVRE (JULES-CÉSAR),

Prévôt de la prévôté normande de l'église de Chartres, abbé commendataire de Notre-Dame de Gimont. — 1666.

Cachet ovale, de 20 mill. — Arch. de la Seine-Inférieure; archevêché de Rouen.

Écu à la bande chargée de trois croissants et accompagnée de deux lions, timbré d'une mitre et d'une crosse, embrassé par deux palmes. — Sans légende.

Présentation à la cure d'Hauville. — Mai 1666.

2423 ROBERT (JEAN),

Prévôt de la prévôté normande de l'église de Chartres. — 1666.

Cachet ovale, de 17 mill. — Arch. de la Seine-Inférieure; archevêché de Rouen.

Écu au bœuf clariné passant à dextre sous un chef, timbré d'un heaume à lambrequins. — Sans légende.

Présentation à la cure d'Hauville. — Mai 1666.

2424 FAVRE DE BERLIZE (JEAN-FRANÇOIS),

Prévôt de la prévôté normande de l'église de Chartres. — 1729.

Cachet ovale, de 32 mill. — Arch. de la Seine-Inférieure; archevêché de Rouen.

Écu à la bande chargée de trois croissants et accompagnée de deux lions, timbré d'une couronne de marquis entre une mitre et une crosse, dans un cartouche. — Sans légende.

Présentation à la cure d'Hauville. — Octobre 1729.

2425 JUBERT DE BOUVILLE (BERNARD-MARIE-GABRIEL),

Prévôt de la prévôté normande de l'église de Chartres. — 1766.

Cachet ovale, de 39 mill. — Arch. de la Seine-Inférieure; archevêché de Rouen.

Écu écartelé: au 1 et 4, une croix alésée; au 2 et 3, cinq fleurs? 3 et 2; le tout sous un chef chargé de la croix de la religion; timbré d'une couronne de marquis entre une crosse et une mitre, entouré du cordon de Saint-Louis, devant une croix de Malte. — Sans légende.

Présentation à la cure d'Hauville. — Novembre 1766.

2426 *MARCHESELLIS* (DINO *DE*),

Prévôt du chapitre de Gênes, docteur en décrets, chapelain du pape. — 1331.

Sceau ogival, de 58 mill. — Arch. de la Seine-Inférieure; abbaye de Saint-Wandrille.

Sous un dais d'architecture, un personnage tête nue, assis dans une chaière et lisant; devant lui, à gauche, d'autres personnages plus petits, assis et tenant chacun un livre. Au-dessous, un écu à la bande accompagnée de deux tourteaux.

S · DINI · D · MARCHESELLIS · DECRETOR · DOCTORIS · PPOITI · IANVEN

(Sigillum Dini de Marchesellis, decretorum doctoris, prepositi Janeensis.)

Acte concernant la chapelle de Saint-Ouen, à Sierville. — Janvier 1331.

TRÉSORIERS DE CHAPITRE.

2427 COUTANCES (LE TRÉSORIER DU CHAPITRE DE),

Collecteur du dixième et douzième accordés au roi de France par le pape. — 125.

Sceau ogival, de 31 mill. — Arch. de la Manche; abbaye du Mont-Saint-Michel.

Une main tenant deux clefs accompagnées à dextre d'un croissant surmonté d'une étoile.

✠ S'. THESAVRA..I · CONSTANCIEN

(Sigillum thesaurarii Constanciensis.)

Quittance délivrée à l'abbaye du Mont-Saint-Michel. — Janvier 1258.

2428 GUILLAUME,

Trésorier du chapitre de Dol, collecteur des subsides pour les royaumes d'Aragon et de Valence. — 1292.

Sceau ogival, de 40 mill. — Arch. de la Manche; abbaye du Mont-Saint-Michel.

Le trésorier debout, tête nue, en chape, tenant ses clefs et un livre.

S' G: FR..... TH.SAVR..... OLEN

(Sigillum Guillermi Fr....., thesaurarii Dolensis.)

Contre-sceau: Un oiseau à droite, tenant à son bec un rameau. — Légende fruste.

Taxation des subsides que doivent fournir les prieurs de Montrouault et de Saint-Broladre. — Mai 1292.

2429 ROBERT,

Trésorier du chapitre d'Évreux. — 1336.

Sceau ogival, de 58 mill. — Arch. de la Seine-Inférieure; chapitre de Rouen.

Sur une voûte à trois arcades, l'Annonciation: au-dessous, un priant accosté de deux clefs.

S' MAGRI ROBTI THESAVRARII EBROICE

(Sigillum magistri Roberti, thesaurarii Ebroicensis.)

Élection de Raoul de Cierrey, évêque d'Évreux. — Juin 1236.

2430 GARCIN (LÉONARD DE),

Notaire du pape, trésorier du chapitre de Langres. — 1334.

Sceau ogival, de 51 mill. — Collection de M. de Farcy, à Bayeux.

Dans une niche gothique géminée, saint Paul et saint Pierre debout. Au-dessus, la Vierge à mi-corps portant l'enfant Jésus. Au bas, un priant.

.....V LEONARDI APOSTOLICE SEDIS NOTARII

(Sigillum Leonardi, apostolice sedis notarii.)

Accord au sujet des droits de marance. — Avignon, 23 mai 1334.

2431 HOIVULS (RODOLPHE DE),

Trésorier de l'église de Trèves. — XIVe siècle.

Sceau ogival, de 42 mill. — Collection de M. de Farcy, à Bayeux.

Saint Pierre debout, tenant ses clefs et un livre, ayant à ses pieds, à gauche, un priant. Au-dessous, un écu au fermail accompagné d'un oiseau au canton dextre.

.. .DOLPHI · DE · HOIV.LS · THESAVR · E...........

(Sigillum Rudolphi de Hoivuls, thesaurarii ecclesie Trevirensis.)

Contre-sceau : Écu au fermail accompagné d'un oiseau au canton dextre, dans un encadrement en étoile.

. .VDOLPHI : DE : HOIVVLS : CAN : TREVIR. .

(Secretum Rudolphi de Hoivuls, canonici Trevirensis.)

Cire originale détachée.

JURIDICTION TEMPORELLE DES CHAPITRES.

2432 ROUEN

(BAILLIAGE DU CHAPITRE DE)

en la rivière d'Eaulne. — 1294.

Sceau ogival, de 39 mill. — Arch. de la Seine-Inférieure : chapitre de Rouen.

Dans une niche gothique posée sur un piédouche, la Vierge debout, portant l'enfant Jésus.

S' ...LIVIE : CAPITVLI : ROTOMAGENS..

(Sigillum ballivie capituli Rotomagensis.)

Renonciation à des droits sur une rente sise à Clais. — Mars 1294.

2433 ROUEN

(BAILLIAGE DU CHAPITRE DE)

à Londinières. — 1318.

Sceau ogival, de 40 mill. — Arch. de la Seine-Inférieure : abbaye de Saint-Wandrille.

La Vierge debout, en voile, portant l'enfant Jésus. Dans le champ, en haut, une étoile ; à gauche, une fleur de lys.

.. BALLI... CAPITVLI · RO... MA...

(Sigillum ballivie capituli Rothomagensis.)

Fieffe d'une masure, de terres et de bois sis à Fontaine-en-Bray. — Juin 1318.

2434 ROUEN

(BAILLIAGE DU CHAPITRE DE).

1437.

Sceau rond, de 36 mill. — Musée de Rouen.

Sous un dais d'architecture, la Vierge debout, couronnée, portant l'enfant Jésus, tenant un fleuron à la main droite, accostée de quatre priants.

S DV BA.....E DV CAP........VEN

(Seel du balliage du capitle de Rouen.)

Sceau détaché.

CHANOINES.

2435 PELETIER (ROBERT LE),

Chanoine d'Avranches, collecteur de la dîme pour les subsides d'Aragon. — 1285.

Sceau en losange, de 28 mill. — Arch. de la Manche ; abbaye du Mont-Saint-Michel.

Un prêtre à l'autel, consacrant.

..PRECE · RO.......PAR...L..

(..prece Roberti Pelliparii, clerici ?)

Quittance délivrée à l'abbé du Mont-Saint-Michel. Décembre 1285.

2436 PELETIER (ROBERT LE),

Chanoine d'Avranches, collecteur de la dîme pour les subsides d'Aragon. — 1289.

Sceau en losange, de 29 mill. — Arch. de la Manche ; abbaye du Mont-Saint-Michel.

Un prêtre à l'autel ; derrière l'officiant, une coquille.

✱ S' RO. PELLIPII C.....BRIN

(Sigillum Roberti Pelliparii, canonici Abrincensis.)

Quittance délivrée à l'abbé du Mont-Saint-Michel. — Décembre 1289.

2437 **BOUTEILLER (B. LE),**

Chanoine de Coutances. — 1311.

Sceau ogival, de 35 mill. — Arch. de la Manche; abbaye de Saint-Sauveur-le-Vicomte.

La Vierge debout, en voile, portant l'enfant Jésus et tenant un sceptre fleuronné; à ses pieds, à gauche, un priant.

...ER.....LE BOV.....CAN' COR.....

(Sigillum .er..... le Bou..... canonici Constanciensis.)

Collation de la cure de Tournebu. — Mars 1311.

2438 **THIÉVILLE (GUILLAUME DE),**

Seigneur d'Oon, chanoine de Coutances. — 1311.

Sceau rond, de 27 mill. — Arch. du Calvados; prieuré de Sainte-Barbe-en-Auge.

Dans une niche gothique, la Vierge assise, couronnée, tenant l'enfant Jésus, accostée de deux écus à deux bandes côtoyées de sept coquilles: 1, 3 et 3. Au-dessous, un priant.

S'. G · DE THIEVILLA CAN · CONSTANC'

(Sigillum Guillermi de Thievilla, canonici Constanciensis.)

Contre-sceau: Sept coquilles, 3, 3 et 1, dans un encadrement à six lobes.

S · G · DE THIEVILLA · CLI

(Secretum Guillermi de Thievilla, clerici.)

Accord au sujet du moulin d'Oon. — 1311.

2439 **EUDES (NICOLAS),**

Chanoine de Dol, receveur du dixième accordé par le pape au roi de France. — 1377.

Sceau rond, de 24 mill. — Arch. de la Manche; abbaye du Mont-Saint-Michel.

Dans une niche gothique, la Vierge à mi-corps, tenant l'enfant Jésus. Au-dessous, un écu au chevron accompagné de trois roses.

S NICHOL.......

(Sigillum Nicholai.....)

Quittance délivrée au prieur de Montrouault. — Juillet 1377.

2440 **BORDEAUX (THIBAUD DE),**

Chanoine d'Évreux. — 1236.

Sceau ogival, de 33 mill. — Arch. de la Seine-Inférieure; chapitre de Rouen.

Un arbre accosté de deux oiseaux adossés et contournés.

S' MAGRI THEO... I DE BORD.....

(Sigillum magistri Theobaldi de Bordellis.)

Élection de Raoul de Cierrey, évêque d'Évreux. — Juin 1236.

2441 **BOUSSEAUX** *ou* **BOISSEAUX (W. DE),**

Chanoine d'Évreux. — 1236.

Sceau ogival, de 35 mill. — Arch. de la Seine-Inférieure; chapitre de Rouen.

Un vase rond, à goulot étroit et à deux anses.

S' W DE BVCIL CANONICI EBROICEN.

(Sigillum W. de Bucillis, canonici Ebroicensis.)

Voyez le numéro précédent.

2442 **CADOC (BARTHÉLEMY),**

Chanoine d'Évreux. — 1236.

Sceau rond, de 35 mill. — Arch. de la Seine-Inférieure; chapitre de Rouen.

Un arbre accosté de deux oiseaux adossés et contournés.

✠ S: BARTHO.......LONG

(Sigillum Bartholomei.....lone.)

Voyez le n° 2440.

2443 **PASSOIR (RICHARD DU),**

Chanoine d'Évreux. — 1236.

Sceau ogival, de 35 mill. — Arch. de la Seine-Inférieure; chapitre de Rouen.

Un singe grimpé sur une branche et cueillant des fruits. Au bas de la branche, un nid, et au-dessus du nid, près du bord, une tête de loup ou de renard.

...ILL MAGISTRI RICARDI DE PASSEOV.

(Sigillum magistri Ricardi de Passeour.)

Voyez le n° 2440.

2444 **PÊCHEVAIRON (JEAN),**

Chanoine d'Évreux. — 1236.

Sceau ogival, de 35 mill. — Arch. de la Seine-Inférieure; chapitre de Rouen.

Trois poissons en fasce, l'un sur l'autre.

.. IOHIS PESCHEVER..

(Sigillum Johannis Pescheveron.)

Voyez le n° 2440.

2445 **PLAN (PIERRE DU),**

Chanoine d'Évreux. — 1286.

Sceau rond, de 23 mill. — Arch. de la Seine-Inférieure; chapitre de Rouen.

Un faucon liant un oiseau.

....TRI DE PLATANO CAN.........

(Sigillum Petri de Platano, canonici Ebroicensis.)

Procès entre le chapitre de Rouen et les frères Mineurs; citation à comparaître. — Septembre 1286.

2446 REINE (R. LA),

Chanoine d'Évreux. — 1336.

Sceau ogival, de 40 mill. — Arch. de la Seine-Inférieure; chapitre de Rouen.

Deux aigles contournées, perchées sur une fleur de lys et surmontées d'une couronne.

✠ SIGILL RO.......FILII

(Sigillum Ro..... filii.)

Voyez le n° 2440.

2447 RESPOISSART (GUILLAUME),

Chanoine d'Évreux. — 1336.

Sceau ogival, de 44 mill. — Arch. de la Seine-Inférieure; chapitre de Rouen.

Un poisson.

....ESPOISART • CAN.......

(...Respoisart, canonici Ebroicensis.)

Voyez le n° 2440.

2448 ROYE (RAOUL DE),

Chanoine d'Évreux. — 1336.

Sceau ogival, de 42 mill. — Arch. de la Seine-Inférieure; chapitre de Rouen.

Une fleur de lys à deux fleurons fleurdelysés.

✠ S' RADVLPHI ...LEINVILER

(Sigillum Radulphi ...leinviler.)

Voyez le n° 2440.

2449 VAL (ROGER DU),

Chanoine d'Évreux. — 1336.

Sceau ogival, de 38 mill. — Arch. de la Seine-Inférieure; chapitre de Rouen.

Un personnage à genoux recevant le martyre; le bourreau est placé derrière lui.

.....RI ROGĪ DE VALLE CANŌI EBRO....

(Sigillum magistri Rogeri de Valle, canonici Ebroicensis.)

Voyez le n° 2440.

2450 ASE (AUBIN),

Chanoine de Lisieux. — 1310.

Sceau rond, de 25 mill. — Arch. du Calvados; prieuré de Sainte-Barbe-en-Auge.

Buste de face, tête nue, revêtu d'un amict à collet, accosté de deux fleurs de lys, sur champ fretté.

✠ S' ALBINI • ASE • CAN • LEX •

(Sigillum Albini Ase, canonici Lexoviensis.)

Donation en faveur de l'église de Saint-Pierre-des-Ifs. — Août 1310.

2451 SIROT (EUDES),

Chanoine du Mans. — 1269.

Sceau ogival, de 36 mill. — Arch. de l'Orne; prieuré du Vieux-Bellême.

Sur une voûte, la Vierge à mi-corps, tenant l'enfant Jésus, accompagnée de deux anges thuriféraires. Au-dessous, un priant.

..MAGRI ODONIS SIROT CA......

(Sigillum magistri Odonis Sirot, canonici.....)

Donation de biens situés entre le château et la forêt de Bellême. — Octobre 1269.

2452 DOMINIQUE,

Chanoine de Melnik en Bohême. — XIV° siècle.

Sceau ogival, de 38 mill. — Collection de M. Lormier, à Rouen.

Deux oiseaux symétriques becquetant le nœud d'une sorte de fleur de lys.

✠ S' DOMINICI : CAN : MELNICEN

(Sigillum Dominici, canonici Melnicensis.)

Matrice.

2453 BONIFACE (BERTRAND),

Chanoine de Paris, clerc du roi, réformateur envoyé dans les bailliages de Coet., de Cotentin et de Caux. — 1346.

Sceau ogival, de 30 mill. — Arch. de la Manche; abbaye du Mont-Saint-Michel.

Dans une niche gothique, la Vierge assise, tenant l'enfant Jésus. Au-dessous, un priant accosté de deux écus à la bande accompagnée de six coquilles en orle et à la bordure besantée. — Légende détruite.

Mainlevée du prieuré de Saint-Germain-sur-Ay. — Décembre 1346. — Le prieur, originaire de Jersey, avait été soupçonné d'attachement aux Anglais et son prieuré avait été mis dans la main du roi.

2454 VIGNOUT (PIERRE DE),

Chanoine de Rennes, sous-collecteur et receveur apostolique dans le diocèse de Dol. — 1383.

Sceau rond, de 19 mill. — Arch. de la Manche; abbaye du Mont-Saint-Michel.

Écu au cep de vigne chargé de deux feuilles et de deux raisins, dans un quadrilobe. — Légende détruite.

Quittance délivrée aux prieurés de Montrouault et de Mont-Dol. Octobre 1383.

2455 BRUNEL (JEAN),

Chanoine de Rouen. — 1312.

Sceau ogival, de 38 mill. — Arch. de la Seine-Inférieure; archevêché de Rouen.

Une aigle, l'aigle de saint Jean, tenant une banderole.

✠ S' MAGRI · IOHIS · BRVNEL · CAN · ROTHOM

(Sigillum magistri Johannis Brunel, canonici Rothomagensis.)

Abandon de droits sur les revenus de l'église de Sessetot. — Mars 1342.

2456 CARACCIOLI (FRANÇOIS),

Chanoine de Rouen. — XIVe siècle.

Sceau ogival, de 40 mill. — Musée de Rouen.

Dans une niche gothique, la Vierge assise, en voile, tenant l'enfant Jésus. Au-dessous, un priant.

S' FRĀCISCI · CARAZULI · CANONICI · ROTHOMAGEN

(Sigillum Francisci Carazuli, canonici Rothomagensis.)

Matrice.

2457 CAUF (ROGER LE),

Chanoine de Rouen. — 1310.

Sceau ogival, de 30 mill. — Arch. de la Seine-Inférieure; chapitre de Rouen.

Écu à l'aigle, parti d'un burelé chargé d'une quintefeuille en chef, timbré d'une plante fleurie en forme de fleur de lys fleuronnée.

✠ S' ROGER.......CAN ROTHOMAG

(Sigillum Rogeri..... canonici Rothomagensis.)

Voyez le n° 2391.

2458 CRÈVECŒUR (MATTHIEU DE),

Chanoine de Rouen. — 1287.

Sceau ogival, de 38 mill. — Arch. de la Seine-Inférieure; archevêché de Rouen.

Le chanoine debout, tête nue, en dalmatique, tenant un livre des deux mains, accosté de deux étoiles.

✠ S' MATHEI DE CREPICORDIO CLERICI

(Sigillum Mathei de Crepicordio, clerici.)

Compromis au sujet de la haute justice, à Dieppe et à Épinay. — Avril 1287.

2459 ÉVRARD,

Chanoine de Rouen. — 1212.

Sceau ogival, de 38 mill. — Arch. de la Seine-Inférieure; abbaye de Bondeville.

Personnage debout, tête nue, en chasuble, élevant les mains.

✠ SLE MAGISTRI EVRARDI

(Sigillum magistri Evrardi.)

Accord au sujet des dîmes de Villequier. — Février 1212.

2460 ESSARTS (GUILLAUME DES),

Chanoine de Rouen. — 1310.

Sceau rond, de 24 mill. — Arch. de la Seine-Inférieure; chapitre de Rouen.

Écu à la bande accompagnée d'une étoile en chef? dans une rose gothique.

S' GVILLI D.........CLEI?

(Sigillum Guillermi des Essarts, clerici.)

Voyez le n° 2391.

2461 FLAINVILLE (JEAN DE),

Chanoine de Rouen. — 1262.

Sceau ovale, de 30 mill. — Arch. de la Seine-Inférieure; archevêché de Rouen.

Intaille représentant une Victoire transformée en ange, foulant aux pieds le dragon et le frappant du bâton de sa croix.

✠ S. MAGRI · IO. IS · DE FLENVILE

(Sigillum magistri Johannis de Flenville.)

Fieffe de terres et de bois sis en la paroisse de Douvrend. — Mai 1262.

2462 PARIS (JEAN DE),

Chanoine de Rouen. — 1337.

Sceau ogival, de 52 mill. — Arch. de la Seine-Inférieure; archevêché de Rouen.

Personnage assis dans une chaière, la tête nue et appuyée sur sa main, lisant dans un livre posé sur un pupitre.

✠ S' MAGISTRI IOHANNIS BVRNELLI PARIS'

(Sigillum magistri Johannis Burnelli Parisiensis.)

Sentence au sujet de la validité de l'élection temporaire d'un doyen. — Mars 1337. — Conf. n° 2455, Jean Brunel, chanoine de Rouen. 1342.

2463 SALMONVILLE (GUILLAUME DE),

Chanoine de Rouen. — 1255.

Sceau ogival, de 52 mill. — Arch. de la Seine-Inférieure; archevêché de Rouen.

Sur une voûte à trois arcades, la Vierge à mi-corps, couronnée, tenant l'enfant Jésus et lui présentant une pomme, accompagnée de quatre? têtes nimbées. Au-dessous, un priant et, derrière lui, une étoile.

...GRI GVILE D' SA...VILE CAN ROTH..

(Sigillum magistri Guillermi de Salmonville, canonici Rothomagensis.)

Contre-sceau: Une fleur de lys.

✠ S' SECRETI ·

(Sigillum secreti.)

Vente d'une terre sise à Angerville. — Mars 1255.

2464 **TESSON (PIERRE),**

Chanoine de Rouen; — 1328.

Sceau rond, de 22 mill. — Arch. de la Seine-Inférieure; archevêché de Rouen.

Saint Pierre debout, tenant ses clefs et une église, accosté de deux fleurs de lys.

S' PETRI TESSON PB'RI

(Sigillum Petri Tesson, presbiteri.)

Accord au sujet du patronage de l'église de Saint-Éloi, à Rouen. — Mai 1328.

2465 **GUILLOTE (MAURICE),**

Chanoine de Saint-Malo, sous-collecteur apostolique. — 1375.

Sceau rond, de 22 mill. — Arch. de la Manche; abbaye du Mont-Saint-Michel.

Dans un encadrement gothique, un écu à trois têtes de singe? soutenu par un ange. — Légende détruite.

Quittance délivrée au prieur de l'Abbayette. — Novembre 1375.

XIIIe SÉRIE. — PAROISSES.

ÉGLISES ET CHAPELLES.

2466 **BARNEVILLE (ÉGLISE DE).**

1285.

Sceau ogival, de 27 mill. — Arch. de la Seine-Inférieure; chapitre de Rouen.

Un poisson.

✱ S' ECCE · DE BARNEVILLE

(Sigillum ecclesie de Barneville.)

Excommunication des frères Mineurs par le chapitre de Rouen. — Septembre 1285.

2467 **DIEPPE (ÉGLISE DE).**

1285.

Sceau ogival, de 35 mill. — Arch. de la Seine-Inférieure; chapitre de Rouen.

Une nef avec sa mâture, sur des ondes.

..ECCL.......DE DIEPPA

(Sigillum ecclesie .....de Dieppa.)

Voyez le numéro précédent.

2468 **GARGENVILLE (ÉGLISE DE).**

1285.

Sceau en écu, de 22 mill. — Arch. de la Seine-Inférieure; chapitre de Rouen.

Une aigle éployée.

✱ S' ECCE DE GARGENVILLA

(Sigillum ecclesie de Gargenvilla.)

Voyez le n° 2466.

2469 **GISORS (ÉGLISE DE).**

1285.

Sceau ogival, de 30 mill. — Arch. de la Seine-Inférieure; chapitre de Rouen.

Un pélican en sa piété.

....ESIE DE GISOCIO

(Sigillum ecclesie de Gisorcio.)

Voyez le n° 2466.

2470 **GUITRY (ÉGLISE DE).**

1285.

Sceau rond, de 18 mill. — Arch. de la Seine-Inférieure; chapitre de Rouen.

Un personnage grotesque avec un corps et des jambes d'oiseau, portant un petit oiseau perché sur sa croupe.

✱ S' ECCE · DE · QITERI

(Sigillum ecclesie de Quiteri.)

Voyez le n° 2466.

2471 **MAUREGARD (PAROISSE DE).**

XIVe siècle.

Sceau rond, de 27 mill. — Musée des antiquaires de Normandie, à Caen.

Un arbre avec un oiseau perché, accosté à son pied de deux autres oiseaux.

S' DE LA PAROISSE DE MALREGARD

(Seel de la paroisse de Malregart.)

Surmoulage.

2472 MEULAN (SAINT-NICOLAS DE).

1286.

Sceau ogival, de 36 mill. — Arch. de la Seine-Inférieure; chapitre de Rouen.

Un prêtre à l'autel, consacrant.

✱ S' ECCLE S' NICHOLAI DE MELLENTO

(Sigillum ecclesie Sancti Nicholai de Mellento.)

Voyez le n° 2466.

2473 PONTORSON (NOTRE-DAME DE).

1399.

Sceau rond, de 21 mill. — Arch. de la Manche; abbaye du Mont-Saint-Michel.

La Vierge debout, en voile, portant l'enfant Jésus, accostée de deux cygnes, sur un pont à trois arches.

..CVRE S.......E PONS...

(Sigillum cure Sancte Marie de Pontorson ?)

Délégation donnée au curé de Pontorson pour administrer les biens du prieuré de Notre-Dame de Pontorson. — Juillet 1399.

2474 SAINT-AQUILIN-D'AUGERONS (ÉGLISE DE).

1236.

Sceau ogival, de 35 mill. — Arch. de l'Orne; abbaye de Saint-Évroult.

Une fleur de lys fleuronnée.

✱ S' SCI · AQVININI · DE AVIER'

(Sigillum Sancti Aquinini de Aujeron.)

Confirmation de biens sis à Saint-Denis-d'Augerons. — Juillet 1236.

2475 SAINT-MAURICE-D'ÉTELAN (ÉGLISE DE).

1286.

Sceau ogival, de 30 mill. — Arch. de la Seine-Inférieure; chapitre de Rouen.

Un croissant surmonté d'une comète, au-dessus d'un soleil.

✱ S' ECLESIE DE ESTELANT

(Sigillum ecclesie de Estelant.)

Voyez le n° 2466.

DOYENNÉS RURAUX.

2476 ANNEBECQ (DOYENNÉ D').

XIIIe siècle.

Sceau ogival, de 29 mill. — Musée des antiquaires de Normandie, à Caen.

Un bouquet de trois rameaux.

✱ S decanatus de Asnebecho

(Sigillum decanatus de Asnebecho.)

Matrice.

2477 ERNÉE (DOYENNÉ D').

1369.

Sceau ogival, de 20 mill. — Arch. de la Manche; abbaye du Mont-Saint-Michel.

Une flèche entre deux palmes.

..DECA...S DE ERN...

(Sigillum decanatus de Erneia ?)

Quittance d'un secours pécuniaire accordé par l'évêque du Mans aux ecclésiastiques du doyenné d'Ernée. — Septembre 1369.

2478 FAUVILLE (DOYENNÉ DE).

1393.

Sceau ogival, de 35 mill. — Arch. de la Seine-Inférieure; abbaye du Valasse.

La Vierge debout, couronnée, portant l'enfant Jésus, ayant à ses pieds et à droite un priant, accompagnée à dextre d'une fleur de lys au bâton en bande, à sénestre d'une clef.

S' DECANAT' .... DE FA..ILLA...

(Sigillum decanatus ..... de Fauvilla.....)

Vidimus de deux quittances délivrées à l'abbaye du Valasse par le percepteur de la demi-dîme accordée au roi. — Décembre 1393.

2479 GENEST (DOYENNÉ DE).

1447.

Sceau ogival, de 37 mill. — Arch. de la Manche; abbaye du Mont-Saint-Michel.

Deux branches de genêt. — Légende détruite.

Installation du curé de Sartilly. — Août 1447.

2480 JERSEY (DOYENNÉ DE).

1308.

Sceau rond, de 20 mill. — Arch. de la Manche; abbaye du Mont-Saint-Michel.

Les deux poissons du zodiaque, accompagnés de deux points et d'une étoile.

✱ S' DECANATVS · GERSOII ·

(Sigillum decanatus Gersoii.)

Quittance d'un digestum vetus prêté à Henri de Saint-Martin, clerc à Jersey, par l'abbé du Mont-Saint Michel, et estimé 10^{ll} (petits tournois). — Décembre 1308.

2481 LONGUEVILLE (DOYENNÉ DE).

1372.

Sceau ogival, de 34 mill. — Arch. de la Seine-Inférieure; prieuré de Saint-Lô de Rouen.

La Vierge debout, couronnée, portant l'enfant Jésus,

entre deux arbustes. Au-dessous, un priant dans une niche.

✱ S' DECANATVS DE LONGAVILLA

(Sigillum decanatus de Longavilla.)

Sentence contre le curé de Bourdeny, au sujet d'une rente due au prieuré de Saint-Lô de Rouen. — Août 1372.

2482 ORGLANDES (DOYENNÉ D').

1354.

Sceau rond, de 30 mill. — Arch. de la Manche ; abbaye du Mont-Saint-Michel.

Un buste d'évêque mitré, de face, accosté d'une étoile et d'une crosse. Dans le champ, en haut, un serpent et un poisson.

S' DECANAT' DE ORGLANDES

(Sigillum decanatus de Orglandres.)

Installation du curé de Morville. — Janvier 1354.

2483 ROUEN (DOYENNÉ DE).

1487.

Sceau ogival, de 45 mill. — Arch. de la Seine-Inférieure ; archevêché de Rouen.

Dans une niche gothique, la Vierge debout, couronnée, portant l'enfant Jésus.

........ns ..... tianit ... homa ...

(Sigillum decanatus christianitatis Rothomagensis.)

Procès au sujet du refus par le curé de Saint-Étienne-la-Grande-Église d'assister et de concourir aux offices de la confrérie de la Grande Kalende. — Avril 1487.

2484 SAINT-PAIR (DOYENNÉ DE).

1322.

Sceau ogival, de 26 mill. — Arch. de la Manche ; abbaye du Mont-Saint-Michel.

Deux oiseaux passant à gauche, l'un sur l'autre. — Il ne reste plus de la légende que

PATE...

(Paterni.)

Quittance de 9' 2ᵈ pro expensis magistri Johannis Salvati, docentis Parisius in lingua Caldea et Ebrea. — Novembre 1322.

ARCHIPRÊTRE.

2485 JEAN,

Archiprêtre de Pisa. — XIIIᵉ siècle.

Sceau ogival, de 28 mill. — Musée des antiquaires de Normandie, à Caen.

Personnage à mi-corps, tête nue, en chasuble, les mains jointes. Au-dessous, un écu à la tour.

✱ S' IOHIS ARCHIPRESBRI DE PIXA

(Sigillum Johannis, archipresbiteri de Pixa.)

Matrice.

DOYENS RURAUX.

2486 BACQUEVILLE

(LE DOYEN DE CHRÉTIENTÉ DE).

1285.

Sceau ogival, de 28 mill. — Arch. de la Seine-Inférieure ; chapitre de Rouen.

Une tige fleuronnée, becquetée au pied par deux oiseaux symétriques.

S' DECANI DE BACQVEVIL

(Sigillum decani de Bacqueville.)

Voyez le nº 2466.

2487 BAUDEMONT

(LE DOYEN DE CHRÉTIENTÉ DE)

1285.

Sceau ogival, de 31 mill. — Arch. de la Seine-Inférieure ; chapitre de Rouen.

Personnage debout, tête nue, en chasuble, tenant un livre des deux mains, accosté de deux étoiles. — Il ne reste plus de la légende que

DE BAVD...

(De Baudemont.)

Voyez le nº 2466.

2488 MOUVIEULT (ISAMBARD),

Doyen de chrétienté de Bourgtheroulde. — 1465.

Sceau ogival, de 35 mill. — Arch. de la Seine-Inférieure ; archevêché de Rouen.

Un pélican en sa piété.

✱ sigillu decan ... burgotheroude

(Sigillum decani de Burgotheroude.)

Enquête sur le droit de patronage de l'église de Saint-Paer de Berville. — Août 1465.

2489 BRAY

(LE DOYEN DE CHRÉTIENTÉ DE).

1285.

Sceau ogival, de 25 mill. — Arch. de la Seine-Inférieure ; chapitre de Rouen.

Un oiseau

✠ S' DECA.... RAIO

(Sigillum decani de Uraio.)

Voyez le n° 2466.

2490 LANDE (PIERRE DE LA),

Doyen de chrétienté de Bréolles. — 1254.

Sceau ogival, de 42 mill. — Arch. de l'Orne; abbaye de Saint-Évroult.

La Vierge debout, couronnée, portant l'enfant Jésus.

..PETRI DEC..I DE BRVRO....

(Sigillum Petri, decani de Bretroliis.)

Acquisition du patronat de Moulicent. — Juillet 1254.

2491 G.

Doyen de chrétienté d'Ernée. — Commencement du XIII siècle.

Sceau ovale, de 42 mill. — Arch. de la Manche; abbaye de Savigny.

Camée représentant un buste lauré à gauche, revêtu du paludamentum.

✠ S. DECANI DE HERNEIA

(Sigillum decani de Herneia.)

Donation d'une terre sise à Boisgelin. — Sans date.

2492 FAUVILLE (LE DOYEN DE CHRÉTIENTÉ DE).

1285.

Sceau ogival, de 29 mill. — Arch. de la Seine-Inférieure; chapitre de Rouen.

Une tige fleuronnée tenue par une main et portant deux oiseaux symétriques perchés.

✠ S' DECANI DE F.....LA

(Sigillum decani de Fauvilla.)

Voyez le n° 2466.

2493 GAMACHES (LE DOYEN DE CHRÉTIENTÉ DE).

1285.

Sceau ogival, de 40 mill. — Arch. de la Seine-Inférieure; chapitre de Rouen.

La Vierge assise, tenant l'enfant Jésus. — Légende détruite.

Voyez le n° 2466.

2494 GUERRI,

Ancien doyen de chrétienté de Magny. — 1219.

Sceau ogival, de 39 mill. — Arch. de la Seine-Inférieure; chapitre de Rouen.

Personnage à mi-corps, tête nue, en chasuble, tenant un livre des deux mains.

✠ SIGILL · G · PRIORIS · DE .... ACO

(Sigillum G. prioris de .....aco.)

Fondation d'obit. — Octobre 1219.

2495 GEOFFROI,

Doyen de chrétienté de Mayenne. — 1277.

Sceau ogival, de 35 mill. — Bibl. de la ville de Rouen; fonds Leber.

Une aigle couronnée, contournée.

✠ S' DECANI D. MEDVANA

(Sigillum decani de Meduana.)

Reconnaissance d'une rente due à l'abbaye de Savigny. — Novembre 1277.

2496 MEULAN (LE DOYEN DE CHRÉTIENTÉ DE).

1285.

Sceau ogival, de 30 mill. — Arch. de la Seine-Inférieure; chapitre de Rouen.

Un Agnus Dei à gauche.

✠ S' DECANI DE MELL.........

(Sigillum decani de Mellento.....)

Voyez le n° 2466.

2497 COQUIN (JEAN),

Doyen de chrétienté de Neufchâtel. — 1445.

Signet rond, de 14 mill. — Arch. de la Seine-Inférieure; archevêché de Rouen.

Un château crénelé, accosté des initiales I C. — Sans légende.

Convocation pour le concile provincial qui doit se tenir à Rouen. — Novembre 1445.

2498 BAESARD (GUILLAUME),

Doyen rural d'Orglandes. — 1555.

Signet rond, de 19 mill. — Arch. de la Manche; abbaye de Saint-Sauveur-le-Vicomte.

Écu portant un arbre accosté des initiales G B? — Sans légende.

Collation du bénéfice de Biniville. — Mars 1555.

2499 ÉTIENNE,

Doyen rural de Passais. — 1236.

Sceau ogival, de 38 mill. — Arch. de la Manche; abbaye de Savigny.

Saint Étienne à genoux, entre deux bourreaux qui le lapident; en haut, la main céleste bénissant.

.VE TV SCRIBIS EGO STEPHVS ATEG.

(Que tu scribis, ego Stephanus atego.)

Donation de deux emplacements sis au bourg d'Oisseau. — 1236.

2500 **PAVILLY**

(LE DOYEN RURAL DE).

1285.

Sceau ogival, de 33 mill. — Arch. de la Seine-Inférieure; chapitre de Rouen.

Quatre fleurs de lys opposées par le nœud et formant une croix. Dans le champ, en bas, deux croisettes.

✱ S' : DECANI : DE PAVILLIACO

(Sigillum decani de Pavilliaco.)

Voyez le nº 2466.

2501 **JAGLEULEY (ÉTIENNE),**

Doyen de chrétienté de Pont-Audemer. — 1445.

Sceau ogival, de 30 mill. — Arch. de la Seine-Inférieure; archevêché de Rouen.

Un poisson.

s pontis audom à cas

(Sigillum Pontis Audomari ad causas.)

Voyez le nº 2497.

2502 **TAQUEL (NICOLAS),**

Doyen de chrétienté de Rouen. — 1445.

Sceau ogival, de 34 mill. — Arch. de la Seine-Inférieure; archevêché de Rouen.

La Vierge debout, couronnée, portant l'enfant Jésus, accostée de deux sextefeuilles, sur champ festonné. Au-dessous, un priant accosté de deux écus : celui de dextre à trois fleurs de lys, celui de sénestre fruste.

...........ANIS.........OMAG

(..... decani christianitatis Rothomagensis.)

Voyez le nº 2497.

2503 **GEOFFROI,**

Doyen de chrétienté de Vernon. — 1240.

Sceau ogival, de 35 mill. — Arch. de la Seine-Inférieure; abbaye de Jumièges.

Un oiseau perché sur des rinceaux.

✱ S' GAVF' DECAN' DE VN' AD CAS

(Sigillum Gaufridi, decani de Vernone ad causas.)

Donation d'un baril de vin blanc. — Avril 1240.

CURÉS.

2504 **RICHARD,**

Curé de Barberie. — 1230.

Sceau ogival, de 42 mill. — Arch. du Calvados; abbaye de Barberie.

Une fleur de lys fleuronnée.

✱ S' RIC' SACERDOTIS DE BABER..

(Sigillum Ricardi, sacerdotis de Baber...)

Confirmation d'un ténement et donation d'une rente sis à Saint-Germain-du-Chemin. — 1230.

2505 ***COLLE* (GUILLAUME *DE*),**

Curé de Bonsmoulins. — 1249.

Sceau rond, de 45 mill. — Arch. de l'Orne; prieuré du Vieux-Bellême.

Un pélican en sa piété.

✱ S. GVILLERMI DE COLLE PBRI

(Sigillum Guillermi de Colle, presbiteri.)

Accord au sujet du fief d'Aunay, à Dancé. — Juin 1249.

2506 **POTEREL (RICHARD),**

Curé de Saint-Médard du Celland, sous-collecteur de la dîme biennale accordée au roi de France. — 1340.

Signet rond, de 16 mill. — Arch. de la Manche; abbaye du Mont-Saint-Michel.

Un pot? accosté des initiales **R P**.

.I..... SECR... MEI

(Sigillum secreti mei.)

Quittance délivrée à l'abbaye du Mont-Saint-Michel. — Novembre 1340.

2507 **HATTENVILLE (JEAN DE),**

Curé de Chambray. — 1311.

Sceau rond, de 21 mill. — Arch. de la Seine-Inférieure; abbaye de Saint-Ouen.

Buste d'homme à gauche. Dans le champ, devant le visage, une fleur entre deux feuilles.

S' MAGRI IOH DE HATHE..LE PRI?

(Sigillum magistri Johannis de Hatheuville, presbiteri.)

Fondation d'obit. — 1311.

2508 **MALNORRI (ROBERT),**

Curé de Cherrueix. — 1319.

Sceau rond, de 21 mill. — Arch. de la Manche; abbaye du Mont-Saint-Michel.

Une coquille dans une rose gothique.

S' R MALNO..I PBRI

(Sigillum Roberti Malnorri, presbiteri.)

Quittance de droits de procuration, délivrée au prieur de Montrouault. — Juillet 1319.

2509 **ROUX (PIERRE LE),**

Curé de Croixmare, notaire apostolique du diocèse de Rouen. — 1465.

Signet rond, de 13 mill. — Arch. de la Seine-Inférieure; abbaye de Jumièges.

Les initiales **p r** attachées par une cordelière et accompagnées de deux rameaux. — Sans légende.

Lettres de provision pour le prieuré de Crouptes. — Mars 1465.

2510 FLAGÈRE (RICHARD DE LA),

Curé de Dury. — 1282.

Sceau rond, de 20 mill. — Arch. du Calvados; évêché et chapitre de Bayeux.

Un Agnus Dei à gauche.

✱ S' RIC.. DE FLAGERIA PBRI

(Sigillum Ricardi de Flageria, presbiteri.)

Confirmation du transport d'une rente sur les dîmes de Dury. Mai 1282.

2511 GUISLAIN,

Curé de Saint-Laurent de Falaise. — 1268.

Sceau rond, de 30 mill. — Arch. du Calvados; abbaye de Barberie.

Une croix de feuillages, combinée avec un petit sautoir.

✱ S' GVISL PERI SCI LAVR

(Sigillum Guisleni, presbiteri Sancti Laurentii.)

Donation d'une dîme sise au Mesnil de Bouvres. — Août 1268.

2512 BISET (VINCENT),

Curé de Saint-Martin du Goulet. — 1309.

Sceau rond, de 20 mill. — Arch. du Calvados; abbaye de Troarn.

Un animal chimérique, sorte de dragon à cornes de chèvre.

S' M V.....CI RECTORIS D' GOLETO

(Sigillum magistri Vincencii, rectoris de Goleto.)

Fondation d'obit. — Septembre 1309.

2513 GOURNAY

(LE CURÉ DE SAINT-HILDEVERT DE).

1285.

Sceau ogival, de 38 mill. — Arch. de la Seine-Inférieure; chapitre de Rouen.

L'Annonciation. Entre la Vierge et l'ange, un vase d'où sort une tige fleuronnée. Au bas, un priant.

✱ S' P.RI PACHIE S'I HILDVT D' GORNAI?

(Sigillum presbiteri parochie Sancti Hildeverti de Gornai.)

Voyez le n° 2466.

2514 SALINGES (ROGER).

Curé de Hampton. — XIIIe siècle.

Sceau ogival, de 34 mill. — Arch. du Calvados; abbaye de la Sainte-Trinité de Caen.

Dans une niche festonnée, la Vierge à mi-corps, en voile, tenant l'enfant Jésus. Au bas, un priant.

AVE MARI. GRA PLENA. S' ROGER. .. .ALINGES

(Ave Maria, gratia plena. Sigillum Rogeri de Salinges.)

Échange de terres sises à Hampton. — Sans date.

2515 GEOFFROI,

Curé de Hébécrevon. — XIIIe siècle.

Sceau rond, de 40 mill. — Arch. de la Manche; abbaye de Savigny.

Un chevron garni d'une traverse.

✱ S' GAVF' PSONE D HERB'CHEVRON

(Sigillum Gaufridi, persone de Herberchevron.)

Sceau détaché.

2516 HOUGERVILLE (ROGER DE),

Curé d'Ingouville et de Sengeville. — 1272.

Sceau ogival, de 30 mill. — Arch. de la Seine-Inférieure; abbaye de Fécamp.

Une fleur de lys fleuronnée, d'un style barbare.

✱ S' · ROGERI ... D' HOG'VILE

(Sigillum Rogeri ... de Hogervile.)

Donation d'un moulin au profit de l'hôpital de Notre-Dame de Fécamp. — Mai 1272.

2517 GUILLAUME,

Curé de Lamberville. — 1313.

Sceau rond, de 35 mill. — Arch. de la Seine-Inférieure; abbaye de Saint-Amand.

Un griffon à gauche.

✱ S' · WILLERMI · CLERICI · D' LAMBERVILE

(Sigillum Willermi, clerici de Lamberville.)

Déclaration au sujet du patronage de l'église de Lamberville. — Juillet 1313.

2518 GUILLAUME,

Curé de Saint-Denis de Longessart. — 1266.

Sceau ogival, de 31 mill. — Arch. du Calvados; abbaye de Saint-André-en-Gouffern.

Une fleur de lys fleuronnée.

.. GVILLI ....LONGESS...

(Sigillum Guillermi ..... de Longessart.)

Donation d'une rente sur la dîme de Bonneval. — Décembre 1266.

2519 GIREULT (RICHARD),

Curé de Montebourg. — 1453.

Signet ovale, de 14 mill. — Arch. de la Manche; abbaye de Montebourg.

Intaille représentant un lion passant à droite. — Sans légende.

Installation du curé de Saint-Lô d'Anneville et de Hémevez. — Décembre 1453.

2520 POUCHIN (RENAUD),

Curé d'Ozouville. — XVe siècle.

Sceau rond, de 34 mill. — Collection de M. Lormier, à Rouen.

Un coq accompagné de trois poussins.

✠ S' REGINALDI PŌCHĪ RECTORIS ECLESIE DORENAVILA

(Sigillum Reginaldi Ponchiu, rectoris eclesie d'Orenavila.)

Matrice.

2521 SAINT-GEORGES (NICOLAS DE),

Curé du chœur de l'église de Rouen. — 1286.

Sceau ogival, de 30 mill. — Arch. de la Seine-Inférieure; chapitre de Rouen.

Une branche sortant de la bouche d'un masque de profil et portant à son extrémité un oiseau perché.

S' NI.ĦOLAI · DE SCO · GEORGIO · PBR. DCI OCI LE VILAIN

(Sigillum Nicholai de Sancto Georgio, presbiteri, dicti oci le Vilain.)

Procès entre le chapitre de Rouen et les frères Mineurs. Citation à comparaître devant l'abbé de la Croix-Saint-Leufroy. — Septembre 1286.

2522 BONNEVAL (GUILLAUME DE),

Curé de Saint-Aubin-de-Bonneval. — 1266.

Sceau ogival, de 30 mill. — Arch. du Calvados; abbaye de Saint-André-en-Gouffern.

Un oiseau tenant au bec un rameau fleuri.

✠ S' MAGRI GVILL DE BONAVALL

(Sigillum magistri Guillermi de Bonavalle.)

Donation d'une rente sur la dîme de la paroisse de Bonneval. Décembre 1266.

2523 BOIS (NICOLAS DU),

Curé de l'une des portions de l'église de Saint-Denis-de-Gast. — 1399.

Sceau rond, de 24 mill. — Arch. de la Manche; abbaye du Mont-Saint-Michel.

Écu au lion, timbré d'un oiseau, dans un quadrilobe.

S....... LAS .... VS

(Seel Nicolas du Bus?)

Présentation à la cure de la maladrerie de Genets. — Septembre 1399.

2524 GUILLAUME,

Curé de Saint-Hilaire. — 1266.

Sceau ogival, de 33 mill. — Arch. du Calvados; abbaye de Saint-André-en-Gouffern.

La Vierge debout, couronnée, portant l'enfant Jésus, tenant un sceptre fleuronné, ayant à ses pieds et à gauche un priant.

S' RECTORIS ..... ĦELER..

(Sigillum rectoris de Sancto Helerio.)

Voyez le n° 2522.

2525 SAINTE-MARIE-EN-AUGE

(LE CURÉ DE).

XIII° siècle.

Sceau ogival, de 39 mill. — Musée des antiquaires de Normandie, à Caen.

La Vierge assise de profil à droite, tenant l'enfant Jésus sur ses genoux. Dans le champ, une fleur de jonc; au bas, un petit sautoir.

✠ S' PBRI ECCE BE MARIE DE ALGIA

(Sigillum presbiteri ecclesie Beate Marie de Algia.)

Matrice.

2526 MATTHIEU,

Curé de Saint-Melaine. — XIII° siècle.

Sceau ogival, de 39 mill. — Collection de M. Lormier, à Rouen.

Une fleur de lys fleuronnée.

✠ S' MATĦEI PRESBIRI SCI MELANI

(Sigillum Mathei, presbiteri Sancti Melani.)

Matrice.

2527 HÉLIE,

Curé de Sains, sous-collecteur, dans le diocèse de D... de la dîme biennale accordée au roi de France. — 135..

Sceau rond, de 21 mill. — Arch. de la Manche; abbaye du Mont-Saint-Michel.

Dans une niche gothique, saint Michel foulant aux pieds le dragon, ayant à ses pieds et à droite un priant. — Légende détruite.

Quittance délivrée à l'abbé du Mont-Saint-Michel. — Octobre 135..

2528 CHEGNY (GUILLAUME DE),

Curé de Santigton. — 1267.

Sceau ogival, de 24 mill. — Arch. de la Seine-Inférieure; chapitre de Rouen.

Buste d'homme à gauche, la tête nue *cum corona*.

✠ S' WILLI : D' : CĦNII : CLERICI

(Sigillum Willermi de Chauni, clerici.)

Pleige pour le bail du manoir d'Otry, en Angleterre. — Juin 1267.

2529 DOUET-ARTUS (ROBERT DU),

Curé du Sap. — 1265.

Sceau ogival, de 40 mill. — Arch. de l'Orne; abbaye de Saint-Évroult.

Deux oiseaux, deux paons? adossés et contournés, séparés par une tige fleuronnée.

✠ S....... ARTVR PRESBITERI

(Sigillum..... Artur, presbiteri.)

Donation de tous ses biens situés au Douet-Artus. — Mai 1265.

2530 JEAN,

Curé de Sassetot. — 1241.

Sceau ogival, de 30 mill. — Arch. de la Seine-Inférieure ; abbaye de Valmont.

Un oiseau marchant à droite.

✠ S' MEI SECRETI

(Sigillum mei secreti.)

Donation d'une terre sise à Sassetot. — Septembre 1241.

2531 BOSC (GUILLAUME DU),

Curé de Sierville. — 1284.

Sceau ogival, de 28 mill. — Arch. de la Seine-Inférieure ; abbaye de Jumièges.

Un oiseau à gauche, tenant au bec un rameau.

✠ S' MAG' GVILLI DE GENEVIL

(Sigillum magistri Guillermi de Geneville.)

Vente d'un héritage sis à Gensinville. — Novembre 1284.

2532 ROBERT,

Curé de Taverny. — XIIIe siècle.

Sceau ogival, de 41 mill. — Musée de Rouen.

Une croix fleuronnée, cantonnée de quatre aiglettes.

✠ S' ROBTI PBRI DE TAVNI

(Sigillum Roberti, presbiteri de Taverni.)

Matrice.

2533 GUILLAUME,

Curé du Thuit-Simer. — 1243.

Sceau ogival, de 45 mill. — Arch. de la Seine-Inférieure ; abbaye de Jumièges.

Un calice, et au-dessus la main céleste bénissant.

S' WLLI PR..... TVIT SYM..

(Sigillum Willermi, presbiteri de Tuit Symer.)

Donation de son manoir sis à Neuvillette. — Janvier 1243.

2534 ROBERT,

Curé de Valliquerville. — 1262.

Sceau ogival, de 33 mill. — Arch. de la Seine-Inférieure ; abbaye de Valmont.

Un pélican en sa piété.

S' ROBT PSONE DE WALIQIERVILL

(Sigillum Roberti, persone de Waliquierville.)

Donation de son héritage sis à Biville. — Octobre 1262.

2535 ROGER,

Ancien curé de Varengeville. — 1239.

Sceau ogival, de 40 mill. — Arch. de la Seine-Inférieure ; abbaye de Jumièges.

Une fleur de lys.

.. ROGERI...... WARINGIERVILL

(Sigillum Rogeri..... de Waringierville.)

Vente d'une terre située à Varengeville. — 1239.

2536 BIARDS (GUILLAUME DES)

ou le Bourgeois, curé de Vesins. — 1300.

Sceau ogival, de 32 mill. — Arch. de la Manche ; abbaye du Mont-Saint-Michel.

Des rinceaux.

. . . GRI GVIL.. ....ENSIS CLIC

(Sigillum magistri Guillermi Burgensis, clerici.)

Donation des dîmes de Vesins. — Septembre 1300.

2537 VILLETTE (VAUQUELIN DE LA),

Curé de Vieux-Verneuil. — 1220.

Sceau ogival, de 58 mill. — Arch. de la Seine-Inférieure ; abbaye de Jumièges.

Une sorte de fleur de lys, sur champ d'étoiles.

✠ S' GAVQLIN....... VERNOLIO

(Sigillum Gauquelini..... Vernolio.)

Fieffe d'un masage sis à Verneuil. — Février 1220.

2538 VILLETTE (VAUQUELIN DE LA).

Curé de Vieux-Verneuil. — 1338.

Sceau ogival, de 44 mill. — Arch. de la Seine-Inférieure ; abbaye de Jumièges.

Le curé debout, tête nue, en chasuble, tenant un livre des deux mains.

✠ S' GAVR' PBRI D' VETI VERNOLI.

(Sigillum Gaukelini, presbiteri de Veteri Vernolio.)

L'abbaye de Jumièges prend à bail pour trois ans les biens que le curé tient d'elle à Vieux-Verneuil, Verneuil, Piseux, Gauville, etc. — Novembre 1338.

2539 AIGUE (JEAN DE L'),

Ancien vicaire d'Yartiombe. — 1316.

Sceau rond, de 16 mill. — Arch. de la Manche ; abbaye du Mont-Saint-Michel.

Une tête d'homme à gauche.

CAPVT IOHIS

(Caput Johannis.)

Quittance délivrée à l'abbé du Mont-Saint-Michel. — Juin 1316.

CHAPELAINS.

2540 CONFRÉRIE DES CHAPELAINS DE SAINT-NICOLAS-DES-COURTILS, À BAYEUX.

1574.

Sceau ogival, de 47 mill. — Collection de M. de Farey, à Bayeux.

Dans une niche gothique, saint Nicolas debout, mitré, crossé de biais, bénissant.

s capellanorum sci nicolai de ortis

(Sigillum capellanorum Sancti Nicolai de Ortis.)

Présentation à l'une des huit chapellenies de Saint-Nicolas-des-Courtils. — 13 janvier 1574.

2541 SAPCOTE (ROBERT DE),

Chapelain. — XIIIe siècle.

Sceau rond, de 30 mill. — Arch. de l'Orne; abbaye de Saint-Évroult.

Un croissant surmonté d'un soleil.

✠ S' ROB'TI CAPELLANI

(Sigillum Roberti, capellani.)

Cession d'un pré sis à Peatling-Magna. — Sans date.

PRÊTRES.

2542 AUNAY (THOMAS D'),

Prêtre, receveur apostolique. — 1367.

Sceau rond, de 20 mill. — Arch. de la Manche; abbaye du Mont-Saint-Michel.

Un pélican en sa piété, dans un quadrilobe.

....ME DE ALNETO

(Sigillum Thome de Alneto.)

Quittance délivrée au prieur de l'Abbayette. — Décembre 1367.

2543 BAIGNART (RAOUL),

Prêtre, — XIIIe siècle.

Sceau ogival, de 31 mill. — Arch. du Calvados; prieuré de Sainte-Barbe-en-Auge.

Une fleur de lys fleuronnée.

✠ S' RADVLFI BAGNART

(Sigillum Radulfi Bagnart.)

Donation du patronage de Cesseville. — Sans date.

2544 BANNEVILLE (HENRI DE),

Prêtre. — 1231.

Sceau rond, de 37 mill. — Arch. du Calvados: abbaye d'Aunay.

Une étoile à huit rais anglés de huit rameaux.

✠ S' HRICI D' BAIVVILE PR'

(Sigillum Henrici de Baiuvilla, presbiteri.)

Donation d'un masnage sis à Banneville. — 1231.

2545 BLAKEMAN (ÉTIENNE),

Prêtre. — 1268.

Sceau rond, de 26 mill. — Arch. de la Seine-Inférieure; abbaye de Montivilliers.

Un calice surmonté d'une croisette et accosté de deux étoiles.

✠ S' STEPHI : BLAKEM' : PBRI

(Sigillum Stephani Blakeman, presbiteri.)

Vente d'une rente sise à Saint-Germain de Montivilliers. — Décembre 1258.

2546 BRETEL (NICOLAS),

Prêtre. — 1268.

Sceau ogival, de 33 mill. — Arch. du Calvados: abbaye de Saint-André-en-Gouffern.

Une fleur de lys fleuronnée.

✠ S' NICH : BRETEL : PREBRI

(Sigillum Nicholai Bretel, presbiteri.)

Échange de biens situés à Méry. — Janvier 1268.

2547 DURAND,

Prêtre. — XIIIe siècle.

Sceau rond, de 32 mill. — Arch. du Calvados; abbaye de Villers.

Écu fruste.

✠ S. DVRANDI SACERDOTIS..

(Sigillum Durandi, sacerdotis...)

Donation d'une rente sur une maison, à Caen. — Sans date.

2548 ESCOQUART (GUILLAUME),

Prêtre. — 1265.

Sceau ogival, de 29 mill. — Arch. du Calvados; évêché et chapitre de Bayeux.

Un pélican en sa piété.

✠ S' WILLI · ES.. ...T · PBRI

(Sigillum Willermi Escoquart, presbiteri.)

Fondation d'obit. — Août 1265.

2549 FERRIÈRE (HUGUES DE LA),

Prêtre. — 1235.

Sceau ogival, de 42 mill. — Arch. du Calvados; abbaye d'Aunay.

Une croix pattée, dans un encadrement gothique.

S' H'G̅ DE FRARIA P̅S

(Sigillum Hugonis de Ferraria, presbiteri.)

Cession d'une terre sise à la Ferrière et relevant de l'abbaye d'Aunay. — Septembre 1235.

2550 GAUTIER (GUILLAUME),

Prêtre. — 1371.

Sceau rond, de 16 mill. — Arch. de la Manche; abbaye du Mont-Saint-Michel.

Écu à la fasce accompagnée des deux initiales : G en chef et P (presbiter) en pointe, dans un trilobe. — Il ne reste plus de la légende que

PBRI

(Presbiteri.)

Quittance des droits de procure des cardinaux, délivrée au prieur de l'Abbayette. — Juin 1371.

2551 GODEFROI (GUILLAUME),

Prêtre. — 1280.

Sceau ogival, de 28 mill. — Arch. de la Manche; abbaye de la Luzerne.

Un oiseau portant au bec un rameau fleuri.

S' .....AVFRIDI PBR'I

(Sigillum..... Gaufridi, presbiteri.)

Vente d'une rente de froment, sise à Blainville. — Août 1280.

2552 GUILLAUME (ARNAUD),

Prêtre. — XIIIe siècle.

Sceau ogival, de 32 mill. — Collection de M. de Farcy, à Bayeux.

La Vierge à mi-corps, couronnée, tenant l'enfant Jésus et un sceptre fleuronné, sur une terrasse d'architecture. Au-dessous, un priant.

✱ S' FRIS ARDI GVILLĪ SACERDOTIS

(Sigillum fratris Arnaldi Guillelmi, sacerdotis.)

Matrice.

2553 HAIE (MATTHIEU),

Prêtre. — 1260.

Sceau rond, de 18 mill. — Arch. de la Seine-Inférieure; archevêché de Rouen.

Une croix fleuronnée.

✱ S' MASIEV AIE

(Seel Masieu Aie.)

Donation d'une rente au profit de la chapelle du Bosc-Roge. — Décembre 1260.

2554 HAVART (PIERRE),

Prêtre. — 1279.

Sceau rond, de 23 mill. — Arch. de la Seine-Inférieure; abbaye de Jumièges.

Trois clefs.

✱ S'. PETRI · HAVART · PBRI

(Sigillum Petri Havart, presbiteri.)

Accord au sujet de l'usage qu'ont les hommes de la Rouge dans le bois de Cresne. — Octobre 1279.

2555 HAYE (ABRAHAM DE LA),

Prêtre. — 1348.

Sceau rond, de 30 mill. — Arch. de la Seine-Inférieure; abbaye de Saint-Wandrille.

La Vierge debout, portant l'enfant Jésus, ayant à ses pieds et à sénestre un priant.

.. ABRAH. .. HAYA ....

(Sigillum Abrahe de Haya.....)

Fieffe d'une maison et d'un jardin sis en la paroisse de Saint-Wandrille. — Juin 1348.

2556 HÉDOUIN (RAOUL),

Prêtre. — 1272.

Sceau rond, de 31 mill. — Arch. de l'Orne; abbaye de Silly.

Un calice.

✱ S' RADVLPHI EDOIN PBR'I

(Sigillum Radulphi Edoin, presbiteri.)

Vente de prés sis au Bourg-Saint-Léonard. — Octobre 1272.

2557 INGUENEUT (PIERRE),

Prêtre. — 1218.

Sceau rond, de 41 mill. — Arch. de la Seine-Inférieure; abbaye de Saint-Amand.

Une croix ancrée ou plutôt terminée par quatre M, combinée avec un petit sautoir.

✱ S' PETRI ..GENEVT

(Sigillum Petri Ingenout.)

Transport d'une rente sur un tènement sis à Malpalu, en la paroisse de Saint-Maclou. — Janvier 1218.

2558 LASSON (GUILLAUME DE),

Prêtre. — XIIIe siècle.

Sceau rond, de 25 mill. — Arch. du Calvados; prieuré de Sainte-Barbe-en-Auge.

Une fleur radiée à huit pétales.

✱ S' W PRESBRI DE....

(Sigillum Willermi, presbiteri de .....)

Donation d'une terre sise à Lasson. — Sans date.

2559 MABIRE (PIERRE),

Prêtre. — 1389.

Sceau rond, de 35 mill. — Arch. de la Seine-Inférieure ; chapitre de Rouen.

Deux clefs adossées, en pal.

✱ S' PETRI · MABIRE · PREBITI

(Sigillum Petri Mabire, presbiteri.)

Vente de rentes sises à Londinières. — Décembre 1389.

2560 PAYEN (MARTIN).

Prêtre. — 1447.

Sceau ogival, de 37 mill. — Arch. du Calvados ; abbaye de Saint-André-en-Gouffern.

Une fleur de lys fleuronnée.

✱ S' MARTINI PAGANI PRESBITERI

(Sigillum Martini Pagani, presbiteri.)

Transport d'une rente sur le moulin de la Brévière. — Novembre 1447.

2561 PÉRIER (JOURDAIN).

Prêtre. — 1387.

Sceau ogival, de 29 mill. — Arch. de la Manche ; abbaye du Mont-Saint-Michel.

Un Agnus Dei à gauche.

✱ S' IORDANI PERIER PBRI

(Sigillum Jordani Perier, presbiteri.)

Donation de biens sis au Mont-Saint-Michel, à Ardevon et à Beauvoir. — Septembre 1387.

2562 PONT (SAMSON DU).

Prêtre. — 1232.

Sceau ogival, de 30 mill. — Arch. du Calvados ; abbaye d'Aunay.

Une fleur de lys fleuronnée. Dans le champ, en haut, la lettre B' terminant la légende.

✱ S' SANSONIS : DE : PONTE · PRES

(Sigillum Sansonis de Ponte, presbiteri.)

Donation d'une rente sise à Maizet. — 1232.

2563 POSTEL (ARNOUL).

Prêtre, receveur et gardien du manoir du seigneur de Saint-Sauveur-le-Vicomte. 1310.

Sceau rond, de 18 mill. — Arch. de la Manche ; abbaye du Mont-Saint-Michel.

Un personnage assis, fruste.

S' ARNVLPHI POSTEL

(Sigillum Arnulphi Postel.)

Quittance délivrée au prieur de Saint-Germain-sur-Ay. — Mars 1310.

2564 QUARREL (NICOLAS),

Prêtre. — 1233.

Sceau ogival, de 32 mill. — Arch. du Calvados ; abbaye d'Aunay.

Un trait d'arbalète?

✱ S' NICHOLAI CAR... BRI

(Sigillum Nicholai Carrel, presbiteri.)

Abandon de droits sur une maison, à Caen. — 1233.

2565 ROCHER (JEAN DU).

Prêtre, commis par le sous-collecteur apostolique du diocèse de Dol. — 1384.

Sceau rond, de 20 mill. — Arch. de la Manche ; abbaye du Mont-Saint-Michel.

Écu au chevron accompagné de deux trèfles en chef et d'une quintefeuille en pointe.

✱ S' I DOV R.CHIER

(Seel Johan dou Rochier.)

Quittance délivrée aux prieurs de Mont-Dol et de Montrouault. — Juin 1384.

2566 ROELE (JEAN).

Prêtre. — 1235.

Sceau rond, de 43 mill. — Arch. de la Seine-Inférieure ; abbaye de Jumièges.

Une fleur de lys fleuronnée.

✱ S' IOHANNIS ROELE D..

(Sigillum Johannis Roele d....)

Vente d'un jardin et d'une terre sis à Jumièges. — Février 1235.

2567 SAINTE-CROIX (SEVESTRE DE).

Prêtre. — XIIIe siècle.

Sceau rond, de 35 mill. — Arch. du Calvados ; abbaye d'Aunay.

Une fleur de lys fleuronnée.

✱ S' SILVESTRI : SCE : CRVCIS :

(Sigillum Silvestri Sancte Crucis.)

Donation d'une terre sise à Cully. — Sans date.

2568 THUIT (GUILLAUME DU).

Prêtre. — 1216.

Sceau rond, de 32 mill. — Arch. de la Seine-Inférieure ; abbaye de Jumièges.

Une fleur de lys fleuronnée.

✱ S' WILLERMI · DV TVIT

(Sigillum Willermi du Tuit.)

Donation de rentes sur un tenement, à Vauville... — 1216.

2569 TUEBOEUF (NICOLAS),

Prêtre. — 1252.

Sceau ogival, de 33 mill. — Arch. du Calvados; abbaye d'Aunay.

Une fleur de lys.

S' NICOL.. TVEBOE

(Sigillum Nicolai Tueboe.)

Transport d'une rente sur une masure sise à Villers. — 1252.

2570 VIVIER (GUILLAUME),

Prêtre. — XIVe siècle.

Sceau ogival, de 28 mill. — Collection de M. de Farey, à Bayeux.

Intaille représentant Mars debout, armé d'une lance, appuyé sur son bouclier.

..WILLI · VIVIER · PRESBI...

(Sigillum Willermi Vivier, presbiteri.)

Sceau détaché.

XIVe SÉRIE. — UNIVERSITÉS.

2571 UNIVERSITÉ DE CAEN.

1784.

Sceau rond, de 70 mill. — Collection de M. de Farey, à Bayeux.

Dans une niche gothique, la Vierge assise, couronnée, tenant l'enfant Jésus. De chaque côté, l'écu de France porté par un ange et soutenu en pointe par un lion. Au bas, sous une voûte portant un écu à deux lions passant l'un sur l'autre, six personnages agenouillés.

sigillum magnum univ̄sitatis cadomeñ

(Sigillum magnum Universitatis Cadomensis.)

Contre-sceau : Écu portant un livre tenu par une main mouvant du chef, sous un chef chargé d'une fleur de lys et d'un lion passant, soutenu par un ange.

secrū philosophie...

(Secretum philosophie.....)

Diplôme de gradué. — Caen, 28 juin 1784.

2572 UNIVERSITÉ DE CAEN.

FACULTÉ DE MÉDECINE.

1755.

Sceau rond, de 40 mill. — Collection de M. de Farey, à Bayeux.

Un professeur assis dans une chaire, enseignant. Entre lui et ses élèves, un lutrin. — Légende fruste.

Contre-sceau : Écu portant un soleil.

.....MEDICINA · MEVM · EST ?

Diplôme de docteur. — Caen, 24 décembre 1755.

2573 FACULTÉ DE DROIT DE LOUVAIN.

XIVe siècle.

Sceau ogival, de 78 mill. — Collection de M. de Farey, à Bayeux.

Dans une niche gothique, un personnage debout, tête nue, nimbé, tenant de chaque main un livre ouvert. Au-dessous, deux écus : celui de gauche écartelé de France et d'un lion à queue fourchée, celui de droite portant une fasce.

S · PRIORIS · Z · COLLEGII · VTRIVSQ · IVRIS · VNIVERSITATIS · LOVAN'

(Sigillum prioris et collegii utriusque juris Universitatis Lovanii.)

Sceau détaché.

2574 FACULTÉ DE MÉDECINE DE MONTPELLIER.

XIIIe siècle.

Sceau rond, de 48 mill. — Collection de M. de Farey, à Bayeux.

A droite, un personnage assis devant un lutrin; à gauche, un bœuf ailé surmonté d'un écu portant un tourteau sous un chef chargé des initiales M P (Mons Pessulanus), l'écu accosté d'une étoile à droite. En haut, la Vierge en buste, tenant l'enfant Jésus, sur une banderole où est écrit LVCAS : S̄ MARIA (Lucas, Sancta Maria).

✱ S' VNIVERCITATIS MEDICORVM MONTIS PESSVLI

(Sigillum Univercitatis medicorum Montis Pessuli.)

Sceau détaché.

2575 UNIVERSITÉ DE PARIS.

FACULTÉ DES ARTS.

1735.

Sceau rond, de 75 mill. — Collection de M. de Farey, à Bayeux.

Dans une niche gothique, la Vierge assise, couronnée, tenant l'enfant Jésus et un lys, accostée de quatre écus dans deux niches latérales: à gauche l'écu de France, et au-dessous un écu à deux léopards l'un sur l'autre; à droite un écu écartelé: au 1, de France; au 2, ... ; au 3, un lion; au 4, ... et au-dessous un écu à l'aigle éployée; le tout sur un champ de fleurs de lys.

sigillum preclare facul. . . . . artium parisiensis

(Sigillum preclare Facultatis artium Parisiensis.)

Contre-sceau: Le monogramme de Jésus ihs au centre d'un soleil. — Sans légende.

Certificat d'études. — 5 novembre 1735.

2576 FACULTÉ DE DROIT DE PARIS.

xiv° siècle.

Sceau ogival, de 72 mill. — Collection de M. de Farcy, à Bayeux.

Dans une niche à trois arcs d'ogive, un professeur, devant un lutrin, enseignant à deux élèves. Au-dessus, la Vierge à mi-corps, tenant l'enfant Jésus.

S. COLLEGII · MAGRORV · REGECIV · PARISI . I · VTROQVE IVRE

(Sigillum collegii magistrorum regencium Parisius in utroque jure.)

Sceau détaché.

2577 UNIVERSITÉ DE VALENCE.

xviii° siècle.

Sceau ovale, de 63 mill. — Communiqué par le docteur Pepin, à Saint-Pierre-sur-Dives.

Dans un cartouche, un livre accompagné d'une fleur de lys et d'un dauphin. En haut, le Saint-Esprit descendant sous la forme d'une colombe.

SIGILLVM · ALMÆ · VNIVERSITATIS · VALENTIANÆ

Diplôme du doctorat en théologie conféré à l'abbé de Simiane. — La date manque.

2578 BONAMOUR,

Procureur de la Nation de Normandie. — 1674.

Sceau ogival, de 42 mill. — Arch. de la Manche, dossier Folliot-d'Argences.

Dans une stalle de la Renaissance, la Vierge debout, couronnée, portant l'enfant Jésus. Au-dessous, un écu à deux léopards.

. . . .ILLVM · PROCVR. . . RIS · NORMANIÆ

Procès-verbal d'une délibération par laquelle la Nation de Normandie accorde à son grand bedeau la survivance de sa charge pour son fils. — Septembre 1674.

2579 COLLÈGE DES JÉSUITES, À ROUEN.

1700.

Cachet ovale, de 29 mill. — Arch. de la Seine-Inférieure; archevêché de Rouen.

Le monogramme de Jésus IHS surmonté d'une croix et accompagné en pointe des trois clous de la Passion; dans une gloire.

✱ RECT. COLLE. ROTHOMAG. SOCIET. IESV.

Abjuration. — Juillet 1700.

CLERCS.

2580 ARNESBY (JEAN D').

Clerc. — xiii° siècle.

Sceau hexagone, de 18 mill. — Arch. de l'Orne; abbaye de Saint-Évroult.

Une tête de chat au centre d'une étoile géométrique.

S' LE CAT?

(Sigillum le Cat.)

Donation d'un pâturage situé à Peatling-Magna. — Sans date.

2581 BARENTIN (RICHARD DE).

Clerc. — 1265.

Sceau ogival, de 34 mill. — Arch. de la Seine-Inférieure; abbaye de Fécamp.

Un buste de face posé sur le sommet d'un pignon ou d'une pyramide d'architecture gothique. Au bas, une fleur de lys.

✱ S' RICART DE BAR. . . . .CLERC

(Seel Ricart de Barentin, clerc.)

Vente d'une rente sise à Barentin. — Juillet 1265.

2582 BARILS (HÉLUIS, SOEUR DE NICOLAS DES),

Clerc. — 1230.

Sceau ogival, de 44 mill. — Arch. hospitalières d'Évreux.

Une fleur de lys en épi.

✱ S' h.LOIS · DE · BARILZ

(Seel Hélois de Barilz.)

Donation à l'Hôtel-Dieu d'Évreux d'un tènement sis aux Barils. — Août 1230.

2583 BEAUCOUSIN (RAOUL),

Clerc. — 1284.

Sceau ogival, de 34 mill. — Arch. de la Seine-Inférieure, abbaye de Jumièges.

Une fleur de lys fleuronnée.

✱ S' RAD' BE...OVSIN CLICI

(Sigillum Radulfi Beaucousin, clerici.)

Vente d'une rente sise à Jumièges. — Octobre 1284.

2584 BELLEVILLE

(JEANNE LA BARRIÈRE, FEMME DE RICHARD DE),

Clerc. — 1250.

Sceau rond, de 32 mill. - - Arch. de la Seine-Inferieure: archevêché de Rouen.

Une fleur radiée.

✱ S' IOHE LA BARIERE

(Sigillum Johanne la Bariere.)

Vente d'une masure sise à Dieppe. — Septembre 1250.

2585 BELLEVILLE (RICHARD DE),

Clerc. — 1250.

Sceau ogival, de 32 mill. — Arch. de la Seine-Inférieure : archevêché de Rouen.

Une fleur de lys fleuronnée.

✱ S' RICART LE CLERT

(Seel Ricart, le clert.)

Voyez le numéro précédent.

2586 BESSINOIS (ROBERT LE),

Clerc. — 1337.

Sceau rond, de 22 mill. — Arch. de la Manche: abbaye du Mont-Saint-Michel.

Écu portant trois roses, dans un quadrilobe orné en flanc de deux oiseaux et contenant en haut la lettre S et en bas un M qui commencent la légende.

R.........ES

(Seel maistre Robert le Bessinés.)

Sentence au sujet de rentes dues aux religieux du Mont-Saint-Michel. Decembre 1337.

2587 BLONDEL.

Clerc. — 1347.

Sceau rond, de 20 mill. - Arch. de la Manche: abbaye du Mont-Saint-Michel.

Écu à la croix.

✱ S' IOhIS BLONDELI CLICI

(Sigillum Johanis Blondeli, clerici.)

Quittance de pension. Décembre 1347.

2588 BOISSAY (LIGIER DE).

Clerc. — 1296.

Sceau rond, de 25 mill. — Arch. de la Seine-Inférieure : abbaye de Saint-Wandrille.

Une étoile à six rais.

✱ S' LIG DE BOISAI CL

(Sigillum Ligerii de Boisai, clerici.)

Vente d'une terre sise à Fontaine-en-Bray. — Janvier 1296.

2589 BOOS (PIERRE-RICHARD DE).

Clerc. — 1257.

Sceau rond, de 28 mill. — Arch. de la Seine-Inférieure; abbaye de Saint-Amand.

Une fleur de lys fleuronnée.

✱ S' PETRI DE BOES CLICI

(Sigillum Petri de Boes, clerici.)

Confirmation d'un retrait de terres sises à Boos. — Novembre 1257.

2590 BULLY (RENAUD DE).

Clerc. — 1283.

Sceau ogival, de 40 mill. — Arch. de la Seine-Inférieure ; prieuré de Bonne-Nouvelle.

Un dragon ailé.

✱ S' REGINALDI ...RICI DE BVSLI

(Sigillum Reginaldi, clerici de Busli.)

Vente de ses revenus sis à Bures. — Janvier 1283.

2591 DREUX (CRÉPIN DE),

Clerc? — XIIIe siècle.

Sceau rond, de 26 mill. — Arch. de l'Eure.

Un faucon liant un oiseau sur un arbre.

✱ S' MAGRI CRESPINI DROCEN

(Sigillum magistri Crespini Drocensis.)

Contre-sceau : Buste d'homme à gauche.

✱ S' SECRETI

(Sigillum secreti.)

Sceau détaché.

2592 ENGENOUL (BARTHÉLEMY),

Clerc. — XIVe siècle.

Sceau rond, de 25 mill. — Collection de M. Lormier, à Rouen.

Un paon faisant la roue.

✱ S' BARTHOLOMEI ENIENOVL CLICI

(Sigillum Bartholomei Enjenoul, clerici.)

Matrice.

2593 EMPERIÈRE (RAOUL L').

Clerc. — 1251.

Sceau rond, de 32 mill. - - Arch. de la Seine-Inférieure ; abbaye de Jumièges.

Une étoile géométrique.

✱ S' RADVLFI · CLICI

(Sigillum Radulfi, clerici.)

Donation d'une rente sise à Jumièges. — Janvier 1254.

2594 ESPIE (PHILIPPE L'),

Clerc. 1296.

Sceau rond, de 23 mill. — Arch. de la Manche; abbaye du Mont-Saint-Michel.

Un arbuste fleuri, en forme de fleur de lys.

✱ S' : PHI · LESPIE

(Sigillum Philippi l'Espie.)

Transport d'une rente sise à Saint-Plouchers. Décembre 1296.

2595 ÉTAINDALE (RENAUD D'),

Clerc. — 1298.

Sceau rond, de 29 mill. — Arch. de la Seine-Inférieure; abbaye de Valmont.

Dans le champ, CLI (clerici) terminant la légende.

✱ S' REG' : DESTAIDAL

(Sigillum Reginaldi d'Estaindale.)

Rachat d'une rente sise à Riville. — Juillet 1298.

2596 ÉVRARD (MARTIN),

Clerc. — 1280.

Sceau rond, de 25 mill. — Arch. de la Seine-Inférieure; abbaye de Saint-Amand.

Un lion.

✱ S' MARTINI EVERARDI CLICI

(Sigillum Martini Everardi, clerici.)

Transport d'une rente sise à la Chaussée. — Mars 1280.

2597 FÉCAMP (GUILLAUME DE),

Clerc. — 1259.

Sceau rond, de 30 mill. — Arch. de la Seine-Inférieure; archevêché de Rouen.

Une fleur de lys.

✱ S' : WILLI · DE FESCAN

(Sigillum Willermi de Fescan.)

Transport d'une rente sur un tènement, à Dieppe. — Décembre 1259.

2598 FLEURY (PHILIPPE DE),

Clerc. — 1284.

Sceau ogival, de 35 mill. — Arch. de la Seine-Inférieure; archevêché de Rouen.

Une fleur de lys surmontée de deux oiseaux affrontés se becquetant.

S' PHELIPE : DE : FLOVRI · CLERC

(Seel Phelipe de Flouri, clerc.)

Droits de l'archevêque de Rouen au patronage de l'église du Becquet. — Juin 1284.

2599 FONTELAYE (JEAN DE LA),

Clerc. — 1259.

Sceau ogival, de 37 mill. — Arch. de la Seine-Inférieure; abbaye de Saint-Amand.

Un oiseau perché sur une branche, à droite.

✱ S' IOHAN LE CLERC DE LE AFONTE . . IE

(Seel Johan, le clerc de le Afontelaie.)

Vente d'une terre sise à la Chaussée. Août 1259.

2600 FONTENAY (PHILIPPE DE),

Clerc. — 1284.

Sceau rond, de 27 mill. — Arch. de la Seine-Inférieure; archevêché de Rouen.

Un faucon liant un lièvre.

✱ S' MA . . . HILIPPI D' . . . . . ETO CLI

(Sigillum magistri Philippi de Fonteneto, clerici.)

Voyez le n° 2598.

2601 FORÊT (JEAN DE LA),

Clerc. — 1284.

Sceau rond, de 21 mill. — Arch. de la Seine-Inférieure; archevêché de Rouen.

Un arbre portant deux oiseaux symétriques adossés.

✱ . . . HIS DE FORESTA CLICI

(Sigillum Johannis de Foresta, clerici.)

Voyez le n° 2598.

2602 FOSSETTE (GUILLAUME),

Clerc. 1288.

Sceau ogival, de 35 mill. — Arch. de l'Orne; abbaye de Saint-Évroult.

Une fleur de lys fleuronnée.

✱ S' GVILI : FOSSETE : CLI

(Sigillum Guillermi Fossete, clerici.)

Transport d'une rente sise à Saint-Aquilin-d'Augerons. — Juin 1288.

2603 FRÉVILLE (ROBERT DE),

le jeune, clerc. 1287.

Sceau ogival, de 28 mill. — Arch. de la Seine-Inférieure; abbaye de Montivilliers.

Une galerie d'où s'élève, à gauche, une treille chargée de deux raisins?

✠ S' ROBTI .. FREEVE · CLI ·

(Sigillum Roberti de Freeville, clerici.)

Fieffe d'une terre sise à Saint-Germain de Montivilliers. — Janvier 1285.

2604 FROMAGE
(JEANNE, FEMME DE RAOUL).

Clerc. — 1305.

Sceau rond, de 26 mill. — Arch. de l'Orne; abbaye de Saint-Évroult.

Une croix fleuronnée.

✠ S' IOHENNE : LA FROMAGE

(Sigillum Johenne la Fromage.)

Vente d'une terre sise en la paroisse de Notre-Dame-du-Bois. — Septembre 1305.

2605 FROMAGE (RAOUL).

Clerc. — 1305.

Sceau rond, de 23 mill. — Arch. de l'Orne; abbaye de Saint-Évroult.

Un grylle grotesque composé de deux têtes humaines coiffées d'un cou de paon et portées sur deux pattes d'oiseau.

✠ S' RADVLPHI CASEI CLI

(Sigillum Radulphi Casei, clerici.)

Voyez le numéro précédent.

2606 FRUITIER (ROBERT LE).

Clerc. — 1232.

Sceau rond, de 35 mill. — Arch. de la Seine-Inférieure; abbaye de Jumièges.

Une fleur de lys fleuronnée.

✠ S' ROBTI LE .RVITEIR

(Sigillum Roberti le Fruiteir.)

Vente d'un tènement sis dans la paroisse de Saint-Lô, à Rouen. — Août 1232.

2607 GAMBAIS (ROBERT DE).

Clerc. — XIIIe siècle.

Sceau ogival, de 29 mill. — Collection de M. Lormier, à Rouen.

Une fleur de lys fleuronnée, accompagnée de six points.

✠ S' ROB'TI DE GANBEIS · CLICI

(Sigillum Roberti de Ganbeis, clerici.)

Matrice.

2608 GASTIGNY (FOULQUES DE).

Clerc. — 1290.

Sceau rond, de 22 mill. — Arch. de la Manche; abbaye du Mont-Saint-Michel.

Un oiseau passant à droite, surmonté des lettres CI terminant le mot *clerici* de la légende.

✠ S' FVLCOIS D' GASTIG C

(Sigillum Fulconis de Gastigni, clerici.)

Vente de rentes sur le moulin de Quincampoix, à Saint-Léger. — Juillet 1290.

2609 GOILLIN (ROBERT).

Clerc. — 1276.

Sceau rond, de 23 mill. — Arch. de la Manche; abbaye de la Luzerne.

Une tête à droite, dans un encadrement festonné orné de fleurs de lys.

✠ S' ROBERTI GOYLIN CLICI

(Sigillum Roberti Goylin, clerici.)

Vente d'une masure sise en la paroisse de Saint-Pierre de Coutances. — Février 1276.

2610 GOURNAY (GUILLAUME DE).

Clerc. — 1268.

Sceau rond, de 34 mill. — Arch. du Calvados; évêché et chapitre de Bayeux.

Une fleur de lys fleuronnée.

✠ S' · WILLI · DE ...NAI

(Sigillum Willermi de Gornai.)

Fondation d'obit. — Août 1268.

2611 GUENOUVILLE (GEOFFROI DE).

Clerc. — XIVe siècle.

Sceau ogival, de 45 mill. — Musée de Rouen.

Sous un dais d'architecture et sur une voûte à trois arcades, la Vierge à mi-corps, tenant l'enfant Jésus, accostée de deux croix. Au-dessous, un priant.

S' GAVFRIDI · DE GONOVILLE · CLICI

(Sigillum Gaufridi de Gonoville, clerici.)

Matrice.

2612 HARDOUIN (JEAN).

Clerc. — 1286.

Sceau ogival, de 43 mill. — Arch. de la Seine-Inférieure; abbaye de Saint-Wandrille.

Un oiseau à droite, entre deux rameaux.

S' IOHANNIS HARDVIN CLERICI

(Sigillum Johannis Harduin, clerici.)

Fieffe d'une terre sise à Roiville. — Mai 1286.

2613 HAUTTEVILLE-SUR-MER
(GEOFFROI DE).

Clerc. — 1220.

Sceau piriforme, de 40 mill. — Arch. de la Manche; abbaye de Savigny.

Une nef, la voile carguée. Dans le champ, à gauche, une étoile.

✱ SIG.......DE HAVTEVILE

(Sigillum Gaufridi de Houtevile.)

Cession de droits sur l'église de Hautteville. — 1220.

2614 HÉLIE

(AMELINE LA POSTRESSE, FEMME DE ROBERT),

Clerc. — 1273.

Sceau rond, de 32 mill. — Arch. de l'Orne; abbaye de Saint-Évroult.

Une croix fleuronnée.

✱ S' EMME · LA POSTRESSE ·

(Sigillum Emme la Postresse.)

Vente de terres sises à Notre-Dame de Solengy. — Juin 1273.

2615 HÉLIE (ROBERT),

Clerc. — 1273.

Sceau rond, de 30 mill. — Arch. de l'Orne; abbaye de Saint-Évroult.

Une fleur de lys en épi.

✱ S' ROB'TI · HELIE · CL'ICI

(Sigillum Roberti Helie, clerici.)

Voyez le numéro précédent.

2616 IVRY (RENAUD D'),

Clerc. — 1292.

Sceau ogival, de 48 mill. — Arch. de la Seine-Inférieure; archevêché de Rouen.

Une fleur de lys.

✱ SIGILLV̄ MAG'RI R DE INVRIACO

(Sigillum magistri R de Invriaco.)

Vente de la dîme de «Joiel», au profit de la chapelle de Monnoville. — Août 1292.

2617 KIRKTON (GILBERT DE),

Clerc, neveu d'Eustache de Lowdham. — 1295.

Sceau ovale, de 25 mill. — Arch. de la Seine-Inférieure; chapitre de Rouen.

Intaille représentant Hercule debout, appuyé sur la massue, les épaules couvertes de la peau du lion de Némée.

✱ S' GILBERTI CL'ICI DE KIKETON

(Sigillum Gilberti, clerici de Kiketon.)

Lettres de décharge au sujet de deux marcs d'argent dus par le chapitre de Rouen à Godefroi le Clerc. — Novembre 1295.

2618 LOWDHAM (EUSTACHE DE),

Clerc. — 1222.

Sceau ovale, de 35 mill. — Arch. de la Seine-Inférieure; chapitre de Rouen.

Intaille représentant une néréide sur un cheval marin.

✱ SIGILL' EVSTACHII CLERICI

(Sigillum Eustachii, clerici.)

Bail des revenus des églises de Merkham East et de Merkham West, pour cinquante marcs sterling payables au prieuré «de Blia». — Juillet 1222.

2619 LUZARCHES (GAUTIER DE),

Clerc. — 1264.

Sceau ogival, de 32 mill. — Arch. de la Seine-Inférieure; archevêché de Rouen.

Une église dans un entourage représentant le plan de l'atrium. Dans le champ en haut, une étoile.

✱ S' GALTERI .....VALLIBȜ CL'ICI

(Sigillum Galteri ..... Vallibus, clerici.)

Voyez le nº 2598.

2620 MARCHEGAY (ROBERT),

Clerc. — 1300.

Sceau rond, de 25 mill. — Arch. de la Seine-Inférieure; abbaye du Valasse.

La Vierge assise, couronnée, tenant l'enfant Jésus. A chaque extrémité du banc, un oiseau surmonté d'une fleur de lys.

S' ROBERTI MARCHIGAI CL'ICI

(Sigillum Roberti Marchigai, clerici.)

Confirmation d'une rente sise en la paroisse de Notre-Dame de Gournay. — Septembre 1300.

2621 MARE (JEAN DE LA),

Clerc. — 1280.

Sceau ogival, de 34 mill. — Arch. de l'Orne; abbaye de Saint-Évroult.

Un oiseau portant un rameau fleuri.

.. IOHAN DE LA MARE CLERC

(Seel Johan de la Mare, clerc.)

Donation d'une rente sur des terres sises à Notre-Dame de Solengy. — Octobre 1280.

2622 MAUVIEL

(JEANNE DU PUITS, FEMME DE NICOLAS),

Clerc. — 1271.

Sceau rond, de 27 mill. — Arch. de la Seine-Inférieure; abbaye de Jumièges.

Une croix fleuronnée.

✱ S' IOHANNE DE PVTEO

(Sigillum Johanne de Puteo.)

Vente d'une rente sur une maison, à Yainville. — Décembre 1271.

2623 MAUVIEL (NICOLAS),

Clerc. — 1271.

Sceau rond, de 26 mill. — Arch. de la Seine-Inférieure; abbaye de Jumièges.

Une étoile à huit rais.

S' NICHOLAI DE VBA...

(Sigillum Nicholai de Ube...)

Voyez le numéro précédent.

2624 MERCIER (ROBERT LE),

Clerc. — 1305.

Sceau rond, de 22 mill. — Arch. de la Seine-Inférieure; abbaye de Jumièges.

Un arbuste.

✱ S' BOBERTI LE MCHr

(Sigillum Boberti le Merchier.)

Vente d'une terre sise à Jumièges. — Novembre 1305.

2625 MESNIER (GUILLAUME LE),

Clerc. — 1229.

Sceau ogival, de 52 mill. — Arch. de la Seine-Inférieure; abbaye de Jumièges.

Une fleur de lys.

S' WILLELM. .E MESNIER

(Sigillum Willelmi le Mesnier.)

Donation d'une rente sise à Yville. — Juin 1229.

2626 NICOLAS,

Clerc. — XIIIe siècle.

Sceau ogival, de 34 mill. — Collection de M. de Farcy, à Bayeux.

Intaille représentant un génie funèbre ailé, debout, tenant un flambeau renversé.

✱ S' NICHOLAI CLERICI

(Sigillum Nicholai, clerici.)

Sceau détaché.

2627 ORGLANDES (GUILLAUME D'),

Clerc. — 1297.

Sceau ogival, de 30 mill. — Arch. de la Seine-Inférieure; abbaye de Jumièges.

Un oiseau passant à gauche, tenant au bec un rameau.

S' GVILLI · DOGLANDRES CLI

(Sigillum Guillelmi d'Oglandres, clerici.)

Vente d'une rente sise à Jumièges. — Septembre 1297.

2628 ORGUEILLEUX (NICOLAS L'),

Clerc. — 1310.

Sceau ogival, de 33 mill. — Arch. du Calvados; abbaye de Jumièges.

Une fleur de lys fleuronnée.

✱ S' NICOLAI LORGEILOVS

(Sigillum Nicolai l'Orgeilous.)

Transport d'une rente sise à Vieux-Fumé. — Février 1310.

2629 OUTRELEAU (GUILLAUME D'),

Clerc. — 1283.

Sceau rond, de 27 mill. — Arch. de la Seine-Inférieure; abbaye de Jumièges.

Une fleur radiée.

✱ S' WILLI DE VLTRA AQM CLI

(Sigillum Willermi de Ultra Aquam, clerici.)

Vente d'une rente sur une mesure en la paroisse de Saint-Mards, près Beaunay. — Décembre 1283.

2630 OUTROGNE (THOMAS D'),

Clerc. — 1246.

Sceau rond, de 31 mill. — Arch. du Calvados; abbaye de Saint-André-en-Gouffern.

Une navette?

✱ S' THOME · DE · VLTRA OCNA

(Sigillum Thome de Ultraocna.)

Transport d'une rente sur des terres sises à Beaumais. — 1246.

2631 *PONTE ROOUDI* (FOULQUES *DE*),

Clerc. — 1266.

Sceau rond, de 32 mill. — Arch. du Calvados; évêché et chapitre de Bayeux.

Une croix de feuillages, fleuronnée et combinée avec un sautoir.

✱ S' FVLCONIS DE PONTE RODI CLICI

(Sigillum Fulconis de Ponte Rodi, clerici.)

Acte de dessaisine d'une mesure sise en la paroisse de la Madeleine, à Bayeux. — Octobre 1266.

2632 PORTIER (JEAN LE),

Clerc. — 1298.

Sceau rond, de 21 mill. — Arch. de la Seine-Inférieure; abbaye de Montivilliers.

Buste de femme de face, en voile, accosté de deux roses et surmonté d'une étoile, dans un quadrilobe.

✱ S' IOHIS ..... LE PORTIER

(Sigillum Johannis ..... le Portier.)

Transport d'une rente sur une terre, à Épouville. — Juin 1298.

2633 PORTIER (JEAN LE),

Clerc. — XIIIe siècle.

Sceau rond, de 20 mill. — Communiqué par le Dr Pepin, à Saint-Pierre-sur-Dives.

Une porte ouverte à deux battants portant chacun un oiseau perché, surmontée d'un arbre.

✠ IEHEN LE PORTIER CL

(Seel Jehen le Portier, clerc.)

Matrice.

2634 POURRETTE (JEAN),

Clerc, collecteur apostolique. — 1384.

Sceau rond, de 21 mill. — Arch. de la Manche; abbaye du Mont-Saint-Michel

Dans une niche gothique, la Vierge debout, en voile, portant l'enfant Jésus. — Légende détruite.

Quittance délivrée au prieur de Brion. — Septembre 1384.

2635 RICHARD (NICOLAS),

Clerc. — XIVe siècle.

Sceau rond, de 21 mill. — Collection de M. Lormier, à Rouen.

Un Agnus Dei à gauche.

✠ S' NICOLAI RICARDI CLI ·

(Sigillum Nicolai Ricardi, clerici.)

Matrice.

2636 ROBERT (GUILLAUME),

d'Aguerny, clerc. — 1273.

Sceau rond, de 20 mill. — Arch. du Calvados; abbaye de la Sainte-Trinité de Caen.

Une tête humaine portée sur deux pattes et finissant à l'occiput en queue de lion.

✠ S' W ROBERTI CLI

(Sigillum Willermi Roberti, clerici.)

Vente d'une terre sise à Villons. — Novembre 1273.

2637 ROUSSEL (GILLES),

Clerc. — 1317.

Sceau rond, de 20 mill. — Arch. de la Seine-Inférieure; abbaye de Jumièges.

Une tête de face, fruste, entourée d'un feston orné de roses.

✠ · S' GIRES · ROVSSEL · CLC

(Seel Gires Roussel, clerc.)

Vente d'une rente sise à Saint-Paer. Octobre 1317.

2638 SAINT-GERMAIN (ROBERT DE),

Clerc. — 1246.

Sceau ogival, de 48 mill. — Arch. de la Manche; abbaye de la Sainte-Trinité de Caen.

Personnage debout, revêtu d'un surcot à larges manches, tenant des deux mains, devant sa poitrine, un écu chargé de trois roses? au lambel.

✠ S' · ROBE.........RICI

(Sigillum Roberti ..... clerici.)

Donation de tènements sis à Quettehou et à Ysamberville. — Juin 1246.

2639 SAINT-MARTIN (NICOLAS DE)

ou du Quesnay, clerc. — 1303.

Sceau rond, de 26 mill. — Arch. de l'Orne; abbaye de Saint-Évroult.

Écu plain sous un chef? à la bordure.

S' COLI DE S' MTIN CLICI

(Sigillum Colini de Saint Martin, clerici.)

Fieffe d'une terre sise à Heugon. — Juin 1303.

2640 SALING (ROGER DE).

Clerc, procureur de l'abbaye de la Sainte-Trinité, en Angleterre. — 1259.

Sceau ogival, de 26 mill. — Arch. du Calvados; abbaye de la Sainte-Trinité de Caen.

Un paon tenant à son bec une branche chargée d'un bouquet de trois fruits.

✠ S' ROGER. .. SALINGES

(Sigillum Rogeri de Salinges.)

Quittance au sujet d'une vente de grains provenant du manoir de Felstead. — Août 1259.

2641 SERVON (JEAN DE),

Clerc? — 1370.

Sceau rond, de 22 mill. — Arch. de la Manche; abbaye du Mont-Saint-Michel.

Écu à la tête de cerf de face, surmontée d'une tête de..... accostée de deux trèfles, supporté par un homme sauvage.

..IOHIS .. SERVO.

(Sigillum Johannis de Servon.)

Présentation à la cure de Bacilly. — Août 1370.

2642 TROIS-MAILLES (JEAN).

Clerc. — 1253.

Sceau rond, de 29 mill. — Arch. du Calvados; abbaye de la Sainte-Trinité de Caen.

Un Agnus Dei à droite. Dans le champ, une étoile.

✠ S' IOħIS : TREIS MAALLES CLICI

(Sigillum Johannis Treis Maalles, clerici.)

Donation d'une mesure située à Vaux. — Mars 1253.

2643 **TROPPE (RICHARD),**

Clerc. — 1288.

Sceau rond, de 19 mill. — Arch. du Calvados; évêché et chapitre de Bayeux.

Une fleur radiée.

✠ S' RIC' · TROP̄ CI ·

(Sigillum Ricardi Troppe, clerici.)

Vente d'un mesnage sis en la paroisse de Saint-Sauveur, à Bayeux. — Novembre 1288.

2644 **TOUTAIN (GUILLAUME),**

Clerc. — 1273.

Sceau ogival, de 36 mill. — Arch. du Calvados; abbaye d'Aunay.

Deux fleurs de lys opposées par le nœud.

S' WILLI · TVSTINI · CLERI..

(Sigillum Willermi Tustini, clerici.)

Rachat d'une rente sise à Creullet. — Mai 1273.

2645 **TYDOLNESYD (HENRI DE),**

Clerc. — 1286.

Sceau ovale, de 19 mill. — Arch. du Calvados; abbaye de la Sainte-Trinité de Caen.

Intaille représentant une Victoire-Fortune ailée, tenant des épis.

✠ : MATER DEI · MEMENTO · MEI :

(Mater Dei memento mei.)

Vente d'une terre sise à Tydolnesyd (Angleterre). — Juin 1286.

2646 **TYDOLNESYD**

(HENRI DE LAM. . . ., NEVEU DE HENRI DE).

1286.

Sceau rond, de 17 mill. — Arch. du Calvados; abbaye de la Sainte-Trinité de Caen.

Une aigle.

AMVR ME TINT

(Amur me tint.)

Voyez le numéro précédent.

2647 **VASPAIL (JEAN),**

Clerc. — 1290.

Sceau rond, de 31 mill. — Arch. de la Seine-Inférieure; abbaye de Bondeville.

Une croix fleuronnée, les deux branches latérales potencées.

✠ S' IOħAN VASPAIL ·

(Seel Johan Vaspail.)

Fieffe d'un mesage sis à Saint-Jean-du-Cardonnay. — Septembre 1290.

2648 **VILLY (PIERRE DE),**

Clerc. — 1286.

Sceau ogival, de 34 mill. — Arch. du Calvados; abbaye de Saint-André-en-Gouffern.

Une tige fleuronnée portant deux oiseaux symétriques perchés, tenue par une main.

✠ S' PETRI · DE VELEIO · CLICI

(Sigillum Petri de Veleio, clerici.)

Vente d'une terre sise à Guibray. — Décembre 1286.

XVe SÉRIE. — ABBAYES.

ABBAYES D'HOMMES.

2649 **ARDENNE (NOTRE-DAME D').**

1444.

Sceau ogival, de 55 mill. — Arch. du Calvados; abbaye de Saint-Étienne de Caen.

La Vierge assise sous un dais d'architecture, couronnée, tenant l'enfant Jésus et un livre.

s conventus . . . . . de ardena

(Sigillum conventus . . . . . de Ardena.)

Accord au sujet d'une rente sise à Brucourt. — Janvier 1444.

2650 **ARDENNE (NOTRE-DAME D').**

1689.

Cachet rond, de 30 mill. — Collection de M. de Farcy, à Bayeux.

Écu portant la Vierge debout, foulant aux pieds le

dragon, parti de France, timbré d'une crosse, dans un cartouche.

SIGILLVM · CONVENT · B · M · DE ARDENA

Présentation de religieux aptes au sacerdoce. — 18 août 1689.

2651 AUCHY, PRÈS AUMALE
(SAINT-MARTIN-D').

1228.

Sceau ogival, de 68 mill. — Arch. de la Seine-Inférieure ; archevêché de Rouen.

Évêque debout, tête nue, crossé, bénissant.

SIGILLVM SCI .....M. .LB.......SI.

(Sigillum Sancti Martini Albemarlensis?)

Contre-sceau : Saint Martin à cheval, donnant à un pauvre la moitié de son manteau.

✠ ORA PR. ..B' BEATE MARTINE

(Ora pro nobis Beate Martine.)

Accord au sujet du droit de présentation au doyenné d'Aumale. — Avril 1228.

2652 AUNAY (NOTRE-DAME D').

1452.

Sceau rond, de 36 mill. — Arch. du Calvados ; abbaye d'Aunay.

Dans une niche gothique, la Vierge assise, couronnée, tenant l'enfant Jésus et un livre. Dans le champ à dextre, un rameau.

SIGILLV̄ CŌVENTVS MONASTII D' ALNETO

(Sigillum conventus monasterii de Alneto.)

Compromis au sujet d'un fossé, au terroir d'Aunay. — Août 1452.

2653 BEAULIEU (ABBAYE DE).

XIIIe siècle.

Sceau ogival, de 58 mill. — Musée de Rouen.

Sous un dais tréflé, la Vierge assise, en voile, tenant l'enfant Jésus et un sceptre fleuronné, accostée en haut de deux anges et plus bas de deux priants. Au-dessous, un troisième priant entre un soleil et un croissant.

..CAPITVLI : BELLI · LOCI · AD · CAVSAS

(Sigillum capituli Belli Loci ad causas.)

Sceau détaché.

2654 BEAULIEU-LEZ-LE-MANS
(NOTRE-DAME DE).

1368.

Sceau ogival, de 66 mill. — Arch. de la Manche ; abbaye du Mont-Saint-Michel.

La Vierge debout, tenant un livre et un fleuron. — Légende détruite.

Accord entre le prieur de Saint-Saturnin et le prieur de Saint-Victor au sujet de dîmes. — Juin 1368.

2655 BEAULIEU-LEZ-LE-MANS
(NOTRE-DAME DE).

1408.

Sceau ogival, de 72 mill. — Arch. de la Manche ; abbaye du Mont-Saint-Michel.

Dans une niche gothique, la Vierge debout, en voile, portant l'enfant Jésus.

SIGILLVM : CA.........AST'II : BE : MARIE · BELLI.....

(Sigillum capituli monasterii Beate Marie Belli Loci.)

Remise au prieur de Saint-Victor de dîmes indûment perçues par le prieur de Domfront. — Juin 1408.

2656 BEAULIEU-LEZ-LE-MANS
(NOTRE-DAME DE).

1489.

Sceau ogival, de 41 mill. — Arch. de la Manche ; abbaye du Mont-Saint-Michel.

Un oiseau à gauche, tenant au bec un rameau.

..... CONVENTVS DE BELLO.......

(Sigillum conventus de Bello Loco...)

Appointement au sujet de rentes sur une maison, au Mans. — Juin 1489.

2657 BEAUPORT (NOTRE-DAME DE).

1658.

Cachet ovale, de 17 mill. — Arch. de la Manche ; abbaye de Blanchelande.

Sur un vaisseau voguant, deux personnages vis-à-vis : l'un mitré, tenant une crosse, l'autre, tête nue, tenant une croix processionnelle. Dans le champ, IHS. MA.

S · DV · COVVENT · DE · BEAVPORT

Visite de l'abbaye de Blanchelande. — Juin 1658.

2658 BEAUPORT (NOTRE-DAME DE).

1660.

Cachet ovale, de 24 mill. — Arch. de la Manche ; abbaye de Blanchelande.

Sur un vaisseau voguant, deux personnages vis-à-vis : l'un mitré, tenant une crosse, l'autre : tête nue, tenant une croix processionnelle.

SIGILLVM · BELLIPORTVS

Visite de l'abbaye de Blanchelande. — Septembre 1660.

2659 BEAUPORT (NOTRE-DAME DE).

1699.

Cachet ovale, de 18 mill. — Arch. de la Manche; abbaye de Blanchelande.

Variété de la représentation précédente. — Sans légende.

Visite de l'abbaye de Blanchelande. — Septembre 1699.

2660 BEC-HELLOUIN (NOTRE-DAME DU).

1563.

Sceau ogival, de 63 mill. — Musée de Rouen.

Dans une niche supportée par un piédouche godronné: à gauche, la Vierge debout, couronnée, portant l'enfant Jésus; à droite, un prélat mitré, crossé, tenant un livre.

sigillu · conventus · monasterii · beate · marie · de becco · hellupny 1563

(Sigillum conventus monasterii Beate Marie de Becco Helluyny 1563.)

Matrice.

2661 BLANCHELANDE

(SAINT-NICOLAS DE).

1302.

Sceau ogival, de 60 mill. — Arch. de la Manche; abbaye du Mont-Saint-Michel.

Sous un dais d'architecture soutenu par deux colonnettes, un évêque, saint Nicolas, debout, mitré, crossé, bénissant, accosté d'une étoile et d'un croissant.

S' COVEN. S.......LA....LANCA · LANDA

(Sigillum conventus Sancti Nicholai de Blanca Landa?)

Contre-sceau: Une fleur de lys accompagnée de quatre étoiles.

S' TOMAS AVBER

(Seel Tomas Auber.)

Accord au sujet des dîmes du Rotour, à Saint-Germain-sur-Ay. — Juin 1302.

Nous ne savons quel est le personnage du nom de Thomas Auber qui contre-scelle les sceaux de l'abbaye et de l'abbé.

2662 BLANCHELANDE

(SAINT-NICOLAS DE).

1670.

Cachet ovale, de 29 mill. — Arch. de la Manche; abbaye de Blanchelande.

Saint Nicolas debout, mitré, crossé de biais, ressuscitant trois petits enfants.

S NICOLAS DE BLANCHELANDE

Collation du bénéfice de Ravenoville. — Décembre 1670.

2663 BLANCHELANDE

(SAINT-NICOLAS DE).

1695.

Cachet ovale, de 17 mill. — Arch. de la Manche; abbaye de Blanchelande.

Écu au soleil, timbré d'une mitre et d'une crosse, embrassé par deux palmes. — Sans légende.

Présentation à la cure de Bolleville. — Mars 1695.

2664 BOISSIÈRE (ABBAYE DE LA).

1521.

Sceau rond, de 30 mill. — Bibl. de la ville de Rouen; fonds Leber.

La Vierge à mi-corps, en voile, portant l'enfant Jésus, dans une couronne de fleurs.

s conventus de busseria

(Sigillum conventus de Busseria.)

Élection de l'abbé Mathurin Chevalier. — Juin 1521.

2665 BOSCHERVILLE

(SAINT-GEORGES DE).

1759.

Cachet ovale, de 20 mill. — Arch. de la Seine-Inférieure; archevêché de Rouen.

Saint Georges à cheval, frappant le dragon de sa lance.

SIGILLVM · ABBATIÆ · STI · GEORGII ·

Présentation à la cure de Bénesville. — Mars 1759.

2666 BOSCHERVILLE

(SAINT-GEORGES DE).

1785.

Cachet ovale, de 24 mill. — Arch. de la Seine-Inférieure; archevêché de Rouen.

Écu à l'orle d'étoiles portant en abîme un écusson chargé de rinceaux, timbré d'une couronne de comte entre une mitre et une crosse, dans un cartouche accompagné de deux rameaux fleuris. — Sans légende.

Présentation à la cure de Bruneval. — Octobre 1785.

2667 CAEN (SAINT-ÉTIENNE DE).

1425.

Sceau rond, de 56 mill. — Arch. du Calvados; abbaye de Saint-Étienne de Caen.

Dans une niche gothique, saint Étienne à demi-renversé entre deux bourreaux qui le lapident. En haut, la main céleste bénissant.

s : conven.......

(Sigillum conventus.....)

Fieffe d'un masnage sis à Vaucelles. — Septembre 1425.

2668 CERISY (SAINT-VIGOR DE).

1626.

Sceau ogival, de 75 mill. — Collection de M. de Farcy, à Bayeux.

Sous un dais d'architecture, saint Vigor menant en laisse, avec son étole, un dragon accompagné de serpents. Au-dessous, des religieux priant, et, plus bas, une aigle essorant.

SIGILLVM CONVENTVS SANCTI VIGORIS CERASIENSIS

(Sigillum conventus Sancti Vigoris Cerasiensis.)

Présentation à la cure de Bérigny. — 19 mars 1626.

2669 CHAALIS (ABBAYE DE).

XIIIe siècle.

Cachet ovale, de 23 mill. — Collection de M. Lormier, à Rouen.

Écu au K couronné, accompagné de trois fleurs de lys.

CONVENTVS · CAROLI · LOCI

Matrice.

2670 CHARTRES (SAINT-PÈRE DE).

1317.

Sceau ogival, de 60 mill. — Arch. de la Seine-Inférieure; chapitre de Rouen.

Saint Pierre et saint Paul vis-à-vis, sortant à mi-corps d'une nue: saint Pierre tenant ses clefs et un livre, saint Paul portant une banderole sur laquelle est écrit PAVE (Paulus).

SIGILLVM CAPIT.......PET.. CARNOT..

(Sigillum capituli Sancti Petri Carnotensis.)

Fondation de l'anniversaire de Guerri, ancien doyen de Magny. - Février 1317.

2671 CHARTRES (SAINT-PÈRE DE).

XVIe siècle.

Sceau rond, de 80 mill. — Collection de M. de Farcy, à Bayeux.

Sur un trône d'architecture: à gauche, saint Pierre assis, nimbé, tenant une clef et un livre; à droite, saint Paul assis, nimbé, armé d'une épée, un livre à la main.

...ventus: montis · a.. olorum: pe... et: pauli.......

(Conventus Montis apostolorum Petri et Pauli.....)

Sceau détaché.

2672 CHERBOURG (NOTRE-DAME DE).

1729.

Cachet rond, de 22 mill. — Arch. de la Manche; abbaye de Cherbourg.

Écu de France, parti d'une tour, au-dessus d'un pont à trois arches; surmonté d'une couronne, timbré d'une crosse, embrassé par deux palmes. — Sans légende.

Association de prières avec l'abbaye de Lessay; extrait. — Mai 1729.

2673 CHESTER (SAINTE-WERBURGE DE).

1271.

Sceau rond, de 72 mill. — Arch. de l'Orne; abbaye de Saint-Évroult.

Dans la principale baie d'un édifice gothique, un personnage royal assis, couronné, tenant le sceptre et un monde crucifère, accompagné de saint Paul debout dans une niche latérale à droite, la seule qui soit conservée. Au sommet du monument et sous les pieds du roi, une ouverture où paraît une tête indistincte.

PARTITUR : PROPRIUM :.......

(Partitur proprium.....)

Revers: Sainte Werburge en abbesse, tenant sa crosse et un livre, assise dans la baie d'une construction gothique, accompagnée d'un religieux debout dans une niche latérale à gauche. Une tête apparaît à chacune des trois ouvertures qui subsistent encore: l'une au faîte de l'édifice, l'autre sous les pieds de la sainte et la troisième au-dessus de la tête du religieux.

.......ANCTE : WERBURGE : CESTR..

(..... Sancte Werburge Cestrie.)

Cession de la ville, de l'église et de l'avouerie de Kirkby. — Novembre 1271.

2674 CLERMONT (NOTRE-DAME DE).

au diocèse du Mans. — XVe siècle.

Sceau rond, de 40 mill. — Musée de Saint-Lô.

Dans une niche gothique, la Vierge assise, couronnée, tenant l'enfant Jésus et une tige de lys. Au-dessous, un écu à la croix chargée de cinq coquilles et cantonnée de seize alérions.

S' : CONVENTVS : BE : MARIE : CLARI : MONTIS

(Sigillum conventus Beate Marie Clari Montis.)

Matrice.

2675 ERFURT (NOTRE-DAME D').

XIIIe siècle.

Sceau ogival, de 64 mill. — Collection de M. de Farcy, à Bayeux.

La Vierge assise sur un trône à dossier d'architecture richement décoré, tenant l'enfant Jésus.

....LE · S' · MARIE · NOVI · M..AS · IN · ERPHORDIA

(Sigillum Sancte Marie Novi Monasterii in Erphordia.)

Sceau détaché.

2676 EU (ABBAYE D').

1511.

Sceau ogival, de 60 mill. — Arch. de la Seine-Inférieure; abbaye d'Eu.

Fragment reproduisant la Vierge couronnée tenant l'enfant Jésus et une fleur de lys, sous un dais d'architecture. — Légende détruite.

Fondation d'une messe par Charlotte de Bourbon, comtesse douairière de Nevers, d'Eu et d'Auxerre, veuve d'Engilbert de Clèves. — Janvier 1511.

2677 ÉVREUX (SAINT-TAURIN D').

1261.

Sceau rond, de 52 mill. — Arch. de la Seine-Inférieure; archevêché de Rouen.

Saint Taurin à mi-corps, mitré, tenant une croix, bénissant. Dans le champ à gauche, un soleil.

✱ S' CAPITLI : SCI TAVRINI : EBROIC : EPI : PRIMI

(Sigillum capituli Sancti Taurini, Ebroicensis episcopi primi.)

Contre-sceau : Intaille représentant un chevrier debout, vêtu du cucullus, appuyé sur un bâton; près de lui, deux chèvres broutent les feuilles d'un arbuste.

SANCTVS TAVRINVS

(Sanctus Taurinus.)

Vente d'une maison sise à Louviers. — Janvier 1261.

2678 ÉVREUX (SAINT-TAURIN D').

1426.

Sceau ogival, de 55 mill. — Arch. de la Seine-Inférieure; archevêché de Rouen.

Saint Taurin à mi-corps, mitré, crossé, bénissant, sur une plate-forme soutenue par trois arcades, dans lesquelles on remarque un oiseau entre deux annelets, et plus bas une molette.

✱ S' · PRIORIS · ET · CONVENTVS · .CI · TAVRINI · EBR · AD · CAVSAS

(Sigillum prioris et conventus Sancti Taurini Ebroicensis ad causas.)

Accord au sujet de la haute justice de Louviers. — Avril 1426.

2679 ÉVRON (NOTRE-DAME D').

1239.

Sceau ogival, de 72 mill. — Arch. de la Manche; abbaye du Mont-Saint-Michel.

La Vierge assise de face, tenant entre ses genoux l'enfant Jésus bénissant, un fleuron à la main droite, accostée d'un croissant et d'un soleil. — Légende détruite.

Contre-sceau : Un bras tenant une crosse.

✱ SECRETVO · ABBIS · EBR

(Secretum abbatis Ebroicensis.)

Association de prières. — Décembre 1239.

2680 FALAISE (SAINT-JEAN DE).

Fin du XIIe siècle.

Sceau ogival, de 68 mill. — Arch. du Calvados; abbaye de Saint-André-en-Gouffern.

Saint Jean debout, de trois quarts, nimbé, pieds nus, revêtu d'un manteau sur une tunique, tenant un livre, étendant la main droite.

✱ SIGILL CAPITLI SCI IOhIS BAP' DE FALESIA

(Sigillum capituli Sancti Johannis Baptiste de Falesia.)

Cession d'une terre sise à la Poterne, à Falaise. — Sans date.

2681 FALAISE (SAINT-JEAN DE).

1646.

Cachet ovale, de 41 mill. — Collection de M. de Farcy, à Bayeux

Écu portant un Agnus Dei surmonté d'une fleur de lys, timbré d'une crosse.

✱ SIGILLUM · ECCLESIÆ · S · IOHANNIS · DE · FALESIA

Ordination de religieux. — 22 mai 1646.

2682 FÉCAMP (LA TRINITÉ DE).

1407 et 1510.

Sceau rond, de 56 mill. — Arch. de la Seine-Inférieure; abbaye de Saint-Ouen.

Dans une niche gothique, le Christ assis, tenant un globe crucifère, bénissant, accompagné des figures emblématiques des quatre évangélistes. — Il ne reste plus de la légende que

sigillum con . . .

(Sigillum conventus.)

Transaction au sujet de droits sur la vente des poissons débarqués au port d'Eu et au havre de Veulettes. — Décembre 1510.

2683 JUMIÉGES (SAINT-PIERRE DE).

1334.

Sceau rond, de 46 mill. — Arch. de la Seine-Inférieure ; abbaye de Jumiéges

La Vierge assise, couronnée et nimbée, tenant l'enfant Jésus couronné et nimbé, un sceptre fleuronné à la main droite, accostée de deux religieux à mi-corps, l'un tenant un livre et l'autre une crosse.

✱ S...... ENTVS GEME... AD CÃS

(Sigillum conventus Gemeticensis ad causas.)

Autorisation de construire deux moulins à Vimoutiers. — Mars 1334.

2684 JUMIÈGES (SAINT-PIERRE DE).

1397.

Sceau ogival, de 58 mill. — Arch. de la Seine-Inférieure; abbaye de Jumièges.

Dans une niche gothique, saint Pierre debout, tête nue, en chasuble, crossé, tenant un livre. Au-dessous, un écu à la croix chargée d'une crosse et cantonnée de quatre clefs.

S' ABBIS · SCI · PETRI · DE · GEMETICIS · AD CAVSAS

(Sigillum abbatis Sancti Petri de Gemeticis ad causas.)

Déclaration des biens que l'abbaye tient du roi à Montalaire, à Gensinville et à Hardeville. — Octobre 1397.

2685 LEVAL (NOTRE-DAME DE).

1602.

Sceau ogival, de 60 mill. — Collection de M. de Farcy, à Bayeux.

Sous un dais d'architecture, un évêque debout, mitré, crossé, ayant à ses pieds, à gauche, un religieux crossé priant. Au-dessous, un écu portant trois? fasces à la bordure, brisé d'une étoile entre la première et la seconde fasce, timbré d'une crosse.

.... be .... rie de vale

(Sigillum ..... Beate Marie de Vale.)

Présentation à la cure de Tournebu. — 26 avril 1602.

2686 LIEU-DIEU-EN-JARD (NOTRE-DAME DE).

1666.

Cachet ovale, de 20 mill. — Arch. de la Manche; abbaye de Blanchelande.

Écu de France timbré d'une mitre et d'une crosse.

SIG · ABBATIÆ · LOCI · DEI............

Visite de l'abbaye de Blanchelande. — Octobre 1666.

2687 LONGUES (NOTRE-DAME DE).

1628.

Sceau ogival, de 75 mill. — Collection de M. de Farcy, à Bayeux.

Dans une niche géminée : à gauche, la Vierge tenant l'enfant Jésus; à droite, un saint personnage debout. En haut, un buste? et au bas, un priant accosté de deux écus portant deux? fasces.

s....... abb.... be marie de longis

(Sigillum abbatie Beate Marie de Longis.)

Présentation à la cure de Campigny. — 1er juillet 1628.

Ce type paraît convenir mieux à l'abbé qu'à l'abbaye.

2688 LUZERNE (LA TRINITÉ DE LA).

1515.

Sceau ogival, de 50 mill. — Arch. de la Manche; abbaye de la Luzerne.

Un Agnus Dei à gauche.

...BIS : ET CONVENT : D..... NE : TAITV : AD ......

(Sigillum abbatis et conventus de Lucerna tantum ad causas.)

Pouvoirs donnés au procureur général de l'abbaye de la Luzerne dans un procès avec les religieux du Mont-Saint-Michel. — Juillet 1515.

2689 MARCHEROUX (SAINT-NICOLAS DE).

1712.

Cachet ovale, de 27 mill. — Arch. de la Seine-Inférieure; archevêché de Rouen.

Saint Nicolas debout, mitré, crossé, ressuscitant les trois petits enfants.

SIGIL · S : NICOLAI · DE · MARCASIO RADVLPHI

Présentation à la cure de Marcheroux. — Avril 1712.

2690 MONT-SAINT-MICHEL (ABBAYE DU).

XIIe siècle.

Sceau rond, de 69 mill. — Arch. de la Manche; abbaye du Mont-Saint-Michel.

L'archange debout, de trois quarts, nimbé et ailé, foulant aux pieds le dragon et le frappant du bois de sa croix.

✱ S...... AELIS : DE PERICVLO MARIS

(Sigillum ..... Michaelis de Periculo maris.)

Revers : L'abbé debout, tête nue, crossé, un long manipule au bras gauche, tenant un livre ouvert.

✱ HOC EST SIGILLVM A......

(Hoc est sigillum abbatis.....)

Échange de vignes contre des droits de mouture, à Saint-Léger. Sans date.

2691 MONT-SAINT-MICHEL (ABBAYE DU).

1265, 1392.

Sceau rond, de 69 mill. — Arch. de la Manche; abbaye de Montmorel.

L'archange debout, terrassant le dragon; variété du type précédent. — Légende détruite.

Revers : Le même que le précédent.

Accord au sujet de la dîme du blé et du vin dans la paroisse de Poilley. — Octobre 1265.

2692 MONT-SAINT-MICHEL (ABBAYE DU).

1520.

Sceau ogival, de 67 mill. — Arch. de la Manche; abbaye du Mont-Saint-Michel.

L'archange debout, de trois quarts, nimbé et ailé, armé d'une épée et d'un bouclier à umbo chargé d'une croisette en chef, foulant aux pieds le dragon, accosté d'une étoile et d'un croissant.

.......S · ET · CONVENTVS · MONTIS · SAN...
..CHAEL · DE · PERICLO · MAR' · AD CA....

(Sigillum abbatis et conventus Montis Sancti Michaelis de Periculo maris ad causas.)

Pouvoirs donnés au prieur de Saint-Victor du Mans, nommé procureur général de l'abbaye du Mont-Saint-Michel. — Octobre 1520.

2693 MONT-SAINT-MICHEL (ABBAYE DU).

1547.

Sceau ogival, de 48 mill. — Arch. de la Manche; abbaye du Mont-Saint-Michel.

L'archange debout, nimbé et ailé, armé d'un bouclier chargé d'une croix, foulant aux pieds le dragon et le frappant du bois de sa croix. — Il ne reste plus de la légende que

. um sigillu .

(Parvum sigillum.)

Lettres d'obédience données à deux religieux entrant au prieuré de Saint-Victor du Mans. — Octobre 1547.

2694 MONT-SAINT-MICHEL (ABBAYE DU).

XVIIe siècle.

Sceau ovale, de 51 mill. — Musée de Rouen.

Saint Michel debout, les ailes déployées, couvert d'un écu portant huit coquilles, 4, 3 et 1, sous un chef de France, foulant aux pieds le dragon et le frappant du bois de sa croix.

SIG. CONVENTVS ABBATIÆ MONT. S^T. MICHAEL. IN PERIC. MARIS

Matrice.

2695 MONT-SAINT-MICHEL (ABBAYE DU).

1733.

Cachet ovale, de 21 mill. — Arch. de la Manche; abbaye du Mont-Saint-Michel.

Écu semé de coquilles sous un chef de France, timbré d'une mitre et d'une crosse, embrassé par deux palmes. — Sans légende.

Provisions du greffier du prieuré de l'Abbayette. — Septembre 1733.

2696 MONTEBOURG (NOTRE-DAME DE).

1447.

Sceau ogival, de 48 mill. — Arch. de la Manche; abbaye de Montebourg.

Dans une niche gothique, la Vierge debout, couronnée, portant l'enfant Jésus, accompagnée de deux anges dans deux logettes latérales. — Légende détruite.

Fieffe d'un pré sis à Fresville. — Juillet 1447.

2697 MONTMOREL (NOTRE-DAME DE).

1562.

Sceau ogival, de 48 mill. — Arch. de la Manche; abbaye de Montmorel.

La Vierge assise, tenant l'enfant Jésus. — Légende fruste.

Présentation à la cure de Saint-Martin de Ménil-Ozenne. — Janvier 1562.

2698 MONTMOREL (NOTRE-DAME DE).

1732.

Cachet ovale, de 27 mill. — Arch. de la Manche; abbaye de Montmorel.

Écu palé, écartelé d'un plain, timbré d'une mitre et d'une crosse, embrassé par deux palmes. — Sans légende.

Collation du prieuré-cure de Saint-Médard des Chéris. — Septembre 1732.

2699 OLDISLEBEN (SAINT-VIT D').

XIIIe siècle.

Sceau ogival, de 60 mill. — Collection de M. de Farcy, à Bayeux.

Dans une niche gothique flanquée de deux édicules, saint Vit debout, tête nue, nimbé, tenant une palme et une pomme.

S' CONVENTVS · SANC.. .ITI : IN · OLDESLEIBE.

(Sigillum conventus Sancti Viti in Oldesleiben.)

Sceau détaché.

2700 PERSEIGNE (NOTRE-DAME DE).

1524.

Sceau rond, de 38 mill. — Arch. de l'Orne; abbaye d'Essay.

La Vierge assise, couronnée, tenant l'enfant Jésus et un rameau sur le sommet duquel est un oiseau perché.

CONVENTVS BĒ MARIE DE PERSENI.

(Sigillum conventus Beate Marie de Persenia.)

Approbation d'une transaction au sujet d'une rente. — Décembre 1524.

2701 PRÉMONTRÉ (ABBAYE DE).

1659.

Cachet ovale, de 17 mill. — Arch. de la Manche; abbaye de Blanchelande.

Personnage à mi-corps, en chape, mitré, tenant une croix à double traverse, entre une mitre et une crosse. Au-dessous, deux crosses en sautoir sur un semé de France.

SI · CONVENTVS · PRÆMONSTRATENSIS ·

Visite de l'abbaye de Blanchelande. — Août 1659.

2702 RENNES (SAINT-MELAINE DE).

1174.

Sceau ogival, de 66 mill. — Bibl. de la ville de Rouen; fonds Leber.

Évêque debout, tête nue, crossé, bénissant.

✱ SIGILLVM SCI MELANII

(Sigillum Sancti Melanii.)

Donation faite à l'abbaye de Savigny de droits sur les terres de Tailledière et de Tremblé. — 1174.

2703 RESSONS (NOTRE-DAME DE).

1724.

Cachet ovale, de 25 mill. — Arch. de la Seine-Inférieure; archevêché de Rouen.

Écu portant une rose, écartelé d'une fleur de lys, timbré d'une crosse, dans un cartouche.

SIGILLVM BEATÆ MARIÆ DE RESSONIO

Présentation à la cure de Ressons. — Juillet 1724.

2704 ROUEN (SAINT-OUEN DE).

1266.

Sceau ogival, de 64 mill. — Arch. de la Seine-Inférieure; abbaye de Saint-Ouen.

Archevêque debout, coiffé d'une mitre cornue, en pallium, crossé, bénissant.

SIGILLVM SANCTI AVDOENI

(Sigillum Sancti Audoeni.)

Contre-sceau : Saint Paul et saint Pierre debout et vis-à-vis.

✱ SECRETVM CAPLI S' AVD' ROTHI

(Secretum capituli Sancti Audoeni Rothomagi.)

Ratification d'une sentence au sujet de la juridiction de la paroisse de Saint-Ouen, à Rouen. — Juillet 1266.

2705 ROUEN (SAINT-OUEN DE).

XVe siècle.

Sceau ogival, de 63 mill. — Arch. de la Seine-Inférieure; archevêché de Rouen.

Saint Ouen debout, nimbé, mitré, tenant une croix, bénissant, sous un dais d'architecture, sur champ festonné.

SIGILLUM : CONUENTUS : SCI : AUDOENI : ROTHOMAG'

(Sigillum conventus Sancti Audoeni Rothomagensis.)

Contre-sceau : Le même que le précédent.

Présentation à la cure de Saint-Martin de Sigy. — Sans date.

2706 ROUEN (SAINT-OUEN DE).

1777.

Cachet ovale, de 48 mill. — Arch. de la Seine-Inférieure; archevêché de Rouen.

Saint Ouen debout, mitré, portant une croix à double traverse, bénissant. Devant le pan de sa dalmatique, l'écu de France timbré d'une crosse et d'une clef mise en barre.

✱ SIGILLVM CONVENTVS DIVI AVDOENI

Présentation à la cure de Péruel. — Février 1777.

2707 SAINT-SAUVEUR-LE-VICOMTE (ABBAYE DE).

1342, 1556.

Sceau ogival, de 60 mill. — Arch. de la Manche; abbaye de Saint-Sauveur-le-Vicomte.

Un Agnus Dei à gauche; au-dessous, une rose gothique.

.......TVS MOÑSTI ....TOR' VICECOMITIS........

(Sigillum conventus monasterii Sancti Salvatoris Vicecomitis ad causas?)

Quittance d'une somme remplaçant une rente de froment dont le donataire n'avait pu faire l'assiette. — Décembre 1342.

2708 SAINT-SEVER (ABBAYE DE).

1682.

Sceau rond, de 66 mill. — Collection de M. de Farcy, à Bayeux.

Dans une niche géminée : à gauche, la Vierge debout, tenant l'enfant Jésus; à droite, saint Sever mitré, crossé, bénissant.

✱ S' CONVENTVS : BĒ · MAR : DE : SCO : SEVERO

(Sigillum conventus Beate Marie de Sancto Severo.)

Présentation aux ordres mineurs. — 11 mars 1682.

2709 SAINT-VINCENT-AU-BOIS

(ABBAYE DE).

1676, 1726.

Cachet ovale, de 19 mill. — Arch. de la Seine-Inférieure; archevêché de Rouen.

Écu de France à la bordure besantée, timbré d'une mitre et d'une crosse, embrassé par deux palmes. — Sans légende.

Présentation à la cure de Villeneuve-Saint-Martin par Léon de Luynes, abbé de Saint-Vincent-au-Bois. — Juin 1676.

2710 SAINT-WANDRILLE (ABBAYE DE).

1271.

Sceau ogival, de 76 mill. — Arch. de la Seine-Inférieure; abbaye de Saint-Wandrille.

Le saint assis sur un trône d'architecture, en chasuble, la tête nue et entourée d'un nimbe festonné et perlé, crossé, bénissant?

S.........V. S....I WANDR.......

(Sigillum .....us Sancti Wandregisili.)

Contre-sceau : Un bras tenant une crosse.

✱ SECRETVM CAPITVLI

(Secretum capituli.)

Échange de masures sises à Fontaine-en-Brey. — Juillet 1271.

2711 SAINT-WANDRILLE (ABBAYE DE).

1338.

Sceau ogival, de 60 mill. — Arch. de la Seine-Inférieure; abbaye de Saint-Wandrille.

Un religieux debout, tenant un livre et une banderole. Dans le champ à gauche, un arbre.

. ABBATIS ET CONVEN ... ŌI WANDREG AD CA.

(Sigillum abbatis et conventus Sancti Wandregisili ad causas.)

Contre-sceau : Un Agnus Dei à gauche, dans un quadrilobe.

✱ 9TRA SIG ABBATIS S' WANDREG

(Contra sigillum abbatis Sancti Wandregisili.)

Fieffe d'une masure sise à Saint-Wandrille. — Décembre 1338.

2712 SAINT-WANDRILLE (ABBAYE DE).

1469.

Sceau ogival, de 70 mill. — Arch. de la Seine-Inférieure; abbaye de Saint-Wandrille.

Dans une niche gothique, un prélat debout, mitré, crossé, portant un petit édifice, accompagné de quatre personnages placés dans deux logettes latérales, les deux de l'étage supérieur en buste. Au bas, l'écu de France timbré d'une crosse brochant. — Légende détruite.

Bail de terres sises au fief de «Henneval» en la paroisse de Pont-chardon. — Mai 1469.

2713 SAVIGNY (NOTRE-DAME DE).

1404.

Sceau rond, de 36 mill. — Arch. de la Manche; abbaye de Savigny.

Dans une niche gothique, la Vierge debout, couronnée, portant l'enfant Jésus, accostée à gauche d'un croissant et d'une fleur de lys, à droite d'une étoile.

.....NTVS .ONASTII DE SAVIGNEYO

(Sigillum conventus monasterii de Savigneyo.)

Vente d'un manoir sis à Caen. — Octobre 1404.

2714 SÉRY (NOTRE-DAME DE).

1701.

Cachet ovale, de 17 mill. — Arch. de la Seine-Inférieure; archevêché de Rouen.

Écu à la croix ancrée sous un chef chargé de deux fleurs de lys, timbré d'une crosse, dans un cartouche.

SIGILVM SERIACI

Présentation à la cure de Sorent. — Août 1701.

2715 VALASSE (ABBAYE DU)

OU SAINTE-MARIE-DU-VOEU.

1404.

Sceau rond, de 60 mill. — Arch. de la Seine-Inférieure; archevêché de Rouen.

Dans une niche gothique, la Vierge assise, couronnée, tenant l'enfant Jésus et un rameau fleuri, sur champ de rinceaux.

SIGILLVM : CONVENTVS : BĒ : MARIE : DE : VOTO

(Sigillum conventus Beate Marie de Voto.)

Appointement au sujet de la franchise, au port de Dieppe, d'une nef appartenant à l'abbaye du Valasse. — Janvier 1404.

2716 VALMONT (NOTRE-DAME DE).

Fin du XIIe siècle.

Sceau rond, de 52 mill. — *Arch. de la Seine-Inférieure*; abbaye de Saint-Georges de Boscherville.

La Vierge assise de profil, la tête ceinte d'une couronne fermée, tenant un fleuron.

✠ SI.....CAPITVLI .... DE WALEMON

(Sigillum capituli .... de Walemon.)

Accord au sujet de droits sur les églises de Saint-Éloy, Saint-Thomas, Saint-Blaise, Saint-Jean-de-la-Neuville, Notre-Dame-d'Harteley, et pour les dîmes des terres arables dans la forêt de Lillebonne. — Sans date.

2717 VALMONT (NOTRE-DAME DE).

1315.

Sceau rond, de 58 mill. — Arch. de la Seine-Inférieure; abbaye de Valmont.

La Vierge assise, couronnée, tenant un petit édifice et un sceptre fleuronné.

✠ S......I SANCTE MARIE DE ....VNT

(Sigillum .....i Sancte Marie de Valmunt.)

Fieffe d'une terre sise à Saint-Riquier-sur-Héricourt. — Août 1315.

2718 VALMONT (NOTRE-DAME DE).

1387.

Sceau ogival, de 67 mill. — Arch. de la Seine-Inférieure; archevêché de Rouen.

La Vierge debout, couronnée, portant l'enfant Jésus, accostée d'une fleur de lys et d'une rose? sur champ festonné.

✠ S' CONVENTVS DE VALDOMONTE

(Sigillum conventus de Valdomonte.)

Cession de l'église de la Poterie en faveur du prieuré de Notre-Dame-des-Bois. — Septembre 1387.

ABBAYES DE FEMMES.

2719 BIVAL

(SAINTE-MARIE-MADELEINE DE).

1690.

Cachet ovale, de 20 mill. — Arch. de la Seine-Inférieure; archevêché de Rouen.

La Madeleine à mi-corps, nimbée, tenant le vase de parfums; au-dessous, un écu portant trois merlettes et timbré d'une crosse. Le tout embrassé par deux palmes. — Sans légende.

Présentation à la cure de Hodan. — Mars 1690.

2720 CAEN (LA SAINTE-TRINITÉ DE).

1221, 1262.

Sceau ogival, de 70 mill. — Arch. du Calvados; abbaye de la Sainte-Trinité de Caen.

Personnage debout, tête nue, en chape et en dalmatique, crossé, tenant un livre.

..GILLVM ....ITATIS CADO.

(Sigillum..... Trinitatis Cadomensis.)

PREMIER CONTRE-SCEAU : Intaille représentant une abbesse debout, coiffée en voile, crossée, tenant un livre.

S' SIGILL ABBATISS DE CADOMO :

(Secretum sigillum abbatisse de Cadomo.)

DEUXIÈME CONTRE-SCEAU : Autre intaille représentant une abbesse debout, crossée, tenant un livre.

.......ISSE DE CADOMO

(.....abbatisse de Cadomo.)

Échange de maisons et de biens sis à Vaux-sur-Seulles. — Janvier 1221.

2721 CAEN (LA SAINTET-RINITÉ DE).

1441, 1583.

Sceau ogival, de 58 mill. — Arch. du Calvados; abbaye de la Sainte-Trinité de Caen.

Le Christ assis, nimbé, tenant un globe crucifère, bénissant, sous un dais d'architecture. Dans le champ, un rameau.

s..... abbie et conuentus ... trinitatis de cadomo

(Sigillum abbatie et conventus Sancte Trinitatis de Cadomo.)

Acquisition d'un masnage sis au bourg de Calix en la paroisse de Saint-Gilles, à Caen. — Juin 1441.

2722 FONTAINE-GUÉRARD

(NOTRE-DAME DE).

1680.

Cachet ovale, de 17 mill. — Arch. de la Seine-Inférieure; archevêché de Rouen.

Écu à la bande chargée de cinq losanges et accompagnée de deux molettes, couronné, timbré d'une crosse et embrassé par deux palmes. — Sans légende.

Présentation à la cure d'Ornonville. — Mai 1680.

2723 GOMERFONTAINE

(NOTRE-DAME DE).

1711.

Cachet ovale, de 24 mill. — Arch. de la Seine-Inférieure, archevêché de Rouen.

La Vierge debout, de trois quarts à gauche, portant l'enfant Jésus.

NOSTRE · DAME · DE · GOMERFONTAINE ·

Présentation à la cure de Lattainville. — Août 1711.

2724 MONTIVILLIERS (NOTRE-DAME DE).

Commencement du XIIIe siècle.

Sceau ogival, de 70 mill. — Arch. de la Seine-Inférieure; abbaye de Valmont.

La Vierge assise, tenant l'enfant Jésus nimbé d'un nimbe crucifère.

.... LVO CAPITVL.......

(Sigillum capituli.....)

Accord au sujet des églises et des dîmes situées ein propresturiis de la forêt de Lillebonne. — Sans date.

2725 MONTIVILLIERS (NOTRE-DAME DE).

1413.

Sceau ogival, de 72 mill. — Arch. de la Seine-Inférieure; abbaye de Montivilliers.

Dans une niche gothique, la Vierge assise, couronnée, tenant l'enfant Jésus, accompagnée de deux anges dans deux logettes latérales. Au-dessous, un priant? — Légende détruite.

Aveu du temporel de l'abbaye. — Février 1413.

2726 PRÉAUX (SAINT-LÉGER DE).

1619.

Sceau ogival, de 50 mill. — Arch. de la Seine-Inférieure; chapitre de Rouen.

Dans une niche gothique, un évêque assis, mitré, crossé, bénissant. Au-dessous, un priant? — Il ne reste plus de la légende que

PRATELLIS

(Pratellis.)

Reconnaissance de la redevance annuelle d'un cierge de vingt-neuf livres dû au chapitre de Rouen. — Janvier 1619.

2727 PRÉAUX (SAINT-LÉGER DE).

1675.

Sceau ogival, de 48 mill. — Arch. de la Seine-Inférieure; archevêché de Rouen.

Sous un dais d'architecture, un évêque debout, mitré, crossé de biais, bénissant, accosté de deux palmes. Il ne reste plus de la légende que

... degarius

(Leodegarius.)

Présentation à la cure de la Haye-Aubrée. — Novembre 1675.

2728 ROUEN (SAINT-AMAND DE).

1299.

Sceau ogival, de 60 mill. — Arch. de la Seine-Inférieure; abbaye de Saint-Amand.

Évêque debout, mitré, crossé, bénissant.

SIGILLVM CAPITVL.........DI ROE.

(Sigillum capituli..... Amandi Rothomagensis.)

Acquisition d'une rente par le prieuré de Bonne-Nouvelle. — Novembre 1299.

2729 ROUEN (SAINT-AMAND DE).

1640.

Cachet ovale, de 43 mill. — Arch. de la Seine-Inférieure; archevêché de Rouen.

Évêque debout, mitré, crossé, bénissant, sur une terrasse fleurie.

✠ LE · SE.. DE · LABBAYE · SAINCT · AMAND · DE · ROVEN

Présentation à la cure de Fresne-le-Plan. — Octobre 1640.

2730 SAINT-JULIEN DU PRÉ,

au Mans. — 1208.

Sceau ogival, de 68 mill. — Arch. de la Manche; abbaye du Mont-Saint-Michel.

Évêque debout, coiffé d'une mitre cornue, crossé, bénissant.

..GILLVM ....DE PR.T.

(Sigillum..... de Prato.)

Accord avec le prieuré de Saint-Victor, au sujet de droits féodaux. — 1208.

ABBÉS.

ABBÉS D'ARDENNE.

2731 ROGER,

Abbé d'Ardenne. — 1220.

Sceau ogival, de 60 mill. — Arch. du Calvados; abbaye d'Ardenne.

L'abbé debout, tête nue, crossé, tenant un livre, accosté des lettres A et ω (alpha et oméga).

✠ SIGILLVM ABBA... ....ENTVS ARDENE

(Sigillum abbatis conventus Ardene.)

Reconnaissance de rentes sises à Venoix, Saint-Germain et Franqueville, dues à l'abbaye de Saint-Ouen de Rouen. — 1220.

2732 ROBERT,

Abbé d'Ardenne. — 1444.

Sceau ogival, de 50 mill. — Arch. du Calvados; abbaye de Saint-Étienne de Caen.

Personnage debout, indistinct, dans une niche gothique.

✠ S' ROBERTI ABBATIS SČE MARIE DE ARDENA

(Sigillum Roberti, abbatis Sancte Marie de Ardena.)

Voyez le n° 2649.

2733 LOUIS DE FOURBIN DE LA MARTHE,

Abbé commendataire d'Ardenne. — 1672.

Cachet ovale, de 28 mill. — Collection de M. de Farey, à Bayeux.

Écu au chevron accompagné de trois têtes de léopard sous un chef de la religion, couronné, entouré d'un chapelet, sur une croix de Malte. — Sans légende.

Présentation à la cure de Blanchoherbe. — 13 septembre 1672.

2734 JOACHIM FAULTRIER,

Abbé commendataire d'Ardenne. — 1688.

Cachet ovale, de 17 mill. — Collection de M. de Farey, à Bayeux.

Écu portant un lion à la fasce brochant à la bordure componée, timbré d'une mitre et d'une crosse, dans un cartouche. — Sans légende.

Présentation au prieuré-cure de Saint-Vigor de Coulombs. — 19 novembre 1688.

2735 JOACHIM FAULTRIER,

Abbé commendataire d'Ardenne. — 1698.

Cachet ovale, de 34 mill. — Collection de M. de Farey, à Bayeux.

Écu aux armes du numéro précédent, surmonté d'un tortil, timbré d'une mitre et d'une crosse, embrassé par deux palmes, dans un cartouche. — Sans légende.

Présentation au prieuré-cure de Saint-Vigor de Coulombs. — 11 octobre 1698.

ABBÉ DE SAINT-VAAST D'ARRAS.

2736 HENRI.

1197.

Sceau ogival, de 68 mill. — Bibl. de la ville de Rouen ; fonds Leber.

L'abbé debout, tête nue, crossé, tenant un livre.

✠ SIGILLVM · HENRICI · ABBATIS · SČI · VEDASTI DE · ATREBATO

(Sigillum Henrici, abbatis Sancti Vedasti de Atrebato.)

Contre-sceau : Intaille représentant un buste de Vénus à gauche. — Sans légende.

Confirmation des coutumes de la ville d'Haspres. — 1197.

ABBÉS DE SAINT-MARTIN-D'AUCHY, PRÈS AUMALE.

2737 RICHARD,

Abbé de Saint-Martin-d'Auchy, près Aumale. — 1228.

Sceau ogival, de 46 mill. — Arch. de la Seine-Inférieure ; archevêché de Rouen.

L'abbé debout, tête nue, crossé, tenant un livre.

✠ S' RICARDI · ABBIS · ALBEMALLIE

(Sigillum Ricardi, abbatis Albemallie.)

Voyez le n° 2651.

2738 ÉDOUARD COLBERT,

Abbé commendataire de Saint-Martin-d'Auchy, près Aumale. — 1715.

Cachet ovale, de 20 mill. — Arch. de la Seine-Inférieure ; archevêché de Rouen.

Écu à la guivre, couronné, timbré d'une mitre et d'une crosse, supporté par deux licornes. — Sans légende.

Présentation à la cure de Gravel. — Juin 1715.

2739 JOLY DE FLEURY,

Abbé commendataire de Saint-Martin-d'Auchy, près Aumale. — 1750.

Cachet ovale, de 24 mill. — Arch. de la Seine-Inférieure ; archevêché de Rouen.

Écu à la fleur de lys sous un chef chargé d'une croisette, écartelé d'un lion passant, surmonté d'une couronne entre une mitre et une crosse, dans un cartouche. — Sans légende.

Présentation à la cure d'Illois. — Octobre 1750.

ABBÉS D'AUNAY.

2740 CHARLES DU FOUR,

Abbé commendataire d'Aunay, vicaire général de l'évêque de Saintes, abbé de Boscherville. — 1672.

Cachet ovale, de 12 mill. — Arch. de la Seine-Inférieure ; archevêché de Rouen.

Écu portant trois croissants accompagnés d'une étoile en abîme, timbré d'une mitre et d'une crosse. — Sans légende.

Présentation à la cure de Saint-Michel-du-Haisel. — Octobre 1672.

2741 RENÉ-FRANÇOIS DE FROULLAY
DE TESSÉ,

Chevalier non profès de Saint-Jean-de-Jérusalem, abbé commendataire d'Aunay. — 1705.

Cachet ovale, de 23 mill. — Collection de M. de Farcy, à Bayeux.

Écu au sautoir engrêlé sous un chef de la religion, couronné, entouré d'un chapelet, sur une croix de Malte, dans un cartouche. — Sans légende.

Présentation à la cure de Banneville-sur-Ajon. — 12 juillet 1705.

ABBÉ DE BARBERY.

2742 L'ABBÉ DE BARBERY.

1230.

Sceau rond, de 40 mill. — Arch. de la Manche; abbaye de Savigny.

L'abbé debout, tête nue, crossé, tenant un livre.

✠ S' ABBATIS · DE · BARBERE

(Sigillum abbatis de Barbere.)

Statuts de l'abbaye de Port-Royal. — Septembre 1230.

ABBÉ DE BEAUBEC.

2743 ÉTIENNE GIRARDIN.

1710.

Cachet ovale, de 19 mill. — Arch. de la Seine-Inférieure; archevêché de Rouen.

Écu portant trois têtes d'aigle arrachées, à la bordure engrêlée, couronné, timbré d'une mitre et d'une crosse, supporté par deux cigognes. — Sans légende.

Présentation à la cure de Sainte-Geneviève. — Août 1710.

ABBÉ DE NOTRE-DAME DE BEAULIEU.

2744 GUI.

1289.

Sceau ogival, de 62 mill. — Arch. de la Manche; abbaye du Mont-Saint-Michel.

Dans une niche gothique, la Vierge debout, couronnée, portant l'enfant Jésus, tenant un rameau. Au-dessous, un priant accosté de deux écus illisibles.

sigil.........g.....ri d̃ bello loco

(Sigillum fratris Guidonis, abbatis monasterii de Bello Loco?)

Voyez le n° 2656.

ABBÉ COMMENDATAIRE DE BEAUPORT.

2745 FRÉDÉRIC-JÉRÔME DE ROYE
DE LA ROCHEFOUCAULT.

1728.

Cachet ovale, de 22 mill. — Arch. de la Seine-Inférieure; archevêché de Rouen.

Écu à la bande, écartelé d'un burelé à trois chevrons brochant, à l'écusson au lion sur le tout, couronné, timbré d'une mitre et d'une crosse, supporté par deux lions, dans un cartouche. — Sans légende.

Présentation à la cure de Saint-Pierre-en-Val. — Février 1728.

ABBÉS DU BEC-HELLOUIN.

2746 HENRI,

Abbé du Bec-Hellouin. — 1236.

Sceau ogival, de 60 mill. — Arch. de la Seine-Inférieure; chapitre de Rouen.

L'abbé debout, tête nue, crossé, tenant un livre. — Il ne reste plus de la légende que

MARIE BECCI

(Marie Becci.)

Contre-sceau : Abbé debout, tête nue, crossé, tenant un livre, accosté de deux étoiles.

✠ SCS HERLVINVS AB....BECCI

(Sanctus Herluinus, abbas Becci.)

Élection de Raoul de Cierrey, évêque d'Évreux. — Juin 1236.

2747 PIERRE,

Abbé du Bec-Hellouin. — 1277.

Sceau ogival, de 63 mill. — Arch. de la Seine-Inférieure; archevêché de Rouen.

L'abbé debout, tête nue, crossé, tenant un livre, accosté d'une fleur de lys et d'une quintefeuille.

..PETRI · ABBATI. ..E : MARIE : BECCI · HE...

(Sigillum Petri, abbatis Sancte Marie Becci Herluini.)

Fondation d'une chapelle et d'un hôpital, à Envermeu. — Novembre 1277.

2748 L'ABBÉ DU BEC-HELLOUIN.

1308.

Sceau ogival, de 63 mill. — Arch. de la Manche; abbaye du Mont-Saint-Michel.

Dans une niche gothique, l'abbé debout, crossé, tenant

un livre, accosté de deux fleurs de lys et de deux étoiles. — Il ne reste plus de la légende que

..BIS · BG · MA...

(Abbatis Beate Marie.)

Quittance fournie à l'abbaye du Mont-Saint-Michel, au sujet de sa part de contribution en faveur de certains prêtres. — Mars 1328.

2749 GUILLAUME,

Abbé du Bec-Hellouin. — 1379.

Sceau ogival, de 56 mill. — Arch. de la Seine-Inférieure ; abbaye de Valmont.

Dans une niche gothique, l'abbé debout, tête nue, crossé, tenant un livre. — Légende détruite.

Compromis au sujet d'une rente de vin, à Vernon. — Juin 1379.

ABBÉ DE BELLE-ÉTOILE.

2750 GUILLAUME.

1262.

Sceau ogival, de 42 mill. — Arch. du Calvados ; abbaye d'Aunay.

Une main tenant une crosse accompagnée d'une sextefeuille.

S' ABBATIS BELLE STELL.

(Sigillum abbatis Belle Stelle.)

Donation d'une dîme sise à Vassy. — Février 1262.

ABBÉS DE BELLOSANE.

2751 PIERRE DE HANGEST DE HARGONLIEU,

Abbé de Bellosane. — 1695.

Cachet ovale, de 21 mill. — Arch. de la Seine-Inférieure ; archevêché de Rouen.

Écu à la croix chargée de cinq coquilles, couronné, timbré d'une mitre et d'une crosse, dans un cartouche. — Sans légende.

Présentation à la cure de Bellosane. — Octobre 1695.

2752 ROBINET,

Abbé de Bellosane. — 1741.

Cachet ovale, de 25 mill. — Arch. de la Seine-Inférieure ; archevêché de Rouen.

Écu portant une volute de crosse accompagnée de trois tulipes? surmonté d'un ciboire, dans un cartouche. — Sans légende.

Présentation à la cure de Brémontier. — Janvier 1741.

2753 THOMAS LE RAT,

Abbé de Bellosane. — 1759.

Cachet ovale, de 21 mill. — Arch. de la Seine-Inférieure ; archevêché de Rouen.

Écu portant les initiales L R, surmonté d'une couronne entre une mitre et une crosse, dans un cartouche. — Sans légende.

Présentation à la cure de Brémontier. — Novembre 1759.

ABBÉS DE BERNAY.

2754 G.

Abbé de Bernay. — 1299.

Sceau ogival, de 30 mill. — Arch. de la Manche ; abbaye du Mont-Saint-Michel.

La Vierge assise, couronnée, tenant l'enfant Jésus. — Il ne reste plus de la légende que

.....AIO

(Bernaio.)

Quittance délivrée à l'abbaye du Mont-Saint-Michel, au sujet de la contribution ordonnée en Normandie par le chapitre général des abbés de l'ordre de Saint-Benoît. — Novembre 1299.

2755 JEAN DE LA CHAPELLE,

Abbé de Bernay, commendataire de l'abbaye de Nogent-sous-Coucy. — 1480.

Sceau ogival, de 65 mill. — Arch. de l'Eure ; abbaye de Bernay.

Dans une niche gothique, la Vierge debout, couronnée, portant l'enfant Jésus. Au-dessous, l'abbé mitré, crossé, accompagné à gauche d'un écu à la croix timbré d'une crosse.

s iohis abbis de bernayo lexovieñ dio.... afaru de nogeto laudunen diocesis

(Sigillum Johannis, abbatis de Bernayo, Lexoviensis diocesis, commendatarii de Nogento, Laudunensis diocesis.)

Quittance des revenus de l'abbaye de Nogent. — Juin 1480.

ABBÉ DE BLANCHELANDE.

2756 ROBERT.

1302.

Sceau ogival, de 45 mill. — Arch. de la Manche ; abbaye du Mont-Saint-Michel.

L'abbé debout, tête nue, crossé, tenant un livre.

accosté de quatre étoiles et de quatre croissants alternés. — Légende détruite.

Contre-sceau : Une fleur de lys cantonnée de quatre étoiles.

✱ S' TOMAS AVBER

(Seel Tomas Auber.)

Voyez le n° 2661.

ABBÉ DE BOIS-AUBRY.

2757 NICOLAS-ALEXANDRE DE BONISSENT.

1786.

Cachet ovale, de 21 mill. — Arch. de la Seine-Inférieure ; archevêché de Rouen.

Écu au croissant, surmonté d'une couronne entre une mitre et une crosse, supporté par deux lévriers, dans un cartouche. — Sans légende.

Présentation à la cure de Panilleuse. — Avril 1786.

ABBÉ DE BORDESLEY (ANGLETERRE).

2758 PHILIPPE.

XIIIe siècle.

Sceau ogival, de 40 mill. — Arch. de l'Orne ; abbaye de Saint-Évroult.

L'abbé debout, crossé, tenant un livre.

.....ILL ABBAT . . .G BORDG.....

(Sigillum abbatis de Bordesleya.)

Reconnaissance de rentes sises à Pilardintone et à Octeselve, dues à l'abbaye de Saint-Évroult. — Sans date.

ABBÉS DE BOSCHERVILLE.

2759 HENRY D'ESPINAY DE SAINT-LUC.

Abbé commendataire de Boscherville. — 1682.

Cachet ovale, de 20 mill. — Arch. de la Seine-Inférieure ; archevêché de Rouen.

Écu au chevron besanté, couronné, timbré d'une mitre et d'une crosse, dans un cartouche embrassé par deux palmes. — Sans légende.

Présentation à la cure d'Appetot. — Mars 1682.

2760 HENRI-CHARLES DU CAMBOUT DE COISLIN,

Abbé commendataire de Boscherville. — 1687.

Cachet ovale, de 21 mill. — Arch. de la Seine-Inférieure ; archevêché de Rouen.

Écu à trois fasces échiquetées de deux traits, timbré d'une mitre et d'une crosse, embrassé par deux palmes. — Sans légende.

Présentation à la cure d'Hénouville. — Avril 1687.

ABBÉ DU BREUIL-BENOÎT.

2761 L'ABBÉ DU BREUIL-BENOÎT.

1230.

Sceau ogival, de 40 mill. — Arch. de la Manche ; abbaye de Savigny.

L'abbé debout, tête nue, crossé, tenant un livre.

✱ SIGILLVM · ABBATIS · BROLII

(Sigillum abbatis Brolii.)

Statuts de l'abbaye de Port-Royal. — Septembre 1230.

ABBÉS DE SAINT-ÉTIENNE DE CAEN.

2762 G.

Abbé de Saint-Étienne de Caen. — XIVe siècle.

Sceau ogival, de 66 mill. — Arch. de la Manche.

Dans une niche gothique, l'abbé debout, mitré, crossé, bénissant, accosté de deux écus : l'un semé de France, l'autre aux trois léopards d'Angleterre.

S GI..........sancti step.......adomo

(Sigillum Gi..... Sancti Stephani de Cadomo.)

Sceau détaché.

2763 ANTOINE DE BOURBON,

Comte de Moret, frère naturel du roi, abbé commendataire de Saint-Étienne de Caen. — 1620.

Sceau rond, de 70 mill. — Arch. du Calvados ; abbaye de Saint-Étienne de Caen.

Écu de France au bâton péri en barre, couronné, timbré d'une mitre et d'une crosse, embrassé par deux palmes. — Légende détruite.

Contre-sceau : L'écu de la face avec les mêmes accompagnements. — Sans légende.

Provisions de l'office de grènetier de l'abbaye de Saint-Étienne de Caen. — Août 1620.

2764 ALPHONSE-LOUIS DU PLESSIS (RICHELIEU),

Cardinal-prêtre, archevêque de Lyon, grand aumônier de France, abbé commendataire de Saint-Étienne de Caen. — 1640.

Cachet ovale, de 49 mill. — Collection de M. de Farcy, à Bayeux.

Écu portant trois chevrons, couronné, timbré d'une croix, sous un chapeau archiépiscopal.

✱ ALPH · CAR.. LVG . G.......AR.....FR... ELEMOSINARIVS

Présentation à la cure de Loucelles. — Octobre 1640.

2765 CHARLES-MAURICE LE TELLIER,

Archevêque de Reims, abbé commendataire de Saint-Étienne de Caen. — 1678.

Cachet ovale, de 89 mill. — Collection de M. de Farcy, à Bayeux.

Écu portant trois lézards sous un chef chargé de trois étoiles, couronné, timbré d'une croix à double traverse, sous un chapeau archiépiscopal, devant un manteau d'hermines. — Sans légende.

Présentation à la cure de Mouen. — Reims, juin 1678.

2766 CHARLES-MAURICE LE TELLIER,

Archevêque de Reims, abbé commendataire de Saint-Étienne de Caen. — 1675.

Cachet ovale, de 36 mill. — Collection de M. de Farcy, à Bayeux.

Représentation réduite du type précédent.

✱ CAROLVS · M · LE · TELLIER · ARCH · DVX · REM · PRIM · PAR · FRANC ·

Présentation à la cure de Biéville. — Juin 1675.

ABBÉS DE CERISY.

2767 FRANÇOIS DE LA GUESLE,

Archevêque de Tours, abbé commendataire de Cerisy. — 1613.

Sceau ovale, de 57 mill. — Collection de M. de Farcy, à Bayeux.

Écu au chevron accompagné de trois huchets enguichés, timbré d'une croix fleuronnée.

✱ FRAN · D · LA GVESLE · DEI · GRATIA · ARC · TVR ·

Présentation à la cure de Crouay. — Tours, août 1613.

2768 PIERRE,

Abbé de Cerisy. — 1626.

Sceau ovale, de 44 mill. — Collection de M. de Farcy, à Bayeux.

Écu au chevron accompagné de trois fers de moulin, écartelé d'une aigle, contre-écartelé d'un heaume, timbré d'une mitre et d'une crosse.

PETRVS · ABBAS · SANCTI · VIGORIS · DE · CERISIACO

Présentation à la cure de Bérigny. — Mars 1626.

2769 PIERRE SAUGET,

Religieux et vicaire général de l'abbé de Cerisy. — 1626.

Signet ovale, de 19 mill. — Collection de M. de Farcy, à Bayeux.

Écu portant deux jumelles accompagnées de quatre épées en chef et de trois étoiles en pointe, embrassé par deux palmes. — Sans légende.

Voyez le numéro précédent.

2770 GERMAIN HABERT,

Aumônier du roi, abbé commendataire de Cerisy. — 1637.

Cachet ovale, de 32 mill. — Collection de M. de Farcy, à Bayeux.

Écu au chevron accompagné de trois fers de moulin, couronné, timbré d'une mitre et d'une crosse.

GERMANVS HABERT ABBAS S^{TI} VIGORIS DE CERISIACO

Présentation à la cure de Huppain. — Novembre 1637.

2771 PHILIPPE DE VENDÔME,

Grand prieur de France, abbé de Cerisy. — 1696.

Cachet ovale, de 22 mill. — Collection de M. de Farcy, à Bayeux.

Écu de France au bâton péri en barre chargé de trois lionceaux sous un chef de la religion, couronné, entouré d'un chapelet, sur une croix de Malte, dans un cartouche. — Sans légende.

Présentation à la cure de la Madeleine, à Cerisy. — Août 1696.

ABBÉ DE LA MADELEINE DE CHÂTEAUDUN.

2772 JACQUES DE LA FERTÉ,

Aumônier du roi, abbé commendataire de la Madeleine de Châteaudun. — 1637.

Sceau rond, de 62 mill. — Collection de M. de Farcy, à Bayeux.

Écu portant trois fasces alternant avec trois fois trois étoiles et un croissant en pointe, timbré d'une mitre et d'une crosse.

IACOBVS....... COLOMBA · ET · PB · M · MAGDAL.........

Présentation à la cure de Fresneville. — 9 octobre 1637.

ABBÉS DE CÎTEAUX.

2773 **GUILLAUME,**

Abbé de Cîteaux. — 1181-1190.

Sceau rond, de 30 mill. — Arch. de la Seine-Inférieure ; abbaye de Saint-Ouen.

L'abbé debout, tête nue, crossé, tenant un livre ouvert.

....ILLVM AB....S CIS...CIENSIS

(Sigillum abbatis Cisterciensis.)

Confirmation d'un engagement pris par l'abbé de Mortemer au sujet d'un homme, avec son fief, à lui cédé par l'abbé de Cîteaux. — Sans date.

2774 **ANDOCHE PERNOT,**

Abbé général de Cîteaux. — 1731.

Sceau rond, de 48 mill. — Arch. de la Manche ; Bernardines de Torigny.

Écu de France à l'écusson de Bourgogne ancien en abîme, écartelé de trois bandes sous un chef chargé d'une aigle, timbré d'une mitre et d'une crosse, dans un cartouche.

✠ · FRATER · ANDOCHIUS · ABBAS · CISTERCIENSIS · GENERALIS ·

Approbation de l'élection d'une prieure. — Novembre 1731.

2775 **ANDOCHE PERNOT,**

Abbé général de Cîteaux. — 1740.

Sceau rond, de 60 mill. — Arch. de la Manche ; Bernardines de Torigny.

Dans une niche de la Renaissance, l'abbé assis, mitré, crossé de biais, bénissant, accosté de deux vases garnis de lys dans deux logettes latérales. Au bas, deux écus accolés : l'un, de France, à l'écusson de Bourgogne ancien en abîme, timbré d'une mitre ; l'autre, à trois bandes sous un chef chargé d'une aigle, timbré d'une crosse.

FRATER · ANDOCHIUS · ABBAS · GENERALIS · CISTERCIENSIS :·

Autorisation de recevoir des pensionnaires de tout âge, accordée aux religieuses de Torigny. — Août 1740.

ABBÉ DE CLAIRVAUX.

2776 **SAINT BERNARD.**

XIIe siècle.

Sceau ogival, de 40 mill. — Musée de Rouen.

Le saint abbé assis, tête nue, crossé, tenant un livre ouvert.

✠ SIGILLVM ⁝ BERNARDI ⁝ ABBATIS CLAREVALLE

(Sigillum Bernardi, abbatis Clarevallis.)

Matrice d'une authenticité contestable.

ABBÉ DE CONCHES.

2777 **HENRI-OSWALD DE LA TOUR D'AUVERGNE.**

1712.

Cachet ovale, de 17 mill. — Arch. de la Seine-Inférieure ; archevêché de Rouen.

Écu écartelé : au 1 et 4, une tour accompagnée de fleurs de lys en orle ; au 2, trois tourteaux au lambel ; au 3, trois bandes ; sur le tout, un écusson au gonfanon ? parti d'une fasce ; dans un cartouche, sur un manteau d'hermines, surmonté d'une couronne entre une mitre et une crosse. — Sans légende.

Présentation à la cure de Villers. — Avril 1712.

ABBÉ COMMENDATAIRE DE CORNEVILLE.

2778 **BORROS DE GAMANSON.**

1779.

Cachet ovale, de 22 mill. — Arch. de la Seine-Inférieure ; archevêché de Rouen.

Écu portant dix coquilles ? 1, 2, 3, 4, superposées et formant une pyramide sommée de quatre fleurs, surmonté d'une couronne entre une crosse et une mitre, supporté par deux lions, dans un cartouche. — Sans légende.

Présentation à la cure de Vattetot. — Décembre 1779.

ABBÉ COMMENDATAIRE DE COULOMBS.

2779 **CHARLES DE SEIGLIÈRE DE BOISFRANC.**

1712.

Cachet ovale, de 25 mill. — Arch. de la Seine-Inférieure ; archevêché de Rouen.

Écu à trois épis de seigle, surmonté d'une couronne entre une mitre et une crosse, dans un cartouche. — Sans légende.

Présentation à la cure de Gondecourt. — Septembre 1712.

ABBÉ DE LA CROIX-SAINT-LEUFROY.

2780 GUILLAUME.

1286.

Sceau ogival, de 60 mill. — Arch. de la Seine-Inférieure; chapitre de Rouen.

L'abbé debout, tête nue, crossé, tenant un livre.

✠ S' GVILLI · ABBATIS · DE · CRVCE · SCI · LEVFREDI

(Sigillum Guillermi, abbatis de Cruce Sancti Leufredi.)

Procès entre le chapitre de Rouen et les frères mineurs. — Septembre 1286.

ABBÉS D'EU.

2781 PIERRE DE CALVO,

Abbé commendataire d'Eu. — 1692.

Cachet ovale, de 19 mill. — Arch. de la Seine-Inférieure; archevêché de Rouen.

Écu écartelé : au 1 et 4, une bande ; au 2, fascé ondé de six pièces ; au 3, un mont surmonté d'une étoile ; couronné, timbré d'une mitre et d'une crosse, embrassé par deux palmes. — Sans légende.

Présentation à la cure de Bosc-Geffroy. — Septembre 1692.

2782 MAXIMILIEN DE CANILLAC DE BEAUFORT,

Abbé commendataire d'Eu. — 1706.

Cachet ovale, de 22 mill. — Arch. de la Seine-Inférieure; archevêché de Rouen.

Écu à la bande accompagnée de quintefeuilles en orle, écartelé d'un lévrier rampant à la bordure componée, à l'écusson au lion sur le tout; surmonté d'une couronne entre une mitre et une crosse, dans un cartouche. — Sans légende.

Présentation à la cure de Bosc-Geffroy. — Janvier 1706.

2783 CLAUDE-JEAN MACÉ,

Abbé commendataire d'Eu. — 1755.

Cachet ovale, de 21 mill. — Arch. de la Seine-Inférieure; archevêché de Rouen.

Écu au chevron accompagné d'une masse d'armes en pointe sous un chef chargé de trois trèfles, surmonté d'une couronne entre une mitre et une crosse, dans un cartouche. — Sans légende.

Présentation à la cure de Bosc-Geffroy. — Février 1755.

ABBÉS DE SAINT-TAURIN D'ÉVREUX.

2784 JEAN,

Abbé de Saint-Taurin d'Évreux. — 1426.

Sceau ogival, de 60 mill. — Arch. de la Seine-Inférieure; archevêché de Rouen.

Dans une niche gothique, saint Taurin debout, bénissant. Au-dessous, l'abbé mitré, crossé, priant, accompagné à droite, le seul côté qui subsiste, d'un écu portant un griffon rampant à la bordure. — Légende détruite.

Voyez le n° 2678.

2785 PIERRE,

Abbé de Saint-Taurin d'Évreux. — XV° siècle.

Sceau ogival, de 63 mill. — Arch. de la Manche.

Dans une niche gothique, saint Taurin debout, mitré, crossé, bénissant, accosté de saint Pierre et de saint Paul à mi-corps dans deux logettes latérales. Au-dessous, l'abbé, tête nue, crossé, priant, accosté de deux écus : l'un à deux léopards, l'autre portant une étoile.

S' FRIS : PETRI : ABBIS : MONASTERII : SCI : TAVRINI : EBROICENS'

(Sigillum fratris Petri, abbatis monasterii Sancti Taurini Ebroicensis.)

Sceau détaché.

2786 MARTIAL-LOUIS DE BEAUPOIL DE SAINT-AULAIRE,

Abbé commendataire de Saint-Taurin d'Évreux. — 1756.

Cachet ovale, de 21 mill. — Arch. de la Seine-Inférieure ; archevêché de Rouen.

Écu portant trois couples de chien, couronné, dans un cartouche. — Sans légende.

Présentation à la cure d'Ouville-la-Rivière. — Mai 1756.

ABBÉS DE FÉCAMP.

2787 RICHARD,

Abbé de Fécamp. — 1170.

Contre-sceau ogival, de 32 mill. — Arch. de la Manche; abbaye de la Sainte-Trinité de Caen.

Fragment représentant le Christ en croix, entre la Vierge et saint Jean.

* CONTRA ....CANNI

(Contra sigillum ......Fiscanni.)

Approbation de l'acquisition d'un presbytère à Quettehou. — Octobre 1270.

2788 ROBERT,

Abbé de Fécamp. — 1320.

Sceau ogival, de 52 mill. — Arch. de la Seine-Inférieure ; abbaye de Fécamp.

Dans une niche gothique, l'abbé debout, mitré, crossé, bénissant, les pieds sur un dragon.

.. FRĪS : ROB.......BĪS : FISCANEN...

(Sigillum fratris Roberti, abbatis Fiscanensis.)

Contre-sceau : Le Christ assis sur un trône, nimbé du nimbe crucifère, tenant le globe surmonté d'une croix, bénissant, sous un dais d'architecture.

CONTRA S'. ABBĪS · FISCANEN̄ ·

(Contra sigillum abbatis Fiscanensis.)

Procès avec le curé de Fontaine-le-Bourg, au sujet de la franche dîme de ce lieu. — Juillet 1320.

2789 PHILIPPE DU FOSSÉ,

Abbé de Fécamp. — 1379.

Sceau rond, de 28 mill. — Arch. de la Seine-Inférieure ; abbaye de Fécamp.

Écu à la fasce, à la crosse en pal brochant, supporté par deux lions, dans un trilobe.

S' F · PHI · DE FOU.....ABBĪS.....AN

(Sigillum fratris Philippi de Fou..... abbatis Fiscanensis.)

Quittance fournie au receveur de l'abbaye de Fécamp. — Juillet 1379.

2790 PIERRE,

Abbé de Fécamp. — 1382.

Sceau rond, de 28 mill. — Arch. de la Seine-Inférieure : abbaye de Fécamp.

Écu à la fasce accompagnée de trois étoiles à la bordure étoilée, dans une rose gothique. — Légende détruite.

Quittance fournie au receveur de l'abbaye de Fécamp. — Octobre 1382.

2791 LOUIS-ANTOINE,

Comte palatin du Rhin, duc de Bavière, abbé commendataire de Fécamp. — 1683.

Cachet ovale, de 21 mill. — Arch. de la Seine-Inférieure ; archevêché de Rouen.

Écu parti de trois coupé de un; huit quartiers: au 1, de Bavière; au 2, un lion; au 3, un rais d'escarboucle; au 4 et au 5, un lion; au 6, une fasce échiquetée; au 7, trois chevrons; au 8, une fasce; et sur le tout un écusson au lion couronné; surmonté d'une couronne entre une mitre et une crosse, dans un cartouche.

LVD ANTON COM PAL RHENI AB FISCAN

Présentation à la cure de Tourville. — Mai 1683.

2792 FRANÇOIS-PAUL

DE NEUFVILLE DE VILLEROY,

Abbé commendataire de Fécamp. — 1699.

Cachet ovale, de 20 mill. — Collection de M. de Farcy, à Bayeux.

Écu au chevron accompagné de trois croix ancrées, surmonté d'une couronne entre une mitre et une crosse, dans un cartouche. — Sans légende.

Présentation à la cure de Luc-sur-Mer. — Février 1699.

2793 FRANÇOIS-PAUL

DE NEUFVILLE DE VILLEROY,

Abbé commendataire de Fécamp. — 1702.

Cachet ovale, de 22 mill. — Arch. de la Seine-Inférieure ; archevêché de Rouen.

Écu au chevron accompagné de trois croix ancrées, surmonté d'une couronne entre une mitre et une crosse, dans un cartouche. — Sans légende.

Présentation à la cure de Goderville. — Février 1702.

2794 PIERRE LE MARTRE,

Abbé commendataire de Fécamp. — 1753.

Cachet ovale, de 24 mill. — Arch. de la Seine-Inférieure ; archevêché de Rouen.

Écu portant trois mitres accompagnées d'un rameau en chef et de deux rameaux noués en sautoir en pointe, surmonté d'une couronne entre une mitre et une crosse, dans un cartouche. — Sans légende.

Présentation à la cure de Saint-Valery. — Juillet 1753.

ABBÉS DE FOUCARMONT.

2795 JEAN PELLETIER,

Abbé de Foucarmont. — 1643.

Cachet ovale, de 17 mill. — Arch. de la Seine-Inférieure ; archevêché de Rouen.

Écu portant trois roses? sous un chef chargé de trois étoiles, timbré d'une crosse, entouré d'une couronne d'épines. — Sans légende.

Présentation à la cure de Rétonval. — Juillet 1643.

2796 JACQUES FLEUR DE MONTAGNE,

Abbé de Foucarmont. — 1674.

Cachet ovale, de 18 mill. — Arch. de la Seine-Inférieure; archevêché de Rouen.

Écu portant trois croisettes accompagnées d'une sextefeuille en abîme, timbré d'une crosse, embrassé par deux palmes. — Sans légende.

Présentation à la cure de Bouafles. — Juillet 1674.

2797 PHILIPPE D'HÉROUVILLE,

Abbé de Foucarmont. — 1703.

Cachet ovale, de 20 mill. — Arch. de la Seine-Inférieure; archevêché de Rouen.

Écu portant trois coquilles, timbré d'une mitre et d'une crosse, dans un cartouche. — Sans légende.

Abjuration d'Antoine de Brossard. — Septembre 1703.

2798 PHILIPPE D'HÉROUVILLE,

Abbé de Foucarmont. — 1704.

Cachet ovale, de 26 mill. — Arch. de la Seine-Inférieure; archevêché de Rouen.

Écu au léopard surmonté d'un croissant, parti de trois coquilles, timbré d'une mitre entre deux crosses, dans un cartouche. — Sans légende.

Présentation à la chapelle du Frétils. — Juillet 1704.

2799 LOUIS DE QUESNES,

Abbé de Foucarmont. — 1748.

Cachet ovale, de 28 mill. — Arch. de la Seine-Inférieure; archevêché de Rouen.

Écu au léopard surmonté d'un croissant, parti d'un chêne sous un chef chargé de deux étoiles, timbré d'une mitre et d'une crosse, dans un cartouche. — Sans légende.

Accord au sujet du patronage de l'église de Saint-Joseph de Frémentel et de ses succursales. — Octobre 1748.

ABBÉ COMMENDATAIRE DE GRESTAIN.

2800 DENIS SANGUIN.

1658.

Cachet ovale, de 22 mill. — Collection de M. de Farcy, à Bayeux.

Écu à la bande accompagnée de trois glands en chef, de trois roses et de deux serres en pointe, timbré d'une mitre et d'une crosse. — Sans légende.

Présentation à la cure de Tierceville. — Octobre 1658.

ABBÉS DE L'ÎLE-DIEU.

2801 L'ABBÉ DE L'ÎLE-DIEU.

1285.

Sceau ogival, de 43 mill. — Arch. de la Seine-Inférieure; chapitre de Rouen.

L'abbé debout, tête nue, crossé, tenant un livre.

.........ARIO .. INS.......

(..... Marie de Insula.....)

Excommunication des frères mineurs par le chapitre de Rouen. — Septembre 1285.

2802 CHARLES DE CUVES DE PRÉFONTAINE,

Abbé commendataire de l'Île-Dieu. — 1700.

Cachet octogone, de 19 mill. — Arch. de la Seine-Inférieure; archevêché de Rouen.

Écu portant trois quintefeuilles, timbré d'une mitre et d'une crosse, dans un cartouche. — Sans légende.

Présentation à la cure de Bornambusc. — Mai 1700.

2803 PIERRE DE LA RUE,

Abbé commendataire de l'Île-Dieu. — 1766.

Cachet ovale, de 22 mill. — Arch. de la Seine-Inférieure; archevêché de Rouen.

Écu au chevron accompagné de deux étoiles en chef et d'un arbre en pointe, surmonté d'une couronne entre une mitre et une crosse, dans un cartouche. — Sans légende.

Présentation à la cure de Bornambusc. — Mars 1766.

ABBÉS DE JUMIÈGES.

2804 RICHARD DE LA MARE,

Abbé de Jumièges. — 1191-1198.

Sceau ogival, de 67 mill. — Arch. de la Seine-Inférieure; abbaye de Jumièges.

L'abbé debout, tête nue, crossé, tenant un livre ouvert. — Légende détruite.

Donation du fief d'Adam de Varvannes par Roger de Mortemer. — Sans date.

2805 ROGER,

Abbé de Jumièges. — Fin du XIIe siècle.

Sceau rond, de 38 mill. — Arch. de la Seine-Inférieure; abbaye de Jumièges.

Personnage à mi-corps, de profil à droite, tête nue,

tenant une banderole sur laquelle on lit PAX TIBI (Pax tibi).

✱ INTEGRA QV.....BRACTA REVELO

(Integra qu..... peracta revelo.)

Cession faite aux chanoines de Bourgachard d'un emplacement sis à Pont-Authou. — Sans date.

2806 GUILLAUME DE REFEUCHON,

Abbé de Jumièges. — 1215.

Sceau ogival, de 70 mill. — Arch. de la Seine-Inférieure; abbaye de Jumièges.

L'abbé debout, crossé. — Il ne reste plus de la légende que

...S : GEMMEG...

(Abbatis Gemmeticensis.)

Nomination à l'église de Damemerie avec réserve de deux parts des dîmes et oblations. — Août 1215.

2807 ROBERT D'ÉTELAN,

Abbé de Jumièges. — 1279.

Sceau ogival, de 52 mill. — Arch. de la Seine-Inférieure; abbaye de Jumièges.

L'abbé debout, tête nue, crossé, tenant un livre.

✱ S' FRĪS RO....I PMISSIONE ABBĪS GEMATICEÑ

(Sigillum fratris Roberti, Dei permissione abbatis Gematicensis.)

Contre-sceau : Saint Pierre assis, mitré, bénissant, tenant un livre.

SANCT PETRVS GEMETICEN

(Sanctus Petrus Gemeticensis.)

Rachat de rentes. — Janvier 1279.

2808 GUILLAUME,

Abbé de Jumièges. — 1305.

Sceau ogival, de 52 mill. — Arch. de la Seine-Inférieure; abbaye de Jumièges.

L'abbé debout, tête nue, crossé, tenant un livre, accosté de deux fleurs de lys.

SIGILLVM FRĪS GVILEI DEI GRĀ ABBĪS GEMET....

(Sigillum fratris Guillermi, Dei gratia abbatis Gemeticensis.)

Contre-sceau : Le même que le précédent avec la même légende.

Fieffe d'un tènement sis dans la paroisse de Saint-Martin-sur-Renelle, à Rouen. — Juin 1305.

2809 L'ABBÉ DE JUMIÈGES.

1349.

Sceau ogival, de 60 mill. — Arch. de la Seine-Inférieure; abbaye de Saint-Ouen.

Dans une niche gothique, l'abbé debout, tête nue, crossé, tenant un livre.

SIGILLUM · FRIS .....B'IS · GEME.ENSI.

(Sigillum fratris..... abbatis Gemetensis.)

Contre-sceau : Saint Pierre assis, mitré et nimbé, tenant ses clefs et un livre.

SIGILLUM ABB'IS GEMETEN'

(Sigillum abbatis Gemetensis.)

Cession de la pêche dans la rivière d'Eure. — Mai 1349.

ABBÉS DE LESSAY.

2810 SILVESTRE,

Abbé de Lessay. — Commencement du XIIIe siècle.

Sceau ogival, de 55 mill. — Arch. de la Manche; abbaye du Mont-Saint-Michel.

L'abbé debout, tête nue, crossé de biais, tenant un livre.

..GILE · S.......DE EX.....

(Sigillum Silvestris..... de Exaquio.)

Fieffe d'une terre relevant de la prévôté de Fochorville, à Saint-Germain-sur-Ay. — Sans date.

2811 JEAN,

Abbé de Lessay. — 1337.

Sceau ogival, de 52 mill. — Arch. de la Manche; abbaye du Mont-Saint-Michel.

Dans une niche gothique, l'abbé debout, tête nue, crossé, tenant un livre, accosté de deux écus; celui de gauche portant deux fasces à la crosse brochant, celui de droite une étoile.

..FRĪS : IOHIS : ABBI.......

(Sigillum fratris Johannis, abbatis.....)

Droits du prieur de Saint-Germain-sur-Ay à la dîme des terres cultivées par le curé de cette paroisse. — Avril 1337.

2812 GUILLAUME,

Abbé de Lessay. — 1363.

Sceau ogival, de 55 mill. — Arch. de la Manche; abbaye de Lessay.

Dans une niche gothique, l'abbé debout, tête nue,

crossé, tenant un livre, accosté de deux écus portant une étoile.

.......ABBĪS S.....TRIT.....

(.....abbatis Sancte Trinitatis Exaquiensis.)

Élection du prieur de Boxgrove (Angleterre). — Mars 1363.

ABBÉ DE LEVAL.

2813 ROLAND DE FOULOGNES.

1602.

Signet ovale, de 18 mill. — Collection de M. de Farey, à Bayeux.

Écu portant trois fasces à la bande chargée de trois besants? brochant, timbré d'une crosse, embrassé par deux palmes. — Sans légende.

Présentation à la cure de Tournebu. — Avril 1602.

ABBÉS DE LIRE.

2814 JEAN,

Abbé de Lire. — 1236.

Sceau ogival, de 53 mill. — Arch. de l'Orne; abbaye de Saint-Évroult.

L'abbé debout, tête nue, crossé, tenant un livre, accosté d'un croissant et d'un soleil.

SIGILL : IOHS : ABBATIS ..AT. .....
D' LIRA

(Sigillum Johannis, abbatis Beate Marie de Lira.)

Vidimus d'une charte de W., évêque de Worcester, confirmant les possessions de l'abbaye de Saint-Évroult dans son diocèse. — Avril 1236.

2815 JACQUES BRÉTEL DE GRÉMONVILLE,

Abbé de Lire. — 1671.

Cachet ovale, de 25 mill. — Arch. de la Seine-Inférieure; archevêché de Rouen.

Écu au chevron chargé d'une fleur de lys au sommet et accompagné de trois molettes, sous un chef chargé d'un poisson; surmonté d'une couronne, supporté par deux licornes. — Sans légende.

Présentation à la cure de la Neuville-Champ-d'Oisel. — Mai 1671.

ABBÉ DE LONGUES.

2816 OLIVIER LE COQ.

1698.

Signet ovale, de 20 mill. — Collection de M. de Farey, à Bayeux.

Écu au chevron accompagné de trois coqs, les deux du chef affrontés, timbré d'une crosse. — Sans légende.

Présentation à la cure de Campigny. — Juillet 1698.

ABBÉ DE LA LUZERNE.

2817 RAOUL.

1364.

Sceau ogival, de 45 mill. — Arch. de la Manche; abbaye du Mont-Saint-Michel.

Dans une niche gothique, l'abbé debout, tête nue, crossé, tenant un livre.

S' ABBATIS DE LVCERNA

(Sigillum abbatis de Lucerna.)

Serment de fidélité au roi d'Angleterre, reçu par l'abbé de la Luzerne, délégué à cet effet. — Juillet 1364.

ABBÉ DE MARMOUTIERS.

2818 SIMON.

1342.

Sceau ogival, de 62 mill. — Arch. de la Seine-Inférieure; archevêché de Rouen.

Dans une niche gothique, l'abbé debout, mitré, crossé, tenant un livre, accosté à gauche d'une fleur de lys entre deux clefs, et à droite d'une clef entre deux fleurs de lys. Au-dessus, saint Martin à cheval, donnant à un pauvre la moitié de son manteau.

S' FRĪS : SIMO..S : DEI : GRĀ : ABBĪS :
MAIORIS : MŌN : TURONEN

(Sigillum fratris Simonis, Dei gratia abbatis Majoris Monasterii Turonensis.)

Contre-sceau : L'abbé mitré, en buste, accosté de clefs et de fleurs de lys comme à la face.

✱ SIMONIS · HVIC · CAPITI · CREDITE ·
SICUT · EI

(Simonis huic capiti credite sicut ei.)

Accord au sujet de la visitation des prieurés de Marmoutiers dans le diocèse de Rouen. — 1342.

ABBÉ DE MAUZAC.

2819 LOUIS-CHARLES BAUDOUIN.

1742.

Cachet ovale, de 22 mill. — Arch. de la Seine-Inférieure ; archevêché de Rouen.

Écu portant deux chevrons, surmonté d'une couronne entre une mitre et une crosse, dans un cartouche. — Sans légende.

Présentation à la cure de Bouquelot. — Octobre 1742.

ABBÉ DE MONDAYE.

2820 GABRIEL.

1385.

Sceau ogival, de 40 mill. — Arch. du Calvados ; abbaye d'Aunay.

L'abbé debout, tête nue, crossé, tenant un livre.

S' ABBATIS · SČI · MARTINI · DE MONTE · DE.

(Sigillum abbatis Sancti Martini de Monte Dei.)

Vente d'une terre sise à Langrune. — Mars 1385.

ABBÉS DU MONT-SAINT-MICHEL.

2821 L'ABBÉ DU MONT-SAINT-MICHEL.

1227.

Sceau ogival, de 60 mill. — Arch. de la Manche ; abbaye du Mont-Saint-Michel.

L'abbé debout, tête nue, crossé, tenant un livre. — Légende détruite.

Contre-sceau : Tête à droite.

✱ SIG'.......TI M

(Sigillum,..., Sancti Michaelis ?)

Rachat de droits sur le domaine de l'abbaye. — 1227.

2822 RAOUL,

Abbé du Mont-Saint-Michel. — 1236.

Sceau ogival, de 60 mill. — Arch. de la Manche ; abbaye du Mont-Saint-Michel.

L'abbé debout, tête nue, crossé, tenant un livre.

S' RAD..........MARIS

(Sigillum Radulphi, abbatis Montis Sancti Michaelis de Periculo Maris.)

Contre-sceau : L'archange debout, nimbé, ailé, tenant un lys et une palme.

✱ AVE · M.......TER

(Ave Michael, dux noster.)

Accord au sujet de la juridiction des églises du Mont-Saint-Michel. — Février 1236.

2823 RICHARD,

Abbé du Mont-Saint-Michel. — XIIIe siècle.

Sceau ogival, de 67 mill. — Arch. de la Manche ; abbaye de Savigny.

L'abbé debout, tête nue, crossé, tenant un livre, accosté de deux fleurs de lys.

✱ S' RIC' : ABBIS : MONTIS : SČI ..CH : DE P..ICLO : MARIS

(Sigillum Ricardi, abbatis Montis Sancti Michaelis de Periculo Maris.)

Contre-sceau : L'archange debout, nimbé, ailé, tenant un lys et une palme.

✱ AVE · MICHAEL · DVX · NOSTER

(Ave Michael, dux noster.)

Sceau détaché.

2824 PIERRE,

Abbé du Mont-Saint-Michel. — 1388.

Sceau rond, de 30 mill. — Arch. de la Manche ; abbaye du Mont-Saint-Michel.

Dans une niche gothique, saint Michel debout, armé d'un bouclier portant une croix, frappant le dragon ; à ses pieds à droite, l'abbé mitré, crossé, priant. — Légende détruite.

Monitoire adressé au prieur du Saint-Germain-sur-Ay, au sujet d'une rente due à l'aumônerie de l'abbaye du Mont-Saint-Michel. — Juillet 1388.

2825 ROBERT,

Abbé du Mont-Saint-Michel. — 1442.

Sceau rond, de 31 mill. — Arch. de la Seine-Inférieure ; archevêché de Rouen.

Dans une niche gothique, l'archange terrassant le dragon, ayant à ses pieds, à droite, l'abbé mitré, crossé, priant. Au-dessous, un écu au chevron chargé de...... accompagné de deux glands en chef et d'une rose ? en pointe, timbré d'une crosse.

s roberti abbis mõtis sci michlis

(Sigillum Roberti, abbatis Montis Sancti Michaelis.)

L'abbé demande la mise en liberté d'un de ses religieux qu'il avait fait détenir dans les prisons de l'archevêque de Rouen. — Juin 1442.

2826 **JEAN,**

Abbé du Mont-Saint-Michel. — 1520.

Sceau ogival, de 68 mill. — Arch. de la Manche; abbaye du Mont-Saint-Michel.

Dans une niche de la Renaissance, la Vierge assise, tenant l'enfant Jésus. A ses pieds à droite, l'abbé mitré, crossé, priant, et, derrière l'abbé, saint Michel debout, armé de pied en cap.

S : IO.......MONTIS : S : MICHAELIS

(Sigillum Johannis, abbatis Montis Sancti Michaelis.)

Collation du prieuré de Tombelaine. — Août 1520.

2827 **FRANÇOIS,**

Cardinal de Joyeuse, abbé commendataire du Mont-Saint-Michel. — 1603.

Sceau rond, de 47 mill. — Arch. de la Manche; abbaye du Mont-Saint-Michel.

Écu palé au chef chargé de trois hydres, écartelé d'un lion à la bordure fleurdelysée, timbré d'une croix surmontée d'un chapeau de cardinal.

FRANC · S · S · R · Æ · PR' CARD · DE.....

Provision de l'office d'archidiacre claustral de l'abbaye du Mont-Saint-Michel «qui in eodem monasterio dignitas seu officium claustrale existit». — Mars 1603.

2828 **HENRI DE LORRAINE,**

Abbé de Saint-Denis en France, abbé du Mont-Saint-Michel. — 1629.

Cachet ovale, de 20 mill. — Arch. de la Manche; abbaye du Mont-Saint-Michel.

Écu aux armes de Lorraine, couronné, timbré d'une crosse. — Sans légende.

Licence donnée aux religieux du Mont-Saint-Michel d'employer tels médecin, apothicaire, chirurgien que bon leur semblera. — Janvier 1629.

2829 **LE BAILLY D'HAUTEFEUILLE,**

Ambassadeur extraordinaire de l'ordre de Malte, commandeur de la Croix-en-Brie, etc., abbé commendataire du Mont-Saint-Michel. — 1689.

Cachet ovale, de 19 mill. — Collection de M. de Farcy, à Bayeux.

Écu au lévrier courant surmonté d'un croissant, sous un chef de la religion, couronné, entouré d'un chapelet, sur une croix de Malte. — Sans légende.

Collation de la cure de Domjean. — Juin 1689.

2830 **CHARLES-MAURICE DE BROGLIE,**

Docteur en théologie, abbé commendataire du Mont-Saint-Michel. — 1765.

Cachet ovale, de 21 mill. — Collection de M. de Farcy, à Bayeux.

Écu au sautoir ancré, surmonté d'une couronne, dans un cartouche. — Sans légende.

Présentation à la cure de Bretteville-sur-Odon. — Mai 1765.

ABBÉS DE MONTEBOURG.

2831 **PIERRE,**

Abbé de Montebourg. — 1274.

Sceau ogival, de 60 mill. — Arch. du Calvados; abbaye de Troarn.

L'abbé debout, tête nue, crossé, accosté de sextefeuilles, de fleurs de lys et de croisettes.

S' PETRI : ABBAT.......TIS : BVRGI

(Sigillum Petri, abbatis ..... Montis Burgi.)

Contre-sceau : Une main tenant une crosse surmontée d'une croisette et accostée d'une sextefeuille et d'une fleur de lys.

✠ SECRETVM.....ONTIS : BVRGI ·

(Secretum ..... Montis Burgi.)

Confraternité de prières. — Juillet 1274.

2832 **P.,**

Abbé de Montebourg. — 1355.

Sceau ogival, de 60 mill. — Arch. de la Manche; abbaye de Montebourg.

Dans une niche gothique, l'abbé debout, tête nue, crossé, tenant un livre, sur champ fretté, accosté de deux écus : celui de gauche aux léopards d'Angleterre, celui de droite illisible.

S' . FRIS · P.......

(Sigillum fratris P.....)

Nomination du prieur de Loders (Angleterre). — Novembre 1355.

2833 **GUILLAUME,**

Abbé de Montebourg. — 1447.

Sceau ogival, de 48 mill. — Arch. de la Manche; abbaye de Montebourg.

Dans une niche gothique, l'abbé debout, tête nue, crossé, tenant un livre, accosté de deux écus frustes.

sigillum Guillermi.......

(Sigillum Guillermi .....)

Appointement au sujet de droits prétendus sur une place et une masure sises à Montebourg. — Janvier 1447.

2834 **CLAUDE DE RYE,**

Abbé de Montebourg. — 1583.

Sceau ogival, de 50 mill. — Arch. de la Manche; abbaye de Montebourg.

Écu portant quatre aigles, 2 et 2, timbré d'une crosse. Dans le champ, deux rameaux fleuris.

. . . aud . . . . . . ontis bur . .

(Sigillum Claudii . . . . . Montis Burgi.)

Aveu des fiefs de Fontenay et de Trévières-en-Bessin. — Janvier 1483.

2835 CHARLES BOUCHER,

Abbé de Saint-Magloire de Paris, abbé de Montebourg. — 1534.

Sceau ogival, de 71 mill. — Arch. de la Manche ; abbaye de Montebourg.

Dans une niche gothique géminée : à gauche, la Vierge debout, couronnée, portant l'enfant Jésus ; à droite, saint Magloire ? mitré, crossé, bénissant. Au-dessous, un écu au lion, écartelé d'une bande chargée d'un denché, et sur le tout un écusson au sautoir cantonné de . . . timbré d'une crosse.

s : karoli : boucher : abbatis : sancti : magloru : parisiensis

(Sigillum Karoli Boucher, abbatis Sancti Maglorii Parisiensis.)

Collation du prieuré de Vernon. — Mars 1534.

2836 JUST DE SERRES,

Évêque du Puy, comte de Velai, abbé de Montebourg. — 1621.

Sceau ovale, de 37 mill. — Arch. de la Manche ; abbaye de Montebourg.

Écu portant une crosse et une épée en pal tenues chacune par une main, écartelé d'un chevron chargé de trois étoiles et accompagné de trois trèfles, couronné, timbré d'une mitre et d'une crosse, embrassé par deux palmes. — Sans légende.

Pouvoirs conférés au prieur de Saint-Michel, près Vernon. — Octobre 1621.

2837 JUST DE SERRES,

Évêque du Puy, comte de Velai, abbé de Montebourg. — 1638.

Cachet ovale, de 31 mill. — Arch. de la Manche ; abbaye de Montebourg.

Écu écartelé : au 1 et 4 une crosse et une épée en pal tenues chacune par une main ; au 2, un lion ; au 3, une bande chargée de . . . . ., et sur le tout un écusson au chevron chargé de trois étoiles et accompagné de trois trèfles ; couronné, timbré d'une mitre et d'une crosse.

✻ IVSTVS · DE · SERRES · EPVS · ANICIEN · ET · COMES · VELAVNICE

Provisions d'un sénéchal de Montebourg. — Décembre 1638.

ABBÉS DE MONTMOREL.

2838 GERVAIS,

Abbé de Montmorel. — XIIIe siècle.

Sceau ovale, de 44 mill. — Arch. de la Manche ; abbaye de Savigny.

Intaille représentant deux personnages debout, dans une attitude respectueuse, et, devant eux, une femme d'une plus grande proportion revêtue d'une longue robe.

✻ S' GERVASII ABB MONTISMORELLI

(Sigillum Gervasii, abbatis Montismorelli.)

Sceau détaché.

2839 L'ABBÉ DE MONTMOREL.

1340.

Sceau ovale, de 24 mill. — Arch. de la Manche ; abbaye du Mont-Saint-Michel.

Intaille brisée représentant deux bustes romains vis-à-vis (un empereur et l'impératrice).

SIGNV SECRE . . . BBIS D MONTEMORELLO

(Signum secretum abbatis de Montemorello.)

Quittance délivrée à l'abbaye du Mont-Saint-Michel pour sa part de dépenses de l'évêque de Chartres, nonce du pape en Bretagne. — Janvier 1340.

2840 L'ABBÉ DE MONTMOREL.

1357.

Sceau ovale, de 24 mill. — Arch. de la Manche ; abbaye du Mont-Saint-Michel.

Intaille représentant Mercure assis, tenant le caducée et une bourse. — Légende détruite.

Quittance délivrée à l'abbaye du Mont-Saint-Michel pour sa part de contributions en faveur de certains prêtres. — Septembre 1357.

2841 GUILLAUME DE BOYVIN,

Abbé commendataire de Montmorel, de Fontenay, doyen du chapitre d'Avranches. 1636.

Cachet ovale, de 24 mill. — Collection de M. de Farcy, à Bayeux.

Écu à la devise accompagnée de trois croisettes, timbré d'une crosse et d'une mitre, embrassé par deux palmes. — Sans légende.

Présentation à la cure de Barbery. — Octobre 1636.

ABBÉ DE NOTRE-DAME.

2842 DETHARD.

XIIIe siècle.

Sceau rond, de 54 mill. — Collection de M. de Farcy, à Bayeux.

L'abbé à mi-corps, mitré, crossé de biais, tenant une banderole sur laquelle on lit VERITAS (Veritas).

✻ S' DETHARDI HABB' DE MONASTERIO S' MARIE

(Sigillum Dethardi, habbatis de monasterio Sancte Marie.)

Sceau détaché.

ABBÉ DE PERSEIGNE.

2843 L'ABBÉ DE PERSEIGNE.

1230.

Sceau ogival, de 67 mill. — Arch. de la Manche; abbaye de Savigny.

L'abbé debout, tête nue, crossé, tenant un livre.

✠ SIGILLVM ABBATIS PERSENIE

(Sigillum abbatis Persenie.)

Statuts de l'abbaye de Port-Royal. — 1230.

ABBÉ DE LA PIÉTÉ-DIEU.

2844 L'ABBÉ DE LA PIÉTÉ-DIEU.

1230.

Sceau ogival, de 40 mill. — Arch. de la Manche; abbaye de Savigny.

L'abbé debout, tête nue, crossé.

✠ S : ABBA...... TATIS : DEI

(Sigillum abbatis Pietatis Dei.)

Statuts de l'abbaye de Port-Royal. — 1230.

ABBÉ DU PIN.

2845 L'ABBÉ DU PIN.

1230.

Sceau ogival, de 30 mill. — Arch. de la Manche; abbaye de Savigny.

L'abbé debout, tête nue, crossé, tenant un livre.

✠ SIGILLVM : ABBATIS : DE PINV :

(Sigillum abbatis de Pinu.)

Statuts de l'abbaye de Port-Royal. — 1230.

ABBÉS DE SAINT-MARTIN DE PONTOISE.

2846 LEUFFROY.

Abbé de Saint-Martin de Pontoise. — 1187.

Sceau ogival, de 50 mill. — Arch. de la Seine-Inférieure; archevêché de Rouen.

Dans une niche gothique, la Vierge assise, couronnée, tenant l'enfant Jésus. Au-dessous, un priant.

S' LEVFREDI · ABBIS · SCI · MARTINI · PONTHISSAR

(Sigillum Leufredi, abbatis Sancti Martini Ponthissarensis.)

CONTRE-SCEAU : Un Agnus Dei à gauche.

... TOLE PECA MVDI MISERER......

(Qui tollis peccata mundi, miserere nobis.)

Fondation de la chapelle de Monneville. — Janvier 1187.

2847 GAUTIER DE MONTAGU.

Abbé de Saint-Martin de Pontoise. — 1659.

Cachet ovale, de 18 mill. — Arch. de la Seine-Inférieure; archevêché de Rouen.

Écu portant trois fusées en fasce à la bordure, timbré d'une crosse, embrassé par deux palmes. — Sans légende.

Présentation à la cure d'Arronville. — Septembre 1659.

ABBÉS DE PRÉMONTRÉ.

2848 AUGUSTIN LE SCELLIER.

Abbé de Prémontré. — 1656.

Cachet ovale, de 27 mill. — Arch. de la Manche; abbaye de Blanchelande.

Écu semé de France à deux crosses en sautoir, parti d'une gerbe entre deux épis sous un chef chargé de trois sextefeuilles, timbré d'une mitre et d'une crosse, embrassé par deux palmes. — Sans légende.

Visite de l'abbaye de Blanchelande. — Août 1656.

2849 MICHEL COLBERT.

Abbé de Prémontré — 1672.

Cachet ovale, de 27 mill. — Arch. de la Manche; abbaye de Blanchelande.

Écu semé de France à deux crosses en sautoir, écartelé d'une guivre, timbré d'une mitre et d'une crosse surmontées d'un chapeau épiscopal, embrassé par deux petites palmes. — Sans légende.

Visite de l'abbaye de Blanchelande. — Juin 1672.

2850 CLAUDE-HONORÉ LUCAS.

Abbé de Prémontré. — 1709.

Cachet ovale, de 20 mill. — Arch. de la Manche; abbaye de Blanchelande.

Écu semé de France à deux crosses en sautoir, parti d'une fasce chargée de trois glands et accompagnée de trois merlettes, surmonté d'une couronne entre une crosse et une mitre, et au-dessus, d'un chapeau épiscopal. — Sans légende.

Visite de l'abbaye de Blanchelande. — Octobre 1709.

ABBÉ DE LA RÉAL.

2851 SIMON.

1303.

Sceau ogival, de 40 mill. — Arch. de la Manche; abbaye du Mont-Saint-Michel.

L'abbé debout, crossé, tenant un livre.

.........TIS : BẼ : MẼ : REG...

(........ abbatis Beate Marie Regalis.)

Contre-sceau : Intaille représentant le génie ailé d'Apollon debout devant la lyre posée sur un autel.

✱ SEČS ABB' REG' P....

(Secretum abbatis Regalis p.....)

Association de prières. — Mai 1303.

ABBÉS DE SAINT-OUEN DE ROUEN.

2852 SAMSON,

Abbé de Saint-Ouen de Rouen. — Vers 1185.

Sceau ogival, de 70 mill. — Arch. de la Seine-Inférieure; abbaye de Saint-Ouen.

L'abbé debout, tête nue, crossé, tenant un livre.

✱ SIGILL : SAMS.......NI : ROTHOÑ

(Sigillum Samsonis, abbatis Sancti Audoeni Rothomagensis.)

Donation par Geoffroi, fils du vicomte de Rouen, en faveur de son filleul. — Sans date.

2853 ROGER,

Abbé de Saint-Ouen de Rouen. — 1221.

Sceau ogival, de 64 mill. — Arch. de la Seine-Inférieure; abbaye de Jumièges.

L'abbé debout, tête nue, crossé, tenant un livre.

✱ SIGILL ROGERI . . . SCI AVDOENI ROTHOM

(Sigillum Rogeri, abbatis Sancti Audoeni Rothomagensis.)

Contre-sceau : Un priant.

...CRETVM ROGERI ABBATIS

(Secretum Rogeri, abbatis.)

Accord entre l'abbaye de Jumièges et la léproserie du Vieux-Verneuil au sujet d'une vigne sise au Vieux-Verneuil. — Août 1221.

2854 NICOLAS,

Abbé de Saint-Ouen de Rouen. — 1257.

Sceau ogival, de 60 mill. — Arch. de la Seine-Inférieure; archevêché de Rouen.

L'abbé debout, tête nue, crossé, tenant un livre, accosté d'un croissant surmonté d'un soleil et d'une fleur de lys.

✱ S' NICHOLAI · DĪ · GRĀ · ABBATIS · SCĪ · AVDOENI · ROTHOMAG̃

(Sigillum Nicholai, Dei gratia abbatis Sancti Audoeni Rothomagensis.)

Contre-sceau : Sur une arcade tréflée, saint Ouen à mi-corps, tête nue, crossé, tenant un livre. Au-dessous, un priant.

✱ SCE · AVDOENE · ORA · PRO · NOBIS

(Sancte Audoene, ora pro nobis.)

Accord au sujet de la faculté que possèdent les abbés de Saint-Ouen de porter la mitre, l'anneau, la dalmatique, etc., et de conférer les ordres mineurs. — Juillet 1257.

2855 RENAUD DU QUESNAY,

Abbé de Saint-Ouen de Rouen. — 1359.

Sceau ogival, de 60 mill. — Arch. de la Seine-Inférieure; abbaye de Saint-Ouen.

Dans une niche gothique, l'abbé debout, tête nue, crossé, tenant un livre. Il ne reste plus de la légende que

...HOM

(Rothomagensis.)

Accord au sujet d'une rente de vin sise au Bourg-Dun. — Août 1359.

2856 JEAN RICHARD,

Abbé de Saint-Ouen de Rouen. — 1411.

Sceau ogival, de 70 mill. — Arch. de la Seine-Inférieure; abbaye de Saint-Ouen.

Dans une niche gothique, saint Ouen debout, mitré et nimbé, tenant une croix, bénissant. A ses pieds à gauche, l'abbé mitré, crossé, priant. Au bas, un écu au lion et à la bordure, à la crosse en pal brochant. Dans le champ, des rinceaux. — Légende détruite.

Lettres de non-préjudice fournies au chapitre de Rouen, qui avait consenti à ne pas faire sa procession habituelle dans l'abbaye, à la fête de saint Ouen. — Août 1411.

2857 CHARLES DE SAINT-ALBIN,

Abbé commendataire de Saint-Ouen de Rouen. — 1720.

Cachet ovale, de 23 mill. — Arch. de la Seine-Inférieure; archevêché de Rouen.

Des initiales enlacées et surmontées d'une couronne. — Sans légende.

Présentation à la cure de Gaillefontaine. — Avril 1720.

ABBÉS DE SAINT-ANDRÉ-EN-GOUFFERN.

2858 **SIMON,**

Abbé de Saint-André-en-Gouffern. — 1174.

Sceau ovale, de 82 mill. — Arch. du Calvados ; prieuré du Plessis-Grimoult.

L'abbé debout, tête nue, crossé, tenant un livre ouvert.

SIGI.......TIS SCI AND..E

(Sigillum abbatis Sancti Andree.)

Accord au sujet des dîmes de Bretteville-le-Rabet. 1174.

2859 **L'ABBÉ DE SAINT-ANDRÉ-EN-GOUFFERN.**

Sceau commun. — 1239, 1267.

Sceau ogival, de 40 mill. — Arch. du Calvados ; abbaye de Saint-André-en-Gouffern.

L'abbé debout, tête nue, crossé, tenant un livre. Dans le champ, à droite de la tête, un signe indistinct.

✱ S' ABBATIS : SCI : ANDREE : DE : GOVFER

(Sigillum abbatis Sancti Andree de Goufer.)

Fieffe d'un tènement sis à Méry. — 1239.

2860 **MATTHIEU.**

Abbé de Saint-André-en-Gouffern. — 1268.

Sceau ogival, de 44 mill. — Arch. du Calvados ; abbaye de Saint-André-en-Gouffern.

L'abbé debout, tête nue, crossé, tenant un livre.

S' ABBATIS : SA.........GOVFFE

(Sigillum abbatis Sancti Andree de Gouffe...)

Fieffe d'un tènement sis à Beaumais. — 1268.

ABBÉS DE SAINT-ÉVROULT D'OUCHE.

2861 **RENAUD,**

Abbé de Saint-Évroult. — 1214.

Sceau ogival, de 64 mill. — Arch. du Calvados ; évêché de Lisieux.

L'abbé debout, crossé, tenant un livre.

.....LVM · REGINA.....BATIS SANC.. .....

(Sigillum Reginaldi, abbatis Sancti Ebrulfi.)

Donation à l'évêque d'Évreux du patronage des églises de la Goulafrière, de Réville et de Mornay. — Mai 1214.

2862 **NICOLAS,**

Abbé de Saint-Évroult. — 1245.

Sceau ogival, de 50 mill. — Arch. de l'Orne ; abbaye de Saint-Évroult.

L'abbé debout, tête nue, crossé, tenant un livre ouvert, accosté à gauche d'un buste monacal de profil, la partie droite correspondante est détruite ; champ fretté.

✱ SIGILLVM.......AI ABBATIS D....CTO EBRVLFO

(Sigillum Nicholai, abbatis de Sancto Ebrulfo.)

Contre-sceau : L'abbé de la face, à mi-corps.

✱ S' ABBĪS S' EBRVLFI

(Secretum abbatis Sancti Ebrulfi.)

Fieffe d'un hébergement, nommé la Fuisselière, au profit de Robert le Mercier, bourgeois de Saint-Évroult. — Juillet 1245.

2863 **R.,**

Abbé de Saint-Évroult. — 1444.

Sceau ogival, de 60 mill. — Arch. de la Seine-Inférieure ; archevêché de Rouen.

Dans une niche gothique, saint Évroult crossé, tenant un livre. Au-dessous, l'abbé crossé, priant, accosté à droite, le seul côté qui subsiste, d'un écu portant une fasce. — Légende détruite.

Présentation à la cure de Neuf-Marché. — Mai 1444.

ABBÉS DE SAINT-FUSCIEN-AU-BOIS.

2864 **LOUIS SUBLET D'HEUDICOURT,**

Abbé de Saint-Fuscien-au-Bois. — 1715.

Cachet ovale, de 20 mill. — Arch. de la Seine-Inférieure ; archevêché de Rouen.

Écu au pal bretessé chargé d'une vergette, surmonté d'une couronne entre une mitre et une crosse, dans un cartouche. — Sans légende.

Présentation à la cure de Feuilloy. — Septembre 1715.

2865 **PHILIBERT-BERNARD BAUDRY,**

Abbé commendataire de Saint-Fuscien-au-Bois. — 1729.

Cachet octogone, de 20 mill. — Arch. de la Seine-Inférieure ; archevêché de Rouen.

Écu au chevron accompagné de trois étoiles, surmonté d'une couronne entre une mitre et une crosse, dans un cartouche. — Sans légende.

Présentation à la cure de Vieux-Rouen. — Septembre 1729.

ABBÉ DE SAINT-JEAN-EN-VALLÉE.

2866 GUÉRIN.

1225.

Sceau ogival, de 44 mill. — Arch. de la Seine-Inférieure; abbaye de Saint-Wandrille.

L'abbé debout, tête nue, crossé, tenant un livre, accosté à droite, le seul côté qui subsiste, de trois fleurs.

✠ S' GVARINI ABBIS SĪ IOĦI.......

(Sigillum Guarini, abbatis Sancti Johannis.....)

Contre-sceau : Un Agnus Dei à droite.

✠ ECCE AGNVS DEI

(Ecce Agnus Dei.)

Reconnaissance des droits de l'abbaye de Saint-Wandrille au patronage de Sarceaux. — Janvier 1225.

ABBÉ COMMENDATAIRE DE SAINT-PIERRE-EN-VALLÉE.

2867 LOUIS DE THÉSUT.

1729.

Cachet ovale, de 23 mill. — Arch. de la Seine-Inférieure; archevêché de Rouen.

Écu à la bande chargée de trois petits sautoirs, surmonté d'une couronne entre une mitre et une crosse, dans un cartouche. — Sans légende.

Présentation à la cure de Liancourt-Saint-Pierre. — Juin 1729.

ABBÉS DE SAINT-SAUVEUR-LE-VICOMTE.

2868 NICOLAS,

Abbé de Saint-Sauveur-le-Vicomte. — 1321.

Sceau ogival, de 58 mill. — Arch. de la Manche; abbaye de Saint-Sauveur-le-Vicomte.

Sous un dais d'architecture, l'abbé debout, tête nue, crossé, tenant un livre, accosté d'un écu portant deux fasces à la crosse brochant et d'une fleur de lys, sur champ fretté.

.........LVATOR̄ VICECOM...

(..... Salvatoris Vicecomitis.)

Contre-sceau : Une crosse tenue par un bras, accostée d'une fleur de lys et d'une étoile, et au-dessous, de deux écus à deux fasces, l'écu de gauche à la crosse brochant.

✠ SE.......ICOĦ AB'BIS S SALVATOR' VICECOMIT̄

(Secretum Nicolai, abbatis Sancti Salvatoris Vicecomitis.)

Fondation de son obit. — Février 1321.

2869 L'ABBÉ DE SAINT-SAUVEUR-LE-VICOMTE.

1442.

Sceau ogival, de 40 mill. — Arch. de la Manche; abbaye de Saint-Sauveur-le-Vicomte.

L'abbé debout, tête nue, crossé, tenant un livre, sur champ fretté.

.....ЙOASTERII S.. SAL.......

(..... monasterii Sancti Salvatoris Vicecomitis.)

Fieffe de tènements sis à Fresville. — Août 1442.

2870 SIMON CUVIER DE LA BUSSIÈRE.

Abbé de Saint-Sauveur-le-Vicomte. — 1684.

Cachet ovale, de 20 mill. — Arch. de la Manche; abbaye de Saint-Sauveur-le-Vicomte.

Écu à la fasce chargée d'un lion passant et accompagnée de trois étoiles en chef et d'un cygne nageant en pointe, couronné, timbré d'une mitre et d'une crosse, embrassé par deux palmes, dans un cartouche. — Sans légende.

Provisions de la chapelle de Saint-Léger. — Octobre 1684.

ABBÉS DE SAINT-VICTOR-EN-CAUX.

2871 JEAN,

Abbé de Saint-Victor-en-Caux. — 1447.

Sceau ogival, de 47 mill. — Arch. de la Seine-Inférieure; archevêché de Rouen.

Dans une niche gothique, l'abbé debout, tête nue, crossé, tenant un livre, sur champ fretté. Au-dessous, un écu fruste; on croit y distinguer un burelé sous un chef chargé de trois....., à l'écusson en abîme sur le tout. Il ne reste plus de la légende que

in caleto

(In Caleto.)

Présentation à la cure de Saint-Maclou-de-Folleville. — Juin 1447.

2872 FRANÇOIS-CHRISTOPHE TERRISSE,

Abbé de Saint-Victor-en-Caux. — 1765.

Cachet ovale, de 20 mill. — Arch. de la Seine-Inférieure : archevêché de Rouen.

Écu portant un arbre dont le tronc sort d'un croissant, au chef chargé de trois étoiles, surmonté d'une couronne entre une mitre et une crosse, dans un cartouche. — Sans légende.

Présentation à la cure de Quevreville-la-Poterie. — Novembre 1765.

ABBÉ DE SAINT-VINCENT-AU-BOIS.

2873 RENÉ-HENRI DE CARBONNIÈRES.

1781.

Cachet ovale, de 22 mill. — Arch. de la Seine-Inférieure ; archevêché de Rouen.

Écu à trois bandes accompagnées de charbons ardents, couronné, supporté par deux hommes sauvages. — Sans légende.

Présentation à la cure de Neuville. — Novembre 1781.

ABBÉS DE SAINT-WANDRILLE.

2874 JEAN,

Abbé de Saint-Wandrille. — 1437.

Sceau ogival, de 68 mill. — Arch. de la Seine-Inférieure ; archevêché de Rouen.

Dans une niche gothique, saint Wandrille debout, crossé, tenant un livre, accosté de deux écus : celui de gauche, de France; celui de droite, au lion brisé d'un lambel de cinq pendants dans un orle de coquilles. Au-dessous, l'abbé mitré, crossé, priant.

. . . . nis : abbatis : sancti
. . . . ısıllıı

(Sigillum Johannis, abbatis Sancti Wandregisilli.)

Présentation à l'église de Guentteville. — Septembre 1437.

2875 JEAN,

Abbé de Saint-Wandrille. — 1450.

Sceau ogival, de 60 mill. — Arch. de la Seine-Inférieure; archevêché de Rouen.

Dans une niche gothique, saint Wandrille debout, mitré, crossé, tenant un livre, sur champ de rameaux fleuris, accompagné de deux anges dans deux logettes latérales. Au-dessous, l'abbé mitré, crossé, priant? accosté à gauche, la seule partie qui subsiste, d'un écu de France timbré d'une crosse.

. . gillū iohannis ab. . . . . monaster. . . . .

(Sigillum Johannis, abbatis monasterii Sancti Wandregisilii.)

Présentation à l'église de Caudebec. — Juin 1450.

2876 JACQUES,

Abbé de Saint-Wandrille. — 15. . .

Sceau ogival, de 70 mill. — Arch. de la Seine-Inférieure ; abbaye de Saint-Wandrille.

Dans une niche gothique, un personnage debout, mitré, crossé, portant une petite église, accosté de deux écus : celui de gauche, de France; celui de droite portant une croix fleuronnée cantonnée de. . . sous un chef? timbré d'une crosse. Au-dessous, un personnage portant un petit édifice, bénissant l'abbé crossé et priant.

. . . . obi abbatis sci wandre. . . . . . .

(Sigillum Jacobi, abbatis Sancti Wandregisilii.)

Échange de biens sis à Sierville. — Date détruite.

2877 BALTHAZAR-HENRI DE FOURCY.

Abbé commendataire de Saint-Wandrille. — 1722.

Cachet ovale, de 28 mill. — Arch. de la Seine-Inférieure ; archevêché de Rouen.

Écu à l'aigle sous un chef chargé de trois tourteaux, écartelé d'un coq, surmonté d'une couronne entre une mitre et une crosse, supporté par deux lévriers, dans un cartouche. — Sans légende.

Présentation à la cure de Rogerville. — Mai 1722.

ABBÉS DE SAVIGNY.

2878 GÉRARD,

Abbé de Savigny. — Fin du XII siècle.

Sceau ogival, de 40 mill. — Arch. du Calvados ; abbaye de Barbery.

L'abbé assis, tête nue, crossé, tenant un livre.

✠ SIGI. . . M . BBATIS SAVIGNEN

(Sigillum abbatis Savignensis.)

Accord entre l'abbé de Barbery et l'abbé de Fontenay, au sujet de dîmes et d'autres droits. — Sans date.

2879 L'ABBÉ DE SAVIGNY.

1230.

Sceau ogival, de 45 mill. — Arch. de la Manche ; abbaye de Savigny.

L'abbé debout, tête nue, crossé, tenant un livre.

✱ : S' : ABBATIS : DE : SAVIGNEIO :

(Sigillum abbatis de Savigneio.)

Statuts de l'abbaye de Port-Royal. — 1230.

2880 **JEAN,**

Abbé de Savigny. — 1408.

Sceau ogival, de 55 mill. — Arch. de la Manche ; abbaye de Savigny.

Dans une niche gothique, l'abbé assis, tête nue, crossé, tenant un livre accosté de deux ꝑ. Au-dessus, dans un compartiment détruit, la Vierge. Au bas, un fragment d'écu où l'on distingue les branches d'un arbre à la crosse brochant.

. . . . be marie s . . . . .

(. . . . Beate Marie Savignensis.)

Fieffe d'un ménage et d'un jardin sis à Theon. — Janvier 1408.

2881 **JEAN,**

Abbé de Savigny. — 1410.

Sceau ogival, de 60 mill. — Bibl. de la ville de Rouen ; fonds Leber.

Dans une niche gothique, l'abbé, tête nue, crossé, tenant un livre accosté de deux écus portant un arbre au tronc enlacé par la lettre S. Dans un compartiment supérieur, la Vierge tenant l'enfant Jésus. — Légende détruite.

Requête présentée à la cour des comptes, au sujet de l'amortissement de la terre de Primaudon. — Août 1410.

2882 **FRANÇOIS-MARIE**
DE LA VIEUVILLE,

Abbé commendataire de Savigny. — 1678.

Cachet ovale, de 19 mill. — Collection de M. de Farcy, à Bayeux.

Écu fascé de huit pièces à trois annelets brochant sur la première et la seconde pièce, couronné, timbré d'une crosse et d'une mitre, embrassé par deux palmes. — Sans légende.

Présentation à la cure de Landisacq. — Avril 1678.

ABBÉS DE SÉRY-AUX-PRÉS.

2883 **ENGUERRAND,**

Abbé de Séry-aux-Prés. — 1227.

Sceau ogival, de 44 mill. — Arch. de la Seine-Inférieure ; archevêché de Rouen.

L'abbé debout, tête nue, crossé, tenant un livre.

SIGILLE ABBATIS . ECLIE DE SERI

(Sigillum abbatis ecclesie de Seri.)

Donation de l'église de Serans. — Décembre 1227.

2884 **JEAN-BAPTISTE D'HAUTEFORT,**

Abbé commendataire de Séry-aux-Prés. — 1780.

Cachet ovale, de 19 mill. — Arch. de la Seine-Inférieure ; archevêché de Rouen.

Écu portant trois forces, surmonté d'une couronne entre une mitre et une crosse, dans un cartouche. — Sans légende.

Présentation à la cure de Sorang. — Janvier 1780.

ABBÉ COMMENDATAIRE DE SIGNY.

2885 **LOUIS-ABRAHAM D'HARCOURT,**

Abbé commendataire de Saint-Taurin d'Évreux. — 1743.

Cachet ovale, de 22 mill. — Arch. de la Seine-Inférieure ; archevêché de Rouen.

Écu aux deux fasces d'Harcourt, surmonté d'une couronne entre une mitre et une crosse, dans un cartouche. — Sans légende.

Présentation à la cure de Notre-Dame-de-Gravenchon. — Octobre 1743.

ABBÉ COMMENDATAIRE DE SILLY.

2886 **NÉEL,**

Trésorier du chapitre de Bayeux. — 1731.

Cachet ovale, de 21 mill. — Arch. de l'Orne ; abbaye de Silly.

Écu portant trois bandes sous un chef, surmonté d'une couronne entre une mitre et une crosse, dans un cartouche. — Sans légende.

Présentation à la chapelle de Sainte-Marguerite-de-la-Roche. — Mai 1731.

ABBÉ DE TILTY.

2887 **NICOLAS.**

XIIIe siècle.

Sceau ogival, de 40 mill. — Arch. de l'Orne ; abbaye de Saint-Évroult.

L'abbé debout, tête nue, crossé, tenant un livre.

✱ SIGILLVM : ABBATIS : DE : TILETEI

(Sigillum abbatis de Tiletei.)

Cession d'une rente sur un ménage sis à Melreth (Angleterre). — Sans date.

ABBÉ COMMENDATAIRE DE TIRON.

2888 JEAN-BAPTISTE-ANTOINE DE MALHERBE.

1744.

Cachet ovale, de 21 mill. — Arch. de la Seine-Inférieure; archevêché de Rouen.

Écu d'hermines chargé de six roses, 3, 2 et 1, couronné, dans un cartouche. — Sans légende.

Présentation à la chapelle de Saint-Jean de Tiron ou d'Orcemont. — Novembre 1744.

ABBÉS DU TRÉPORT.

2889 NICOLAS DE BÉTHUNE DE CHAROST,

Abbé commendataire du Tréport. — 1691.

Cachet ovale, de 17 mill. — Arch. de la Seine-Inférieure; archevêché de Rouen.

Écu à la fasce, couronné, timbré d'une mitre et d'une crosse, dans un cartouche. — Sans légende.

Présentation à la cure de Rieux. — Mars 1691.

2890 JACQUES DE SAINT-PIERRE,

Abbé commendataire du Tréport. — 1749.

Cachet ovale, de 23 mill. — Arch. de la Seine-Inférieure; archevêché de Rouen.

Écu au chevron accompagné de trois quintefeuilles, surmonté d'une couronne entre une mitre et une crosse, supporté par deux lions, dans un cartouche. — Sans légende.

Présentation à la cure de Brunville. — Avril 1749.

2891 JEAN-JACQUES, COMTE DE LIGNIVILLE,

Abbé commendataire du Tréport. — 1786.

Cachet ovale, de 23 mill. — Arch. de la Seine-Inférieure; archevêché de Rouen.

Écu losangé, surmonté d'une couronne entre une mitre et une crosse, supporté par deux hommes sauvages. — Sans légende.

Présentation à la cure d'Aubiguemont. — Septembre 1786.

ABBÉS DE TROARN.

2892 ANTOINE DE BRUNFAY.

Abbé de Troarn. — 1599.

Sceau rond, de 21 mill. — Collection de M. de Farcy, à Bayeux.

Écu à la fasce accompagnée d'un écusson burelé au canton dextre, timbré d'une crosse, sur champ festonné. — Sans légende.

Présentation à la cure de Langrune. — Août 1599.

2893 JACQUES DE BOUSCHET.

Abbé commendataire de Troarn. — 1627.

Sceau ovale, de 24 mill. — Collection de M. de Farcy, à Bayeux.

Écu portant deux fasces, timbré d'une crosse. — Sans légende.

Présentation à la cure de Cléville. — Avril 1627.

2894 JACQUES DE BOUSCHET DE SOURCHES,

Abbé commendataire de Troarn. — 1669.

Cachet ovale, de 15 mill. — Collection de M. de Farcy, à Bayeux.

Écu portant deux fasces, timbré d'une mitre et d'une crosse. — Sans légende.

Présentation à la cure de Cagny. — Mars 1669.

2895 JACQUES DE BOUSCHET DE SOURCHES,

Abbé commendataire de Troarn. — 1676.

Cachet octogone, de 18 mill. — Collection de M. de Farcy, à Bayeux.

Écu portant deux fasces, timbré d'une mitre et d'une crosse, embrassé par deux palmes. — Sans légende.

Présentation à la cure de Guillerville. — Janvier 1676.

2896 JEAN-LOUIS DE BOUSCHET DE SOURCHES,

Évêque et comte de Dol, abbé commendataire de Troarn. — 1717.

Cachet ovale, de 21 mill. — Collection de M. de Farcy, à Bayeux.

Écu portant deux fasces écartelé d'un semé de coquilles? au lion couronné, timbré d'une croix, sous un chapeau épiscopal. — Sans légende.

Présentation à la cure de Beaulieu. — Mars 1717.

ABBÉS DU VAL-RICHER.

2897 L'ABBÉ DU VAL-RICHER.

XIIIe siècle.

Sceau ogival, de 50 mill. — Collection du Dr Pepin, à Saint-Pierre-sur-Dives.

L'abbé debout, tête nue, crossé de biais, tenant un livre.

✱ SIGILLVM ABBATIS RICHARII VALLIS

(Sigillum abbatis Richarii Vallis.)

Échange de biens avec l'abbaye de Saint-Pierre-sur-Dives. — Sans date.

2898 NICOLAS TIERCELIN,

Aumônier du roi, abbé commendataire du Val-Richer, prieur des Deux-Amants. — 1603.

Sceau rond, de 50 mill. — Collection de M. de Farey, à Bayeux.

Écu portant deux tierces en sautoir cantonnées de quatre merlettes, timbré d'une mitre et d'une crosse, embrassé par deux palmes.

N · TIERCELIN · ABBE · DE · VA.......
PRIE · DES · DEVX · AMANS

Présentation à la cure du Pré-d'Auge. — Rouen, juin 1603.

ABBÉS DU VALASSE.

2899 JEAN,

Abbé du Valasse. — 1303.

Sceau ogival, de 39 mill. — Arch. de la Seine-Inférieure; abbaye du Valasse.

L'abbé debout, tête nue, crossé, tenant un livre.

✱ SIGILLVM : ABBATIS : DE : VOTO

(Sigillum abbatis de Voto.)

Échange de biens avec le prieuré du Mont-aux-Malades. — Janvier 1303.

2900 FRANÇOIS D'ARGOUGES,

Abbé commendataire du Valasse. — 1687.

Cachet ovale, de 18 mill. — Arch. de la Seine-Inférieure; archevêché de Rouen.

Écu à trois quintefeuilles, couronné, timbré d'une mitre et d'une crosse, embrassé par deux palmes. — Sans légende.

Présentation à la cure de Saint-Vincent d'Aubermare. — Janvier 1687.

ABBÉS DE VALMONT.

2901 GEOFFROI,

Abbé de Valmont. — Fin du XIIe siècle.

Sceau rond, de 45 mill. — Arch. de la Seine-Inférieure; abbaye de Boscherville.

L'abbé assis, tête nue, crossé, tenant un livre.

✱ SIGILLVM ....IDI : ABBA...
.E VALEMV̄

(Sigillum Gaudefridi, abbatis de Valemunt.)

Voyez le n° 2716.

2902 GÉRARD,

Abbé de Valmont. — 1387.

Sceau ogival, de 58 mill. — Arch. de la Seine-Inférieure; archevêché de Rouen.

Dans une niche gothique, l'abbé debout, tête nue, crossé, tenant un livre. En haut, dans le champ, des rinceaux. Au bas, un écu portant un lion à la bande brochant.

SIGILLV̄ : FRĪS : GERALDI : ABBTIS : DE.........

(Sigillum fratris Geraldi, abbatis de.....)

Voyez le n° 2718.

2903 SIMON,

Abbé de Valmont. — 1472.

Sceau ogival, de 60 mill. — Arch. de la Seine-Inférieure; archevêché de Rouen.

Dans une niche gothique, l'abbé debout, tête nue, crossé, tenant un livre. Au-dessous, un écu fascé de dix pièces au lion brochant.

sigillū : simonis abbatis beate marie de vallido.....

(Sigillum Simonis, abbatis Beate Marie de Vallido Monte.)

Présentation à la cure de Commerville. — Novembre 1472.

2904 GUILLAUME HÉLIE,

Abbé de Valmont — 1669.

Cachet octogone, de 14 mill. — Arch. de la Seine-Inférieure; archevêché de Rouen.

Écu au chevron accompagné de deux marguerites en chef et d'une fleur de lys en pointe, timbré d'une mitre et d'une crosse, embrassé par deux palmes. — Sans légende.

Présentation à la cure de Carville-Pot-de-Fer. — Octobre 1669.

2905 LOUIS DE LA FAYETTE,

Abbé commendataire de Valmont. — 1693.

Cachet ovale, de 21 mill. — Arch. de la Seine-Inférieure; archevêché de Rouen.

Écu à la bande et à la bordure de vair contrevair, couronné, timbré d'une mitre et d'une crosse, embrassé par deux palmes. — Sans légende.

Présentation à la chapelle de Saint-Thomas à Saint-Vigor-d'Immoville. — Juillet 1693.

2906 JOSEPH-PHILIPPE LE ROYER DE FORGES,

Abbé commendataire de Valmont. — 1769.

Cachet ovale, de 28 mill. — Arch. de la Seine-Inférieure; archevêché de Rouen.

Écu portant trois fasces, surmonté d'une couronne entre une mitre et une crosse, dans un cartouche. — Sans légende.

Présentation à la cure de Gommerville. — Juin 1769.

ABBÉ DE VALSERY.

2907 GOBERT.

1394.

Sceau ogival, de 55 mill. — Arch. de l'Eure; famille d'Orléans.

L'abbé debout, tête nue, crossé, tenant un livre, accosté d'une fleur de lys et d'une rose.

✱ SIGILLV. ABB.. .AL... SERENE

(Sigillum abbatis Vallis Serene.)

Contre-sceau : Une main tenant une croix.

.. ECCLE

(Et ecclesie.)

Quittance d'une rente sur la forêt de Retz. — Novembre 1394.

ABBÉ DE VAUX DE CERNAY.

2908 L'ABBÉ DE VAUX DE CERNAY.

1230.

Sceau ogival, de 43 mill. — Arch. de la Manche; abbaye de Savigny.

L'abbé assis, tête nue, crossé, tenant un livre. Dans le champ à droite, trois fleurs de lys l'une sur l'autre.

..IGILL · ABBATIS · SARNAI.

(Sigillum abbatis Sarnaii.)

Statuts de l'abbaye de Port-Royal. — Septembre 1230.

ABBÉ COMMENDATAIRE DE LA VICTOIRE.

2909 CLAUDE DU VAL,

Abbé commendataire de Saint-Lô de Bourgachard. — 1671.

Cachet ovale, de 13 mill. — Arch. de la Seine-Inférieure; archevêché de Rouen.

Écu à la branche noueuse en bande accompagnée d'une aigle et d'un lion, écartelé d'une fasce accompagnée de trois tours, timbré d'une mitre et d'une crosse. — Sans légende.

Présentation à la cure de Notre-Dame de Varengeville. — Août 1671.

ABBESSES.

ABBESSES DE LA SAINTE-TRINITÉ DE CAEN.

2910 ANNE DE MONTMORENCY,

Abbesse de la Sainte-Trinité de Caen. — 1578.

Sceau ogival, de 60 mill. — Arch. du Calvados; abbaye de la Sainte-Trinité de Caen.

Dans une niche de la Renaissance, Dieu le Père assis, tenant devant lui Jésus crucifié et, entre eux deux, le Saint-Esprit, sous forme de colombe. Au-dessous, un écu à la croix cantonnée de seize alérions.

............ABBATISSE DE S... TRINITATE DE CADO..

Bail de la dîme de Villons. — Juin 1578.

2911 LAURENCE DE BUDOS,

Abbesse de la Sainte-Trinité de Caen. — 1631.

Sceau ogival, de 64 mill. — Collection de M. de Farcy, à Bayeux.

Dans une niche de la Renaissance, la même représentation symbolique de la Trinité. Au-dessous, un écu portant trois bandes, timbré d'une crosse, entouré d'une cordelière.

LORENCIA DE BVDOS HVMILIS ABB^A S^TE . TRINITATIS CADOMI

Présentation à la cure de Colleville. — Octobre 1631.

2912 MARGUERITE-HENRIETTE GOUFFIER DE ROUANES,

Abbesse de la Sainte-Trinité de Caen. — 1670.

Cachet ovale, de 18 mill. — Collection de M. de Farcy, à Bayeux.

Écu portant trois jumelles en fasce, couronné, timbré d'une crosse, entouré d'une cordelière, sur un manteau aux armes. — Sans légende.

Présentation à la cure de Lestanville. — Septembre 1670.

ABBESSES DE FONTAINE-GUÉRARD.

2913 ÉLISABETH DE BIGARS,

Abbesse de Fontaine-Guérard. — 1655.

Cachet ovale, de 21 mill. — Arch. de la Seine-Inférieure; archevêché de Rouen.

Écu portant deux fasces, timbré d'une crosse.

S ELIZA........ DE FONTAINE GVERAD

Présentation à la cure d'Omonville. — Avril 1655.

2914 MARIE-MADELEINE DU TOT DE BONNAY,

Abbesse de Fontaine-Guérard. — 1725.

Cachet octogone, de 19 mill. — Arch. de la Seine-Inférieure; archevêché de Rouen.

Écu fascé de six pièces, parti d'une bande losangée accompagnée de deux sextefeuilles, couronné, timbré d'une crosse, embrassé par deux palmes. — Sans légende.

Présentation à la cure d'Omonville. — Février 1725.

2915 MARIE-MADELEINE DU TOT DE BONNAY,

Abbesse de Fontaine-Guérard. — 1747.

Cachet ovale, de 27 mill. — Arch. de la Seine-Inférieure; archevêché de Rouen.

Écu écartelé : au 1, trois lions passant; au 2 et 3, un fascé de six pièces; au 4, de France; couronné et timbré d'une crosse, dans un cartouche. — Sans légende.

Présentation à la chapelle de Saint-Michel. — Janvier 1747.

2916 ANNE JOUBERT DE LA BASTIDE DE CHÂTEAUMORAND,

Abbesse de Fontaine-Guérard. — 1767.

Cachet ovale, de 22 mill. — Arch. de la Seine-Inférieure; archevêché de Rouen.

Écu portant une fasce de cinq fusées, couronné, timbré d'une crosse, embrassé par deux palmes. — Sans légende.

Présentation à la chapelle de Saint-Michel. — Mars 1767.

ABBESSE DE GOMERFONTAINE.

2917 L'ABBESSE DE GOMERFONTAINE.

XIIIe siècle.

Sceau ogival, de 42 mill. — Musée de Rouen.

L'abbesse debout, en voile et en guimpe, crossée, tenant un livre.

✠ SIGILLVM · ABBATISSE · DE · GOMERIFÕTE

(Sigillum abbatisse de Gomerifonte.)

CONTRE-SCEAU : Un Agnus Dei à droite.

9TS' ABBATISSE DE GOMERIFÕTE

(Contra sigillum abbatisse de Gomerifonte.)

Sceau détaché.

ABBESSE DE NOTRE-DAME DE LISIEUX.

2918 MARIE DE RAVEFON.

XVIIe siècle.

Sceau ogival, de 59 mill. — Musée de Rouen.

Dans une niche de la Renaissance, la Vierge assise, couronnée, tenant l'enfant Jésus. Au-dessous, l'abbesse priant, accostée de deux écus au lion passant, timbrés d'une crosse.

MARIE · DE · RAVEFON · ABESE · DE · NO · DAME · D · LISIEX

Surmoulage.

ABBESSE DE SAINT-JULIEN-DU-PRÉ.

2919 L'ABBESSE DE SAINT-JULIEN-DU-PRÉ.

au Mans. — 1657.

Sceau ogival, de 50 mill. — Arch. de la Manche; abbaye du Mont-Saint-Michel.

Dans une niche gothique, un personnage incomplet, ayant à ses pieds à gauche l'abbesse priant. Au-dessous, un écu fascé de six pièces au sautoir brochant. — Légende détruite.

Accord par échange entre le prieuré de Saint-Victor et l'abbaye de Saint-Julien-du-Pré. — Avril 1457.

ABBESSES DE MONTIVILLIERS.

2920 MARGUERITE DE GUERRES,

Abbesse de Montivilliers. — 1267.

Sceau ogival, de 56 mill. — Arch. de la Seine-Inférieure ; abbaye de Montivilliers.

L'abbesse debout, crossée, tenant un livre. — Il ne reste plus de la légende que

.ONASTII · V...

(Monasterii Villaris.)

Contre-sceau : L'abbesse priant devant une croix fichée. Dans le champ, à gauche, une fleur de lys.

.......OCI · FACIOS · RO...

(.....om faciot ro...)

Fondation d'une chapellenie par Guillaume du Bosc, vicomte de Montivilliers. — Juillet 1267.

2921 MAHAUT DE MORTEMER,

Abbesse de Montivilliers. — 1308.

Sceau ogival, de 60 mill. — Arch. de la Seine-Inférieure ; abbaye de Montivilliers.

Dans une niche gothique, l'abbesse debout, en voile et en guimpe, crossée, tenant un livre. — Il ne reste plus de la légende que

ABBISSE · B..

(Abbatisse Beate.)

Contre-sceau : L'Annonciation ; entre l'ange et la Vierge, une tige fleuronnée dans un vase.

✱ AVE MARIA GRA PLENA

(Ave Maria, gratia plena.)

Procuration donnée à l'archevêque de Rouen pour la présentation à l'église de Saint-Samson de Gueutteville. — Janvier 1308.

2922 ISABELLE,

Abbesse de Montivilliers. — 1321.

Sceau ogival, de 58 mill. — Arch. de la Seine-Inférieure ; abbaye de Montivilliers.

L'abbesse debout de trois quarts, en voile et en guimpe, crossée, tenant un livre, sur champ fretté. — Légende détruite.

Accord au sujet des moutes sèches des terres de Chiffreville sises à Sevigny près Argentan. — Août 1321.

ABBESSES DE SAINT-THOMAS DE L'HÔPITAL ROYAL DE NEUFCHÂTEL.

2923 CATHERINE DE BOULLAINVILLIERS-SAINT-SAIRE,

Abbesse de Saint-Thomas de l'hôpital royal de Neufchâtel. — 1658.

Cachet ovale, de 24 mill. — Arch. de la Seine-Inférieure ; archevêché de Rouen.

Écu portant trois fasces, entouré d'une cordelière. — Sans légende.

Présentation à la cure de Ménonval. — Mai 1658.

2924 MARIE-JUDITH DE MANNEVILLE,

Abbesse de Saint-Thomas de l'hôpital royal de Neufchâtel. — 1685.

Cachet ovale, de 18 mill. — Arch. de la Seine-Inférieure ; archevêché de Rouen.

Écu à l'aigle éployée, couronné, timbré d'une crosse et entouré d'une cordelière. — Sans légende.

Présentation à la cure de Ménonval. — Juillet 1685.

ABBESSES DE PRÉAUX.

2925 PERRONELLE,

Abbesse de Préaux. — 1325.

Sceau ogival, de 35 mill. — Arch. de la Seine-Inférieure ; archevêché de Rouen.

L'abbesse debout, en voile et en guimpe, crossée, tenant un livre, accostée de deux écus : celui de gauche portant un arbre? celui de droite d'hermines à la fasce. — Légende détruite.

Dénombrement du fief de Bouafles. — Mars 1325.

2926 CLAUDE DE LA FONTAINE,

Abbesse de Préaux. — 1675.

Cachet ovale, de 24 mill. — Arch. de la Seine-Inférieure ; archevêché de Rouen.

Écu losangé, timbré d'une crosse, entouré d'une couronne d'épines. — Sans légende.

Présentation à la cure de la Haye-Aubrée. — Novembre 1675.

2927 FRANÇOISE OLIVIER DE LEUVILLE.

Abbesse de Préaux. — 1681.

Cachet ovale, de 18 mill. — Arch. de la Seine-Inférieure ; archevêché de Rouen.

Écu portant six besants sous un chef au lion issant.

écartelé d'un bandé de six pièces, couronné, timbré d'une crosse, embrassé par deux palmes. — Sans légende.

Présentation à la cure de la Heye-Aubrée. — Avril 1682.

ABBESSE DE NOTRE-DAME DE LA RÈGLE.

2928 LUCIE,

XIIIe siècle.

Sceau ogival, de 50 mill. — Collection de M. de Farcy, à Bayeux.

L'abbesse debout, en voile et en guimpe, crossée, tenant un livre.

..LVCIE : ABBATISSE · BE · M · DE REGVLA · LE...

(Sigillum Lucie, abbatisse Bente Marie de Regula Lemovicensis.)

CONTRE-SCEAU : Un Agnus Dei à droite.

✠ S' SECRETI MEI

(Sigillum secreti mei.)

Cire originale détachée.

ABBESSES DE SAINT-AMAND DE ROUEN.

2929 MAHAUT,

Abbesse de Saint-Amand de Rouen. — Commencement du XIIIe siècle.

Sceau ogival, de 85 mill. — Arch. de la Seine-Inférieure ; abbaye de Saint-Amand.

L'abbesse debout, en voile, crossée, tenant un livre.

✠ MATHILDIS DI GRA..... STI AMANDI ROTHOMAGI

(Mathildis, Dei gratia abbatissa Sancti Amandi Rothomagi.)

Donation d'une rente destinée au luminaire de l'infirmerie de son abbaye. — Sans date.

2930 ANNE DE SOUVRÉ,

Abbesse de Saint-Amand de Rouen. — 1640.

Cachet ovale, de 25 mill. — Arch. de la Seine-Inférieure ; archevêché de Rouen.

Écu portant cinq bandes, timbré d'une crosse, dans un cartouche. — Sans légende.

Présentation à la cure du Mesnil-Raoult. — Octobre 1640.

2931 LÉONOR DE SOUVRÉ,

Abbesse de Saint-Amand de Rouen. — 1651.

Cachet ovale, de 17 mill. — Arch. de la Seine-Inférieure ; archevêché de Rouen.

Écu portant cinq bandes, timbré d'une crosse, entouré d'une cordelière. — Sans légende.

Présentation à la cure de Boos. — Avril 1651.

2932 MARIE-ÉLISABETH DE BARENTIN,

Abbesse de Saint-Amand de Rouen. — 1694.

Cachet ovale, de 28 mill. — Arch. de la Seine-Inférieure ; archevêché de Rouen.

Écu à la croix dans une couronne d'épines, écartelé de deux fasces ondées sous un chef chargé de trois étoiles, surmonté de deux couronnes, timbré d'une crosse portant une banderole à caractères illisibles, entouré d'un chapelet. — Sans légende.

Présentation à la cure du Mesnil-Raoult. — Août 1694.

OFFICES CLAUSTRAUX D'ABBAYE.

CHAMBRIER D'ABBAYE.

2933 HENRI,

Chambrier de l'abbaye de Cluny. — XIIIe siècle.

Sceau ogival, de 37 mill. — Cabinet de l'évêque d'Évreux.

Un bras tenant deux clefs accostées d'une étoile au-dessus d'un croissant et d'un croissant au-dessus d'une étoile.

✠ S' · FRIS · HENR · DE · CAM'A · CLVN

(Sigillum fratris Henrici de camera Cluniacensi.)

Matrice.

PITANCIER D'ABBAYE.

2934 JACQUES HANEZART,

Pitancier de l'abbaye de Fécamp. — 1493.

Sceau rond, de 20 mill. — Arch. de la Seine-Inférieure ; abbaye de Fécamp.

Un personnage debout, nimbé, les mains élevées, accompagné de personnages et d'animaux indistincts.

t iaqs · anezart · r · a · fescap

(T. Jaques Anezart, religieux à Fescamp?)

Fieffe de deux terres sises en la paroisse d'Életot. — Décembre 1493.

PRIEURS D'ABBAYE.

2935 **ROBERT,**

Prieur de l'abbaye du Bec-Hellouin. — 1285.

Sceau ogival, de 48 mill. — Arch. de la Seine-Inférieure; chapitre de Rouen.

Sur une plate-forme flanquée de deux tours, la Vierge assise, tenant l'enfant Jésus. Au-dessous, un priant.

✱ S' FRĪS · ROB'TI DE LEO . . PŌRIS . . . . I · BE . E

(Sigillum fratris Roberti de Leo . . . prioris Becci Herluini.)

Excommunication des frères Mineurs de Rouen par le chapitre de cette ville. — Septembre 1285.

2936 **LE PRIEUR**

DE L'ABBAYE DE FÉCAMP.

1682.

Cachet rond, de 36 mill. — Arch. de la Seine-Inférieure; archevêché de Rouen.

Écu semé de France écartelé de deux léopards, et sur le tout un écusson à trois mitres; couronné, timbré d'une mitre et d'une crosse, embrassé par deux palmes. — Sans légende.

Présentation à la cure de Barentin. — Octobre 1682.

2937 **LE SOUS-PRIEUR**

DE L'ABBAYE DE FÉCAMP.

1767.

Cachet rond, de 40 mill. — Arch. de la Seine-Inférieure; archevêché de Rouen.

Dans une niche gothique, sur un semé de France, la représentation symbolique de la Trinité. Au-dessous, deux écus : celui de gauche portant deux léopards et celui de droite trois mitres. Le tout dans un cercle de fleurs de lys. — Sans légende.

Présentation à la cure d'Aizier. — Septembre 1767.

2938 **LE PRIEUR**

DE L'ABBAYE DE FÉCAMP.

1773.

Cachet ovale, de 29 mill. — Arch. de la Seine-Inférieure; archevêché de Rouen.

La représentation symbolique de la Trinité. Dieu le Père est coiffé de la tiare. — Sans légende.

Présentation à la cure de Bures. — Janvier 1773.

2939 **LE PRIEUR**

DE L'ABBAYE DE JUMIÈGES.

1709.

Cachet ovale, de 20 mill. — Arch. de la Seine-Inférieure; archevêché de Rouen.

Écu à la croix cantonnée de quatre clefs, timbré d'une mitre et d'une crosse, embrassé par deux palmes. — Sans légende.

Présentation à la cure de Saint-Valentin de Jumièges. — Mai 1709.

2940 **LE PRIEUR**

DE L'ABBAYE DE SAINT-OUEN DE ROUEN.

1666.

Cachet ovale, de 20 mill. — Arch. de la Seine-Inférieure; archevêché de Rouen.

Écu de France, timbré d'une crosse, devant une clef et une épée posées en sautoir. — Sans légende.

Présentation à la cure de Périers. — Juillet 1666.

2941 **LE PRIEUR**

DE L'ABBAYE DE SAINT-OUEN DE ROUEN.

1767.

Cachet ovale, de 27 mill. — Arch. de la Seine-Inférieure; archevêché de Rouen.

Écu de France, couronné, timbré d'une mitre et d'une crosse, devant une clef et une épée posées en sautoir, dans un cartouche. — Sans légende.

Présentation à la cure d'Houppeville. — Avril 1767.

JURIDICTION TEMPORELLE DES ABBAYES.

2942 **ÉCHEVINAGE**

DE L'ABBAYE D'AFFLIGHEM.

1554.

Sceau rond, de 55 mill. — Arch. de la Manche; collection de M. de Farcy, à Vaux-sur-Aure.

Une fleur de lys accostée d'une crosse et d'une clef, cantonnée de quatre pensées?

✱ S' SCABINORVM HAFFLIGERIENCIVM

1554

Surmoulage.

2943 SÉNÉCHAUSSÉE

DE SAINT-ÉTIENNE DE CAEN.

1402.

Sceau rond, de 50 mill. — Arch. du Calvados; abbaye de Saint-Étienne de Caen.

Dans une niche gothique, saint Étienne debout, tenant un livre, ayant deux pierres sur la tête et une sur l'épaule. A ses pieds, à gauche, l'abbé mitré, crossé, priant. — Légende détruite.

Amendement d'un bannier du moulin de Cheux, qui était allé moudre à un autre moulin. — Septembre 1402.

2944 SÉNÉCHAUSSÉE

DE LA SAINTE-TRINITÉ DE CAEN.

1460.

Sceau rond, de 33 mill. — Arch. du Calvados; abbaye de la Sainte-Trinité de Caen.

La représentation symbolique de la Trinité, accostée en haut d'une étoile et d'une rose, et en bas d'une crosse et d'une fleur de lys. — Légende fruste.

Contre-sceau : Image réduite de la face.

. contre s de la seneschaucee de . . . . . .

(Contre seel de la séneschaucée de . . . . .)

Reconnaissance d'une rente sise à Carpiquet. — Juin 1460.

2945 BAILLIAGE

DE L'ABBAYE DE CERISY.

1418.

Sceau rond, de 35 mill. — Arch. de la Manche; abbaye de Cerisy.

Écu portant deux lions passant à la bordure fleurdelysée, à la crosse en pal brochant. — Il ne reste plus de la légende que

. ALLIVIE

(Ballivie.)

Contre-sceau : Écu aux armes de la face.

. s de la baillie de cer . . .

(Contre seel de la baillie de Cerisy.)

Pleins pouvoirs donnés à certains religieux de l'abbaye. — Septembre 1418.

2946 BAILLIAGE

DE L'ABBAYE DE CHERBOURG.

1373.

Sceau rond, de 32 mill. — Arch. de la Manche; abbaye de Cherbourg.

Une demi-fleur de lys partie d'un demi-château et entre eux un semé de roses et une crosse en pal, le tout sur un pont à six arches.

✠ S · BALLIVIE · ABBACIE · CESARIS : BVRGI

(Sigillum ballivie abbacie Cesaris Burgi.)

Premier contre-sceau : Écu à la fleur de lys partie d'un château et entre eux une crosse, le tout sur un pont à trois arches.

✠ C · S · BAILLIVIE Z OBLIG · ABBIE · CES

(Contra sigillum baillivie et obligationum abbacie Cesaris Burgi.)

Second contre-sceau : Une demi-fleur de lys partie d'un demi-château et entre eux une crosse, le tout sur un pont à six arches.

✠ S · CONTRA · SIGILLVM

(Secretum ? contra sigillum.)

Échange de biens sis à Cherbourg et à Équerdreville. — Décembre 1373.

2947 BAILLIAGE

DE L'ABBAYE DE CHERBOURG.

1456.

Sceau rond, de 36 mill. — Arch. de la Manche; abbaye de Cherbourg.

Une demi-fleur de lys partie d'un demi-château surmonté d'une fleur de lys et entre eux une crosse, le tout sur un pont à quatre arches.

sigillum ballivie cesarisburgi

(Sigillum ballivie Cesarisburgi.)

Contre-sceau : Représentation réduite de la face.

contra sigillum

(Contra sigillum.)

Fieffe d'une terre sise à Octeville-sur-Cherbourg. — Novembre 1456.

2948 BINET (GUILLAUME).

Lieutenant du vicomte de l'abbaye de Cherbourg. — 1474.

Sceau rond, de 20 mill. — Arch. de la Manche; abbaye de Cherbourg.

Écu portant deux roses en chef et une tête de chèvre? en pointe, soutenu par un ange.

s guille binet

(Seel Guillaume Binet.)

Décret d'héritages sis à Sainte-Geneviève. — Juin 1474.

2949 BAILLIAGE

DE L'ABBAYE DE FÉCAMP.

1283.

Sceau ogival, de 40 mill. — Arch. de la Seine-Inférieure; abbaye de Valmont.

Une tête mitrée à droite, surmontée d'un croissant.

. . BALLIVIE AB. . .S FIS. . . . . . .

(Sigillum ballivie abbatis Fiscannensis.)

Contre-sceau : Une mitre à droite accompagnée d'un soleil. On ne lit plus de la légende que

FISCANNENSIS

(Fiscannensis.)

Vente d'une rente sise à Riville. — Décembre 1383.

2950 BAILLIAGE

DE L'ABBAYE DE FÉCAMP.

1405.

Sceau rond, de 30 mill. — Arch. de la Seine-Inférieure ; abbaye de Fécamp.

Dans une niche gothique, l'image symbolique de la Trinité, dans laquelle Dieu le Père est nimbé d'un nimbe crucifère. Au-dessous, deux écus ; celui de gauche portant deux léopards, celui de droite trois mitres.

SIGILLUM BAILLIUIE. . . . . . .

(Sigillum baillivie. . . . .)

Contre-sceau : Une mitre de face, accostée des lettres 6, 6.

CONTRA S BAILLIUIE FISCANNENSIS

(Contra sigillum baillivie Fiscannensis.)

Acquisition d'une rente sise à Fontaine-le-Bourg. — Novembre 1405.

2951 BAILLIAGE

DE L'ABBAYE DE FÉCAMP.

XVIIe siècle.

Sceau rond, de 36 mill. — Collection de M. Lormier, à Rouen.

Dans une niche, l'image symbolique de la Trinité. Au-dessous, deux écus : celui de gauche portant deux léopards, celui de droite trois mitres.

SIGILLVM · BAILLIVI · FISCAMEVSIS

Matrice.

2952 SÉNÉCHAUSSÉE

DE L'ABBAYE DE FÉCAMP.

1420.

Sceau rond, de 32 mill. — Arch. de la Seine-Inférieure ; abbaye de Fécamp.

Écu portant trois mitres. — Il ne reste plus de la légende que

. . . . ann. .

(Fiscannensis.)

Copie des lettres d'Henri V, roi d'Angleterre, confiant aux religieux de Fécamp la garde de leurs possessions en Normandie. — Juin 1420.

2953 SÉNÉCHAUSSÉE

DE L'ABBAYE DE FÉCAMP À ARGENCES.

1436.

Sceau rond, de 30 mill. — Arch. de la Manche ; abbaye de la Sainte-Trinité de Caen.

Deux écus accolés soutenus par un ange et accompagnés de deux oiseaux à leur pointe : celui de gauche portant deux léopards, celui de droite trois mitres.

le grant s aux causes de la senechaussee dargences

(Le grant seel aux causes de la sénéchaussée d'Argences.)

Contre-sceau : Les deux écus de la face.

le petit seel de la senechaussee dargences

(Le petit seel de la sénéchaussée d'Argences.)

Copie de la donation, par Guillaume du Hommet, de terres sises à Varaville. — Octobre 1436.

2954 SÉNÉCHAUSSÉE

DE L'ABBAYE DE FÉCAMP À ARGENCES.

1444.

Sceau rond, de 35 mill. — Arch. du Calvados ; abbaye de Troarn.

Variété du type précédent. — Légende détruite.

Contre-sceau : Comme le précédent, mais fruste.

Reconnaissance d'une rente sise en la paroisse de Sainte-Croix de Troarn. — Octobre 1444.

2955 SÉNÉCHAUSSÉE

DE L'ABBAYE DE FÉCAMP À SAINT-GERVAIS.

1436.

Sceau rond, de 40 mill. — Arch. de la Seine-Inférieure ; abbaye de Fécamp.

Écu portant trois mitres à la crosse en pal brochant, la volute en dehors de l'écu et accostée de deux étoiles ; dans un quadrilobe. — Légende détruite.

Contre-sceau : Une mitre accostée d'un léopard et d'une crosse.

petit s de la seneschaucie de s gvais

(Petit seel de la séneschaussée de Saint Gervais.)

Fieffe d'un jardin sis à Saint-Gervais. — Novembre 1436.

2956 SOUS-SÉNÉCHAUSSÉE

DE L'ABBAYE DE FÉCAMP À SAINT-GERVAIS.

1436.

Sceau rond, de 21 mill. — Arch. de la Seine-Inférieure ; abbaye de Fécamp.

Une mitre accostée de deux trèfles et accompagnée de trois étoiles.

S' SVB SGN I SI : GGRV . . II

(Sigillum sub senescallie Sancti Gervasii.)

Acte de saisine d'un héritage sis à Fontaine-le-Bourg. — Février 1430.

2957 SÉNÉCHAUSSÉE
DE L'ABBAYE DE FÉCAMP À SAINT-GERVAIS.

1477.

Sceau rond, de 37 mill. — Arch. de la Seine-Inférieure; abbaye de Saint-Wandrille.

Trois mitres à la crosse en pal brochant, sur champ festonné.

. . GGL · DGS · OBLIGACIONS · DG SAIN GGR . . . .

(Seel des obligacions de Saint Gervais.)

Contre-sceau: Une mitre accostée d'une fleur de lys et d'une crosse.

✠ CONTRG S' DGS OBLIG DG S' GGRVGS

(Contre seel des obligacions de Saint Gervès.)

Fieffe d'une terre sise à Gueutteville. — Mai 1477.

2958 VICOMTÉ
DE L'ABBAYE DE FÉCAMP À GRUCHET.

1400.

Sceau rond, de 35 mill. — Arch. de la Seine-Inférieure; abbaye de Montivilliers.

Dans une niche gothique, l'image symbolique de la Trinité. — Il ne reste plus de la légende que

. . . LIVIG

(Ballivie.)

Engagement pris par Pierre du Val, vicomte de Gruchet pour l'abbaye de Fécamp, de faire le service de prévôté à Omonville. — Octobre 1400.

2959 BOURGEOIS (JEAN LE),

Sous-sénéchal de l'abbaye de Jumièges à Épinay. — 1380.

Signet rond, de 20 mill. — Arch. de la Seine-Inférieure; abbaye de Jumièges.

Écu portant les deux lettres I, M surmontées d'une couronne et accompagnées d'un rat en pointe, supporté par deux lions.

S' IOH LG BOVRGGIS

(Seel Johan le Bourgeis.)

Copie de la donation d'une rente sise à Blacqueville. — Octobre 1380.

2960 GENESTAY (HENRI DU),

Bailli de l'abbaye de Jumièges. — 1461.

Sceau rond, de 20 mill. — Arch. de la Seine-Inférieure; abbaye de Jumièges.

Écu portant un chevron accompagné de trois têtes de loup?

. . . . henry du gen. . . . .

(Seel Henry du Genestay.)

Déclaration d'héritages sis au-Vieux-Verneuil. — Juin 1461.

2961 BAILLIAGE
DE L'ABBAYE DE MAUBUISSON AUX VENTES.

1438.

Sceau rond, de 20 mill. — Arch. hospitalières d'Évreux.

Écu semé de France, parti d'un château, accompagné de rameaux dans le champ. — Légende détruite.

Adjudication du fieffe de deux maisons sises en la paroisse de Saint-Denis, à Évreux. — Février 1438.

2962 BARONNIE
DE L'ABBAYE DU MONT-SAINT-MICHEL À ARDEVON.

1372.

Sceau rond, de 26 mill. — Arch. de la Manche; abbaye du Mont-Saint-Michel.

Dans une niche gothique, l'archange debout, frappant le dragon du bois de sa croix. — Légende détruite.

Saisie d'un fief sis au Mesnil-Adelée. — Octobre 1372.

2963 BARONNIE
DE L'ABBAYE DU MONT-SAINT-MICHEL À ARDEVON.

1402.

Sceau rond, de 19 mill. — Arch. de la Manche abbaye du Mont-Saint-Michel.

Un ange agenouillé, les mains sur une petite église au-dessous de laquelle est un poisson.

SGGL . . CAVSGS DARDGVON

(Seel as causes d'Ardevon.)

Sentence au sujet de rentes dues à l'abbaye du Mont-Saint-Michel. — Juin 1402.

2964 BARONNIE
DE L'ABBAYE DU MONT-SAINT-MICHEL À ARDEVON.

1452.

Sceau rond, de 35 mill. — Arch. de la Manche; abbaye du Mont-Saint-Michel.

L'archange debout, tête nue, nimbé et ailé, revêtu de l'armure complète, tenant un écu à trois coquilles sous un chef de France, frappant le dragon du bois de sa croix. A gauche, une église sur des rochers. — Légende détruite.

CONTRE-SCEAU : Écu à trois coquilles sous un chef de France, timbré d'une crosse.

s · p . . . la b . . . . . . ardevon

(Seel petit de la baronie d'Ardevon.)

Hommage du fief du Mesnil-Adelée. — Avril 1452.

2965 BIOTE (GUILLAUME),

Lieutenant général du sénéchal de l'abbaye du Mont-Saint-Michel à Ardevon. — 1415.

Sceau rond, de 19 mill. — Arch. de la Manche ; abbaye du Mont-Saint-Michel.

Écu à la fasce accompagnée de . . . . . en chef et d'un lion passant en pointe, timbré d'un heaume cimé d'une tête de damoiselle.

guillaume biote

(Guillaume Biote.)

Saisie des fiefs Orhan et Garnier, sis en la paroisse de la Croix-en-Avranchin. — Décembre 1415.

2966 BUTET (ÉTIENNE),

Sénéchal de l'abbaye du Mont-Saint-Michel en la seigneurie du Bingard. — 1453.

Sceau rond, de 22 mill. — Arch. de la Manche ; abbaye du Mont-Saint-Michel.

Écu à la fasce accompagnée d'un oiseau en chef et d'un fruit? en pointe, dans un quadrilobe.

DENIS BVTET

(Denis Butet.)

Gage-pleige au sujet d'une rente sise à Muneville-le-Bingard. — Mars 1453.

2967 SÉNÉCHAUSSÉE

DE L'ABBAYE DU MONT-SAINT-MICHEL À GENETS.

1393.

Sceau rond, de 37 mill. — Arch. de la Manche ; abbaye du Mont-Saint-Michel.

L'archange debout, tenant un écu à trois coquilles, foulant aux pieds le dragon et le frappant du bois de sa croix. Dans le champ à gauche, un croissant surmonté d'une étoile.

LE : G . . . . . SEEL : DE LA . . . . . HAVCIE : DE GE . . .

(Le grant seel de la sénéchaucie de Genez.)

CONTRE-SCEAU : Écu à trois coquilles accompagnées de quatre points et de quatre besants, soutenu par un ange.

SEEL ES CAVSES DE GENEZ

(Seel es causes de Genez.)

Gage-pleige au sujet d'une rente sur une maison, à Genets. — Juin 1393.

2968 BARONNIE

DE L'ABBAYE DU MONT-SAINT-MICHEL À GENETS.

1458.

Sceau rond, de 16 mill. — Arch. de la Manche ; abbaye du Mont-Saint-Michel.

Écu à trois coquilles, soutenu par un ange.

s baronie genet

(Seel baronie Genès.)

Dénombrement d'une vavassorie sise à Dragey. — Février 1458.

2969 GRAND (LORIN LE),

Clerc, sénéchal de l'abbaye du Mont-Saint-Michel à Genets. 1382.

Sceau rond, de 19 mill. — Arch. de la Manche ; abbaye du Mont-Saint-Michel.

Écu à la fasce accompagnée de trois fleurs de lys en chef et d'une étoile en pointe, dans un trilobe.

LORIN LE GRANT CLC

(Lorin le Grant, clerc.)

Resaisine d'une rente sise à Genets. — Juin 1382.

2970 NEUVILLE (PHILIPPOT DE),

Lieutenant du sénéchal de l'abbaye du Mont-Saint-Michel à Genets. 1393.

Sceau rond, de 20 mill. — Arch. de la Manche ; abbaye du Mont-Saint-Michel.

Écu portant deux fleurs de lys au franc canton chargé de deux chevrons, dans un trilobe.

P.OT DE NEF.ILLE

(Philipot de Nefville.)

Gage-pleige au sujet d'une rente sise à Genets. — Juin 1393.

2971 EUDES (ONFROY),

Sénéchal de l'abbaye du Mont-Saint-Michel à Genets. 1399.

Signet rond, de 10 mill. — Arch. de la Manche ; abbaye du Mont-Saint-Michel.

Les initiales O. E entrelacées, sur champ festonné. — Sans légende.

Sentence de resaisine au sujet de rentes sises à Genets. — Décembre 1399.

2972 JEHANNIER (HERVÉ),

Sénéchal de l'abbaye du Mont-Saint-Michel à Genets. — 1506.

Sceau rond, de 18 mill. — Arch. de la Manche; abbaye du Mont-Saint-Michel.

Écu au chevron accompagné en pointe d'une quintefeuille sous un chef chargé de trois.....

s herve.........

(Seel Hervé.......

Aveu du fief de Fougeray sis à Bacilly. — Septembre 1506.

2973 GAUDIN (BAPTISTE),

Lieutenant du sénéchal de l'abbaye du Mont-Saint-Michel à Genets. — 1509.

Signet rond, de 17 mill. — Arch. de la Manche; abbaye du Mont-Saint-Michel.

Écu à la croix ancrée ou fleuronnée? — Légende détruite.

Aveu d'un fief sis en la paroisse de Saint-Michel-des-Loups. — Décembre 1509.

2974 BARONNIE

DE L'ABBAYE DU MONT-SAINT-MICHEL À SAINT-PAIR-SUR-MER.

1462.

Sceau rond, de 39 mill. — Arch. de la Manche; abbaye du Mont-Saint-Michel.

L'archange debout, tête nue, nimbé et ailé, revêtu d'une armure, tenant un écu à trois coquilles sous un chef de France, foulant aux pieds le dragon et le frappant du bois de sa croix. Dans le champ à gauche, deux poissons l'un sur l'autre.

✱ L G S de la baronie de ſaint paer

(Le grant seel de la baronie de Saint Paer.)

CONTRE-SCEAU : Écu à trois coquilles sous un chef de France.

l p s de la baronie de ſaint paer

(Le petit seel de la baronie de Saint Paer.)

Sentence au sujet de rentes sises à Saint-Jean-des-Champs. — Mars 1462.

2975 PELLETIER (RICHARD LE),

Gardien de la sénéchaussée de l'abbaye du Mont-Saint-Michel à Saint-Pair-sur-Mer. — 1381.

Signet rond, de 20 mill. — Arch. de la Manche; abbaye du Mont-Saint-Michel.

Écu portant les initiales **R**, **P** en chef et la lettre **C** (clerc) en pointe, accompagnées d'une étoile en abîme; dans un trilobe. — Sans légende.

Demande de nantissement au sujet du service d'aînesse du fief Aupois sis à Saint-Planchers. — Juillet 1381.

2976 FÉLICE (JEAN),

Sénéchal de l'abbaye du Mont-Saint-Michel à Saint-Pair-sur-Mer. — 148.

Sceau rond, de 20 mill. — Arch. de la Manche; abbaye du Mont-Saint-Michel.

Écu au chevron accompagné d'un trèfle et d'une rose en chef et de... en pointe, penché, timbré d'un heaume. — Il ne reste plus de la légende que

felice

(Félice.)

Dénombrement d'un fief sis à Saint-Planchers. — Mai 148.

2977 FÉLICE (ROBERT),

Sénéchal de l'abbaye du Mont-Saint-Michel à Saint-Pair-sur-Mer. — 1490.

Sceau rond, de 22 mill. — Arch. de la Manche; abbaye du Mont-Saint-Michel.

Écu à la fasce chargée de..., accompagnée d'un lion passant en chef et de trois coquilles en pointe, timbré d'un feuillage.

. robert fel...

(Seel Robert Félice.)

Fieffe d'une terre sise à Lingreville. — Juillet 1490.

2978 ROI (GUILLAUME LE),

Sénéchal de l'abbaye du Mont-Saint-Michel à Tanie. — 1493.

Sceau rond, de 19 mill. — Arch. de la Manche; abbaye du Mont-Saint-Michel.

Écu à trois quintefeuilles? penché, timbré d'un heaume cimé.

s G le roy

(Seel Guillaume le Roy.)

Aveu d'une terre sise à la Buchaille. — Avril 1493.

2979 GODET (GUILLAUME LE),

Clerc, lieutenant du sénéchal de l'abbaye de Montebourg. — 1505.

Sceau rond, de 20 mill. — Arch. de la Manche; abbaye de Montebourg.

La lettre **G** couronnée, dans un trilobe.

.........GODES CLERT

(......, Godes, clerc.)

Aveu de terres relevant de la seigneurie d'Écoqueneauville. — Février 1505.

2980 GODET (GUILLAUME LE),

Lieutenant général du sénéchal de l'abbaye de Montebourg. — 1516.

Sceau rond, de 20 mill. — Arch. de la Manche; abbaye de Montebourg.

Écu portant trois hermines, écartelé d'un lion passant, penché, soutenu par une aigle.

s guille le godes

(Seel Guillaume le Godes.)

Vente de cinq chevaux saisis à cause d'arrérages dus à l'abbaye de Montebourg. — Février 1416.

2981 IMBERT (VINCENT),

Sénéchal de l'abbaye de Montebourg. — 1434.

Sceau rond, de 18 mill. — Arch. de la Manche ; abbaye de Montebourg.

Écu au lion accroupi armé d'une épée, dans un trilobe. — Il ne reste plus de la légende que

VIN....

(Vincent.)

Gage-pleige au sujet d'une rente sise à Gourbesville. — Octobre 1434.

2982 ROI (JEAN LE),

Lieutenant du sénéchal de l'abbaye de Montmorel. — 1416.

Sceau rond, de 18 mill. — Arch. de la Manche ; abbaye de Montmorel.

Une tour sommée d'une plate-forme crénelée et accostée de deux fleurs de lys.

Jehan le roy

(Jehan le Roy.)

Aveu du fief de Rohan sis à Poilley. — Mai 1416.

2983 MARTEL (MARTIN),

Lieutenant du sénéchal de l'abbaye de Montmorel à Longuetouche. — 1460.

Sceau rond, de 18 mill. — Arch. de la Manche ; abbaye de Montmorel.

Écu portant deux merlettes en chef et un marteau en pointe. — Il ne reste plus de la légende que

mar...

(Martin.)

Aveu de trois pièces de terre sises à Longuetouche, près Saint-James. — Octobre 1460.

2984 AUGIS (MICHEL),

Sénéchal de l'abbaye de Montmorel. — 1471.

Sceau rond, de 20 mill. — Arch. de la Manche ; abbaye de Montmorel.

Écu portant une hure accompagnée d'une quintefeuille au canton dextre.

✱ S : M : augis

(Seel M. Augis.)

Aveu du fief de la Chauvinière sis à Saint-Aubin-de-Terregatte. — Mai 1471.

2985 ARTHUR (MICHEL),

Sénéchal de l'abbaye de Montmorel. — 1534.

Sceau rond, de 26 mill. — Arch. de la Manche ; abbaye de Montmorel.

Écu portant une coquille sous une devise en chef.

✱ MICHEL ARTVR

Adjudication du fief de la Porte. — Janvier 1534.

2986 ARTHUR (MICHEL),

Sénéchal de l'abbaye de Montmorel. — 1540.

Signet ovale, de 17 mill. — Arch. de la Manche ; abbaye de Montmorel.

Écu à la devise accompagnée des initiales M, A en chef et d'une coquille en pointe, timbré d'un heaume, embrassé par deux palmes. — Sans légende.

Copie d'un échange de biens sis en la paroisse de Saint-Aubin-de-Terregatte. — 1540.

2987 BOUCART (PIERRE).

Sénéchal de l'abbaye de Saint-Lô. — 1465.

Signet rond, de 15 mill. — Arch. de la Manche ; abbaye de Saint-Lô.

Un quadrupède à droite.

....re ..ucart

(Pierre Boucart.)

Aveu d'un fief sis à Saint-Lô. — Juillet 1465.

2988 EMPERIÈRE (RAOUL L').

Lieutenant du sénéchal de l'abbaye de Saint-Sauveur-le-Vicomte. — 145-.

Signet rond, de 16 mill. — Arch. de la Manche ; abbaye de Saint-Sauveur-le-Vicomte.

Écu portant trois couronnes.

Raoul lemperere

(Raoul l'Emperère.)

Demande d'une enquête sur les biens de l'abbaye de Saint-Sauveur-le-Vicomte, à Neuville-en-Beaumont. — Octobre 1432.

2989 EMPERIÈRE (RAOUL L').

Sénéchal de l'abbaye de Saint-Sauveur-le-Vicomte. — 1452.

Signet rond, de 18 mill. — Arch. de la Manche ; abbaye de Saint-Sauveur-le-Vicomte.

Écu portant une fasce accompagnée de deux merles en chef et d'un dragon? en pointe. — Légende détruite.

Aveu de biens situés au Valdécie et à Barneville. — Avril 1452.

2990 HECQUET (RAOUL DU),

Sénéchal de l'abbaye de Saint-Sauveur-le-Vicomte. — 1541.

Sceau rond, de 22 mill. — Arch. de la Manche; abbaye de Saint-Sauveur-le-Vicomte.

Écu portant trois huchets. — On ne lit plus de la légende que

he . . . et

(Hecquet.)

Décret d'héritages sis à Gourbesville. — Mai 1541.

2991 HECQUET (RAOUL DU),

Sénéchal de l'abbaye de Saint-Sauveur-le-Vicomte en la baronnie du Ham. — 1410.

Sceau rond, de 22 mill. — Arch. de la Manche; abbaye de Saint-Sauveur-le-Vicomte.

Écu écartelé : au 1 et 4, un huchet; au 2, une merlette; au 3, une sextefeuille; soutenu par une aigle.

raoul du he . . . . .

(Raoul du Hecquet.)

Enquête au sujet d'une rente sise à Saint-Sauveur-le-Vicomte. — Avril 1410.

2992 EMPERIÈRE (RAOUL L'),

Sénéchal de l'abbaye de Saint-Sauveur-le-Vicomte en la baronnie du Ham. — 1457.

Sceau rond, de 20 mill. — Arch. de la Manche; abbaye de Saint-Sauveur-le-Vicomte.

Écu à la fasce accompagnée de trois losanges en chef et de... en pointe.

s raoul lemperere

(Seel Raoul l'Emperère.)

Sentence au sujet de rentes. — Février 1457.

2993 COUR DE L'ABBAYE DE SAVIGNY.

1486.

Sceau ogival, de 55 mill. — Arch. de la Manche; abbaye de Savigny.

Dans une niche gothique, la Vierge debout couronnée, tenant l'enfant Jésus, accostée de deux rameaux. Au-dessous, un priant? accompagné à droite, le seul côté qui subsiste, d'un écu portant un arbre au tronc enlacé d'une S. — Légende détruite.

Aveu d'une maison et d'un jardin sis au bourg de Savigny. — Novembre 1486.

2994 BAILLIAGE DE L'ABBAYE DE THIRON.

XIVe siècle.

Sceau rond, de 32 mill. — Collection de M. l'abbé Jouen, à Évreux.

Un bras tenant une crosse accostée en haut d'une étoile et d'une fleur de lys, et plus bas d'une fleur de lys et d'une étoile.

SIGILLVM BAILLIVIE DE TYRONIO

(Sigillum baillivie de Tyronio.)

Matrice.

2995 BAILLIAGE

DE L'ABBAYE DU VALASSE.

1429.

Sceau rond, de 38 mill. — Arch. de la Seine-Inférieure; abbaye du Valasse.

Écu à trois léopards, parti d'une aigle éployée ou contournée? à la crosse en pal brochant, dans un quadrilobe. — Il ne reste plus de la légende que

SIGILLV.

(Sigillum.)

Contre-sceau : Une aigle.

CON... SIGILLVM · DE · VOTO

(Contra sigillum de Voto.)

Acquisition d'une rente sise à Gruchet. — Mars 1429.

2996 BAILLIAGE

DE L'ABBAYE DU VALASSE.

1463.

Sceau rond, de 24 mill. — Arch. de la Seine-Inférieure; abbaye du Valasse.

Écu portant trois léopards, parti d'une aigle éployée ou contournée? à la crosse en pal brochant, dans un trilobe.

s del ple . . . .

(Seel des ple . . . . . .)

Amende infligée à Richard Noël, qui n'avait pas envoyé son blé aux moulins de l'abbaye du Valasse. — Décembre 1463.

2997 COUR DE L'ABBAYE DU VALASSE.

XIVe siècle.

Sceau rond, de 32 mill. — Musée de Rouen.

Un bras tenant une crosse accompagnée à gauche de deux étoiles rangées en fasce. Dans le champ, sur deux lignes, **IN CALETO** (in Caleto) terminant la légende.

✱ S' CVRIE · ABBIE · DE · VOTO :

(Sigillum curie abbatie de Voto.)

Contre-sceau : Un oiseau passant à droite devant un rameau.

. . . . . CVRIE DE VOS.

(. . . . . . . curie de Voto.)

Sceau détaché.

2998 MORELET (JEAN),

Sénéchal de l'abbaye du Valasse. — 1393.

Sceau rond, de 20 mill. — Arch. de la Seine-Inférieure; abbaye du Valasse.

Écu portant une chèvre accompagnée de trois croisettes, timbré d'une tête de chèvre, supporté par deux hommes sauvages, dans un trilobe.

SCEL IEHAN MORELET

(Scel Jehan Morelet.)

Quittance de gages. — Juillet 1393.

XVIe SÉRIE. — PRIEURÉS.

PRIEURÉS D'HOMMES.

2999 BATH (PRIEURÉ DE).

1226.

Sceau rond, de 67 mill. — Arch. de la Manche; abbaye du Mont-Saint-Michel.

Une église de face, sans aucune baie.

✱ SIGILLVM SCI PETRI BADONIS ECCLESIE

(Sigillum Sancti Petri Bathonis ecclesie.)

Charte concernant le patronage et les revenus de l'église de Martock (Angleterre). — 1226.

3000 BLOUTIÈRE (PRIEURÉ DE LA).

1688.

Cachet ovale, de 20 mill. — Arch. de la Manche; prieuré de la Bloutière.

Écu portant deux fasces au lion brochant, timbré d'un tau, embrassé par deux palmes. — Sans légende.

Pouvoirs donnés à un religieux de la Bloutière dans un procès au sujet du moulin à foulon de la Haleyzière. — Juin 1688.

3001 BOVES (SAINT AUBERT DE).

XVIIe siècle.

Cachet ovale, de 28 mill. — Collection de M. Lormier, à Rouen.

Saint Aubert debout, mitré, crossé, bénissant.

LE · PRIEVRE · DE · SAINT · AVSBERT · DE · BOVES

Matrice.

3002 CRÉPY (SAINT-ARNOUL DE).

XIIe siècle.

Sceau ogival, de 46 mill. — Musée de Rouen.

Saint Arnoul assis, mitré, crossé, bénissant.

✱ SIGILLVM · SANCTI · ARNVLFI · DE · CRISPEIO

(Sigillum Sancti Arnulfi de Crispeio.)

Matrice.

3003 DEUX-AMANTS (PRIEURÉ DES).

1285.

Sceau ovale, de 34 mill. — Arch. de la Seine-Inférieure: chapitre de Rouen.

Intaille incomplète représentant un personnage debout, nu, armé d'une épée et derrière lui un serpent. — Il ne reste plus de la légende que

. . ANTIVM

(Amantium.)

Excommunication des frères Mineurs de Rouen par le chapitre de cette ville. — Septembre 1285.

3004 DEUX-AMANTS (PRIEURÉ DES).

1715.

Cachet ovale, de 35 mill. — Arch. de la Seine-Inférieure; archevêché de Rouen.

La Madeleine? debout tenant une boîte de parfums et un livre.

sigillū : duorum amancium

(Sigillum Duorum Amancium.)

Présentation à la cure de Lammerville. — Juillet 1715.

3005 GRANDMONT (PRIEURÉ DE)

OU NOTRE-DAME-DU-PARC-D'HARCOURT.

XVe siècle.

Sceau ogival, de 50 mill. — Musée de Rouen.

La Vierge debout, couronnée, tenant l'enfant Jésus.

un fleuron à la main droite, accostée de deux fleurs de lys, sur champ festonné.

SIG · PRIORATꝰ · CONVENTVS · BEATE · MARIE · DE · PARCO · PROPE · ROTHOM

(Sigillum prioratus conventus Beate Marie de Parco propo Rothomagum.)

Sceau détaché.

3006 GRAVILLE (SAINTE-HONORINE DE).

1384.

Sceau ogival, de 41 mill. — Arch. du Calvados; prieuré de Sainte-Barbe-en-Auge.

Sur une ogive, le Christ en croix accosté de la Vierge et de saint Jean. Au-dessous, un priant. — Il ne reste plus de la légende que

. IRARD.

(Girardi.)

Lettres d'excuse du prieur de Graville, empêché de se rendre au chapitre général. — Avril 1384.

3007 GRAVILLE (SAINTE-HONORINE DE).

1474.

Sceau ogival, de 56 mill. — Arch. du Calvados; prieuré de Sainte-Barbe-en-Auge.

Le Christ en croix accosté de la Vierge et de saint Jean.

. . . . ntus sancte honorine de . . . . .

(Sigillum conventus Sancte Honorine de . . . . .)

Lettres d'excuse du prieur de Graville, empêché de se rendre au chapitre général. — Avril 1474.

3008 GRAVILLE (SAINTE-HONORINE DE).

1678.

Sceau ogival, de 52 mill. — Arch. de la Seine-Inférieure; archevêché de Rouen.

Le Christ en croix accosté de deux personnages : celui de gauche tenant une palme et un livre, celui de droite crossé, tenant aussi un livre. Au-dessous, un écu portant trois yeux.

S · HONORINA · B · P · DE · GRAVILLA · AVGVST ·

Présentation à la cure de Ténemare. — Novembre 1678.

3009 GRAVILLE (SAINTE-HONORINE DE).

1689.

Sceau rond, de 21 mill. — Arch. de la Seine-Inférieure; archevêché de Rouen.

Écu portant trois fermaux, timbré d'un tau.

GRAVILLE

Présentation à la cure du Coudray. — Octobre 1689.

3010 GRAVILLE (SAINTE-HONORINE DE).

1718.

Cachet octogone, de 17 mill. — Arch. de la Seine-Inférieure; archevêché de Rouen.

Écu portant trois fermaux, timbré d'un tau, dans un cartouche. — Sans légende.

Présentation à la cure de Ténemare. — Juillet 1718.

3011 LEIGHS (SAINT-JEAN DE).

1227.

Sceau ogival, de 56 mill. — Arch. du Calvados; abbaye de la Sainte-Trinité de Caen.

L'aigle de saint Jean tenant une banderole dans ses serres.

SIGILL : SCI · IOHIS · E . . NGELISTE · DE LEG'.

(Sigillum Sancti Johannis Evangeliste de Lega.)

Reconnaissance d'une rente sise à Felstead (Angleterre). — 1227.

3012 MONDAYE (PRIEURÉ DE).

1689.

Cachet ovale, de 21 mill. — Collection de M. de Farcy, à Bayeux.

Écu au globe crucifère, timbré d'une mitre et d'une crosse, embrassé par deux palmes. — Sans légende.

Présentation aux quatre ordres mineurs. — Septembre 1689.

3013 MONT-AUX-MALADES (PRIEURÉ DU).

Vers 1200.

Sceau ogival, de 72 mill. — Arch. de la Seine-Inférieure : chapitre de Rouen.

Fragment représentant un prélat coiffé d'une mitre cornue, qu'une main armée d'une épée va frapper. — Légende détruite.

Bail d'un tènement et de masures sis à Rouen. — Sans date.

3014 MONT-AUX-MALADES (PRIEURÉ DU).

1303.

Sceau ogival, de 60 mill. — Arch. de la Seine-Inférieure; abbaye de Jumièges.

Personnage debout, tête nue, en chasuble, tenant une verge, accosté à gauche d'une fleur de lys et d'une étoile, et à droite d'une étoile et d'une fleur de lys.

✱ S' PRIORIS ET CAPITLI DE MONTE LEPROSO.........

(Sigillum prioris et capituli de Monte Leprosorum......)

Abandon et remise d'une rente sise au Bois-Guillaume. — Mars 1303.

3015 PERRAY-NEUF

(SAINTE-MARIE DU).

1664.

Cachet ovale, de 21 mill. — Arch. de la Manche; abbaye de Blanchelande.

La Vierge debout, tenant l'enfant Jésus et un sceptre fleuronné.

SIG · CON · B · MAR · DE · PERR · NOVO ·

Visite de l'abbaye de Blanchelande. — Septembre 1664.

3016 PLESSIS-GRIMOULT

(SAINT-ÉTIENNE DU).

1741.

Cachet ovale, de 22 mill. — Collection de M. de Farcy, à Bayeux.

Écu portant deux lions passant l'un sur l'autre, timbré d'une mitre et d'une crosse, dans un cartouche. — Sans légende.

Présentation à la cure de Bretteville-le-Rabet. — Décembre 1741.

3017 SAINT-BROLADRE (PRIEURÉ DE).

1630.

Cachet ovale, de 30 mill. — Arch. de la Manche; abbaye du Mont-Saint-Michel.

Écu portant un ours? passant accompagné de trois quintefeuilles en chef, timbré d'un heaume.

SEAV DV PRIEVRE DE SAINCT BROLADE

Aveu d'une terre relevant du prieuré de Saint-Broladre. — Janvier 1630.

3018 SAINT-GABRIEL (PRIEURÉ DE).

XVe siècle.

Sceau ogival, de 44 mill. — Collection de M. Lormier, à Rouen.

Dans une niche gothique, l'Annonciation. Un lys dans un vase sépare la Vierge de l'ange. Celui-ci, agenouillé, tient une banderole sur laquelle on lit **ave maria** (Ave Maria). Au-dessous, un priant.

le seel des obligacions du prore de s gabiel

(Le seel des obligacions du prioré de Saint Gabiel.)

Matrice.

3019 SAINTE-BARBE-EN-AUGE

(PRIEURÉ DE).

1680.

Cachet ovale, de 29 mill. — Collection de M. de Farcy, à Bayeux.

Écu à l'écusson en abîme accompagné d'étoiles en orle, écartelé d'un chevron accompagné de deux roses en chef et d'une tour en pointe, timbré d'une couronne et surmonté d'un édicule à trois baies entre les lettres S C et S B.

IN. RE. MARTINI. BARBARA. NOMEN. HABET.

Présentation à la cure de Bray. — Avril 1680.

3020 SAINTE-BARBE-EN-AUGE

(PRIEURÉ DE).

1765.

Cachet ovale, de 21 mill. — Collection de M. de Farcy, à Bayeux.

Variété du type précédent, surmonté comme lui d'un édicule accosté des lettres S, B (Sancta Barbara). — Sans légende.

Présentation à la cure de Bray-en-Cinglais. — Juin 1765.

3021 SAINTE-BARBE-EN-AUGE

(PRIEURÉ DE).

XVIIIe siècle.

Cachet ovale, de 29 mill. — Collection du Dr Pepin, à Saint-Pierre-sur-Dives.

Écu à l'écusson en abîme accompagné d'étoiles en orle, écartelé d'un chevron accompagné de deux roses en chef et d'une tour en pointe, timbré d'une couronne de comte et surmonté d'un édicule à trois ouvertures.

IN RE MARTINI BARBARA NOMEN HABET

Surmoulage.

3022 SAINTENY (SAINT-PIERRE DE).

XIIIe siècle.

Sceau ogival, de 52 mill. — Arch. de la Manche.

Dans une niche gothique, saint Pierre debout, tenant des clefs et un livre, ayant à ses pieds à gauche un priant.

..... SCI PETRI DE SANCTINEO.

(Sigillum Sancti Petri de Sanctineio.)

Sceau détaché.

3023 VAL-AUX-MALADES (PRIEURÉ DU).

1387.

Sceau rond, de 58 mill. — Arch. de la Seine-Inférieure; archevêché de Rouen.

Un tau accosté de deux étoiles.

.......LEPROSOR SCI IAC........

(.......Leprosorum Sancti Jacobi.....)

Union de la cure de Saint-Eustache-la-Forêt au prieuré du Val-aux-Malades. — Mai 1387.

PRIEURÉ DE FEMMES.

3024 FILLES-DIEU DE ROUEN (PRIEURÉ DES).

1473.

Sceau ogival, de 45 mill. — Arch. de la Seine-Inférieure; prieuré du Mont-aux-Malades.

Dans une niche gothique, un évêque assis, nimbé, crossé, bénissant, ayant à ses pieds à gauche une religieuse à genoux.

S' CONVENTVS FILIARVM DEI ROTHOMAGESIV

(Sigillum conventus Filiarum Dei Rothomagensium.)

Accord au sujet d'héritages situés dans la paroisse de Saint-Jacques du Mont-aux-Malades. — Novembre 1473.

PRIEURS.

3025 LE PRIEUR DE BACQUEVILLE-LA-MARTEL.

1285.

Sceau ogival, de 36 mill. — Arch. de la Seine-Inférieure; chapitre de Rouen.

Dans une niche gothique, la Vierge à mi-corps, tenant l'enfant Jésus. Au-dessous, un priant.

..PORIS BE MARIE DE BAS...A MART..

.(Sigillum prioris Beate Marie de Bas... la Martel.)

Excommunication des frères Mineurs de Rouen par le chapitre de cette ville. — Septembre 1285.

3026 THOMAS,

Prieur de Bath. — 1226.

Sceau ogival, de 45 mill. — Arch. de la Manche; abbaye du Mont-Saint-Michel.

Le prieur debout, tête nue, tenant un rameau et un livre.

..... ✠ SIGILL' TOME PRIORIS BATHONIE K P T G

(Sigillum Thome, prioris Bathonie. k. p. t. g.?)

Voyez le n° 2999.

3027 P.,

Prieur de Saint-Vigor de Bayeux. — 1318.

Signet rond, de 16 mill. — Arch. de la Manche; abbaye du Mont-Saint-Michel.

La lettre P.

✠ S'. PRIOR' S.....OR

(Sigillum prioris Sancti Vigoris.)

Quittance fournie au prieuré de Tombelaine, au sujet des subsides pour la Terre sainte. — Décembre 1318.

3028 HUGUES DE GUEUTTEVILLE,

Prieur de Beaulieu? — 1285.

Sceau rond, de 24 mill. — Arch. de la Seine-Inférieure; chapitre de Rouen.

Un paon rouant.

✠ S' FRIS HVGOIS D' GEVTEVILE

(Sigillum fratris Hugonis de Geutevilla.)

Voyez le n° 3025.

3029 CHARLES-JOSEPH DE MAYOL,

Prieur commendataire de Beaulieu. — 1695.

Cachet ovale, de 19 mill. — Arch. de la Seine-Inférieure; archevêché de Rouen.

Écu portant six pommes de pin : 3, 2 et 1, surmonté d'une couronne entre deux palmes, timbré d'une mitre et d'une crosse, dans un cartouche. — Sans légende.

Présentation à la cure du Bois-d'Ennebourg. — Avril 1695.

3030 FRANÇOIS-LOUIS HELLOUIN DU QUESNAY DE MENIBUS,

Prieur commendataire de Beaulieu. — 1761.

Cachet ovale, de 22 mill. — Arch. de la Seine-Inférieure; archevêché de Rouen.

Écu au chevron accompagné de trois étoiles en chef et d'un fer de pique? en pointe, couronné, supporté par deux licornes, dans un cartouche. — Sans légende.

Présentation à la cure du Bois-d'Ennebourg. — Août 1761.

3031 RICHARD,

Prieur de la Bloutière. — 1417.

Sceau ogival, de 53 mill. — Arch. de la Manche; prieuré de la Bloutière.

Dans une niche gothique, un évêque debout, nimbé,

mitré, crossé, bénissant. Au-dessous, un écu portant deux fasces au lion brochant.

. . ricardi prioris scī th . . . .

(Sigillum Ricardi, prioris Sancti Th. . . . .)

Copie d'une charte de Philippe le Hardi donnant à fiefferme au prieuré de la Bloutière des biens situés à la Bloutière et à Fleury. — Mai 1417.

3032 LE PRIEUR DE BOLBEC.

1285.

Sceau ogival, de 30 mill. — Arch. de la Seine-Inférieure : chapitre de Rouen.

Une fleur de lys fleuronnée.

. . PRIOR. . . . . . . ОLIS DЄ B. . . . .

(Sigillum prioris Sancti Michaelis de B. . . . .?)

Voyez le n° 3025.

3033 MATHURIN BROCHANT,

Prieur commendataire de Saint-Lô de Bourgachard. — 1718.

Cachet ovale, de 20 mill. — Arch. de la Seine-Inférieure ; archevêché de Rouen.

Écu au chevron accompagné de trois arbres? timbré d'une mitre et d'une crosse, dans un cartouche. — Sans légende.

Présentation à la cure de Thouberville. — Février 1718.

3034 JEAN DE ROCHOIS,

Prieur de Notre-Dame de Chaumont. — 1382.

Sceau rond, de 18 mill. — Arch. de la Seine-Inférieure : abbaye de Fécamp.

Écu portant trois poissons en fasce, l'un sur l'autre, soutenu par une dame, supporté par deux griffons.

. . . OhIS DЄ RO. . OYS

(Sigillum Johannis de Rochoys.)

Quittance fournie au gouverneur des pauvres de Saint-Gervais, au nom du cardinal d'Amiens, par son procureur Jean de Rochois. — Juillet 1382.

3035 LE PRIEUR DE GASNY.

1285.

Sceau ogival, de 40 mill. — Arch. de la Seine-Inférieure : chapitre de Rouen.

Sur une voûte gothique, l'Annonciation. Au-dessous, un priant.

. . . . ACO MOÑAChI SCĪ. . . . .

(. . . . . . .aco, monachi Sancti. . . . .)

Voyez le n° 3025.

3036 JACQUES BATAILLE,

Prieur commendataire de Grandmont ou de Notre-Dame-du-Parc-d'Harcourt. — 1691.

Cachet ovale, de 18 mill. — Arch. de la Seine-Inférieure ; archevêché de Rouen.

Écu portant une fasce chargée d'un croissant, accompagnée d'une hure en chef et d'un arbre en pointe, timbré d'une mitre et d'une crosse, embrassé par deux palmes. — Sans légende.

Présentation à la cure de Catelon. — Mars 1691.

3037 ÉTIENNE,

Prieur de Sainte-Honorine de Graville. — 1675.

Sceau rond, de 15 mill. — Arch. du Calvados ; prieuré de Sainte-Barbe-en-Auge.

Écu portant trois fermaux.

s stephanus botill. . . . .?

(Sigillum Stephanus Botill. . . . .)

Voyez le n° 3007.

3038 VINCENT,

Prieur de Juziers. — 1285.

Sceau ogival, de 36 mill. — Arch. de la Seine-Inférieure : chapitre de Rouen.

Sur une plate-forme d'architecture gothique, saint Pierre à mi-corps, tenant ses clefs et un livre. Au-dessous, un priant.

✠ S' VINCЄNC. . . . . .ISIACO

(Sigillum Vincencii, prioris de Juisiaco.)

Voyez le n° 3025.

3039 P.,

Prieur de Longueville. — 1284.

Sceau ogival, de 40 mill. — Arch. de la Seine-Inférieure : abbaye de Montivilliers.

Le prieur debout, le capuchon sur la tête, tenant un livre, élevant la main droite.

✠ S' PRIORIS DЄ LÕGA. . LA GIFFARDI AD CÃS

(Sigillum prioris de Longavilla Giffardi ad causas.)

Échange de la dîme de Doudeneville en la paroisse d'Octeville. — Mai 1284.

3040 ROBERT,

Prieur de Maintenon. — 1257.

Sceau ogival, de 38 mill. — Arch. de la Seine-Inférieure, archevêché de Rouen.

Un pélican en sa piété. De chaque côté de la branche

qui supporte le nid, deux oiseaux perchés, et, dans le champ, une étoile.

...ROBER.I DE BOVCOVILLE PORIS DE MĒTҺE...

(*Sigillum Roberti de Boucouvilla, prioris de Menthenon.*)

Sentence qui exempte le prieuré de Gisors de la visite de l'archevêque de Rouen. — Mai 1257.

3041 ROBERT,

Prieur du Mont-aux-Malades. — 1218 ?

Sceau ogival, de 39 mill. — Arch. de la Seine-Inférieure; abbaye de Saint-Amand.

Personnage debout, tête nue, en chasuble et en manipule, élevant les mains.

✱ S'. ROB' PIORIS SCĪ TҺOĪE DE MONTE INFIRMOR

(Sigillum Roberti, prioris Sancti Thome de Monte Infirmorum.)

Reconnaissance des droits de l'abbaye de Saint-Amand au patronage de l'église de Lamberville. — Sans date.

3042 RAOUL,

Prieur du Mont-aux-Malades. 1237.

Sceau ogival, de 36 mill. — Arch. de la Seine-Inférieure; prieuré du Mont-aux-Malades.

Le prieur debout de trois quarts, tenant un livre.

✱ S' RAD' PORIS DE ....E LEPSOR' ROTҺ

(Sigillum Radulphi, prioris de Monte Leprosorum Rothomagi.)

Le prieur déclare n'avoir aucun droit aux deux pains que le chapitre de Rouen lui distribue chaque jour. — Octobre 1237.

3043 LE PRIEUR DU MONT-AUX-MALADES.

1398.

Sceau ogival, de 38 mill. — Arch. de la Seine-Inférieure; archevêché de Rouen.

Dans une niche gothique, personnage debout, mitré, tenant une croix de biais, bénissant. Au-dessous, un priant.

.. IOҺES POR D..... P M' DE MONTE LEPRO

...... Johannes, prior d... p m... de Monte Leprosorum?)

Aveu d'un moulin sis à Déville. — Septembre 1398.

3044 FRANÇOIS ROBIN,

Prieur de Saint-Martin de Mortemer. — 1694.

Cachet rond, de 19 mill. — Arch. de la Seine-Inférieure; archevêché de Rouen.

Écu à la bande chargée de trois fers de lance ? et accompagnée de deux cygnes, couronné, dans un cartouche. — Sans légende.

Présentation à la cure de Nullemont. — Juillet 1694.

3045 LE PRIEUR DE NEUF-MARCHÉ.

1285.

Sceau ogival, de 38 mill. — Arch. de la Seine-Inférieure; chapitre de Rouen.

Une main tenant deux clefs accompagnées à gauche d'une étoile et d'un croissant.

S' PRIORIS : D. . .VOMER. . .O

(Sigillum prioris de Novomercato.)

Voyez le n° 3025.

3046 MICHEL-ANTOINE BAUDRAN,

Prieur commendataire de Neuf-Marché. — 1675.

Cachet ovale, de 17 mill. — Arch. de la Seine-Inférieure; archevêché de Rouen.

Écu à la bande accompagnée de trois étoiles et d'un croissant, timbré d'un chapeau épiscopal. — Sans légende.

Présentation aux cures de Neuf-Marché et de Notre-Dame-de-Corval. — Mai 1675.

3047 RICHARD BLANCDOIT,

Prieur d'Otriton. — 1318 ?

Sceau ogival, de 37 mill. — Arch. de la Manche; abbaye du Mont-Saint-Michel.

Saint Michel debout, nimbé et ailé, armé d'un écu à la croix, foulant aux pieds le dragon et le frappant du bois de sa croix.

SIGILLVM : RIC..DI : BLANDOI.

(Sigillum Ricardi Blandoit.)

Confirmation de biens sis à Dunnington (Angleterre). — Septembre 1318 ?

3048 JEAN,

Prieur de Saint-Martin-des-Champs de Paris, collecteur des annates du pape. 1358.

Signet rond, de 19 mill. — Arch. de la Manche; abbaye du Mont-Saint-Michel.

Saint Martin à cheval, donnant à un pauvre la moitié de son manteau, dans un quadrilobe.

.....S · DE · PIN....

(Johannis de Pinu.....)

Quittance fournie au prieur de Saint-Germain-sur-Ay. — Mars 1358.

3049 GEORGES DU FAY,

Prêtre, seigneur de la Haye-du-Vidame, prieur commendataire du Plessis-Grimoult. — 1649.

Cachet ovale, de 38 mill. — Collection de M. de Farcy, à Bayeux.

Écu à la croix cantonnée de quatre molettes, timbré d'un heaume à lambrequins. — Sans légende.

Présentation à la cure de Bernières-le-Patry. — Novembre 1649.

3050 JACQUES-BÉNIGNE BOSSUET,

Évêque de Condom, précepteur du dauphin, prieur commendataire du Plessis-Grimoult. — 1675.

Cachet rond, de 60 mill. — Collection de M. de Farcy, à Bayeux.

Écu portant trois roues, timbré d'une mitre et d'une crosse, sous un chapeau épiscopal. — Sans légende.

Présentation à la cure du Plessis-Grimoult. — Mars 1675.

3051 NICOLAS COURVAUX,

Prieur de Précey, sous-collecteur apostolique. — 1384.

Signet rond, de 16 mill. — Arch. de la Manche; abbaye du Mont-Saint-Michel.

L'initiale N dans un quadrilobe.

✱ CO... VALLES

(Co... valles.)

Quittance fournie au prieur de Brion. — Novembre 1384.

3052 ADAM,

Prieur de Saint-Lô de Rouen. — 1213?

Sceau ogival, de 45 mill. — Arch. de la Seine-Inférieure; abbaye de Saint-Amand.

Le prieur à mi-corps de profil à droite, tête nue, tenant un livre.

.. ADE : PRIO.IS : SANTI : LAVDI : DE ROTOM...

(Sigillum Ade, prioris Santi Laudi de Rotomago.)

Reconnaissance des droits de l'abbaye de Saint-Amand au patronage de l'église de Lamberville. — Sans date.

3053 GUILLAUME,

Prieur de Saint-Lô de Rouen. — 1493.

Sceau ogival, de 52 mill. — Arch. de la Seine-Inférieure; abbaye de Fécamp.

Dans une niche gothique à deux étages : en haut, la représentation symbolique de la Trinité; au-dessous, un priant accompagné de deux écus frustes; on distingue cependant sur l'écu de gauche un lion passant en pointe.

.........prioris si laudi rothomag

(.....prioris Sancti Laudi Rothomagensis.)

Lettres d'un auditeur de la chambre apostolique, au sujet des griefs dont se plaint le prieur de Notre-Dame du Bourg-Baudouin. — Février 1493.

3054 RAOUL BRASSART,

Prieur de Saint-Germain-sur-Ay. — 1266.

Sceau ogival, de 35 mill. — Arch. de la Manche : abbaye du Mont-Saint-Michel.

Dans une niche gothique, la Vierge à mi-corps, tenant l'enfant Jésus. Au-dessous, un priant.

S' RAD.....RAS.... MONACHI ..NTIS

(Sigillum Radulfi Brasart, monachi Montis.)

Appointement avec l'archevêque de Rouen Eudes Rigaud, au sujet du droit de visite au prieuré de Saint-Germain-sur-Ay. — Octobre 1266.

3055 JEAN DOYEN,

Prieur de Saint-James-de-Beuvron, sous-collecteur apostolique au diocèse d'Avranches. — 1394.

Sceau rond, de 25 mill. — Arch. de la Manche : abbaye du Mont-Saint-Michel.

Sous un dais d'architecture, la Vierge debout tenant l'enfant Jésus, accostée à gauche d'un personnage détruit et à droite d'un saint Michel terrassant le dragon. Au-dessous, un écu au lion supporté par deux personnages barbus coiffés d'un bonnet.

. SIG..... FRIS.......

(Sigillum fratris.....)

Adjudication du déport du prieuré de Tombelaine. — Octobre 1394.

3056 JEAN DU TOT.

Prieur de Saint-Laurent de Lyons. — 1717.

Cachet ovale, de 19 mill. — Arch. de la Seine-Inférieure : archevêché de Rouen.

Écu portant trois têtes d'aigles arrachées, surmonté d'une couronne entre une mitre et une crosse, dans un cartouche. — Sans légende.

Présentation à la cure d'Écultot. — Janvier 1717.

3057 CLAUDE-LAZARE DE MAUPIN.

Prieur commendataire de Saint-Laurent de Lyons. — 172?.

Cachet ovale, de 25 mill. — Arch. de la Seine-Inférieure : archevêché de Rouen.

Écu portant deux pommes de pin, au franc canton fretté et à la bordure, timbré d'un sablier, entouré d'un chapelet. — Sans légende.

Présentation à la cure de la Fresnaye. — Janvier 172?.

3058 JACQUES-GERMAIN ALEAUME,

Prieur de Sainte-Radegonde près Neufchâtel. — 1785.

Cachet ovale, de 18 mill. — Arch. de la Seine-Inférieure; archevêché de Rouen.

Écu portant trois coqs, surmonté d'une couronne entre une mitre et une crosse, dans un cartouche. — Sans légende.

Présentation à la cure du Houquetot. — Décembre 1785.

3059 GUILLAUME,

Prieur de Sausseuse. — 1285.

Sceau ogival, de 30 mill. — Arch. de la Seine-Inférieure; chapitre de Rouen.

Sur une arcade tréflée, la Vierge à mi-corps, tenant l'enfant Jésus. Au-dessous, un priant surmonté des mots AVE MARIA (Ave Maria).

S' G'VILLI PRIOR....., LICO..

(Sigillum Guillelmi, prioris ....., de Salicosa.)

Voyez le n° 3025.

3060 CLAUDE BONNEDAME,

Prieur de Sausseuse. — 1737.

Cachet ovale, de 20 mill. — Arch. de la Seine-Inférieure; archevêché de Rouen.

Écu portant un oiseau tenant une feuille dans son bec et perché sur une palme, timbré d'un bâton pastoral, dans un cartouche. — Sans légende.

Présentation à la cure de Valcorbon. — Mai 1737.

3061 JEAN DE MAUGÉ,

Prieur de Sausseuse. — 1740.

Cachet ovale, de 23 mill. — Arch. de la Seine-Inférieure; archevêché de Rouen.

Écu portant les initiales du prieur enlacées sous un chef chargé d'un soleil, couronné, supporté par deux lions, dans un cartouche. — Sans légende.

Présentation à la cure de Tilly. — Juin 1740.

3062 RICHARD AMY,

Prieur de Stoleursy. — XIVe siècle.

Sceau rond, de 22 mill. — Arch. de la Manche; abbaye du Mont-Saint-Michel.

Écu portant les initiales R, A surmontées d'une couronne, dans un trilobe.

sigill ricardi amys

(Sigillum Ricardi Amys.)

Bail des revenus du prieuré d'Otriton (Angleterre) au profit de Pierre de Courtenai. — Sans date.

3063 ROBERT,

Prieur du Val-aux-Malades. — 1387.

Sceau ogival, de 39 mill. — Arch. de la Seine-Inférieure; archevêché de Rouen.

Personnage debout ayant à ses pieds à droite un priant. Au-dessous, une coquille. Champ festonné.

S' PR..... SCI IACO.. .. .AL.......

(Sigillum prioris Sancti Jacobi de Valle.....)

Réunion de la cure de Saint-Eustache-la-Forêt au prieuré du Val-aux-Malades. — Mai 1387.

3064 CHARLES DE LA GRANGE,

Prieur commendataire de Vély. — 1719.

Cachet ovale, de 17 mill. — Arch. de la Seine-Inférieure; archevêché de Rouen.

Écu au chevron chargé d'une engrêlure et accompagné de trois croissants, surmonté d'une couronne, timbré d'une mitre et d'une crosse, dans un cartouche. — Sans légende.

Présentation à la cure de Guerny. — Mai 1719.

3065 PIERRE,

Prieur de Ware. — 1243.

Sceau ogival, de 32 mill. — Arch. de l'Orne; abbaye de Saint-Évroult.

Le prieur debout, tenant une croix et un livre.

....LL PETE........S DE WAR..

(Sigillum Petri, prioris de Wares?)

CONTRE-SCEAU: Une main tenant deux clefs.

✠ PETRE AMAS ..

(Petre amas...)

Bail d'un masnage situé à Peatling-Magna (Angleterre). — Février 1243.

3066 HERBERT,

Prieur de Ware. — XIIIe siècle.

Sceau ogival, de 40 mill. — Arch. de l'Orne; abbaye de Saint-Évroult.

Le prieur à mi-corps, tête nue, tenant un livre des deux mains.

✠ SI.........MONACHI

(Sigillum Herberti, monachi.)

Échange de terres sises à Pillerton (Angleterre). — Sans date.

PRIEURES.

3067 JEANNE, DAME DE BEAULIEU,

Prieure de Beaulieu. — XVIe siècle.

Sceau ogival, de 65 mill. — Musée de Rouen.

Dans une niche de la Renaissance, la Vierge debout, couronnée, tenant l'enfant Jésus, sur champ de rameaux fleuris. Au-dessous, un écu à l'aigle éployée.

s : dame : iohanne : baycke : peuse : de : beaulieu

(Seel dame Johanne Bayche, prieuse de Beaulieu.)

Matrice.

3068 ODELINE,

Prieure de Bondeville. — 1260.

Sceau ogival, de 40 mill. — Arch. de la Seine-Inférieure ; abbaye de Bondeville.

La prieure debout, en voile, tenant un livre des deux mains.

.. **PRIORISSE DE BOHDE...L.**

(Sigillum priorisse de Bondevilla.)

Accord avec l'abbaye de Fécamp, au sujet de dîmes sises à Saint-Jean-du-Cardonnay. — Juillet 1260.

3069 EUSTACHE,

Prieure de Bondeville. — 1277.

Sceau ogival, de 40 mill. — Arch. de la Seine-Inférieure : abbaye de Bondeville.

La prieure debout, en voile, tenant un livre des deux mains. — Il ne reste plus de la légende que

..**IORIS**..

(Priorisse.)

Ratification au sujet d'une rente sise en la paroisse de Saint-Thomas-la-Chaussée. — Septembre 1277.

3070 CHARLOTTE DE MAILLY,

Prieure de Saint-Louis de Poissy. — 1711.

Cachet ovale, de 20 mill. — Arch. de la Seine-Inférieure : archevêché de Rouen.

Deux écus accolés portant chacun trois maillets, surmontés d'une couronne, dans un cartouche, entourés d'une cordelière. — Sans légende.

Présentation à la chapelle de Saint-Nicolas, à Noyers. — Juin 1711.

3071 ANNE-GENEVIÈVE DE SAINTE-HERMINE,

Prieure de Saint-Louis de Poissy. — 1742.

Cachet ovale, de 18 mill. — Arch. de la Seine-Inférieure ; archevêché de Rouen.

Écu d'hermines, couronné, dans un cartouche. — Sans légende.

Présentation à la chapelle de Saint-Nicolas, à Noyers. — Septembre 1742.

JURIDICTION TEMPORELLE DES PRIEURÉS.

3072 BAILLIAGE DU PRIEURÉ DE BONNE-NOUVELLE, À BURES.

1297.

Sceau rond, de 38 mill. — Arch. de la Seine-Inférieure ; abbaye de Saint-Amand.

Une croix vidée et ancrée, cantonnée de quatre fleurs de lys.

SEGILVM · BALLIVIE : DE BVRES :

(Segilum ballivie de Bures.)

Transport d'une rente sur une terre sise à Osmoy. — Octobre 1297.

3073 BAILLIAGE DU PRIEURÉ DE BONNE-NOUVELLE, À BURES.

1311.

Sceau rond, de 26 mill. — Arch. de la Seine-Inférieure ; prieuré de Bonne-Nouvelle.

Une croix pattée, cantonnée de quatre fleurs de lys.

... **BAL.IVI. DE BVRIS**

(Sigillum ballivie de Buris.)

Acquisition de rentes sises à Burette. — Mai 1311.

3074 VICOMTÉ DU PRIEURÉ DE BONNE-NOUVELLE, À BURES.

1314.

Contre-sceau rond, de 17 mill. — Arch. de la Seine-Inférieure ; prieuré de Bonne-Nouvelle.

Une fleur de lys fleuronnée.

... **VICECOMIT' DE BVR'**

(Contra sigillum vicecomitatus de Buris.)

Acquisition d'une rente sur une masure sise à Saint-Sever. — Avril 1314.

3075 VICOMTÉ

DU PRIEURÉ DE BONNE-NOUVELLE, À BURES.

1459.

Sceau rond, de 32 mill. — Arch. de la Seine-Inférieure; prieuré de Bonne-Nouvelle.

Écu aux trois léopards d'Angleterre.

✱ le grant sel de la viconte de bures

(Le grant sel de la vicomté de Bures.)

Contre-sceau : Écu aux trois léopards.

le petit sel de la viconte de bures

(Le petit sel de la vicomté de Bures.)

Bail de terres sises en la paroisse d'Osmoy. — Septembre 1459.

3076 VICOMTÉ

DU PRIEURÉ DE BONNE-NOUVELLE, À BURES.

1479.

Sceau rond, de 32 mill. — Arch. de la Seine-Inférieure; prieuré de Bonne-Nouvelle.

Écu aux trois léopards d'Angleterre, accompagné de trois fleurs de lys dans un *trilobe*.

✱ seel des obligacions de la viconte de bures

(Seel des obligacions de la vicomté de Bures.)

Contre-sceau : La représentation réduite de la face. — Sans légende.

Rachat d'une rente sur une masure sise à Burette. — Juin 1479.

3077 VICOMTÉ

DU PRIEURÉ DE BONNE-NOUVELLE, AU PRÉ.

1486.

Sceau rond, de 35 mill. — Arch. de la Seine-Inférieure; prieuré de Bonne-Nouvelle.

La Vierge debout, un lys à la main, portant l'enfant Jésus qui tient un globe crucifère. Dans le champ à droite, un écu aux trois léopards d'Angleterre, timbré d'un fleuron.

sigillū obligacionū ecl'e de prato

(Sigillum obligacionum ecclesie de Prato.)

Contre-sceau : L'écu aux trois léopards, timbré d'une croix.

✱ parvū sigillū obligacionū ecl'e de prato

(Parvum sigillum obligacionum ecclesie de Prato.)

Fieffe de terres sises dans les paroisses d'Osmoy et de Saint Valery-sous-Bures. — Février 1486.

3078 VICOMTÉ

DU PRIEURÉ DE BONNE-NOUVELLE, AU PRÉ.

XVe siècle.

Sceau rond, de 35 mill. — Collection de l'abbé Jouen, à Évreux.

Variété du type précédent.

sigillū · obligationū · ecce · de prato

(Sigillum obligationum ecclesie de Prato.)

Matrice.

3079 PELLETIER (PIERRE LE),

Bailli du prieuré de Saint-Victor, au Mans. — 1520.

Sceau rond, de 22 mill. — Arch. de la Manche; abbaye du Mont-Saint-Michel.

Écu portant une quintefeuille et un croissant en chef, et une étoile en pointe, à la vergette en pal brochant.

PIERRE · LE · PELETIER · M ·

Reconnaissance d'une rente sise à Sargé. — Mai 1520.

3080 QUEROAR (THIBAUD).

Sénéchal du prieuré de Montrouault. — 1415.

Sceau rond, de 20 mill. — Arch. de la Manche; abbaye du Mont-Saint-Michel.

Écu fretté au chef chargé de deux rencontres de cerf, timbré des initiales **T, Q**, dans un trilobe. — Sans légende.

Contre-sceau : Un rencontre de cerf accosté de deux étoiles, le front surmonté d'un objet sphérique. — Sans légende.

Fieffe d'une terre sise à Montrouault. — Février 1415.

XVIIe SÉRIE. — CORPORATIONS RELIGIEUSES.

CARMES.

3081 CAEN
(LÉONARD DE SAINT-NICOLAS, PRIEUR DES CARMES DE).

1687.

Cachet ovale, de 45 mill. — Collection de M. de Farcy, à Bayeux.

La Vierge debout couronnée et nimbée, portant l'enfant Jésus couronné et nimbé.

SIGILL · PRIORIS · CARMELI · CADOMENSIS

Présentation à la prêtrise. — Septembre 1687.

3082 DIEPPE (CARMES DE).

1715.

Cachet ovale, de 19 mill. — Arch. de la Seine-Inférieure; archevêché de Rouen.

Écu portant un chapé surmonté d'une croix et chargé de trois étoiles, embrassé par deux branches de laurier. — Sans légende.

Élection et présentation du supérieur. — Décembre 1715.

3083 PONT-AUDEMER (CARMES DE).

XVe siècle.

Sceau rond, de 32 mill. — Collection de M. Canel, à Pont-Audemer.

Une plante chargée de fleurs et de boutons avec un oiseau perché à droite, surmontée des lettres renversées OCAI · ?

✻ S CONVENTVS FRM : DE CARMEL
PONT AVD'

(Sigillum conventus fratrum de Carmelo Pontis Audomari.)

Matrice.

CHARTREUX.

3084 BOURBON (CHARTREUX DE).

1671.

Sceau ogival, de 56 mill. — Arch. de la Seine-Inférieure; archevêché de Rouen.

Sur un champ de fleurs de lys, la Vierge debout couronnée, portant l'enfant Jésus, ayant à ses pieds à gauche un religieux priant. Au-dessous, un écu de France au bâton en bande, timbré d'une croix que surmonte un chapeau de cardinal.

S · M · CARTVSIE · NRE · DNE · BONE · SPEI ·

Présentation à la cure du Tot. — Mai 1671.

3085 BOURBON (CHARTREUX DE).

1721.

Cachet ovale, de 19 mill. — Arch. de la Seine-Inférieure; archevêché de Rouen.

La Vierge debout portant l'enfant Jésus, tenant un lys à la main. Dans le champ à droite, l'écu de Bourbon. — Sans légende.

Présentation à la cure d'Anceaumeville. — Février 1721.

3086 BOURBON (CHARTREUX DE).

1725.

Cachet ovale, de 22 mill. — Arch. de la Seine-Inférieure; archevêché de Rouen.

Religieux debout, en capuchon, tenant une palme, ayant à ses pieds une mitre et une croix, entouré de deux tiges de lys. — Sans légende.

Présentation à la cure de Notre-Dame de Neufchâtel. — Mars 1725.

3087 BOURBON (CHARTREUX DE).

1748.

Cachet ovale, de 22 mill. — Arch. de la Seine-Inférieure; archevêché de Rouen.

La Vierge avec l'enfant Jésus, appuyée sur un cartouche contenant l'écu de France au bâton péri en bande, timbré d'une croix à double traverse sous un chapeau de cardinal. A ses pieds, une ancre.

PAR · SIGILL · CARTH · BORBON ·

Présentation à la cure d'Appeville. — Novembre 1748.

3088 BOURBON (CHARTREUX DE).

1783.

Cachet ovale, de 21 mill. — Arch. de la Seine-Inférieure; archevêché de Rouen.

Variété du type précédent.

.. CARTVSIÆ BORBONIENSIS

Présentation à la cure d'Anglesqueville-sur-Saane. — Août 1783.

3089 ROUEN

(CHARTREUX DE LA ROSE, PRÈS).

1649.

Cachet rond, de 27 mill. — Arch. de la Seine-Inférieure; archevêché de Rouen.

Une rose — Légende détruite.

Présentation à la cure d'Étouteville. — Avril 1649.

3090 ROUEN

(CHARTREUX DE SAINT-JULIEN DE).

1740.

Cachet ovale, de 26 mill. — Arch. de la Seine-Inférieure; archevêché de Rouen.

Écu écartelé : au 1, de France; au 2, trois léopards l'un sur l'autre; au 3, cinq tourelles posées en sautoir; au 4, palé de quatre pièces; et sur le tout, un écusson portant un léopard en chef et deux lions adossés en pointe à la croix brochant.

SIGILLVM CARTVSIÆ ROTHOMAGI

Présentation à la cure de Colleville. — Décembre 1740.

DOMINICAINS OU FRÈRES PRÊCHEURS.

3091 CINGOLI (DOMINICAINS DE).

XVIIe siècle.

Sceau ovale, de 47 mill. — Collection de M. Lormier, à Rouen.

La Vierge en voile et l'enfant Jésus dans un nuage où paraît un chapelet à gauche. Au-dessous, un religieux priant.

SIGILLVM SANCTI DOMINICI DE CINGVLO OR. PR.

Matrice.

3092 LISIEUX (DOMINICAINS DE).

XVe siècle.

Sceau ogival, de 43 mill. — Musée des Antiquaires de Normandie, à Caen.

Dans une niche gothique, la Vierge à mi-corps, couronnée, tenant l'enfant Jésus et lui présentant une pomme. Au-dessous, quatre religieux priant.

S' CONVĒTVS · FRM · P̄DICATOR · LEXOVIEN̄

(Sigillum conventus fratrum Predicatorum Lexoviensium.)

Surmoulage.

3093 ROUEN (DOMINICAINS DE).

1247.

Sceau rond, de 42 mill. — Arch. de la Seine-Inférieure; archevêché de Rouen.

Un ange assis, écrivant sur un pupitre à gauche.

✠ S'. FRATV̄ · PREDICATO... .OTHOMAGĒSIV̄

(Sigillum fratrum Predicatorum Rothomagensium.)

Transaction au sujet de la maison habitée par les Dominicains à Rouen et située «intra muros et fossata.» — Avril 1247.

3094 ROUEN

(J. DE REVIERS, PRIEUR DES DOMINICAINS DE).

1257.

Sceau ogival, de 34 mill. — Arch. de la Seine-Inférieure; archevêché de Rouen.

Buste de saint Dominique à gauche, surmonté d'une main céleste bénissante entre les lettres A et Ω (alpha et oméga).

....RIORIS · FRM · P̄DICATOR' · ROT...

(Sigillum prioris fratrum Predicatorum Rothomagensium.)

Voyez le numéro précédent.

3095 ROUEN

(LE PRIEUR DES DOMINICAINS DE).

1331.

Sceau ogival, de 41 mill. — Arch. de la Seine-Inférieure; abbaye de Saint-Wandrille.

Personnage debout tête nue, portant une besace chargée d'une coquille, tenant un bourdon, ayant à ses pieds à gauche un priant surmonté d'une coquille. Champ fretté.

.......S · FRM · P̄DIC' · ROTH

(Sigillum prioris fratrum Predicatorum Rothomagensium.)

Sentence au sujet de la chapelle de Saint-Ouen, à Sierville. — Mai 1331.

FRANCISCAINS OU FRÈRES MINEURS.

3096 BOURGES

(LE GARDIEN DES FRÈRES MINEURS DE).

XVe siècle.

Sceau ogival, de 55 mill. — Collection de M. Lormier, à Rouen.

Sous un dais d'architecture, saint François debout, tenant une palme. Au-dessous, un priant.

S CVSTODIS CVSTOD' MINORVM BITVRICĒSIS

Matrice.

3097 CAEN (FRÈRES MINEURS DE).

1247.

Sceau ogival, de 37 mill. — Arch. du Calvados; abbaye d'Aunay.

La Présentation au temple. Jésus nimbé du nimbe crucifère, tenu par sa mère au-dessus de l'autel, bénissant le grand prêtre Siméon.

...FRM MINORVM CADOMENS...

(Sigillum fratrum Minorum Cadomensium.)

Testament de Robert le Breton de Maisoncelles-sur-Ajon, chevalier. — Février 1247.

3098 CAEN (FRÈRES MINEURS DE).

1485.

Sceau ogival, de 48 mill. — Arch. du Calvados; université de Caen.

Dans une niche gothique, la Vierge debout, couronnée, tenant l'enfant Jésus.

..conventus frm minorum cadomen

(Sigillum conventus fratrum Minorum Cadomensium.)

Accord au sujet des assemblées, des messes, services solennels, etc. — Mars 1485.

3099 CAEN

(LE GARDIEN DES FRÈRES MINEURS DE).

1485.

Sceau ogival, de 51 mill. — Arch. du Calvados; université de Caen.

Dans une niche gothique, personnage debout, nimbé, tenant un chandelier. Au-dessous, un priant.

s gardiani frm minorū cadomen

(Sigillum gardiani fratrum Minorum Cadomensium.)

Voyez le numéro précédent.

3100 CHAUSSEY (FRÈRES MINEURS DE).

1532.

Sceau ogival, de 43 mill. — Arch. de la Manche; abbaye du Mont-Saint-Michel.

La Vierge assise, couronnée, tenant l'enfant Jésus.

✠ sigillum conve.......de chauz

(Sigillum conventus fratrum Minorum de Chauzé.)

Les Cordeliers de Chaussey reconnaissent n'avoir aucun droit sur l'île où ils sont établis. — Septembre 1532.

3101 PÉRIGUEUX

(FRÈRES MINEURS DE NOTRE-DAME-DES-ANGES DE).

XVIIIe siècle.

Sceau ovale, de 47 mill. — Collection de M. Lormier, à Rouen.

La Vierge debout, en voile, les pieds sur une ancre, surmontée d'une couronne soutenue par deux anges, dans une gloire flamboyante.

SIGIL · CONVENT · FF · MINOR · NOSTRÆ · DNÆ · ANG · PETRACHOR

Matrice.

3102 ROUEN

(LE GARDIEN DES FRÈRES MINEURS DE).

1285.

Sceau ogival, de 33 mill. — Arch. de la Seine-Inférieure; chapitre de Rouen.

Sur une plate-forme entre deux édicules, la Vierge à mi-corps, couronnée, tenant l'enfant Jésus. Au-dessous, un priant.

.. GARDIANI R..hOMAGENSI.

(Sigillum gardiani Rothomagensis.)

Copie des privilèges des frères Mineurs. — Février 1285.

3103 VERNON

(LÉOBIN DE COLLEVILLE, GARDIEN DES FRÈRES MINEURS DE).

1463.

Sceau ogival, de 38 mill. — Arch. de la Seine-Inférieure; archevêché de Rouen.

Saint François debout, nimbé, montrant ses stigmates, accosté de deux rameaux.

...illu elig.. gar.....onvent.....minor vnon...

(Sigillum Eligii? gardiani conventus fratrum Minorum Vernonensium.)

Présentation à l'archevêque de Rouen de frères Mineurs aptes à prêcher, à entendre en confession, etc. — Janvier 1463.

TIERS ORDRE DE SAINT-FRANÇOIS.

3104 HONFLEUR

(LE TIERS ORDRE DE SAINT-FRANÇOIS DE).

XVIIe siècle.

Sceau ovale, de 35 mill. — Musée de Rouen.

Sur un champ de fleurs de lys, saint Louis debout,

couronné, tenant le sceptre et la main de justice. Au-dessous, l'écu de France accosté des lettres S L (sanctus ludovicus).

SEAV · DV · TIERS · ORDRE · DE · S^T · FRANCOIS · DE · LA · CONGREGASION · DE · HONFLEVR

Matrice.

3105 LÉON

(LE GARDIEN DU TIERS ORDRE DE SAINT-FRANÇOIS DE).

XVIIe siècle.

Signet ovale, de 27 mill. — Collection de M. Lormier, à Rouen.

Un roi debout, couronné, au manteau fleurdelysé, tenant le sceptre et les attributs de la Passion.

✱ SIGILLVM · GARDIANI · CONVENTVS · LEONENSIS

Matrice.

CAPUCINS.

3106 NORMANDIE

(LE PROVINCIAL DES CAPUCINS DE).

1719.

Cachet *rond*, de 43 mill. — Arch. de la Seine-Inférieure; archevêché de Rouen.

Saint François à genoux, accosté de deux fleurs de lys. Au-dessous, un écu portant un Agnus sous un chef de France.

✱ SIGILLVM · PROVIN · FF · MIN · CAPVC · PROV · NORMAN ·

Mandement aux frères lais de se conformer aux usages de l'ordre. — Septembre 1719.

3107 AVRANCHES (CAPUCINS D').

XVIIe siècle.

Cachet ovale, de 31 mill. — Communiqué par M. Jacques Geffroi.

Sur un mont planté de fleurs, saint François à genoux recevant les stigmates, accosté de deux coquilles.

✱ SIGIL · CONVENT · FF · CAPVC : ABRINC ·

Surmoulage.

3108 CAEN (CAPUCINS DE).

XVIIe siècle.

Cachet ovale, de 28 mill. — Communiqué par M. Jacques Geffroi.

Un bourdon et une croix en sautoir, flanqués d'une gourde et d'une étoile; au bas, le dragon.

✱ SIGIL · COVENT : CAPSSIN : CADOMENS

Surmoulage.

3109 ROUEN (RÉCOLLETS DE).

XVIIIe siècle.

Cachet ovale, de 39 mill. — Collection de M. l'abbé Jouen, à Évreux.

Un roi debout, couronné, en manteau royal, tenant le sceptre et les attributs de la Passion.

✱ SIG. FF. TERT. ORD. S^T. FRANC. RECOLL. ROTHOM.

Matrice.

3110 VALOGNES

(THOMAS DE QUILLEBEC, GARDIEN DES RÉCOLLETS DE).

1576.

Sceau ogival, de 58 mill. — Collection de M. de Farcy, à Bayeux.

Le Christ debout, nimbé, tenant une croix, sur champ d'étoiles.

sigillum · gardiani · conventus · vallonrar

(Sigillum gardiani conventus Valloniorum.)

Présentation de religieux aptes au sacerdoce. — Septembre 1576.

3111 VIRE

(JEAN LE FOULON, GARDIEN DES RÉCOLLETS DE).

1577.

Sceau ogival, de 58 mill. — Collection de M. de Farcy, à Bayeux.

Sous un dais d'architecture, saint Michel terrassant le dragon.

SIGILLVM · P · GARDIANI · COVENT · VIRRE

Présentation aux ordres mineurs. — Septembre 1577.

TRINITAIRES.

3112 SAINT-ÉLOI, PRÈS MORTAGNE

(TRINITAIRES DE).

1636.

Sceau ogival, de 64 mill. — Collection de M. de Farcy, à Bayeux.

Dans un édifice gothique, saint Éloi ferrant sur une enclume une jambe de cheval, et devant lui, le cheval attendant patiemment que le saint lui restitue sa jambe coupée. Au-dessous, un priant — Légende fruste.

Présentation de religieux aptes au sacerdoce. — Mars 1636.

RELIGIEUSES DE NOTRE-DAME DE LA CHARITÉ.

3113 VANNES
(LA PRIEURE DE NOTRE-DAME DE LA CHARITÉ DE).
XVIe siècle.
Sceau ogival, de 56 mill. — Arch. de la Manche.

Dans une niche de la Renaissance, la Salutation angélique. Au-dessous, une priante. Et dans le champ, huit hermines.

S PRIORISSE BEATE MARIE DE NAZARETH CAR VENETENSIS

Matrice.

NOUVELLES CATHOLIQUES.

3114 ROUEN
(NOUVELLES CATHOLIQUES DE).
XVIIIe siècle.
Cachet ovale, de 43 mill. — Collection de M. Lormier, à Rouen.

Un diptyque soutenu par un pape, un cardinal et deux évêques, portant sur ses deux feuillets : QVI NON AVDIERIT ECLESIĀ SIT TIBI SICVT EST INICVS (pour *ethnicus*) ET PVBL. En haut, le Saint-Esprit en forme de colombe, au milieu de rayons, et au-dessus, des nuages surmontés de caractères hébraïques.

SCEAV DES NOVVELLES CATHOLIQVES DE ROVEN

Matrice.

RÉCOLLECTINES.

3115 ROUEN (RÉCOLLECTINES DE).
XVIIIe siècle.
Cachet ovale, de 36 mill. — Collection de M. l'abbé Jouen, à Évreux.

La Vierge debout, tendant la main à des malheureux.

SIG · SOROR · TERT · ORD · St · FR · RECOL · ROTHOMAG

Matrice.

XVIIIe SÉRIE. — ORDRES MILITAIRES RELIGIEUX.

ORDRE DU TEMPLE.

3116 NORMANDIE
(ROBERT PAJART, PRÉCEPTEUR DU TEMPLE EN).
1260.
Sceau rond, de 30 mill. — Arch. du Calvados ; abbaye d'Aunay.

Un Agnus Dei à droite.

✠ S' FRATRIS ROBERTI PAIART

(Sigillum fratris Roberti Pajart.)

Sceau détaché.

ORDRE DE SAINT-JEAN DE JÉRUSALEM.

3117 ANGLETERRE
(PRIEURÉ DE SAINT-JEAN DE JÉRUSALEM EN).
1281.
Sceau rond, de 39 mill. — Arch. de la Seine-Inférieure ; abbaye de Fécamp.

La tête de saint Jean Baptiste, patron des Hospitaliers. Le chef du précurseur est figuré de face, barbu, les cheveux flottants, accosté d'un soleil et d'un croissant.

✠ S' PRIORIS : HOS........ IERM.... GL

(Sigillum prioris Hospitalis Jherusolem in Anglia.)

Cession de plusieurs tènements, à Winchelsea, l'un des cinq ports d'Angleterre. — 1281.

3118 ANGLETERRE
(HUGUES D'AUNAY, PRIEUR DE SAINT-JEAN DE JÉRUSALEM EN).
1281.
Sceau ogival, de 38 mill. — Arch. de la Seine-Inférieure ; abbaye de Fécamp.

Saint Jean à mi-corps, tenant l'Agnus Dei et une palme.

✠ S' FRATRIS HVGONIS DE ALNETO

(Sigillum fratris Hugonis de Alneto.)

Voyez le numéro précédent.

ORDRE DE MALTE.

COMMANDEURS DE SAINTE-VAUBOURG, DE VILLEDIEU-MONTAGNE.

3119 PIERRE DE CHAMISSO,

Seigneur d'Anderanne, commandeur de Sainte-Vaubourg. — 1753.

Cachet ovale, de 16 mill. — Arch. de la Seine-Inférieure; archevêché de Rouen.

Écu portant cinq trèfles posés en sautoir en chef et deux mains en pointe, timbré d'un arbre, sur une croix de Malte. — Sans légende.

Présentation à la cure de Sandouville. — Octobre 1753.

3120 CHARLES-CASIMIR DE ROGRES DE CHAMPIGNOLLES.

Commandeur de Sainte-Vaubourg. — 1762.

Cachet ovale, de 20 mill. — Arch. de la Seine-Inférieure; archevêché de Rouen.

Écu gironné de douze pièces sous un chef chargé de la croix de la religion, couronné, entouré d'un chapelet, sur une croix de Malte supportée par deux sirènes. — Sans légende.

Présentation à la cure de Sandouville. — Décembre 1762.

3121 CHARLES-GABRIEL-DOMINIQUE DE CARDEVAC D'HAVRINCOURT,

Commandeur de Sainte-Vaubourg. — 1772.

Cachet ovale, de 23 mill. — Arch. de la Seine-Inférieure; archevêché de Rouen.

Écu d'hermines sous un chef surmonté d'un chef de la religion, couronné, entouré d'un chapelet, sur une croix de Malte. — Sans légende.

Présentation à la cure de Saint-Jean du Val-de-la-Haye. — Décembre 1772.

3122 PHILIPPE DE MEAUX-ROCOURT,

Commandeur de Villedieu-Montagne. — 1645.

Cachet ovale, de 14 mill. — Arch. de la Seine-Inférieure; archevêché de Rouen.

Écu portant cinq couronnes d'épines sous un chef de la religion, timbré d'un heaume, entouré d'un chapelet. — Sans légende.

Présentation à la cure d'Eccles. — Mars 1645.

3123 ANTOINE COSTARD DE HAUTOT.

Commandeur de Villedieu-Montagne. — 1721.

Cachet ovale, de 34 mill. — Arch. de la Seine-Inférieure; archevêché de Rouen.

Écu au lion sous un chef de la religion, couronné, entouré d'un chapelet, sur une croix de Malte. — Sans légende.

Présentation à la cure d'Eccles. — Septembre 1721.

3124 PIERRE-FRANÇOIS DE POLASTRON.

Commandeur de Villedieu-Montagne. — 1755.

Cachet ovale, de 23 mill. — Arch. de la Seine-Inférieure; archevêché de Rouen.

Écu au lion sous un chef de la religion, couronné, entouré d'un chapelet, sur une croix de Malte. — Sans légende.

Présentation à la cure de Villedieu-Montagne. — Mars 1755.

ORDRE DU SAINT-ESPRIT.

3125 ORDRE DU SAINT-ESPRIT (SCEAU DES INDULGENCES DE L').

XVIe siècle.

Sceau rond, de 44 mill. — Musée des Antiquaires de Normandie, à Caen.

Écu portant une croix ancrée à double traverse, parti de deux clefs en sautoir, timbré du Saint-Esprit en forme de colombe, accosté de six fleurs de lys.

sigillum indulgenciarū ordinis sancti spiritus

(Sigillum indulgenciarum ordinis Sancti Spiritus.)

Matrice.

XIXe SÉRIE. — HÔPITAUX, MALADRERIES, CONFRÉRIES.

HOPITAUX.

3126 CAEN (HÔTEL-DIEU DE).

1260.

Sceau rond, de 58 mill. — Arch. du Calvados ; abbaye de la Sainte-Trinité de Caen.

Dans deux ogives accolées : à gauche, un personnage, tête nue, nimbé, crossé, tenant un livre ; à droite, un personnage bénissant, ... — Légende détruite.

Contre-sceau : Saint Thomas debout, mitré, tenant une croix, bénissant.

✠ SECRETVM SANCTI THOME

(Secretum Sancti Thome.)

Cession de droits sur un masage situé place des Cordiers, à Caen. — Novembre 1260.

3127 MANS (LES ARDENTS DU).

1410.

Contre-sceau rond, de 44 mill. — Arch. de la Manche ; abbaye du Mont-Saint-Michel.

Personnage debout, nimbé, mitré, crossé de biais, bénissant, accosté d'une jambe et d'un bras suspendus en ex-voto, sur un champ bordé d'étoiles, sous un dais d'architecture.

S' DOM̃ DEI ARDENCIVM CENOMANNI

(Sigillum Domus Dei Ardencium Cenomanni.)

Accord au sujet d'une maison sise en la paroisse de Saint-Jean-de-la-Chevrière. — Avril 1410.

3128 MANS (LES ARDENTS DU).

1471.

Contre-sceau rond, de 42 mill. — Arch. de la Manche ; abbaye du Mont-Saint-Michel.

Buste mitré de face, surmontant un pied et une main accompagnés d'étoiles. Au-dessous, un écu effacé.

S' PITA̅CIARIE ARDENCI.........

(Sigillum pitanciarie Ardencium.....)

Aveu de biens relevant de la seigneurie du prieuré de Saint-Victor. — Juillet 1471.

3129 ROUEN

(PRIEURÉ DE LA MADELEINE OU HÔTEL-DIEU DE).

1401.

Sceau rond, de 65 mill. — Arch. de la Seine-Inférieure ; abbaye de Valmont.

Le Christ à table avec ses disciples, tenant une coupe. La Madeleine est étendue à ses pieds, les essuyant de sa chevelure. — Légende détruite.

Confirmation de la vente d'une rente. — Mars 1401.

3130 ROUEN

(PRIEURÉ DE LA MADELEINE OU HÔTEL-DIEU DE).

1667.

Cachet ovale, de 15 mill. — Arch. de la Seine-Inférieure ; archevêché de Rouen.

Écu portant trois hanaps couverts, sous un chef chargé de trois croisettes, timbré d'un bâton à édicule, embrassé par deux palmes. — Sans légende.

Présentation à la cure de Bénouville. — Mars 1667.

3131 ROUEN

(PRIEURÉ DE LA MADELEINE OU HÔTEL-DIEU DE).

1693.

Cachet octogone, de 17 mill. — Arch. de la Seine-Inférieure, archevêché de Rouen.

Écu portant trois hanaps couverts sous un chef chargé de trois croisettes, timbré d'un bâton à édicule, dans un cartouche. — Sans légende.

Présentation à la cure de Bénouville. — Novembre 1693.

3132 ROUEN

(JEAN, PRIEUR DE LA MADELEINE OU HÔTEL-DIEU DE).

1238.

Sceau ogival, de 37 mill. — Arch. de la Seine-Inférieure ; prieuré de la Madeleine.

Le Christ assis, bénissant. A ses pieds, un priant.

..IOH̅IS PRIOR.....MAR' MAGD.....?

(Sigillum Johannis, prioris Beate Marie Magdalene Rothomagensis.)

Lettre du prieur établissant que le pain donné chaque jour par le chapitre de Rouen n'est pas obligatoire. — 1238.

3133 ROUEN

(JEAN, PRIEUR DE LA MADELEINE OU HÔTEL-DIEU DE).

1249.

Sceau ogival, de 45 mill. — Arch. de la Seine-Inférieure, prieuré de la Madeleine.

L'Apparition à la Madeleine. À gauche, le Christ debout, nimbé du nimbe crucifère, tenant une croix; à droite, la Madeleine à genoux et nimbée; entre les deux personnages, un arbre.

✠ S' IOHIS : PRIORIS : B'E : MARIE : MAGDAL : ROTHOM'

(Sigillum Johannis, prioris Beate Marie Magdalene Rothomagensis.)

Charte concernant la donation de la cure de Fauville. — Juillet 1249.

3134 ROUEN

(HENRI, PRIEUR DE LA MADELEINE OU HÔTEL-DIEU DE).

1267.

Sceau ogival, de 45 mill. — Arch. de la Seine-Inférieure; prieuré de la Madeleine.

Variété du type précédent.

✠ S' HENR' · PRIORIS : S' : MAR' · MAGDAL · ROTH

(Sigillum Henrici, prioris Sancte Marie Magdalene Rothomagensis.)

Lettres de non-préjudice au sujet du pain donné chaque jour par le chapitre de Rouen. — 1267.

3135 ROUEN

(GUILLAUME, PRIEUR DE LA MADELEINE OU HÔTEL-DIEU DE).

1401.

Sceau ogival, de 60 mill. — Arch. de la Seine-Inférieure; abbaye de Valmont.

Variété des représentations précédentes, dans une niche gothique. — Légende détruite.

Voyez le n° 3129.

3136 ROUEN

(PIERRE, PRIEUR DE LA MADELEINE OU HÔTEL-DIEU DE).

1494.

Sceau ogival, de 56 mill. — Arch. de la Seine-Inférieure; abbaye du Bec-Hellouin.

Le Christ et la Madeleine comme aux sceaux précédents, dans une niche gothique. Au-dessous, un priant accosté à droite d'un écu portant trois coquilles.

✠ sigillum petri prioris domus ...... agdalene rothomagensis

(Sigillum Petri, prioris Domus..... Marie Magdalene Rothomagensis.)

Lettres de garantie au sujet d'un échange de terres. — Novembre 1494.

LÉPROSERIE.

3137 MANS

(LES LÉPREUX DE SAINT-LAZARE AU).

1284.

Sceau ogival, de 44 mill. — Arch. de la Manche; abbaye du Mont-Saint-Michel.

Personnage debout de profil à gauche, appuyé sur un bâton, tenant.....

✠ S' CAPITVL....... RI ..N

(Sigillum capituli Sancti Lazari Cenomanensis?)

Pouvoirs et procuration donnés à un des religieux de la léproserie. — Juin 1284.

CONFRÉRIE.

3138 ROUEN

(CONFRÉRIE DES CONARDS DE).

XVIe et XVIIe siècles.

Sceau rond, de 39 mill. — Collection de M. Lormier, à Rouen.

Personnage grotesque assis sur une chaière, mitré, crossé, tenant un jambon, accosté de deux buires. — Sans légende.

Matrice.

XXe SÉRIE. — DIVERS ET INCONNUS.

3139 AFILANT (THOMAS).

XIVe siècle.

Sceau rond, de 19 mill. — Collection de M. de Farcy, à Bayeux.

Un lièvre à cheval sur un chien et sonnant de l'olifant. En croupe derrière lui, un oiseau.

S' THOMAS AFILART

(Seel Thomas Afilant.)

Sceau détaché.

3140 BAVIÈRE (JEAN DE).

XIIIe siècle.

Sceau en écu, de 32 mill. — Musée de Rouen.

Un lion contourné.

✻ : S : IOHANNES : DE : BAIOARIA :

(Sigillum Joannes de Bajoaria.)

Matrice.

3141 BARTHULUCCIO.

XIVe siècle.

Sceau rond, de 17 mill. — Collection de M. Lormier, à Rouen.

L'initiale B.

✻ S' · BARTHVLVCII

(Sigillum Barthulucii.)

Matrice.

3142 BÉGIN (JEAN).

XVe siècle.

Sceau rond, de 23 mill. — Collection de M. Lormier, à Rouen.

Écu portant une plante chargée de trois fleurs, timbré d'une fleur de lys.

s iehan begin

(Seel Jehan Bégin.)

Matrice.

3143 BOULANGER (THOMAS LE).

XIVe siècle.

Sceau rond, de 22 mill. — Collection de M. Lormier, à Rouen.

L'initiale T couronnée, accompagnée d'une étoile à droite.

✻ S' THOMAS LE BOVLANGER

(Seel Thomas le Boulanger.)

Matrice.

3144 BUISSON (GUILLAUME DU).

XIIIe siècle.

Sceau rond, de 27 mill. — Communiqué par M. Dubosc, archiviste de la Manche.

Un arbuste en forme de fleur de lys, portant six fleurs symétriques.

✻ S' GVILLEME DEL BVISSON

(Seel Guillaume del Buisson.)

Surmoulage.

3145 CERF (RAOUL LE).

XIVe siècle.

Sceau rond, de 29 mill. — Communiqué par M. Dubosc, archiviste de la Manche.

Une tête de cerf, de face, surmontée d'une fleur de lys entre les deux ramures.

S' RAAL : LE CERF

(Seel Raal le Cerf.)

Surmoulage.

3146 CLAVET (BERTRAND).

XIIIe siècle.

Sceau rond, de 20 mill. — Communiqué par M. Jacques Geffroi.

Un château à trois tours.

✻ S'. B'TRAN · CLAVET ·

(Seel Bertran Clavet.)

Surmoulage.

3147 CLERC (JACQUEMART LE).

XVe siècle.

Sceau rond, de 22 mill. — Collection de M. Lormier, à Rouen.

Un marteau entre deux étoiles.

s · iaquemart · le clercq ·

(Seel Jaquemart le Clerc.)

Matrice.

3148 COESMES (MACÉ DE).

XIIIe siècle.

Sceau rond, de 43 mill. — Collection de M. Lormier, à Rouen.

Écu à la croix recercelée.

✠ S' MASCE DE COEME

(Seel Mascé de Coeme.)

Matrice.

3149 CORBIEL (JACQUEMIN).

XIVe siècle.

Sceau rond, de 17 mill. — Collection de M. Lormier, à Rouen.

Un corbeau à gauche.

S' IAKEMIN CORBIEL

(Seel Jakemin Corbiel.)

Matrice.

3150 CRIEL (CHRISTIAN).

XVe siècle.

Sceau rond, de 24 mill. — Collection de M. Lormier, à Rouen.

Un globe crucifère avec une flamme, accosté de deux rameaux.

s kerstiaen criel

(Segel Kerstiaen Criel.)

Matrice.

3151 ÉBLES (GUILLAUME).

XIVe siècle.

Sceau rond, de 18 mill. — Arch. de la Manche.

Écu au lion, timbré d'un rameau.

✠ GVILL EBLES

(Guillaume Ébles.)

Matrice.

3152 FERRON (JEAN LE).

XIVe siècle.

Sceau rond, de 25 mill. — Musée de Rouen.

Un poisson en pal.

✠ S' IEHAN LE FEROVN

(Seel Jehan le Feroun.)

Matrice.

3153 FÈVRE (POIRÉ LE).

XIVe siècle.

Sceau rond, de 20 mill. — Collection de M. Lormier, à Rouen.

Un fer de cheval, accompagné d'un brochoir.

✠ S' POIRE LE FAVER

(Seel Poiré le Faver.)

Matrice.

3154 GARDIN (THURIEN DU).

XVIe siècle.

Sceau rond, de 31 mill. — Collection de M. Lormier, à Rouen.

Écu au lion accompagné d'une rose au canton sénestre. Dans le champ, six annelets.

S · THVRIEN · DV · GARDIN ·

Matrice.

3155 GARIN (NICOLAS).

XIVe siècle.

Sceau rond, de 19 mill. — Collection de M. Lormier, à Rouen.

Une fleur de lys.

S' NICHOLE GARIN

(Seel Nichole Garin.)

Matrice.

3156 GOUJON (NICOLAS).

XVe siècle.

Sceau rond, de 27 mill. — Collection de M. Lormier, à Rouen.

Écu au chevron accompagné de trois losanges.

s : nicolas goujon

(Seel Nicolas Goujon.)

Matrice.

3157 HAMEL (L. DU).

XVe siècle.

Cachet hexagone, de 13 mill. — Collection de M. de Farcy, à Bayeux.

Un cœur surmonté de la lettre L accostée de deux étoiles et commençant la légende.

du hamel

(L. du Hamel.)

Matrice.

3158 LOHES (JEAN DE).

XVe siècle.

Sceau rond, de 28 mill. — Collection de M. de Farcy, à Bayeux.

Écu au croissant surmonté d'une étoile, penché, timbré d'un heaume cimé d'une aigle et accosté de deux rameaux.

s iehan de lohes

(Seel Jehan de Lohes.)

Matrice.

3159 LOMME (JEAN).

XIVe siècle.

Sceau rond, de 26 mill. — Collection de M. Lormier, à Rouen.

Une étrille accostée de deux quartefeuilles.

s iehan lōme

(Seel Jehan Lomme.)

Matrice.

3160 LUNEL (JEAN HUC DE).

XIVe siècle.

Sceau rond, de 18 mill. — Collection de M. Lormier, à Rouen.

Une doloire accompagnée à gauche d'un croissant entre deux étoiles.

S IOHN HVC D LVNEL

(Seel Johan Huc de Lunel.)

Matrice.

3161 LYE (JEAN BAUDOUIN DE).

XIVe siècle.

Sceau rond, de 19 mill. — Collection de M. Lormier, à Rouen.

Écu à la bande accompagnée de six billettes? en chef et de cinq en pointe, les billettes posées dans le sens de la bande.

S' IOHIS BALDVVINI D LYE

(Sigillum Johannis Balduvini de Lye.)

Matrice.

3162 MARRONNIER (SIMON LE).

XVe siècle.

Sceau rond, de 22 mill. — Collection de M. Lormier, à Rouen.

Écu au poisson en fasce accompagné de trois étoiles, dans un trilobe.

SIMON LE MARRONNIER

(Simon le Marronnier.)

CONTRE-SCEAU : Un cœur couronné, accosté de deux étoiles et de deux petits sautoirs. — Sans légende.

Matrice.

3163 MARTEAU (FLORI DE).

XVIe siècle.

Sceau rond, de 34 mill. — Collection de M. Lormier, à Rouen.

Écu à la bande chargée de trois étoiles, penché, timbré d'un heaume à lambrequins cimé d'un bras tenant un marteau.

S : FLORI · DE :: MARTEAV :

Matrice.

3164 MENNER (ROGER).

XIVe siècle.

Sceau rond, de 21 mill. — Arch. de la Manche.

Une gerbe?

S' ROGER MENNER

(Seel Roger Menner.)

Matrice.

3165 MARZIO (BARTHÉLEMY DE).

XIVe siècle.

Sceau rond, de 29 mill. — Collection de M. Lormier, à Rouen.

Un bœuf passant à gauche.

✠ S' BERTOLAMEI D' MARZIO

(Sigillum Bertolomei de Marzio.)

Matrice.

3166 MESNIL (PIERRE DU).

XIVe siècle.

Sceau rond, de 22 mill. — Collection de M. Lormier, à Rouen.

Écu chevronné de six pièces, au lambel.

PIERRE · DV · MAINNIL

(Pierre du Mainnil.)

Matrice.

3167 NERI (ANDREA).

XIVe siècle.

Sceau rond, de 25 mill. — Collection de M. Lormier, à Rouen.

Écu échiqueté, dans un trilobe.

✠ · S · ANDREA · F · NERI ·

(Sigillum Andrea, filii Neri.)

Matrice.

3168 OBENSTEIN (HANS VON).

XVe siècle.

Sceau rond, de 24 mill. — Collection de M. Lormier, à Rouen.

Écu au lion, timbré d'un heaume à lambrequins, cimé d'une tête de lion dans un vol.

s hans vō obenſten

(Siegel Hans von Obensten.)

Matrice.

3169 OUDARD (ENGUERRAN).

XVe siècle.

Sceau rond, de 26 mill. — Collection de M. de Farcy, à Bayeux.

Écu portant une fleur de lys au pied coupé, au lambel, dans un quadrilobe.

ENGVERAN OVDART

(Enguerran Oudart.)

Matrice.

3170 PAYEN (PIERRE).

XVIe siècle.

Sceau rond, de 30 mill. — Collection de M. de Farcy, à Bayeux.

Écu portant trois tourteaux, penché, timbré d'un heaume cimé d'une tête de licorne, supporté par deux lions.

SEEL DE PIERRE PAYEN

(Seel de Pierre Payen.)

Sceau détaché.

3171 PETIT (WATIER LE).

XIVe siècle.

Sceau rond, de 28 mill. — Musée de Rouen.

Un lévrier courant à droite, devant un arbuste.

✠ S' WATIER · LE · PETIT

(Seel Watier le Petit.)

Matrice.

3172 POLET (CLÉMENT).

XVIe siècle.

Sceau rond, de 25 mill. — Collection de M. Lormier, à Rouen.

Écu portant les lettres S, T, L liées ensemble.

S · CLEMET · POLET ·

Matrice.

3173 PRÉVÔT (JACQUES LE).

XVe siècle.

Sceau rond, de 22 mill. — Collection de M. Lormier, à Rouen.

Écu à la fasce chargée de trois croissants, accompagnée de deux étoiles en chef et d'une rose en pointe.

s ·:· iaque : le prevost

(Seel Jaque le Prevost.)

Matrice.

3174 PRIERA (ANDRIEU SARTI DE).

XIVe siècle.

Sceau rond, de 26 mill. — Collection de M. Lormier, à Rouen.

Une tête d'homme barbu, de face.

✠ S' ANDRIEV SARTI D' PRIERA

(Seel Andrieu Sarti de Priera.)

Matrice.

3175 RAPILLY (ENGUERRAN DE).

XIVe siècle.

Sceau rond, de 28 mill. — Collection de M. de Farcy, à Bayeux.

Un léopard à sénestre.

S' INGERANNI DE RAPILLIACO

(Sigillum Ingerranni de Rapilliaco.)

Sceau détaché.

3176 RUE (GUILLAUME DE LA).

XIVe siècle.

Sceau rond, de 28 mill. — Musée de Rouen.

Un arbuste.

S' WILLAME DE LA RVE

(Seel Willame de la Rue.)

Matrice.

3177 SAINT-MARTIN (G. DE).

XVe siècle.

Sceau rond, de 19 mill. — Collection de M. Lormier, à Rouen.

Un fer de moulin, accosté de deux étoiles.

✠ S' · G · D' · S' · MARTIN

(Seel G. de Saint Martin.)

Matrice.

3178 SCHORAINER (LUCAS).

XVe siècle.

Sceau rond, de 22 mill. — Collection de M. Lormier, à Rouen.

Écu portant en abîme un écusson à l'aigle, angle de trois fleurs de lys.

s lucas schorainer

(Segel Lucas Schorainer.)

Matrice.

3179 SELLIER POUEN (LE).

XVe siècle.

Sceau rond, de 19 mill. — Collection de M. Lormier, à Rouen.

La lettre F accompagnée de deux fleurons et d'une étoile.

✠ LE SELIE POVEN

(Le Selié pouen.)

Matrice.

3180 SEPT-FONTAINES (SOHIER DE).

XVe siècle.

Sceau rond, de 23 mill. — Collection de M. Lormier, à Rouen.

Écu ondé, au franc canton chargé de trois bandes.

SOIHIER DE CET FONTEINES

(Solhier de Cet Fontaines.)

Matrice.

3181 THOMAS (JEAN).

XIVe siècle.

Sceau rond, de 32 mill. — Collection de M. Lormier, à Rouen.

Un faucon liant un oiseau.

✱ SIGILLVM IOHANNIS TOME

(Sigillum Johannis Tome.)

Matrice.

3182 TRONSON (RICHARD).

XVe siècle.

Sceau rond, de 28 mill. — Collection de M. Lormier, à Rouen.

Écu au sautoir cantonné de quatre têtes d'aigle, penché, timbré d'un heaume cimé d'une tête d'aigle entre deux cornes.

RICHART TRONSON

(Richart Tronson.)

Matrice.

3183 TROTE (SIMON JUDAS DE).

XIIIe siècle.

Sceau rond, de 24 mill. — Collection de M. Lormier, à Rouen.

Un lion passant à droite.

✱ S. SIMON IVDAS DE TROTE

(Seel Simon Judas de Trote.)

Matrice.

3184 *UBERTIS* (GAUTIER ALBERT *DE*).

XIVe siècle.

Sceau rond, de 26 mill. — Collection de M. Lormier, à Rouen.

Un lion.

✱ S GVALTERII ALBTI D' VBTIS

(Sigillum Gualterii Alberti de Ubertis.)

Matrice.

3185 VOISIERS (JACQUES DE).

XVe siècle.

Sceau rond, de 20 mill. — Musée de Bayeux.

Buste de face, coiffé d'un bonnet portant deux cornes et sommé d'une fleur de lys. Champ fretté.

✱ IAQVES DE VOISIERS

(Jaques de Voisiers.)

Matrice.

3186 WALY (MATTHIEU DE).

XVe siècle.

Sceau rond, de 23 mill. — Collection de M. Lormier, à Rouen.

L'initiale M.

✱ MAHIEV · DE VVALI

(Mahieu de Wali.)

Matrice.

3187 WENDLINGBURG? (EMME DE).

XIIIe siècle.

Sceau ogival, de 42 mill. — Collection de M. de Farcy, à Bayeux.

Une fleur de lys fleuronnée.

S' EMME FLE PET DE WENDLIGBVR

(Sigillum Emme, filie Petri de Wendlingbur.)

Sceau détaché.

TABLEAU SYSTÉMATIQUE

DES

SCEAUX DE LA NORMANDIE.

NOTA. L'astérisque qui accompagne le numéro d'ordre indique qu'il y a un contre-sceau.

SCEAUX LAÏQUES.

Ire SÉRIE. — SCEAUX DES SOUVERAINS.

SOUVERAINS DE FRANCE.

1 Philippe-Auguste........................ 1190

2 Blanche de Castille, femme de Louis VIII et mère de saint Louis.................... Vers 1248

SOUVERAINS D'ALLEMAGNE.

3 Mathilde, v^ve de Henri V, emp. d'Allemagne. 1125-1166

4* Marie-Thérèse........................ 1745-1780

5* Joseph II........................... 1765-1790

IIe SÉRIE. — SCEAUX DES GRANDS DIGNITAIRES.

6 Henri de Mez, seigneur de Say, maréchal de France........................... 1260

7 Jean de Grez et Jean de Beaumont, maréchaux de France.......................... 1315

8 Guillaume Mertel, sire de Saint-Vigor, chambellan du roi......................... 1394

9 Pierre le Bègue, sire de Villaines, d'Yvetot et de Tourny, chambellan du roi........... 1406

10 Jean de Semilly, sire d'Aunay et d'Esquay, chambellan du roi....................... 1452

11 Charles de Lorraine, grand écuyer de France. 1739

12 Pierre de Meulan, échanson du roi......... 1261

13 Sauvage de Jeucourt, panetier du roi....... 1394

14 Richard du Hommet, connétable du roi d'Angleterre en Normandie.............. XIIe siècle.

15 Guillaume du Hommet, connétable du roi d'Angleterre en Normandie................ 1190

16 Jean Blosset, seigneur de Saint-Pierre et de Carrouges, grand sénéchal de Normandie..... 1479

17 Jean Crespin, baron du Bec-Crespin, maître des eaux et forêts et maréchal de Normandie... 1451

IIIe SÉRIE. — SCEAUX DES GRANDS FEUDATAIRES.

ALENÇON.

18 Pierre II, comte d'Alençon................ 1374

19* Jean IV, duc d'Alençon et comte du Perche.. 1452

ANJOU.

20* Geoffroi Plantagenet, comte d'Anjou, duc de Normandie.......................... 1149

ARUNDEL.

21 Jean, comte d'Arundel, seigneur de Maltravers, capitaine de Verneuil.................. 1432

AUTRICHE.

22 Maximilien et Marie, archiducs d'Autriche... 1481

BAR.

23 Yolande de Flandre, comtesse de Bar, dame de Cassel........................... 1341

24 Yolande de Flandre, comtesse de Bar, dame de Cassel........................... 1362

BEAUMONT.

25 Richard, vicomte de Beaumont.......... XIIe siècle.

BOURGOGNE.

26 Hugues III, duc de Bourgogne............ 1183

BRETAGNE.

27 Eudon, duc de Bretagne. 1155

28* Geoffroi, fils de Henri II d'Angleterre, duc de Bretagne et comte de Richemond.. 1185

29 Constance, femme de Geoffroi, fils de Henri II d'Angleterre.......................... 1183

BUCKINGHAM.

30 Gautier Giffard, comte de Buckingham... XIIe siècle.

CHÂTELLERAULT.

31 Jean, comte d'Harcourt, vicomte de Châtellerault. 1341

32* Jeanne d'Harcourt, vicomtesse de Châtellerault. 1291

CLERMONT-EN-BEAUVOISIS.

33 Raoul, comte de Clermont-en-Beauvoisis..... 1162

DAMMARTIN.

34* Yolande de Dreux, comtesse de Dammartin.. 1280

EU.

35 Henri, comte d'Eu....................... 1183

36 Raoul, comte d'Eu....................... 1191

37 Jean, comte d'Eu..................... XIIe siècle.

38 Henri, comte d'Eu, fils de Jean......... XIIe siècle.

39 Jean, duc de Brabant de Lothier, comte de Nevers, d'Eu, pair de France.............. 1483

LA GARENNE.

40 Guillaume, comte de la Garenne........ XIIe siècle.

HAINAUT.

41 Jean d'Avesnes, comte de Hainaut...... Vers 12[illegible]

42 Jean, seigneur de Beaumont, fils du comte de Hainaut, frère de Guillaume le Bon... Vers 133[illegible]

HARCOURT.

43 Marie-Anne-Claude Brûlart de Genlis, maréchale-duchesse d'Harcourt.............. 172[illegible]

44 Anne-Pierre, duc d'Harcourt, comte de Lillebonne, fils de Marie-Anne-Claude Brûlart de Genlis............................ 1772

MANTES.

45 Amauri, vicomte de Mantes............... 11[illegible]

MEULAN.

46 Mahaut, femme de Robert, comte de Meulan. XIIe siècle.

MODÈNE.

47 François d'Este, duc de Modène, Reggio et Correggio.......................... Avant 1678

MORTAIN.

48* Jean, comte de Mortain............... Vers 118[illegible]

ORLÉANS.

49* Marie, duchesse d'Orléans, de Milan et de Valois, comtesse de Blois, de Pavie et de Beaumont......................... 1469-147[illegible]

50 Louis-Philippe, duc d'Orléans............. 177[illegible]

PERCHE.

51 Geoffroi III, comte du Perche............. 1194

52* Thomas, comte du Perche................ 121[illegible]

PONTHIEU.

53 Robert, fils de Jean, comte de Ponthieu... XIIIe siècle.

SOISSONS.

54 Yolande, femme de Raoul, comte de Soissons. [illegible]

THURINGE.

55 Henri, landgrave de Thuringe, comte de Saxe.......................... 1247-12[illegible]

WINCHESTER.

56* Marguerite de Quincy, comtesse de Winchester. [illegible]

IVe SÉRIE. — DIGNITAIRES DES GRANDS FEUDATAIRES.

57 Gautier de Courcelles, connétable du Vexin... 1186

58 Hugues de Mandetour, connétable du Vexin.. 1193

59 Philippe de Florigny, chambellan du duc d'Orléans............................. 1362

Vᵉ SÉRIE. — SEIGNEURS.

60 Acigné (Alain d') ... 1294
61* Agneaux (Gautier d'). Commencement du XIIIᵉ siècle.
62 ——— (Herbert d') ... 1294
63 Aguillon (Geoffroi) ... 1257
64 Ailly (Robert d') ... 1253
65 Albemarle (Renaud d'), seigneur de Woodbury ... XIIIᵉ siècle.
66 Albon (Camille-Éléonor d'), prince d'Yvetot ... 1728
67 Alisay (Guillaume d') ... 1264
68 Ambourville (Hubert d') ... 1183
69 ——— (Robert d') ... Fin du XIIᵉ siècle.
70 Anctoville (Raoul d') ... 1372
71 Argences (Guillaume d') ... 1230
72 ——— (Jean d') ... 1322
73* Argouges (Jean, sire d') et de la Champagne. 1470
74 Arsiz (Pierre d') ... XIIIᵉ siècle.
75 ——— (Pierre d') ... 1242
76 Atelles (Guillaume des) ... 1299
77 ——— (Jeanne, femme de Guillaume des) ... 1299
78 Athies (Marguerite d') ... XVᵉ siècle.
79 Auffay (Richard d') ... Commencement du XIIIᵉ siècle.
80 Aumale (Geoffroi d') ... 1285
81* Aunay (Foulques d') ... 1266
82 Aunou (Foulques d') ... Fin du XIIᵉ siècle.
83 ——— (Foulques d') ... Fin du XIIᵉ siècle.
84 Auteuil (Gilbert d') ... Commencement du XIIIᵉ siècle.
85 Authieux (Philippe des) ... XIIᵉ siècle.
86* ——— (Henri des) ... 1217
87 Aux-Épaules (Judith), dame de Pontcherron, veuve d'Arthur, sire de Magnéville, de la Haye-du-Puits, etc ... 1605
88 Avenel (Roland) ... XIIIᵉ siècle.
89 Bacon (Guillaume) ... 1295
90 ——— (Guillaume) du Molay ... XIIIᵉ siècle.
91 ——— (Guillaume) de Reviers ... 1261
92 ——— (Richard) de Fornigny ... 1237
93 Bayonville (Guillaume de). Commencement du XIIIᵉ siècle.
94 Bazemont (Jean de) ... 1227
95* Beaufort (Alain de) ... 1225
96 Beaumais (Marguerite de) ... XIIIᵉ siècle.
97 ——— (Matthieu de). Commencement du XIIIᵉ siècle.
98 ——— (Raoul de), fils de Matthieu de Beaumais ... Commencement du XIIIᵉ siècle.
99 Beaunay (Robert de) ... 1225
100 Beausserré (Perrenelle, dame de) et de Fourneaux ... 1390
101 Bec (Nicolas du) ... 1272
102 Bedart (Philippe) ... 1257
103 ——— (Roland), frère de Philippe Bedart ... 1257
104 Bellemare (André de), fils de Pierre de Bellemare ... 1222
105 ——— (André de) ... 1230
106 ——— (Étienne de) ... 1235
107 Bellemare (Guillaume de) ... 1236
108 ——— (Pierre de) ... [illegible]
109 ——— (Raoul de) ... [illegible]
110 Bérulles (Muriel, dame de), veuve de Gui de Taillebois ... 1288
111 Berville (Roger de) ... XIIIᵉ siècle.
112 Beuzeville (Guillaume de) ... [illegible]
113 Bierville (Raoul de) ... [illegible]
114 Blanche (Richard) ... XIIIᵉ siècle.
115 Blemercourt (Pierre de) ... [illegible]
116 Bois (Jean du) ... [illegible]
117 ——— (Perrenelle de la Mailleraye, femme de Jean du) ... [illegible]
118 Bois-Robert (Raoul Recuchon du) ... [illegible]
119 Boissay (Alain le Lay, seigneur de) et de Critot. [illegible]
120 ——— (Laurent, seigneur de), baron de Mesnières, seigneur de la Chapelle ... [illegible]
121 Bondeville (Gilles, sire de) ... [illegible]
122 ——— (Gilles de) ... [illegible]
123 Bonnebosq (Guillaume de) ... [illegible]
124 ——— (Robert de) ... 1171-1178
125 ——— (Robert de) ... [illegible]
126 Bonneval (Nicolas de) ... [illegible]
127 Bordel (Yves de) ... [illegible]
128 Bosc (Hugues du) ... 1270
129 ——— (Hugues du) ... [illegible]
130 ——— (Jean du), sire de Montjavoult ... 1283
131 ——— (Renaud du) ... [illegible]
132 ——— (Renaud du). Commencement du XIIIᵉ siècle.
133 ——— (Mahaut de Cailly, femme de Renaud du) ... Commencement du XIIIᵉ siècle.
134 Boshion (Jean du) ... [illegible]
135 Bouelles (Robert de) ... [illegible]
136 Boufei (Robert) ... [illegible]
137 Bourdainville (Robert de) ... [illegible]
138 Bousies (Gautier, seigneur de) ... Vers [illegible]
139 Bouteiller (Hamon le) ... XIIᵉ siècle.
140* Boutigny (Hugues de) ... [illegible]
141 Brée (Guillaume de), frère de Robert de Brée. [illegible]
142 ——— (Robert de) ... [illegible]
143 Breuilly (Raoul de) ... [illegible]
144 Bricquebec (Silvestre de) ... Fin du XIIᵉ siècle.
145 Bricqueville (Gabriel de), seigneur de Coulombières ... [illegible]
146 Brostin (Payen) ... [illegible]
147 Brucourt (Geoffroi de), seigneur de Fervacques. [illegible]
148 ——— (Guillaume de), seigneur de Cauchy. [illegible]
149 ——— (Jean de) ... [illegible]
150 ——— (Robert de) ... XIIᵉ siècle.
151 Brun (Jean le), sire d'Aveny ... [illegible]
152 Buffart (Raoul) ... XIIIᵉ siècle.
153 Burnel (Geoffroi) ... [illegible]
154 ——— (Nicolas) ... [illegible]

155 Buron (Guillaume de)........ 1260
156 Caligny (Geoffroi de)........ 1328
157 ——— (Gui de)........ 1290
158 Campeaux (Guillaume Sarrasin de)........ 1221
159 Campion (Macé), sire du Bois-Hérouit........ 1338
160 Canville (Richard de)........ 1171
161 Carteret (Philippe de)........ 1167
162 Caule (Jean du)........ 1291
163 Cerisier (Robert)........ 1263
164 Cervelle ou Servelle (Guillaume de la)........ 1367
165 Chaeney (Guillaume de)........ 1253
166 ——— (Guillaume de)........ 1267
167 ——— (Félicie de Grey, femme de Guillaume de)........ 1267
168 Champeaux (Guillaume des)........ XIIIe siècle.
169 Champion (Guillaume)........ 1242
170 ——— (Guillaume)........ 1243
171 Chanteloup (Amicie, dame de)........ XIVe siècle.
172 Chapelle (Robert de la)........ XIIIe siècle.
173 ——— (Robert de la), sire de la Vaupalière. 1331
174 ——— (Roland de la)........ 1244
175 Chasseguey (Étienne de)........ 1238
176 Chaumigny (Hugues de)........ XIIIe siècle.
177* Châteaubriand (Jean de), seigneur de Léon.. 1306
178 Châteaugiron (Hugues de)........ XIIe siècle.
179 Chèvre (Richard)........ 1244
180 Chevreuil (Gilbert) de Nogent-le-Sec........ 1220
181 Clères (Jean de)........ 1284
182 ——— (Philippe, sire de)........ 1324
183 Cohurdons (Guillaume des)........ 1254
184 Coisnières (Guillaume de)........ 1273
185 ——— (Guillaume de)........ XIIIe siècle.
186 ——— (Thomas de)........ XIIIe siècle.
187 Coispel (Richard)........ XIIIe siècle.
188 Cokelaere (Watier de)........ 1286
189 Combray (Geoffroi de)........ 1202
190 ——— (Nicolas de)........ 1256
191 ——— (Nicolas de)........ 1270
192 ——— (Raoul de)........ 1200
193 Comin (Bernard)........ 1226
194 Commandal (Foulques de)........ 1230
195 Corbet (Guillaume)........ 1260
196* ——— (Robert).... Commencement du XIIIe siècle.
197 Cormolain (Robert de)........ 1218
198 Cornart (Guillaume)........ 1270
199 Costart (Jean)........ 1216
200 Coudeville (Robert de)........ 1297
201 Coupesarte (Guillaume de)........ 1207
202 Cour (Robert de la)... Commencement du XIIIe siècle.
203 Courcelles (Gautier de)........ 1265
204 ——— (Jean, sire de)........ 1292
205 ——— (Jean de)........ 1234
206 ——— (Pierre de)........ 1232
207* Courcriers (Garin de)........ XIIIe siècle.
208 Courcy (Alix de), femme de Garin de Courcy. XIIIe siècle.
209 ——— (Philippe de)........ XIIIe siècle.
210 ——— (Richard de)........ 1256

211* Courcy (Robert, seigneur de)........ 1219
212 Courseulles (Hervé de)........ XIIIe siècle.
213 Courtenay (Pierre de)........ XVe siècle.
214* Crespin (Guillaume)........ 1237
215* ——— (Guillaume) le jeune, seigneur du Bec-de-Mortagne........ 1219
216* ——— (Jeanne, dame du Bec-de-Mortagne, femme de Guillaume)........ 1269
217 Cressy (Raoul de)........ Fin du XIIe siècle.
218 Creullet (Guillaume de), fils de Nicolas de Creullet........ XIIIe siècle.
219 Creully (Nicolas de)........ XIIIe siècle.
220 ——— (Richard, seigneur de)........ 1234
221 Croisy (Pierre de)........ 1261
222 Croixmare (Guillaume de)........ 1227
223 Culey (Robert de)........ XIIIe siècle.
224 Cully (Jean de)........ XIIIe siècle.
225 Damien (Roger)........ 1268
226 Dancé (Hervé de)........ 1233
227 Dastinel (Guillaume).. Commencement du XIIIe siècle.
228 Daubeuf (Pierre de)........ 1264
229* Dinan (Alain de)........ XIIIe siècle.
230 Dol (Jean de), seigneur de Combourg........ 1230
231 Ducey (Néel, seigneur de)........ XIIIe siècle.
232 Du Guesclin (Pierre), seigneur du Plessis-Bertrand........ 1364
233 Éclaibes (Gérard d'), sire de la Flamengrie.. 1186
234* Écluse (Guillaume, seigneur de l')........ 1247
235* ——— (Guillaume de l')........ XIIIe siècle.
236 Épinay (Pierre d')........ 1208
237 ——— (Thomas de l')........ 1253
238 Estouteville (Estout d'), seigneur de Torcy... 1363
239* ——— (Robert d')........ 1250
240 Ételan (Le sire d')........ 1215
241 Évrecy (Graverand d')........ XIIe siècle.
242 ——— (Jeanne de Longni, dame de Persay, femme de Pierre d')........ 1297
243 ——— (Pierre d')........ 1297
244 ——— (Thomas d')........ 1222
245 Farsi (Richard)........ 1235
246 Faulq (Matthieu du)........ 1231
247 Fauville (Robert, sire de)........ 1275
248 Fay (Bourgonde du), dame de Harier........ 1270
249 Fécamp (Guillaume de)........ XIIIe siècle.
250 Ferrière (Marguerite de la), dame d'Asse, de la Ferrière et de Vauterte........ 1271
251 ——— (Robert de la), seigneur de Saint-Hilaire-du-Harcouet........ 1200
252 Ferrières (Jean de)........ 1234
253 ——— (Jean de)........ XIIIe siècle.
254 Feuardent (Raoul)........ XIIIe siècle.
255 Feuguerolles-sur-Seulles (Jean, sire de)........ 1298
256 Fèvre (Julienne le), fille de Henri le Fèvre. XIIIe siècle.
257 Fierville (Raoul de)........ XIIe siècle.
258 Fitz-Erneis (Robert)........ XIIe siècle.
259* ——— (Éla, veuve de Robert)........ XIIe siècle.
260 Flagère (Roger de la)........ 1284

261 Fontenay (Robert de)... 1222
262 —— (Mahaut de Vassy, veuve de Robert de)... Après 1222
263 Fontenay-le-Marmion (Agnès, fille de Michel de)... 1231
264 —— (Jean de)... 1239
265 Forestier (Robert le)... 1324
266 Fougères (Geoffroi, seigneur de). Comt du XIIIe siècle.
267* —— (Isabelle, femme de Raoul de)... 1258
268 —— (Raoul, seigneur de)... Vers 1160
269 —— (Raoul, seigneur de)... 1163
270 Fournet (Avoise, veuve de Richard du)... 1260
271 Fréauville (Robert de)... 1312
272 Fresnay (Roger de)... 1218
273 Fresnaye (Jean de la)... 1265
274 Fresnes (Robert de)... 1217
275 Gaillonnel (Adam, seigneur de)... 1249
276 Galoel (Alix, femme de Raoul du)... 1266
277 —— (Raoul du)... 1266
278 Gamaches (Matthieu de)... XIIIe siècle.
279 Gaprée (Jean de)... 1313
280 Garin (Hugues)... XIIIe siècle.
281 Gastines (Henri de)... 1235
282 Gaulières (Jean de), dit *Compagnon*... 1415
283 Gernet (Roger)... 1207
284* Gerponville (Guillaume de).... Commt du XIIIe siècle.
285 Giberville (Raoul de)... Fin du XIIe siècle.
286 —— (Raoul de)... 1203
287 Glos (Robert de)... 1220
288 Gombert (Philippe de)... XIIIe siècle.
289 Gorran (Robert de), seigneur de la Tannière. 1235
290 Gougeul (Jean), sire de Rouville, près Pont-de-l'Arche... 1358
291 Gournay (Gautier de)... 1207
292 —— (Richard de)... 1217
293 —— (Richard de)... 1233
294 Gouvix (Raoul de), frère de Robert de Gouvix... Commencement du XIIIe siècle.
295 —— (Robert de). Commencement du XIIIe siècle.
296** —— (Robert de)... 1217-1226
297 Gras (Guillaume le)... XIIIe siècle.
298 Grente (Hélie), sire de Bavent... 1591
299 Grimaut (Robert)... 1289
300 Gué (Guillaume du)... 1211
301 —— (Guillaume du)... 1235
302 Guerquesalles (Hugues de).... Commt du XIIIe siècle.
303 Gueutteville (Hugues de)... XIIIe siècle.
304 Guichard (Jean)... XIIIe siècle.
305 Guiche (Bernard de la), comte de Saint-Géran et de la Palisse, seigneur de Cabourg et du Quesne... 1671
306 Hachet (Guillaume)... Commencement du XIIIe siècle.
307 Harcourt (Jean, sire d')... 1303
308 —— (Robert d'), seigneur de Saint-Sauveur-le-Vicomte... 1290
309* —— (Robert d'), seigneur de Beaumesnil et d'Échauffour... 1301
310 Harcourt (Jeanne de Saint-Céneri, femme de Robert d')... 1301
311 Hautot (Guillaume de), sire d'Anglesqueville-la-Mauconduit... 1293
312 —— (Jeanne, femme de Pierre de)... 1261
313 —— (Pierre de)... Fin du XIIe siècle.
314 —— (Pierre de)... Fin du XIIe siècle.
315* —— (Pierre de)... 1219
316 —— (Pierre de)... 1261
317 Hautot-sur-Dieppe (Nicolas, sire de)... 1253
318 Hermanville (Guillaume d')... 1286
319 —— (Jean d')... XVe siècle.
320 Hérouville (Robert d')... 1234
321 Heuse (Jean de la)... 1267
322* —— (Jean de la)... XIIIe siècle.
323 Hideux de Saint-Martin (Simon)... XIIe siècle.
324 Hommet (Enguerran du), fils de Guillaume du Hommet... 1204
325 —— (Guillaume du)... Fin du XIIe siècle.
326 —— (Jourdain du). Commencement du XIIIe siècle.
327 —— (Thomas du), fils de Guillaume du Hommet... 1204
328* Hotot-en-Auge (Thomas du)... 1309
329 Houdetot (Richard d')... 1285
330 Husson (Gui de), seigneur des Essars... 1341
331 Île (Marie de l')... 1216
332 Imonville (Raoul d').. Commencement du XIIIe siècle.
333 Isigny-Pain-d'Avoine (Renouf d')... 1220
334 Ivry (Simon l'Asnier d')... 1292
335 Juvigny (Hugues de)... 1318
336 Klabre ou Calabre (Robert)... 1264
337 Lamberville (Guillaume de)... XIIIe siècle.
338 —— (Philippe de), frère de Guillaume de Lamberville... XIIIe siècle.
339 —— (Robert de), frère de Guillaume de Lamberville... XIIIe siècle.
340 Lande Patry (Mahaut de la)... Vers 1260
341 Landivy (Jean de), seigneur de Montjean, de Viré... 1400
342 —— (Marguerite de la Macheferrière, femme de Jean de)... 1400
343 L'Angevin (Robert)... 1202
344 Larré (Olivier de)... XIIIe siècle.
345* Laval (Gui, seigneur de)... XIIIe siècle.
346 Leschau (Renaud)... 1359-1374.
347 Lifremont (Guillaume de)... 1258
348 Liniot (Dreux de)... 1283
349 —— (Richard de), fils de Dreux de Liniot. 1283
350 Loin (Jean)... 1301
351 Londe (Nicolas de la)... Avant 1222
352 Longchamp (Guillaume de)... 1222
353 —— (Henri de)... XIIIe siècle.
354 Longessard (Hugues de)... 1231
355 Longui (Gace, sire de)... 1297
356 Longrais (Guillaume de)... 1219
357 Longueville (Philippe de)... 1204
358 —— (Pierre de)... Fin du XIIe siècle.

359	Louvel (Colin), seigneur de Valencé	1419
360	——— (Guillaume), sire de Normanville	1321
361	——— (Henri)	1210
362	——— (Jean)	1459
363	Louvet (Jean), seigneur de Fontaine-la-Louvet	1292
364	Lowdham (Gautier de)	1261
365	Lyen (Guillaume)	1368
366	Magneville (Richard de)	xiiie siècle.
367	Mahet (Raoul de)	1261
368	Maignens (Guillaume des)	1311
369	Maillechat (Geoffroi de)	1324
370	Mainemares (Guillaume de)	1295
371	Maisons (Eustache de)	1264
372	Malesmains (Frélin)	xiiie siècle.
373	——— (Nicolas), sire de Bénesville	1367
374*	Malet (Jean), seigneur de Graville	1293
375	Malherbe (Guillaume)	1282
376	——— (Hugues)	1236
377	——— (Renouf)	1255
378	Malmaison (Robert de la)	xiiie siècle.
379	Malvou (Guillaume de)	1227
380	Manoir (Gui du)	1223
381	——— (Richard du)	1197
382	Mansigny (Alain de), sire du Thil en Vexin	1309
383	——— (Robert de)	1266
384	Mare (Richard de la)	1238
385	Maréchal (Henri le), seigneur de Say	1278
386	——— (Richard le)	1212
387	Marigny (Jean de)	1241
388	Marly (Mahaut, dame de)	1258
389	——— (Thibaud, seigneur de)	Fin du xiie siècle.
390*	Marmion (Robert)	Commencement du xiiie siècle.
391	Martel (Yon), seigneur du Bec-aux-Cauchois	1250
392	Martinvast (Richard de)	xiie siècle.
393	Mary (Robert de)	1457
394	Maucondait (Michel)	1257
395	Mauny (Gui de)	xive siècle.
396	Mayenne (Élisabeth de)	Commencement du xiiie siècle.
397*	——— (Isabeau, dame de)	1248
398	Méheudin (Guillaume de)	1256
399	Menin (Jean de)	1236
400	Merey (Guillaume de)	xiiie siècle.
401	Mesnil (Marguerite, femme de Jourdain du)	1245
402	——— (Raoul du)	1277
403	Mesnil-Adelée (Guillaume du)	xive siècle.
404	Mesnil-Dot (Louis du)	1462
405	Mesnil-Fuguet? (Guillaume du)	Comm' du xiiie siècle.
406	Mesnil-Jourdain (Étienne du)	1216
407	Mesnil-Vasse (Raoul du)	xiiie siècle.
408*	Meulan (Raoul de), sire de Courseulles	1272
409	Milly (Agnès, dame de)	xiiie siècle.
410	Moncel (Philippe du)	xiiie siècle.
411	Mondeville (Robert de)	Commencement du xiiie siècle.
412	Montbray (Niel de)	Commencement du xiiie siècle.
413	——— (Roger de)	Fin du xiie siècle.
414	Montfort (Béatrix, femme de Philippe de)	1318
415	——— (Philippe de)	1318
416	Montfort (Raoul de)	1212
417	Montigny (Guillaume de)	1240
418	——— (Mahaut, femme de Guillaume de)	1240
419	Morin (Jacques), seigneur de Loudon	xvie siècle.
420	——— (Raoul)	xiiie siècle.
421	Mortagne (Guillaume de)	1280
422	Mortemer (Guillaume de)	1254
423*	Morville (Guillaume de)	xiiie siècle.
424	Motte (Fouquet de la)	1305
425	Mouche (Guillaume de la)	1283
426*	——— (Jean de la)	1219
427	——— (Jeanne, dame de la) et de Plasnes	1360
428	Moulines (Guillaume de)	xiiie siècle.
429	Muchedent (Jean de)	1285
430	Mussegros (Matthieu, seigneur de)	1234
431	Néauville (Eustache de)	Commencem' du xiiie siècle.
432	Ners (Robert de), seigneur de Ners	xiiie siècle.
433	Neuvillette (Richard de)	1260
434	——— (Tiphaine, femme de Richard de)	1260
435	Néville (Jean, sire de)	xiiie siècle.
436	Normanville (Robert de)	1212
437	——— (Robert de)	1257
438*	Orthe (Hugues d')	1238
439	Osbern (Raoul), d'Oudon	Commencem' du xiiie siècle.
440	Ouainville (Gui d')	1259
441	Oudalle (Jeanne, dame d')	xiiie siècle.
442	Oullières (Robert d')	xiiie siècle.
443*	Ouilly (Richard d')	Fin du xiie siècle.
444	Ourville (Jean d')	1186
445	Pantoul (Guillaume)	xiie siècle.
446	Paviot (Henri), sire de Bléville	1272
447	Paynel (Foulques), seigneur de Hambie et de Bricquebec	1310
448	——— (Guillaume), seigneur de Hambie	1393
449	Pegnes (Matthieu de)	1205
450	——— (Helois d'Ogerville, femme de Matthieu de)	1205
451	Pellevé (Raoul)	xiiie siècle.
452	——— (Raoul)	1253
453	——— (Raoul)	1260
454	——— (Richard)	1195
455	——— (Robert), fils de Richard Pellevé	1317
456	——— (Simon)	1201
457	——— (Simon)	1207
458	Pertheville (Guillaume de)	Comm' du xiiie siècle.
459	Pierrecourt (Jean de), sire de Saint-Remy et de Vesle-Normandeuse	1370
460	Pin (Durand du)	1224
461*	Pissy (Guillaume de)	1249
462*	——— (Henri de)	1243
463	Plasnes (Roger de)	1203
464	Plénier (Guillaume)	Commencement du xiiie siècle.
465*	Plessis (Guillaume du), seigneur de Damigny	1308
466	——— (Hugues du)	1265
467	——— (Robert du)	[illegible]
468	——— (Robert du)	1207
469	Poilley (Artus de), seigneur de Garnetot	1477

470	Poilley (Pierre de)...	Commencement du XIIIe siècle.
471	Poissy (Gace de)	1241
472	——— (Perrenelle, femme de Gace de)	1241
473*	Pont (Eudes, seigneur du)	1128
474	——— (Jean du), fils de Nicole du Pont	1265
475	——— (Nicole du), fille d'Artus du Douet	1264
476	——— (Richard du), fils de Nicole du Pont	1264
477	Pontécoulant (Robert de)	XIIIe siècle.
478	Porc (Guermond le), sire de Saint-Saire	1256
479	Porte (Ève de la), femme de Geoffroi Govion	1227
480	——— (Herbert de la)	1205
481	——— (Herbert de la)	1223
482	Poterel (Henri de)....	Commencement du XIIIe siècle.
483*	Préaux (Pierre de)	1303
484	Québriac (Olivier de)	1267
485	Quenouville (Pierre de)	1251
486	Quesnay (Jean du)	1262
487	——— (Lucie, dame du)	1238
488	——— (Robert l'Abbé du)	1238
489	Renaud (Bonaventure)	XIIIe siècle.
490	Reviers (Guillaume de)	1286
491	——— (Jean de)	XIVe siècle.
492	——— (Richard de)	1257
493	Rivière (Guillaume de la)	1248
494	——— (Philippe de la)	Fin du XIIe siècle.
495	——— (Pierre de la)	1247
496	Rochelle (Robert de la)	1300
497	Roi (Gillette le)	XVe siècle.
498	Rosebeke (Lambert de)	1286
499	Rouault (Louis), seigneur de la Haye	1557
500*	Rouvray (Jean de)	1246
501*	——— (Jean de), seigneur de Grandville	1280
502	Rouvres (Olivier de)	1241
503	Roye (Dreux de), sire d'Annoy	1287
504	Ryes (Hugues de)	1253
505	——— (Robert de)	XIIIe siècle.
506	Saane (Robert de)	1410
507*	Sablé (Marguerite, dame de)	1226
508	Saint-Berthevin (Guérin le jeune de).	Fin du XIIe siècle.
509	Saint-Brice (Guillaume de)	1206
510	Saint-Clair (Guillaume de)	1140
511	Saint-Denis (Henri de), sire du lieu et de Saint-Pierre-Langers	1394
512	——— (Jean de), sire de Saint-Pierre-Langers	1394
513	Saint-Étienne (Jean de)	1289
514	Saint-Germain (Raoul de)...	Commen' du XIIIe siècle.
515	——— (Samson de)	1232
516	Saint-Germain-du-Chemin (Guillaume de)	1227
517	Saint-Germain-Langot (Nicolas de)	1227
518	Saint-Hilaire (Pierre de)	XIIe siècle.
519	——— (Pierre de), seigneur de Bourey	1194
520	Saint-Hippolyte (Hugues de)	XIIIe siècle.
521	Saint-Jean (Eudes de)	XIIIe siècle.
522	Saint-Martin (Raoul de)....	Commen' du XIIIe siècle.
523	Saint-Martin-le-Gaillard (Jean, sire de)	1283
524	——— (Jean de), fils de Jean, sire de Saint-Martin-le-Gaillard	1283
525	Saint-Martin-le-Gaillard (Jean, sire de)	1339
526	——— (Jean, sire de)	1345
527	——— (Jeanne, femme de Jean, sire de)...	1283
528	Saint-Pierre-Langers (Nicolas de)	1278
529	Saint-Planchers (Jeanne, dame de)	1258
530	Saint-Saire (Roger de)	1217
531	Sainte-Marie (Philippe de)	1198
532	——— (Roger de)	Vers 1242
533	Sallenelles (Guillaume de)	1221
534	Samay (Mahaut de)	1245
535	Sauqueville (Guillaume de).......	Fin du XIIe siècle.
536*	——— (Jourdain de).....	Commen' du XIIIe siècle.
537	Selham (Raoul de)	Fin du XIIe siècle.
538	Semilly (Guillaume de)	1199
539	——— (Guillaume de)....	Commen' du XIIIe siècle.
540	——— (Henri de), seigneur d'Aunay	1261
541	Seran (Guillaume de).....	Commen' du XIIIe siècle.
542*	Silvain (Adam)	1236
543	Soterel (Guillaume le), seigneur des Chéris	1405
544	Souvré (Jean de)	1208
545	Subligny (Amauri de)	Fin du XIIe siècle.
546	Taillepied (Guillaume de)	1252
547	Taisson (Jourdain)	XIIe siècle.
548	——— (Liesse, femme de Jourdain), dame de Saint-Sauveur-le-Vicomte	Avant 1178
549	——— (Raoul), seigneur de Saint-Vaast et d'Oudefontaine	1297
550*	Tancarville (Aude d'Auffay, dame de), veuve de Guillaume le Chambellan de Normandie	1273
551*	——— (Guillaume le Chambellan de)	1283
552	Tessel (Robert de)	1253
553	Thaon (Raoul de)	XIIIe siècle.
554	Thésart (Hébert), seigneur de Fourneaux	1521
555	——— (Louis), sire des Essars	1491
556	Thibouville (Agnès, femme de Robert de)...	1293
557	Thiesmenil (Guillaume de)	1228
558	Thiverval (Alix de)	1227
559	Thorncombe (Guillaume)	1410
560	Tillières (Jacques, seigneur de)	1231
561	Tollevast (Thomas de)	1242
562	Tosart (Guillaume)	1245
563	Tôt (Robert du)	1292
564	Touchet (Philippe du)	1291
565	Tourelle (Gui de la)	1245
566*	Tournelle (Robert de la)	1218
567	Trouville (Guillaume de)	1257
568*	Trubleville (Henri de), seigneur des Îles	1238
569	Var (Raoul).........	Commencement du XIIIe siècle.
570	Vains (Robert de)	XIIIe siècle.
571	Val-de-Courgeon (Jean de)	1463
572	Valliquerville (Jean de)	1398
573	——— (Jourdain de)	1246
574	Varvannes (Guillaume de)	1224
575	——— (Guillaume de)	1247
576	——— (Jeanne d'Outrelean, fille de Guillaume de)	1301

577	Vassy (Aurray de)....	Commencement du xiiie siècle.
578	Vaux (Guillaume de)	1251
579	Vaux-sur-Seulles (Guillaume de)	1218
580	Ver (Guillaume de)	1291
581	Veruci (Roger)......	Commencement du xiiie siècle.
582	Vernon (Richard de)	1196
583	Verron (Le seigneur de)	xviie siècle.
584	Vierville (Guillaume de), seigneur du lieu	1318
585	Vieux (Herbert de)	1204
586 *	Vieux-Pont (Yves de), seigneur de Cuverville	1227
587 *	——— (Marie, dame de Cuverville, veuve de Robert de)	xiiie siècle.
588	Viéville (Robert de la)	xviie siècle.
589	Villers (Simon de)	Fin du xiie siècle.
590	Villers-Bocage (Gilbert de)	1201
591	Villers-Bocage (Robert de), fils de Nicolas de Villers-Bocage	1238
592 *	——— (Robert de)	1253
593 *	——— (Robert de)	1270
594	Villiers (Renaud de)	1212
595	Viré (Gervaise de)....	Commencement du xiiie siècle.
596	——— (Tiphaine de), femme de Samson Borel	1209
597	Vironvey (Jean de)	1251
598 *	Vitré (Robert de)	Vers 1258
599	Voisins (Jeanne de), dame de Fayel	xiiie siècle.
600	Vouilly (Raoul de)	1300
601	Yville (Guillaume, sire d')	1238
602	——— (Robert d'), sire de Fougy	1228
603	Zuche (Hélène la), veuve d'Alain la Zuche	1286

VIe SÉRIE. — HOMMES DE FIEF, HOMMES FRANCS, PAYSANS, MANANTS, VAVASSEURS, ETC.

HOMMES DE FIEF DE L'ARCHEVÊQUE ET DU CHAPITRE DE ROUEN, EN ANGLETERRE.

604	Cade (Alain)	1222-1229
605	Fangfoss (Robert de)	1222-1229
606	Fitz-Asser (Robert)	1222-1229
607	Fitz-Edolph (Robert)	1222-1229
608	Fitz-Walter (Guillaume)	1222-1229
609	——— (Robert)	1222-1229
610	——— (Roger)	1222-1229
611	Raoul (Robert)	1222-1229
612	Toth (Robert)	1222-1229

HOMMES FRANCS, PAYSANS, MANANTS ET VAVASSEURS, ETC.

613	Aanor (Richard)	1260
614	Abbaye (Guibert de l')	xiiie siècle.
615	Abbé (Grégoire l')	1281
616	——— (Guillaume l')	1279
617	——— (Nicole l')	1291
618	——— (Robert)	1289
619	Abraham (Jean)	1275
620	Acé (Jean)	1291
621	Aguillon (Guillaume)	xiiie siècle.
622	Ailly (Richard d')	1274
623	Aint (Hugues)	1262
624	Alamone (Thomas)	1295
625	Alard (Jean)	1252
626	Alençon (Guillaume d')	1268
627	——— (Robert d')	1278
628	Ancessor (Guillaume)	1268
629	Anglais (Guillaume l')	1287
630	——— (Jeanne, femme de Guillaume l')	1260
631	Anglois (Herbert l')	1249
632	Angot (Bernard)	1259
633	Arbalétrier (Pierre l')	1226
634	Archer (Robert l')	1220
635	Arques (Guillaume d')	1223
636	——— (Robert d')	1234
637	Ase (Ase Hondof, femme de Robert)	1235
638	——— (Raoul)	1308
639	——— (Robert)	1235
640	Aubin (Guillaume)	1240
641	Aubout (Philippe)	1247
642	Audrieu (Durand d')	1287
643	Augerons (Bertelot d')	1277
644	——— (Robert d')	1298
645	Aumesnil (Roger d')	1217
646	Avenel (Osbern) de la Saussée	1256
647	Ays (Guillaume) de Gailloncel	1230
648	——— (Pierre), frère de Guillaume Ays	1230
649	Barbé (Luce, femme de Martin le)	1278
650	——— (Martin le)	1278
651	——— (Martin le)	1283
652	Barbée (Agnès la), veuve de Jean le Barbé	1271
653	Barbier (Pierre le)	1282
654	Barbière (Mabille la), femme de Pierre le Barbier	1282
655	Bardel (Michel)	1258
656	Barils (Gilbert des)	1281
657	Barrier (Pierre le)	1213
658	Basly (Pierre de) de Caen	1269
659	Basset (Foulques)	1207
660	——— (Raoul) de Sapcote	xiiie siècle.
661	Baudouin (Richard)	1225
662	Baudry (Guillaume) de Quesnay	1228
663	——— (Michel)	1300
664	——— (Michel)	1302
665	Bauville (Henri de)	1242
666	Beaucousin (Sibille, femme de Richard)	1277
667	Beaufils (Raoul)	1227
668	——— (Séri)	1315
669	Beaumais (Gosse de)	1258

670	Beaumoncel (Étienne de)	1224
671	Beaumont (Antheaume de)	1228
672	Bec (Ermengarde du), sœur de Richeut du Bec	1256
673	——— (Marie du), sœur de Richeut du Bec	1256
674	——— (Richeut du)	1256
675	Bédenguel (Raoul)	1260
676	——— (Richard)	1260
677	——— (Richard)	1261
678	Bediont (Jean)	1271
679	Becale (Geoffroi)	1258
680	——— (Richeut, femme de Geoffroi)	1258
681	Belart (Guillaume)	1285
682	Belgrave (Roger de)	XIIIe siècle.
683	Beloys (Agnès, femme de Robin de)	1297
684	Béquemie (Richard)	1254
685	Béquet (Nicolas)	1279
686	Berandel (Jean)	1291
687	——— (Mabile Josse, femme de Jean)	1291
688	Bérenger (Raoul)	XIIIe siècle.
689	Bernard (Gilbert)	1288
690	——— (Gilbert)	1296
691	——— (Robert), frère de Gilbert Bernard	1288
692	——— (Robert), frère de Gilbert Bernard	1296
693	Bernard de Deux-Ménil (Robert)	1262
694	Berout (Robert)	1226
695	Bertrand (Clément)	1307
696	Bigot (Henri le)	1246
697	Bigre (Richard le)	XIIIe siècle.
698	Bigresse (Alix la), femme de Richard le Bigre	XIIIe siècle.
699	Billon (Gilbert)	1250
700	Bingart (Guillaume)	1212
701	Biville (Guillaume de la Londe de)	1258
702	Blaier (Denise, femme de Roger le)	1288
703	——— (Roger le), dit *la Guète*	1288
704	Blanc (Jean le)	XIIIe siècle.
705	Blancvilain (Jeanne, femme de Simon)	1253
706	——— (Simon)	1253
707	Blangie (Ameline la)	1270
708	Blagny (Guillaume de)	1264
709	Blanpeil (Samson)	1324
710	Blonde (Alix la)	1259
711	——— (Alix la)	1275
712	Blondel (Guillaume)	1278
713	Blondelle (Laurence la)	1237
714	Boele-Maillard (Philippe de)	1207
715	Boel (Jeanne)	1212
716	Boin (Jean) de Mantes	1230
717	Bois-Gueroult (Richard du)	XIIIe siècle.
718	Bois-Lambert (Guillaume de)	1273
719	Bois-Massacre (Alix, femme de Robert du)	1246
720	——— (Robert du)	1246
721	Boisemont (Asselin de)	1211
722	Bolengel (Roger)	1299
723	Bonamy (Ameline)	1289
724	Bonécrou (Aubin)	1234
725	——— (Raoul)	1234
726	Bonnefille (Pierre)	1250
727	Bonneval (Armand de)	1266
728	——— (Jean de)	1266
729	Bonvalet (Matthieu)	1287
730	Boolon (Étienne de)	1260
731	Boos (Martin de)	1253
732	——— (Martin de)	1244
733	——— (Richard de)	1233
734	——— (Richard-Amaud de)	1241
735	Bordon (Roger)	1247
736	Borlos (Renaud le)	1239
737	Borrelier (Richard le)	1272
738	Borser (Richard)	XIIIe siècle.
739	Bosc (Ade, femme de Robert du)	1272
740	——— (Agnès, femme de Guillaume du)	1307
741	——— (Guérard du)	1276
742	——— (Guérard du)	1284
743	——— (Guérard du)	1290
744	——— (Guillaume du)	1277
745	——— (Guillaume du), dit *Durlebeuf*	1307
746	——— (Jean du), frère de Richard Hervé	1256
747	——— (Jean du)	1278
748	——— (Jean du)	1279
749	——— (Jean du)	1301
750	——— (Pierre du) de Siouville	1241
751	——— (Pierre du)	1274
752	——— (Richard du)	1206
753	——— (Robert du)	1272
754	——— (Tiphaine, femme de Guérard du)	1276
755	Boteri (Pierre)	1257
756	Botes (Pierre)	1292
757	Botin (Raoul)	1203
758	——— (Samson)	1202
759	Boubert (Robert)	1262
760	Boucharde (Mabille la)	1236
761	Bougis (Guillaume)	1236
762	——— (Mahaut la Rousselle, femme de Guillaume)	1236
763	Boulanger (André le)	1234
764	——— (Richard le)	1307
765	Boulets (Asseline, femme de Jean des)	1286
766	Bourel (Matthieu), fils de Raoul Bourel	1258
767	——— (Raoul)	1258
768	Bourguignon (Gosse, fille de Guillaume le). Vers	1230
769	——— (Guillaume le)	1232
770	——— (Roger)	1308
771	Boursier (Gilbert le)	1270
772	Bout-de-la-Ville (Raoul du)	1313
773	Boutard (Guillaume) de Conihou	1257
774	——— (Séri)	1261
775	Bovion (Richard)	1269
776	Bradincourt (Hugues de)	1211
777	Bret (Raoul le)	1227
778	Bretèle (Basile la)	1268
779	Breton (Ameline, fille de Michel)	1255
780	——— (Geoffroi le)	1248
781	Breuil (Geoffroi du)	XIIIe siècle.

782	Breuil (Simon du)	XIIIe siècle.
783	Brieux (Guillaume de)	1266
784	Brument (Richard le)	1260
785	Buisson (Guillaume).	Commencement du XIIIe siècle.
786	——— (Martin du)	1298
787	——— (Pierre du)	1245
788	——— (Raoul du)	Commencement du XIIIe siècle.
789	——— (Vauquelin du)	1287
790	Buistout (Robert) de Vieux-Port	1240
791	Burgues? (Arnoul de)	1234
792	——— (Avoise, femme d'Arnoul de)	1234
793	Butre (Michel le)	1302
794	Cabochard (Philippe)	1276
795	Cagnard (Richard)	1273
796	Caigney (Alain de)	1219
797	Caltot (Guibert)	1250
798	Campagne (Cécile de), veuve de Richard de Campagne	1263
799	Camus (Roger le)	1257
800	——— (Sibille, femme de Roger le)	1257
801	Camuse (Eustache la)	1258
802	Candelier (Richard le)	XIIIe siècle.
803	Canville (Jeanne de), femme de Pierre de Canville	1258
804	——— (Pierre de)	1258
805	Carbonnières (Geoffroi de)	1212
806	Cardonay (Robert du)	1235
807	Carité (Renaud)	1262
808	Caron (Nicole le), femme de Robert le Caron	1309
809	Carpentier (Raoul le)	1249
810	Carpiquet (Ménard de)	1259
811	Carrière (Agnès de la)	1262
812	Casier (Ade du), femme de Richard du Casier.	1236
813	——— (Laurent du), fils de Richard du Casier	1236
814	——— (Laurent du)	1245
815	——— (Richard du)	1236
816	Cauchois (Gilbert le)	1212
817	——— (Jean le)	1236
818	Cauquetense (Robert)	1219
819	Cautoriel (Guillaume), le jeune	1278
820	Cavalier (Aubert)	1236
821	——— (Jean le)	1238
822	Cavée (Henri)	1258
823	——— (Mabille, femme de Henri)	1258
824	Cavelier (Guillaume le)	1270
825	——— (Jean le)	1252
826	Celloville (André de)	1247
827	——— (Jean de)	1247
828	Centier (Jean le)	1277
829	Cerisier (Jean)	1297
830	Chambellan (Thibaud le)	1278
831	Champ-d'Oisel (Mahaut), femme de Richard le Clerc	1227
832	Champs (Guillaume des)	1277
833	——— (Guillaume des)	1283
834	Champs (Jeanne des), femme de Guillaume des Champs	1283
835	——— (Nicole des), femme de Robert des Champs	1283
836	——— (Robert des), frère de Guillaume des Champs	1283
837	Charpentier (Gérard le)	1234
838	——— (Guillaume le)	XIIIe siècle.
839	——— (Guillaume le)	1305
840	——— (Jean le)	1260
841	——— (Richard le)	1262
842	Chassebœuf (Gilbert)	1262
843	——— (Lucas)	1220
844	Chaussée (Guillaume de la)	1211
845	——— (Guillaume de la)	1217
846	——— (Robert de la)	1212
847	Chauvel (Guillaume)	1276
848	——— (Perronelle du Bosc, femme de Guillaume)	1276
849	Chesnel (Foubert)	1235
850	——— (Robert)	1235
851	Chevroul (Guillaume)	XIIIe siècle.
852	Chiéret (Guillaume) de la Londe	126.
853	Chitois (Guillaume)	1222
854	Chrétien (Thomas)	1230
855	Cinq-Bœufs (Ameline)	1210
856	Claret (Raoul), dit *le Chevecier*	1317
857	——— (Robert)	1305
858	——— (Thomas), le jeune	1305
859	Clerc (Anquetil le)	Commencement du XIIIe siècle.
860	——— (Guillaume le) de Ticheville	1205
861	——— (Guillaume le)	XIIIe siècle.
862	——— (Robert le)	1245
863	Cléresse (Jeanne la)	1250
864	Clif (Vulfran de)	1212
865	Clipanel (Denis)	1315
866	Coenne (Robert)	1290
867	Coiffière (Alix la)	1304
868	Cointe (Henri le)	1219
869	Coisdor (Nicolas)	1306
870	——— (Roger)	1313
871	Coispel (Jeanne)	1260
872	Colleville (Guillaume de)	Commenc^t^ du XIIIe siècle.
873	Collion (Avoise)	1271
874	Colombier (Philippe du)	Fin du XIIe siècle.
875	Comte (Gervais le)	1291
876	——— (Jean le), le jeune	1277
877	——— (Jean le)	1278
878	——— (Raoul le)	1278
879	——— (Renaud le)	1268
880	Comtesse (Erembourg la)	XIIIe siècle.
881	Cordier (Gérard le) de Caen	1263
882	——— (Vincent le)	1297
883	Cornard (Guillaume)	1263
884	——— (Odeline, femme de Roger)	1260
885	——— (Roger)	1260
886	Cornet (Cécile), femme de Guillaume Cornet.	1288

887	Cornet (Guillaume)	1288
888	Costard (Robert)	1297
889	Coudray (Odeline, femme de Jean du)	1271
890	——— (Thomas du)	1259
891	Coumine (Agathe la)	1300
892	Cour (Jean de la)	1228
893	——— (Richard de la)	1268
894	Coutel (Auberée)	XIIIᵉ siècle.
895	Crèches (Geoffroi des)	1262
896	Daniel (Agnès), femme de Jean Daniel	1290
897	——— (Étienne)	1290
898	——— (Jean)	1290
899	Danton? (Richard)	1305
900	D'Antigny (Guillaume)	1292
901	——— (Hais), femme de Guillaume d'Antigny	1292
902	D'Aulage (Raoul)	1280
903	Dépenserie (Jeanne de la)	1237
904	Dépensier (Richard le)	1217
905	——— (Richard le)	1225
906	Désert (Thomas)	1270
907	Devin (Aubert)	1305
908	Diacre (Guillaume le)	1247
909	Dives (Gautier de)	XIIIᵉ siècle.
910	Doerie (Guillaume de la)	1219
911	Doisnel (Robert)	1249
912	Doit (Richard du)	XIIIᵉ siècle.
913	Donjon (Jean du)	1257
914	——— (Nicolas du)	1240
915	Dorenlot (Colin)	1308
916	Doublel (Richard)	1311
917	——— (Roger)	1277
918	Doulée (Roger)	1259
919	——— (Vincent)	1260
920	Doyle (Gautier le)	1239
921	Droelin (Pierre)	1242
922	Drouard (Robert)	1275
923	Dun (Robert de)	1190-1220
924	Durand (Ameline), femme de Gautier Durand	1290
925	——— (Gautier)	1290
926	——— (Raoul)	1220
927	Éculles (Henri d')	1235
928	Échassier (Jeanne Bonamy, femme de Pierre l')	1289
929	——— (Pierre l')	1289
930	Échauménil (Pierre d')	1261
931	Écrammeville (Gilbert d')	1235
932	——— (Jean d')	1235
933	Écuyer (Pierre l')	1284
934	——— (Robert l')	1284
935	Empereur (Jean l')	1270
936	Enguebert (Pierre) de Couihon	1250
937	Ermite (Raoul l') de Jumièges	1234
938	Ernoult (Ascel)	1288
939	Escoquart (Raoul)	1265
940	Esquay (Jean d')	XIIIᵉ siècle.
941	Estienne (Nicolas)	1250
942	——— (Robert)	1250
943	Euderel (Guillaume)	1308
944	Évrard (Jean), fils d'Olive Évrard	1289
945	——— (Olive), veuve de Richard Évrard	1289
946	Faisient (Richard) de Hauville	1221
947	Falaise (Nicolas de la)	1301
948	Farsi (Guillaume)	1225
949	Faucon (Jean)	1277
950	——— (Mahaut), femme de Jean Faucon	1277
951	Fauquet (Robert)	1311
952	Fauville (Baudouin de)	1235
953	——— (Pierre de), fils de Renaud de Fauville	1242
954	——— (Renaud le Prévôt de)	1242
955	Fayel (Gui)	1225
956	——— (Hugues)	1225
957	Fère (Raoul)	1255
958	Féron (Josse le)	XIIIᵉ siècle.
959	Féronesse (Héloïse la)	1234
960	Férout (Guillaume)	1266
961	Ferrand (Henri)	1263
962	——— (Raoul)	1222
963	Feuguerolles (Renouf de)	XIIIᵉ siècle.
964	Fèvempot (Guillaume de)	1290
965	Fèvre (Bertin le)	1232
966	——— (Étienne le)	1299
967	——— (Guillaume le)	1265
968	——— (Hugues le)	1240
969	——— (Raoul le)	1240
970	Fitz-Emme (Jacques)	1277
971	Flamand (Robert le)	1228
972	Flins (Guillaume de)	1262
973	Foache (Roger)	XIIIᵉ siècle.
974	Fontaine (Hugues de)	1283
975	Fontaines (Ameline des), femme de Robert Néron	1278
976	Forestier (Richard le)	XIIIᵉ siècle.
977	——— (Roger le)	1260
978	Formentin (Robert)	1234
979	Fortin (Étienne), frère de Richard Fortin	1263
980	——— (Guillaume)	1219
981	——— (Michel)	1305
982	——— (Richard)	1263
983	Fosse (Pierre de la)	1272
984	Fouché (Nicolas)	1285
985	Foucheran (Guillaume)	1225
986	Foulques (Guillaume)	1288
987	——— (Robert)	1260
988	——— (Robert)	1306
989	Four (Jean du)	1260
990	——— (Jean du)	1277
991	——— (Jean du)	1279
992	——— (Richard)	1252
993	Fournier (Arnoul)	1259
994	——— (Jean le) de Falaise	1245
995	Fournière (Mahaut, femme de Arnoul Fournier	1259
996	Franc (Ameline le), femme de Richard le Franc	1253

997	Français (Adam)	XIIIe siècle.
998	——— (Guillaume le)	1276
999	——— (Martine de Folleville, femme de Roger le)	1260
1000	——— (Richard le)	XIIIe siècle.
1001	——— (Roger le) de Connelles	1260
1002	——— (Thibaud le)	1260
1003	Française (Avisse la)	1217
1004	——— (Avisse la), femme de Robert le Français	1223
1005	——— (Avisse la), fille de Robert le Français	XIIIe siècle.
1006	Fréauville (Jean de)	1284
1007	——— (Laurent de)	1306
1008	Frémont (Roger de)	1224
1009	Frêne (Dreux du)	1288
1010	——— (Gautier du)	1290
1011	——— (Gilles du)	1311
1012	——— (Guillaume du)	1269
1013	——— (Jeanne la Marchande, femme de Pierre du)	1310
1014	——— (Pierre du), ou Pierre le Marchand	1310
1015	——— (Richard du)	1310
1016	Fresnel (Robert)	1295
1017	——— (Simon) de Hauville	1243
1018	——— (Simon)	1261
1019	Fresnoy (Pierre le Mire de)	1301
1020	Frogier (Jean)	1286
1021	Fruitier (Guillaume le)	1232
1022	——— (Guillaume le)	XIIIe siècle.
1023	Fumichon (Raoul de)	1205
1024	Gaidon (Raoul)	1252
1025	Gaignart (Guillaume)	1273
1026	Gainville (Amauri de)	1260
1027	——— (Érard de), frère d'Amauri de Gainville	1260
1028	Galeran (Guérin)	1263
1029	——— (Henri)	1316
1030	——— (Philippe)	1263
1031	——— (Raoul)	1259
1032	——— (Raoul)	1268
1033	——— (Robert)	1263
1034	——— (Robert)	1316
1035	Galienne (Jean)	1293
1036	Galifré (Herbert)	XIIIe siècle.
1037	Galot (Alexandre)	1230
1038	Gardin (Jean du)	1295
1039	——— (Richard du)	XIIIe siècle.
1040	——— (Thomas du)	1229
1041	Garennes (Marie, femme d'Arnaud de)	1260
1042	Gastigny (Guillaume de)	1290
1043	——— (Julienne, mère de Guillaume de)	1290
1044	Gaufre (Jean le)	1262
1045	Gautier (Isabeau la Grosse, femme de Robert)	1271
1046	——— (Robert)	1271
1047	Gavare (Guillaume)	1252
1048	Géant (Nicolas)	1299
1049	Geudt (Herfrei du)	1219
1050	Genêts (Gilbert des)	1235
1051	——— (Thomas des)	1291
1052	Geoffroi (Robert)	1216
1053	Gérard (Jean) de Colleville	1237
1054	Germond (Jean)	1298
1055	Gode (Perrenelle), veuve de Robert Gode	1263
1056	Godefroi (Jean) de Jumièges	1293
1057	——— (Jean) de Jumièges	1304
1058	——— (Raoul)	1226
1059	Godeman (Geoffroi)	1237
1060	Goderville (Matthieu de)	1242
1061	Goet (Ameline), veuve de Michel Goet	1280
1062	Gonfray (Raoul)	1305
1063	——— (Roger)	1260
1064	Gonnor (Thomas)	1298
1065	Goudouin (Laurent)	1309
1066	*Gournay (Étienne de)*	1310
1067	Grain (Richard)	1307
1068	Grais (Eudes du)	1285
1069	Grand (Guillaume le)	1221
1070	——— (Pierre le)	1285
1071	Grange (Alix de la), femme de Robert de la Grange	1289
1072	——— (Mahaut de la), mère de Robert de la Grange	1281
1073	——— (Robert de la)	1289
1074	Gravelle (Raoul de)	1215
1075	Graverie (Jacqueline de la), femme de Guillaume de la Graverie	1270
1076	Griek (Agnès)	1283
1077	Grimbosq (Hugues de)	XIIIe siècle.
1078	——— (Jean de)	XIIIe siècle.
1079	Grimbout (Renaud)	1284
1080	Grisel (Agnès Gromont, femme de Guillaume)	1289
1081	——— (Guillaume)	1289
1082	Gros (Jean le), le jeune	1273
1083	Guédon (Guillaume le)	1258
1084	——— (Jean le)	1263
1085	Guélinelle (Robert)	1227
1086	Guérard (Ghislain)	1263
1087	Guernon (Guillaume)	1250
1088	*Gueroult (Alix, femme de Pierre)*	1225
1089	——— (Alix, femme de Renaud)	1260
1090	——— (Alix, femme de Vital)	1235
1091	——— (Étienne)	1226
1092	——— (Renaud)	1258
1093	——— (Renaud)	1260
1094	——— (Thomas)	1260
1095	——— (Thomas)	1271
1096	Guillebelin (Alix)	1252
1097	——— (Rohais)	1252
1098	Haie (Jean)	1260
1099	——— (Perrenelle de Cléon, femme de Jean)	1261
1100	——— (Richard)	1260
1101	Hais (Guillaume)	1232

1102	Halle (Colin)	1298
1103	——— (Érembour, femme de Colin)	1298
1104	Hombures (Raoul de)	1293
1105	Hamel (Béatrix de Hors-la-Ville, femme de Guillaume du)	1252
1106	——— (Guillaume du)	1252
1107	Hamon (Robert)	1207
1108	Harcouet de Montmorel	1300
1109	Hardi (Michel)	1284
1110	Hareng (Robert)	1224
1111	——— (Simon)	1273
1112	Huton (Gilles)	1258
1113	Havard (André)	XIIIe siècle.
1114	——— (Gautier)	1250
1115	——— (Jean)	1264
1116	——— (Lancelot)	1279
1117	Hellebos (Guillaume)	1294
1118	Hémart (Asseline de Manneville, mère de Jean)	1260
1119	——— (Jean)	1260
1120	Hémeri (Robert)	1258
1121	Henri (Raoul)	1227
1122	——— (Richard)	XIIIe siècle.
1123	Herlant (Roger)	1246
1124	Herlouin (Ameline, femme de Robert)	1231
1125	Héron (Guillaume) de Trouville	1255
1126	Hervé (Anquetil)	1238
1127	——— (Richard)	1256
1128	Hervieu (Nicolas)	1248
1129	——— (Robert), *alias* Videcoq	1299
1130	Hessus (Robert)	1298
1131	Hoin (Guillaume)	1235
1132	Homme (Geoffroi du)	1262
1133	——— (Ingouf du)	1262
1134	Hosart (Robert)	1221
1135	Houdet (Nicolas)	1258
1136	Houlme (Jean de)	1247
1137	Huanières (Robert de)	1225
1138	——— (Robert de)	1233
1139	Hugleville (Adam de)	XIIIe siècle.
1140	Huilard (Ogier)	1251
1141	——— (Ogier)	1268
1142	Hurel (Arnaud)	1304
1143	——— (Pierre), frère d'Arnaud Hurel	1304
1144	Îles (Gautier des)	1305
1145	——— (Guillaume des)	1219
1146	Inguenouf (Simon)	1218
1147	Ivon (Jean)	1283
1148	Jean (Philippe) de Crocy	1268
1149	Josienne (Nicolas)	1259
1150	Josse (Mahaut du Castel, femme de Pierre)	1293
1151	Jougleresse (Auberée la)	1286
1152	Jougleur (Nicolas le), frère d'Auberée la Jougleresse	1286
1153	Jourdain (Jean)	1272
1154	Jouy (Chrétienne de)	XIIIe siècle.
1155	Jue (Matthieu)	1300
1156	Juste (Robert)	1254
1157	Karias (Étienne)	1260
1158	Laitiers (Hugues des)	1280
1159	L'Aloue (Richard)	1281
1160	Lamberville (Guillaume le Prévôt de)	1205
1161	Languenure (Matthieu de)	1233
1162	Lanistre (Étienne)	1261
1163	L'Anquetille (Tiberge)	1302
1164	Lantheuil (Toutain de)	1232
1165	Laret (Durand) de Maisoncelles, fils de Renouf Laret	1240
1166	——— (Raoul)	1247
1167	——— (Renouf) de Maisoncelles	1240
1168	Latre (Guillaume de)	1307
1169	L'Emperière (Guillaume)	1252
1170	——— (Raoul Pépin)	1252
1171	Lendin (Lambert du), fils de Robert du Lendin	1227
1172	——— (Robert du)	1201
1173	Ler (Ameline), femme d'Étienne Ler	1257
1174	Leu (Enguerran le)	1252
1175	Liétard (Raoul)	1260
1176	Lindebeuf (Raoul de)	XIIIe siècle.
1177	Lions (Eustache de), veuve de Robert le Monnier	1234
1178	Loée (Messent, femme de Raoul)	1257
1179	Londe (Colard de la)	1295
1180	——— (Lucas de la), frère de Colard de la Londe	1295
1181	Long (Gautier le) de Fresnes	1234
1182	——— (Robert le) de Fresnes	1234
1183	Longpaon (Bélissent de)	1207-1218
1184	——— (Durand le Rayer de), fils de Bélissent de Longpaon	1207-1218
1185	Loquet (Guillaume)	1290
1186	Loudun (Hémeri de)	XIIIe siècle.
1187	Loutrel (Jean)	1260
1188	Louviers (Télin le Bas de)	1220
1189	Luet (Adam de)	1241
1190	Luhéré (Guillaume de)	XIIIe siècle.
1191	Lunel (Guillaume)	1259
1192	Maçon (Gautier le)	1218
1193	——— (Renaud le)	1256
1194	——— (Richard le)	1308
1195	——— (Robert le)	1238
1196	——— (Robert le)	1257
1197	Magier (Robert)	1234
1198	Malbeas (Robert)	1260
1199	Maignien (Sébier le)	1224
1200	Maillard (Alexandre)	1227
1201	Mainsent (Asselin)	1262
1202	Maire (Roger le)	1252
1203	Maître (Richard le)	1311
1204	Malcuvert (Raoul)	1237
1205	Malevoue (Robert de)	1247
1206	Malherbe (Guillaume)	1305
1207	Malnes (Guillaume)	1255
1208	Manant (Yon le)	1262
1209	Manoir (Robert du)	Fin du XIIe siècle.

1210	Maquerel (Gilbert)	1263
1211	——— (Guillaume)	1231
1212	Mare (Guillaume de la)	Comm^t du XIIIe siècle.
1213	——— (Michel de la)	1272
1214	——— (Michel de la)	1273
1215	——— (Raoul de la)	1279
1216	Mare-au-Val (Guillaume de la)	1218
1217	Maréchal (Roger le)	1234
1218	Mares (Eudes des)	1257
1219	——— (Eudes des)	1260
1220	——— (Eudes des)	1260
1221	——— (Guillaume des)	1305
1222	——— (Richard des)	1233
1223	——— (Robin des)	1257
1224	Marie (Gautier)	1263
1225	——— (Guillaume)	1261
1226	Marié (Robert le)	1221
1227	Marcie (Henri)	1308
1228	Marote (Agnès la)	1296
1229	Marquis (Jean le)	1262
1230	Mariel (Guillaume)	1210
1231	——— (Henri)	1274
1232	——— (Henri)	1278
1233	——— (Raoul) d'Oisy	1260
1234	Martin (Geoffroi)	1288
1235	——— (Guillaume)	1305
1236	Martinvast (Guillaume de)	1221
1237	——— (Raoul de)...	Commencement du XIIIe siècle.
1238	Matthieu (Jeanne), femme de Robert Matthieu.	1283
1239	Maucion (Jean)	1234
1240	Mauclerc (Guillaume)	1258
1241	Maudret (Renaud de)	1259
1242	Mauri (Richard Fitz-)	XIIIe siècle.
1243	Mauviton (Guillaume)	1260
1244	May (Étienne de)	1283
1245	Meinard (Perrenelle la), femme de Thomas Meinard	1281
1246	——— (Thomas)	1281
1247	Ménages (Robert des)	1297
1248	Ménessier (Eudes)	1283
1249	Ménier (Jean)	1248
1250	Mer (Haïs de la)	1221
1251	——— (Geoffroi de la)	XIIIe siècle.
1252	Merrier (Geoffroi le)	1309
1253	——— (Robert le) de Beaunay	1242
1254	Mercière (Adeline la)	1298
1255	——— (Jeanne la)	1301
1256	——— (Sibille la)	1298
1257	Mésenge (Agnès), femme de Jean Mésenge...	1278
1258	——— (Jean)	1278
1259	Mesnil (Barthélemy du)	1260
1260	——— (Raoul du)	1207
1261	Métayer (Philippe le)	1270
1262	——— (Raoul le)	1262
1263	——— (Richard le)	1248
1264	Meunier (Gautier le)	1206
1265	——— (Guillaume le)	1206
1266	Michelle (Agnès la)	1277
1267	Mire (Ameline, femme de Nicolas le)	1257
1268	Moine (Guillaume le)	1239
1269	——— (Raimond le), frère de Thomas le Moine	1315
1270	——— (Raoul le)	1217
1271	——— (Samson le)	1224
1272	——— (Thomas le)	1315
1273	Moinot (Robert)	1222
1274	Moisson (Renaud)	1258
1275	Moncel (Roger de)	1235
1276	Mondré (Roger)	1286
1277	Monnier (Auvray le) de Wanchy	1269
1278	——— (Guillaume le) de Lamberville	1240
1279	——— (Guillaume le)	1245
1280	——— (Guillaume le)	1248
1281	——— (Richard le)	1265
1282	——— (Roger le)	1253
1283	Mont (Boson du)	1214
1284	Morant (Raoul)	1234
1285	Morhier (Guillaume)	1289
1286	——— (Perrenelle, femme de Guillaume)..	1289
1287	Morice (Eustache)	1280
1288	Morin (Cécile, femme de Jean)	1258
1289	——— (Jean), le jeune	1258
1290	——— (Robert)	1239
1291	Morlin (Richard)	1237
1292	Moulier (Guillaume)	1284
1293	Moulin (Guillaume du)	1315
1294	——— (Raoul)	1253
1295	Mounier (Guillaume)	1301
1296	Moutier (Ameline du)	XIIIe siècle.
1297	——— (Béatrix du)	XIIIe siècle.
1298	——— (Galicher du)	XIIIe siècle.
1299	——— (Guillaume du)	1317
1300	——— (Robert, fils de Béatrix du)....	XIIIe siècle.
1301	Moutonnier (Thomas le)	1280
1302	Muids (Alix, femme de Henri de)	1260
1303	——— (Aveline, femme de Jacques de)....	1260
1304	Muriel (Martin)	1253
1305	Muschet (Adam)	XIIIe siècle.
1306	——— (Henri)	XIIIe siècle.
1307	Nère (Simon de)	1235
1308	Nèrecouille (Raoul) de Gouvix	1247
1309	——— (Raoul) de Gouvix	1251
1310	Ners (Emme de Fumichon, femme de Robert de)	1247
1311	Nétreville (Chrétienne de)	1237
1312	——— (Raoul de), fils de Chrétienne de Nétreville	1237
1313	Neveu (Jean)	XIIIe siècle.
1314	——— (Lucas le)	1283
1315	——— (Nicolas le)	1223
1316	——— (Raoul le) de Trouville	1233
1317	Neuvillette (Richard de)	1251
1318	Noël (Richard)	1268
1319	Nocret (Adam du)	1226

1320	Nuerel (Alexandre du)	1245
1321	Normandie (Philippe de)	1270
1322	——— (Richard de)	1258
1323	Nuisement (Étienne du)	1239
1324	O (Thomas d')	1257
1325	Oelard (Gilbert)	1225
1326	Offran (Guillaume)	1309
1327	Ogier (Guillaume)	1237
1328	Oisel (Thomas l')	1232
1329	Oison (Hugues l')	XIIIe siècle.
1330	Olifard (Robert)	1241
1331	Olivier (Geoffroi)	XIIIe siècle.
1332	——— (Marguerite)	XIIIe siècle.
1333	Orfèvre (Matthieu Houtevielle l')	1297
1334	Orgueilleux (Raoul l')	1262
1335	Orieul (Jean)	1258
1336	Orival (Guillaume d')	1260
1337	Orne (Adeline Grentesse, femme de Richard d')	1295
1338	——— (Richard d')	1295
1339	Ornel (Étienne)	1293
1340	Orphelin (Guillaume l')	1304
1341	Osenne (Guillaume)	1301
1342	——— (Jean)	1290
1343	——— (Jeanne la Meunière, femme de Guillaume)	1301
1344	——— (Marie, femme de Jean)	1290
1345	Osmond (Guillaume)	XIIIe siècle.
1346	——— (Jean)	1229
1347	——— (Jean)	1277
1348	——— (Raoul)	1218
1349	——— (Robert)	1247
1350	Outregae (Guillaume d')	1246
1351	Paignié (Jean le)	1311
1352	Paincaut (Raoul)	1232
1353	Panier (Julienne)	1282
1354	Pardieu (Agnès, femme de Jean de)	1257
1355	——— (Jean de)	1257
1356	Parent (Guillaume)	1308
1357	Parmentier (André le)	1307
1358	——— (Gilbert le), fils d'Auberée la Parmentière	1234
1359	Parmentière (Auberée la)	1234
1360	Payen (Aubin)	1276
1361	——— (Guillaume) de Royville	1286
1362	——— (Pierre)	1247
1363	——— (Renouf)	1247
1364	——— (Simon)	XIIIe siècle.
1365	Peatling (Richard de), fils de Raoul de Peatling	XIIIe siècle.
1366	Pêcheur (Richard le)	1276
1367	Pèlerin (Hélie le)	1276
1368	Pelletier (Jean le)	1294
1369	Pelletière (Amelote la)	1266
1370	Pelvel (Martin)	1286
1371	Perdriel le Grand (Hugues)	1219
1372	Perdriel le Petit (Hugues)	1219
1373	Périer (Gautier)	1238
1374	Person (Nicolas Fitz-) de Arnesby	XIIIe siècle.
1375	Pesquelóque (Anquetil)	1232
1376	Petit (Gautier le)	1271
1377	——— (Robert le)	1236
1378	Philibert (Alix, femme de Pierre)	1273
1379	Picot (Hélie)	1243
1380	Pie (Thomas la)	1233
1381	Pikeis (Nicolas)	1269
1382	Pilemen (Robert)	1234
1383	Pille (Geoffroi la)	1301
1384	Pimont (Robert de)	1271
1385	Piquot (Laurent)	1264
1386	Pisson (Robert)	1208
1387	Pitard (Roger)	1234
1388	Planquai (Héluis, femme de Raoul du)	1257
1389	——— (Raoul du)	1257
1390	——— (Thiesse, veuve de Gilbert du)	1257
1391	Platel (Marguerite de la Barre, femme de Raoul)	1251
1392	——— (Raoul)	1251
1393	Plessis-Raoul (Henri du)	1249
1394	Pohier (Robert)	1243
1395	——— (Robert)	1234
1396	——— (Roger le)	XIIIe siècle.
1397	Poibelle (Agathe), veuve de Renaud Poibelle	1247
1398	Pointel (Guillaume)	1211
1399	Pont (Aufroy du)	1236
1400	——— (Nicolas du)	1250
1401	——— (Richard du)	1260
1402	——— (Richard du)	1260
1403	Porcher (Gautier le)	1265
1404	Porquier (Guillaume le), fils de Jean le Porquier	1264
1405	——— (Jean le)	1264
1406	Port (Osbert du)	1217
1407	Porte (Raoul de la)	1247
1408	Portier (Jean le)	XIIIe siècle.
1409	Potelesse (Richeut la)	1236
1410	Potier (Guillaume)	1246
1411	——— (Hugues)	1228
1412	Poufile (Robert)	1287
1413	Pourfit (Pierre)	1282
1414	Poutrelle (Agnès la)	1252
1415	Prayer (Guillaume le)	XIIIe siècle.
1416	——— (Guillaume le)	XIIIe siècle.
1417	Pré (Gamaliel du)	XIIIe siècle.
1418	Prévôt (Gérard le)	1261
1419	——— (Guillaume le)	1272
1420	——— (Guillaume le)	XIIIe siècle.
1421	——— (Hugues le)	1232
1422	——— (Hugues le) de Méry	XIIIe siècle.
1423	——— (Nicolas le)	1270
1424	——— (Renaud le)	1262
1425	——— (Renaud le)	1297
1426	——— (Roger le) du Petit-Quevilly	1260
1427	Prévôte (Alix la)	1269
1428	Prudhomme (Raoul le)	1260

1429	Puenc (Raoul de)	1235
1430	Puits (Guillaume du), le jeune	1252
1431	Pyhenou (Jean)	1284
1432	Quarrel (Renaud)	1242
1433	Quatre-Hommes (Renaud)	1264
1434	Quentin (Robert)	1235
1435	Quesnay (Osbert du)	1216
1436	Quesne (Henri de)	1220
1437	—— (Pierre du)	1307
1438	Quesnel (Étienne)	1234
1439	—— (Guillaume)	1224
1440	Quien (Gilles le)	1271
1441	Rapendon (Laurence de)	1253
1442	Rasle (Robert le)	1260
1443	—— (Robert le)	1261
1444	Renard (Jean)	1294
1445	—— (Jean)	1296
1446	—— (Jean)	1296
1447	—— (Pierre)	1297
1448	Renarde (Mahaut), femme de Pierre Renard	1297
1449	Renier (Guillaume)	1262
1450	—— (Raoul), frère de Guillaume Renier	1262
1451	—— (Raoul)	1263
1452	—— (Teiscet), frère de Guillaume Renier	1262
1453	Roux (Murielle, femme de Thibaud de)	XIIIe siècle
1454	—— (Thibaud de)	XIIIe siècle
1455	Reyner (Guillaume Fitz-)	XIIIe siècle
1456	Richebourg (Guerri de)	XIIIe siècle
1457	Richer (Guillaume)	1260
1458	Rique (Gilbert le)	1252
1459	—— (Jacques le), fils de Gilbert le Rique	1252
1460	Rispaut (Richard)	1248
1461	Robert (Raoul)	1256
1462	—— (Raoul)	1262
1463	Robert (Raoul) de Saint-Mards, près Beaunay	1274
1464	Robin (Thomas)	1305
1465	Roger (Cécile, veuve de Philippe)	1280
1466	—— (Robert Fitz-) de Belgrave	XIIIe siècle
1467	Roi (Eudes le)	1229
1468	—— (Guillaume le)	1235
1469	—— (Guillaume le)	1245
1470	Rokelunt (Raoul de)	1211
1471	Ronce (Pierre de la)	1201
1472	Roque (Gauquelin de la)	1261
1473	Rose (Jourdain)	1250
1474	Rouelle (Gervais)	1233
1475	Rouilli (Pierre le)	1296
1476	Rouillie (Heudiarde la)	1286
1477	Rousse (Auberée la)	1221
1478	—— (Gautier)	1279
1479	Roussel (Jean)	1283
1480	—— (Jean)	1297
1481	—— (Richard)	1277
1482	Rousselle (Ameline la), femme de Jean Roussel	1283
1483	Roux (Aubin le)	1239
1484	—— (Geoffroi le) de Beaunay	1298
1485	—— (Guillaume le)	1239
1486	Roux (Jean le)	1310
1487	—— (Jeanne d'Épinay, femme de Raoul le)	1272
1488	Royer (Richard le)	1221
1489	Ruaut (Jean)	1251
1490	Rue (Mabille de), veuve de Dreux de Rue	1258
1491	—— (Simon de la)	1234
1492	—— (Wigot de)	1224
1493	Ruelle (Eudeline de la)	1254
1494	—— (Jean de la)	1254
1495	Ruette (Guillaume de la)	1268
1496	Ruppe (Barthélemy)	1297
1497	Saint-Jean (Richard de)	1292
1498	Saint-Lô (Eudes de)	1259
1499	Saint-Lothier (Jean de)	1233
1500	Saint-Martin-Église (Gilles de)	1272
1501	Saint-Michel (Olivier de)	1234
1502	Saint-Ouen (Alix de)	1253
1503	—— (Jean de), fils d'Alix de Saint Ouen	1253
1504	—— (Robert de)	1275
1505	Saint-Saens (Jean de)	1289
1506	Sainte-Foy (Bérenger de)	1253
1507	—— (Jean de)	1265
1508	—— (Jean de)	1277
1509	Salomon (Raoul)	1257
1510	Sanson (Robert) de la Brévière	1264
1511	Sans-Pitié (Haïs Payen, femme de Robert)	1258
1512	—— (Robert)	1258
1513	Saudebreuil (Alix)	XIIIe siècle
1514	Sauquentot (Jourdain de)	Commt du XIIIe siècle
1515	Sauqueville (Aubin de)	1252
1516	Sauvage (Guillaume le)	1236
1517	Savale (Jean)	1224
1518	Savetier (Agnès Orselle, femme d'Ansoud le)	1284
1519	—— (Ansoud le)	1284
1520	—— (Pierre le)	1258
1521	Scot ou l'Escot (Jean le)	1286
1522	Sebert (Germain) de Tessel	1246
1523	Seigneur (Clément le)	1248
1524	—— (Pierre le)	1295
1525	Seincart (Roger)	1281
1526	Semilly (Richard de)	1253
1527	Sénéchal (Amand le)	1260
1528	—— (Galeran le)	1221
1529	Sergent (Gilbert le) de Hauville	1221
1530	Séri (Richard)	1260
1531	Séron (Robert)	1264
1532	Sesne (Guillaume le)	1239
1533	Sesnesse (Alix la), femme de Guillaume le Sesne	1230
1534	Sewen (Hermer, fils de Langlive)	XIIIe siècle
1535	—— (Langlive)	XIIIe siècle
1536	Silvestre (Robert)	1277
1537	Simon (Thomas)	1284
1538	Sorel (Guillaume)	1254
1539	—— (Guillaume) de Pimont	1260
1540	Soulangy (Jean de)	1226

1541	Sueur (Jean le)	1308
1542	——— (Vincent le)	1261
1543	Sully (Foulques de)	1247
1544	Sur-la-Mare (Guillaume de)	1295
1545	Tane (Pierre)	1312
1546	Tanetin (Henri)	1201
1547	Tapin (Robert)	1211
1548	Tardif (Richard)	1288
1549	Tardivel (Richard)	1235
1550	Taupin (Geoffroi)	1279
1551	Tennemare (Guillaume de)	1304
1552	Thierri (Guillaume)	1215
1553	Thiout (Michel)	1308
1554	Thorel (Robert)	1260
1555	Thuit-Simer (Jean du), fils de Nicolas du Thuit-Simer	1216
1556	——— (Jean du), dit le Sénéchal	1243
1557	——— (Nicolas du), dit le Sénéchal	1216
1558	Tibert (Pierre)	1255
1559	——— (Pierre)	1260
1560	Tirant (Nicolas le)	1298
1561	Tison (Roger)	1236
1562	Tonnelier (Robert le)	1249
1563	Tonneville (Lucienne de), veuve d'Adam Bédenguel	1232
1564	Torcy (Robert de)	1309
1565	Tort (Guillaume le)	1277
1566	Toulin (Richard), frère de Thomas Toulin	1261
1567	——— (Thomas)	1261
1568	Toupes (Jeanne), veuve de Robert Toupes	1253
1569	Touques (Guillaume de)	1248
1570	——— (Perrenelle la Drue, femme de Guillaume de)	1248
1571	Tourneur (Vincent le)	1277
1572	Tourneville (Guillaume de)	XIIIe siècle.
1573	Tourville (Ameline de), femme d'André de Tourville	1250
1574	——— (André de)	1250
1575	Toutain (Érembour, fille de Raoul)	1278
1576	Toutain le Mouton (Roberge, fille de)	1247
1577	Touvoie (Renaud de)	1254
1578	Traile (Guillaume du)	1277
1579	Trembley (Arnaud de), dit *Faiel*	1246
1580	——— (Auzouf de)	1229
1581	Trémont (Richard de)	1255
1582	Trois-Ans (Michel)	1282
1583	Truand (Jean)	1222
1584	Truitier (Alix la Porette, femme d'Arnoul le)	1247
1585	Turqueis (Hamon le)	XIIIe siècle.
1586	Tyton (Guillaume)	1296
1587	——— (Jeanne Amand, femme de Guillaume)	1296
1588	Val (Gautier du) de Dieppe	1309
1589	——— (Germain du)	1252
1590	——— (Guillaume du)	1269
1591	——— (Jean du)	1256
1592	——— (Raoul du)	1236
1593	——— (Robert du)	1248
1594	Valois (Guillaume le)	XIIIe siècle.
1595	——— (Hamon le)	1230
1596	Vauquelin (Agnès Potel, fille d'Anastase)	1252
1597	——— (Anastase)	1252
1598	Vautier (Guillaume)	1316
1599	Vaux (Robin de)	XIIIe siècle.
1600	Vavasseur (Guilbert le)	1316
1601	——— (Guillaume le)	1252
1602	——— (Jean le)	1254
1603	——— (Jousseaume le)	1235
1604	Vigot (Agnès)	XIIIe siècle.
1605	Villain (Ameline le), femme de Robert le Villain	1270
1606	——— (Martin le)	1270
1607	——— (Martin le)	1283
1608	——— (Matthieu le)	1297
1609	——— (Robert le)	1230
1610	——— (Robert le)	1270
1611	Villalet (Richard de)	XIIIe siècle.
1612	Villers (Gilbert de)	1253
1613	Vitreseul (Guillaume de), fils de Jean de Vitreseul	1237
1614	——— (Raoul de)	1237
1615	Vitrier (Asseline la Béraude, femme de Richard le)	1250
1616	Waimel (Richard)	1260
1617	Wastel (Robert)	1240
1618	——— (Robert)	1250
1619	——— (Robert)	1260
1620	Wastelier (Richard le)	1218
1621	Wiart (Guillaume)	1283
1622	Wibern (Jean)	XIIIe siècle.
1623	Wilequin (Guillaume)	XIIIe siècle.
1624	Wiscumbe (Henri de)	XIIIe siècle.
1625	Yver (Alix), femme de Robert Yver	1273
1626	——— (Robert)	1273
1627	——— (Robert)	1280
1628	Yville (Garnier d')	1227
1629	——— (Raoul le Sellier d')	XIIIe siècle.
1630	——— (Robert d')	1207

VIIe SÉRIE. — VILLES.

VILLES.

1631	Avranches	XVIIIe siècle.
1632	Bayeux	XVIIIe siècle.
1633	Bolbec	1790
1634*	Bruges	1281
1635	Caen	1600

1636*	Calais	1341
1637	Dieppe	1495
1638	Dieppe	1433
1639*	Eu	1249
1640	Falaise	1311
1641	Gravelines	XVe siècle.
1642	Hyères	XIVe siècle.
1643	Kaisersberg	XIVe siècle.
1644	Lime Regis	1410
1645*	Meulan	1194
1646	Nonancourt	XVe siècle.
1647	Rouen	1262
1648	Rouen	1369
1649	Rouen	XIVe siècle.
1650	Rye	Commencement du XIIIe siècle.
1651	Tancarville	XVe siècle.
1652	Trau en Dalmatie	XIVe siècle.
1653	Trèves	XIIIe siècle.
1654	Verneuil	1426
1655	Worcester	XIVe siècle.

LIEUTENANT DU MAIRE DE ROUEN.

1656	Buchy (Jean de)	1369

PROCUREURS DE LA VILLE D'ÉVREUX.

1657	Chartrain (Robin)	1461
1658	Franc (Guillaume le)	1417
1659	François (Noël le)	1417
1660	Hayes (Jean des)	1399
1661	Héru (Roland le)	1417
1662	Maire (Guillaume le)	1399

BOURGEOIS.

1663	Longpré (Simon de), bourgeois d'Aumale	1288
1664	Vignon (Guillaume le), bourgeois de Barfleur	1249
1665	Béquort (Henri), bourgeois de Bayeux	1207
1666	Binet (Alix, femme de Robert), bourgeois de Bayeux	1288
1667	——— (Robert), bourgeois de Bayeux	1288
1668	Anseré (André), bourgeois de Caen	1259
1669	Binet (Robert), bourgeois de Caen	1262
1670	Briquessart (Jean de), bourgeois de Caen	1289
1671	Buisson (Guillaume), bourgeois de Caen	1265
1672	Eustache (Aline, veuve de Philippe), bourgeois de Caen	1276
1673	Falaise (Raoul de), bourgeois de Caen	1277
1674	Huilard (Perrenelle), veuve de Richard de Frodes, de Caen	1243
1675	More (Richard le), clerc et bourgeois de Caen	1297
1676	Persson (Jean), bourgeois de Caen	1261
1677	Pigache (Richard), bourgeois de Caen	1270
1678	Tesson (Gilbert), bourgeois de Caen	1245
1679	Villain (Raoul le), bourgeois de Caudebec	1302
1680	Blattier (Geoffroi le), bourgeois de Dieppe	1274
1681	Blattier (Simone de Cailly, femme de Geoffroi le), bourgeois de Dieppe	1274
1682	Bures (Raoul de), bourgeois de Dieppe	1252
1683	Cellier (Lambert du), bourgeois de Dieppe	1258
1684	Fèvre (Richard le), bourgeois de Dieppe	1283
1685	Bouguin (Guillaume), bourgeois d'Écouché	1303
1686	Pouquet (Jean), bourgeois d'Évrecy	1252
1687	Aigle (Grégoire de l'), bourgeois d'Évreux	1243
1688	Auge (Simon d'), bourgeois d'Évreux	1278
1689	Caudrier (Guillaume le), bourgeois d'Évreux	1275
1690	Four (Érembour du), bourgeoise d'Évreux	1266
1691	Garel (Guillaume de), bourgeois d'Évreux	1254
1692	Guérin, orfèvre et bourgeois d'Évreux	1255
1693	Heudre (Geoffroi), bourgeois d'Évreux	1255
1694	Queux (Achard le), bourgeois d'Évreux	1241
1695	——— (Guillaume le), bourgeois d'Évreux	1211
1696	Savetier (Julienne, femme de Renaud le), bourgeois d'Évreux	1238
1697	Coldton (Jean de), bourgeois d'Exeter	1267
1698	Agnen (Michel), bourgeois de Glos-la-Ferrière	1295
1699	Villain (Denise, veuve de Raoul), bourgeois de Lisieux	1225
1700	——— (Guillaume), fils de Denise, bourgeois de Lisieux	1225
1701	——— (Renaud), fils de Denise, bourgeois de Lisieux	1225
1702	Fitz-Robert (Jean), bourgeois de Londres	XIIIe siècle.
1703	Clerc (Thomas le), bourgeois de Montivilliers	1272
1704	Savary (Jean), clerc, bourgeois de Paris	1269
1705	Gardins (Jean des), bourgeois de Périers	1276
1706	Tremblaie (Denis de la), bourgeois de Quettehou	1296
1707	Andelys (Gilbert des), bourgeois de Rouen	1259
1708	Baril (Robert), bourgeois de Rouen	1258
1709	Gagneresse (Clémence la), bourgeoise de Rouen	1287
1710	Gros (*Amauri et Roger le*), *fils de Matthieu le Gros*, bourgeois de Rouen	Fin du XIIe siècle.
1711	——— (Matthieu le), bourgeois de Rouen, maire de Rouen	En 1199 et 1200
1712	Rive (Énard de la), bourgeois de Rouen	1228
1713	Senoox (Alix, femme de Clément de), bourgeois de Rouen	1200
1714	——— (Clément de), bourgeois de Rouen	1200
1715	Val-Richer (Matthieu de), bourgeois de Rouen	1254
1716	Viel (Jean), clerc, bourgeois de Rouen	1331

MÉTIERS ET PROFESSIONS.

1717	Choquet (Raoul), charpentier	1242
1718	Matthieu, le charpentier	1250
1719	Richard, le cordonnier	1266
1720	Thomas, le cordonnier	1261
1721	Thibaud, l'épicier ou l'apothicaire	1250
1722	Ami (Guillaume l'), fèvre	1236
1723	Daufart (Guillaume) de Thiergeville, fèvre	1259

1724 Herbert (Jean), fèvre de Moulines.......... 1269
1725 Féron (Nicolas le), maître des œuvres du roi au bailliage d'Évreux.................. 1399
1726 Ingiemare (Aude, femme de Pierre d'), pelletier 1263
1727 ——— (Pierre d'), pelletier............. 1263
1728 Latre (Cécile, femme de Taurin de), pelletier. 1457

VIIIᵉ SÉRIE. — COURS ET TRIBUNAUX.

PARLEMENT DE PARIS.

1729 Corbie (Arnaud de), premier président....... 1379
1730 Orgemont (Pierre d'), président........... 1372
1731 Hénault (Charles-Jean-François), président... 1743
1732 Coq (Nicole le), conseiller 1518
1733 Bacquespée (Jacques), conseiller........... 1379
1734 Metz (Ferri de), maître des requêtes de l'Hôtel. 1372

CONSEILLERS DU ROI.

1735 Bescot (Jean le)......................... 1372
1736 Bois (Nicolas du)........................ 1372
1737 Bosc (Jean du)........................... 1364
1738 Champs (Richard des)..................... 1336
1739 Chastellier (Jean du).................... 1335
1740 Mandevilain (Jean), doyen du chapitre de Nevers.......................... 1329
1741 ——— (Jean), évêque de Nevers 1336
1742 ——— (Jean), évêque d'Arras............ 1335
1743 Mercier (Jean le)........................ 1377
1744 Reims (Thomas de)........................ 1336

PARLEMENTS DE PROVINCE.

1745* Parlement de Bretagne.................... 1540
1746 Cour du conseil du roi d'Angleterre en Normandie.......................... 1442
1747 Échiquier de Normandie................... 1313
1748* ——— de Normandie.................. 1349
1749* ——— de Normandie.................. 1426
1750* ——— de Normandie.................. 1459
1751* ——— de Normandie.................. 1497
1752* Parlement de Rouen....................... 1525
1753 Peugnon (Nicole), conseiller du roi au parlement de Rouen...................... 1520
1754 Échiquier des eaux et forêts à Rouen....... 1402

CHAMBRE DES COMPTES.

1755 Boucher (Arnoul)......................... 1461
1756 Jean .....?.............................. 1376
1757 Pierre .....?............................ 1376
1758 P. E. T.................................. 1376
1759 Raimondet (Arnaud)....................... 1376
1760 Moulin (Andrieu du), trésorier du roi à Paris. 1403

COURS PROVINCIALES.

1761* Alençon (Cour du comté d'), en Cotentin.... 1401
1762 ——— (Cour du comté d'), à Montreuil et Bernay........................... 1307
1763* Bourg-Nouvel (Cour de)................. 1316
1764* Bourg-Nouvel (Cour de)................. 1333
1765* ——— (Cour de)................. 1403
1766* ——— (Cour de)................. 1484
1767* Dinan (Cour de) 1446
1768 Fougères (Cour de)...................... 1407
1769* ——— (Cour de)................. 1410
1770* ——— (Cour de)................. 1537
1771 Lambesc (Cour de)................ xivᵉ siècle.
1772 Laval (Cour de)......................... 1330
1773* Mans (Cour du).......................... 1282
1774* ——— (Cour du)................. 1325
1775* ——— (Cour du)................. 1366
1776* ——— (Cour du)................. 1374
1777* ——— (Cour du)................. 1408
1778* ——— (Cour du)................. 1456
1779* ——— (Cour du)................. 1457
1780* ——— (Cour du)................. 1459
1781* ——— (Cour du)................. 1463
1782 ——— (Cour du)................. 1466
1783* ——— (Cour du)................. 1491
1784 Saint-James-de-Beuvron (Cour de)......... 1318
1785 Saint-Malo (Cour de).................... 1403
1786 Saumur (Cour de)........................ 1420
1787 Tussé (Cour de)......................... 1488

BAILLIAGES ET SÉNÉCHAUSSÉES.

1788 Bailliage d'Alençon................ xivᵉ siècle.
1789* ——— d'Andely.................. xivᵉ siècle.
1790 ——— de Cany...................... 1334
1791* ——— de Caux...................... 1274
1792* ——— de Caux...................... 1302
1793* ——— de Caux...................... 1332
1794* ——— de Caux...................... 1393
1795* ——— de Cotentin.................. 1280
1796* ——— de Cotentin.................. 1311
1797 ——— de Cotentin.................. 1350
1798* ——— de Cotentin.................. 1361
1799 ——— de Cotentin.................. 1382
1800 ——— de Dauville.................. 1405
1801* ——— d'Eu........................ 1292
1802 ——— d'Évreux..................... 1469
1803 ——— d'Évreux..................... 1475
1804 ——— de Guernesey.................. 1281
1805 ——— de Guernesey.................. 1382
1806 ——— des Îles...................... 1286
1807* ——— de Jersey.................... 1332
1808 ——— de Jersey.................... 1418
1809 ——— de Lisieux................... 1293
1810 Sénéchaussée de Lisieux.................. 1399

1811	Bailliage de la Montagne	1675
1812*	——— de Noyon	1412
1813*	——— de Pont-Audemer	1294
1814*	——— de Pontorson	1371
1815*	——— de Rouen	1312
1816*	——— de Rouen	1358
1817	——— de Rouen	1410
1818	——— de Rouen	1432
1819	——— de Varenguebec	1447
1820*	——— de Verneuil	1284
1821	——— de Wavans	1680

PRÉVÔTÉS.

1822*	Prévôté de Chaumont	1335
1823*	——— de Janville	1314
1824	——— de Larris	xve siècle.
1825	——— de Vernon	1264
1826	——— de Villaines	xviiie siècle.

VICOMTÉS.

1827	Vicomté d'Arques	1364
1828	——— d'Arques	1403
1829*	——— d'Avranches	1294
1830*	——— d'Avranches	1308
1831*	——— d'Avranches	1337
1832	——— d'Avranches	1351
1833*	——— d'Avranches	1369
1834*	——— d'Avranches	1374
1835	——— d'Avranches	1398
1836*	——— d'Avranches	1410
1837*	——— d'Avranches	1413
1838*	——— d'Avranches	1442
1839*	——— d'Avranches	1462
1840*	——— d'Avranches	1489
1841*	——— d'Avranches	1498
1842*	——— de Bayeux	1284
1843	——— de Bayeux	1305
1844	——— de Bayeux	1378
1845	——— de Bayeux	1379
1846*	——— de Bayeux	1381
1847*	——— de Bayeux	1384
1848*	——— de Bayeux	1449
1849	——— de Bayeux	xve siècle.
1850	——— de Bayeux	1556
1851*	——— de Bernay	1287
1852*	——— de Caen	1297
1853*	——— de Caen	1414
1854	——— de Caen	1418
1855*	——— de Caen	1439
1856	——— de Caen	1461
1857*	——— de Carentan	1297
1858*	——— de Carentan	1326
1859*	——— de Carentan	1333
1860*	——— de Carentan	1406
1861*	——— de Carentan	1422
1862*	——— de Carentan	1439
1863*	——— de Carentan	1449
1864*	Vicomté de Carentan	1458
1865*	——— de Carentan	1463
1866*	——— de Carentan	1474
1867	——— de Caudebec	1398
1868	——— de Caudebec	1398
1869*	——— de Condé-sur-Noireau	154[illegible]
1870*	——— de Coutances	1315
1871*	——— de Coutances	1317
1872*	——— de Coutances	1335
1873	——— de Coutances	1363
1874*	——— de Coutances	1374
1875*	——— de Coutances	1388
1876	——— de Coutances	1430
1877*	——— de Coutances	1432
1878*	——— de Coutances	1458
1879*	——— de Coutances	1461
1880*	——— de Coutances	1481
1881*	——— de Coutances	1484
1882	——— de Domfront	1449
1883*	——— d'Évreux	1384
1884*	——— d'Évreux	xive siècle.
1885	——— d'Évreux	1496
1886*	——— d'Évreux	xve siècle.
1887*	——— d'Exmes	1404
1888*	——— d'Exmes	1476
1889*	——— de Falaise	1287
1890*	——— de Falaise	1310
1891*	——— de Hambie	1457
1892*	——— de Hambie	1459
1893*	——— de Lillebonne	1463
1894*	——— de Longueville	1384
1895	——— de Longueville	1404
1896	——— de Marigny	1463
1897*	——— de Maulevrier	1309
1898	——— de Maulevrier	1489
1899*	——— de Maulevrier et Caudebec	1339
1900	——— de Montivilliers	1396
1901*	——— de Montivilliers	1410
1902	——— de Montivilliers	1492
1903*	——— de Mortain	1370
1904*	——— de Mortain	1447
1905*	——— de Mortain	1455
1906*	——— de Neufchâtel	1301
1907	——— d'Orbec	1447
1908	——— d'Ourville	1431
1909*	——— de Pontorson	1368
1910*	——— de Pontorson	1380
1911*	——— de Pontorson	1387
1912*	——— de Pontorson	1481
1913*	——— de Rouen	1283
1914*	——— de Rouen	1313
1915	——— de Rouen	1403
1916	——— de Rouen	Commencement du xive siècle.
1917*	——— de Rouen	1413
1918	——— de Rouen	1423
1919	——— de Rouen	1425
1920*	——— de Rouen	1432

1921*	Vicomté de Rouen	1437
1922*	—— de Rouen	1443
1923	—— de Rouen	1479
1924*	—— de Rouen	1493
1925	—— de l'Eau de Rouen	1405
1926	—— de l'Eau de Rouen	1493
1927*	—— de Saint-Sauveur-Lendelin	1375
1928*	—— de Saint-Sauveur-Lendelin	1405
1929*	—— de Saint-Sauveur-Landelin	1413
1930*	—— de Saint-Sauveur-Lendelin	1442
1931	—— de Saint-Sauveur-le-Vicomte	1388
1932	—— de Saint-Sauveur-le-Vicomte	1393
1933*	—— de Saint-Sauveur-le-Vicomte	1402
1934*	—— de Saint-Sauveur-le-Vicomte	1463
1935*	—— de Saint-Sauveur-le-Vicomte	1464
1936*	—— de Saint-Sauveur-le-Vicomte	1472
1937*	—— de Saint-Sauveur-le-Vicomte	1474
1938	—— de Tancarville	1374
1939*	—— de Valognes	1303
1940*	—— de Valognes	1325
1941	—— de Valognes	1338
1942*	—— de Valognes	1371
1943*	—— de Valognes	1405
1944	—— de Valognes	1418
1945*	—— de Valognes	1432
1946*	—— de Valognes	1454
1947*	—— de Valognes	1472
1948*	—— de Valognes	1488
1949*	—— de Verneuil	1410
1950	—— de Verneuil	1426
1951*	—— de Vire	1320

CHÂTELLENIES.

1952*	Châtellenie d'Andely	1304
1953*	—— d'Andely	1341
1954	—— d'Argentan	1480
1955*	—— de Bellême	1299
1956*	—— de Bellême	1300
1957*	—— de Bonmoulins	1359
1958*	Châtellenie de Bréval	1473
1959*	—— de Brou	1481
1960	—— de Châteaudun	1461
1961	—— de la Ferté-Loupière	XVIIe siècle.
1962*	—— de Gisors et Neaufles	1374
1963	—— de Huillé	1339
1964*	—— de Longni	1382
1965*	—— de Longni	1439
1966	—— de Longni	1448
1967*	—— de Lyons	1415
1968*	—— de Maulevrier	1348
1969*	—— de Mortagne	1335
1970*	—— de Mortagne	1353
1971*	—— de Mortagne	1397
1972*	—— de Mortagne	1404
1973*	—— de Mortagne	1473
1974*	—— de Mortagne	1478
1975*	—— de Poissy	1272
1976*	—— du Pontmain	1306
1977*	—— du Pontmain	1371
1978*	—— du Pontmain	1400
1979*	—— du Pontmain	1421
1980*	—— de Remalard	1478

TABELLIONAGE.

1981	Saint-Lô (Sceaux royaux de la ville de)	1585

SERGENTERIE.

1982	Auffay (Sergenterie d')	1306

SEIGNEURIES, TERRES, BARONNIES, ETC.

1983	Boulaye (Cour de la)	XVIIe siècle.
1984*	Bricquebec (Baronnie de)	1396
1985	Lanvallay (Cour de)	XVIIe siècle.
1986	Longuefaye (Juridiction de)	XVe siècle.
1987	Pontbriand (Juridiction du)	XVIIe siècle.
1988	Quatremare (Terre de)	1366
1989	Saint-Lô (Élection de)	XVIIe siècle.
1990	Val et la Folie (Juridiction du)	XVIIIe siècle.

IXe SÉRIE. — OFFICES.

BAILLIS ET SÉNÉCHAUX.

BAILLI D'ALENÇON ET DU PERCHE.

1991	Honoré (Pierre)	1310

BAILLIS DE CAEN.

1992	Balle (Thomas de la), lieutenant général du bailli	1418
1993	Canivet (Eustache), lieutenant général du bailli	1444
1994	Thibout (Gérard), lieutenant du bailli	1483

BAILLIS DE CAUX.

1995	Blondel (Jean)	1330
1996	Ravin (Roger), lieutenant du bailli	1379
1997	Guédon (Laurent), lieutenant général du bailli	1403
1998	Bourse (Clément), lieutenant général du bailli, à Arques	1433

BAILLIS DE COTENTIN.

1999	Josel (Robert), lieutenant général du bailli	138[illegible]
2000	Ail-en-Bourse (Jean), commissaire pour le recouvrement du *domaine* du duc d'*Orléans* en Normandie	1396

2001 Hesluhan (Thomas de), lieutenant général du bailli ... 1403
2002 Cadot (Gilles), lieutenant général du bailli... 1408
2003 Aubert (Jean), lieutenant général du bailli en la vicomté de Carentan ... 1409
2004 Cadot (Gilles), lieutenant général du bailli... 1411
2005 Olivier (Jean), lieutenant du bailli ... 1412
2006 Beauxamis (Jean), lieutenant général du bailli. 1413
2007 Cour (Jean de la), lieutenant général du bailli. 1416
2008 Godet (Guillaume le), lieutenant du bailli 1428
2009 Roque (Pierre de la), lieutenant général du bailli ... 1431
2010 Dixms (Nicolas), lieutenant général du bailli.. 1445
2011 Coq (Guillaume le), lieutenant général du bailli. 1451
2012* Rosel (Jean de), lieutenant général du bailli.. 1461
2013 Josel (Robert), lieutenant général du bailli... 1463
2014 Vauquelin (Pierre), lieutenant du bailli en la vicomté de Granville ... 1476
2015 Gascoing (Louis le), lieutenant du bailli..... 1494
2016 ——— (Louis le), lieutenant du bailli..... 1497
2017 Virien (Jean), lieutenant du bailli ... 1506
2018 Morice (Jean), lieutenant général du bailli... 1513

BAILLIS D'ÉVREUX.

2019 Mausergent (Guérard), lieutenant du Captal de Buch ... 1367
2020 Hayes (Jean des), lieutenant du bailli ... 1416
2021 Val (Pierre du), lieutenant du bailli ... 1456
2022 Fleques (Robert de), maréchal héréditaire de Normandie, conseiller et chambellan du roi, capitaine d'Évreux ... 1460
2023 Haugest (Jean de), sire de Genlis, conseiller et chambellan du roi, capitaine d'Évreux.. 1475
2024 ——— (Adrien de), sire de Genlis, conseiller et chambellan du roi, grand échanson de France, capitaine d'Évreux ... 1520

BAILLIS DE GUERNESEY.

2025 Cour (Macé de la) ... 1315
2026 ——— (Macé de la) ... 1329?

BAILLIS, GARDIEN ET FERMIER DES ÎLES.

2027 Aubigny (Philippe d'), bailli ... 1219?
2028 Trubleville (Hugues de), bailli ... 1269
2029 Ayswelle (Renaud d'), bailli ... 1286
2030 Granson (Othon de), fermier ... 1316
2031 Chegny (Edmon de), gardien ... 1364

BAILLI DE JERSEY.

2032 Tourgis (Raoul), clerc ... 1332

SÉNÉCHAL DE NORMANVILLE.

2033 Métayer (Gilles le) ... 1439

SÉNÉCHAL DE RENNES.

2034* Guillaume ... 1224

BAILLIS DE ROUEN.

2035 Légier (Jean), lieutenant général du bailli.... 1409
2036 Beaucompère (André), lieutenant du bailli... 1411
2037 Poolin (Pierre), lieutenant général du bailli.... 1420
2038 Ancêtre (Henri l'), lieutenant du bailli 1427
2039 Fontaine (Guillaume de la), lieutenant général du bailli ... 144[illegible]
2040 Mello (Guillaume le), lieutenant général du bailli ... 144[illegible]
2041 Anglois (Jean l'), lieutenant du bailli ... 1449
2042 Daron (Pierre), lieutenant général du bailli... 1451

VICOMTES.

VICOMTE D'ARGENTAN ET D'EXMES.

2043 *Courteilles* (Raoul de), *lieutenant général du vicomte* ... 1486

VICOMTES D'AVRANCHES.

2044 Avranches (Pierre d'), lieutenant du vicomte.. 132[illegible]
2045 Taillefer (Jean), clerc, lieutenant du vicomte. 1336
2046 Crépon (Jean de), lieutenant du vicomte..... 1358
2047 Coton (Martin), lieutenant du vicomte....... 1377
2048 Baudouin (Jean) ... 138[illegible]
2049 Mare (Macé de la), lieutenant du vicomte.... 1391
2050 Bouligny (Guillaume de) ... 1393
2051 Pommeraie (Robin de la), lieutenant général du vicomte ... 1398
2052 Garmont (Jean), lieutenant du vicomte...... 1400
2053 Mouchy (Jean de), lieutenant du vicomte.... 1410
2054 Boucher (Pierre), lieutenant général du vicomte. 14[illegible]
2055 Gaudin (Thomas), lieutenant général du vicomte. 14[illegible]
2056 Moine (Jean le), lieutenant général du vicomte. 1470

VICOMTES DE BAYEUX.

2057 Monnier (Sandret le), lieutenant général du vicomte ... 1401
2058 Douit (Marin du), lieutenant du vicomte..... 1493

VICOMTES DE CARENTAN.

2059 Gosseaume (Raoul), clerc, *garde des sceaux de la vicomté* ... 129[illegible]
2060 Beaussey (Jean de), lieutenant du vicomte, à Saint-Lô ... 1423
2061 Saint-Fromont (Jean de), lieutenant général du vicomte ... 1432
2062 Coquet (Olivier), lieutenant du vicomte, à Saint-Lô ... 1468

VICOMTES DE COUTANCES.

2063 Viton (Simon), garde du sceau des obligations de la vicomté ... 1323
2064 Marie (Colin), lieutenant du vicomte 1362
2065 Gros-Œil (Guillaume), lieutenant du vicomte. 1371
2066 James (Jean), lieutenant du vicomte 1387

2067 Hobey (Jean), lieutenant du vicomte........ 1390
2068 Gourfaleur (Jean de), lieutenant général du vicomte........................... 1469
2069 Ade (Guillaume), lieutenant du vicomte..... 1472

VICOMTES D'ÉVREUX.

2070 Enfant (Jean l'), lieutenant du vicomte...... 1436
2071 Bardouf (Pierre), lieutenant du vicomte..... 1438
2072 Quincarnon (Geoffroi de), lieutenant du vicomte.......................... 1482

VICOMTE DE MONTIVILLIERS.

2073 Bose (Guillaume du)..................... 1247

VICOMTES DE MORTAIN.

2074 Planterose (Jean), lieutenant général du vicomte............................ 1398
2075 Duisnel (Jacquet), lieutenant du vicomte.. Vers 1450

VICOMTE D'ORBEC.

2076 Rouil (Jean du), gouverneur de la vicomté.... 1480

VICOMTE DE PONTORSON.

2077 Roussin (Jean le), lieutenant du vicomte..... 1476

VICOMTES DE ROUEN.

2078 Geoffroi, fils du vicomte............... Vers 1185
2079 Vavasseur (Jean le), lieutenant du vicomte... 1414
2080 Limare (Laurent de), lieutenant général du vicomte........................... 1415

VICOMTES DE SAINT-SAUVEUR-LE-VICOMTE.

2081 Taillepied (Jean de), seigneur du lieu, garde des sceaux de la vicomté............... 1486
2082 Pitebouit (Jacques)..................... 1541

VICOMTES DE VALOGNES.

2083 Marchand (Jean le), lieutenant général du vicomte.......................... 1460
2084 Corbin (Michel)........................ 1499
2085 Poisson (Pierre), lieutenant général du vicomte. 1499

OFFICES DE JUSTICE.

PROCUREUR, JUGES.

2086 Croismare (Robert de), procureur du roi au bailliage de Rouen.................. 1429
2087 Artis (Pierre d'), juge aux assises des Îles.... 1291
2088 Fournier (Jean), président au conseil et garde des sceaux de la justice du comte du Maine, juge ordinaire en sa cour.............. 1456

SERGENTS.

2089 Richard, sergent d'Avrilly................ 1260
2090 Taillefer (Robert), sergent des Baons-le-Comte. 1380
2091 Bourdon (Jean), sergent du roi à Caen...... 1462
2092 Justice (Geoffroi), sergent de Caudebec...... 1386
2093 Mesnil (Robin du), sergent à Crasville....... 1400
2094 Jacquet (Jean), sergent à Évreux.......... 1398
2095 Fou (Guillaume du), sergent à Freneuse..... 1384
2096 ——— (Guillaume du), sergent à Freneuse. 1391
2097 Semelle (Colin), clerc, sergent de la Londe... 1398
2098 Cachealoue (Jean), sergent de Pont-Saint-Pierre 1403
2099 Amaury (Jeannin), sergent à Rouen........ 1372
2100 Faucheur (Riquelot le), sergent à Rouen..... 1410
2101 Guédon (Raoulin), sergent à Rouen........ 1424
2102 Haye (Jean de la), sergent à Rouen........ 1448
2103 Maillart (Jean), sergent à Rouen.......... 1434
2104 Porée (Robin), sergent à Rouen........... 1437
2105 Sacquespée (Guillaume), sergent à Rouen.... 1411
2106 Turbot (Jean), sergent à Rouen........... 1393
2107 ——— (Jean), sergent à Rouen.......... 1423
2108 Sac (Michel le), sergent à Saint-Lô........ 1471
2109 Guieffroi (Marot), sergent de la sergenterie de Torigny........................ 1460
2110 Troufer (Jean), sergent de la sergenterie du Val-de-Saire......................... 1441
2111 Anglois (Étienne l'), sergent de la sergenterie de Vauvray......................... 1401

TABELLIONS.

2112 Troude (Jean)........................ XVe siècle.
2113 Neveu (Colin le), clerc, tabellion à Saint-Lô.. 1345

HUISSIER.

2114 Fèvre (Étienne le), huissier du parlement de Paris............................. 1392

CLERC DE COUR.

2115 Surel (Vincent), clerc juré de la vicomté de Valognes........................... 1310

OFFICES DE GUERRE.

LIEUTENANTS DES MARÉCHAUX DE FRANCE.

2116 Calleville (Colard de), seigneur de Demuin, conseiller du roi....................... 1410
2117 Estouteville (Colard d'), seigneur de Torcy, conseiller du roi....................... 1410

CHÂTELAINS.

2118* Porte (Jean de la), châtelain de Rouen...... 1427
2119 Guillaume, châtelain de Saint-Omer..... Après 1185

GOUVERNEUR.

2120 O (François d'), seigneur de Fresnes, Maillebois et Courseulles, chevalier de l'Ordre, gouverneur des ville et château de Caen.... 1683

CAPITAINES.

2121 Harcourt (Jean d'), comte d'Aumale, capitaine du Mont-Saint-Michel.................. 1420

2122 Estouteville (Louis d'), sire d'Auzebosc et de Moyon, capitaine du Mont-Saint-Michel.... 1425

2123 Villiers-le-Bel (Pierre de), maître d'hôtel du duc d'Orléans, capitaine de Pontorson..... 1355

SERGENT D'ARMES DU ROI.

2124 Ridel (Jacques)........................ 1384

OFFICES DE FINANCE.

INTENDANTS.

2125 Choisy (Paul de), seigneur de Balleroy, intendant de la généralité de Metz, Luxembourg et frontière de Champagne............ 1669

2126 Gasville (Goujon de), intendant de la généralité de Rouen...................... 1723

AIDES.

2127 Biote (Guillaume), élu sur le fait des aides au diocèse d'Avranches.................. 1403

2128 Cardet (Pierre), élu sur le fait des aides à Valognes........................... 1499

NOUVEAUX ACQUÊTS.

2129 Paris (Guillaume), examinateur au Châtelet, commissaire sur le fait des nouveaux acquêts au bailliage de Cotentin.............. 1409

2130 Thomin (Guillaume), juge royal à la cour du Maine, commissaire sur le fait des nouveaux acquêts.......................... 1521

RECEVEURS.

2131 Quimbel (Jean), clerc, receveur de la vicomté de Carentan....................... 1349

2132 Bures (Jean de), receveur des châtellenies de Lillebonne et de Gravenchon.......... 1349

2133 Renaud (Renier), receveur à Rouen pour Biche et Mouchet, receveurs du roi........... 1294

EAUX ET FORÊTS.

2134 Laval (Louis de), seigneur de Châtillon, grand maître enquêteur et réformateur général des eaux et forêts de France.............. 1468

2135 Essarts (Antoine des), maître des eaux et forêts de France, Champagne et Brie........ XVe siècle

2136 Cuise (Jean de), seigneur de Pouye, maître et enquêteur des eaux et forêts de Normandie et Picardie.......................... 1403

2137 Robersart (Jean de), souverain maître enquêteur et réformateur général des eaux et forêts de Normandie......................... 1407

2138 Pierres (Jean de), lieutenant général du maître enquêteur et réformateur général des eaux et forêts de Normandie.................. 1444

2139* Ellis (Henri), lieutenant du maître enquêteur et réformateur des eaux et forêts de Normandie............................. 1448

2140 Lecieron (Thibaud le), lieutenant général du maître enquêteur et réformateur des eaux et forêts de Normandie et Picardie......... 1455

2141 Cordier (Pierre le), lieutenant du maître enquêteur et général réformateur des eaux et forêts de Normandie................. 1487

2142 Grésille (Robert), lieutenant du receveur des eaux et forêts aux bailliages de Caen et de Cotentin.......................... 1379

2143 Angot (Bertrand), lieutenant du verdier de Cherbourg......................... 1461

2144 Rioult (Robert), verdier de la forêt d'Évreux.. 1408

2145 Nerville (Guillaume de), verdier de Valognes.. 1388

2146 Siquet (Jean du), lieutenant général du verdier de Valognes....................... 1468

OFFICES DIVERS.

2147 Vaudetar (Jean de), valet de chambre du roi............................ 1377

2148 Chapelain (Gervais), maître des rôles en Angleterre......................... XIIIe siècle.

SOCIÉTÉS, ASSOCIATIONS.

2149 Académie de Rouen.................... 1744

2150 Francs-maçons de Carcassonne........... Moderne.

2151 ——— de Caudebec.......... Moderne.

2152 ——— de Caudebec.......... Moderne.

SCEAUX ECCLÉSIASTIQUES.

Xe SÉRIE. — CARDINAUX.

2153 Antoine de Challant, cardinal du titre de Sainte-Marie *in Via Lata*.................... 1405

2154 Brando de Castiglione, cardinal-prêtre du titre de Saint-Clément................ Après 1420

2155 Jean Rolin, cardinal-prêtre du titre de Saint-Étienne *in Celiomonte*, évêque d'Autun.... 1478

2156 Georges d'Amboise, cardinal, archevêque de Rouen......................... Vers 1505

2157 Jean le Veneur, cardinal du titre de Saint-Barthelemy-en-l'Île, évêque de Lisieux, abbé commendataire du Mont-Saint-Michel..... 1537

2158 Antoine Barberini, cardinal-diacre du titre de Sainte-Agathe, légat *a latere*........... 1625

2159 ——— cardinal-évêque de Tusculum, abbé commandataire de Saint-Évroult......... 1657

2160 Léon, cardinal de Gesvres, abbé de Bernay... 1730

2161 Raoul d'Albert de Luynes, cardinal-prêtre du titre de Saint-Thomas *in Parione*, archevêque de Sens, primat des Gaules, etc......... 1763

2162* Commissaires délégués par le pape Grégoire XIII, pour l'aliénation de cinquante mille écus de rente du bien temporel des églises de France.......................... 1584

AUDITEURS APOSTOLIQUES.

2163 Gozzo de Armino, chanoine de Ravenne, chapelain du pape........................ 1332

2164 Jean de Palena, chapelain du pape......... 1425

TRÉSORIERS DU PAPE.

2165 Louis Aliotti, évêque de Volterra.......... 1411

2166 Antoine Casini, évêque de Sienne.......... 1431

RECEVEURS APOSTOLIQUES.

2167 Commissaires receveurs du demi-dixième dans le diocèse et la ville de Rouen........... 1409

2168 Benoît (Guillaume), sous-receveur apostolique dans le diocèse de Rouen.............. 1385

NOTAIRE APOSTOLIQUE.

2169 Plessis (Geoffroi du), commissaire pour les subsides de la Terre-Sainte............... 1315

XIe SÉRIE. — ARCHEVÊQUES ET ÉVÊQUES.

ÉVÊQUE D'AGDE.

2170 Claude-Louis de la Châtre, abbé commendataire du Tréport......................... 1727

ÉVÊQUE D'AGEN.

2171 Bertrand de Beceiras................. Après 1183

ARCHEVÊQUE D'ANTIVARI.

2172 Simon de Montona...................... 1470

ARCHEVÊQUE D'AUCH.

2173 Arnoul, chambrier du pape............... 1365

ÉVÊQUES D'AVRANCHES.

2174 Richard III......................... 1171-1182

2175 Guillaume Bureau...................... 1232

2176 Jean de Saint-Avit...................... 1391

2177 Jean Bouchard......................... 1476

2178 Gabriel-Philippe de Froulay de Tessé........ 1671

2179 Pierre-Daniel Huet...................... 1696

2180 Pierre-Jean-Baptiste Durand de Missy... 1746-1764

2181 Pierre-Augustin Godart de Belbeuf......... 1777

ÉVÊQUE DE BÂLE.

2182 Simon-Nicolas de Montjoie d'Hirsingue, prince du Saint-Empire, prieur commendataire de Saint-Lô de Bourgachard.............. 1767

ÉVÊQUES DE BATH ET DE GLASTONBURY.

2183 Savary.......................... 1192-1205

2184 Savary.......................... 1192-1205

ÉVÊQUES DE BAYEUX.

2185* Henri II......................... 1164-1205

2186* Robert d'Ablegges.................. 1206-1231

2187* Pierre de Benais...................... 1298

2188 François Servien...................... 1657

2189 François de Nesmond.................... 1670

2190 Le cardinal de la Trémouille, abbé commendataire de Saint-Étienne de Caen......... 1717

2191 François-Armand de Lorraine d'Armagnac. 1719-1728

2192 Paul d'Albert de Luynes.............. 1729-1753
2193 Paul d'Albert de Luynes.............. 1729-1753
2194 Pierre-Jules-César de Rochechouart-Montigny.............. 1753-1775
2195 Joseph-Dominique de Cheylus.............. 1776-1790

ÉVÊQUE DE BELLEY.

2196 Gabriel Cortois de Quincey, abbé commendataire de Conches.............. 1768

ÉVÊQUE DE BLOIS.

2197 Jean-François-Paul de Caumartin.............. 1733

ARCHEVÊQUE DE BORDEAUX.

2198 Armand Bazin de Besons, abbé de Ressons.... 1716

ÉVÊQUES DE CHARTRES.

2199* Pierre de Mincy.............. 1266
2200 Pierre-Augustin-Bernardin de Rosset de Fleury. 1754

ÉVÊQUE DE CONDOM.

2201 Aimery Noel.............. 1513

ÉVÊQUES DE COUTANCES.

2202 Algar.............. 1135
2203* Vivien de l'Étang.............. 1202-1208
2204* Jean d'Essey.............. 1251-1274
2205* Eustache de Rouen.............. 1290
2206 Guillaume de Thiéville.............. 1337
2207 Arthur de Cossé, abbé commendataire du Mont-Saint-Michel.............. 1580
2208 Claude Auvry.............. 1648
2209 Eustache de Lesseville.............. 1662
2210 Eustache de Lesseville.............. 1663
2211 Léonor Goyon de Matignon.............. 1743

ÉVÊQUE DE DUBLIN.

2212* Jean.............. 1197

ÉVÊQUES D'ÉVREUX.

2213 Rotrou de Warwick.............. 1139-1165
2214 Gilles du Perche.............. 1170-1179
2215 Guérin de Cierrey.............. 1193-1201
2216 Richard de Bellevue.............. 1234
2217* Raoul de Chevry.............. 1265
2218 Guillaume de Vallan.............. 1394
2219 Guillaume de Floques.............. 1445-1464
2220 Pierre-Jules-César de Rochechouart, prieur commendataire de Saint-Lô de Rouen..... 1740
2221 Louis-Albert de Lezay Marnesia.............. 1773

ÉVÊQUE D'EXETER.

2222* Henri.............. 1191-1206

ÉVÊQUE D'HÉBRON.

2223 Martin, vicaire général de Raoul du Fou, évêque d'Évreux.............. 1506

ÉVÊQUE DE LANGRES.

2224 Pierre de Pardaillan de Gondrin d'Antin, abbé commendataire de Lyre.............. 1733

ÉVÊQUE DE LAON.

2225 Charles de Saint-Albin, abbé commendataire de Saint-Ouen, de Saint-Évroult.............. 17[illegible]3

ÉVÊQUES DE LIÈGE.

2226 Jean de Bavière, comte de Looz....... 1409-1418
2227 Jean de Heinsberg, comte de Looz.............. 14[illegible]

ÉVÊQUES DE LISIEUX.

2228 Raoul de Varneville.............. 1182-1192
2229* Jourdain du Hommet.............. 1202-1218
2230 Guillaume d'Estouteville.............. 1407
2231 Jean Hennuyer.............. 1575
2232 Léonor de Matignon.............. 16[illegible]
2233 Léonor de Matignon.............. 1712
2234 Léonor de Matignon.............. 1677-1714
2235 Henri-Ignace de Brancas.............. 1727

ÉVÊQUE DE LONDRES.

2236* Richard de Gravesend.............. XIIIe siècle

ARCHEVÊQUES DE LYON.

2237* Philippe de Savoie, archevêque élu..... 1246-1267
2238 François-Paul de Neufville de Villeroy, abbé commendataire de Fécamp.............. 1728

ÉVÊQUE DE MÂCON.

2239 Henri-Constant de Lort de Serignan de Valras, abbé commendataire de Valmont.............. 17[illegible]

ÉVÊQUES DU MANS.

2240* Geoffroi II.............. 1[illegible]
2241* Robert de Clinchamp.............. 1301

ARCHEVÊQUE DE MAYENCE.

2242 Wolfgang de Dalberg.............. 1582-1601

ÉVÊQUES DE METZ.

2243 Henri-Charles de Cambout de Coislin, abbé commendataire de Boscherville.............. 17[illegible]
2244 Claude de Saint-Simon, abbé de Jumièges... 1752

ÉVÊQUE DE MONTPELLIER.

2245 Charles-Joachim Colbert de Croissy, prieur commendataire de Longueville.............. 1719

ARCHEVÊQUE DE NARBONNE.

2246 René-François de Beauveau du Rivau, abbé commendataire de Saint-Victor-en-Caux.... 17[illegible]5

ARCHEVÊQUES DE ROUEN.

2247* Rotrou de Beaumont.............. 1168-1184

2248* Robert Poulain........................ 1208
2249 Pierre de Colmieu........................ 1236
2250* Eudes Rigaud........................ 1266
2251* Bernard de Farges........................ 1300
2252 Guillaume de Durfort........................ 1328
2253* Pierre Roger........................ 1333
2254 Aimery Guenaud........................ 1340
2255 Jean de Marigny........................ 1347
2256* Jean de Marigny........................ 1351
2257 Philippe d'Alençon........................ 1371
2258 Guillaume de Lestrange........................ 1387
2259 Guillaume de Vienne........................ 1402
2260 Louis d'Harcourt, archevêque élu........................ 1409
2261 Louis d'Harcourt........................ 1415
2262 Louis d'Harcourt........................ 1415
2263 Jean IV, cardinal de la Rochetaillée........................ 1426
2264 Robert de Croismare........................ 1488
2265 François Roussel de Médavy........................ 1676
2266 Claude Maur d'Aubigné........................ 1713
2267 Le cardinal de la Rochefoucauld, abbé de Cluny........................ 1773-1800

ÉVÊQUE DE SAINT-MALO.

2268 Aubert........................ 1180

ÉVÊQUES DE SÉEZ.

2269* Froger........................ 1158-1184
2270* Lisiard........................ 1188-1201
2271* Silvestre........................ 1219
2272* Hugues II........................ 1232
2273 Jean Forcoal, aumônier du roi........................ 1673

ÉVÊQUE DE SELYMBRIA.

2274 Michel François........................ 1500

ÉVÊQUE DE TOUL.

2275 Scipion-Jérome Begon, abbé de Saint-Germer-de-Flaix........................ 1722

ÉVÊQUES DE WINCHESTER.

2276* Richard Toclive........................ 1174-1189
2277* Geoffroi de Lucy........................ 1189-1204

OFFICIALITÉS DIOCÉSAINES.

2278 Officialité d'Avranches........................ 1269
2279 ——— d'Avranches........................ 1365
2280 ——— d'Avranches........................ 1390
2281 ——— de Bayeux........................ 1364
2282* ——— de Bayeux........................ 1379
2283 ——— de Coutances, *sede vacante*........................ 1268
2284 ——— de Coutances........................ 1436
2285 ——— de Coutances........................ 1450
2286 ——— de Coutances, à Valognes........................ 1351
2287 ——— de Dol........................ 1291
2288 ——— de Dol........................ 1364
2289* ——— d'Évreux........................ 1257
2290 ——— du Mans........................ 1208
2291* Officialité du Mans........................ 1234
2292* ——— du Mans........................ 1266
2293* ——— du Mans........................ 1308
2294** ——— du Mans........................ 1371
2295* ——— du Mans........................ 1410
2296 ——— de Rennes........................ 1274
2297 ——— de Rouen........................ 1234
2298 ——— de Rouen (Scenu des appels)........................ 1242
2299 ——— de Rouen........................ 1272
2300* ——— de Rouen........................ 1308
2301 ——— de Rouen........................ 1410
2302 ——— de Rouen........................ 1513

OFFICIAUX.

2303 Official d'Avranches........................ 1363
2304 ——— d'Avranches........................ 1460
2305 ——— de Bayeux........................ 1411
2306 ——— du Mans (Garin des Usages)........................ 1217
2307 ——— de Rouen........................ 1276
2308 ——— de Rouen........................ 1284
2309 ——— de Rouen........................ 1389

COURS ÉPISCOPALES.

2310 Cour épiscopale de Louis de Canossa, évêque de Bayeux........................ 1546
2311 ——— de Charles d'Humières, évêque de Bayeux........................ 1550
2312 ——— de Jacques d'Angennes, évêque de Bayeux........................ 1626
2313 ——— d'Adrien Gouffier, évêque de Coutances........................ 1512
2314 ——— d'Étienne Martel, évêque de Coutances........................ 1554
2315* ——— d'Arthur de Cossé, évêque de Coutances........................ 1568
2316 ——— de Mathurin de Plédran, évêque de Dol........................ 1509

VICARIATS ET VICAIRES GÉNÉRAUX.

2317 Gauffre (Ambroise le), vicaire général de Jacques d'Angennes, évêque de Bayeux; trésorier du chapitre de Bayeux........................ 1626
2318 Bois (Louis du), vicaire général d'Arthur de Cossé, évêque de Coutances........................ 1563
2319 Bernard (Charles), vicaire général de Nicolas de Briroi, évêque de Coutances........................ 1596
2320 Vicariat général d'Étienne Blosset, évêque de Lisieux........................ 1492
2321* Vicariat de Guillaume de Flavacourt, archevêque de Rouen, à Pontoise et dans le Vexin français........................ 1286
2322 Vicariat général de Pierre Roger, archevêque de Rouen........................ 1337
2323 Vicariat général de l'archevêque de Rouen, *sede vacante*........................ 1492
2324 Mesnil (Jean du), vicaire général de Guillaume d'Estouteville, archevêque de Rouen........................ 1463

2325 | Vicariat général du chapitre de Rouen, *sede vacante* 1722

CHAMBRERIES.

2326 Chambrerie de Louis-Charles de Machault, évêque d'Amiens.......... 1774
2327 ——— de Bernardin de Saint-François, évêque de Bayeux.......... 1576
2328 ——— d'Édouard Molé, évêque de Bayeux.. 1649
2329 ——— de François de Nesmond, évêque de Bayeux.......... 1665
2330 ——— de Thomas Basin, archevêque de Césarée.......... 1490
2331 ——— de Gilles de Duremort, évêque de Coutances.......... 1440
2332 ——— de Thomas Basin, évêque de Lisieux.......... 1450
2333 ——— de Philippe de Luxembourg, évêque du Mans.......... 1490
2334 ——— de Guillaume de Vienne, archevêque de Rouen.......... 1406
2335 ——— de Hugues d'Orges, archevêque de Rouen.......... 1432
2336 ——— de Louis de Luxembourg, archevêque de Rouen.......... 1437
2337 ——— de Jacques de Silly, évêque de Séez.. 1530
2338 Évêché d'Avranches.......... 1699-1719
2339 Évêché du département de l'Oise.......... 1791

JURIDICTION TEMPORELLE DES ÉVÊQUES, RECEVEURS.

2340* Dol (Sénéchaussée de l'évêque de).......... 1319
2341 ——— (Cour de l'évêque de).......... 1540
2342 Évreux (Bailliage de l'évêque d').......... 1435
2343 ——— (Vicomté de l'évêque d').......... 1438
2344 Rouen (Sénéchaussée du temporel et aumônes de l'archevêque de).......... 1393
2345 ——— (Sénéchaussée du temporel et aumônes de l'archevêque de).......... 142[illegible]
2346* ——— (Bailliage de l'archevêque de), à Dieppe.......... 1300
2347 ——— (Bailliage de l'archevêque de), à Dieppe.......... 1377
2348* ——— (Bailliage de l'archevêque de), à Fresnes-l'Archevêque.......... 1506
2349* ——— (Bailliage de l'archevêque de), à Louviers.......... 1338
2350* ——— (Bailliage de l'archevêque de), à Louviers et à Gaillon.......... 1426
2351 ——— (Bailliage de l'archevêque de), à Louviers et à Gaillon..........
2352* ——— (Bailliage de l'archevêque de), à Louviers et à Fresnes.......... 1455
2353 ——— (Vicomté de l'archevêque de), à Clipouville.......... 1434
2354 Chiefdemoy (Jean), receveur de l'évêque d'Avranches.......... 1384

XIIe SÉRIE. — CHAPITRES.

CHAPITRES.

2355 Avranches (Saint-André d').......... 1366
2356* Bayeux (Notre-Dame de).......... 1315
2357* ——— (Notre-Dame de).......... XVe siècle.
2358 ——— (Notre-Dame de).......... 1689
2359 ——— (Notre-Dame de).......... XVIIe siècle.
2360* Coutances (Notre-Dame de)...... Fin du XIIe siècle.
2361 ——— (Notre-Dame de).......... 1596
2362 Dol (Chapitre de), *sede vacante*.......... 1639
2363 Évreux (Notre-Dame d').......... XVIIIe siècle.
2364 Exeter (Saint-Pierre d').......... 1191-1206
2365* Gaillon (Saint-Antoine de).......... 1298
2366 Grenoble (Saint-André de).......... XVIIe siècle.
2367* Liège (Saint-Jean de).......... XIIe siècle.
2368** ——— (Saint-Paul de).......... XIIe siècle.
2369* ——— (Sainte-Croix de).......... XIIe siècle.
2370 Lisieux (Chapitre de).......... 1599
2371 Mortain (Chapitre de).......... XVIe siècle.
2372 Pontoise (Saint-Mellon de).......... 1717
2373 Provins (Saint-Quiriace de).......... XIIIe siècle.
2374 Rouen (Notre-Dame de).......... Avant 1246
2375* ——— (Notre-Dame de).......... 1246
2376 ——— (Notre-Dame de).......... 1435
2377 Troyes (Saint-Étienne de).......... XIIe siècle.
2378 Vernon (Notre-Dame de)... Commenc[t] du XIVe siècle.
2379 Wels (Chapitre de).......... XIIIe siècle.

ARCHIDIACRES.

2380 Baffais (Jean), archidiacre du Val-de-Mortain dans l'église d'Avranches, collecteur de la dîme pour les subsides d'Aragon.......... 1280
2381* Crèvecœur (Pierre de), archidiacre de Caen dans l'église de Bayeux.......... 1318
2382* Boucher (Jean le), archidiacre d'Hyèmes dans l'église de Bayeux.......... 1263
2383 Bourges (Jean de), archidiacre d'Hyèmes dans l'église de Bayeux, vicaire général de Charles d'Humières.......... 1550
2384* Eaubonne (Jacques d'), archidiacre de Dreux dans l'église de Chartres.......... 1225
2385 Guillaume, archidiacre d'Évreux.......... 1236
2386 Jean, archidiacre de Leicester.......... 1240
2387 Allemagne (Thomas d'), archidiacre d'Auge dans l'église de Lisieux.......... 1251
2388 Chimelle (Guillaume de), archidiacre de Richmond.......... XIIIe siècle.
2389 Pisan (Hugues le), archidiacre de Rouen.......... [illegible]

2390 Serqueux (Jean de), archidiacre d'Eu dans l'église de Rouen.... 1237

2391 Trie (Guillaume de), archidiacre du Vexin normand dans l'église de Rouen.... 1310

2392 Venderez (Nicolas de), archidiacre d'Eu dans l'église de Rouen.... 1420

2393 Gouffeul (Jacques), dit *de Rouville*, archidiacre d'Eu dans l'église de Rouen.... 1479

2394 Huillart (Renaud), archidiacre d'Eu dans l'église de Rouen.... 1505

DOYENS DE CHAPITRE.

2395 Roland, doyen du chapitre d'Avranches, évêque élu de Dol.... XIIe siècle.

2396 W. doyen du chapitre d'Avranches.... XIIIe siècle.

2397 Baudouin, doyen du chapitre d'Avranches.... 1313

2398 Le doyen du chapitre d'Avranches.... 1339

2399 Roussel (Jean), doyen du chapitre d'Avranches. 1368

2400 Ville-Thierry (Eudes de), doyen du chapitre de Bayeux.... 1240

2401 Guillaume, doyen? du chapitre de Bayeux. XIIIe siècle.

2402 F. doyen du chapitre d'Évreux.... 1236

2403* Grandcourt (Eustache de), doyen du chapitre d'Évreux.... 1286

2404* Robert, doyen du chapitre du Mans.... 1249

2405 Jean, doyen du chapitre de Mortagne.... 1416

2406* Arnaud, doyen du chapitre de Paris.... 1225

2407 Archer (Pierre l'), doyen du chapitre de Rouen. 1339

2408* Vernon (Robert de), sous-doyen du chapitre de Saint-Martin de Tours, commissaire général en Touraine pour le recouvrement des subsides de la Terre-Sainte.... 1314

OFFICIALITÉS DE DOYENS.

2409* Officialité de G. doyen de Bayeux.... 1273

2410* ——— du doyen du Mans.... 1204

2411* ——— du doyen du Mans.... 1314

CHANCELIERS DE CHAPITRE.

2412 Eudes, chancelier du chapitre de Rouen.... 1212

2413 Lille (Guillaume de), chancelier du chapitre de Rouen.... 1310

CHANTRES.

2414 Baffer (Thomas), chantre d'Avranches, collecteur des procurations du cardinal du titre de Sainte-Cécile, nonce du pape au diocèse d'Avranches.... 1283

2415 R. chantre de Dol, collecteur de la dîme pour les royaumes d'Aragon et de Valence.... 1288

2416 Guillaume, chantre d'Évreux.... 1236

2417 Raoul, sous-chantre d'Évreux.... 1236

2418* Gautier, chantre du Mans.... 1243

2419 Andelys (Henri des), chantre de Rouen.... 1218

2420 Aubussac (Guillaume d'), chantre de Rouen.. 1339

ÉCOLÂTRE.

2421 Toutain (Pierre), écolâtre d'Avranches.... 1293

PRÉVÔTS DE CHAPITRE.

2422 Favre (Jules-César), prévôt de la prévôté normande de l'église de Chartres, abbé de Notre-Dame de Gimont.... 1606

2423 Robert (Jean), prévôt de la prévôté normande de l'église de Chartres.... 1660

2424 Favre de Berlize (Jean-François), prévôt de la prévôté normande de l'église de Chartres... 1749

2425 Jubert de Bouville (Bernard-Marie-Gabriel), prévôt de la prévôté normande de l'église de Chartres.... 1766

2426 *Marchesellis (Dino de)*, prévôt du chapitre de Gênes, docteur en décrets, chapelain du pape.... 1331

TRÉSORIERS DE CHAPITRE.

2427 Le trésorier du chapitre de Coutances, collecteur du dixième et douzième accordés au roi par le pape.... 1258

2428* Guillaume, trésorier du chapitre de Dol, collecteur des subsides pour les royaumes d'Aragon et de Valence.... 1292

2429 Robert, trésorier du chapitre d'Évreux.... 1236

2430 Garcin (Léonard de), trésorier du chapitre de Langres, notaire du pape.... 1334

2431* Hoivuls (Rodolphe de), trésorier de l'église de Trèves.... XIVe siècle.

JURIDICTION TEMPORELLE DES CHAPITRES.

2432 Bailliage du chapitre de Rouen en la rivière d'Eaulne.... 1294

2433 ——— du chapitre de Rouen à Londinières. 1318

2434 ——— du chapitre de Rouen.... 1437

CHANOINES.

2435 Pelletier (Robert le), chanoine d'Avranches, collecteur de la dîme pour les subsides d'Aragon.... 1285

2436 ——— (Robert le), chanoine d'Avranches, collecteur de la dîme pour les subsides d'Aragon.... 1289

2437 Bouteiller (B. le), chanoine de Coutances.... 1311

2438* Thiéville (Guillaume de), seigneur d'Hon, chanoine de Coutances.... 1311

2439 Eudes (Nicolas), chanoine de Dol, receveur du dixième accordé par le pape au roi de France. 1377

2440 Bordeaux (Thibaud de), chanoine d'Évreux... 1236

2441 Rousseau ou Roisseaux (W. de), chanoine d'Évreux.... 1236

2442 Cador (Barthélemy), chanoine d'Évreux.... 1236

2443 Passoir (Richard du), chanoine d'Évreux... 1236

2444 Pêchevairon (Jean), chanoine d'Évreux.... 1236

2445 Plan (Pierre du), chanoine d'Évreux.... 1286

2446 Reine (R. la), chanoine d'Évreux.......... 1236
2447 Respoissart (Guillaume), chanoine d'Évreux.. 1236
2448 Roye (Raoul de), chanoine d'Évreux........ 1236
2449 Val (Roger du), chanoine d'Évreux......... 1236
2450 Ade (Aubin), chanoine de Lisieux.......... 1310
2451 Sirot (Eudes), chanoine du Mans.......... 1269
2452 Dominique, chanoine de Melnik, en Bohême. XIVe siècle.
2453 Boniface (Bertrand), chanoine de Paris, clerc du roi, réformateur envoyé dans les bailliages de Caen, de Cotentin et de Caux......... 1326
2454 Vignout (Pierre de), chanoine de Rennes, sous-collecteur et receveur apostolique dans le diocèse de Dol...................... 1283
2455 Brunel (Jean), chanoine de Rouen......... 1247
2456 Caraccioli (François), chanoine de Rouen.. XIVe siècle.
2457 Cauf (Roger le), chanoine de Rouen........ 1310
2458 Crèvecœur (Matthieu de), chanoine de Rouen. 1287
2459 Évrard, chanoine de Rouen............... 1212
2460 Essarts (Guillaume des), chanoine de Rouen.. 1310
2461 Flainville (Jean de), chanoine de Rouen..... 1262
2462 Paris (Jean de), chanoine de Rouen........ 1337
2463* Salmonville (Guillaume de), chanoine de Rouen. 1255
2464 Tesson (Pierre), chanoine de Rouen........ 1348
2465 Guillotte (Maurice), chanoine de Saint-Malo, sous-collecteur apostolique............. 1375

XIIIe SÉRIE. — PAROISSES.

ÉGLISES ET CHAPELLES.

2466 Église de Barneville...................... 1285
2467 ——— de Dieppe.......................... 1285
2468 ——— de Gaugenville..................... 1285
2469 ——— de Gisors.......................... 1285
2470 ——— de Guitry.......................... 1285
2471 Paroisse de Mauregard................ XIIe siècle.
2472 Église de Saint-Nicolas de Meulan.......... 1285
2473 ——— de Notre-Dame de Pontorson...... 1399
2474 ——— de Saint-Aquilin-d'Augerons....... 1236
2475 ——— de Saint-Maurice-d'Ételan........ 1285

DOYENNÉS RURAUX.

2476 Doyenné d'Annebecq................. XIVe siècle.
2477 ——— d'Ernée.......................... 1369
2478 ——— de Fauville........................ 1393
2479 ——— de Genest......................... 1447
2480 ——— de Jersey......................... 1308
2481 ——— de Longueville..................... 1372
2482 ——— d'Orglandes....................... 1354
2483 ——— de Rouen.......................... 1487
2484 ——— de Saint-Pair...................... 1344

ARCHIPRÊTRE.

2485 Jean, archiprêtre *de Pira*.............. XIIIe siècle.

DOYENS RURAUX.

2486 Le doyen de chrétienté de Bacqueville....... 1285
2487 ——— de Baudemont.................... 1285
2488 Monvieult (Lambard), doyen de chrétienté de Bourgtheroulde...................... 1465
2489 Le doyen de chrétienté de Bray............ 1285
2490 Lande (Pierre de la), doyen de chrétienté de Brézolles.......................... 1254
2491 G. doyen de chrétienté d'Ernée. Commenc^t du XIIIe siècle.
2492 Le doyen de chrétienté de Fauville.......... 1285
2493 ——— de Gamaches..................... 1285
2494 Guerri, ancien doyen de chrétienté de Magny.. 1210
2495 *Geoffroi*, doyen de chrétienté de Mayenne..... 1277
2496 Le doyen de chrétienté de Meulan.......... 1285
2497 Coquin (Jean), doyen de chrétienté de Neufchâtel........................... 1445
2498 Baesard (Guillaume), doyen rural d'Orglandes. 1555
2499 Étienne, doyen rural de Passais........... 1230
2500 Le doyen rural de Pavilly................ 1285
2501 Jagleuley (Étienne), doyen de chrétienté de Pont-Audemer...................... 1445
2502 Taquel (Nicolas), doyen de chrétienté de Rouen. 1445
2503 Geoffroi, doyen de chrétienté de Vernon..... 1240

CURÉS.

2504 Richard, curé de Barbery................. 1230
2505 *Colle* (Guillaume *de*), curé de Bonsmoulins... 1240
2506 Poterel (Richard), curé de Saint-Médard du Celland, sous-collecteur de la dîme biennale accordée au roi de France............... 1340
2507 Hattenville (Jean de), curé de Chambray..... 1311
2508 Malnorri (Robert), curé de Cherrueix....... 1310
2509 Roux (Pierre le), curé de Croixmare, notaire apostolique du diocèse de Rouen......... 1465
2510 Flagère (Richard de la), curé de Ducy...... 1280
2511 Guislain, curé de Saint-Laurent de Falaise... 1408
2512 Biset (Vincent), curé de Saint-Martin du Goulet. 1300
2513 *Le curé de Saint-Hildevert de Gournay*...... 1285
2514 Salinges (Roger), curé de Hampton...... XIIIe siècle.
2515 Geoffroi, curé de Hébécrevon.......... XIIIe siècle.
2516 Hougerville (Roger de), curé d'Ingouville et de Senneville............................ 1272
2517 Guillaume, curé de Lamberville............ 1243
2518 Guillaume, curé de Saint-Denis de Longessart............................ 1266
2519 Gireult (Richard), curé de Montebourg...... 1553
2520 Pouchin (Renaud), curé d'Orainville..... XIVe siècle.
2521 Saint-Georges (Nicolas de), curé du chœur de l'église de Rouen..................... 1288
2522 Bonneval (Guillaume de), curé de Saint-Aubin-de-Bonneval.......................... 1263

2523 Bois (Nicolas du), curé de l'une des portions de l'église de Saint-Denis-de-Gost....... 1399

2524 Guillaume, curé de Saint-Hilaire.......... 1266

2525 Le curé de Sainte-Marie-en-Auge....... XIIIe siècle.

2526 Matthieu, curé de Saint-Melaine......... XIIIe siècle.

2527 Hélie, curé de Saius, sous-collecteur, dans le diocèse de Dol, de la dîme biennale accordée au roi de France.................... 1340

2528 Chegny (Guillaume de), curé de Saontigton .. 1267

2529 Douet-Artus (Robert du), curé du Sap...... 1265

2530 Jean, curé de Sassetot................... 1241

2531 Bosc (Guillaume du), curé de Sierville....... 1284

2532 Robert, curé de Taverny.............. XIIIe siècle.

2533 Guillaume, curé du Thuit-Simer.......... 1243

2534 Robert, curé de Valliquerville............ 1262

2535 Roger, ancien curé de Varengeville.......... 1239

2536 Biards (Guillaume des) ou le Bourgeois, curé de Vezins.......................... 1300

2537 Villette (Vauquelin de la), curé de Vieux-Verneuil........................... 1220

2538 ——— (Vauquelin de la), curé de Vieux-Verneuil............................ 1238

2539 Aigue (Jean de l'), ancien vicaire d'Yarlicombe. 1316

CHAPELAINS.

2540 Confrérie des chapelains de Saint-Nicolas-des-Courtils, à Bayeux.................. 1574

2541 Saprote (Robert de), chapelain......... XIIIe siècle.

PRÊTRES.

2542 Aunay (Thomas d'), receveur apostolique..... 1367

2543 Baignart (Raoul)........................ XIIIe siècle.

2544 Banneville (Henri de)................... 1231

2545 Blakeman (Étienne)...................... 1248

2546 Bretel (Nicolas)........................ 1268

2547 Durand................................ XIIIe siècle.

2548 Escoquart (Guillaume).................. 1265

2549 Ferrière (Hugues de la).................. 1235

2550 Gautier (Guillaume)..................... 1371

2551 Godefroi (Guillaume).................... 1280

2552 Guillaume (Arnaud).................. XIIIe siècle.

2553 Huie (Matthieu)......................... 1260

2554 Havart (Pierre)......................... 1279

2555 Haye (Abraham de la).................... 1358

2556 Hédouin (Raoul)......................... 1272

2557 Ingueneut (Pierre)...................... 1218

2558 Lasson (Guillaume de)............... XIIIe siècle.

2559 Mabire (Pierre)......................... 1289

2560 Payen (Martin).......................... 1247

2561 Périer (Jourdain)........................ 1287

2562 Pont (Samson du)........................ 1232

2563 Postel (Arnoul), receveur et gardien du manoir du seigneur de Saint-Sauveur-le-Vicomte... 1310

2564 Quarrel (Nicolas)....................... 1233

2565 Rocher (Jean du), commis par le sous-collecteur apostolique du diocèse de Dol....... 1384

2566 Roele (Jean)........................... 1235

2567 Sainte-Croix (Sevestre de)........... XIIIe siècle.

2568 Thuit (Guillaume du).................... 1216

2569 Tuebœuf (Nicolas)....................... 1252

2570 Vivier (Guillaume).................. XIVe siècle.

XIVe SÉRIE. — UNIVERSITÉS.

2571 * Université de Caen.................... 1784

2572 * Faculté de médecine de Caen............ 1755

2573 ——— de droit de Louvain.......... XIVe siècle.

2574 ——— de médecine de Montpellier.... XIIIe siècle.

2575 * ——— des arts de Paris................. 1735

2576 ——— de droit de Paris............. XIVe siècle.

2577 Université de Valence............... XVIIIe siècle.

2578 Bonamour, procureur de la nation de Normandie............................ 1674

2579 Collège des jésuites, à Rouen.............. 1700

CLERCS.

2580 Arnesby (Jean d')................... XIIIe siècle.

2581 Barentin (Richard de).................... 1265

2582 Barils (Héluis, sœur de Nicolas des)........ 1230

2583 Beaucousin (Raoul)...................... 1284

2584 Belleville (Jeanne la Barrière, femme de Richard de)........................... 1250

2585 ——— (Richard de)....................... 1250

2586 Bessinois (Robert le).................... 1337

2587 Blondel (Jean).......................... 1347

2588 Boissay (Ligier de)...................... 1296

2589 Boos (Pierre Richard de)................. 1257

2590 Bully (Renaud de)....................... 1283

2591 * Dreux (Crépin de).................. XIIIe siècle.

2592 Engenoul (Barthélemy).............. XIVe siècle.

2593 Emperière (Raoul l')..................... 1252

2594 Espie (Philippe l')...................... 1296

2595 Étaindale (Renaud d')................... 1298

2596 Évrard (Martin)......................... 1280

2597 Fécamp (Guillaume de)................... 1249

2598 Fleury (Philippe de)..................... 1284

2599 Fontelaye (Jean de la)................... 1219

2600 Fontenay (Philippe de)................... 1284

2601 Forêt (Jean de la)....................... 1284

2602 Fossette (Guillaume).................... 1288

2603 Fréville (Robert de), le jeune............. 1285

2604 Fromage (Jeanne, femme de Raoul)....... 1305

2605 ——— (Raoul)........................... 1305

2606 Fruitier (Robert le)..................... 1230

2607 Gambais (Robert de)................ XIIIe siècle.

2608 Gastigny (Foulques de).................. 1290

2609	Goillin (Robert)	1276
2610	Gournay (Guillaume de)	1268
2611	Guenouville (Geoffroi de)	XIIᵉ siècle.
2612	Hardouin (Jean)	1286
2613	Hautteville-sur-Mer (Geoffroi de)	1220
2614	Hélie (Aveline la Postresse, femme de Robert)	1273
2615	——— (Robert)	1273
2616	Ivry (Renaud d')	1292
2617	Kirkton (Gilbert de), neveu d'Eustache de Lowdham	1225
2618	Lowdham (Eustache de)	1222
2619	Luzarches (Gautier de)	1284
2620	Marcheguy (Robert)	1300
2621	Mare (Jean de la)	1280
2622	Mauviel (Jeanne du Puits, femme de Nicolas)	1271
2623	——— (Nicolas)	1271
2624	Mercier (Robert le)	1305
2625	Mesnier (Guillaume le)	1229
2626	Nicolas	XIIIᵉ siècle.
2627	Orglandes (Guillaume d')	1297
2628	Orgueilleux (Nicolas l')	1310
2629	Outrelau (Guillaume d')	1283
2630	Outrogne (Thomas d')	1246
2631	*Ponte-Roudi* (Foulques de)	1260
2632	Portier (Jean le)	1295
2633	——— (Jean le)	XIVᵉ siècle.
2634	Pourrette (Jean), collecteur apostolique	1384
2635	Richard (Nicolas)	XIVᵉ siècle.
2636	Robert (Guillaume) d'Aguerny	1278
2637	Roussel (Gilles)	1327
2638	Saint-Germain (Robert de)	1246
2639	Saint-Martin (Nicolas de) ou du Quesnay	1303
2640	Saling (Roger de), procureur de l'abbaye de la Sainte-Trinité de Caen en Angleterre	1439
2641	Servon (Jean de)	1370
2642	Trois-Mailles (Jean)	1253
2643	Troppe (Richard)	1288
2644	Toutain (Guillaume)	1273
2645	Tydolnesyd (Henri de)	1286
2646	——— (Henri, neveu de Henri de)	1286
2647	Vaspail (Jean)	1290
2648	Villy (Pierre de)	1280

XVᵉ SÉRIE. — ABBAYES.

ABBAYES D'HOMMES.

2649	Ardenne (Notre-Dame d')	1444
2650	——— (Notre-Dame d')	1689
2651*	Aucby, près Aumale (Saint-Martin d')	1228
2652	Aunay (Notre-Dame d')	1452
2653	Beaulieu (Abbaye de)	XIIIᵉ siècle.
2654	Beaulieu-lès-le-Mans (Notre-Dame de)	1368
2655	——— (Notre-Dame de)	1468
2656	——— (Notre-Dame de)	1489
2657	Beauport (Notre-Dame de)	1658
2658	——— (Notre-Dame de)	1660
2659	——— (Notre-Dame de)	1699
2660	Bec-Hellouin (Notre-Dame du)	1653
2661*	Blanchelande (Saint-Nicolas de)	1302
2662	——— (Saint-Nicolas de)	1670
2663	——— (Saint-Nicolas de)	1695
2664	Boissière (Abbaye de la)	1521
2665	Boscherville (Saint-Georges de)	1759
2666	——— (Saint-Georges de)	1785
2667	Caen (Saint-Étienne de)	1425
2668	Cerisy (Saint-Vigor de)	1626
2669	Chaalis (Abbaye de)	XVIIᵉ siècle.
2670	Chartres (Saint-Père de)	1217
2671	——— (Saint-Père de)	XVIᵉ siècle.
2672	Cherbourg (Notre-Dame de)	1729
2673*	Chester (Sainte-Werburge de)	1271
2674	Clermont (Notre-Dame de)	XVᵉ siècle.
2675	Erfurt (Notre-Dame d')	XIIIᵉ siècle.
2676	Eu (Abbaye d')	1511
2677*	Évreux (Saint-Taurin d')	1261
2678	Évreux (Saint-Taurin d')	1440
2679*	Évron (Notre-Dame d')	1239
2680	Falaise (Saint-Jean de)	Fin du XIIᵉ siècle.
2681	——— (Saint-Jean de)	1640
2682	Fécamp (La Trinité de)	1407 et 1512
2683	Jumièges (Saint-Pierre de)	1331
2684	——— (Saint-Pierre de)	1397
2685	Leval (Notre-Dame de)	1602
2686	Lieu-Dieu-en-Jard (Notre-Dame de)	1666
2687	Longues (Notre-Dame de)	1628
2688	Luzerne (La Trinité de la)	1415
2689	Marcheroux (Saint-Nicolas de)	1712
2690*	Mont-Saint-Michel (Abbaye du)	XIIᵉ siècle.
2691*	——— (Abbaye du)	1265-1392
2692	——— (Abbaye du)	1520
2693	——— (Abbaye du)	1547
2694	——— (Abbaye du)	XVIIᵉ siècle.
2695	——— (Abbaye du)	1735
2696	Montebourg (Notre-Dame de)	1447
2697	Montmorel (Notre-Dame de)	1502
2698	——— (Notre-Dame de)	1732
2699	Oldisleben (Saint-Vit d')	XIIIᵉ siècle.
2700	Perseigne (Notre-Dame de)	1524
2701	Prémontré (Abbaye de)	1659
2702	Rennes (Saint-Melaine de)	1174
2703	Ressons (Notre-Dame de)	1724
2704*	Rouen (Saint-Ouen de)	1266
2705*	——— (Saint-Ouen de)	XVᵉ siècle
2706	——— (Saint-Ouen de)	1777
2707	Saint-Sauveur-le-Vicomte (Abbaye de)	1352, 1546
2708	Saint-Sever (Abbaye de)	1680

2709 | Saint-Vincent-au-Bois (Abbaye de)..... 1676, 1726
2710* | Saint-Wandrille (Abbaye de)............ 1271
2711* | ——— (Abbaye de)................ 1338
2712 | ——— (Abbaye de)................ 1463
2713 | Savigny (Notre-Dame de)............ 1404
2714 | Séry (Notre-Dame de)................ 1701
2715 | Valasse (Abbaye du) ou Sainte-Marie-du-Vœu. 1505
2716 | Valmont (Notre-Dame de)....... Fin du XIIe siècle.
2717 | ——— (Notre-Dame de)............... 1315
2718 | ——— (Notre-Dame de)............... 1387

ABBAYES DE FEMMES.

2719 | Bival (Sainte-Marie-Madeleine de).......... 1690
2720** | Caen (La Sainte-Trinité de).......... 1221, 1252
2721 | ——— (La Sainte-Trinité de)........ 1441, 1583
2722 | Fontaine-Guérard (Notre-Dame de)........ 1680
2723 | Gomerfontaine (Notre-Dame de)........... 1711
2724 | Montivilliers (Notre-Dame de). Commenc' du XIIIe siècle.
2725 | ——— (Notre-Dame de)............... 1413
2726 | Préaux (Saint-Léger de)................ 1419
2727 | ——— (Saint-Léger de)............... 1675
2728 | Rouen (Saint-Amand de)................ 1299
2729 | ——— (Saint-Amand de)................ 1640
2730 | Saint-Julien-du-Pré, au Mans.............. 1208

ABBÉS.

ABBÉS D'ARDENNE.

2731 | Roger................................ 1220
2732 | Robert............................... 1445
2733 | Louis de Fourbin de la Marthe............ 1672
2734 | Joachim Faultrier..................... 1688
2735 | Joachim Faultrier..................... 1698

ABBÉ DE SAINT-WAAST D'ARRAS.

2736* | Henri................................ 1197

ABBÉS DE SAINT-MARTIN-D'AUCHY, PRÈS AUMALE.

2737 | Richard.............................. 1228
2738 | Édouard Colbert....................... 1715
2739 | Joly de Fleury........................ 1750

ABBÉS D'AUNAY.

2740 | Charles du Four, vicaire général de l'évêque de Saintes, abbé de Boscherville........... 1672
2741 | René-François de Froulay de Tessé, chevalier non profès de Saint-Jean-de-Jérusalem..... 1725

ABBÉ DE BARBERY.

2742 | L'abbé de Barbery..................... 1230

ABBÉ DE BEAUBEC.

2743 | Étienne Girardin...................... 1710

ABBÉ DE NOTRE-DAME DE BEAULIEU.

2744 | Gui.................................. 1489

ABBÉ DE BEAUPORT.

2745 | Frédéric-Jérôme de Roye de la Rochefoucauld. 1708

ABBÉS DU BEC-HELLOUIN.

2746* | Henri................................ 1230
2747 | Pierre............................... 1277
2748 | L'abbé du Bec-Hellouin................. 1328
2749 | Guillaume............................ 1379

ABBÉ DE BELLE-ÉTOILE.

2750 | Guillaume............................ 1252

ABBÉS DE BELLOSANE.

2751 | Pierre de Hugues de Hargoulieu.......... 1695
2752 | Robinet.............................. 1741
2753 | Thomas le Rat......................... 1750

ABBÉS DE BERNAY.

2754 | G.................................... 1299
2755 | Jean de la Chapelle, abbé commendataire de l'abbaye de Nogent-sous-Coucy........... 1480

ABBÉ DE BLANCHELANDE.

2756* | Robert............................... 1302

ABBÉ DE BOIS-AUBRY.

2757 | Nicolas-Alexandre de Bonissent............ 1786

ABBÉ DE BORDESLEY (ANGLETERRE).

2758 | Philippe........................ XIIIe siècle.

ABBÉS DE BOSCHERVILLE.

2759 | Henri d'Espinay de Saint-Luc............. 1682
2760 | Henri-Charles du Camboust de Coislin....... 1687

ABBÉ DU BREUIL-BENOÎT.

2761 | L'abbé du Breuil-Benoît.................. 1230

ABBÉS DE SAINT-ÉTIENNE DE CAEN.

2762 | G............................ XIVe siècle.
2763* | Antoine de Bourbon, comte de Moret, frère naturel du roi......................... 1620
2764 | Alphonse-Louis du Plessis Richelieu, cardinal-prêtre, archevêque de Lyon, grand aumônier de France......................... 1640
2765 | Charles-Maurice le Tellier, archevêque de Reims............................... 1673
2766 | Charles-Maurice le Tellier, archevêque de Reims............................... 1675

ABBÉS DE CERISY.

2767 | François de la Guesle, archevêque de Tours... 1613
2768 | Pierre............................... 1606
2769 | Pierre Sauget, vicaire général de l'abbé de Cerisy............................... 1626
2770 | Germain Habert, aumônier du roi.......... 1637

2771 | Philippe de Vendôme, grand prieur de France. 1696

ABBÉ DE LA MADELEINE DE CHÂTEAUDUN.

2772 | Jacques de la Ferté, aumônier du roi........ 1637

ABBÉS DE CÎTEAUX.

2773 | Guillaume.......................... 1181-1190
2774 | Andoche Pernot.......................... 1731
2775 | Andoche Pernot.......................... 1740

ABBÉ DE CLAIRVAUX.

2776 | Saint-Bernard.......................... XIIe siècle.

ABBÉ DE CONCHES.

2777 | Henri-Oswald de la Tour-d'Auvergne........ 1712

ABBÉ DE CORNEVILLE.

2778 | Borros de Gamanson.......................... 1779

ABBÉ DE COLLOMBS.

2779 | Charles de Seiglière de Boisfranc.......... 1712

ABBÉ DE LA CROIX-SAINT-LEUFROY.

2780 | Guillaume.......................... 1286

ABBÉS D'EU.

2781 | Pierre de Calvo.......................... 1692
2782 | Maximilien de Canillac de Beaufort.......... 1705
2783 | Claude-Jean Macé.......................... 1755

ABBÉS DE SAINT-TAURIN D'ÉVREUX.

2784 | Jean.......................... 1526
2785 | Pierre.......................... XVe siècle.
2786 | Martial-Louis de Beaupoil de Saint-Aulaire... 1756

ABBÉS DE FÉCAMP.

2787 | Richard.......................... 1270
2788* | Robert.......................... 1320
2789 | Philippe du Fossé.......................... 1379
2790 | Pierre.......................... 1382
2791 | Louis-Antoine, comte palatin du Rhin, duc de Bavière.......................... 1683
2792 | François-Paul de Neufville de Villeroy....... 1699
2793 | François-Paul de Neufville de Villeroy....... 1708
2794 | Pierre le Martre.......................... 1753

ABBÉS DE FOUCARMONT.

2795 | Jean Pelletier.......................... 1643
2796 | Jacques Fleur-de-Montagne.......................... 1674
2797 | Philippe d'Hérouville.......................... 1703
2798 | Philippe d'Hérouville.......................... 1704
2799 | Louis de Quesnes.......................... 1748

ABBÉ DE GRESTAIN.

2800 | Denis Sanguin.......................... 1658

ABBÉS DE L'ÎLE-DIEU.

2801 | L'abbé de l'Île-Dieu.......................... 1285
2802 | Charles de Cores de Préfontaine.......... 1700
2803 | Pierre de la Rue.......................... 1716

ABBÉS DE JUMIÈGES.

2804 | Richard de la Mare.......................... 1191-1198
2805 | Roger.......................... Fin du XIIe siècle.
2806 | Guillaume de Refeuchon.......................... 1215
2807* | Robert d'Ételan.......................... 1270
2808* | Guillaume.......................... 1305
2809* | L'abbé de Jumièges.......................... 1339

ABBÉS DE LESSAY.

2810 | Silvestre.......................... Commencᵗ du XIIIe siècle.
2811 | Jean.......................... 1337
2812 | Guillaume.......................... [illegible]

ABBÉ DE LEVAL.

2813 | Roland de Foulognes.......................... [illegible]

ABBÉS DE LIRE.

2814 | Jean.......................... 1240
2815 | Jacques Brétel de Grémonville.......... 1671

ABBÉ DE LONGUES.

2816 | Olivier le Coq.......................... [illegible]

ABBÉ DE LA LUZERNE.

2817 | Raoul.......................... 1305

ABBÉ DE MARMOUTIERS.

2818* | Simon.......................... 1340

ABBÉ DE MAUZAC.

2819 | Louis-Charles Baudouin.......................... 1742

ABBÉ DE MONDAYE.

2820 | Gabriel.......................... 1285

ABBÉS DU MONT-SAINT-MICHEL.

2821* | L'abbé du Mont-Saint-Michel.......... 1227
2822* | Raoul.......................... 1230
2823* | Richard.......................... XIIIe siècle.
2824 | Pierre.......................... 1388
2825 | Robert.......................... 1440
2826 | Jean.......................... 1520
2827 | François de Joyeuse, cardinal.......... 1603
2828 | Henri de Lorraine, abbé de Saint-Denis..... 1629
2829 | Le Bailly d'Hautefeuille, ambassadeur extraordinaire de l'ordre de Malte.......... 1689
2830 | Charles-Maurice de Broglie.......... 1765

ABBÉS DE MONTEBOURG.

2831* | Pierre.......................... 1274
2832 | P.......................... 1355

2833 Guillaume........................... 1447
2834 Claude de Rye........................... 1483
2835 Charles Boucher, abbé de Saint-Magloire de Paris........................... 1534
2836 Just de Serres, évêque du Puy........................... 1641
2837 Just de Serres, évêque du Puy........................... 1658

ABBÉS DE MONTMOREL.

2838 Gervais........................... XIIIe siècle.
2839 L'abbé de Montmorel........................... 1342
2840 L'abbé de Montmorel........................... 1357
2841 Guillaume de Boyvin, abbé de Fontenay, doyen du chapitre d'Avranches........................... 1636

ABBÉ DE NOTRE-DAME.

2842 Dethard........................... XIIIe siècle.

ABBÉ DE PERSEIGNE.

2843 L'abbé de Perseigne........................... 1230

ABBÉ DE LA PIÉTÉ-DIEU.

2844 L'abbé de la Piété-Dieu........................... 1250

ABBÉ DU PIN.

2845 L'abbé du Pin........................... 1230

ABBÉS DE SAINT-MARTIN DE PONTOISE.

2846* Louffroy........................... 1287
2847 Gautier de Montagu........................... 1659

ABBÉS DE PRÉMONTRÉ.

2848 Augustin le Scellier........................... 1656
2849 Michel Colbert........................... 1672
2850 Claude-Honoré Lucas........................... 1709

ABBÉ DE LA RÉAL.

2851* Simon........................... 1303

ABBÉS DE SAINT-OUEN DE ROUEN.

2852 Samson........................... Vers 1185
2853* Roger........................... 1221
2854* Nicolas........................... 1257
2855 Renaud du Quesnay........................... 1359
2856 Jean Richard........................... 1411
2857 Charles de Saint-Albin........................... 1720

ABBÉS DE SAINT-ANDRÉ-EN-GOUFFERN.

2858 Simon........................... 1174
2859 L'abbé de Saint-André-en-Gouffern........................... 1239, 1257
2860 Matthieu........................... 1268

ABBÉS DE SAINT-ÉVROULT.

2861 Renaud........................... 1214
2862* Nicolas........................... 1245
2863 R........................... 1444

ABBÉS DE SAINT-FUSCIEN-AU-BOIS.

2864 Louis Sublet d'Heudicourt........................... 1715
2865 Philibert-Bernard Baudry........................... 1789

ABBÉ DE SAINT-JEAN-EN-VALLÉE.

2866* Guérin........................... 1225

ABBÉ DE SAINT-PIERRE-EN-VALLÉE.

2867 Louis de Thésut........................... 1719

ABBÉS DE SAINT-SAUVEUR-LE-VICOMTE.

2868* Nicolas........................... 1391
2869 L'abbé de Saint-Sauveur-le-Vicomte........................... 1442
2870 Simon Cuvier de la Bussière........................... 1684

ABBÉS DE SAINT-VICTOR-EN-CAUX.

2871 Jean........................... 1447
2872 François-Christophe Terrisse........................... 1745

ABBÉ DE SAINT-VINCENT-AU-BOIS.

2873 René-Henri de Carbonnières........................... 1781

ABBÉS DE SAINT-WANDRILLE.

2874 Jean........................... 1437
2875 Jean........................... 1450
2876 Jacques........................... 15..
2877 Balthazar-Henri de Fourcy........................... 172.

ABBÉS DE SAVIGNY.

2878 Gérard........................... Fin du XIIe siècle.
2879 L'abbé de Savigny........................... 1230
2880 Jean........................... 1408
2881 Jean........................... 1410
2882 François-Marie de la Vieuville........................... 1678

ABBÉS DE SÉRY-AUX-PRÉS.

2883 Enguerran........................... 1227
2884 Jean-Baptiste d'Hautefort........................... 1720

ABBÉ DE SIGNY.

2885 Louis-Abraham d'Harcourt, abbé commendataire de Saint-Taurin d'Évreux........................... 1743

ABBÉ DE SILLY.

2886 Noël, trésorier du chapitre de Bayeux........................... 1731

ABBÉ DE TILLY.

2887 Nicolas........................... XIIIe siècle.

ABBÉ DE TIRON.

2888 Jean-Baptiste-Antoine de Malherbe........................... 1744

ABBÉS DU TRÉPORT.

2889 Nicolas de Bethune de Charost........................... 1691
2890 Jacques de Saint-Pierre........................... 1749
2891 Jean Jacques, comte de Ligniville........................... 178.

ABBÉS DE TROARN.

4892 Antoine de Brunfay.......................... 1599
4893 Jacques de Bouschet.......................... 1627
4894 Jacques de Bouschet de Sourches.......... 1669
4895 Jacques de Bouschet de Sourches.......... 1676
4896 Jean-Louis de Bouschet de Sourches........ 1727

ABBÉS DU VAL-RICHER.

4897 L'abbé du Val-Richer.................. XIIIᵉ siècle.
4898 Nicolas Tiercelin, aumônier du roi, prieur des Deux-Amants.......................... 1603

ABBÉS DU VALASSE.

4899 Jean.. 1303
4900 François d'Argouges.......................... 1687

ABBÉS DE VALMONT.

4901 Geoffroi..................... Fin du XIIᵉ siècle.
4902 Gérard.. 1387
4903 Simon... 1479
4904 Guillaume Hélie.............................. 1669
4905 Louis de la Fayette.......................... 1693
4906 Joseph-Philippe le Royer de Forges........ 1769

ABBÉ DE VALSERY.

4907* Gobert....................................... 1394

ABBÉ DE VAUX-DE-CERNAY.

4908 L'abbé de Vaux-de-Cernay.................. 1230

ABBÉ DE LA VICTOIRE.

4909 Claude du Val, abbé commendataire de Saint-Lô de Bourgachard.................. 1671

ABBESSES.

ABBESSES DE LA SAINTE-TRINITÉ DE CAEN.

4910 Anne de Montmorency.......................... 1578
4911 Laurence de Budos............................ 1631
4912 Marguerite-Henriette Gouffier de Roannes.... 1670

ABBESSES DE FONTAINE-GUÉRARD.

4913 Élisabeth de Bigars.......................... 1655
4914 Marie-Madeleine du Tôt de Bonnay.......... 1725
4915 Marie-Madeleine du Tôt de Bonnay.......... 1747
4916 Anne Joubert de la Bastide de Châteaumorand. 1767

ABBESSE DE GOMERFONTAINE.

4917 L'abbesse de Gomerfontaine............ XIIIᵉ siècle.

ABBESSE DE NOTRE-DAME DE LISIEUX.

4918 Marie de Ravefon...................... XVIIᵉ siècle.

ABBESSE DE SAINT-JULIEN-DU-PRÉ.

4919 L'abbesse de Saint-Julien-du-Pré, au Mans.. 1457

ABBESSES DE MONTIVILLIERS.

4920* Marguerite de Guerres........................ 1467?
4921* Mahaut de Mortemer.......................... 1308
4922 Isabelle...................................... 1422?

ABBESSES DE SAINT-THOMAS DE L'HÔPITAL ROYAL DE NEUFCHÂTEL.

4923 Catherine de Boullainvilliers-Saint-Saire..... 1658
4924 Marie-Judith de Manneville.................. 1685

ABBESSES DE PRÉAUX.

4925 Perronelle.................................... 1325?
4926 Claude de la Fontaine........................ 1675
4927 Françoise Olivier de Leuville.............. 1689?

ABBESSE DE NOTRE-DAME DE LA RÈGLE.

4928* Lucie.................................... XIVᵉ siècle.

ABBESSES DE SAINT-AMAND DE ROUEN.

4929 Mahaut..................... Commᵗ du XIIIᵉ siècle.
4930 Anne de Souvré.............................. 1620?
4931 Léonor de Souvré............................ 1651
4932 Marie-Élisabeth de Barentin................ 1691?

OFFICES CLAUSTRAUX D'ABBAYE.

CHAMBRIER D'ABBAYE.

4933 Henri, chambrier de l'abbaye de Cluny.... XIVᵉ siècle.

PITANCIER D'ABBAYE.

4934 Jacques Hanezart, pitancier de l'abbaye de Fécamp.................................. 1363?

PRIEURS D'ABBAYE.

4935 Robert, prieur de l'abbaye du Bec-Hellouin... 1285
4936 Le prieur de l'abbaye de Fécamp............ 1682
4937 Le sous-prieur de l'abbaye de Fécamp....... 1767
4938 Le prieur de l'abbaye de Fécamp............ 1773
4939 ——— de l'abbaye de Jumièges.............. 1709?
4940 ——— de l'abbaye de Saint-Ouen de Rouen. 1666
4941 ——— de l'abbaye de Saint-Ouen de Rouen. 1767?

JURIDICTION TEMPORELLE DES ABBAYES.

4942 Échevinage de l'abbaye d'Affligem.......... 1555?
4943 Sénéchaussée de Saint-Étienne de Caen...... 1402?
4944* ——— de la Sainte-Trinité de Caen....... 1406?
4945* Bailliage de l'abbaye de Cerisy............. 1318?
4946** ——— de l'abbaye de Cherbourg........... 1373?
4947* ——— de l'abbaye de Cherbourg........... 1456?
4948 Binet (Guillaume), lieutenant du vicomte de l'abbaye de Cherbourg...................... 1471
4949* Bailliage de l'abbaye de Fécamp............ 1483
4950* ——— de l'abbaye de Fécamp............ 1405?
4951 ——— de l'abbaye de Fécamp........ XVIIᵉ siècle.

XVIe SÉRIE. — PRIEURÉS.

PRIEURÉS D'HOMMES.

3010 Prieuré de Sainte-Honorine de Graville...... 1718
3011 ——— de Saint-Jean de Leighs.......... 1497
3012 ——— du Mondaye.................... 1689
3013 ——— du Mont-aux-Malades........ Vers 1200.
3014 ——— du Mont-aux-Malades.............. 1303
3015 ——— de Sainte-Marie du Perray-Neuf.... 1664
3016 ——— de Saint-Étienne du Plessis-Grimoult. 1741
3017 ——— de Saint-Brobdre.............. 1630
3018 ——— de Saint-Gabriel.............. XIe siècle.
3019 ——— de Sainte-Barbe-en-Auge........ 1180
3020 ——— de Sainte-Barbe-en-Auge........ 1765
3021 ——— de Sainte-Barbe-en-Auge. .... XVIIIe siècle.
3022 ——— de Saint-Pierre de Sainteny.... XIIIe siècle.
3023 ——— du Val-aux-Malades............ 1387

PRIEURÉ DE FEMMES.

3024 Prieuré des Filles-Dieu de Rouen.......... 1473

PRIEURS.

3025 Le prieur de Bacqueville-la-Martel........ 1285
3026 Thomas, prieur de Bath................ 1296
3027 P., prieur de Saint-Vigor de Bayeux........ 1318
3028 Hugues de Gueutteville, prieur de Beaulieu?.. 1285
3029 Charles-Joseph de Mayol, prieur commendataire de Beaulieu.................. 1695
3030 François-Louis Hellouin du Quesnay de Menibus, prieur commendataire de Beaulieu.... 1761
3031 Richard, prieur de la Blontière............ 1417
3032 Le prieur de Bolbec.................... 1285
3033 Mathurin Brochant, prieur commendataire de Saint-Lô de Bourgachard............ 1718
3034 Jean de Rochois, prieur de Notre-Dame de Chaumont........................ 1381
3035 Le prieur de Gasny.................... 1285
3036 Jacques Bataille, prieur commendataire de Grandmont ou Notre-Dame-du-Parc-d'Harcourt...................... 1691
3037 Étienne, prieur de Sainte-Honorine de Graville........................ 1474
3038 Vincent, prieur de Juziers.............. 1285
3039 P. prieur de Longueville................ 1285
3040 Robert, prieur de Maintenon............ 1257
3041 Robert, prieur du Mont-aux-Malades...... 1213?
3042 Raoul, prieur du Mont-aux-Malades........ 1237
3043 Le prieur du Mont-aux-Malades............ 1398
3044 François Robin, prieur de Saint-Martin de Mortemer...................... 1694
3045 Le prieur de Neuf-Marché.............. 1285
3046 Michel-Antoine Baudran, prieur commendataire de Neuf-Marché.................. 1675
3047 Richard Blancdoit, prieur d'Otriton........ 1318?
3048 Jean, prieur de Saint-Martin-des-Champs de Paris, collecteur des nonces du pape...... 1358

3049 Georges du Fay, prêtre, seigneur de la Haye-au-Vidame, prieur commendataire du Plessis-
3050 Grimoult.......................... 1669
Jacques-Bénigne Bossuet, évêque de Condom, précepteur du Dauphin, prieur commenda-
3051 taire du Plessis-Grimoult.............. 1675
Nicolas Courvaux, prieur de Précoy, sous-col-
3052 lecteur apostolique.................. 1384
3053 Adam, prieur de Saint-Lô de Rouen....... 1213?
3054 Guillaume, prieur de Saint-Lô de Rouen..... 1423
Raoul Brussert, prieur de St-Germain-sur-Ay. 1266
3055 Jean Doyen, prieur de Saint-James-de-Beuvron, sous-collecteur apostolique au diocèse d'Avranches...................... 1394
3056 Jean du Tôt, prieur de Saint-Laurent de Lyons. 1717
3057 Claude-Lazare de Maupin, prieur commendataire de Saint-Laurent de Lyons......... 1723
3058 Jacques-Germain Alsaume, prieur de Sainte-Radegonde, près Neufchâtel............ 1785
3059 Guillaume, prieur de Sausseuse............ 1285
3060 Claude Bonnedame, prieur de Sausseuse..... 1737
3061 Jean de Maugé, prieur de Sausseuse........ 1740
3062 Richard Amy, prieur de Stobeursy....... XIVe siècle.
3063 Robert, prieur du Val-aux-Malades.......... 1387
3064 Charles de la Grange, prieur commendataire de Vély.......................... 1719
3065* Pierre, prieur de Ware.................. 1253
3066 Herbert, prieur de Ware.............. XIIIe siècle.

PRIEURES.

3067 Jeanne, dame de Beaulieu, prieure de Beaulieu.......................... XVIe siècle.
3068 Odeline, prieure de Bondeville............ 1260
3069 Eustache, prieure de Bondeville........... 1277
3070 Charlotte de Mailly, prieure de Saint-Louis de Poissy........................ 1711
3071 Anne-Geneviève de Sainte-Hermine, prieure de Saint-Louis de Poissy................ 1742

JURIDICTION TEMPORELLE DES PRIEURÉS.

3072 Bailliage du prieuré de Bonne-Nouvelle, à Bures.......................... 1297
3073 ——— du prieuré de Bonne-Nouvelle, à Bures. 1311
3074 Vicomté du prieuré de Bonne-Nouvelle, à Bures. 1314
3075* ——— du prieuré de Bonne-Nouvelle, à Bures. 1459
3076* ——— du prieuré de Bonne-Nouvelle, à Bures. 1479
3077* ——— du prieuré de Bonne-Nouvelle, au Pré. 1486
3078 ——— du prieuré de Bonne-Nouvelle, au Pré.......................... XVIe siècle.
3079 Pelletier (Pierre le), bailli du prieuré de Saint-Victor, au Mans.................. 1500
3080* Queroar (Thibaud), sénéchal du prieuré de Montrouault...................... 1515

XVIIe SÉRIE. — CORPORATIONS RELIGIEUSES.

CARMES.

3081 Caen (Léonard de Saint-Nicolas, prieur des Carmes de)........ 1687
3082 Dieppe (Carmes de)........ 1715
3083 Pont-Audemer (Carmes de)........ XVe siècle.

CHARTREUX.

3084 Bourbon (Chartreux de)........ 1671
3085 ——— (Chartreux de)........ 1721
3086 ——— (Chartreux de)........ 1725
3087 ——— (Chartreux de)........ 1748
3088 ——— (Chartreux de)........ 1783
3089 Rouen (Chartreux de la Rose, près)........ 1649
3090 ——— (Chartreux de Saint-Julien de)........ 1740

DOMINICAINS OU FRÈRES PRÊCHEURS.

3091 Cingoli (Dominicains de)........ XVIIe siècle.
3092 Lisieux (Dominicains de)........ XVe siècle.
3093 Rouen (Dominicains de)........ 1247
3094 ——— (J. de Reviers, prieur des Dominicains de)........ 1247
3095 ——— (Le prieur des Dominicains de)........ 1331

FRANCISCAINS OU FRÈRES MINEURS.

3096 Bourges (Le gardien des frères Mineurs de). XVIe siècle.
3097 Caen (Frères Mineurs de)........ 1247
3098 ——— (Frères Mineurs de)........ 1485
3099 ——— (Le gardien des frères Mineurs de)........ 1485
3100 Chausey (Frères Mineurs de)........ 1532
3101 Périgueux (Frères Mineurs de Notre-Dame-des-Anges de)........ XVIIIe siècle.
3102 Rouen (Le gardien des frères Mineurs de)........ 1485
3103 Vernon (Léobin de Colleville, gardien des frères Mineurs de)........ 1463

TIERS ORDRE DE SAINT-FRANÇOIS.

3104 Honfleur (Le tiers ordre de Saint-François de)........ XVIIe siècle.
3105 Léon (Le gardien du tiers ordre de Saint-François de)........ XVIIe siècle.

CAPUCINS.

3106 Normandie (Le provincial des Capucins de)........ 1719
3107 Avranches (Capucins d')........ XVIIe siècle.
3108 Caen (Capucins de)........ XVIIe siècle.
3109 Rouen (Récollets de)........ XVIIIe siècle.
3110 Valognes (Thomas de Quillebec, gardien des Récollets de)........ 1576
3111 Vire (Jean le Foulon, gardien des Récollets de)........ 1577

TRINITAIRES.

3112 Saint-Éloi, près Mortagne (Trinitaires de)........ 1636

RELIGIEUSES DE NOTRE-DAME-DE-LA-CHARITÉ.

3113 Vannes (La prieure de Notre-Dame-de-la-Charité de)........ XVIe siècle.

NOUVELLES CATHOLIQUES.

3114 Rouen (Nouvelles catholiques de)........ XVIIIe siècle.

RÉCOLLECTINES.

3115 Rouen (Récollectines de)........ XVIIIe siècle.

XVIIIe SÉRIE. — ORDRES MILITAIRES RELIGIEUX.

ORDRE DU TEMPLE.

3116 Normandie (Robert Pajart, précepteur du Temple en)........ 1460

ORDRE DE SAINT-JEAN DE JÉRUSALEM.

3117 Angleterre (Prieuré de Saint-Jean de Jérusalem en)........ 1221
3118 ——— (Hugues d'Aunay, prieur de Saint-Jean de Jérusalem en)........ 1221

ORDRE DE MALTE.

COMMANDEURS DE SAINTE-VAUBOURG.

3119 Pierre de Chamisso, seigneur d'Andevanne........ 1753
3120 Charles-Casimir de Bogres de Champignolles........ 1762
3121 Charles-Gabriel-Dominique de Cardevac d'Havrincourt........ 1772

COMMANDEURS DE VILLEDIEU-MONTAGNE.

3122 Philippe de Meaux-Rocourt........ 1645
3123 Antoine Costard de Hautot........ 1721
3124 Pierre-François de Polastron........ 1755

ORDRE DU SAINT-ESPRIT.

3125 Ordre du Saint-Esprit (Sceau des indulgences de l')........ XVIe siècle.

XIXe SÉRIE. — HÔPITAUX, MALADRERIES, CONFRÉRIES.

HÔPITAUX.

3126* Caen (Hôtel-Dieu de)........................ 1260
3127 Mans (Les Ardents du)........................ 1410
3128 ——— (Les Ardents du)........................ 1471
3129 Rouen (Prieuré de la Madeleine ou Hôtel-Dieu de). 1501
3130 ——— (Prieuré de la Madeleine ou Hôtel-Dieu de)........................ 1667
3131 ——— (Prieuré de la Madeleine ou Hôtel-Dieu de)........................ 1693
3132 ——— (Jean, prieur de la Madeleine ou Hôtel-Dieu de)........................ 1438
3133 ——— (Jean, prieur de la Madeleine ou Hôtel-Dieu de)........................ 1449
3134 Rouen (Henri, prieur de la Madeleine ou Hôtel-Dieu de)........................ 1267
3135 ——— (Guillaume, prieur de la Madeleine ou Hôtel-Dieu de)........................ 1501
3136 ——— (Pierre, prieur de la Madeleine ou Hôtel-Dieu de)........................ 1494

LÉPROSERIE.

3137 Mans (Les lépreux de Saint-Lazare, au)..... 1284

CONFRÉRIE.

3138 Rouen (La confrérie des Conards de)..... xvie siècle.

XXe SÉRIE. — DIVERS ET INCONNUS.

3139 Afilant (Thomas)........................ xive siècle.
3140 Bavière (Jean de)........................ xiiie siècle.
3141 Barthuluccio........................ xive siècle.
3142 Béguin (Jean)........................ xvie siècle.
3143 Boulanger (Thomas le)........................ xive siècle.
3144 Buisson (Guillaume du)........................ xiiie siècle.
3145 Cerf (Raoul le)........................ xive siècle.
3146 Clavet (Bertrand)........................ xiiie siècle.
3147 Clerc (Jacquemart le)........................ xve siècle.
3148 Coesmes (Macé de)........................ xiiie siècle.
3149 Corbiel (Jacquemin)........................ xive siècle.
3150 Criel (Christian)........................ xve siècle.
3151 Ebles (Guillaume)........................ xiie siècle.
3152 Ferron (Jean le)........................ xive siècle.
3153 Fèvre (Poiré le)........................ xiie siècle.
3154 Gardin (Thurien du)........................ xvie siècle.
3155 Garin (Nicolas)........................ xive siècle.
3156 Goujon (Nicolas)........................ xve siècle.
3157 Hamel (L. du)........................ xve siècle.
3158 Lobes (Jean de)........................ xve siècle.
3159 Lomme (Jean)........................ xvie siècle.
3160 Lunel (Jean Hue de)........................ xive siècle.
3161 Lye (Jean Baudouin de)........................ xive siècle.
3162* Marronnier (Simon le)........................ xve siècle.
3163 Marteau (Flori de)........................ xvie siècle.
3164 Menner (Roger)........................ xive siècle.
3165 Marzio (Barthélemy de)........................ xive siècle.
3166 Mesnil (Pierre du)........................ xive siècle.
3167 Neri (Andrea)........................ xive siècle.
3168 Obenstein (Hans von)........................ xve siècle.
3169 Oudard (Enguerran)........................ xve siècle.
3170 Payen (Pierre)........................ xvie siècle.
3171 Petit (Watier le)........................ xiiie siècle.
3172 Polet (Clément)........................ xvie siècle.
3173 Prévôt (Jacques le)........................ xve siècle.
3174 Prieru (Andrieu Sarti de)........................ xiiie siècle.
3175 Rapilly (Enguerran de)........................ xive siècle.
3176 Rue (Guillaume de la)........................ xiiie siècle.
3177 Saint-Martin (G. de)........................ xve siècle.
3178 Schorniner (Lucas)........................ xve siècle.
3179 Sellier pouen (Le)........................ xve siècle.
3180 Sept-Fontaines (Sohier de)........................ xve siècle.
3181 Thomas (Jean)........................ xive siècle.
3182 Tronson (Richard)........................ xve siècle.
3183 Trote (Simon Judas de)........................ xiiie siècle.
3184 *Ubertis* (Gautier Albert de)........................ xive siècle.
3185 Voisiers (Jacques de)........................ xve siècle.
3186 Waly (Matthieu de)........................ xve siècle.
3187 Wendlingburg? (Emme de)........................ xiiie siècle.

SCEAUX DE LA NORMANDIE.

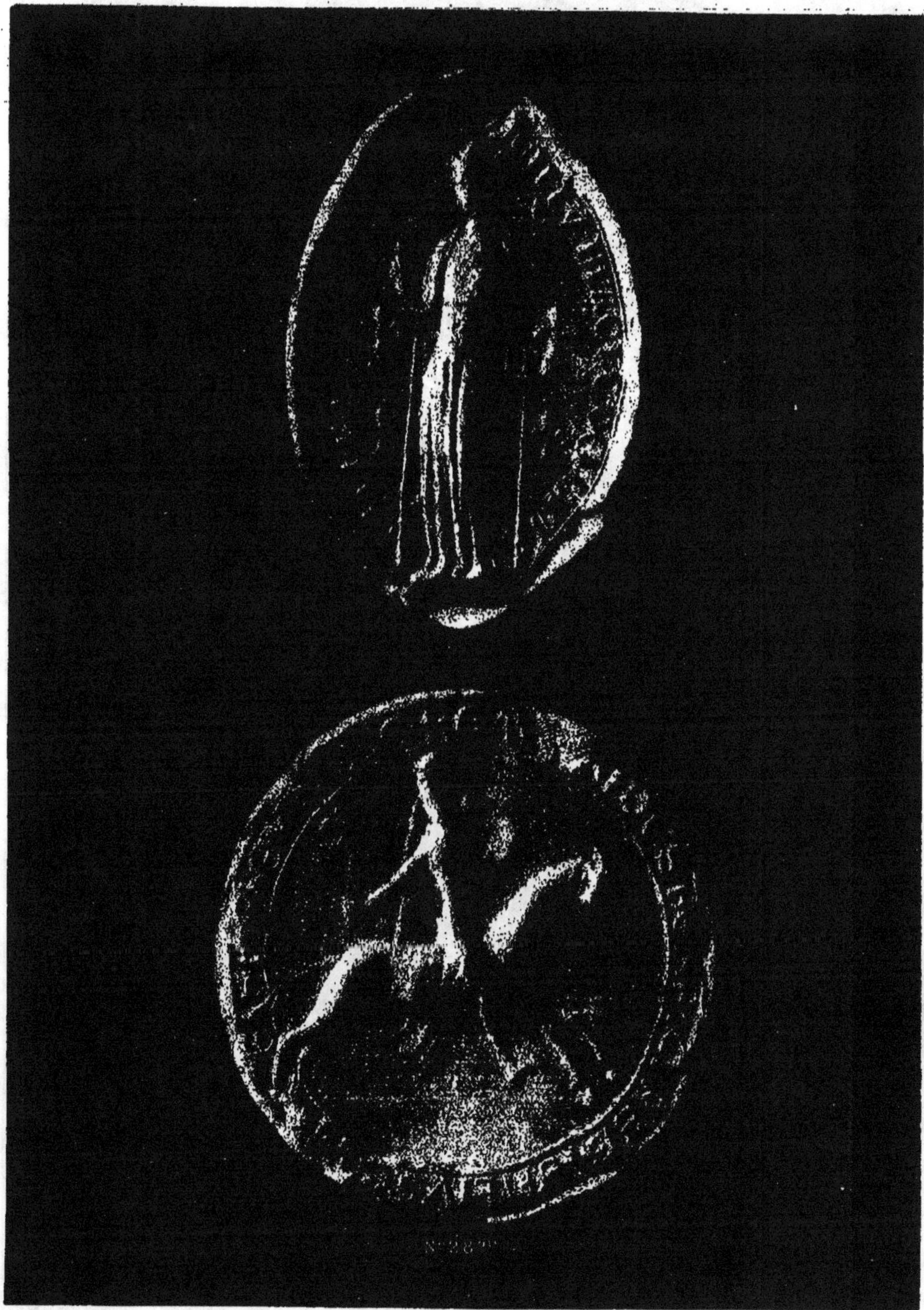

N° [illegible]. Blanche de Castille, mère de saint Louis.

N° 28 *bis*. Geoffroi, fils de Henri II d'Angleterre, duc de Bretagne et comte de Richemond.

SCEAUX DE LA NORMANDIE.

N° 56 et 56 *bis*. Marguerite de Quincy, comtesse de Winchester. — N° 85. [illegible] — N° 124. Robert de [illegible]

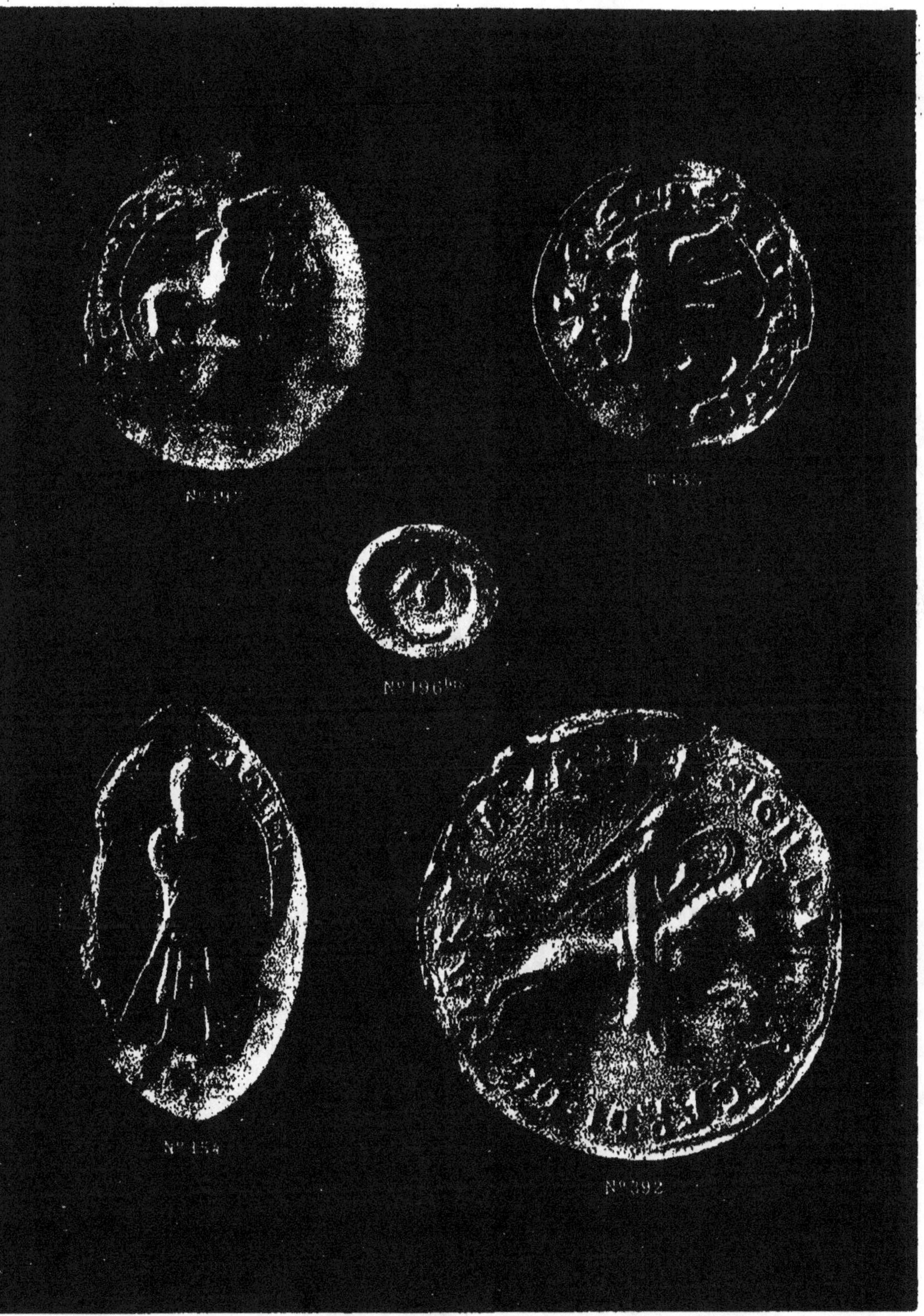

N° 135. Robert de Bouëllers. — N° 154. Nicolas Bernel. N° 190. Raoul de Combray. N° 196 bis. Robert Corbet.
N° 392. Richard de Martinvast.

N° 269. Raoul, seigneur de Fougères. — N° 411, Robert de [illegible]. — N° [illegible], [illegible]

SCEAUX DE LA NORMANDIE.

N° 413. Roger de Montbray. — N° [illegible]. Jean d'Oureville. — N° 470. Pierre de Pontly.
N° 510. Guillaume de Saint Clair. — N° 547. Jourdain Taisson.

SCEAUX DE LA NORMANDIE.

N° 637. Ase Hosdoit, femme de Robert Ase. — N° 639. Robert Ase. — N° 647. Guillaume Ase.
N° 648. Pierre Ase. — N° 667. Raoul Beaufils. — N° 670. Étienne de Beaumoncel. — N° 697. Richard de Bigot.
N° 722. Roger Bolevant. — N° 731. Martin du Bois.

SCEAUX DE LA NORMANDIE.

N° 744. Guillaume du Bos. — N° 790. [illegible] Bo[illegible]. — N° 817. Jean [illegible].
N° 844. [illegible]. — N° 880. Ermengarde, la Comtesse. — N° 885. [illegible], femme de Roger Cornard.
N° 963. [illegible] de F[illegible]. — N° 964. Guillaume de F[illegible]. — N° [illegible]. Guillaume [illegible].

N° 1036. Herbert Galiere. — N° 1055. Pernelle Godel.

N° 1125. Guillaume Heron. — N° 1134. Robert Hosatr. — N° 1157. Étienne Kagias. — N° 1164. Toustain de Lantheuil.

N° 1186. Hamelin de Loudun. — N° 1189. Adam de Lupi. — N° 1212. Roger le Maréchal.

SCEAUX DE LA NORMANDIE.

N° 1199. Sénier de Magnies N° 1252. Henri Malet N° [illegible]. Renaud Mousson
N° [illegible]. Fossard du Mont N° 1306. Raoul [illegible] N° 1348. Raoul Osmond N° 1359. Robert Osmond
N° 1392. Raoul Pevrel. — N° [illegible]. Agnès [illegible].

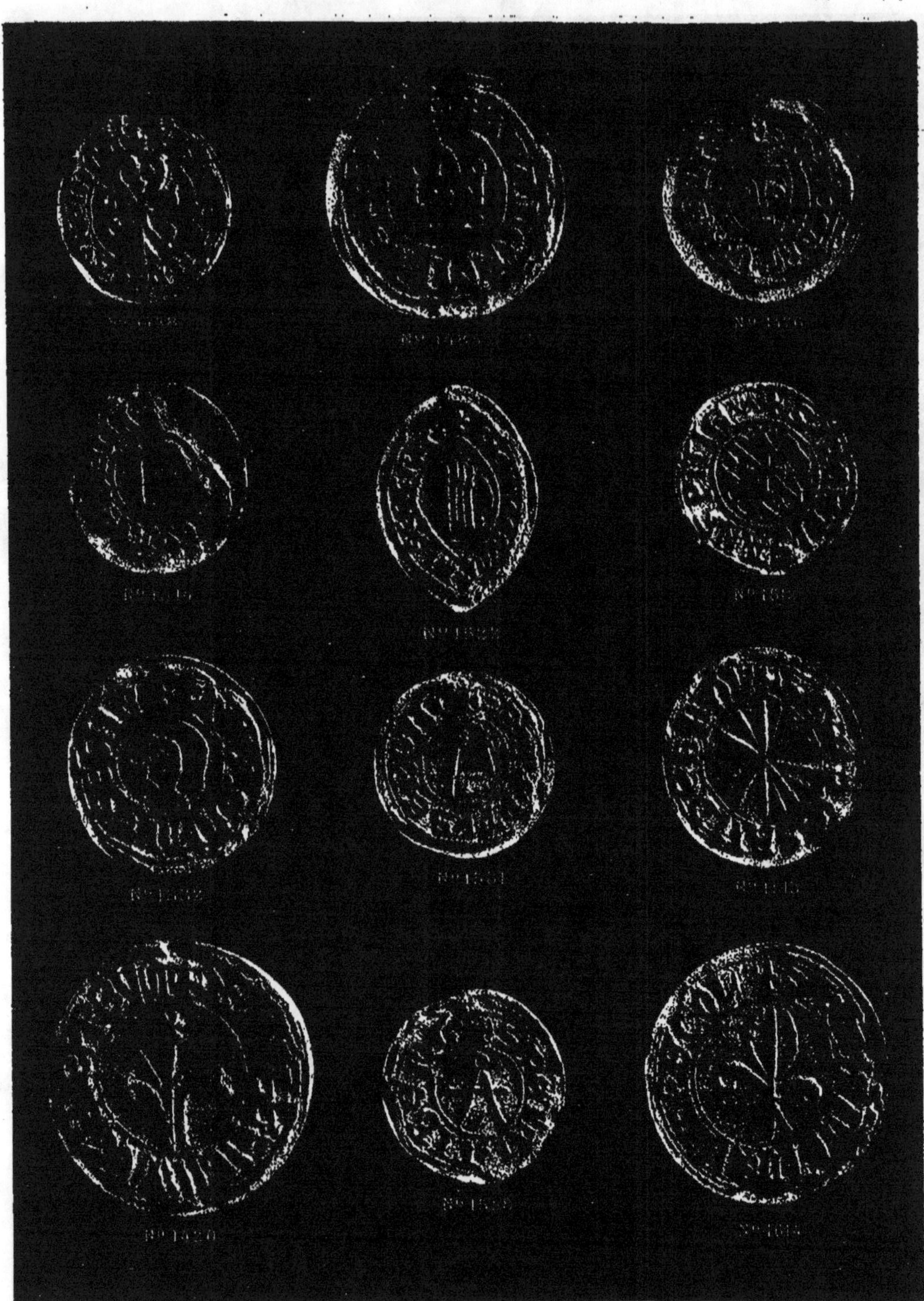

N° 1490. Guillaume le Prevost. — N° 1438 pour [illegible]. Étienne Quesnel.

N° 1476. [illegible] le Bouteiller. — N° 1485. Guillaume le Roux. — N° 1510. [illegible]. — N° [illegible]. [illegible]

N° 1514 pour 1438. Jourdain de Saint-Sauveur. — N° [illegible]. [illegible]. — N° [illegible]. Robert Sébon.

N° 1530. Guillaume le Sauvage. — N° [illegible]. Pierre [illegible]. — N° [illegible]. [illegible]

N° 1645 [illegible] — N° 1647 [illegible]

SCEAUX DE LA NORMANDIE

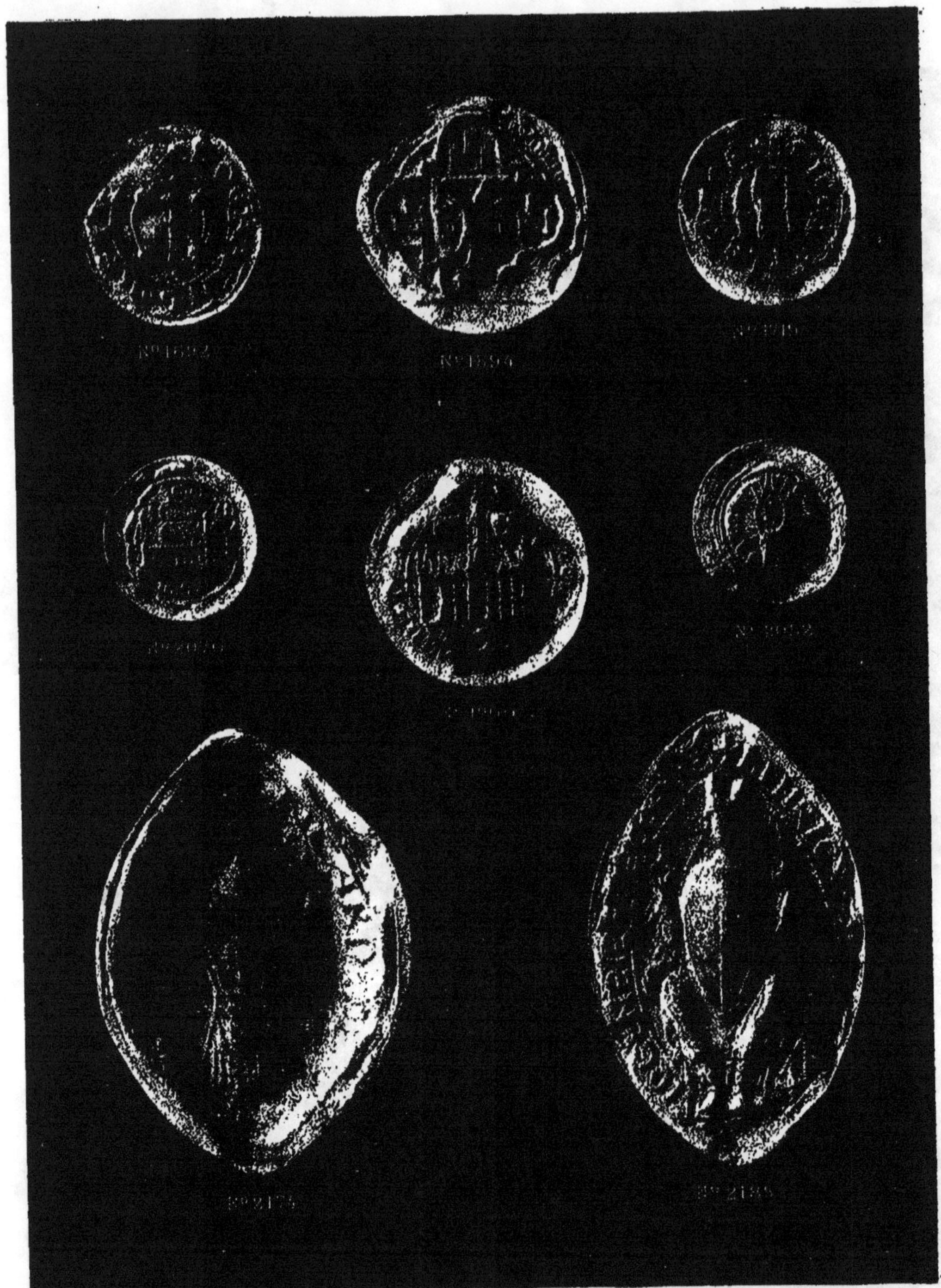

N° 1692. [illegible] — N° 1719. Richard, le cordonnier

N° 1896. Vicomté de Longueville. — N° 1900. Vicomté de Montivilliers. — N° 2052. Jean Germont, lieutenant du vicomte d'Avranches.

N° 20[illegible]. Jean l'Enfant, lieutenant du vicomte d'Évreux. — N° 2175. Richard III, évêque d'Avranches

N° 2185. Henri II, évêque de Bayeux

SCEAUX DE LA NORMANDIE.

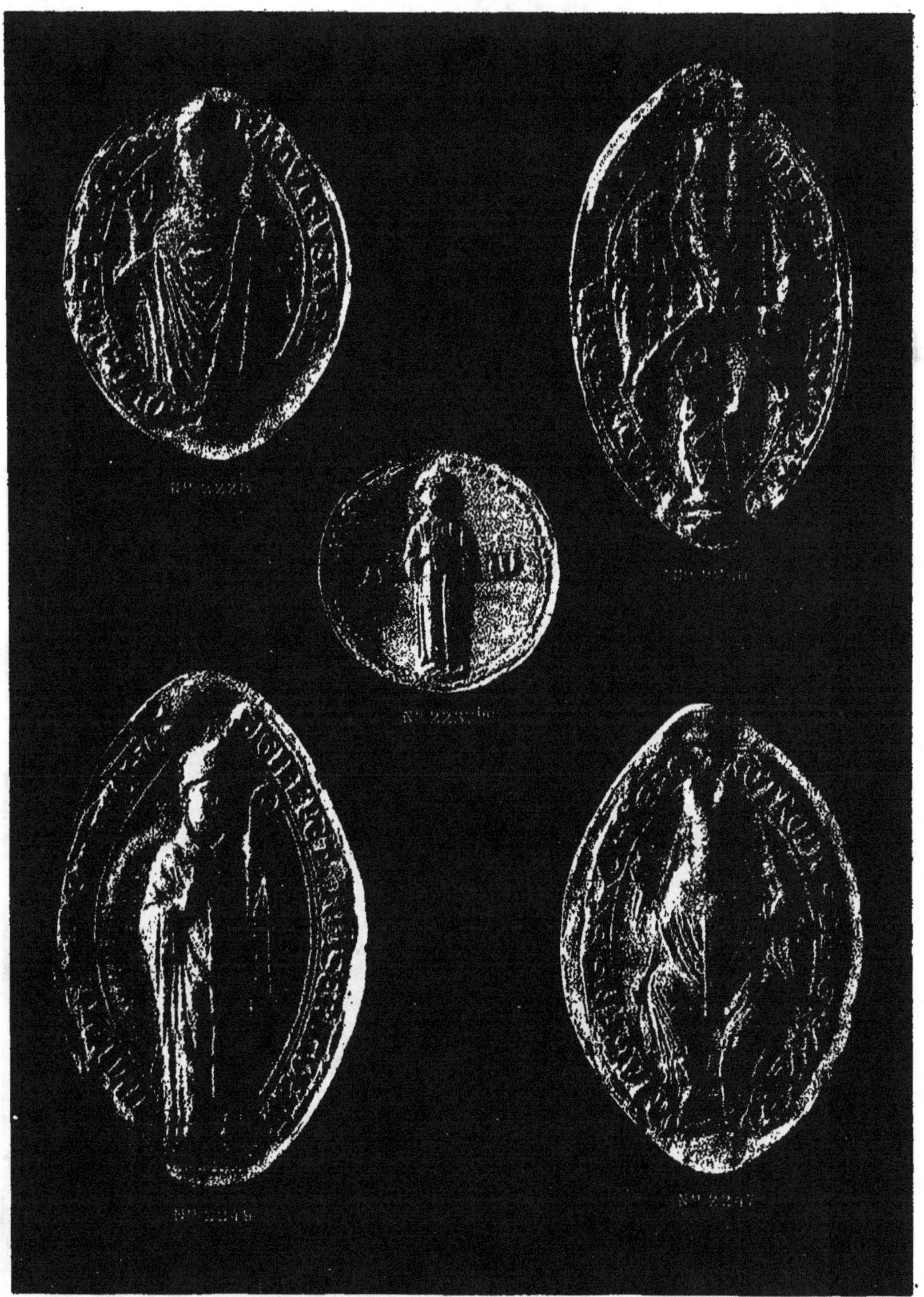

N° 2228. Raoul de Varneville, évêque de Lisieux.

N° 2237 bis. Philippe de Savoie, archevêque élu de Lyon. — N° 2247. Rotrou de Beaumont, archevêque de Rouen.

N° 2249. Pierre de Colmieu, archevêque de Rouen. — N° 2250. Eudes Rigaud, archevêque de Rouen.

N° 2355. Saint-André d'Avranches. N° 2367. Saint-Jean de Liége.

N° 2368. Saint-Paul de Liége. N° 2372. Saint-Mellon de Pontoise. N° 2377. Saint-Étienne de Troyes.

SCEAUX DE LA NORMANDIE.

N° 2429. Robert, trésorier du chapitre d'Évreux. — N° 2527. B. de la Bouteiller, chanoine de Coutances.
N° 2441. W. de Boisseaux, chanoine d'Évreux. — N° 2553. Richard de Pesson, chanoine d'Évreux.
N° 2455. Jean Brunet, chanoine de Rouen. — N° 2491. G. doyen de chrétienté d'Évreux. — N° [illegible]. Gilbert de [illegible], clerc.
N° [illegible]. Eustache de Lowdham, clerc. — N° [illegible]. Nicolas, clerc.

SCEAUX DE LA NORMANDIE.

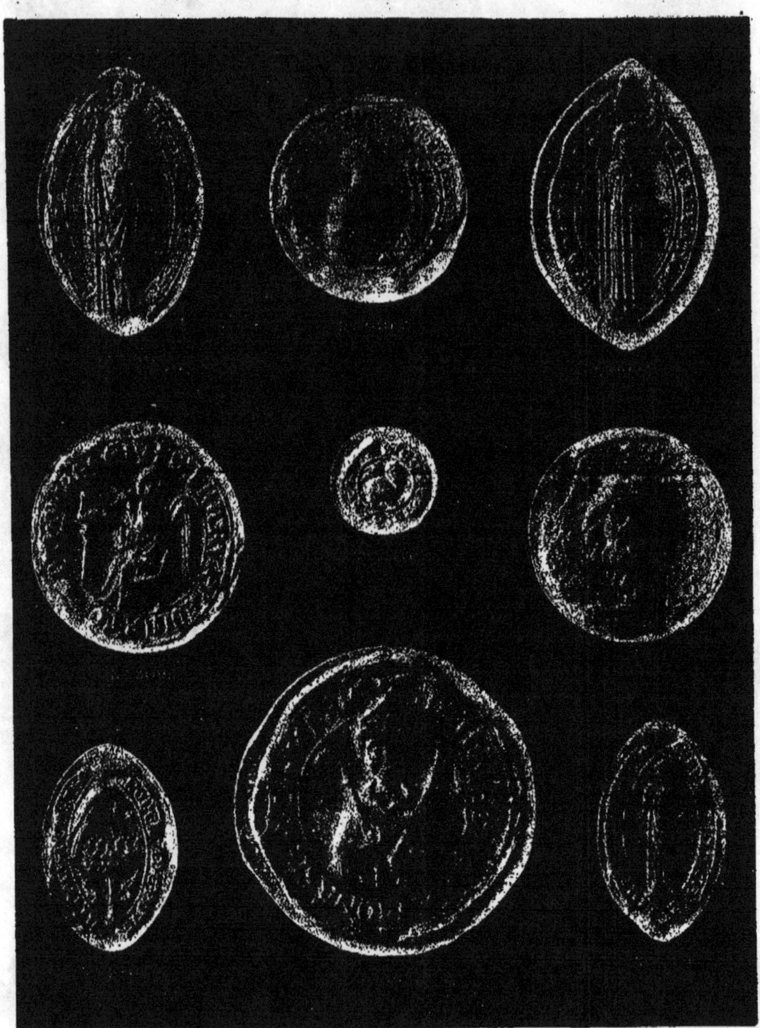

N° 2570. Église de Guitry. — N° 2805. Roger, abbé de Jumièges.
N° 2807. Robert d'Ételan, abbé de Jumièges. — N° 2890. Gabriel, abbé de Mondaye. — N° 2840. Durand, abbé de Notre-Dame
N° 2928. Lucie, abbesse de la Règle. — N° 3010. Robert, prieur de Maintenon.
N° 3095. Dominicains de Rouen. — N° 3117. Prieuré de Saint-Jean de Jérusalem en Angleterre.

TABLE ALPHABÉTIQUE.

A

B

C

D

E

F

G

H

K

L

M

N

O

P

Q

R

T

W

FIN.